हिन्दी भाषा का इतिहास

वाणी प्रकाशन
21-ए, दरियागंज, नयी दिल्ली-110002
फोन : 011-23273167, 23275710, 41562622
फैक्स : 011-23275710
e-mail : vani_prakashan@yahoo.com
vaniprakashan@gmail.com
website : vaniprakashan.com

हिन्दी भाषा का इतिहास

डॉ. भोलानाथ तिवारी

वाणी प्रकाशन

वाणी प्रकाशन
4695, 21-ए, दरियागंज, नयी दिल्ली 110 002

शाखा
अशोक राजपथ, पटना 800 004

फ़ोनः +91 11 23273167 फ़ैक्सः +91 11 23275710

www.vaniprakashan.in
vaniprakashan@gmail.com
sales@vaniprakashan.in

HINDI BHASHA KA ITIHAS
by Dr. Bholanath Tiwari

ISBN : 978-93-87648-82-1
Linguistics

संस्करण 1987, 2010, 2012, 2014
आवृत्ति 2018

मूल्य : ₹ 695

सिटी प्रेस, दिल्ली-110 095 में मुद्रित

वाणी प्रकाशन का लोगो मक़बूल फ़िदा हुसेन की कूची से

दो शब्द

हिन्दी भाषा के इतिहास पर मैंने कई पुस्तकों में कहीं विस्तार से, कहीं संक्षेप में लिखा है, किन्तु अलग से इस पुस्तक में पहली बार यह विषय लिया जा रहा है।

इसमें प्रारम्भ में विश्व की भाषाओं में हिन्दी का स्थान स्पष्ट करते हुए भारोपीय परिवार, 'हिन्दी' नाम : व्युत्पत्ति और अर्थ, हिन्दी क्षेत्र और उसकी बोलियों आदि को पृष्ठभूमि में लेते हुए हिन्दी ध्वनियों, हिन्दी रूपों, हिन्दी वाक्यों, हिन्दी शब्दों तथा नागरी लिपि के इतिहास को लिया गया है। भाषा के इतिहास में अन्य भाषाओं का प्रभाव भी महत्त्वपूर्ण होता है। एक अध्याय इस पर भी है। ऐसे ही एक अध्याय में हिन्दी वर्तनी के इतिहास पर भी प्रकाश डाला गया है। इस तरह लगभग सारे पक्षों को लेकर हिन्दी भाषा के इतिहास को यहाँ देखने का यत्न किया गया है।

पुस्तक के अन्त में सहायक ग्रन्थ-सूची है। इस सूची में दी गई पुस्तकों के लेखकों के प्रति मैं हृदय से आभारी हूँ। इनकी कृतियों से मुझे बहुत सहायता मिली है।

—भोलानाथ तिवारी

अनुक्रमणिका

1

विश्व की भाषाओं में हिन्दी

विश्व में कुल लगभग तीन हज़ार या उससे कुछ अधिक भाषाएँ बोली जाती हैं। इन भाषाओं की ध्वनियों, शब्दों, शब्द-रचना, रूप-रचना तथा वाक्य-रचना के तुलनात्मक अध्ययन से यह पता चलता है कि इन भाषाओं में काफ़ी कुछ बातें समान हैं। समानता इतनी अधिक है कि इसे केवल संयोग नहीं माना जा सकता। इसका एक ही कारण हो सकता है कि जो भाषाएँ अपनी भाषिक विशेषताओं में समान हैं, वे मूलतः एक ही भाषा से निकली या विकसित हुई होंगी। जैसे एक व्यक्ति के बच्चों से पीढ़ी-दर-पीढ़ी में जनमे लोग एक परिवार के माने जाते हैं, उसी तरह भाषाशास्त्रियों ने एक भाषा से निकली और विकसित हुई भाषाओं को एक परिवार की माना है। इस तरह के, विश्व में कुल लगभग बारह-तेरह भाषा-परिवार हैं जिनमें विश्व की सारी भाषाओं को विभाजित किया गया है। यहाँ संक्षेप में सभी परिवारों का परिचय दिया जा सकता है।

(1) द्रविड़ परिवार

इस परिवार का क्षेत्र दक्षिणी भारत, उत्तरी लंका, लक्ष द्वीप, बलूचिस्तान, मध्य प्रदेश, बिहार तथा उड़ीसा है। **मुख्य भाषाएँ तथा क्षेत्र**—तमिल (तमिल-नाडु), मलयालम (यह प्राचीन तमिल की ही एक शाखा है, केरल), तेलुगु (आंध्र प्रदेश), कन्नड़ (कर्नाटक), गोंड (बुन्देलखण्ड तथा आसपास), ओराँव (बिहार, उड़ीसा, मध्य प्रदेश), ब्राहुई (बलूचिस्तान)। **कुछ गौण भाषाएँ**—कुई (उड़ीसा), माल्टो (बंगाल), तुलु (कुर्ग-बम्बई की सीमा), तथा कोलामी (पश्चिमी बरार) आदि। इस परिवार से भारत के अन्य परिवारों को ज़ोड़ने का बहुत से विद्वानों ने निष्फल प्रयास किया है। यह परिवार वाक्य तथा स्वर अनुरूपता की दृष्टि से यूराल-अल्टाई से मिलता-जुलता है। इस आधार पर इसे कुछ लोग उससे जोड़ना चाहते थे। ओ० श्रेडर ने इस परिवार को फ़िनो-उग्रिक वर्ग से मिलती-जुलती दिखाने का यत्न किया था। पी० डब्लू० श्मिट ने इसका सम्बन्ध

आस्ट्रेलिया की भाषा से जोड़ना चाहा था। उसका यह विचार था कि पहले मैडागास्कर, आस्ट्रेलिया और भारत, छोटे-छोटे द्वीपों के सहारे सम्बन्धित थे। इधर मोहनजोदड़ो की खुदाई के बाद उसकी संस्कृति से इसका सम्बन्ध जोड़ने के सफल प्रयत्न हुए हैं। **विशेषताएँ**—(1) प्रधानतः इस परिवार की भाषाएँ अश्लिष्ट-अन्तःयोगात्मक हैं। मूल शब्द या धातु में प्रत्यय एक के बाद दूसरे जुड़ते चले जाते हैं : पालन्-गल्, पालन्-गल्-एई, पालन्-गल्-उदीय, इत्यादि। कभी-कभी अपवादस्वरूप उपसर्ग भी लगता है : अथू=वह वस्तु, इथू=यह वस्तु, एथू=कौन वस्तु। (2) जैसा कि ऊपर के उदाहरण से स्पष्ट है, इस परिवार में संयोग 'तिल-तंडुलवत्' पारदर्शक या स्पष्ट होता है। साथ ही मूल में किसी प्रकार का विकार नहीं आता। (3) उपर्युक्त संयोग की भाँति ही बड़े से बड़ा समास भी बड़ी ही सरलता से इस परिवार की भाषाओं में बना लिया जाता है। (4) शब्द के अन्तिम व्यंजन के उच्चारण में अनेक शब्दों में एक उकार की ध्वनि जोड़ ली जाती है। कुछ भाषाओं में यह प्रवृत्ति केवल लिखने में ही होती है, पर कुछ में लिखने और बोलने दोनों ही में। संभव है इसी का प्रभाव अपभ्रंश पर भी पड़ा हो, जिसे बाद में हिन्दी में भक्ति तथा रीतिकाल के कवियों ने कोमल बनाने की दृष्टि से अपना लिया। जैसे 'आप' का 'आपु' या 'राम' का 'रामु'। यों इसे प्रथमा विभक्ति के विसर्ग का विकास मानते हैं। (5) इस परिवार में भी स्वर-अनुरूपता मिलती है। मूल शब्द के स्वर के वज़न पर अधिकतर प्रत्ययों का रूप संयोग के समय परिवर्तित कर लिया जाता है। (6) शब्दारम्भ में घोष व्यंजन प्रायः नहीं मिलते, पर बीच में आने वाले अनुनासिक व्यंजन या अकेले व्यंजन के पश्चात् घोष व्यंजन अवश्य रहते हैं। तमिल में यह प्रवृत्ति प्रायः अनिवार्यतः मिलती है, किन्तु अन्यों में कम। (7) मूर्द्धन्य ध्वनियों (टवर्ग) का यहाँ प्राधान्य है। कुछ लोगों का विश्वास है कि संस्कृत में मूर्द्धन्य ध्वनियाँ इसी परिवार के प्रभाव से आईं। मूल भारोपीय भाषाओं में वे नहीं थीं। (8) इस परिवार की भाषाओं में दो वचन होते हैं। नपुंसक शब्द प्रायः एकवचन ही होते हैं। उत्तम पुरुष सर्वनाम में बहुवचन के दो रूप होते हैं जिनमें से एक में श्रोता भी सम्मिलित रहता है। (9) लिंग तीन होते हैं। संज्ञा एवं विशेषण को स्त्रीलिंग और पुल्लिग बनाने के लिए अन्य पुरुष सर्वनाम के स्त्रीलिंग और पुल्लिग रूप जोड़ दिए जाते हैं। (10) संज्ञा के दो वर्ग होते हैं। पहला है उच्च या सज्ञानी और दूसरा निम्न या अज्ञानी। कुछ संज्ञाएँ क्रिया का भी कार्य करती हैं। **द्रविड़ परिवार का भारत की आर्यभाषाओं पर प्रभाव**—संस्कृत से इस परिवार की भाषाएँ बहुत प्रभावित हैं। इन सबकी लिपि ब्राह्मी से निकली है, किन्तु इन्होंने भी आर्यभाषाओं को काफी प्रभावित किया है। **कुछ प्रमुख प्रभाव :** (क) जैसा कि ऊपर कहा गया, आर्यभाषाओं की मूर्द्धन्य ध्वनियों को मूलतः द्रविड़ परिवार के प्रभावस्वरूप विकसित माना जाता है, यद्यपि कुछ विद्वान् इस मत के विरोधी भी हैं। (ख) ध्वनि-परिवर्तन में 'ल' के स्थान पर 'र' (गला=गर) और 'र' के स्थान पर 'ल' (हरिद्रा=हल्दी)

हो जाना भी इसी परिवार का प्रभाव कहा जाता है। यों मूल भारोपीय परिवार में भी यह प्रवृत्ति कुछ थी। (ग) आर्यभाषाओं में सोलह पर आधारित (सेर-छटाँक, रुपया-आना) माप भी इसी परिवार की देन हैं। (घ) कुछ लोगों के अनुसार 'परसर्गों' का प्रयोग भी इन्हीं का प्रभाव है। (ङ) भारतीय आर्यभाषाओं में तिङन्त की अपेक्षा कृदन्ती रूपों का अधिक प्रयोग भी इनका प्रभाव है। (च) सहायक क्रिया तथा संयुक्त क्रिया का आर्यभाषाओं में प्रयोग भी कुछ लोग द्रविड़ प्रभाव के फलस्वरूप ही मानते हैं। (छ) आदान-प्रदान में अटवी, आलि, नीर, मीन, उलूखल, कठिन तथा कोण आदि कई सौ शब्द भी इस परिवार ने संस्कृत तथा अन्य भारतीय आर्यभाषाओं को दिए हैं।

(2) चीनी अथवा एकाक्षरी परिवार

इस परिवार की मुख्य भाषा चीनी है। उसी के आधार पर इसे चीनी परिवार कहा जाता है। साथ ही इस परिवार के अधिकांश शब्द एकाक्षरी होते हैं, अतः इसे एकाक्षर अथवा एकाक्षरी परिवार भी कहते हैं। **मुख्य भाषाएँ तथा क्षेत्र**—चीनी (चीन, चीनी की मंदारिन, कैंटनी, फूकिनी आदि मुख्यतः छह बोलियाँ हैं। मंदारिन ही आज की राष्ट्रभाषा तथा साहित्यिक भाषा है), तिब्बती अथवा भोट (तिब्बत), बर्मी (बर्मा), स्यामी (इसे 'थाई' भी कहते हैं; स्याम), मैतै (इसे मेईथेई भी कहते हैं, मणिपुर)। इस परिवार की गारो, बोड़ो, नागा, नेवारी आदि भाषाएँ भारतीय सीमा के आसपास बोली जाती हैं।

(3) सेमेटिक-हैमेटिक (सामी-हामी) परिवार

कुछ लोग सेमेटिक तथा हैमेटिक को दो परिवार तथा कुछ लोग इन्हें एक ही परिवार की दो शाखाएँ मानते रहे हैं। वस्तुतः जैसा कि हम आगे देखेंगे, दोनों में कुछ समानताएँ होती हैं, जिनके आधार पर यह अनुमान लगता है कि प्राचीन काल में कभी-न-कभी ये दोनों एक परिवार की दो शाखाएँ रही होंगी। यह परिवार उत्तरी अफ्रीका तथा पास के पश्चिमी एशिया में फैला है। इंजील की पौराणिक कथा के अनुसार हज़रत नूह के पुत्र सेम और हेम इन क्षेत्रों की भाषाओं के आदि पुरुष कहे जाते हैं। अतः उन्हीं के नाम पर इन दोनों शाखाओं के नाम पड़े हैं। **क्षेत्र सेमेटिक**—मिस्र, इराक, अरब, सीरिया, फ़िलस्तीन, इथियोपिया, मोरक्को, अलजीरिया। **हैमेटिक**—लीबिया, सोमालीलैंड, इथियोपिया। **भाषाएँ : सेमेटिक**—हिब्रू, अरबी, अकादियन (इसे असीरियन या बेबिलोनियन भी कहते हैं), सुमेरियन। **हैमेटिक**—प्राचीन मिस्र, कॉप्टिक, सोमाली, गल्ला, बेजा, नामा, फ़ुला। इन सभी भाषाओं में अरबी भाषा सभी दृष्टियों से बहुत सम्पन्न रही है तथा उसने शब्दों के क्षेत्र में यूरोप और एशिया की दक्षिणी भाषाओं (अंग्रेज़ी, स्पैनिश, फ्रेंच, हिन्दी, मराठी, गुजराती आदि) को प्रभावित किया है। फ़ारसी, तुर्की आदि को तो व्याकरणिक दृष्टि से भी प्रभावित किया है।

(4) यूराल-अल्टाइक परिवार

इसका क्षेत्र यूराल और अल्टाई पर्वत के बीच तुर्की, सोवियत संघ, हंगरी, फ़िनलैंड आदि में है। क्षेत्रफल में यह भारोपीय के बाद सबसे बड़ा परिवार है। कुछ लोग 'यूराल' और 'अल्टाई' को अलग-अलग परिवार मानते हैं। **भाषाएँ–यूराली (फिनो-उग्रिक)**– फ़िनिश (फ़िनलैंड), इस्तोनियन (इस्तोनिया), हंगेरियन (हंगरी)। **अल्टाई**–तुर्की (तुर्की), ऐज़रबैजानी (ऐज़रबैजान), उज़बेक (उज़बेकिस्तान), मंगोलियन (मंगोलिया), किरगिज़ (किरगिज़िया), कज़ाक (कज़ाकिस्तान)। ऐतिहासिक सम्पर्क के कारण हिन्दी आदि भारतीय भाषाओं में सौ से ऊपर तुर्की तथा उज़बेक शब्द मिलते हैं जैसे चाकू, कैंची, तमगा, तोप आदि।

(5) काकेशियन परिवार

इस परिवार का क्षेत्र कैस्पियन सागर और कृष्ण सागर के बीच में काकेशस पर्वत का पहाड़ी क्षेत्र और आसपास का भूभाग है। **प्रमुख भाषाएँ** : उत्तरी–चेचेन, कबार्दियन, अवर, अबरवासियन। **दक्षिणी**–जार्जियन, मिंग्रेलियन। पहाड़ी प्रदेश होने के कारण इस परिवार में अनेकानेक भाषाएँ और बोलियाँ विकसित हो गई हैं।

(6) जापानी-कोरियाई परिवार

यह परिवार जापान, कोरिया तथा आस-पास के कुछ द्वीपों आदि में फैला है। इसकी मुख्य भाषाएँ जापानी तथा कोरियाई हैं। पहले ये दोनों अनिश्चित परिवार की भाषाएँ मानी जाती थीं तथा इनका आपस में भी कोई सम्बन्ध नहीं माना जाता था। अब प्रायः यह माना जाने लगा है कि दोनों एक ही परिवार की हैं। कोरियाई लिपि ब्राह्मी से विकसित है। चीनी के आधार पर जापानी की वर्णमाला बनाने में भारतीयों का हाथ रहा है और उसे 'उएओ' कहते हैं।

(7) मलय-पालिनेशियन परिवार

यह परिवार पश्चिम में मैडागास्कर से लेकर पूरब में ईस्टर द्वीप तक तथा उत्तर में फ़ारमोसा से लेकर दक्षिण में न्यूज़ीलैण्ड तक जावा, सुमात्रा, बोर्नियो, बाली, फ़िलीज़ीन, न्यूज़ीलैण्ड, हवाई, मलाया, फ़ारमोसा आदि में फैला हुआ है। **मुख्य भाषाएँ : पश्चिमी**–मलय, इंडोनेशियन, जावानीज़, बालीनीज़। **पूर्वी**–हवाइयन, समोअन, माओरी, फीज़ियन, न्यूज़ीलैंडी। इस परिवार की जावा, सुमात्रा, बाली आदि की भाषाओं में संस्कृत के शब्द बहुत ज्यादा हैं। अनेक स्थानों और व्यक्तियों के नाम भी मूलतः संस्कृत के हैं। जावा की साहित्यिक भाषा को 'कवि' कहते हैं। कुछ स्थान नाम हैं : सूरादिपुर (सुराधिपुर), जावा (यवद्वीप), वोनोसोबो (वनसभा)। ऐसे ही कुछ

व्यक्ति-नाम हैं : सुकानो (सुकर्ण), जसविदग्ध (यशोविदग्ध), सोयर्जोप्रत्रत (सूर्योप्रणत), बूदिदर्म (बुद्धिधर्म), कर्तविनव (कृतविभव) आदि।

(8) आस्ट्रो-एशियाटिक परिवार

इसे आस्ट्रिक अथवा आग्नेय परिवार भी कहा गया है। पहले इस परिवार का क्षेत्र विस्तृत था, किन्तु अब स्याम, ब्रह्मा, नीकोबार, कम्बोडिया, बंगाल, बिहार, मध्य प्रदेश, तमिलनाडु आदि में ही यह सीमित हो गया है। इसके मुख्य वर्ग हैं : (क) **पश्चिमी**—इन भाषाओं को **मुंडा** या **कोल** कहते हैं। इस वर्ग की प्रसिद्ध भाषाएँ **संथाली** (पूर्वी बिहार तथा पश्चिमी बंगाल), मुंडारी (पश्चिमी बंगाल, उड़ीसा, मध्य प्रदेश, तमिलनाडु), तथा भूमिज आदि हैं। बीस अथवा बीसी के आधार पर गिनती, कोड़ी शब्द का प्रयोग, कुछ बिहारी बोलियों में क्रियारूपों की जटिलता, पूर्वी भारत की भाषाओं में व्याकरणिक लिंग की अपेक्षाकृत कमी आदि बातें मुंडा वर्ग की भाषाओं का प्रभाव मानी जाती हैं। इस परिवार की भाषाओं के भी कुछ शब्द भारतीय भाषाओं में मिलते हैं जिनकी चर्चा आगे यथास्थान की गई है।

(9) बुशमैन परिवार

इसका क्षेत्र दक्षिणी अफ्रीका में ऑरेंज नदी से नगामी झील तक है। यहाँ मुख्यतः बुशमैन जाति के लोग रहते हैं, उन्हीं के आधार पर यह नाम पड़ा है। इस परिवार को कुछ लोग परिवार न कहकर परिवार-वर्ग कहते हैं। इसकी मुख्य भाषाएँ ऐकवे, औकवे, होतेंतोत आदि हैं। इस परिवार पर बाँटू, सूडानें तथा हैमेटिक भाषाओं का प्रभाव पड़ा है।

(10) बाँटू परिवार

लगभग 150 भाषाओं के इस परिवार की प्रायः सभी भाषाओं में 'आदमी' के लिए एक ही शब्द 'बाँटू' कुछ उच्चारण-भेदों के साथ प्रचलित है। इसी आधार पर इस परिवार को यह नाम दिया गया है। यह परिवार मध्य और दक्षिणी अफ्रीका तथा जंजीबार द्वीप आदि में फैला है। इसकी मुख्य भाषाएँ काफ़िर, स्वाहिली, जुलु, कांगो, सेसुतो, रुआन्दा, उम्बुन्दु आदि हैं।

(11) सूडान परिवार

लगभग सवा चार सौ भाषाओं के परिवार को कुछ लोग सात परिवारों का वर्ग मानते हैं। यह परिवार अफ्रीका में भूमध्य रेखा के उत्तर हैमेटिक भाषा क्षेत्र के दक्षिण-पूर्व से पश्चिम तक एक पतले भाग में फैला हुआ है। इसकी मुख्य भाषाएँ हौसा, सोंहगइ, इवे, बाँटू, न्युबियन, यरुबा, अशानी आदि हैं। अनेक बातों में यह परिवार चीनी तथा बाँटू परिवार से मिलता-जुलता है।

(12) अमरीकी परिवार

अमरीका में यों तो मुख्यतः अंग्रेज़ी, स्पैनिश, पुर्तगाली, फ्रांसीसी, जर्मन तथा इटैलियन आदि भाषाएँ बोली जातीं हैं, किन्तु इनके अतिरिक्त वहाँ के आदिवासियों द्वारा व्यवहृत लगभग एक हज़ार भाषाएँ ऐसी हैं, जो मूलतः वहीं की हैं और जिन्हें अमरीकी भाषाएँ कहते हैं। यहाँ इन्हें एक परिवार, शिथिल रूप में कहा जा रहा है। वास्तविकता यह है कि इनका अभी ठीक ढंग से तुलनात्मक अध्ययन नहीं हो पाया है, और इसीलिए इनका ठीक पारिवारिक वर्गीकरण संभव नहीं हो सका है। कुछ लोगों का अनुमान है कि यहाँ लगभग एक हज़ार परिवार की भाषाएँ बोली जाती हैं। ऐसी स्थिति में इन्हें 'अमरीकी वर्ग' कहा जा सकता है। ये भाषाएँ उत्तरी अमरीका, मध्य अमरीका, दक्षिणी अमरीका, ग्रीनलैंड तथा आसपास के द्वीपों में बोली जाती हैं। इनकी मुख्य भाषाएँ एस्किमो (ग्रीनलैंड), अथबस्कन (कनाडा तथा संयुक्त राष्ट्र,) नहुअत्ल (मैक्सिको), करीब, चेरोकी (पनामा के पूरब), गुअर्नी, अरबक, क्वेचुआ, चेरोकी, नूत्का आदि हैं।

(13) भारोपीय परिवार

एशिया में पूरे उत्तरी भारत; बांगलादेश, पाकिस्तान, अफ़गानिस्तान, ईरान, ताज़िकिस्तान; यूरोप में सोवियत संघ, रूमानिया, पोलैंड, इटली, फ्रांस, पुर्तगाल, स्पेन, इंग्लैंड, जर्मनी तथा अमेरिका, अफ्रीका, आस्ट्रेलिया के अनेक भागों में यह बोली जाती है। यह परिवार क्षेत्रफल, जनसंख्या तथा भाषाओं की संख्या की दृष्टि से विश्व में सबसे बड़ा है। यह परिवार केंतुम् और सतम दो भाषाओं में विभक्त है। सतम में रूसी, ईरानी-भारतीय आदि भाषाएँ आती हैं। इसी की भारतीय शाखा की एक आधुनिक भाषा हिन्दी है। हिन्दी चूंकि इसी परिवार की भाषा है, इसीलिए आगे स्वतन्त्र अध्याय में इस पर विचार किया गया है।

इस तरह विश्व की तीन हज़ार भाषाओं के तेरह परिवारों में से सबसे बड़े परिवार भारोपीय परिवार के सतम वर्ग की भारतीय आर्यभाषाओं में आधुनिक कालीन एक महत्त्वपूर्ण भाषा हिन्दी है।

2

भारोपीय परिवार

'हिन्दी भाषा' भारोपीय परिवार की है, इसीलिए पृष्ठभूमि के रूप में यहाँ अलग से इस परिवार पर कुछ विस्तार से विचार किया जा रहा है।

नाम—इस परिवार के एक ओर मुख्यतः भारत और दूसरी ओर 'यूरोप' है, इसी आधार पर पहले इसे 'भारत यूरोपीय' (Indian European) कहा गया। बाद में इसी का संक्षेप 'भारोपीय' (Indo-European) कर लिया गया। यों इन दोनों के पूर्व इस परिवार को 'इंडो-जर्मनिक', 'इंडो-केल्टिक' तथा 'आर्य' आदि कई अन्य नामों से भी समय-समय पर पुकारा जाता रहा है। बीच में मूल भाषा से भारोपीय की तरह ही 'हिन्दी' को भी कुछ लोगों ने विकसित माना और इस आधार पर मूल भाषा को 'भारोपीय' के स्थान पर 'भारत-हिस्ट्री' (Indo-Hittite) नाम दिया था, किन्तु बाद में यह मत अस्वीकृत हो गया। अब इस परिवार को 'भारोपीय' ही कहते हैं।

मूल स्थान तथा प्रसार—इस परिवार के मूल स्थान के बारे में काफ़ी विवाद रहा है तथा इस पर काम भी बहुत हुआ है। भारतीय पण्डित इसका मूल स्थान भारत में मानते रहे हैं, तो कुछ लोग मध्य एशिया में, कुछ यूरोप में, कुछ लोग यूरोप और एशिया की सीमा पर। आजकल ब्रान्देश्ताइन का मत सर्वाधिक मान्य है। इन्होंने यूराल पर्वत के दक्षिण-पूर्व में किरगीज़ के मैदानी भाग को भारोपीय लोगों का मूल स्थान माना है। इस तरह 'मूल भारोपीय' जिन्हें 'भारोपीय भाषा-भाषी' कह सकते हैं, किरगीज़ में रहते थे। वहीं से धीरे-धीरे शाखाओं में विभक्त होकर ये लोग यूरोप और एशिया के विभिन्न देशों में पहुँचे और अब तो अफ्रीका, अमरीका तथा आस्ट्रेलिया में भी फैल गए हैं तथा पूरे यूरोप, एशिया, कनाडा, अमरीका, आस्ट्रेलिया आदि में अंग्रेज़ी, फ्रांसीसी, रूसी, स्पैनिश, फ़ारसी, संस्कृत, हिन्दी, मराठी, बांग्ला, गुजराती, कश्मीरी आदि भाषाओं के बोलने वालों के रूप में आज भी विद्यमान हैं। (विस्तार के लिए देखिए 'भाषाविज्ञान'—भोलानाथ तिवारी का अध्याय तीन)

ध्वनियाँ—मूल भारोपीय भाषा की ध्वनियों के विषय में भी काफ़ी विवाद है।

यहाँ मोटे रूप से निम्नांकित ध्वनियाँ मानी जा सकती हैं–

ध्वनि–स्वर : अतिह्रस्व : अ
ह्रस्व : अ, इ, उ, ऋ, लृ, ऍ, ओ˘, नॄ, मॄ
दीर्घ : आ, ई, ऊ, ॠ, लृ, ए, ओ, नृ, मृ
व्यंजन : स्पर्श : कंठ्य तालव्य : क, ख, ग, घ, ङ (य-युक्त)
कंठ्य जिह्वामूलीय : क, ख, ग, घ, ङ
कंठ्योष्ठ्य : क, ख, ग, घ, ङ (व-युक्त)
दंत्य : त, थ, द, ध, न
ओष्ठ्य : प, फ, ब, भ, म
कंपनजात : तालव्य : र
पार्श्विक : दंत्य : ल
ऊष्म : दंत्य : स, ज़
संदिग्ध ध्वनियाँ
संघर्षी : ह., ह., थ़, द़, ख़, ग़, झ़

व्याकरण–(क) मूल भारोपीय भाषा का व्याकरण अत्यन्त जटिल था। रूप बहुत अधिक थे। अपवादों की संख्या बहुत अधिक थी। (ख) संज्ञा के रूप आठ थे जो प्रत्ययों एवं अपश्रुति की सहायता से बनते थे। (ग) लिंग तीन थे–पुल्लिंग, स्त्रीलिंग, नपुंसकलिंग। उस समय तक प्रत्यय पूर्णतः लिंगानुसार अलग-अलग न थे। एक ही प्रत्ययांत शब्द विभिन्न लिंगों में आते थे। (घ) वचन तीन थे–एक, द्वि, बहु। प्रारम्भ में द्विवचन का प्रयोग युगलवाची शब्दों तक ही सीमित था। बाद में उसका परवर्ती प्रयोग विकसित हुआ। (ङ) दस उँगलियों से गणना आरम्भ करने के कारण संख्याओं की दाशमलविक प्रणाली थी। आरम्भ में 10 तक, फिर 100 तक और फिर 1000 तक की गणना का विकास हुआ। (च) क्रिया में तीन वचन (एक, द्वि, बहु), तीन पुरुष, दो पद (आत्मने, परस्मै) थे। काल एवं क्रियार्थ (mood) का बोध नहीं था। अविकसित मस्तिष्क के लिए इसकी आवश्यकता भी नहीं थी। वाच्य केवल एक था–कर्तृवाच्य। कर्मवाच्य का विकास बहुत बाद में हुआ है। प्रेरणार्थक (causative), पौनःपुन्यार्थक (frequentative), तथा इच्छार्थक (desiderative) भी, स्पष्टतः, काफ़ी बाद में विकसित हुए। उत्तरावस्था में पाँच क्रियार्थ (mood)–निश्चयार्थ (indicative), आज्ञार्थ (imperative), सम्भावनार्थ (subjunctive), आदरार्थ आज्ञार्थ (optative), तथा विध्यर्थ (injunctive) एवं चार काल–वर्तमान या लट् (present), अनद्यतन भूत या लङ् (imperfect), अनिर्दिष्ट भूत या लुङ्, (aorist), तथा परोक्ष भूत या लिट् (perfect), विकसित हो गए थे। इस प्रकार शुद्ध काल की दृष्टि से भारोपीय में केवल वर्तमान एवं भूत ही थे। भविष्य की स्वतन्त्र सत्ता नहीं थी। उसके लिए सम्भावनार्थ (subjunctive) का ही प्रयोग होता था। (छ) क्रिया की विशेषता दर्शित करने के लिए

स्वतन्त्र शब्दों का प्रयोग होता था। ये ही आगे चलकर उपसर्ग हो गए। संस्कृत के प्र, परा आदि 21 उपसर्ग इन्हीं के वंशज हैं। कहना न होगा कि इन शब्दों की स्वतन्त्र सत्ता वैदिक काल तक मिलती है। वे क्रिया से पूर्व या बाद में आ सकते हैं, यह कोई दूसरा शब्द भी उनके एवं क्रिया के बीच आ सकता है। बहुत बाद में ये नियमतः धातु के पूर्व जोड़े जाने लगे। (ज) आज अव्यय कहे जाने वाले शब्द भी, मूल भारोपीय में थे, यद्यपि उनमें अव्ययता नहीं थी, अर्थात् उनके रूप में परिवर्तन होते थे। बाद में ये अपरिवर्तनशील या अव्यय बन गए।

शब्द-समूह–भारोपीय भाषा के अपने शब्द तो थे ही, इसने अन्य भाषाओं से भी अनेक शब्द लिये, जैसे सुमेरी भाषा से 'गुद' (>अं० cow, सं० गौ, हिं० गाय) तथा 'उरुदु' (>सं० लौह, हिं० लोहा) तथा अक्कादी से 'पिलक्कु' (> सं० परशु) आदि।

शाखाएँ : केंतुम्-सतम्–भारोपीय परिवार की भाषाओं को 'सतम्' एवं 'केंतुम्' दो वर्गों में रखते हैं। पहले-पहल अस्कोली ने 1870 ई० में विद्वानों के समक्ष यह विचार रखा कि मूल भारोपीय भाषा के कण्ठ-तालव्य 'क्' (अथवा 'क्यू') का परवर्ती भाषाओं में विकास दो दिशाओं में हुआ। कुछ में तो यह 'क्' हो गया और कुछ में ऊष्म (श्, स् आदि)। इसी आधार पर बान ब्रैडके ने इस परिवार के 'सतम्' (जिनमें 'स', 'श' आदि हैं) तथा 'केंतुम्' (जिनमें 'क' है) दो वर्ग बनाए। यह अन्तर 'सौ' के लिए प्रयुक्त शब्दों में बहुत स्पष्ट है, अतः लैटिन से 'सौ' का वाचक 'केंतुम्' एवं अवेस्ता से 'सौ' का वाचक 'सतम्' लेकर इन दोनों का नामकरण किया गया। भारोपीय सौ-वाची क्यम्तोम् (kmtom) का विकास इन भाषाओं में–

सतम् वर्ग	**केंतुम् वर्ग**
अवेस्ता सतम्	लैटिन केंतुम्
संस्कृत शतम्	ग्रीक हेक्तोन
फ़ारसी सद्र	पुरानी आयरिश केन्त
लिथुआनियन शितस्	आगे दोनों की भाषाओं
रूसी स्तो	तोख़ारियन कन्ध
बल्गेरियन सुतो	इतालवी केंतो

आदि रूप में हुआ है। इस तरह सतम् में जहाँ स् या श् है, केंतुम् में 'क्'। कंठ-तालव्य ग, घ में भी कुछ इस प्रकार की प्रवृत्ति है। इन दो के अतिरिक्त एक और भी अन्तर है। मूल भारोपीय का कंठोष्ठ्य कवर्ग (क्व्, ग्व् आदि) केंतुम् में कई भाषाओं में प्रायः सुरक्षित है, किन्तु सतम् में उसका ओष्ठत्व समाप्त हो गया है, जैसे मूल भारोपीय kwo का लैटिन quə, गोथिक ख्वस्, हित्ती क्विश्, किन्तु सं० कः, रूसी क्तो, लिथु० कस् इत्यादि।

दोनों वर्ग की शाखाएँ भाषाएँ हैं–

(क) केंतुम् वर्ग[1]

इसकी शाखाएँ हैं : केल्टिक, जर्मनिक, लैटिन, ग्रीक, तोख़ारी।

(1) **केल्टिक**–पहले इसका क्षेत्र मध्य यूरोप, उत्तरी इटली, फ्रांस, एशिया माइनर आदि में काफी बड़े भाग में था। अब यह आयरलैंड, वेल्स, स्कॉटलैंड, मानद्वीप आदि में सीमित हो गया है। **मुख्य भाषाएँ :** गॉलिक (मृत), वेल्श (वेल्श), आयरिश (आयरलैंड), स्कॉच (स्कॉटलैंड का उत्तरी-पश्चिमी तथा उत्तरी भाग; अब समाप्तप्राय), मैक्स मानद्वीप अब समाप्तप्राय)।

(2) **जर्मनिक (ट्यूटॉनिक)**–भारोपीय परिवार की अत्यन्त महत्त्वपूर्ण शाखा है जो अपने ध्वनि-परिवर्तनों (ग्रिम-नियम, बर्नर-नियम, ग्रासमान-नियम) के लिए प्रसिद्ध है। **मुख्य भाषाएँ और क्षेत्र :** उत्तरी–आइसलैंडिक (आइसलैंड), डैनिस (डेनमार्क), नार्वेजियन (नार्वे), स्वीडिस (स्वीडेन); **दक्षिणी**–अंग्रेज़ी (इंग्लैड, अमेरिका तथा कनाडा, अफ्रीका, आस्ट्रेलिया आदि में अनेक क्षेत्र), जर्मन (जर्मनी), डच (हॉलैंड), फ्लेमिश (बेल्जियम)। इनमें अंग्रेजी, डच, फ्लेमिश 'निम्न जर्मन' कहलाती हैं तथा जर्मन (जिसमें स्वावियन, बवेरियन, अलमानिक हैं), उच्च जर्मन।

(3) **लैटिन (रोमांस, इतालिक)**–यह वर्ग लैटिन के बोलचाल के रूप से विकसित है। **भाषाएँ तथा क्षेत्र :** इतालवी (इटली, सिसिली), रूमानियन (रूमानिया), फ्रांसीसी (फ्रांस), स्पैनिश (स्पेन), पुर्तगाली (पुर्तगाल)।

(4) **ग्रीक (हेलेनिक)**–इसका क्षेत्र यूनान (ग्रीस), इजियन द्वीप-समूह, अल्बानिया, युगोस्लाविया, बलगारिया तथा तुर्की का कुछ भाग; साइप्रस और क्रीट द्वीप है। इस शाखा की मुख्य भाषा ग्रीक है जिसमें अत्यन्त समृद्ध प्राचीन साहित्य मिलता है। मूल भारोपीय के व्यंजन संस्कृत भाषा में अधिक सुरक्षित हैं तो उसके स्वर ग्रीक में। ग्रीक में चार ही कारकीय रूप हैं : कर्ता, कर्म, संप्रदान, सम्बन्ध। ग्रीक संस्कृत के बहुत समान है। इसमें भी 3 लिंग, समास की व्यवस्था, आत्मनेपद, परस्मैपद तथा संगीतात्मक स्वराघात है।

(5) **तोख़ारी**–इसका क्षेत्र मध्य एशिया का तुरफ़ान प्रदेश रहा है। महाभारत में 'तुषार' रूप में इसी के बोलने वाले लोगों का उल्लेख है। 7वीं सदी में यह भाषा लुप्त हो गई। संधि-नियमों, विभक्तियों तथा शब्द-भण्डार आदि में यह संस्कृत के काफी निकट है।

(ख) सतम् वर्ग

इसकी शाखाएँ हैं : ~तीरियन, बाल्टिक, स्लाव, आर्मीनियन, आर्य या भारत-ईरानी।

(1) **इलीरियन (अल्बेनियन)**–इसकी मुख्य भाषा अल्बेनियन है जो अल्बेनिया

---

1. सब लोग केंतुम्-सतम् का अन्तर प्रायः नहीं मानते।

तथा यूनान के कुछ भागों में बोली जाती है। इस शाखा की अन्य भाषाएँ समाप्त हो गई हैं।

(2) **बाल्टिक**–बाल्टिक सागर के किनारे इसका क्षेत्र है। **मुख्य भाषाएँ :** लिथुआनियन (लिथुआनिया), लेट्टिश (लाटविया)। इस शाखा का विकास कम हुआ है। अब भी यह मूलभाषा के निकट है। संगीतात्मक स्वराघात, द्विवचन, 'एस्ति' (सं० अस्ति) जैसे रूप इसमें आज भी सुरक्षित हैं।

(3) **स्लाव–विभाजन, भाषाएँ और क्षेत्र : पूर्वी**–रूसी (इसे महारूसी भी कहते हैं; रूस), श्वेत रूसी (रूस के दक्षिणी भाग में), लघु रूसी (उक्रेन में)। **पश्चिमी**–पोलिश (पोलैंड), चेका (चेकोस्लोवाकिया), **दक्षिणी**–बल्गारियन (बल्गारिया), सर्बो-क्रोशियन (युगोस्लाविया), स्लोवेनियम (युगोस्लाविया के दक्षिण)।

(4) **आर्मीनियन**–यूरोप और एशिया की सीमा पर कुस्तुन्तुनिया तथा कृष्ण सागर के पास इसका क्षेत्र है। इसकी स्तंबुल बोली यूरोप में बोली जाती है तथा अराराट एशिया में।

(5) **भारत-ईरानी**–भारोपीय परिवार की आर्य-शाखा विशेष महत्त्वपूर्ण इसलिए है कि इस परिवार का प्राचीनतम प्रामाणिक साहित्य अपने शुद्ध अर्थों में इसी शाखा में मिलता है। इतना ही नहीं, ऋग्वेद के बराबर पुराना शुद्ध साहित्य संसार की किसी भी भाषा में कदाचित् नहीं मिलता। ऋग्वेद की कुछ ऋचाएँ दो हजार ई० पू० तक लिखी जा चुकी थीं, ऐसी कुछ विद्वानों की धारणा है; और, 1500 ई० पू० तक तो इसका बहुत अंश लिखा जा चुका था, ऐसा अधिकांश लोग मानते हैं। पारसियों का धर्मग्रंथ 'जेन्द अवेस्ता' भी लगभग 7वीं सदी ई० पू० का है। इसके अतिरिक्त इस शाखा की भाषाओं की गठन तथा उनका साहित्य भी कम महत्त्वपूर्ण नहीं है। सबसे बड़ी बात तो यह है कि भाषाविज्ञान के अध्ययन के लिए इस शाखा ने प्रभूत सामग्री दी है, और पश्चिम में भाषाविज्ञान का अध्ययन तभी से यथार्थतः प्रारम्भ भी हुआ है, जब से उन लोगों को इस शाखा के मनन करने का सौभाग्य प्राप्त हुआ है।

भारतीय आर्य तो अपने को आर्य कहते ही थे, ईरानी भी अपने को इसी नाम से पुकारते थे। इनका अवेस्ता रूप 'अइर्य' (airya) है। इस प्रसंग में यह भी उल्लेख्य है कि इसी शब्द के सम्बन्ध कारक के बहुवचन रूप 'अइर्यन' (airyana) से पहलवी में 'एरान' (eran) होता 'ईरान' शब्द (सं० आर्याणाम्) विकसित हुआ है। अतः 'आर्य' शब्द भी 'भारत-ईरानी' के लिए बहुत उपयुक्त है।

अपने मूल स्थान से चलकर भारत-ईरानी लोग ओक्सस-घाटी के पास आए और वहाँ से फिर उनका एक वर्ग ईरान चला गया, दूसरा कश्मीर तथा आसपास एवं तीसरा भारत। भारत-ईरानी शाखा के बारे में तीन प्रकार के मत हैं। स्टेनोकोव इसकी केवल भारतीय और ईरानी, दो शाखाएँ मानते हैं, और दरद को ईरानी के

ही अन्तर्गत रखते हैं। दूसरी ओर जूल ब्लाक तथा कुछ अन्य विद्वान भी इसकी दो ही शाखाएँ मानते हैं, किन्तु दरद को भारतीय शाखा में स्थान देते हैं। तीसरा मत ग्रियर्सन का है जो भारत-ईरानी की तीन शाखाएँ मानते हैं—भारतीय, ईरानी, दरद। इसमें कोई सन्देह नहीं कि दरद में अनेक बातें ईरानी के समान हैं, तथा अनेक अन्य बातें भारतीय के समान हैं, किन्तु कुछ बातें ऐसी भी हैं जो दोनों से अलग हैं। ऐसी स्थिति में उसे एक अलग शाखा मानना ही अधिक समीचीन है। इस प्रकार भारत-ईरानी या आर्य शाखा की तीन उपशाखाएँ हैं—ईरानी, दरद तथा भारतीय आर्यभाषा।

शब्द-समूह—परम्परागत शब्द-समूह के अतिरिक्त, भारत-ईरानी भाषियों ने उन संस्कृतियों से भी शब्द लिये, जिनके सम्पर्क में वे आए। उदाहरणार्थ, असीरियन से उन्होंने 'असुर' तथा 'मन' शब्द लिये। यही 'असुर' शब्द संस्कृत में 'असुर' रूप में मिलता है, जिसमें से भ्रामक व्युत्पत्ति के कारण 'अ' निकालकर में देववाची 'सुर' शब्द बना लिया गया। 'मन' (40 सेर) शब्द भी मूलतः असीरी ही है। यह वैदिक संस्कृत में 'मना' रूप में आया है। सामी भाषाओं में यह 'मन' या 'मिनह्' रूप में मिलता है। फ़िनो-उग्रिक लोगों के सम्पर्क में आने पर एक ओर तो भारत-ईरानियों ने उन्हें 'सत' (100), असुर, वज्र, वराह आदि शब्द दिए तो दूसरी ओर उन्होंने फ़िनो-उग्रिक से कफ, कूप (कुआँ), शलाका एक (1) आदि शब्द लिये।

जैसा कि ऊपर संकेत किया गया है, भारत-ईरानी की तीन शाखाएँ हुईं— **(क) ईरानी**—जिसमें प्राचीन फ़ारसी, अवेस्ता, पहलवी, फ़ारसी आदि आती हैं। **(ख) दरद**—जिसमें कश्मीरी, शिणा, चित्राली आदि आती हैं।
(ग) भारतीय—जिसमें भारत की आर्यभाषाएँ आती हैं, जिन पर आगे विस्तार से विचार किया जायगा।

भारतीय आर्यभाषा

भारत में आर्यों के आने के बाद से उनकी भारतीय आर्यभाषा का इतिहास शुरू होता है। इस प्रसंग में सबसे पहले उन लोगों के सम्बन्ध में कुछ जानकारी अपेक्षित है, जो आर्यों के आने के पूर्व भारत में आ चुके थे।

आर्यों के पूर्ववर्ती भारतीय

आर्यों के आने के पूर्व भारत में कौन-कौन सी जातियाँ रहती थीं, यह प्रश्न भी प्रस्तुत प्रसंग में विचारणीय है, क्योंकि उनकी भाषाओं ने हमारी भाषिक धारा को विभिन्न स्तरों पर अनेक प्रकार से प्रभावित किया है। विभिन्न क्षेत्रों में अधुनातन शोधों से यह बात प्रायः सिद्ध हो चुकी है कि किसी भी ऐसी जाति का पता अब तक नहीं चला है जिसे मूलतः भारत-भूमि का निवासी माना जा सके। यहाँ की छोटी-बड़ी

प्रायः सभी जातियाँ समय-समय पर बाहर से ही आईं जिनमें से प्रमुख चार हैं–

(क) नेग्रिटो–यह प्राचीनतम जाति है जिसका भारत-भूमि पर पता चलता है। नेग्रिटो मूलतः अफ्रीका के निवासी थे और ये दक्षिण अरब, ईरान होते हुए भारत आए थे। प्रारम्भ में ये लोग प्रायः पूरे भारत में फैल गए थे, फिर इनमें से कुछ असम, बर्मा होते अंदमान जा पहुँचे। इस समय फिलीपीन के नेग्रिटो, दक्षिणी बलूचिस्तान के कुछ लोगों, दक्षिण भारत की तमिल-भाषी पनियर, कँदिर, कुरुम्बा-इरुला आदि छोटी-मोटी जातियों, असम के मंगोली किरातों तथा अंदमान के पाँच-छह सौ व्यक्तियों (जो अब तक अपनी भाषा का प्रयोग करते हैं) के रूप में ही इनके अवशेष हैं। पीपल की पूजा तथा धनुष-बाण का प्रयोग भारतीय संस्कृति को इनकी देन है। इनकी भाषा का कोई विशेष अवशेष, प्रभाव रूप में, भारतीय भाषाओं में नहीं रह गया है। आधुनिक भारतीय भाषाओं में 'बाद' या 'बादुड़' ही एक ऐसा शब्द है जो इनका माना ज़ाता है। यह बंगला में 'बादुड़' तथा पुरानी बंगला में 'बादुड़ी' है। बिहारी 'चमदड़िया' 'गादुर', हि० 'चमगादड़', पंजा० 'चमगिद्दड़' भी अंशतः उसी से सम्बद्ध हैं।

(ख) ऑस्ट्रिक–नेग्रिटो लोगों के बाद ऑस्ट्रिक आए। पहले लोगों का यह विचार था कि ये लोग दक्षिणी चीन तथा उत्तरी हिन्दचीन के निवासी थे तथा असम के रास्ते भारत में आए थे, किन्तु अब इनका मूल स्थान भूमध्यसागर माना जाता है। ये इराक, ईरान होते भारत आए तथा इंडोनेशिया होते आस्ट्रेलिया पहुँच गए। वहाँ अब भी ये लोग हैं। भारत की कोल, मुण्डा, खासी, रोजख़्मेर, निकोबारी आदि भाषाएँ इन्हीं की हैं। पान, सुपारी, धान, लौकी, बैंगन, हल्दी, केला, अदरक, हाथी को पालतू बनाना, कुत्ता, सूअर, मुर्गी पालना, नारियल, कपास तथा उससे कपड़े बनाना, सिंदूर, 20 पर आधारित गिनती (कोड़ी शब्द इन्हीं का है) एवं पुनर्जन्मवाद भारतीय संस्कृति को इनकी देन है। ऑस्ट्रिक भाषाओं ने भारतीय आर्यभाषाओं, विशेषतः पूर्वी भारत की भाषाओं को कई रूपों में प्रभावित किया है। कार्पास, कदली, बाण, ताम्बूल, पिनाक, गंगा, लिंग, कम्बल आदि अनेक शब्द मूलतः ऑस्ट्रिकों से ही हमें मिले हैं। अनुकरणात्मक शब्द बनाने की परम्परा भी कदाचित् इन्हीं से भारतीय भाषाओं में आई है।

(ग) किरात–ऑस्ट्रिक लोगों के बाद किरात भारत में आए। ये लोग मूलतः याङ्तसी-क्यांग नदी के मुहाने के पास के रहने वाले आदिमंगोल थे। इन्हीं की एक शाखा चीनी सभ्यता एवं संस्कृति की निर्माता बनी। इनकी एक शाखा भारत आई और उत्तरी पहाड़ी भागों, पंजाब, उत्तर प्रदेश, राजस्थान, मध्य भारत, बिहार, आसाम, बंगाल एवं उड़ीसा में फैल गई। यजुर्वेद तक में इनका उल्लेख मिलता है, जिससे पता चलता है कि ये लोग काफी पहले आ चुके थे। अब ये लोग केवल हिमाचल प्रदेश, नेपाल, भूटान, आसाम, मनीपुर तथा उत्तरी बंगाल में हैं। इनकी प्रमुख भाषाएँ मेइथेइ, कचिन, नगा, गारो, बोड़ो, लोलो, कुकीचिन, लेप्चा तथा नेवारी आदि हैं।

भारत में आने पर ये लोग भाषा तथा संस्कृति के क्षेत्र में ऑस्ट्रिकों से प्रभावित हुए, बाद में इन लोगों ने द्रविड़ों तथा आर्यों को प्रभावित किया। भारतीय तन्त्रशास्त्र इनसे प्रभावित माना जाता है। खोखा (मछली का जाल; हिन्दी, पंजाबी का खोखा भी यही है, लकड़ी का छोटा घर या बक्स), फेटा (झुकाव; हिन्दी फेंटा (धोती का) भी यही है) आदि शब्द इन्हीं के हैं।

(घ) **द्रविड़**–भारत में आने वाली तीसरी जाति द्रविड़ों की थी। इसके मूल स्थान के सम्बन्ध में विवाद है। सभी बातों पर ध्यान देते हुए मेरे विचार में इनका मूल स्थान अफ्रीका है। वहाँ से ये लोग भूमध्यसागर आए, और फिर ईरान, अफगानिस्तान से लेकर पूर्वी भारत (आसाम, बंगाल) तक फैल गए। कभी लोगों का विचार था कि केवल हड़प्पा-मोहनजोदड़ो, अर्थात् उत्तरी-पश्चिमी भारत में ही इनका केन्द्र था, किन्तु इधर लोथल (गुजरात), उरिव्लना (मेरठ) तथा कालिबाँगन आदि में इनके अवशेष, पूर्वी भारत में भी अनेक स्थानों के नामों में इनके भाषिक तत्त्व, तथा इनकी भाषाओं का अनेक क्षेत्रों में मिलना, इनके प्रायः पूरे उत्तर भारत में फैले होने के प्रमाण हैं। आज तमिल, तेलुगु, कन्नड़, मलयालम के अतिरिक्त तुलु, कोडगु, कोलमी, टोडा, गोंड (मध्य भारत), खन्द (उड़ीसा), ओराँव (बिहार आदि), ब्राहुई (बलूचिस्तान) तथा माल्तो (राजमहल की पहाड़ियाँ) आदि इनके बृहत् भाषा-क्षेत्र के अवशेष हैं। संस्कृत साहित्य में द्रविड़ों को 'दास', 'दस्यु' तथा 'शूद्र' नामों से पुकारा गया है। आरम्भ में ये नाम जातिवाची थे, किन्तु बाद में इनमें अर्थापकर्ष हो गया और ये गुलाम, डाकू तथा अछूत आदि के वाचक हो गए। हिन्दू धर्म के शिव-पार्वती, देवी, हनुमान, कार्तिकेय, गरुड़, मृत्यु के बाद का पिंडदान संस्कार आदि मूलतः द्रविड़ ही हैं। भाषा के क्षेत्र में आर्यभाषाओं पर द्रविड़-प्रभाव पर्याप्त है। इस प्रभाव को तीन वर्गों में रखा जा सकता है–ध्वनि, व्याकरण, शब्द। ध्वनियों के क्षेत्र में इनकी सबसे बड़ी देन भारत में आने के बाद आर्यभाषा में टवर्ग का विकास है। व्याकरणिक क्षेत्र में संयुक्त क्रियाओं (ये प्रयोग संस्कृत से पालि में, पालि से प्राकृत में तथा प्राकृत से अपभ्रंश में और अपभ्रंश से आधुनिक भाषाओं में बढ़ते गए हैं) का अत्यधिक प्रयोग, परसर्गों का प्रयोग तथा तुलनात्मक विशेषण में अपादान परसर्ग का प्रयोग आदि द्रविड़ भाषाओं के ही प्रभाव हैं। पूर्वकालिक क्रियाओं का अधिक प्रयोग मूलतः ऑस्ट्रिकों की देन है, किन्तु यह प्रभाव आधुनिक आर्यभाषाओं में प्रमुखतः द्रविड़ माध्यम से ही आया जान पड़ता है। द्रविड़ से भारतीय आर्यभाषाओं में बहुत से शब्द आए हैं। उदाहरणार्थ, अणु, कला, गण, नाना (अनेक), पुष्प, बीज, रात्रि, सायं, तंडुल, मर्कट, शव, श्रेष्ठिन् (सेठ), झड़ी (वर्षा की), झगड़ा, सीप, खूँटा आदि। प्रतिध्वन्यात्मक शब्द (घोड़ा-वोड़ा, किताब-सिताब, चाय-शाय आदि) भी द्रविड़ों की देन हैं।

भारत में आर्यों का आगमन

भारतीय आर्य, ईरानियों एवं दरद लोगों से अलग होकर 1500 ई० पू० के आस-पास पश्चिमी एवं पश्चिमोत्तर सीमा से भारत में प्रविष्ट हुए। इस प्रसंग में एक प्रश्न उठाया गया है कि वे एक बार में ही आ गए या कई बार में? हार्नले का कहना था कि वे दो बार आए। पूर्ववर्ती आर्य मध्यदेश में आ बसे थे। बाद में आने वाले आर्यों ने आकर उनका स्थान ले लिया और पूर्वागतों को उत्तर, दक्षिण, पश्चिम, पूरब ढकेल दिया। इसके अनुसार पूर्ववर्ती आर्य भौगोलिक दृष्टि से 'बाहरी' हो गए तथा परवर्ती आर्य 'भीतरी'। हार्नले का यह विचार था कि परवर्ती आर्य ही वैदिक संस्कृति के निर्माता थे। प्रायः हार्नले के इस सिद्धान्त के साथ गलती से ग्रियर्सन का नाम जोड़ दिया गया है, और दोनों को मिलाकर इसे हार्नले-ग्रियर्सन का 'दो आक्रमणों वाला सिद्धान्त' (Two Invasion Theory) कहा गया है। ग्रियर्सन ने इसका स्पष्ट शब्दों में विरोध (लिंग्विस्टिक सर्वे ऑफ इण्डिया, खण्ड 1, भाग 1, पृ० 116) करते हुए कहा है कि अलग-अलग आक्रमणों की कल्पना मैं अनावश्यक मानता हूँ। हाँ, ग्रियर्सन ने आधुनिक भारतीय आर्यभाषाओं के तुलनात्मक अध्ययन के आधार पर यह निष्कर्ष अवश्य निकाला था कि भाषाओं के 'भीतरी' और 'बाहरी' दो वर्ग बनते हैं। उनका कहना था कि बाहरी शाखा की भाषाएँ अनेक भाषिक बातों में भीतरी शाखा से अलग हैं। इस प्रसंग में उन्होंने यह भी संकेत किया है कि बाहरी शाखा, जिन बातों में भीतरी से अलग है, उन्हीं में वह दरद भाषाओं के समीप है। इसका आश्रय यह है कि बाहर की शाखा तथा दरद लोगों के मूलतः एक वर्ग के होने की सम्भावना है।

भारत में आर्यभाषा का प्रारम्भ 1500 ई० पू० के आसपास से होता है। तब से आज तक, भारतीय आर्यभाषा की आयु साढ़े तीन हजार वर्षों की हो चुकी है। भाषिक विशेषताओं के आधार पर आधारित आर्यभाषा की इस लम्बी आयु को तीन कालों में बाँटा गया है–

(1) प्राचीन आर्यभाषा (प्राआभा) 1500 ई० पू०–500 ई० पू०
(2) मध्यकालीन भारतीय आर्यभाषा (मभाआ) 500 ई० पू०–1000 ई०
(3) आधुनिक भारतीय आर्यभाषा (आभाआ) 1000 ई०–अब तक।

प्राचीन आर्यभाषा

आर्य जब भारत में आए, उस समय उनकी भाषा तत्कालीन ईरानी भाषा से कदाचित् अलग नहीं थी। किन्तु जैसे-जैसे यहाँ के प्रत्यक्ष एवं परोक्ष प्रभाव, विशेषतः आर्येतर लोगों से मिश्रण के कारण, पड़ने लगे, भाषा परिवर्तित होने लगी। इस प्रकार वह अपनी भगिनी-भाषा ईरानी से कई बातों में अलग हो गई। भारतीय आर्यभाषा

का प्राचीनतम रूप वैदिक संहिताओं में मिलता है। इसमें रूपाधिक्य है, नियमितता की अपेक्षाकृत कमी है और अनेक प्राचीन शब्द हैं जो बाद में नहीं मिलते। वैदिक संहिताओं का काल मोटे रूप में 1200 ई० पू० से 900 ई० पू० के लगभग है। यों वैदिक संहिताओं की भाषा में भी एकरूपता नहीं है। कुछ की भाषा पूर्ववर्ती है, तो कुछ की परवर्ती। उदाहरणार्थ, अकेले ऋग्वेद में ही प्रथम और दसवें मण्डलों की भाषा तो बाद की है, और शेष की पुरानी। यही पुरानी भाषा अवेस्ता के अपेक्षाकृत निकट है। अन्य संहिताएँ (यजु, साम, अथर्व) और बाद की हैं। वैदिक संहिताओं की भाषा तत्कालीन बोलचाल की भाषा से कुछ भिन्न है, क्योंकि यह काव्य-भाषा है। उस समय तक आर्यों का केन्द्र सप्तसिन्धु या आधुनिक पंजाब था, यद्यपि पूर्व में वे बहुत आगे तक पहुँच गए थे। ब्राह्मणों-उपनिषदों की भाषा कुछ अपवादों को छोड़कर संहिताओं के बाद की है। इनमें इतनी जटिलता एवं रूपाधिक्य नहीं है। इनके गद्यभाग की भाषा तत्कालीन बोलचाल की भाषा के बहुत निकट है। इस समय तक आर्यों का केन्द्र मध्यदेश हो चुका था, यद्यपि इधर की भाषा उत्तरी जितनी शुद्ध नहीं थी। इस भाषा का काल 900 ई० पू० के बाद का है। भाषा का और विकसित रूप सूत्रों में मिलता है। इसका काल 700 ई० पू० से बाद का है। यह संस्कृत पाणिनीय संस्कृत के काफी पास पहुँच गई है, यद्यपि उसमें पाणिनीय संस्कृत की एकरूपता नहीं है। इसी काल के अन्त में, लगभग 5वीं सदी में, पाणिनि ने अपने व्याकरण में, उदीच्य में प्रयुक्त संस्कृत के रूप से, अपेक्षाकृत अधिक परिनिष्ठित एवं पण्डितों में मान्य रूप को नियमबद्ध किया, जो सदा-सर्वदा के लिए लौकिक या क्लैसिकल संस्कृत का सर्वमान्य आदर्श बन गया। पाणिनि की रचना के बाद बोलचाल की भाषा पालि, प्राकृत, अपभ्रंश, आधुनिक भाषाओं के रूप में विकास करती आज तक आई है, किन्तु संस्कृत में साहित्य-रचना भी इसके समानान्तर ही होती चली आ रही है, जो मूलतः पाणिनीय संस्कृत होने पर भी हर युग की बोलचाल की भाषा का अनेक दृष्टियों से कुछ प्रभाव लिये हुए है, और यही कारण है कि बोलचाल की भाषा न होने पर भी, उस साहित्यिक संस्कृत में भी विकास होता आया है। भाषा के जानकारों से यह बात छिपी नहीं है कि रामायण-महाभारत की भाषा पाणिनि के बाद की है। प्राचीन पुराणों की भाषा और भी परवर्ती है। फिर कालिदास से होते क्लैसिकल संस्कृत, हितोपदेश तक तथा और आगे तक आई है। इस प्राचीन भारतीय आर्यभाषा के **वैदिक** और **लौकिक संस्कृत** दो रूप मिलते हैं।

वैदिक संस्कृत (1500 ई० पू० से 800 ई० पू० तक)

संस्कृत का यह रूप वैदिक संहिताओं, ब्राह्मणों, आरण्यकों तथा प्राचीन उपनिषदों आदि में मिलता है। यों इन सभी में भाषा का कोई एक सुनिश्चित रूप नहीं है। जैसा कि ऊपर संकेत किया जा चुका है, वैदिक साहित्य में इस भाषा का विकास

होता दिखाई पड़ता है फिर भी कुछ ध्वन्यात्मक एवं व्याकरणिक बातें ऐसी हैं जिनको वैदिक की सामान्य विशेषताएँ माना जा सकता है। तत्कालीन बोलचाल की भाषा इसके समीप रही होगी, किन्तु इसका यह आशय नहीं कि बोलचाल की भाषा के सभी रूप इसमें सुरक्षित हैं।

ध्वनियाँ–मूल स्वर–अ, आ, इ, ई, उ, ऊ, ऋ, ॠ, लृ, **संयुक्त स्वर**–ए, ऐ, ओ, औ, **व्यंजन**–क, ख, ग, घ, ङ, च, छ, ज, झ, ञ, ट, ठ, ड, ढ, ण, त, थ, द, ध, न, प, फ, ब, भ, म, य, र, ल, व, स, श, ह, ळ, ळ्ह। **विसर्ग,** जिह्वामूलीय तथा उपध्मानीय ह के उपस्वनिम थे। अ, व, य, आदि कई अन्य के भी कई उपस्वनिम थे। ळ, ळ्ह मूर्द्धन्य पार्श्विक प्रतिवेष्टित थे। **स्वराघात**–मूल भारोपीय भाषा में स्वराघात बहुत महत्त्वपूर्ण था। आरम्भ में वह बलात्मक था जिसके कारण मात्रिक अपश्रुति विकसित हुई, किन्तु बाद में वह संगीतात्मक हो गया जिसने गुणिक अपश्रुति को जन्म दिया। इस भाषा-परिवार के विघटन के समय स्वराघात केवल उदात्त तथा स्वरित था। भारत-ईरानी स्थिति में अनुदात्त भी विकसित हो गया। इस प्रकार वैदिक संस्कृत को परम्परागत रूप से अनुदात्त, उदात्त एवं स्वरित तीन प्रकार के स्वराघात (संग. ीतात्मक) प्राप्त हुए थे। स्वराघात का इतना अधिक महत्त्व था कि सभी संहिताओं, कुछ ब्राह्मणों एवं आरण्यकों तथा बृहदारण्यक आदि कुछ उपनिषदों की पाण्डुलिपि स्वराघातचिह्नित मिलती है और बिना स्वराघात के वैदिक छन्दों को पढ़ना, अशुद्ध माना जाता है। स्वराघात के कारण शब्द का अर्थ भी बदल जाता था। 'इन्द्रशत्रु' वाला प्रसिद्ध उदाहरण सर्वविदित है–**इन्द्र/शत्रुः** = जिसका शत्रु इन्द्र है (बहुव्रीहि), **इन्द्र शत्रु** = इन्द्र का शत्रु (तत्पुरुष)। शब्द आदि के अर्थ जानने में स्वराघात का कितना महत्त्व था, यह वेंकट माधव के 'अन्धकारे दीपिकाभिर्गच्छन्न स्खलति क्वचित्। एवं स्वरैः प्रणीतानां भवन्त्यर्थाः स्फुटा इव' (अर्थात् जैसे अन्धकार में दीपकों की सहायता से चलता हुआ कहीं ठोकर नहीं खाता, इसी प्रकार स्वरों (स्वराघात) की सहायता से किए गए अर्थ स्फुट, अर्थात् सन्देहशून्य होते हैं) कथन से स्पष्ट है। स्वराघात में परिवर्तन से कभी-कभी लिंग में भी परिवर्तन हो जाता था। टर्नर के अनुसार, वैदिक संस्कृत में संगीतात्मक एवं बलात्मक दोनों ही स्वराघात था।

रूप-रचना–वैदिक भाषा में लिंग तीन थे–पुल्लिंग, स्त्रीलिंग, नपुंसकलिंग। वचन भी तीन थे–एक०, द्वि०, बहु०। कारक-विभक्तियाँ आठ थीं–कर्ता, सम्बोधन, कर्म, करण, सम्प्रदान, अपादान, सम्बन्ध, अधिकरण। विशेषणों के रूप भी संज्ञा की तरह ही चलते थे। मूल भारोपीय में सर्वनाम के मूल या प्रातिपदिक बहुत अधिक थे। विभिन्न बोलियों में कदाचित् विभिन्न मूलों के रूप चलते थे। पहले सभी मूलों में सभी रूप बनते थे, किन्तु बाद में मिश्रण हुआ और अनेक मूलों के अनेक रूप लुप्त हो गए। परिणाम यह हुआ कि मूलतः विभिन्न मूलों से बने रूप एक ही मूल के रूप माने जाने लगे। वैदिक भाषा में उत्तम पुरुष में ही यद्यपि प्राचीन पण्डितों ने

'अस्मद्' को सभी रूपों का मूल माना है, किन्तु यदि ध्यान से देखा जाय तो **अह**-(अहम्), **म**-(माम्, मया, मम, मयि), **आव**-(आवम्, आवाम्, वाम्, आवयोः), **वय**-(वयं), **अस्म**-(अस्माभिः, अस्मभ्यम्, अस्मे आदि), इन पाँच मूलों पर आधारित रूप हैं। मध्यम आदि अन्य सर्वनामों में भी एकाधिक मूल हैं। वैदिक भाषा में धातुओं के रूप आत्मने तथा परस्मै, दो पदों में चलते थे। कुछ धातुएँ आत्मनेपदी, कुछ परस्मैपदी एवं कुछ उभयपदी थीं। आत्मनेपदी रूपों का प्रयोग केवल अपने लिए होता था तथा परस्मै का दूसरों के लिए। क्रियारूप तीनों वचनों (एक, द्वि, बहु) एवं तीनों पुरुषों (उत्तम, मध्यम, अन्य) में होते थे। काल तथा क्रियार्थ मिलाकर क्रिया के कुल 11 प्रकार के रूपों का प्रयोग मिलता है—लट्, लङ्, लिट्, लुङ्, लुट्, निश्चयार्थ, सम्भावनार्थ (लेट्), विध्यर्थ, आदरार्थ, आज्ञार्थ तथा आज्ञार्थ (लोट्)। ऋग्वेद तथा अथर्ववेद में लेट् का प्रयोग बहुत मिलता है, किन्तु धीरे-धीरे इसका प्रयोग कम होता गया और अन्त में लौकिक संस्कृत में पूर्णतः समाप्त हो गया। वैदिक में भविष्य के रूप बहुत कम हैं। उसके स्थान पर प्रायः सम्भावनार्थ या निश्चयार्थ का प्रयोग मिलता है।

समास—समास-रचना की प्रवृत्ति मूल भारोपीय एवं भारत-ईरानी में थी। वहीं से यह परम्परा वैदिक संस्कृत में आई। वैदिक समस्तपद प्रायः दो शब्दों के ही मिलते हैं। इससे अधिक शब्दों के समास अत्यन्त विरल हैं। जहाँ तक समास के रूपों का प्रश्न है, वैदिक में केवल तत्पुरुष, कर्मधारय, बहुव्रीहि एवं द्वन्द्व, ये चार ही समास मिलते हैं। लौकिक संस्कृत के शेष दो समास बाद में विकसित हुए हैं।

शब्द—वैदिक भाषा में शब्दों की दृष्टि से दो बातें उल्लेख्य हैं। एक तो यह कि अनेक तथाकथित तद्भव या मूल शब्द से विकसित शब्द प्रयुक्त होने लगे। वेद में 'इह' (यहाँ) इसी प्रकार का है। इसका मूल शब्द 'इध' है। पालि 'इधों' और अवेस्ता 'इद' इसी बात के प्रमाण हैं कि महाप्राण व्यंजन के स्थान पर 'ह' के विकास से 'इध' से ही 'इह' बना है। कट (मूल शब्द कृत), एकादश (मूल एकदश) भी इसी प्रकार के शब्द हैं। 'विंशति' भी मूलतः 'द्विंशति' रहा होगा, यद्यपि यह विकार भारत में आने के पहले ही आ चुका था। शब्दों की दृष्टि से दूसरी विशेषता यह है कि उस काल में ही भाषा में अनेक आर्येतर शब्दों का आगमन होने लगा था। उदाहरण के लिए, वैदिक भाषा में अणु, अरणि, कपि, काल, गण, नाना, पुष्कर, पुष्प, मयूर, अटवी, तंडुल, मर्कट आदि शब्द एक ओर यदि द्रविड़ से आए हैं, तो बार, कंबल, बाण, कोसल (स्थानवाची नाम), अंग (स्थानवाची नाम) आदि ऑस्ट्रिक भाषा से।

बोलियाँ—ब्राह्मण ग्रन्थों से इस बात का पता चलता है कि वैदिक काल में प्राचीन आर्यभाषा के कम-से-कम तीन रूप—या तीन बोलियाँ—अवश्य थेः—पश्चिमोत्तरी, मध्यवर्ती, पूर्वी। पहला अफगानिस्तान से लेकर पंजाब तक था, दूसरा पंजाब से मध्य-उत्तर प्रदेश तक, तथा तीसरा उसके पूर्व। यदि र्-ल् ध्वनियों को ही आधार

मानें तो कह सकते हैं कि पश्चिमोत्तरी बोली र्-प्रधान थी, मध्यवर्ती में र्-ल् दोनों थे, और पूर्वी-ल् प्रधान थी। ऋग्वेद में पश्चिमोत्तरी बोली का ही प्रतिनिधित्व हुआ है। पश्चिमोत्तरी बोली में स्थानीय प्रभाव प्रायः बहुत कम पड़ा था, क्योंकि स्थानीय आर्येतर जातियाँ कुछ अपवादों को छोड़कर वहाँ से भागकर दक्षिण तथा पूरब चली गई थीं। इसी कारण पश्चिमोत्तरी बोली को आदर्श माना गया। उसे उस समय 'उदीच्य' कहते थे। कौशीतकि ब्राह्मण (7-6) में आता है—'तस्मादुदीच्यां प्रज्ञातरा वागुद्यते। उदञ्च उ एव यन्ति वाचं शिक्षितुम्। यो वा तत आगच्छति तस्य वा शुश्रूषन्त इति।' अर्थात् उत्तर में अधिक विज्ञता से, या प्रामाणिक भाषा बोली जाती है। उत्तर दिशा में ही बोलना सीखने जाते हैं। जो वहाँ से आता है, उससे सुनना चाहते हैं।

संस्कृत या लौकिक संस्कृत (800 ई० पू० से 500 ई० पू० तक)

भाषा के अर्थ में 'संस्कृत' (संस्कार की गई, शिष्ट या अप्रकृत) शब्द का प्रथम प्रयोग वाल्मीकि रामायण में मिलता है। वैदिक काल में भाषा के तीन भौगोलिक रूपों—उत्तरी, मध्यदेशी, पूर्वी—का उल्लेख किया जा चुका है। लौकिक संस्कृत का मूल आधार इनमें उत्तरी बोली थी, क्योंकि वही प्रामाणिक मानी जाती थी। यों पाणिनि के अन्यों के भी कुछ रूप आदि लिये हैं और उन्हें वैकल्पिक कहा है। इस प्रकार मध्यदेशी तथा पूर्वी का भी संस्कृत पर कुछ प्रभाव है। लौकिक या क्लैसिकल संस्कृत साहित्यिक भाषा है। अतः जिस प्रकार हिन्दी में जयशंकर प्रसाद की गद्य या पद्य भाषा को बोलचाल की भाषा नहीं कह सकते, उसी प्रकार संस्कृत को भी बोलचाल की भाषा नहीं कह सकते। किन्तु इसमें सन्देह नहीं कि जिस प्रकार प्रसाद जी की भाषा का आधार मानक खड़ी-बोली हिन्दी है जो बोलचाल की भाषा है, उसी प्रकार पाणिनीय संस्कृत भी तत्कालीन पण्डित-समाज की बोलचाल की भाषा पर ही आधारित है। पाणिनि द्वारा उसके लिए **'नार्मल'** (**नार्म्‌ल** = बोलना) शब्द का प्रयोग, सूत्र **'प्रत्यभिवादेऽशूद्रे'** (दूर से बुलाने में 'प्लुत' के प्रयोग) का उनके द्वारा उल्लेख, बोलचाल के कारण विकसित संस्कृत को व्याकरण की परिधि में बाँधने के लिए कात्यायन द्वारा वार्तिकों की रचना, ये बातें यह सिद्ध करती हैं कि संस्कृत कभी बोलचाल की भाषा अवश्य थी। अतः हार्नले, वेबर तथा ग्रियर्सन आदि पश्चिमी विद्वानों का वह कथन कि संस्कृत बोलचाल की भाषा नहीं थी, निराधार है।

ऊपर वैदिक भाषा की प्रमुख विशेषताएँ उल्लिखित हैं। लौकिक संस्कृत उससे मूलतः बहुत अधिक भिन्न नहीं है। इसीलिए इसकी सभी विशेषताओं को विस्तार से अलग गिनाने की आवश्यकता नहीं। यहाँ केवल **वैदिक** और **लौकिक संस्कृत** में अन्तरों का ही उल्लेख किया जा रहा है—(1) वैदिक भाषा का, लौकिक की तरह मानकीकरण (Standardization) नहीं हुआ था, इसी कारण लौकिक, जिस रूप में एकरूप एवं साहित्यिक है, वैदिक नहीं है। (2) वैदिक में जहाँ मानकीकरण एवं नियमन

न होने से रूप की जटिलताएँ हैं, अनेकरूपताओं एवं अपवादों का आधिक्य है, लौकिक में वे या तो हैं ही नहीं, या हैं भी तो वैदिक की तुलना में बहुत ही कम। (3) वैदिक में 'लृ', 'ऋ', 'ॠ' के उच्चारण स्वरवत् होते थे। संस्कृत में आकर ये कदाचित् 'लि', 'रि', 'री' जैसे उच्चरित होने लगी थीं। (4) ऐ, औ के उच्चारण वैदिक में आइ, आउ थे, किन्तु लौकिक संस्कृत में ये 'अइ', 'अउ' हो गए। (5) ए, ओ का उच्चारण वैदिक में 'अइ', 'अउ' था, अर्थात् ये संयुक्त स्वर थे, किन्तु संस्कृत में ये मूलस्वर हो गए। (6) लेखन में ळ, ळ्ह अक्षर समाप्त हो गए, और इनके स्थान पर ड, ढ प्रयुक्त होने लगे। (7) कई ध्वनियों के उच्चारण-स्थान में अन्तर आ गया। उदाहरणार्थ, प्रातिशाख्यों से पता चलता है कि वैदिक तवर्ग ल्, स् दंतमूलीय थे, किन्तु संस्कृत में (लृतुलसानांदन्ताः) ये दंत्य हो गए। (8) वैदिक में संगीतात्मक स्वराघात था। इसके विरुद्ध लौकिक संस्कृत में संगीतात्मक स्वराघात के स्थान पर कदाचित् बलात्मक स्वराघात विकसित हो गया। आधुनिक भारतीय आर्यभाषाओं के बलात्मक स्वराघात के बीज यहीं मिलने लगते हैं। (9) क्रियारूपों में कुछ प्रमुख अन्तर ये हैं : (क) वैदिक में लकारों में विशेष प्रतिबन्ध नहीं है। लुङ्, लङ्, लिट् में परोक्षादि का भेद नहीं है। यहाँ तक कि कभी-कभी इनका कालेतर प्रयोग भी मिलता है। किन्तु संस्कृत में ऐसा नहीं है। वैदिक का लेट् लौकिक में नहीं है, यद्यपि उसके उत्तम पुरुष के तीन रूप लौकिक के लोट् में आ गए हैं। वैदिक में लङ्, लुङ्, लृङ् में भूतकरण (augment) अ नहीं मिलता, यद्यपि लौकिक में यह आवश्यक है। (ख) वैदिक में लिट् वर्तमान के अर्थ में था, किन्तु लौकिक में वह परोक्ष भूत के लिए आता है। (10) समासों में सबसे बड़ा अन्तर तो यह आया कि वैदिक में बहुत बड़े-बड़े समास बनाने की प्रवृत्ति नहीं थी, क्योंकि उस भाषा में कृत्रिमता नहीं है, किन्तु संस्कृत में कृत्रिमता के विकास के कारण बड़े-बड़े समस्तपद भी बनने लगे। ऐसे ही वैदिक में केवल चार समासों—तत्पुरुष, कमधारय, बहुव्रीहि, द्वन्द्व—का ही प्रयोग प्रायः मिलता है, किन्तु लौकिक में द्विगु और अव्ययीभाव भी प्रयुक्त होते हैं। (11) मूल भारोपीय भाषा में उपसर्ग वाक्य में कहीं भी आ सकता था, क्रिया के साथ आना उसके लिए आवश्यक नहीं था। वैदिक में भी यह स्वच्छन्दता पर्याप्त मात्रा में मिलती है। जैसे 'यच्चिद्धि ते विशो यथा प्रदेव वरुण व्रतम् मिनीमसि द्यविद्यवि'। यहाँ 'प्र' उपसर्ग 'मिनीमसि' से सम्बन्धित है। किन्तु इन दोनों के बीच तीन शब्द आए हैं। लौकिक संस्कृत में उपसर्ग की यह स्वच्छन्दता नहीं मिलती। (12) वैदिक में विजातीय शब्द आए थे—विशेषतः द्रविड़ एवं ऑस्ट्रिक से, किन्तु लौकिक संस्कृत में उनकी संख्या बहुत बढ़ गई (मेरे अनुसार 2 हजार के लगभग)। **द्रविड़ शब्द**—संस्कृत में द्रविड़ से एक हजार से ऊपर शब्द आए हैं। कुछ उदाहरण ये हैं—कीर (तोता), कुक्कुट (मुर्ग़ी), कुक्कुर (कुत्ता), धुण (घुन), नक्र (घड़ियाल), मर्कट (बन्दर), मीन (मछली), अर्क (मन्दार), कानन (जंगल)। **ऑस्ट्रिक शब्द**—संस्कृत में ऑस्ट्रिक के भी सौ से ऊपर

शब्द हैं। कुछ उदाहरण हैं–ताम्बूल, शृंगार, आकुल, आपीड (मुकुट), कबरी (बाल), कुविन्द (जुलाहा), तथा खिंकिर (लोमड़ी) आदि। **यूनानी शब्द**–यवन, यवनिका, द्रम्म (दाभ), होंडा (होड़ा), त्रिकोण, सुरंग, क्रमेल (ऊँट), कंगु (एक अनाज), कस्तीर (राँगा) आदि। **रोमन शब्द**–दीनार। **अरबी शब्द**–रमल, इक्कवाल (ज्योतिष में सौभाग्य), इत्थशाल (ज्योतिष में तीसरा योग), ईसरापु (ज्योतिष में चौथा योग), वोल्लाह (विशेष रंग का घोड़ा)। **ईरानी शब्द**–हिन्दू, बारवाण, ताजिक (ईरानी व्यक्ति), मिहिर (सूर्य), बादाम (मेवा विशेष), बालिश (तकिया), खोल (खर्बूज), तथा निःशाण (जलूस), आदि। **तुर्की शब्द**–तुरुष्क, खच्चर। **चीनी शब्द**–संस्कृत में कुछ शब्द चीनी से भी आए हैं, यद्यपि उनकी संख्या अधिक नहीं है–चीन (चीनांशुक, चीनचोलक) तथा मसार (एक रत्न)।

बोलियाँ–वैदिक भाषा में प्रसंग के पश्चिमोत्तरी (या पश्चिमी या उत्तरी), मध्यदेशी (या मध्यवर्ती) तथा पूर्वी, इन तीन बोलियों का उल्लेख किया जा चुका है। मेरा अनुमान है कि संस्कृत-काल में आर्यभाषा-भाषी प्रदेश में कदाचित् एक दक्षिणी रूप भी जन्म ले चुका था।

मध्यकालीन आर्यभाषा

यह संकेत किया जा चुका है कि प्राचीन भारतीय आर्यभाषा-काल में जनभाषा पर आधारित 'वैदिक' एवं 'लौकिक संस्कृत' भाषा के ये दो रूप साहित्य में प्रयुक्त हुए। दूसरे रूप–लौकिक संस्कृत–को पाणिनि ने अपने व्याकरण में जकड़कर उसे सदा-सर्वदा के लिए एक स्थायी रूप दे दिया, किन्तु जनभाषा भला इस बन्धन को कहाँ मानती? वह अबाध गति से परिवर्तित होती रही, बढ़ती रही। इस जनभाषा के मध्यकालीन रूप को ही 'मध्यकालीन आर्यभाषा' की संज्ञा दी गई है। इसका काल मोटे रूप से 500 ई० पू० से 1000 ई० तक का, अर्थात् डेढ़ हजार वर्षों का है। मध्यकालीन आर्यभाषा को **प्राकृत** भी कहा गया है। 'प्राकृत' शब्द के सम्बन्ध में दो मत हैं–(क) कुछ लोग इसकी व्युत्पत्ति **'प्राक् + कृत'** अर्थात् (संस्कृत से) पहले की बनी हुई या 'पहले की की हुई' मानते हैं। दूसरे शब्दों में **प्राकृत** ('नैसर्गिक') 'प्रकृत या अकृत्रिम' भाषा है, और इसके विपरीत **संस्कृत** कृत्रिम या संस्कार की हुई भाषा है। नमि साधु ने 'काव्यालंकार' की टीका में लिखा है–**प्राकृतेति, सकलजगज्जन्तूनां व्याकरणादिभिरनाहतसंस्कारः सहजो वचन-व्यापारः प्रकृतिः प्रकृति तत्र भवः सेव वा प्राकृतम्**। इस रूप में **प्राकृत** पुरानी भाषा है, और **संस्कृत** उसका संस्कार करके बनाई हुई बाद की भाषा। ग्रियर्सन ने इसी को **प्राइमरी प्राकृत** कहा है। इसका अर्थ यह है कि इस अर्थ में 'प्राकृत' शब्द का प्रयोग उस जनभाषा के लिए है, जो वैदिक एवं संस्कृत-काल में जनभाषा थी और जिसका कुछ परिनिष्ठित एवं पण्डितों द्वारा मान्य रूप वैदिक हैं, एवं परवर्ती काल में जिसका सुसंस्कृत साहित्यिक रूप 'संस्कृत'

है। अर्थात् वह वैदिक की भी जननी है, और उसी का कुछ परवर्ती रूप संस्कृत की जननी है। (ख) दूसरे लोग **प्राकृत** की उत्पत्ति और ढंग से करते हैं। जैसे–**प्रकृतिः संस्कृतं तत्र भव प्राकृतमुच्यते**–मार्कण्डेय (प्रकृति या मूल संस्कृत है, उससे जन्मी भाषा को प्राकृत कहते है)। **प्रकृतिः संस्कृतम्। तंत्र भवं तदागतं बा प्राकृतम्**–हेमचन्द्र (प्रकृति या मूल संस्कृत है, और संस्कृत से जो आई है, प्राकृत है)। ये (क, ख) मत एक-दूसरे के विरोधी हैं। वस्तुतः अपने-अपने स्थान पर ये दोनों ही मत ठीक हैं। यदि हम उस जनभाषा को प्राकृत कहते हैं जिसका परिनिष्ठित साहित्यिक रूप संस्कृत है, दूसरे शब्दों में जिससे संस्कृत उत्पन्न है तो पहला मत ठीक है, अर्थात् प्राकृत संस्कृत की जननी है, किन्तु यदि हम संस्कृत-कालीन जनभाषा को भी संस्कृत ही कहें–जो मूलतः वही था, केवल संस्कृत साहित्यिक भाषा थी और वह जनभाषा–तो दूसरा मत सही है, क्योंकि 500 ई० पू० से 1000 ई० तक बोली जाने वाली प्राकृत भाषा उसी का विकसित रूप है, अर्थात् उसी से निकली है। अब प्रायः इस दूसरी भाषा को प्राकृत कहते हैं, अतः इसे, अर्थात् प्राकृत को हम 'संस्कृत से उत्पन्न' मान सकते हैं। हाँ, यह बात ध्यान में रखने की है कि यह प्राकृत भाषा वैदिक या लौकिक संस्कृत से उद्भूत नहीं है, अपितु तत्कालीन जनभाषा से उद्भूत है या उसका विकसित रूप है। इन 1500 वर्षों की प्राकृत भाषा को तीन कालों में विभाजित किया गया है–(1) प्रथम प्राकृत (500 ई० पू० से 1 ई० तक), (2) द्वितीय प्राकृत (1 ई० से 500 ई० तक) तथा (3) तृतीय प्राकृत (500 ई० से 1000 ई० तक)। पालि तथा अभिलेखी प्राकृत आती हैं।

प्रथम प्राकृत (500 ई० पू० से 1 ई० तक)

पालि बौद्ध धर्म (विशेषतः दक्षिणी बौद्धों) की भाषा है। मोटे रूप से इसका काल 5वीं सदी ई० पू० से पहली सदी तक है। 'पालि' शब्द की व्युत्पत्ति को लेकर विद्वानों में बहुत मतभेद है। 'पालि' शब्द के पुराने प्रयोग 'भाषा' के अर्थ में नहीं मिलते। इसका प्राचीनतम प्रयोग चौथी सदी में लंका में लिखित ग्रन्थ 'दीपबंस' में हुआ है। वहाँ इसका अर्थ 'बुद्धवचन' है। बाद में प्रसिद्ध आचार्य बुद्धघोष ने भी इसका प्रयोग लगभग इसी अर्थ में किया है। तब से लेकर काफी बाद तक 'पालि' शब्द का प्रयोग पालि साहित्य में हुआ है, किन्तु कभी भी भाषा के अर्थ में नहीं। भाषा के अर्थ में वहाँ मगध भाषा, मागधी, मागधिक भाषा आदि का प्रयोग हुआ है। सिंहल के लोग इसे अब भी मागधी कहते हैं। भाषा के अर्थ में 'पालि' का प्रयोग अत्याधुनिक है और यूरोप के लोगों द्वारा हुआ है। यहाँ कुछ प्रमुख मतों का उल्लेख किया जा रहा है। 'पालि' शब्द की व्युत्पत्ति श्री विधुशेखर भट्टाचार्य के अनुसार संस्कृत 'पंक्ति' (> पन्ति > पत्ति > पट्टि > पल्लि > पालि) से है। एक मत के अनुसार वैदिक और संस्कृत आदि की तुलना में यह 'पल्लि' या 'गाँव' की भाषा थी और

'पालि' शब्द 'पल्लि' का ही विकास है, अर्थात् इसका अर्थ है 'गाँव की भाषा'। भण्डारकर तथा वाकरनागल के अनुसार 'पालि' शब्द 'प्राकृत' (> पाकट > पाअड > पाअल > पालि) का ही विकसित रूप है। वस्तुतः ये ध्वन्यात्मक विकास बहुत तर्कसम्मत नहीं हैं। कोसाम्बी नामक बौद्ध विद्वान् के अनुसार, इसका सम्बन्ध 'पाल्' अर्थात् 'रक्षा करना' से है। इसने बुद्ध के उपदेशों को सुरक्षित रखा है, इसीलिए यह नाम पड़ा है। 'पा पालेति रक्खतीति' रूप में भी कुछ लोगों ने 'पा' में 'लि' प्रत्यय लगाकर इसकी व्युत्पत्ति दी है। अर्थात् यह अर्थों की रक्षा करती है, अतः पालि है। किन्तु यह भी कल्पना की दौड़ मात्र है। डॉ० मैक्सवेलेसर ने 'पालि' को 'पाटलि' (पाटलिपुत्र की भाषा) से व्युत्पन्न माना है। किन्तु जैसा कि हम आगे देखेंगे, पालि वहाँ की भाषा नहीं थी। सबसे प्रामाणिक व्युत्पत्ति भिक्षु जगदीश कश्यप द्वारा दी गई है। प्रायः बहुत से भारतीय विद्वान इससे सहमत हैं। इनके अनुसार 'पालि' का सम्बन्ध 'परियाय' (स० पर्याय) से है। 'धम्मपरियाय' या 'परियाय' का प्रयोग प्राचीन बौद्ध साहित्य में बुद्ध के उपदेश के लिए मिलता है। इनकी विकास-परम्परा परियाय > पलियाय > पालियाय > पालि है।

'पालि' भाषा का प्रदेश–यह प्रश्न कम विवादास्पद नहीं है कि पालि मूलतः किस प्रदेश की भाषा थी। इस प्रश्न पर प्रायः दो दर्जन विद्वानों ने विचार किया है। श्रीलंका के बौद्धों तथा चाइल्डर्स आदि की यह धारणा है कि यह मगध की बोली थी। किन्तु भाषा की विवेचना करने पर यह बात अशुद्ध ठहरती है। ध्वनि और व्याकरण की दृष्टि से इसका मागधी से साम्य नहीं है। वेस्टरगार्ड तथा स्टेनकोनो आदि पालि को उज्जयिनी या विंध्य प्रदेश की बोली पर आधारित मानते हैं। ग्रियर्सन ने इसे मागधी माना था, यद्यपि इस पर पैशाची का भी प्रभाव स्वीकार किया था। ओल्डेनबर्ग ने पालि को कलिंग की भाषा कहा था। रीज़ डेविड्ज़ ने इसे कोसल की बोली कहा है। ल्यूडर्ज़ पालि पुरानी अर्धमागधी से संबद्ध मानते थे। इन मतों से एक बात स्पष्ट है कि पालि में विभिन्न प्रदेशों की बोलियों के तत्त्व हैं, इसी कारण विभिन्न लोगों ने इसे विभिन्न स्थानों से संबद्ध किया है। वस्तुतः अपने मूल में पालि मध्यप्रदेश की भाषा है। यों उस समय वह पूरे भारत में एक अन्तःप्रांतीय भाषा-जैसी थी इसी कारण उसमें अनेक प्रादेशिक बोलियों, विशेषतः बुद्ध की अपनी भाषा होने से मागधी के भी कुछ तत्त्व मिल गए। इस प्रकार अपने मूल रूप में पालि को शौरसेनी प्राकृत का पूर्वरूप मान सकते हैं।

साहित्य–पालि साहित्य का सम्बन्ध प्रमुखतः भगवान् बुद्ध से है, यों कोश, छन्दःशास्त्र तथा व्याकरण की भी कुछ पुस्तकें लिखी गई हैं। परम्परागत रूप से पालि साहित्य को पिटक और अनुपिटक दो वर्गों में बाँटा है, जिनमें जातक (जिसे ग्रन्थ न कहकर ग्रन्थ-समूह कहना उचित है), धम्मपद, मिलिन्दपञ्हों, बुद्धघोष की अट्ठकथा तथा महावंश आदि प्रमुख हैं। पालि साहित्य का रचना काल 483 ई० पू० से लेकर

आधुनिक काल तक लगभग ढाई हजार घर्षों में फैला हुआ है।

ध्वनियाँ–पालि के प्रसिद्ध वैयाकरण कच्चायन के अनुसार पालि में 41 ध्वनियाँ थीं–**अक्खरापादयो एकचत्तालीस**। दूसरे प्रसिद्ध वैयाकरण मोग्गलान के अनुसार 43 ध्वनियाँ थीं–**अआदयो तिलालिस वण्णा**। ध्वनि-विषयक इसकी मुख्य बातें हैं–(1) स्वरों में ह्रस्व एँ, ओं दो नए विकसित हो गए। (2) ऋ, ॠ, लृ स्वर पूर्णतः समाप्त हो गए। ए, औ स्वर नहीं रहे। (3) व्यंजनों में, वैदिक की तरह ही, पालि में भी ळ्, ळ्ह ध्वनियाँ थीं। (4) विसर्ग, जिह्वामूलीय, उपध्मानीय भी नहीं रहे। (5) वैदिक तथा संस्कृत में श्, ष्, स् तीन थे। पालि में तीनों के स्थान में स् हो गया। (6) अनुस्वार पालि में स्वतन्त्र ध्वनि है, जिसे पालि वैयाकरण ने निग्गहीत नाम से अभिहित किया है। (7) ध्वनि-परिवर्तन की दृष्टि से **घोषीकरण** (माकन्दिय > मागन्दिय, उताहो > उदाहु), **अघोषीकरण** (यह प्रवृत्ति अधिक नहीं है। जो है उसका कारण संभवतः पैशाची अभाव है–मृदंग > मुतिंग, परिघ > परिख, अगुरु > अकलु, कुसीद > कुसीत, छगल > छकल), **महाप्राणीकरण** (सुकुमार > सुखुमाल, परशु > फरसु, कील > खील, पल > फल), **समीकरण** (यह प्रवृत्ति बहुत अधिक है–चत्वर > चच्चर, निम्न > निन्न, सर्व > सब्ब, मार्ग > मग्ग, धर्म > धम्म, कर्म > कम्म, जीर्ण > जिण्ण), **र्-ल् का आपसी परिवर्तन** (तरुण > तलुण, किल > किर), **महाप्राण** का ह हो जाना (भवति > होति, लघु > लहु, रुधिर > रुहिर) आदि की प्रवृत्ति मिलती है।

स्वराघात–पालि में स्वराघात की स्थिति विवादास्पद है। टर्नर के अनुसार, पालि में वैदिकी की भाँति ही संगीतात्मक एवं बलात्मक, दोनों स्वराघात था। ग्रियर्सन पालि में केवल बलात्मक स्वराघात मानते हैं। जूल ब्लाक को पालि में किसी भी स्वराघात के होने के बारे में सन्देह है। मेरे विचार में पालि में मुख्यतः बलात्मक स्वराघात ही था, यद्यपि संगीतात्मक के भी कुछ अवशेष रहने की सम्भावना है।

व्याकरण–पालि भाषा, व्याकरणिक से, वैदिक संस्कृत की भाँति ही स्वच्छंद एवं विविध रूपोंवाली है। किन्तु साथ ही वैदिक या संस्कृत की तुलना में उसमें पर्याप्त सरलीकरण भी हुआ है। यह सरलीकरण उच्चारण में समीकरण आदि के रूप में तो हुआ ही है, साथ ही सादृश्य के आधार पर विकास के कारण व्याकरण के क्षेत्र में भी हुआ है। (1) व्यंजनांत प्रातिपदिक प्रायः नहीं है। अंत्य व्यंजन-लोप के सामान्य नियम के कारण या तो अंत्य व्यंजन लुप्त हो गए हैं **(विद्युत>विज्जु)** या अंत्य स्वरागम के कारण शब्द स्वरांत **(शरत्–सरद)** हो गए हैं। (2) सादृश्य के कारण भिन्न-भिन्न स्वरांत शब्दों के बहुत से रूप भी समान हो गए हैं। इस दिशा में अकारांत शब्दों ने अपने प्रयोग-बाहुल्य के कारण अन्यों को प्रभावित किया है। उदाहरणार्थ, इकारांत **(अग्गि)**, उकारांत **(भिक्खु)** के सम्प्रदान एवं सम्बन्ध के रूप अकारांत के समान **(अग्गिस्स, भिक्खुस्स)** मिलते हैं। (3) लिंग तीन हैं। यों अपने बहुप्रयोग के कारण पुल्लिंग ने नपुंसकलिंग को प्रभावित किया है–जैसे **सुखं** के लिए **सुखो**। (4) द्वे, उभो

जैसे दो-एक रूपों को छोड़कर पालि में द्विवचन नहीं है। (5) वैदिक की तरह रूपाधिक्य भी पालि में है। उदाहरणार्थ, धर्म का सं० में सप्तमी एक० में केवल **धर्मे** होगा, किन्तु पालि में **धम्मे** के अतिरिक्त **धम्मस्मि** तथा **धम्मम्हि** भी हैं। (6) पालि सर्वनाम प्रायः पूर्ववर्ती सर्वनाम रूपों की ध्वनि-नियमों के अनुकूल विकसित हैं। इनमें एक ही अन्तर है, और वह मामूली नहीं है कि वैदिक तथा लौकिक संस्कृत में, सारे के सारे मध्यम पुरुष बहुवचन के रूप 'य' से शुरू होते हैं, किन्तु पालि में सारे के सारे 'त' से शुरू होते हैं। जैसे युष्मे–तुम्हें, युष्माकम्–तुम्हाकं, आदि। (7) क्रियारूपों में 3 पुरुष तथा 2 वचन (द्वि नहीं है) हैं। पद केवल परस्मै है। आत्मने कुछ अपवादों को छोड़कर नहीं है। धातुओं के दसों गण हैं, यद्यपि संस्कृत की तुलना में कुछ मिश्रण हो गया है। एक ही धातु के कुछ रूप एक गण के समान हैं तो कुछ दूसरे के। इससे पता चलता है कि जन-मस्तिष्क में गणों की सत्ता धीरे-धीरे समाप्त हो रही थी।

बोलियाँ एवं भाषा-रूप–पालि-काल में आर्यभाषी भारत में वे ही चार बोलियाँ थीं, जिनका उल्लेख लौकिक संस्कृत के प्रसंग में किया जा चुका है–पश्चिमोत्तरी दक्षिणी, मध्यवर्ती तथा पूर्वी। हाँ, संस्कृत-काल की तुलना में उनके अन्तर कुछ और उभर आए थे।

प्रथम प्राकृत के अन्तर्गत पालि के अतिरिक्त **अभिलेखी प्राकृत** भी आती है। इसके अधिकांश लेख शिला पर हैं, अतः इसकी एक संज्ञा **शिलालेखी प्राकृत** भी है। इसकी सामग्री है–(1) अशोकी अभिलेख, (2) अशोकेतर अभिलेख। अशोकी अभिलेखों से तीसरी सदी ई० पू० में एवं अशोकेतर से ई० पू० की अन्तिम तीन सदियों में भाषा की स्थिति तथा स्वरूप का पता चलता है। साथ ही यह भी पता चलता है कि उस काल में मानक भाषा की कम-से-कम चार बोलियाँ थीं–पश्चिमोत्तरी, दक्षिणी-पश्चिमी, मध्यपूर्वी, पूर्वी।

द्वितीय प्राकृत (1 ई० से 500 ई०)

मध्यकालीन आर्यभाषा के प्रारम्भ में पीछे 'प्राकृत' शब्द की व्युत्पत्ति पर विचार किया गया है। ऐसा अनुमान लगता है कि जनभाषा का संस्कार करके जब उसे 'संस्कृत' संज्ञा से विभूषित किया गया तो वह जनभाषा, जो उसकी तुलना में असंस्कृत थी, और पण्डितों में प्रचलित इस भाषा के विरुद्ध, जो 'प्राकृत' या सामान्य लोगों में बोली जाती थी, सहज ही 'प्राकृत' नाम की अधिकारिणी बन बैठी। 'प्राकृत' शब्द के दो अर्थ हैं। पहले अर्थ में यह 5वीं सदी ई० पू० से 1000 ई० तक की भाषा है, जिसमें **प्रथम प्राकृत** में 'पालि' और 'अभिलेखी प्राकृत' हैं, **द्वितीय प्राकृत** में अपभ्रंश (एवं तथाकथित अवहट्ठ) आती हैं। **तृतीय प्राकृत** में भारत एवं भारत के बाहर प्रयुक्त विभिन्न धार्मिक, साहित्यिक और अन्य प्राकृतें हैं, केवल **द्वितीय प्राकृत** के लिए भी

प्राकृत नाम का प्रयोग होता है। यहाँ, 'प्राकृत' शब्द इसी दूसरे अर्थ में ही प्रयुक्त किया जा रहा है।

प्राकृत के भेद

प्राकृत के धर्म, प्रदेश, प्रयोग, लेखन-आधार आदि के आधार पर कई भेद किए गए हैं, जिनमें मुख्य शौरसेनी, पैशाची, महाराष्ट्री, अर्धमागधी, मागधी, केकय, टक्क, व्राचड, खस आदि हैं। आगे इन पर संक्षेप में विचार किया जा रहा है।

शौरसेनी–यह प्राकृत मूलतः मथुरा या शूरसेन के आसपास की बोली थी। इसका विकास वहाँ की पालिकालीन स्थानीय बोली से हुआ था। मध्यदेश की भाषा होने के कारण इसे कुछ लोग संस्कृत की भाँति उस काल की मानक भाषा मानते हैं। मध्यदेश संस्कृत का केन्द्र था, इसी कारण शौरसेनी उससे बहुत प्रभावित है। इस प्रभाव के कारण शौरसेनी में अपेक्षाकृत प्राचीनता है तथा यह कुछ कृत्रिम है। संस्कृत नाटकों की गद्य की भाषा शौरसेनी ही है। 'कर्पूरमंजरी' का गद्य इसी में है। इसका प्राचीनतम रूप अश्वघोष के नाटकों में मिलता है। जैनों (दिगम्बर सम्प्रदाय) ने अपने साम्प्रदायिक ग्रन्थों के लेखन में भी इसका प्रयोग किया है। शौरसेनी में तत्सम शब्द अपेक्षाकृत अधिक हैं। शौरसेनी की प्रमुख विशेषताएँ ये हैं–(1) असंयुक्त तथा दो स्वरों के बीच में आने वाला सं० **त्** इसमें **द्** हो गया है और थ् ध् (गच्छति > गच्छदि, कथय > कधीहि)। (2) **क्ष्** का विकास सामान्यतः **क्ख्** में हुआ है (इक्षु > इक्खु, कुक्षि > कुक्खि)। यह उल्लेख्य है कि महाराष्ट्री में यह **च्छ्** (इक्षु > उच्छु) हो जाता है। (3) **ऋ** का विकास इ है (गृद्ध > गिद्ध)। (4) संयुक्त व्यंजनों के सरलीकरण की प्रवृत्ति है, किन्तु अर्द्धमागधी या महाराष्ट्री आदि से कम (कर्तुम > कादुं, उत्सव > उस्सव > ऊसव)। यह भी उल्लेख्य है कि ऐसी स्थिति में क्षतिपूरक दीर्घीकरण (अ > आ, उ > ऊ) की प्रवृत्ति भी है। (5) आदरार्थ आज्ञा के रूप महाराष्ट्री एवं अर्द्धमागधी की भाँति–एज्ज लगाकर (वट्टेज्ज) नहीं बनते। वे संस्कृत के अनुसार हैं–सं० (वर्तेत>बट्टे)। (6) केवल परस्मैपद का प्रयोग मिलता है, आत्मनेपद का प्रायः नहीं। (7) रूपों की दृष्टि से यह कुछ बातों में संस्कृत की ओर झुकी है, जो मध्यदेश में रहने का प्रभाव है, किन्तु साथ ही, महाराष्ट्री का भी इससे काफी साम्य है।

पैशाची–महाभारत में 'पिशाच' जाति का उल्लेख है। ये उत्तर-पश्चिम में कश्मीर के पास रहते थे। ग्रियर्सन पैशाची को वहीं की 'दरद' से प्रभावित भाषा मानते हैं। हार्नले इसे द्रविड़ों द्वारा प्रयुक्त प्राकृत मानते हैं। पुरुषोत्तम देव ने अपने प्राकृतानुशासन में संस्कृत और शौरसेनी का इसे विकृत रूप माना है। इस प्रकार इसको लेकर काफी विवाद है। पैशाची में साहित्य नहीं के बराबर है। यों ऐसा अनुमान लगाने के आधार हैं कि कभी इसमें काफी साहित्य था। गुणाढ्य का बृहत् कथा-संग्रह 'बृहत्कथा' मूलतः इसी में था। इसके अब केवल दो संस्कृत रूपान्तर ही–बृहत्कथामंजरी, कथासरित्सागर–शेष

हैं। 'हम्मीरमर्दन' तथा कुछ अन्य नाटकों में कुछ पात्रों ने इसका प्रयोग किया है। इसकी मुख्य विशेषता है–दो स्वरों के बीच में आने वाले स्पर्श वर्गों के तीसरे और चौथे घोष व्यंजनों का क्रमशः पहला और दूसरा अर्थात् अघोष हो जाना–गगन > गकन, मेघ > मेखो, दामोदर > तामोतर, राजा > राचा। किसी भी भाषा में अघोषीकरण के कुछ उदाहरण तो मिलते हैं, किन्तु ऐसी सामान्य प्रवृत्ति नहीं मिलती।

महाराष्ट्री–इस प्राकृत का मूल स्थान महाराष्ट्र है। जूल ब्लाक ने मराठी का विकास इसी के बोलचाल के रूप से माना है। कुछ लोग इसे केवल महाराष्ट्र तक सीमित न मानकर महाराष्ट्र, अर्थात् पूरे भारत की भाषा मानने के पक्ष में हैं। कुछ लोग इसे काव्य की कृत्रिम भाषा मानते रहे हैं। महाराष्ट्री प्राकृत साहित्य की दृष्टि से बहुत धनी है। यह काव्य-भाषा रही है। गाहा सतसई (हाल), रावणवहो (रावरसेन) तथा बज्जालग्ग (जयवल्लभ) इसकी अमर कृतियाँ हैं। महाराष्ट्री की कुछ प्रमुख विशेषताएँ ये हैं–(1) इसमें दो स्वरों के बीच आने वाले अल्पप्राण स्पर्श क्, त् प द्, ग् आदि प्रायः लुप्त हो गए हैं (प्राकृत > पाउअ, गच्छति > गच्छइ)। (2) उसी स्थिति में महाप्राण स्पर्श (ख्, थ्, फ्, ध्, घ्) का केवल 'ह' रह गया है (क्रोधः>कोहो, कथयति>कहेइ, मुख>मुह)। (3) ऊष्म ध्वनियों (स, श) का प्रायः 'ह' हो गया है (तस्य>ताह, पाषाण>पाहाण)।

अर्धमागधी–अर्धमागधी का क्षेत्र मागधी और शौरसेनी के बीच में है, अर्थात् यह प्राचीन कोसल के आसपास की भाषा है। इसमें मागधी की प्रवृत्तियाँ पर्याप्त मात्रा में (तथा कुछ शौरसेनी की) मिलती हैं। इसलिए इसका नाम अर्धमागधी है। इसका प्रयोग प्रमुखतः जैन साहित्य में हुआ है। इसकी कुछ मुख्य विशेषताएँ हैं–(1) ष् श् के स्थान पर प्रायः स् (श्रावक>सावग, वर्ष>वास) का प्रयोग। (2) अनेक स्थलों पर दंत्य ध्वनियों का मूर्धन्य हो जाना (स्थित–ठिय, कृत्वा–कट्टु)। यह प्रवृत्ति अन्य प्राकृतों की तुलना में इसमें अधिक है। (3) चवर्ग के स्थान पर कहीं-कहीं तवर्ग मिलता है, (चिकित्सा–तेइच्छा)। (4) जहाँ कुछ अन्य प्राकृतों में स्वरों के बीच स्पर्श का लोप मिलता है, वहाँ इसमें 'य' श्रुति मिलती है (सागर>सायर, स्थित>ठिय)। (5) गद्य और पद्य की भाषा के रूपों में अन्तर है। सं० -अः (प्रथमा एकवचन) के स्थान पर प्रायः गद्य में मागधी की तरह '-ए' का प्रयोग हुआ है, और प्रायः पद्य में शौरसेनी के समान 'ओ' का।

मागधी–मागधी का मूल आधार मगध के आसपास की भाषा है। लास्सन महाराष्ट्री एवं मागधी को एक मानते थे। कुछ लोग इसका सम्बन्ध महाराष्ट्र से मानते हैं। मागधी में कोई स्वतन्त्र रचना नहीं मिलती। संस्कृत नाटकों में निम्न श्रेणी के पात्र इसका प्रयोग करते हैं। इसका प्राचीनतम रूप अश्वघोष में मिलता है। इसकी प्रमुख विशेषताएँ निम्नलिखित हैं–(1) इसमें स्, ष् के स्थान पर 'श्' मिलता है (सप्त>शत्त, पुरुष>पुलिश)। (2) इसमें 'र' का सर्वत्र 'ल' हो जाता है (राजा>लाजा)।

(3) प्रथमा एकवचन में संस्कृत -अः के स्थान पर यहाँ -ए मिलता है (देवः>देवे, सः>शे)।

केकय–इसका क्षेत्र प्राचीन केकय प्रदेश था, जहाँ आज लहँदा (पाकिस्तान में) बोली जाती है। इसकी विशेषताओं के सम्बन्ध में कुछ विशेष ज्ञात नहीं है।

टक्क–इस प्राकृत का क्षेत्र वह है जो मूलतः पंजाबी का क्षेत्र है, अर्थात् भारत का पंजाब तथा पाकिस्तान के पंजाब प्रान्त का कुछ भाग। इसके सम्बन्ध में भी कुछ विशेष ज्ञात नहीं है।

खस–इस नाम की प्राकृत का कहीं उल्लेख नहीं है, किन्तु सुनीतिकुमार चटर्जी तथा कुछ अन्य लोग हिमाचल प्रदेश, गढ़वाल, कुमायूँ तथा नेपाल में बोली जाने वाली पहाड़ी बोलियों का विकास 'खस' अपभ्रंश से मानते हैं। यदि वहाँ कोई 'खस' अपभ्रंश थी तो उसकी पूर्वजा प्राकृत को **'खस प्राकृत'** कहा जा सकता है। यों मेरे विचार में इस क्षेत्र में शौरसेनी प्राकृत का ही एक उत्तरी रूप था, जो कुछ स्थानीय विशेषताओं में ही परिनिष्ठित शौरसेनी से भिन्न था। ग्रियर्सन का यह मानना कि पहाड़ी भाषाएँ राजस्थानी का विस्थापित रूप हैं, मेरी उपर्युक्त मान्यता का समर्थन करता है।

व्राचड–व्राचड अपभ्रंश की पूर्वजा प्राकृत के लिए इस नाम का प्रयोग किया जा रहा है। इसका क्षेत्र प्राचीन सिन्ध-क्षेत्र था। कल्पितनामा इस प्राकृत के विषय में कुछ विशेष ज्ञात नहीं है।

प्राकृत भाषाओं की कुछ सामान्य विशेषताएँ

(1) ध्वनि की दृष्टि से प्राकृत भाषाएँ पालि के पर्याप्त निकट हैं। इनमें भी पालि की तरह ह्रस्व ए और ओ और ळ्, ळ्ह का प्रयोग चलता रहा। ऐ, औ, ऋ, लृ का प्रयोग नहीं हुआ। ऋ का प्रयोग लिखने में तो हुआ, किन्तु भाषा में यह ध्वनि थी नहीं। (2) ऊष्मों में पालि में केवल 'स्' का प्रयोग था। प्राकृत में पश्चिमोत्तरी क्षेत्र में श्, ष्, स् तीनों ही कुछ काल तक थे। मागधी में केवल 'श्' है। अन्य बहुतों में पालि की तरह प्रायः केवल 'स्' (जैसे अर्धमागधी में) मिलता है, और कुछ में श, ष् (पैशाची)। (3) प्राकृतों में 'न' का विकास प्रायः 'ण' रूप में हुआ है। (4) ध्वनियों के विकास के कुछ विशेष रूप भी इस काल में दिखाई पड़ते हैं, यद्यपि वे सार्वभौम न होकर प्रायः क्षेत्रीय अधिक हैं–(क) स्वरमध्यग-अघोष अल्पप्राण स्पर्श का घोष (मूकः>मूगो, लेष्टु>लेड्डु), (ख) स्वरमध्यग घोष और अघोष अल्पप्राण स्पर्श का लोप (सागर>साअर), (ग) महाप्राण>ह (भवति>होति, मुख>मुह, कथा>कहा)। (5) प्राकृतों में व्यंजनान्त शब्द प्रायः नहीं हैं। (6) द्विवचन के रूपों का प्रयोग (संज्ञा, क्रिया आदि में) प्राकृतों में नहीं मिलता। 'नीय' प्राकृत अपवाद है जिसमें कुछ द्विवचन के रूप हैं। (7) वैदिकी और संस्कृत संयोगात्मक भाषाएँ थीं। पालि में भी यह विशेषता

सुरक्षित है, किन्तु प्राकृत-काल में भाषा अयोगात्मकता या वियोगात्मकता की ओर तेजी से बढ़ने लगी।

तृतीय प्राकृत (1500 ई० से 1000 ई० तक)

जैसा कि पीछे कहा गया है, तृतीय प्राकृत के अन्तर्गत अपभ्रंश भाषा आती है।

अपभ्रंश

अपभ्रंश का अर्थ है, 'गिरा हुआ', 'बिगड़ा हुआ'। प्राकृत की तुलना में भी जिस भाषा में ध्वन्यात्मक तथा व्याकरणिक परिवर्तन हो गया था, उसे पण्डितों ने 'अपभ्रंश' या 'अवहट्ट' ('अपभ्रष्ट') नाम से अभिहित किया। अपभ्रंश प्राकृत तथा आधुनिक भारतीय आर्य भाषाओं के बीच की कड़ी है। कुछ थोड़े से लोगों की धारणा यह है कि अपभ्रंश प्राकृत और आधुनिक भाषाओं के बीच की कड़ी नहीं है, अपितु वह भी प्राकृतकालीन ही एक क्षेत्रीय भाषा है, या एक प्राकृत है। किन्तु ऐसी संभावना है नहीं। अपभ्रंश प्राकृत और आधुनिक भाषाओं के बीच की कड़ी है, तथा हर आधुनिक भारतीय आर्यभाषा का जन्म किसी-न-किसी अपभ्रंश से हुआ है। भाषा के अर्थ में अपभ्रंश नाम का प्रयोग छठी सदी में मिलने लगता है।

बोलियाँ–यों तो 'प्राकृत-सर्वस्व' ग्रन्थ में अपभ्रंश के 27 भेद स्वीकार किए गए हैं, किन्तु मुख्य अपभ्रंश केकय, टक्क, व्राचड, शौरसेनी, महाराष्ट्री, अर्धमागधी, मागधी मानी जा सकती हैं। इनके स्थान वे ही थे जिनका उल्लेख पीछे प्राकृतों के प्रसंग में हो चुका है। डॉ० चटर्जी ने खस नाम की एक अपभ्रंश की भी कल्पना की है जिसका स्थान पर्वतीय क्षेत्रों में माना है। यों याकोबी ने अपभ्रंश के चार भेद, तगारे ने तीन भेद तथा नामवर सिंह ने दो भेद किए हैं, किन्तु ये भेद साहित्य में प्रयुक्त भाषा के आधार पर किए गए हैं। प्राकृतों और आधुनिक भारतीय भाषाओं के बीच की कड़ी के रूप में अपभ्रंश के 6-7 भेद मानने ही पड़ेंगे।

अपभ्रंशों की सामान्य विशेषताएँ

(1) 'अ' का पूर्वी तथा पश्चिमी अपभ्रंशों में संवृत-विवृत का भेद था। (2) ऋ का लिखने में प्रयोग था, किन्तु उसका उच्चारण 'रि' होता था। (3) श् का प्रचार केवल मागधी (संभवतः पूर्वी मागधी) में था। (4) ळ् महाराष्ट्री में तो था ही साथ ही उड़ीसा में बोली जाने वाली मागधी एवं गुजरात, राजस्थान, बाँगड़ू, पहाड़ी में बोली जाने वाली शौरसेनी में भी था। ळ्ह भी कहीं-कहीं था। (5) स्वरों का अनुनासिक रूप (ऋ का नहीं) प्रयुक्त होने लगा था। (6) संगीतात्मक स्वराघात समाप्त हो चुका था। बलात्मक स्वराघात विकसित हो चुका था। (7) अपभ्रंश एक उकार-बहुला

भाषा थी। यों तो 'ललितविस्तर' तथा 'प्राकृत धम्मपद' आदि ग्रन्थों में भी यह प्रवृत्ति मिलती है, किन्तु वहाँ यह प्रवृत्ति अपने बीज रूप में है। अपभ्रंश में यह बहुत अधिक है, जहाँ से यह ब्रजभाषा या अवधी आदि को मिली है (जैसे एक्कु, कारणु, पियासु, अगु, मूलु और जगु आदि)। (8) ध्वनि-परिवर्तन की दृष्टि से जो प्रवृत्तियाँ (लोप, आगम, विपर्यय, महाप्राण का ह आदि) पालि में शुरू होकर प्राकृत में विकसित हुई थीं, उन्हीं का यहाँ आकर और विकास हो गया। (9) य का ज, म का वँ, व का ब, ष्ण का न्ह, क्ष का क्ख या च्छ, आदि रूपों में ध्वनि-विकास की बहुत-सी अन्य प्रवृत्तियाँ भी मिलती हैं। (10) (विशेषतः परवर्ती अपभ्रंश में) समीकरण के कारण उत्पन्न द्वित्व में एक व्यंजन बच गया है, और पूर्ववर्ती स्वर में क्षतिपूरक दीर्घीकरण हो गया (सं० तस्य, प्रा० तस्स, अप० तासु)। (11) भाषा काफी वियोगात्मक हो गई है। (12) नपुंसकलिंग समाप्त हो गया। और (13) रूपों की संख्या कम हो गई। उदाहरण के लिए, संस्कृत में एक संज्ञा के कारकीय रूप लगभग 20 होते थे, अब 5-6 ही रह गए।

अवहट्ठ–डॉ० सुनीतिकुमार चटर्जी तथा कई अन्य विद्वानों ने अपभ्रंश और आधुनिक भारतीय भाषाओं के बीच की कड़ी को 'अवहट्ठ' कहा है। मेरे विचार में ऐसी मान्यता निराधार है। मूलतः संस्कृत से भ्रष्ट हुई भाषा को 'अपभ्रंश' और 'अपभ्रष्ट' कहा गया। 'अपभ्रंश' शब्द का विकास 'अवहंस' रूप में हुआ तो 'अपभ्रष्ट' का 'अवहट्ठ' रूप में, और इन दोनों ही नामों का प्रयोग उस भाषा के लिए होता रहा। वास्तविकता यह है कि इस दृष्टि से एकरूपता नहीं मिलती। अद्दहमाण (12वीं सदी) ने 'अवहट्ठ' कहा, ज्योतिरेश्वर ठाकुर (14वीं सदी) ने 'अवहठ' कहा, दामोदर पण्डित (12वीं सदी) ने 'अपभ्रंश' कहा, विद्यापति (14वीं सदी ने) 'अवहट्ठ' कहा तो रविकर (16वीं सदी) ने इसे एक स्थान पर 'अपभ्रंश' कहा और दूसरे स्थान पर 'अपभ्रष्ट'। इस तरह 'अपभ्रंश' और 'अवहट्ठ' मेरे विचार में एक ही भाषा के दो नाम हैं। किन्तु अब 'अवहट्ठ' नाम अपभ्रंश और आधुनिक भाषाओं के बीच की कड़ी के लिए चल पड़ा है।

अपभ्रंश से आधुनिक भारतीय आर्यभाषाओं का उद्‌भव–आधुनिक भारतीय आर्यभाषाओं का उद्‌भव विभिन्न क्षेत्रीय अपभ्रंशों से हुआ, जिसे इस प्रकार दिखाया जा सकता है–

अपभ्रंश		**आधुनिक भाषाएँ तथा उपभाषाएँ**
शौरसेनी	→	पश्चिमी हिन्दी, राजस्थानी, पहाड़ी, गुजराती
केकय	→	लहँदा
टक्क	→	पंजाबी
व्राचड	→	सिंधी
महाराष्ट्री	→	मराठी

मागधी → बिहारी, बंगाली, उड़िया, असमिया

अर्धमागधी → पूर्वी हिन्दी

इस प्रकार हिन्दी भाषा का उद्भव अपभ्रंश के शौरसेनी, मागधी तथा अर्धमागधी रूपों से हुआ है।

आधुनिक भारतीय आर्यभाषाएँ

लगभग 1000 ई० के आसपास अपभ्रंश के विभिन्न रूपों से उपर्युक्त आधुनिक भारतीय आर्यभाषाओं का विकास हुआ। आधुनिक भाषाओं में भारतीय साहित्य-रचना तो 1100 ई० में या उसके भी बाद शुरू हुई, किन्तु उनका जन्म 1000 ई० के आस-पास हो चुका था। वस्तुतः कोई भी भाषा जन्म लेते ही साहित्य की भाषा नहीं बनती। पैदा होने के सौ-डेढ़ सौ वर्ष बाद स्वीकृति मिलने तथा उसका स्वरूप कुछ निश्चित होने पर ही लोग उसे साहित्य-रचना के लिए अपनाते हैं। यहाँ सभी आधुनिक भारतीय आर्यभाषाओं का परिचय दिया जा रहा है।

सिन्धी–'सिन्धी' शब्द का सम्बन्ध सं० सिन्धु से है। सिन्धु नदी के कारण ही सिन्ध प्रदेश 'सिन्ध' कहलाया और वहाँ की भाषा 'सिन्धी' कहलाई। सिन्धी के अधिकांश बोलने वाले पाकिस्तान के सिन्ध प्रान्त में हैं, किन्तु कुछ भारत में भी हैं जो हैं वो मुख्यतः बम्बई, अजमेर तथा दिल्ली आदि में हैं। इसके बोलने वालों की ठीक संख्या अज्ञात है। सिन्धी का विकास ब्राचड प्राकृत से विकसित ब्राचड अपभ्रंश से हुआ है। सिन्धी बोलने वाले मुख्यतः मुसलमान रहे हैं, इसी कारण सिन्धी के शब्द-भण्डार में अन्य कई आधुनिक भारतीय आर्यभाषाओं की तुलना में अरबी-फारसी-तुर्की शब्दों का आधिक्य है, फिर भी संस्कृत तद्भव शब्दों की संख्या पूरे शब्द-भण्डार का लगभग 75 प्रतिशत है। सिन्धी भाषा में ग, ज, ड, ब विशेष प्रकार की अन्तर्मुखी ध्वनियाँ हैं। सिन्धी की मुख्य बोलियाँ 5-6 हैं–बिचौली, सिराइकी, थरेली, लासी, लाड़ी तथा कच्छी। सिन्धी भाषा की लिपि फारसी लिपि के आधार पर बनी हुई है। भारतीय सिन्धियों में कुछ लोग फारसी पर आधारित सिन्धी लिपि तथा कुछ लोग देवनागरी लिपि का प्रयोग करते हैं। पहले सिन्धी के लिए कहीं-कहीं गुरुमुखी का भी प्रयोग होता था। सिन्धी में प्राचीन साहित्य तो कम है, किन्तु आधुनिक साहित्य अच्छा है।

लहँदा–'लहँदा' का शाब्दिक अर्थ है 'पश्चिमी'। पश्चिम पंजाब में बोली जाने के कारण इसे 'लहँदा' अथवा 'लहँदी' कहते हैं। यह मुख्यतः पाकिस्तान में पंजाब प्रान्त में बोली जाती है। यों भारत में भी इसके कुछ बोलने वाले रहते हैं। 1961 की जनगणना के अनुसार पाकिस्तान में इसके बोलने वालों की संख्या 1 करोड़ 22 लाख थी। इसका विकास केकय प्राकृत से विकसित केकय अपभ्रंश से मूलतः हुआ है। यों इस पर ब्राचड, पैशाची (पश्चिमोत्तर प्रदेश के आर्येतर लोगों की भाषा) तथा

टक्क का पर्याप्त प्रभाव पड़ा है। इसके शब्द फारसी-अरबी हैं, क्योंकि इसके बोलने वाले अधिकांश मुसलमान हैं। इसके लेखन में इसकी अपनी लिपि लंडा भी प्रयुक्त होती थी, अब फ़ारसी का भी प्रयोग होता है। इसकी मुख्य बोलियाँ जटकी, मुल्तानी, जांगली आदि हैं। इसमें साहित्य नहीं के बराबर है।

पंजाबी–'पंजाब' फारसी शब्द है जिसका अर्थ है 'पाँच नदियों का देश'। मुख्यतः पंजाब में बोली जाने के कारण इसका नाम पंजाबी है। पंजाबी के कुछ बोलने वाले पाकिस्तान में तथा अधिकांश भारत में हैं। 1961 की जनगणना के अनुसार भारत में पंजाबियों की संख्या दो करोड़ तीन लाख थी। इसका विकास टक्क प्राकृत से विकसित टक्क अपभ्रंश से माना जाता है, किन्तु साथ ही इस पर केकय, शौरसेनी तथा पैशाची (कुछ) का प्रभाव रहा है। इनमें सबसे अधिक प्रभाव शौरसेनी का है। पंजाबी की अपनी पुरानी लिपि लंडा थी जिसे देवनागरी की सहायता से सुधार कर गुरु अंगद ने गुरुमुखी लिपि बनाई है। अब पंजाबी गुरुमुखी लिपि में ही लिखी जाती है। पंजाबी में घ, झ, ढ, ध, भ का उच्चारण कुछ क्ह, च्ह, ट्ह, त्ह, प्ह जैसा होता है। इसकी मुख्य बोलियाँ माझी, डोगरी (अब इसे प्रायः भाषा की स्थिति प्राप्त हो गई है), दोआबी, राठी आदि हैं। पंजाबी में आधुनिक साहित्य तो पर्याप्त मात्रा में है, किन्तु प्राचीन साहित्य बहुत थोड़ा है।

हिन्दी–'हिन्दी' का मूल अर्थ 'हिन्द' (सं० सिन्धु>फ़ा० हिन्दू>हिन्द) का' है। इसीलिए हिन्द की केन्द्रीय भाषा के लिए इस नाम का प्रयोग हो रहा है। हिन्दी के अन्तर्गत पाँच उपभाषाएँ या बोली-वर्ग हैं–**पश्चिम हिन्दी** (खड़ी बोली हरियाणी, ब्रज, बुन्देली, कनौजी का समूह), **पूर्वी हिन्दी** (अवधी, बघेली, छत्तीसगढ़ी का समूह), **राजस्थानी** (उत्तरी, दक्षिणी, पूर्वी, पश्चिमी राजस्थानी का समूह), **पहाड़ी** (पश्चिमी तथा मध्यवर्ती पहाड़ी का समूह), **बिहारी** (भोजपुरी, मगही, मैथिली का समूह)। 1961 की जनगणना के अनुसार हिन्दी भाषा तथा उसके विभिन्न रूप बोलने वालों की संख्या 22 करोड़ 52 लाख थी। इनमें पश्चिमी हिन्दी का विकास शौरसेनी प्राकृत से विकसित शौरसेनी अपभ्रंश के मध्यवर्ती रूप से हुआ है। वस्तुतः अपने-अपने काल की राष्ट्रभाषा परिनिष्ठित संस्कृत, परिनिष्ठित पालि, परिनिष्ठित अपभ्रंश इसी क्षेत्र की भाषाएँ थीं, उसी परम्परा में आज इस क्षेत्र की हिन्दी राष्ट्रभाषा है। 'पूर्वी हिन्दी' अर्धमागधी अपभ्रंश (अर्धमागधी प्राकृत से विकसित, जिसमें कुछ अंश शौरसेनी का तथा अधिकांश मागधी का था) से तथा 'राजस्थानी' शौरसेनी अपभ्रंश के उस रूप से जो राजस्थान में प्रचलित था (इसे **उपनागर** अपभ्रंश भी कहते हैं, इसका सम्बन्ध शौरसेनी प्राकृत से है), विकसित है। पहाड़ी के बारे में विवाद है। डॉ० चटर्जी इसे खस अपभ्रंश से जोड़ते हैं। मेरे विचार में शौरसेनी प्राकृत से विकसित शौरसेनी अपभ्रंश के उस रूप से इसका विकास हुआ जो पहाड़ी प्रदेश में बोली जाती थी। साथ ही इस पर ऐतिहासिक कारणों से राजस्थानी तथा पश्चिमी हिन्दी का प्रभाव पड़ा है। यों इस

क्षेत्र में खस जाति के लोग भी रहे हैं, अतः उनका प्रभाव भी है। बिहारी का विकास मागधी अपभ्रंश से हुआ है, किन्तु इस पर पश्चिमी हिन्दी, पूर्वी हिन्दी तथा पहले शौरसेनी का भी पर्याप्त प्रभाव पड़ा है। आगे इनके बारे में विस्तृत जानकारी दी गई है।

गुजराती–'गुजरात' नाम का सम्बन्ध 'गुर्जर' जाति से है–गुर्जर + त्रा>गज्जरत्ता>गुजरात। गुजरात की भाषा गुजराती है। 1961 की जनगणना के अनुसार गुजराती के बोलने वाले लगभग 2 करोड़ 3 लाख थे। तेसितोरी के अनुसार प्रारम्भ में गुजराती तथा राजस्थानी एक ही भाषा के दो स्थानीय रूप थे। इस प्रकार इसका सम्बन्ध शौरसेनी अपभ्रंश के उस रूप से है जो गुजरात में बोला जाता था। उस प्राकृत तथा अपभ्रंश को कुछ लोगों ने अलग नाम 'लाटी प्राकृत' और 'नागर अपभ्रंश' दिया है। गुजराती की लिपि अपनी है जिसमें शिरोरेखा नहीं होती। गुजराती साहित्य की दृष्टि से पर्याप्त सम्पन्न भाषा है। इसकी मुख्य बोलियाँ काठियावाड़ी, पट्टनी, सुरती आदि हैं।

मराठी–महाराष्ट्र की भाषा मराठी का नाम सं० शब्द 'महाराष्ट्रीय' से विकसित है। 1961 की गणना के अनुसार इसके बोलने वालों की संख्या लगभग 3 करोड़ 33 लाख थी। इसका विकास महाराष्ट्री प्राकृत से विकसित महाराष्ट्री अपभ्रंश से हुआ है। इसकी लिपि देवनागरी है किन्तु कुछ लोग मोड़ी का भी प्रयोग करते हैं। इसकी मुख्य बोलियाँ कोंकणी (इसे अब लोग भाषा मानने लगे हैं), नागपुरी, कोष्टी, माहारी आदि हैं। मराठी साहित्य बहुत सम्पन्न है।

बंगला–संस्कृत शब्द वंग + आल (प्रत्यय) से बंगाला बना है, और वहाँ की भाषा बँगाली अथवा बंगला है। अब बंगाली पश्चिमी बंगाल (भारत) तथा बांगलादेश में बोली जाती है। 1961 की गणना के अनुसार भारत में 3 करोड़ 38 लाख बंगला-भाषी थे तो पाकिस्तान (अब बांगलादेश में) 2 करोड़ 62 लाख। अर्थात् कुल लगभग 6 करोड़। बंगला का सम्बन्ध मागधी प्राकृत से विकसित मागधी अपभ्रंश (जिसे गौड़ी अपभ्रंश भी कहते हैं) से है। इसकी मुख्य बोलियाँ पश्चिमी, दक्षिणी-पश्चिमी, उत्तरी, राजवंगशी, पूर्वी आदि हैं। बंगला की अपनी लिपि है। बंगाली साहित्य बहुत ही सम्पन्न है।

असमी–आसाम की भाषा असमी अथवा असमिया 1961 की जनगणना के अनुसार लगभग 3 करोड़ 39 लाख लोगों द्वारा बोली जाती है। इसका सम्बन्ध मागधी प्राकृत से उत्पन्न मागधी अपभ्रंश के उत्तरी-पूर्वी रूप से है। यों इस पर प्राचीन बंगला का बहुत अधिक प्रभाव पड़ा है। असमी की अपनी लिपि है जो बंगला से बहुत मिलती-जुलती है। इसकी मुख्य बोली विश्नुपुरिया है। असमी में पर्याप्त साहित्य है।

उड़िया–उड़ीसा की भाषा उड़िया है। उड़ीसा का सम्बन्ध 'ओड्र' शब्द से है

जो मूलतः द्रविड़ शब्द 'ओड' से निकला है। 1961 की जनगणना के अनुसार इसके बोलने वाले लगभग 1 करोड़ 57 लाख थे। उड़िया मागधी प्राकृत से विकसित मागधी अपभ्रंश के दक्षिणी पूर्वी रूप से निकली है। उड़िया भाषा बंगला से बहुत मिलती-जुलती है, किन्तु इसकी लिपि उससे सर्वथा भिन्न है जो ब्राह्मी की उत्तरी शैली से विकसित है, किन्तु साथ ही तेलुगु लिपि से प्रभावित है। उड़िया की मुख्य बोलियाँ गंजामी, संभलपुरी, भत्री आदि हैं।

सिंहली तथा **जिप्सी** भी आधुनिक भारतीय आर्यभाषाओं में आती हैं, किन्तु वे भारत में नहीं हैं, अतः उनका परिचय नहीं दिया जा रहा है। **नेपाली** (पहाड़ी का तीसरा रूप 'पूर्वी पहाड़ी') भी इसी में है, किन्तु उसके कुछ ही बोलने वाले भारत में हैं। मुख्य क्षेत्र नेपाल है। ग्रियर्सन ने **खानदेशी** (खानदेश में बोली जाने वाली) तथा **भीली** (राजस्थान की सीमा पर बोली जाने वाली) को भी अलग स्थान दिया था, किन्तु अब इन्हें अलग भाषाएँ नहीं माना जाता।

आधुनिक भारतीय आर्यभाषाओं का वर्गीकरण

उपर्युक्त आधुनिक भारतीय आर्यभाषाओं के वर्गीकरण पर विभिन्न लोगों (हार्नले, वेबर, ग्रियर्सन, चटर्जी, धीरेन्द्र वर्मा, भोलानाथ तिवारी आदि) द्वारा विभिन्न रूपों में विचार किया गया। यहाँ कुछ प्रमुख का उल्लेख किया जा रहा है–

(अ) इस प्रसंग में प्रथम नाम हार्नले का लिया जा सकता है। उन्होंने आधुनिक भारतीय आर्यभाषाओं को 4 वर्गों में रखा है–(क) पूर्वी गौडियन–पूर्वी हिन्दी (इसी में बिहारी भी है), बंगला, असमी, उड़िया। (ख) पश्चिमी गौडियन–पश्चिमी हिन्दी (राजस्थानी भी), गुजराती, सिन्धी, पंजाबी। (ग) उत्तरी गौडियन–गढ़वाली, नेपाली आदि पहाड़ी। (घ) दक्षिणी गौडियन–मराठी।

(आ) हार्नले ने भारतीय आर्यभाषाओं के अध्ययन के आधार पर पिछली सदी में यह सिद्धान्त रखा था कि भारत में आर्य कम-से-कम दो बार आये। पहले आर्य आधुनिक पंजाब में आकर बसे थे। कुछ दिन बाद दूसरे आर्यों का हमला हुआ। जैसे कहीं कील ठोंकने पर कील छेद बनाकर बैठ जाती है, और उस बने छेद के स्थान पर जो चीज रहती है, चारों ओर चली जाती है, उसी प्रकार नवागत आर्य उत्तर से आकर प्राचीन आर्यों के स्थान पर जम गये और पूर्वागत पूरब, दक्षिण और पश्चिम में फैल गए। इस प्रकार नवागत आर्य भीतरी कहे जा सकते हैं और पूर्वागत बाहरी। इस भीतरी और बाहरी को ग्रियर्सन ने अंशतः स्वीकार किया और इसी आधार पर उन्होंने अपना पहलो वर्गीकरण प्रस्तुत किया। इसमें 3 वर्ग हैं–(1) बाहरी उपशाखा, (क) पश्चिमोत्तरी समुदाय (लहँदा, सिन्धी), (ख) दक्षिणी समुदाय (मराठी), (ग) पूर्वी समुदाय (उड़िया, बंगाली, असमी, बिहारी)। (2) मध्यवर्गी उपशाखा–मध्यवर्ती समुदाय (पूर्वी हिन्दी)। (3) भीतरी उपशाखा– (क) केन्द्रीय समुदाय (पश्चिमी हिन्दी, पंजाबी,

गुजराती, भीली,[1] खानदेशी[2]), (ख) पहाड़ी समुदाय (पूर्वी, मध्यवर्ती, पश्चिमी)। बाद में ग्रियर्सन ने एक नया वर्गीकरण सामने रखा जो इस प्रकार है–(क) मध्यदेशी–(पश्चिमी हिन्दी), (ख) अन्तर्वर्ती–(i) पश्चिमी हिन्दी से विशेष घनिष्ठता वाली पंजाबी, राजस्थानी, गुजराती, पहाड़ी (पूर्वी, पश्चिमी, मध्य), (ii) बहिरंग से सम्बद्ध (पूर्वी हिन्दी), (ग) बहिरंग भाषाएँ–(1) पश्चिमोत्तरी (लहँदा, सिन्धी), (2) दक्षिणी (मराठी), (3) पूर्वी (बिहारी, उड़िया, बंगाली, असमी)।

ग्रियर्सन का वर्गीकरण ध्वनि, व्याकरण या रूप तथा शब्द-समूह इन तीन बातों पर आधारित है। डॉ० सुनीतिकुमार चटर्जी ने इन तीनों की ही आलोचना की है। उन्हीं के आधार पर ग्रियर्सन के कुछ प्रमुख आधार संक्षिप्त आलोचना के साथ यहाँ दिये जा रहे हैं।

ध्वनि–ग्रियर्सन के वर्गीकरण के ध्वन्यात्मक आधार लगभग पन्द्रह हैं जिनमें केवल प्रमुख चार-पाँच लिये जा रहे हैं–(क) ग्रियर्सन के अनुसार 'र' का 'ल' या 'ड़' के लिए प्रयोग केवल बाहरी भाषाओं में मिलता है, किन्तु यथार्थतः ऐसी बात नहीं है। अवधी, ब्रज, खड़ीबोली आदि में भी यह प्रवृत्ति मिलती है, जैसे बर (बल), गर (गला), जर (जल), वीरा (बीड़ा), भीर (भीड़) आदि। (ख) ग्रियर्सन के अनुसार बाहरी भाषाओं में 'द' का परिवर्तन 'ड' में हो जाता है। वस्तुतः यह बात भीतरी में भी मिलती है। हिन्दी में डीठि (दृष्टि), ड्योढ़ी (देहली), डेढ़ (द्वयर्द्ध), डाभ (दर्भ), डाढ़ा (दग्ध), डंडा (दंड), डोली (दोलिका), डोरा (दोरक), डँसना (दंश) आदि देखे जा सकते हैं। (ग) ग्रियर्सन का कहना है कि 'म्ब' ध्वनि का विकास बाहरी भाषाओं में 'म' रूप में हुआ है तथा भीतरी में 'ब' रूप में, किन्तु इसके विरोधी उदाहरण भी मिलते हैं। पश्चिमी हिन्दी क्षेत्र में 'जम्बुक' का 'जामुन' या 'निम्ब' का 'नीम' मिलता है। दूसरी ओर बंगला में 'निम्बूक' का 'लेबू' या 'नेबू' मिलता है। (घ) ऊष्म ध्वनियों को लेकर ग्रियर्सन का कहना है कि भीतरी में इनका उच्चारण अधिक दबाकर किया जाता है और वह 'स' रूप में होता है, किन्तु बाहरी में यह श, ख या ह रूप में मिलता है। बंगाल तथा महाराष्ट्र के कुछ भागों में निर्बल होकर यह 'श' हो गया है। पूर्वी बंगाल और असम में और भी निर्बल होकर 'ख' हो गया है और बंगला तथा पश्चिमोत्तर में 'ह' हो गया है। जहाँ तक स्वरों के बीच में 'स' के 'ह' हो जाने का सम्बन्ध है, वह बाहरी के साथ भीतरी भाषाओं में भी पाया जाता है। सं० एक-सप्तति, पं० हिन्दी इकहत्तर, सं० द्वादश, पं० हि० बारह, सं० करिष्यति, हि० करिहइ। साथ ही बाहरी में 'स' भी कहीं-कहीं है, जैसे लहँदा करेसी (करेगी)। 'ख' वाला विकास बड़ा सीमित है और मात्र पूर्वक्षेत्रीय है। उसके आधार पर धुर पूर्व और पश्चिम क़ी भाषाएँ एक-वर्ग में नहीं रखी जा सकतीं। 'श' वाली विशेषता

---

*1,2. ये दोनों राजस्थानी-गुजराती के रूप हैं।

बंगला आदि में मागधी प्राकृत से चली आ रही है। और वह प्रायः निर्बन्ध है। मराठी में वह बाद का विकास है और सापेक्ष है (इ, ई, ए, य आदि तालव्य ध्वनियों के प्रभाव से)। इस रूप में तो भीतरी की गुजराती में भी यह विकास है, जैसे कर्शे (करिष्यति)। इस प्रकार यह भी भेदक तत्त्व नहीं है। (ङ) महाप्राण ध्वनियों का अल्पप्राण हो जाना भी ग्रियर्सन के अनुसार बाहरी भाषाओं में है, भीतरी में नहीं। हिन्दी में भगिनी का बहिन, प्राकृत कल्पित रूप इंठा (सं० इष्टिका) का ईंट, प्राकृत कल्पित रूप ऊँठ (सं० उष्ट्र) का ऊँट इसके विरोध में जाते हैं।

व्याकरण या रूप-रचना–ग्रियर्सन ने इस प्रसंग में पाँच-छः रूप विषयक आधारों का उल्लेख किया है जिनमें से तीन यहाँ लिये जा रहे हैं। (क) ग्रियर्सन 'ई' स्त्री प्रत्यय के आधार पर बाहरी वर्ग की पश्चिमी और पूर्वी भाषाओं को एक वर्ग की सिद्ध करना चाहते हैं, किन्तु वस्तुतः यह तर्क तब ठीक माना जाता जब भीतरी वर्ग में यह बात न मिलती। हिन्दी में इस प्रत्यय का प्रयोग क्रिया (गाती, दौड़ी), परसर्ग (की), संज्ञा (लड़की, बेटी), विशेषण (बड़ी, छोटी) आदि कई वर्ग के शब्दों में खूब होता है, अतः इसे इस प्रकार के वर्गीकरण का आधार नहीं मान सकते। (ख) भाषा संयोगात्मक से वियोगात्मक होती है और कुछ विद्वानों के अनुसार वियोगात्मक से फिर संयोगात्मक। ग्रियर्सन का कहना है कि संयोगात्मक भाषा संस्कृत से चलकर आधुनिक भाषाएँ (कारक रूप में) वियोगात्मक हो गई हैं, किन्तु आधुनिक में भी बाहरी भाषाएँ विकास में एक कदम और आगे बढ़कर संयोगात्मक हो रही हैं। जैसे हिन्दी 'राम की किताब' बंगाली 'रामेर बोई'। ग्रियर्सन का यह भी कहना है कि भीतरी में यदि कुछ संयोगात्मक रूप मिलते भी हैं तो वे प्राचीन के अवशेष मात्र हैं, अर्थात् प्रवृत्ति नहीं है, अपवाद है। इस प्रकार बाहरी-भीतरी भाषाओं में यह काफी बड़ा अन्तर है। किन्तु ग्रियर्सन का यह अन्तर भी कसौटी पर खरा नहीं उतरता। जैसा कि डॉ० चटर्जी ने दिखाया है, तुलनात्मक ढंग से जब हम बाहरी और भीतरी के कारक-रूपों का अध्ययन करते हैं तो देखते हैं कि संयोगात्मक रूपों का प्रयोग भीतरी में बाहरी से कम नहीं है, अतः इस बात को भी भेदक तत्त्व नहीं माना जा सकता। ब्रजःपूतहिं (कर्म), मनहिं, भौनहिं (अधिकरण)। (ग) ग्रियर्सन विशेषणात्मक प्रत्यय 'ल' को केवल बाहरी भाषाओं की विशेषता मानते हैं, यद्यपि भीतरी में भी यह पर्याप्त है, जैसे रँगीला, हठीला, भड़कीला, गठीला, खर्चीला आदि।

शब्द-समूह–इसके आधार पर भी ग्रियर्सन बाहरी भाषाओं में साम्य मानते हैं, किन्तु विस्तार से देखने पर यह बात भी ठीक नहीं उतरती। मराठी-बंगाली-सिन्धी में बंगाली-हिन्दी से अधिक साम्य नहीं है। इस प्रकार ग्रियर्सन जिन बातों के आधार पर बाहरी-भीतरी वर्गीकरण को स्थापित करना चाहते थे, वे बहुत सम्पुष्ट नहीं हैं।

(इ) डॉ० सुनीतिकुमार चटर्जी का वर्गीकरण इस प्रकार है–(क) उदीच्य (सिन्धी, लहँदा, पंजाबी), (ख) प्रतीच्य (गुजराती, राजस्थानी), (ग) मध्यदेशीय (पश्चिमी हिन्दी),

(घ) प्राच्य (पूर्वी हिन्दी, बिहारी, उड़िया, असमिया, बंगाली), (ङ) दाक्षिणात्य (मराठी)। डॉ० चटर्जी पहाड़ी को राजस्थानी का प्रायः रूपान्तर-सा मानते हैं। इसीलिए उसे यहाँ अलग स्थान नहीं दिया है।

(ई) डॉ० धीरेन्द्र वर्मा ने चटर्जी के वर्गीकरण के आधार पर ही अपना वर्गीकरण दिया है–(क) उदीच्य (सिन्धी, लहँदा, पंजाबी), (ख) प्रतीच्य (गुजराती), (ग) मध्यदेशीय (राजस्थानी, प० हिन्दी, पूर्वी हिन्दी, बिहारी) (घ) प्राच्य (उड़िया, आसामी, बंगाली), (ङ) दाक्षिणात्य (मराठी)। इस वर्गीकरण में हिन्दी के प्रमुख चारों रूपों को मध्यदेशीय माना गया है।

(उ) श्री सीताराम चतुर्वेदी ने सम्बन्धसूचक परसर्ग के आधार पर का (हिन्दी, पहाड़ी, जयपुरी, भोजपुरी), दा (पंजाबी, लहँदा), जो (सिन्धी, कच्छी), नो (गुजराती), एर (बंगाली, उड़िया, आसामी) वर्ग बनाये हैं। यथार्थतः यह कोई वर्गीकरण नहीं है। ऐसे तो 'ल', 'र' या 'स', 'श', ध्वनियों के आधार पर भी वर्ग बनाये जा सकते हैं।

(ऊ) वस्तुतः वर्गीकरण का आशय यह है कि उसके आधार पर भाषाओं की मूलभूत विशेषताएँ स्पष्ट हो जायें। उपर्युक्त किसी भी वर्गीकरण में यह बात नहीं है, ऐसी स्थिति में वे बहुत सार्थक नहीं हैं। इनके आधार पर कोई भाषावैज्ञानिक निर्णय नहीं निकाला जा सकता। इससे अच्छा तो है कि इनकी अलग-अलग प्रवृत्तियों का ही अध्ययन कर लिया जाय, या यदि वर्गीकरण जरूरी ही समझा जाये तो दो बातें कही जा सकती हैं–(1) प्रवृत्तियों के आधार पर भाषाओं में इतना वैभिन्न्य है कि सभी बातों का ठीक तरह से विचार करते हुए वर्गीकरण हो ही नहीं सकता। (2) हाँ, उत्पत्ति या सम्बद्ध अपभ्रंशों के आधार पर इनके वर्ग अवश्य बनाये जा सकते हैं। किन्तु यह ध्यान रहे कि इस प्रकार के वर्गों में ध्वनि या गठन सम्बन्धी साम्य बहुत कम दृष्टियों से मिल सकता है। यों उत्पत्ति भी अपने आप में महत्त्वपूर्ण है, अतः इसे बिल्कुल निरर्थक नहीं कहा जा सकता। इस वर्गीकरण का रूप मेरे अपने विचार से यह हो सकता है–(1) **मध्यवर्ती वर्ग** (पश्चिमी हिन्दी, राजस्थानी, गुजराती, पहाड़ी), (2) **पूर्वीय वर्ग** (बिहारी, बंगाली, आसामी, उड़िया), (3) **मध्यपूर्वीय वर्ग** (पूर्वी हिन्दी), (4) **महाराष्ट्री** (मराठी), (5) **पश्चिमोत्तरी वर्ग** (सिन्धी, लहँदा, पंजाबी)।

3

हिन्दी नाम : व्युत्पत्ति और अर्थ

पिछले अध्याय में पहले भारोपीय परिवार पर विचार किया गया और बाद में भारत-ईरानी, भारतीय आर्य, संस्कृत, पालि, प्राकृत, अपभ्रंश पर विचार करते हुए आधुनिक भारतीय आर्यभाषाओं के उद्भव की चर्चा की गई। अब 'हिन्दी' नाम की समस्या को ले सकते हैं। इसकी मुख्य समस्या दो प्रकार की है। एक तो यह कि 'हिन्दी' शब्द की व्युत्पत्ति क्या है और दूसरी यह कि 'हिन्दी' शब्द का विभिन्न कालों में किन-किन अर्थों में प्रयोग होता रहा है, तथा वर्तमान काल में उसके क्या या क्या-क्या अर्थ हैं।

'हिन्दी' शब्द की व्युत्पत्ति

'हिन्दी' शब्द का सम्बन्ध 'हिन्द', 'हिन्दू' आदि शब्दों से है। 'हिन्द' या 'हिन्दू' शब्द की व्युत्पत्ति कई प्रकार से दी गई है—

(1) हमारे परम्परावादी संस्कृत-पण्डित मूल शब्द 'हिन्दु' मानते हैं। इसकी व्युत्पत्ति कई प्रकार से दी जाती है। कुछ लोग 'हिन्' (= नष्ट करना) + 'दु' (= दुष्ट) से 'हिन्दु' मानते हैं। अर्थात् 'हिन्दु' का अर्थ है 'दुष्टों का विनाश करने वाला' (हिनस्ति दुष्टान्)।

(2) 'शब्दकल्पद्रुम' (खण्ड 5, 1961) में 'हीन + दुष् + डु' से 'हिन्दु' शब्द को सिद्ध किया गया है। इस दृष्टि से 'हिन्दु' का अर्थ हुआ 'हीनों या ओछों को दूषित करने वाला' (हीनं दूषयति)। 'मेरुतन्त्र' के 23वें प्रकाश में शंकर पार्वती से कहते हैं—

हिन्दुधर्मप्रलोप्तारो जायन्ते चक्रवर्तिनः।
हीनञ्च दूषयत्येव हिन्दुरित्युच्यते प्रिये ॥

अर्थात् 'हीनों को दूषित करनेवाला' 'हिन्दु' है। यहाँ 'हीन' का अर्थ कुछ लोग 'म्लेच्छ' आदि विदेशी मानते हैं। 'मेरुतन्त्र' को प्रायः परम्परावादी पण्डित प्राचीन ग्रन्थ समझते

हैं, किन्तु, वास्तविक स्थिति यह नहीं है। इसमें 'फिरंगी' शब्द का प्रयोग मिलता है, जिससे स्पष्ट है कि यह बहुत बाद का ग्रन्थ है और यूरोपीयों के भारत में आने के बाद लिखा गया है।

(3) 'हिन्दु' की एक तीसरी व्युत्पत्ति 'हीन + दु' [हीनों (म्लेच्छों) का दलन या दण्डित करने वाला] से भी मानी गई है। कुछ लोग 'हीनता का दलन करने वाला' भी इसका अर्थ लेते हैं।

(4) 'हिन्दु' की एक चौथी व्युत्पत्ति है—'यो हिसायाः दूयते, सः हिन्दु' अर्थात् 'हिंसा को देखकर जो दुखी होते हैं, वे हिन्दू हैं'।

वस्तुतः उपर्युक्त सभी व्युत्पत्तियाँ कल्पना-प्रसूत हैं। 'हिन्दू' शब्द 'ह' के साथ संस्कृत शब्द नहीं है। उल्लेख्य है कि किसी भी प्राचीन ग्रन्थ में इसका प्रयोग नहीं हुआ है। मुझे इसका प्राचीनतम प्रयोग सातवीं सदी के अन्तिम चरण के ग्रन्थ 'निशीथचूर्णि' में प्रथम बार मिला है।

(5) आज का पढ़ा-लिखा समाज इस शब्द को फ़ारसी शब्द 'हिन्दु' से सम्बन्धित मानता है। 'हिन्दु' शब्द भी मूलतः फ़ारसी का न होकर संस्कृत शब्द 'सिन्धु' का फ़ारसी रूपांतरण है। प्रश्न उठता है कि 'सिन्धु' की व्युत्पत्ति क्या है? संस्कृत के अधिकांश वैयाकरण इसका सम्बन्ध 'स्यन्द्' धातु से मानते हैं, जिसका अर्थ है 'पसीजना, द्रवना, स्रवित होना'। इसी में, 'य्' के संप्रसारण, 'दस्य' 'धः' तथा 'उद्' प्रत्यय के योग से 'सिन्धु' शब्द बना है, जिसका अर्थ नदी विशेष तथा समुद्र आदि हैं। हाथी के गंडस्थल से मद बहने के कारण उसे भी 'सिन्धु' या 'सिन्धुर' आदि कहा गया है। इस प्रकार इसमें मूल अर्थ 'बहना' है।

(6) इसकी एक और व्युत्पत्ति संस्कृत की 'इन्द्' धातु से मानी गई है। 'इन्द्' का अर्थ होता है 'ऐश्वर्य होना'। संस्कृत का 'इन्द्र' शब्द भी इसी से संबद्ध है। ग्रासमान, रॉथ आदि विद्वान 'इन्द्' को मूलतः 'इध्' या 'इन्ध्' मानते हैं, यद्यपि बेनफ़े तथा कुछ विद्वान 'इन्द्र' को भी मूलतः 'स्यन्द्' से ही निष्पन्न मानते हैं। अपने मूल भारोपीय रूप से चलकर इस 'इन्द्' या स्यन्द् से ही स्लाव शब्द जेद्रु, सं० इन्द्र, अवेस्ता ज़ेन्दाह (ज़िन्दा, ज़िन्दगी) आदि सम्बन्धित हैं। 'सिन्धु' शब्द को 'इन्द्', या 'इन्ध्' से संबद्ध मानने वाले लोग उस नदी में ऐश्वर्य या उसकी जीवन-शक्ति पर बल देते हैं।

(7) मोनियर विलियम्स 'सिन्धु' शब्द को 'सिध्' (=जाना) धातु से निकला होने का अनुमान लगाते हैं।

(8) प्रस्तुत पंक्तियों का लेखक उपर्युक्त किसी भी मत से सहमत नहीं है। ये सब पुरानी धातुएँ तो ठीक हैं, किन्तु मेरी निजी राय यह है कि इस नदी विशेष का 'सिन्धु' नाम मूलतः संस्कृत का शब्द नहीं है। आर्य भारत में आए उस समय पश्चिमोत्तर भारत में आर्येतर लोग रहते थे, और ये लोग पर्याप्त सुसंस्कृत थे। ऐसी स्थिति में यह स्वाभाविक है कि सिन्धु नदी का कोई-न-कोई नाम इन आर्येतर लोगों

द्वारा प्रयुक्त होता रहा होगा। ऐसा प्रायः होता नहीं कि कोई विदेशी जाति किसी देश में आए और वहाँ के सारे-के-सारे नामों को बदल डाले, विशेषतः ऐसी स्थिति में जबकि वहाँ के रहने वाले असभ्य न होकर बहुत सुसंस्कृत हों। ऐसी नदियों या ऐसे पहाड़ों आदि के नाम तो नवागंतुक रख या बदल सकते या बदल लेते हैं, जिनको अधिक लोग नहीं जानते, किन्तु पश्चिमोत्तर भारत की सबसे बड़ी नदी के सम्बन्ध में, जिसकी घाटी में इतनी बड़ी संस्कृति थी, उनको ऐसा करना पड़ा हो, या उन्होंने ऐसा किया हो, ऐसा मानने का कोई ख़ास कारण नहीं दीखता। ऐसी स्थिति में कम-से-कम इतना तो कहा ही जा सकता है कि यह शब्द मूलतः द्रविड़ भाषा का है। यों, यह भी असंभव नहीं है कि द्रविड़ लोग जब भारत में आए हों तो उन्हें भी यह नाम आस्ट्रिक आदि किसी अन्य पुरानी जाति से मिला हो। साथ ही यह भी संभव है कि आर्यों के आने के समय इस नदी का जो नाम प्रचलित रहा हो, आर्यों ने 'सिन्धु' रूप में उसका संस्कृत रूप बना लिया हो। शब्दों के संस्कृतीकरण की परम्परा आर्यों में प्राचीन काल से मिलती है। उन्होंने अनेक देशी-विदेशी नामों ('एलेग्ज़ेंडर के लिए कौटिल्य के अर्थशास्त्र में 'अलकन्द' आया है) एवं शब्दों के साथ ऐसा किया है। 'सिड्', 'सिद्', 'सित्' या 'चिन्द्' आदि रूपों में, द्रविड़ परिवार की कई भाषाओं एवं बोलियों में एक अत्यन्त प्राचीन धातु मिलती है, जिसका प्रयोग, अन्य अर्थों के साथ, 'छिड़कने', 'सींचने' या 'बहने' आदि के लिए होता है। मेरा अनुमान है कि यदि द्रविड़ों को यह शब्द किसी पुरानी जाति से नहीं मिला था, तो इसी धातु के आधार पर प्राचीन द्रविड़ों ने इस बड़ी नदी (सिन्धु) को 'सिद्' या 'सित्' नाम दिया। यह नाम, इसमें बहते हुए बहुत अधिक पानी के कारण भी हो सकता है, या इस कारण भी हो सकता है कि इनकी सभ्यता का उस काल में मूल केन्द्र (सिन्धु की घाटी) जो था, इसी से सींची जाने वाली भूमि पर बसा था। नदी ही नहीं, मेरे विचार में तो, नदी के आधार पर, आसपास के प्रदेश का भी तात्कालिक नाम कदाचित् 'सिद्' या 'सित्' ही था। यह प्रायः बहु-स्वीकृत तथ्य है कि हड़प्पा-मोहन-जोदड़ो से सुमेरिया का व्यापारिक सम्बन्ध था। सुमेरिया के जो पुराने अभिलेख मिले हैं, उनमें एक 'सिद्' नामक स्थान का उल्लेख आता है, जहाँ से सुमेरियों का सम्बन्ध था। मेरे विचार में यह 'सिद्' भारत का ही 'सिद्' या 'सित्' है। 1928-29 में पश्चिमोत्तर भारत में प्राप्त कुछ अभिलेखों से भी यह पता चलता है कि हड़प्पा-मोहन-जोदड़ो के लोगों के स्थान का नाम उस काल में 'सिद्' या 'सित्' था। इस प्रकार ये दोनों आधार मेरे इस अनुमान की पुष्टि करते हैं कि उस काल में सिन्धु प्रदेश का नाम 'सिद्' या 'सित्' था। इसका अर्थ यह हुआ कि संस्कृत में इस नदी या इस प्रदेश के लिए 'सिन्धु' शब्द वस्तुतः संस्कृत शब्द न होकर प्राचीन द्रविड़ शब्द 'सिद्' या 'सित्' का ही संस्कृतीकृत रूप है, जैसा कि इधर संकेत किया गया है। उल्लेख्य है कि 'गंगा' नाम भी आर्यों को प्राचीन निवासियों से ही मिला था। ज्ञान की वर्तमान

परिधि में 'सिन्धु' शब्द को और पीछे तक ले जाना संभव नहीं। किन्तु बहुत संभव है कि भविष्य में और प्रमाणों के मिलने पर, इसे आस्ट्रिक या और किसी प्राचीनतर भाषा का शब्द सिद्ध किया जा सके।

द्रविड़ 'सिद्' या 'सित्' के आधार पर संस्कृतीकरण के द्वारा बने इस 'सिन्धु' शब्द के भारतीय साहित्य में प्रथम प्रयोग ऋग्वेद में मिलते हैं। ऋग्वेद में इसका प्रयोग सामान्य रूप से नदी (भात्वक्षसो अत्यक्तुर्न सिन्धवोऽग्ने 1.143.3 आदि), नदी विशेष (10.75) तथा कदाचित् नदी के आस-पास के प्रदेश (2.8.96) के लिए हुआ है। यों जल-देवता आदि अन्य अर्थ भी हैं, जो मूल अर्थ से बहुत दूर नहीं हैं। प्रदेश विशेष के अर्थ में बाद में यह महाभारत तथा परवर्ती काव्य-ग्रन्थों में भी आता है। ऋग्वेद में 'सप्तसिंधवः' (सात नदियाँ) तथा 'सप्तसिंधुषु' आदि अन्य रूपों में भी यह शब्द मिलता है।

आर्यों के भारत-आगमन से पूर्व भी भारत से ईरान का सांस्कृतिक तथा व्यापारिक सम्बन्ध रहा है, जैसा कि ज्योतिष, पौराणिक कथाओं तथा अन्य क्षेत्रों में आपसी प्रभावों से स्पष्ट है। आर्यों के भारत आगमन के बाद यह संपर्क सगोत्रीय होने के कारण कदाचित् और अधिक बढ़ गया। 500 ई० पू० के आसपास दारा प्रथम के काल में सिन्धु नदी के आस-पास का प्रदेश ईरानी लोगों के हाथ में था। इन्हीं सम्पर्कों के साथ भारत से ईरान तथा ईरान से भारत में याजक आया-जाया करते थे। शक, द्वीप के मग ब्राह्मण (जो भारत में शाकलदीपी ब्राह्मण कहलाये) फ़ारस के पूर्वोत्तर भाग से ही आकर यहाँ बसे थे। कदाचित् याजकों के साथ हमारे 'सिन्धु' और 'सप्तसिन्धवः' आदि शब्द भी ईरान पहुँचे। हमारी प्राचीन 'स' ध्वनि ईरान की अवेस्ता आदि में 'ह' उच्चरित होती रही है; जैसे सं० सप्त, अवेस्ता हफ़्त, सं० असुर, अवेस्ता अहुर आदि। इसी कारण ये 'सिन्धु' और 'सप्तसिन्धवः' आदि शब्द अवेस्ता में 'हिन्दू' (अवेस्ता में महाप्राण ध्वनियाँ नहीं होतीं अतः ध का द हो गया है) और 'हप्तहिन्दव' आदि रूप में मिलते हैं। प्राचीन ईरानी साहित्य में 'हिन्दु' शब्द, नदी के अर्थ में तो प्रयुक्त हुआ ही, साथ ही सिन्धु नदी के पास के प्रदेश के अर्थ में भी प्रयुक्त हुआ है। उस समय ईरान वालों के पास भारत की भूमि के लिए केवल वही एक शब्द था, अतः धीरे-धीरे ईरानी भारत के जितने भी भाग से परिचित होते गए, उसे वे इसी नाम से अभिहित करते गए। इस प्रकार किसी अन्य शब्द के अभाव में इस शब्द के अर्थ में विस्तार होता गया और 'सिन्धु नदी के पास की भूमि का वाचक' शब्द धीरे-धीरे पूरे भारत का वाचक हो गया। ईरानी सम्राट् दारा (प्राचीन रूप दारयवहु, सं० धारयद्वसु) के अभिलेखों में 'भारत' के लिए 'हिन्दु' आया है। सूसा के राजमहल के अभिलेख में आता है : पिरुश्ह्या इदा क्रत हचा कुश उता हिन्दौव उता हचा हरउतिया अयरिय। अर्थात् राजमहल के लिए हाथीदाँत, जिस पर यहाँ काम किया गया, कुश (सम्भवतः अबीसीनिया), हिन्दु (भारत), और हरह्वती (सं० सरस्वती, कदाचित् सीमाप्रान्त)

से लाया गया । अवेस्ता ग्रन्थ वेन्दीदाद (1.18) में हत्त-हिन्दु (सप्तसिन्धु) को सोलह पवित्र स्थानों में एक माना गया है। यस्न (57.29) में भी 'हिन्दु' शब्द भारत के लिए प्रयुक्त हुआ है। प्राचीन ईरानी साहित्य में हिन्दुश (यूनानी शब्द Indos यही है) हिन्दु[1], हिन्दुवअ (सं० सिन्धुव्य=सिन्धुवासी) आदि के अनेक ऐसे अन्य प्रयोग भी मिलते हैं। 'हिन्दु' शब्द में धीरे-धीरे यह आर्थिक विकास ('सिन्ध प्रदेश' से बढ़कर 'भारत') तो हुआ ही, साथ ही इसमें ध्वनिक विकास भी हुआ और इसमें 'इ' पर बलाघात होने के कारण अंत्य 'उ' लुप्त हो गया, और इस प्रकार यह शब्द 'हिन्दु' से 'हिन्द' हो गया। आगे चलकर 'हिन्द' शब्द में ईरानी के विशेषणार्थक प्रत्यय 'ईक' जुड़ने से हिन्दीक[2] शब्द बना, जिसका अर्थ था 'हिन्द का'। इसी 'हिन्दीक' का विकास ('क' के लुप्त हो जाने के कारण) 'हिन्दी' के रूप में हुआ। इस प्रकार 'हिन्दी' का मूल अर्थ है 'हिन्द का' या 'भारतीय'। इस अर्थ में 'हिन्दी' शब्द का प्रयोग मध्यकालीन फ़ारसी तथा अरबी आदि में अनेक स्थलों पर हुआ है। उदाहरणार्थ अरबी में 'तमर' का अर्थ है 'सूखी खजूर'। इससे कुछ मिलते-जुलते होने के कारण उन लोगों ने 'इमली' को (जिसका परिचय उन्हें भारत से ही प्राप्त हुआ था) 'तमर-हिन्दी' या 'तमर-ए-हिन्द'[3] कहा। विशेषण के रूप में प्रयुक्त होने के अतिरिक्त 'हिन्दी' शब्द संज्ञा रूप में भी बहुत-सी भाषाओं में प्रयुक्त होता रहा है। उदाहरणार्थ फ़ारसी तथा अरबी में 'हिन्दी' शब्द का प्रयोग विशेष प्रकार की तलवार के लिए (जो भारतीय इस्पात की बनी होती थी या भारत से जाती थी) तथा तलवार के वार के लिए भी होता रहा है। मिस्र में मलमल (जो भारत से जाती थी) के लिए 'हिन्दी' शब्द चलता रहा है। भारतीयों के काला होने के कारण फ़ारसी में 'हिन्दू' का अर्थ 'काला' है। कभी भारतीयों से उनकी अनबन भी थी, इसी कारण फ़ारसी में 'हिन्दू' के अन्य अर्थ 'डाकू' आदि भी हैं।

भाषा के अर्थ में हिन्दी और उसका विकास

भाषा के लिए 'हिन्दी' शब्द का प्रयोग भी फ़ारस और अरब से ही आरम्भ होता है। छठी सदी ई० के कुछ पूर्व से ही ईरान में 'ज़बान-ए-हिन्दी' का प्रयोग

1. प्राचीन चीनी साहित्य में 'शिन्दु' (परवर्ती साहित्य में 'इन्तु') को देवों का देश कहा गया है, यह भी 'सिन्धु' ही है। भारत में, भारत के लिए प्राचीनतम नाम माताभूमि (अथर्ववेद) है। भारतवर्ष (महाभारत), भारत (विष्णु पुराण) भरतखण्ड, जंबुद्वीप (बौद्धग्रन्थ), कुमारी द्वीप (परवर्ती पुराण) बाद में मिलते हैं। 'हिन्दु' पर आधारित नाम भारत में प्रथम बार कदाचित् जैन ग्रन्थ 'निशीथ चूर्णि' में 'एहि हिन्दुगदेसं बच्चाओ' (7वीं सदी अन्तिम चरण) में आता है।
2. यही 'हिन्दीक' शब्द अरबी से होता, ग्रीक में 'इन्दिक', 'इन्दिका', लैटिन में 'इन्दिया' तथा अंग्रेज़ी आदि में 'इण्डिया' हुआ। चीनी साहित्य में कभी-कभार प्रयुक्त 'इन्तुको' भी यही है।
3. यही शब्द अंग्रेज़ी में टैमरिंड (Tamrind = इमली) है।

भारत की भाषाओं के लिए होता रहा है। इस दृष्टि से कुछ उदाहरण उल्लेख्य हैं : (1) ईरान के प्रसिद्ध बादशाह नौशेरवाँ (531-579 ई०) ने अपने दरबार के प्रमुख विद्वान हकीम बज़रोया को 'पंचतन्त्र' का अनुवाद कर लाने के लिए भारत भेजा था। बजरोया ने यह काम पूरा किया। 'कर्कटक और दमनक' के आधार पर उसने इस अनुवाद का नाम 'कलीला व दिमना' रखा। इसकी भूमिका नौशेरवाँ के मन्त्री बुज़र्च मिहर ने लिखी। भूमिका में अन्य बातों के अतिरिक्त यह भी कहा गया है कि यह अनुवाद 'ज़बाने हिन्दी' से किया गया है। यहाँ स्पष्ट ही 'ज़बाने हिन्दी' का प्रयोग 'भारतीय भाषा' या 'संस्कृत' के लिए है। (2) इस पहलवी अनुवाद से इस पुस्तक के अरबी गद्य तथा पद्य में कई नामों से कई अनुवाद हुए। 9वीं सदी तक के प्रायः सभी अनुवादों में मूल पुस्तक को 'ज़बाने हिन्दी' का कहा गया है। उदाहरणार्थ 700 ई० के आस-पास में किए गए अब्दुल्ला इब्नुल मुक़फ़्फ़ा के अनुवाद में, इब्न मक़ना के अनुवाद में, तथा 'जावेदाने ख़िरद' नाम से 813 ई० में इब्न सुहेल द्वारा किए गए अनुवाद में। (3) महाभारत के भी कुछ भागों का रूपान्तर पहलवी भाषा में 7वीं सदी में किया गया था। उसमें भी मूल भाषा को 'ज़बाने हिन्दी' कहा गया। (4) 1227 में मिनहाजुस्सिराज़ भारत आया था। इसने अपनी पुस्तक 'तबकाते नासिरी' में लिखा है कि 'ज़बाने हिन्दी' में बिहार का अर्थ 'मदरसा' है। स्पष्ट ही यहाँ 'ज़बाने हिन्दी' का प्रयोग संस्कृत के लिए न होकर या तो सामान्य भारतीय भाषा के अर्थ में है, या फिर भारत के 'मध्य भाग की भाषा' (कदाचित् 'हिन्दुवी' या 'हिन्दी') के लिए। (5) 1333 ई० में इब्न बतूता अपने 'रेहला इब्न बतूता' में तारन नगर के सम्बन्ध में लिखता है—'किताबत अला बाज़ अलजदरात बिल हिन्दी' अर्थात् कुछ दीवारों पर हिन्दी में लिखा था। भाषा के अर्थ में स्वतन्त्रतः 'हिन्दी' शब्द का विदेशों में यह कदाचित् प्राचीनतम प्रयोग है, यद्यपि यह नाम आज की 'हिन्दी' के लिए न होकर संस्कृत के लिए है। (6) तैमूरलंग के पोते के काल में (1424 ई०) शरफ़ुद्दीन यज़्दी ने तैमूर और उसके परिवार के सम्बन्ध में 'जफ़रनामा' नामक ग्रन्थ लिखा। इसमें एक स्थान पर आता है कि 'राव' हिन्दी शब्द है। विदेशों में 'हिन्दी भाषा' के लिए 'हिन्दी' शब्द का सम्भवतः यह प्रथम प्रयोग है।

भारतवर्ष में भी भाषा के अर्थ में 'हिन्दी' शब्द के प्रयोग का प्रारम्भ मुसलमानों द्वारा ही किया गया। भारतीय परम्परा में 'प्रचलित भाषा' के लिए प्राचीन काल से ही 'भाषा' शब्द का प्रयोग होता आया है। इसका प्रयोग क्रम से संस्कृत, प्राकृत तथा बाद में हिन्दी आदि के लिए हुआ। 'सो देख कै बनमाली शिष्यार्थ भाषा टीका कीन्ह' (1438 में लिखित भास्वती की भाषा-टीका)। 'संस्कृत कबिरा कूप-जल भाषा बहता नीर'—कबीर; 'आदि अन्त जसि कथ्था अहै, लिखि भाषा चौपाई कहै।'—जायसी; 'भाषा भनति मोर मति थोरी'—तुलसीदास; 'भाषा-निबद्ध मति मंजुल'—तुलसी., 'भाषा-बोल न जानहीं जेहि के कुल के दास'—केशवदास। संस्कृत आदि के ग्रन्थों की हिन्दी टीकाओं

में 'भाषा-टीका' रूप में भी यह शब्द उसी अर्थ में प्रयुक्त हुआ है। रामप्रसाद निरंजनी कृत 'भाषा योगवासिष्ठ' (1741 ई०), 19 फरवरी 1802 को फ़ोर्ट विलियम कॉलिज द्वारा 'भाखा मुंशी' की माँग की स्वीकृति, तथा लल्लूलाल को उक्त कॉलिज के कागज़ों में 'भाषा मुंशी' कहे जाने से पता चलता है, कि हिन्दी के लिए 'भाषा' शब्द का प्रयोग आधुनिक काल तक चलता रहा है। संस्कृत के टीका ग्रन्थों में तो यह अब भी चल रहा है। पुरानी पीढ़ी के पण्डित हिन्दी टीका न कहकर 'भाषा टीका' ही कहते हैं।

मुसलमान यहाँ आए तो यहाँ की भाषा को 'ज़बाने हिन्दी' कहने लगे। उनका विशेष सम्बन्ध मध्यदेश से था अतः धीरे-धीरे इसकी मध्यदेशीय बोली के लिए उन्होंने 'ज़बाने हिन्दी' या 'हिन्दी ज़बान' या 'हिन्दी' नाम का प्रयोग किया। आरम्भ में इस नाम के अन्तर्गत पंजाबी (कम-से-कम पूर्वी) भी कदाचित् आती थी।

'हिन्दी' नाम का भारत में प्रथम प्रयोग कब किसने किया, यह अभी तक अनुसन्धान का विषय है। प्रायः यही कहा जाता है कि अमीर खुसरो में सबसे पहले 'हिन्दी' शब्द हिन्दी भाषा के लिए मिलता है। मैं समझता हूँ कि भाषा के अर्थ में खुसरो में 'हिन्दी' शब्द का प्रयोग संदिग्ध है। उन्होंने 'हिन्दी' शब्द का प्रयोग 'भारतीय मुसलमानों' या 'भारतीय' (इलियट 3.8.539) के लिए ही किया है। यहाँ बहुत विस्तार से इस विषय को लेना सम्भव नहीं है, किन्तु संक्षेप में कुछ बातें कही जा सकती हैं। इस सम्बन्ध में सबसे बड़ा तर्क तो यह दिया जाता है कि खुसरो लिखित 'ख़ालिकबारी' में 'हिन्दी' शब्द कई बार आया है। वस्तुतः 'ख़ालिकबारी' खुसरो की रचना नहीं है, वह खुसरो के बहुत बाद के किसी 'खुसरो शाह' की रचना है। इसके लिए कई तर्क दिए जा सकते हैं, जिनमें से प्रमुख ये हैं : (क) अमीर खुसरो जैसे विद्वान् की रचना यदि 'ख़ालिकबारी' होती तो वह पर्याप्त व्यवस्थित होती, जबकि 'ख़ालिकबारी' बहुत ही अव्यवस्थित है। कभी फ़ारसी शब्दों के समानार्थी हिन्दी शब्दादि दिए गए हैं, तो कभी वाक्यों के समानार्थी वाक्य। भाषा सीखने की दृष्टि से इन वाक्यों या शब्दों में कोई भी एकरूपता नहीं है। जो शब्द लिये गए हैं, उनमें सब ऐसे नहीं हैं, जिनको भाषा के प्रारम्भिक ज्ञान के लिए आवश्यक समझा जाय, साथ ही प्रारम्भिक ज्ञान के लिए बहुत से अत्यन्त महत्त्वपूर्ण शब्द छूट गए हैं। जो वाक्य दिए गए हैं, वे भी तुक या छन्द बैठाने की दृष्टि से लिए गए ज्ञात होते हैं। भाषा के प्रारम्भिक ज्ञान की दृष्टि से उनका प्रायः बिल्कुल भी मूल्य नहीं है। कारक, काल-रचना आदि की दृष्टि से भी वे महत्त्व नहीं रखते। (ख) छन्दों का बिना, किसी योजना के परिवर्तन और कहीं-कहीं उनमें अप्रवाह या दोष भी 'ख़ालिकबारी' को महाकवि खुसरो की रचना मानने में व्याघात उपस्थित करते हैं। (ग) बीच में आता है—'तुर्की जानी ना'। तुर्की का विद्वान् खुसरो यह लिखे कि उसे अमुक शब्द की तुर्की नहीं आती, यह बात कल्पनातीत है। यों सभी शब्दों के लिए तुर्की शब्द दिए

भी नहीं गए हैं। अतः ऐसा कथन बड़ा निरर्थक-सा लगता है। यह बात भी 'ख़ालिकबारी' को अमीर खुसरो से सम्बद्ध करने में अड़चन डालती है। (घ) 'ख़ालिकबारी' के अन्त में आता है 'गदा भिखारी खुसरो शाह', यहाँ भी आपत्ति उठाई जा सकती है कि 'शाह' क्यों कहा? खुसरो के समय तक नामों के साथ इसे जोड़ने की परम्परा नहीं मिलती। (ङ) शब्दों की गलतियाँ भी हैं। हिन्दी 'काना' के लिए फ़ारसी शब्द 'कोर' दिया गया है, जबकि 'कोर' का अर्थ 'अन्धा' होता है। 'तिदर्ब', 'कुबक' और 'हंस' को एक माना है, जबकि तीनों अलग-अलग हैं। 'तीतर' के लिए एक स्थान पर 'दुर्राज' तथा अन्यत्र 'लगलग' दिया गया है। 'ख़ालिकबारी' से इस तरह की अशुद्धियों के अनेक उदाहरण दिए जा सकते हैं। ऐसी भद्दी गलतियाँ खुसरो नहीं कर सकते, और न ऐसी कम योग्यता के आदमी को, जैसा कि 'ख़ालिकबारी' का लेखक लगता है, ग़यासुद्दीन तुगलक अपने लड़के को हिन्दी पढ़ाने के लिए पुस्तक लिखने का आदेश ही दे सकते हैं। (कहा जाता है कि ग़यासुद्दीन तुग़लक के कहने से अमीर खुसरो ने उनके लड़कों को हिन्दी पढ़ाने के लिए इसे लिखा था।) उपर्युक्त बातों को देखते हुए यह कहना उचित नहीं लगता कि 'ख़ालिकबारी' खुसरो की रचना है। ऐसी स्थिति में 'हिन्दी' शब्द का खुसरो द्वारा प्रयोग 'ख़ालिकबारी' के आधार पर नहीं माना जा सकता। दूसरे प्रमाण के रूप में खुसरो का एक वाक्य उद्धृत किया जाता है, जिसमें उन्होंने कहा है कि मैंने फ़ारसी के साथ-साथ हिन्दी में भी चन्द नज़्में कहीं 'जुज़्वे चन्द नज़्मे हिन्दी नीज़ नज़ेदोस्ताँ करदा शुदा अस्त'। वस्तुतः यह वाक्य उनके किसी भी प्रामाणिक संस्करण में नहीं आया है। 'देवल देवी ख़िज़्र ख़ाँ' मसनवी से कुछ लोगों ने उद्धरण दिए हैं, किन्तु वहाँ भी मूलतः 'हिन्दुवी' का प्रयोग है न कि 'हिन्दी' का। इनके अतिरिक्त खुसरो द्वारा भाषा के अर्थ में 'हिन्दी' शब्द के प्रयोग का कोई अन्य प्रमाण देखने में नहीं आया। यों भाषा के अर्थ में 'हिन्दुवी' या 'हिन्दुई' शब्द का प्रयोग खुसरो में कई स्थलों पर मिलता है। एक स्थान पर वे कहते हैं : 'तुर्क हिन्दुस्तानियम मन हिन्दवी गोयम जवाब' अर्थात् 'मैं हिन्दुस्तानी तुर्क हूँ, हिन्दुवी में जवाब देता हूँ।' उनकी मसनवियों में भी यह शब्द एकाधिक स्थलों पर आया है। इस प्रकार खुसरो के द्वारा 'हिन्दी' नाम के प्रयोग की बात बहुत प्रामाणिक नहीं ज्ञात होती। हाँ, यह अवश्य अनुमान है, कि उनके कुछ ही बाद इस शब्द का भाषा के अर्थ में प्रयोग प्रारम्भ हो गया।

यह प्रायः कहा गया है कि 'हिन्दी' और 'हिन्दवी' शब्द एक ही अर्थ रखते थे, और एक ही अर्थ में प्रयुक्त होते थे। किन्तु मुझे यह बात ठीक नहीं ज्ञात होती। एक ही भाषा के लिए बिना किसी विशेष कारण दो नामों का साथ-साथ उत्पन्न होना और बिल्कुल ही एक ही अर्थ में चलना कुछ जँचता नहीं। मुझे ऐसा लगता है आरम्भ में ये दोनों शब्द भिन्नार्थी थे। ऊपर कहा गया है खुसरो ने 'हिन्दी' शब्द का प्रयोग भारतीय मुसलमानों के लिए किया है, और 'हिन्दवी' शब्द का 'मध्यदेशीय

भाषा' के लिए यह 'हिन्दवी' शब्द वस्तुतः 'हिन्दुवी' या 'हिन्दुई' है। हिन्दू+ई=अर्थात् हिन्दुओं की भाषा। 'हिन्दुवी' शब्द के प्रयोग के कुछ दिन बाद 'हिन्दी' (अर्थात् भारतीय मुसलमानों) की भाषा के लिए कदाचित् 'हिन्दी' शब्द चल पड़ा। 'हिन्दुवी' या 'हिन्दवी' तो वह भाषा थी, जो शौरसेनी अपभ्रंश से विकसित थी और मध्यदेश में सहज रूप से प्रयुक्त हो रही थी। हिन्दी अर्थात् 'भारत के मुसलमानों' ने भी इसे अपनाया, किन्तु स्वभावतः धार्मिक तथा सांस्कृतिक (खान-पान, रहन-सहन, कपड़ा-लत्ता) कारणों से उनकी भाषा में अरबी, फ़ारसी, तुर्की के शब्द अधिक थे। इसी भाषा के लिए आरम्भ में कदाचित् 'हिन्दी' शब्द चला। इस प्रकार 'हिन्दवी' शब्द पुराना है और 'हिन्दी' अपेक्षाकृत बाद का। साथ ही मूलतः दोनों में कुछ अन्तर भी है। शुद्ध हिन्दी में लिखने वाले पुराने कवियों तथा लेखकों ने सम्भवतः इसी कारण अपनी भाषा को प्रायः 'हिन्दवी' ही कहा है—'तुरकी अरबी हिन्दवी भाषा जेती आहिं। जामें मारग प्रेम का, सबें सराहैं ताहि।'—जायसी। श्रीपरकासदास (1666 ई०) के अम्बेर के दीवान को लिखे गए पत्र, तुलसी के फ़ारसी पंचनामे, जटमल की गोरा-बादल की कथा तथा इंशा अल्ला खाँ की रानी केतकी की कहानी में भी हिन्दवी शब्द ही मिलता है, 'हिन्दी' नहीं।

किन्तु ऐसा लगता है कि यह भेद अधिक दिनों तक चला नहीं। अरबी-फ़ारसी-तुर्की के बहुत-से आम-फ़हम शब्द हिन्दवी में आ गए, और दूसरी ओर हिन्दुओं एवं भारतीय वातावरण के प्रभाव से पर्याप्त भारतीय शब्द मुसलमानों की भाषा में भी गृहीत हो गए, और हिन्दी-हिन्दवी दोनों ही शब्द प्रायः (किन्तु पूर्णतः नहीं) समानार्थी हो गए। यों कुछ विशेष प्रयोगों में इन शब्दों के मूल अर्थ भी लगभग 18वीं सदी उत्तरार्द्ध तक या उसके भी बाद चलते रहे। हातिम (18वीं सदी उत्तरार्द्ध) ने 'दीवानज़ादे' के दीबाचे में लिखा है, ''ज़बान हर दयार ता बहिन्दवी, कि आँरा भाका गोयन्द....।'' इससे स्पष्ट है कि 'हिन्दवी' और भाषा प्रायः एक थीं। उसी के कुछ दिन बाद 'तज़किरः मखजन उलूग़-रायब' में लिखा मिलता है, ''दर ज़बाने हिन्दी कि मुराद उर्दू अस्त।'' अर्थात् हिन्दी में जिससे मतलब उर्दू है। किन्तु जैसा कि संकेत किया गया है, तथा आगे भी कुछ उदाहरणों से स्पष्ट होगा, इस प्रकार का अन्तर सर्वत्र नहीं किया गया है। चन्द्रबली पाण्डे ने यह दिखाने का (उर्दू का रहस्य, पृष्ठ 40-48) प्रयास किया है कि 'हिन्दवी' हिन्दुओं की भाषा नहीं थी, इसी आधार पर डॉ० उदयनारायण तिवारी (हिन्दी भाषा का उद्गम और विकास, प्रथम संस्करण, पृ० 184) ने भी कदाचित् इसे स्वीकार कर लिया है, किन्तु पाण्डेजी के तर्क वस्तुतः उनके मत को प्रमाणित करने में समर्थ नहीं दीखते।

'हिन्दी' शब्द के प्रारम्भिक प्रयोग जब भी और जिसके भी द्वारा हुए हों, इसके अविच्छिन्न प्रयोग की प्राचीन परम्परा 'दक्खिनी' या 'दक्खिनी हिन्दी' के कवियों एवं गद्यकारों में ही मिलती है। उदाहरणार्थ : (1) शाही मीराजी (1475 ई०)—यों देखत

हिन्दी बोल। (2) शाह बुर्हानुद्दीन (1582 ई०)–ऐब न राखें **हिन्दी** बोल (इर्शादनामा में)। (3) मुल्ला वजही (1635 ई०)–हिन्दोस्तान में। **हिन्दी** ज़बान सों (सबरस की भूमिका में)। (4) जुनूनी (1690 ई०)–मैं इसको दर **हिन्दी** ज़बाँ इस वास्ते कहने लगा। (मौलाना रूम के 'मोज़ज़ा' के अनुवाद में)। इसके साथ-साथ 'हिन्दवी' शब्द भी प्रयुक्त हो रहा था। 17वीं सदी से 'हिन्दी' शब्द उत्तर भारत में भी अविच्छिन्न रूप से मिलने लगता है। उदाहरणार्थ ख़फ़ी ख़ाँ के 'मुंतख़बुल्लबाब' (17वीं सदी उत्तरार्द्ध), मिर्जा ख़ाँ के 'तुहफ़तुल हिन्द' (1676 ई०), बरकतुल्ला प्रेमी के 'अवारफ़े हिन्दी' (लगभग 1700 ई०) तथा 'मआसिरुल उमरा' (1742-1747) आदि में। हिन्दी कवियों में 1773 में सूफ़ी कवि नूर मुहम्मद ने लिखा है–"हिन्दू मग पर पाँव न राख्यौं। का जौ बहुतै हिन्दी भाख्यौं।" इससे संकेत यह मिलता है, कि इस काल तक आते-आते हिन्दी शब्द कुछ-कुछ हिन्दुओं की भाषा की ओर झुक रहा था, और इसमें से हिन्दुओं की शब्दावली निकालकर, फ़ारसी शब्दों के आधार पर उर्दू की नींव पड़ रही थी। 1800 के लगभग मुरादशाह लिखते हैं :

झिंझोड़ा फ़ारसी के उस्तख़्वाँ को
किया पुर मग्ज़ तब हिन्दी ज़बाँ को।
फ़साहत फ़ारसी से जब निकाली
लताफ़त शेर में हिन्दी के डाली।

यों जैसा कि हम आगे देखेंगे, 'हिन्दी' शब्द का प्रयोग इसके विरुद्ध सामान्य अर्थों में लगभग 19वीं सदी के मध्य तक मिलता है।

यह ध्यातव्य है कि यद्यपि 'हिन्दवी' या 'हिन्दी' का प्रयोग मध्यदेश की जनभाषा के लिए चल रहा था, और वह उत्तर भारत से दक्षिण भारत में भी जा पहुँचा था, किन्तु इसका स्वीकृत भाषाओं में अकबर के काल तक नाम नहीं मिलता। अमीर खुसरो ने अपने ग्रन्थ 'नुहसिपर' में उस काल की प्रसिद्ध ग्यारह भाषाओं का उल्लेख किया है [सिन्धी, लाहौरी, कश्मीरी, बंगाली, गौड़ी, गुजराती, तिलंगी, मावरी (कोंकणी), ध्रुव समुन्दरी, अवधी, देहलवी], किन्तु इनमें 'हिन्दवी' या 'हिन्दी' नहीं है। अबुल फ़ज़ल की 'आइने अकबरी' में दी गई 12 भाषाओं (देहलवी, बंगाली, मुलतानी, मारवाड़ी, गुजराती, तिलंगा, मरहठी, कर्नाटकी, सिन्धी, अफ़गानी, बलूचिस्तानी, कश्मीरी) में भी इनका नाम नहीं आता। हाँ, एक बात अवश्य विचार्य है। खुसरो और अबुलफ़ज़ल दोनों ही ने 'देहलवी' का उल्लेख किया है, और मध्यप्रदेश की कोई और भाषा नहीं ली है। इसका आशय यह हुआ कि खुसरो से लेकर अबुलफ़ज़ल के काल तक इस भाषा का स्वीकृत नाम शायद देहलवी ही था। अन्य नाम हिन्दवी, हिन्दी कदाचित् केवल साहित्य तक ही सीमित थे।

ऊपर यह संकेत किया जा चुका है कि 'हिन्दी' शब्द मूलतः मुसलमानों की हिन्दी के लिए प्रयुक्त होकर, फिर हिन्दुओं की भाषा की ओर आ रहा था। किन्तु

19वीं सदी के मध्य के पूर्व तक उर्दू के लेखकों में प्रायः इसका प्रयोग 'उर्दू' या 'रेख़्ता' के समानार्थी रूप में चल रहा था। हातिम (18वीं सदी उत्तरार्द्ध), नासिख़, सौदा (1713-1780 ई०), मीर (1719-1758 ई०) आदि ने एकाधिक बार अपने शेरों को 'हिन्दी' शेर कहा है। ग़ालिब ने अपने ख़तों में 'उर्दू', 'हिन्दी' तथा 'रेख़्ता' को कई स्थलों पर समानार्थी शब्दों के रूप में प्रयुक्त किया है। 1803 ई० में लिखित 'तज़किरः मख़ज़न उलग़रायब' में आता है—'दर ज़बाने हिन्दी कि मुराद उर्दू अस्त।' फ़ोर्ट विलियम कॉलिज के हिन्दी के अध्यापक गिलक्राइस्ट के लेखों से पता चलता है कि वे हिन्दी, हिन्दुस्तानी, उर्दू तथा रेख़्ता आदि को समानार्थी समझते थे। किन्तु उनकी दृष्टि में इनका परिनिष्ठित रूप अरबी-फ़ारसी मिश्रित था, अर्थात् उनकी हिन्दी आज की दृष्टि से उर्दू थी। 1820 में उनकी एक किताब निकली जिसका नाम था—'क़वानीन सर्फ़ व नहो हिन्दी'। पुस्तक पर अंग्रेजी में लिखा था—'Rules of Hindee Grammar'। पुस्तक के भीतर सर्वत्र ही 'हिन्दी' या 'रेख़्ता' शब्द का प्रयोग है, किन्तु व्याकरण उर्दू का है। इसकी भाषा भी अरबी-फ़ारसी शब्दों से लदी है, जैसा कि नाम (क़वानीन सर्फ़ व नहो हिन्दी) से भी स्पष्ट है। इस तरह गिलक्राइस्ट भी 'हिन्दी' शब्द का प्रयोग 'उर्दू' के अर्थ में ही करते हैं। आशय यह है कि 1800 के आसपास 'हिन्दी' शब्द का प्रयोग 'उर्दू' तथा 'रेख़्ता' के लिए हो रहा था।

'हिन्दी' शब्द के आधुनिक अर्थ में प्रयुक्त होने का इतिहास बड़ा विचित्र है। पीछे के नूर मुहम्मद तथा मुरादशाह के उद्धरणों से इस बात का कुछ संकेत मिलता है, कि कभी-कभी उसका प्रयोग हिन्दुओं की भाषा या अरबी-फ़ारसी के कठिन शब्दों से रहित मध्यदेशीय भाषा के लिए होता था, किन्तु ऐसे प्रयोग प्रायः अपवादस्वरूप हैं। प्रायः 'हिन्दी' का प्रयोग उस भाषा के लिए मिलता है, जो अरबी-फ़ारसी से भरती जा रही थी या जो वह भाषा थी, जो बाद में विकसित होकर 'उर्दू' कहलाई। जनता में 19वीं सदी के प्रायः मध्य तक, कुछ अपवादों को छोड़कर हिन्दी का इसी अर्थ में प्रयोग मिलता है।

आधुनिक अर्थ में 'हिन्दी' शब्द के व्यापक प्रयोग का श्रेय मूलतः अंग्रेजों को है। 1800 ई० में कलकत्ते में फ़ोर्ट विलियम कॉलिज की स्थापना हुई। वहाँ गिलक्राइस्ट हिन्दी या हिन्दुस्तानी के अध्यापक नियुक्त हुए। यदि गिलक्राइस्ट ने मध्यदेश की वास्तविक प्रतिनिधि भाषा को, जो न तो अधिक अरबी-फ़ारसी की ओर झुकी हुई थी, और न संस्कृत की ओर, अपनाया होता, तो आज हिन्दी-उर्दू नाम की दो भाषाएँ न होतीं, और हिन्दी भाषा एवं उसके साहित्य का नक्शा कुछ और ही होता। किन्तु उनकी हिन्दी जैसा कि उनके हिन्दी-व्याकरण के नाम (क़वानीन सर्फ़ व नहो हिन्दी) से स्पष्ट है, कि वह बहुत ही कठिन उर्दू थी। वे 1904 तक तो अध्यापक रहे, अतः वही भाषा हिन्दी कही जाती रही। किन्तु वहाँ के कर्मचारियों का ध्यान इस बात की ओर गया कि प्रतिनिधि भाषा वह नहीं थीं। इसका परिणाम यह हुआ कि

'हिन्दुस्तानी' शब्द तो अरबी-फ़ारसी शब्दों से युक्त गिलक्राइस्ट की हिन्दी (जो वस्तुतः उर्दू थी) के लिए प्रयुक्त होने लगा, और 'हिन्दी' शब्द हिन्दुओं में प्रयुक्त संस्कृत मिश्रित भाषा के लिए। इस अर्थ में 'हिन्दी' शब्द की परम्परा प्राप्त साहित्य में कहीं-कहीं ही मिली है। संभव है कि जनता में इस अर्थ में उस समय 'हिन्दी' नाम का कुछ अधिक प्रचार रहा हो, जहाँ से अंग्रेजों ने उसे ले लिया हो। इस नवीन अर्थ में हिन्दी का स्पष्ट रूप से लिखित प्रयोग कदाचित् सर्वप्रथम कैप्टिन टेलर ने किया : 1812 में फ़ोर्ट विलियम कॉलिज के वार्षिक विवरण में वे कहते हैं, **मैं केवल हिन्दुस्तानी या रेख़्ता का ज़िक्र कर रहा हूँ, जो फ़ारसी लिपि में लिखी जाती है....मैं हिन्दी का ज़िक्र नहीं कर रहा, जिसकी अपनी लिपि है,.... जिसमें अरबी-फ़ारसी शब्दों का प्रयोग नहीं होता और मुसलमानी आक्रमण से पहले जो भारतवर्ष के समस्त उत्तर-पश्चिम प्रान्त की भाषा थी।** (Imperial Records, Vol. IV, पृष्ठ 276-77) इस उद्धरण से यह स्पष्ट है कि उस समय तक हिन्दी शब्द इस अर्थ में कम-से-कम कॉलिज के लोगों में[1] कुछ समझा जाने लगा था, किन्तु बहुत अधिक नहीं, क्योंकि उसे 'हिन्दुस्तानी' या रेख़्ता से अलग स्पष्ट करने की आवश्यकता अभी समाप्त नहीं हुई थी, जैसा कि टेलर के कथन से स्पष्ट है। कॉलिज में हिन्दी-उर्दू (या हिन्दुस्तानी) का यह अलगाव बढ़ता ही गया। 1824 में उक्त कॉलिज के हिन्दी प्रोफ़ेसर विलियम प्राइस ने स्पष्ट शब्दों में हिन्दी के लगभग सभी शब्दों के संस्कृत होने की बात कही, तथा हिन्दुस्तानी के शब्दों के अरबी-फ़ारसी होने की। 1825 में कॉलिज के वार्षिक अधिवेशन के भाषण में लार्ड हेमहर्स्ट ने हिन्दी भाषा को हिन्दुओं से संबद्ध कहा, तथा 'उर्दू' को उनके लिए उतनी ही विदेशी कहा जितनी 'अंग्रेजी'। इस प्रकार अंग्रेजों ने, चाहे जिस नीयत से भी किया हो, 19वीं सदी के प्रथम 25 वर्षों में, एक ओर 'हिन्दवी' या 'हिन्दी-देवनागरी-संस्कृत-हिन्दू' शब्दों को जोड़ दिया, तो दूसरी ओर 'हिन्दुस्तानी-रेख़्ता' या उर्दू-फ़ारसी लिपि-अरबी-फ़ारसी शब्द—'मुसलमान' को। संभवतः शासन के ही इशारे पर 1862 में हिन्दी-उर्दू का प्रश्न शिक्षा के संयोजकों के समक्ष आया और इस प्रकार 'हिन्दी' आजकल के अर्थ में निश्चित रूप से स्वीकृत हो गई। उर्दू और हिन्दी भाषा को लेकर उस काल में कितनी गरमागरमी थी, इसके चित्र 'सितारेहिन्द' और 'भारतेन्दु' उपाधि की अन्तःकथा में मूर्तिमान हैं।

भाषा के अर्थ में 'हिन्दी' शब्द के विकास के प्रमुख काल

ऊपर हमने 'हिन्दी' शब्द के लम्बे इतिहास को देखा। 1850 के बाद भी उसके

---

1. शासन के लोगों में इस रूप में प्रयुक्त होने पर भी 'हिन्दी' शब्द 'उर्दू' के अर्थ में साहित्यिकों तथा जनता आदि में 19वीं सदी के लगभग मध्य तक चलता रहा। ग़ालिब ने अपने पत्रों में हिन्दी, उर्दू और रेख़्ता को प्रायः समान अर्थों में प्रयुक्त किया है।

अर्थ में संकोच और विस्तार होता रहा है। यहाँ संक्षेप में उसके विकास के प्रमुख कालों को देखा जा सकता है। समवेत रूप से इसके विकास के इतिहास को **चार कालों** में विभाजित किया जा सकता है—

(1) **पहला** काल वह है जब यह शब्द विदेश में था और विशेषण (ज़बाने हिन्दी) या संज्ञा (हिन्दी) के रूप में भारतीय भाषाओं के लिए प्रयुक्त हो रहा था।

(2) **दूसरा** काल वह है जब यह भारत में आया और ख़ुसरो के समय के आसपास, 'हिन्दवी' के प्रयोग में आने के बाद मुसलमानों की 'हिन्दवी' के लिए (हिन्दुओं की नहीं) प्रयुक्त होने लगा।

(3) **तीसरे** काल में उत्तर तथा दक्षिण भारत में यह 'हिन्दवी' एवं 'दक्खिनी' का लगभग समानार्थी होकर मध्यदेशीय भारतीय भाषा के लिए प्रयुक्त हो रहा था। इस काल में सामान्यतः 'हिन्दी' शब्द 'हिन्दवी' का समानार्थी तो था, किन्तु विभिन्न प्रयोगों पर दृष्टि डालने से ऐसे संकेत मिलते हैं, कि 'हिन्दवी' शब्द हिन्दुओं की 'हिन्दी' की ओर, तथा 'हिन्दी' शब्द मुसलमानों की हिन्दी की ओर करीब-करीब झुके हुए थे। हिन्दू अपनी भाषा के लिए 'भाषा' के अतिरिक्त कभी-कभी यदि प्रयोग करते थे तो प्रायः 'हिन्दवी' का। इस काल में, दक्षिणी भारत में, 'हिन्दी' शब्द दक्खिनी का भी पर्याय था। इस काल के अन्त में 'हिन्दी' नाम अपने में उर्दू, रेख़्ता, दक्खिनी या हिन्दुस्तानी आदि को भी समाहित किए था। इस काल के पूर्वार्द्ध में इस भाषा को 'देहलवी' (ख़ुसरो तथा अबुलफ़ज़ल में) भी कहते थे। ख़ुसरो ने 'लाहौरी' का अलग उल्लेख किया है, किन्तु अबुलफ़ज़ल ने नहीं किया है। सम्भवतः उनके समय में पंजाबी भी देहलवी के अन्तर्गत मानी जाती थी।

(4) **चौथा** काल 1800 ई० के बाद का है। लगभग ग़दर के काल तक जनता में 'हिन्दी' शब्द, कुछ अपवादों को छोड़कर प्रायः पूर्ववर्ती अर्थ में ही प्रयुक्त हो रहा था, किन्तु फ़ोर्ट विलियम कॉलिज में तथा शासन के मस्तिष्क से वह हिन्दुओं की भाषा का नाम था, जिसकी लिपि देवनागरी थी, तथा जिसका शब्द-समूह संस्कृत की ओर झुका था। 'हिन्दी' नाम आज भी इस चौथे अर्थ में प्रयुक्त हो रहा है। यहाँ एक यह बात भी संकेत्य है कि उपर्युक्त बातों से यह स्पष्ट है कि 1850 के पूर्व हिन्दी शब्द के प्रयोग में वैज्ञानिक दो-टूकता नहीं थी। एक ही साथ कई अर्थों में इसके प्रयोग चल रहे थे। तीसरे काल में उल्लिखित यह बात कि सम्भवतः पंजाबी (पूर्वी) भी इसके अन्तर्गत थी, इस चौथे काल में भी मिलती है, बल्कि इसका क्षेत्र और भी विस्तृत माना गया है। 1812 ई० में टेलर ने फ़ोर्ट विलियम कॉलिज के वार्षिक विवरण में हिन्दी का जो अर्थ बतलाया था, उससे भी ऐसा लगता है कि कम-से-कम पूर्वी पंजाबी हिन्दी के अन्तर्गत है। 1853 में बम्बई के चीफ़ जस्टिस सर एरस्किन पेरी ने रॉयल एशियाटिक सोसायटी के जर्नल के जनवरी के अंक में भारतीय भाषाओं के विभाजन पर एक लेख प्रकाशित किया। इसमें उन्होंने सिन्धी,

पंजाबी, मुल्तानी को हिन्दी की बोलियों के रूप में स्वीकार किया था। हाँ, इन्होंने मैथिली को हिन्दी की बोली न मानकर बंगाली की बोली माना था। 19वीं सदी उत्तरार्ध के कुछ रूसी विद्वानों ने भी पंजाबी को हिन्दी की एक बोली माना है। इस प्रसंग में एक और भी बात उल्लेख्य है। 1947, अर्थात् स्वतन्त्रता प्राप्ति के पूर्व तक हिन्दी की पहाड़ी उप-भाषा में पश्चिमी तथा माध्यमिक पहाड़ी के अतिरिक्त पूर्वी पहाड़ी (या नैपाली) को भी स्थान दिया जाता था। यों नैपाली हिन्दी के पर्याप्त निकट है, दोनों भाषाओं को जानने वाले इस बात से भली भाँति परिचित हैं। नैपाल में हिन्दी-भाषी पर्याप्त संख्या में हैं, तथा वहाँ के अधिकांश लोग हिन्दी समझते हैं। इसीलिए कुछ दिन तक यह भी सुना जा रहा था, कि नैपाल भी अपनी राज्य-भाषा हिन्दी को ही बनाएगा, किन्तु ऐसा हुआ नहीं। नैपाल में हिन्दी माध्यम से शिक्षा की भी व्यवस्था रही है, तथा वहाँ हिन्दी में कुछ पत्र भी निकलते रहे हैं। किन्तु अब नैपाली को हिन्दी के अन्तर्गत नहीं माना जाता। इस तरह चौथे काल तक 'हिन्दी' शब्द अपनी बोलियों के अतिरिक्त ग़लत या सही पंजाबी एवं नैपाली को भी अपने अन्तर्गत समेटे था, और पेरी जैसे कुछ लोग तो सिन्धी, मुल्तानी आदि और भी कई भाषाओं को इसके अन्तर्गत लेते थे।

'हिन्दी' शब्द के आधुनिककालीन अर्थ

इस समय 'हिन्दी' शब्द प्रमुखतः निम्नांकित पाँच अर्थों में प्रयुक्त हो रहा है–

(1) हिन्दी साहित्य के इतिहास के ग्रन्थों में 'हिन्दी' शब्द का अर्थ है 'बिहार, उत्तर प्रदेश, मध्य प्रदेश, राजस्थान, दिल्ली, हरियाणा तथा हिमाचल प्रदेश की भाषा।' यही हिन्दी प्रदेश है। इस पूरे प्रदेश में लगभग 18 बोलियाँ हैं : **(क) राजस्थानी**–4 बोलियाँ (i) मेवाती-अहीरवाटी, (ii) मालवी, (iii) जयपुरी-हाड़ौती, (iv) मारवाड़ी-मेवाड़ी। **(ख) पश्चिमी हिन्दी**–6 बोलियाँ : (i) हरियानी या बाँगरू, (ii) कौरवी, (iii) ब्रज, (iv) कनौजी, (v) बुंदेली, (vi) निमाड़ी। **(ग) पहाड़ी**–दो बोली वर्ग : (i) पश्चिमी पहाड़ी, (ii) कुमायूनी-गढ़वाली। **(घ) पूर्वी हिन्दी**– 3 बोलियाँ : (i) अवधी, (ii) बघेली, (iii) छत्तीसगढ़ी। **(ङ) बिहारी**–3 बोलियाँ : (i) भोजपुरी, (ii) मगही, (iii) मैथिली। हिन्दी साहित्य के इतिहास में इन सभी बोलियों में प्राप्त साहित्य (जैसे डिंगल, ब्रज, खड़ीबोली,. अवधी, मैथिली आदि) समाहित मिलता है। हिन्दी का यही बहुप्रचलित अर्थ है। इसी अर्थ में 'हिन्दी' बोलने वालों की संख्या (लगभग 40 करोड़) की दृष्टि से, विश्व में तीसरी भाषा (प्रथम अंग्रेजी, दूसरी चीनी) होने की बात की जाती है। सांस्कृतिक तथा व्यावहारिक दृष्टि से 'हिन्दी' शब्द का यह पर्याप्त व्यापक रूप या अर्थ है।

(2) कुछ लोग उपर्युक्त 18 बोलियों के अतिरिक्त उर्दू को भी, हिन्दी की अरबी-फ़ारसी से प्रभावित एक शैली मानकर, हिन्दी के अन्तर्गत ही रखते हैं। वस्तुतः

जहाँ तक कि रीढ़ की हड्डी, अर्थात् भाषा के व्याकरण का सम्बन्ध है, हिन्दी और उर्दू दो नहीं हैं। भाषावैज्ञानिक दृष्टि से उनको एक मानना ही उचित है। हिन्दी का यह व्यापकतम अर्थ है।

(3) ग्रियर्सन ने अपने भाषा-सर्वेक्षण में पश्चिमी और पूर्वी हिन्दी को ही वस्तुतः हिन्दी माना है। इसी कारण उन्होंने केवल इन्हीं दोनों (पश्चिमी हिन्दी तथा पूर्वी हिन्दी) के साथ 'हिन्दी' शब्द रखा है। अन्यों को पहाड़ी, राजस्थानी, बिहारी आदि अन्य नामों से अभिहित किया है। इस प्रकार उनके अनुसार भाषावैज्ञानिक दृष्टि से हिन्दी के अन्तर्गत केवल 8-9 बोलियाँ हैं, 5-6 पश्चिमी हिन्दी की और 3 पूर्वी हिन्दी की। मैंने निमाड़ी को भी पश्चिमी हिन्दी में माना है, अतः उसे भी जोड़ लें तो यह संख्या बढ़ जाएगी। शुद्ध भाषावैज्ञानिक दृष्टि से हिन्दी शब्द का यह अर्थ अशुद्ध नहीं कहा जा सकता।

(4) एक भाषाशास्त्रीय मत यह भी है कि केवल पश्चिमी हिन्दी ही हिन्दी के अन्तर्गत है, अर्थात् हिन्दी, केवल पश्चिमी हिन्दी के अन्तर्गत आने वाली बोलियों के समूह का नाम है। ग्रियर्सन ने भी कभी इस मत को 1930 के लगभग व्यक्त किया था, किन्तु बाद में उन्होंने अपना यह मत वापिस ले लिया। डॉ० सुनीतिकुमार चटर्जी ने भी यह मत व्यक्त किया है, विशेषतः 1952 के बाद जब से वे हिन्दी के राज्य या राष्ट्रभाषा होने के विरोधी हो गए थे। हिन्दी (जिसे वे (Proper Hindi) कहते हैं) की वे दो शाखाएँ मानते हैं–

(1) आज की परिनिष्ठित हिन्दी जिसकी हरियानी, तथा कौरवी बोलियाँ हैं।

(2) ब्रजभाषा, बुन्देली तथा कनौजी, इन तीन बोलियों का समूह। (दे० The Languages of India, Madras, प्रथम संस्करण)। अन्य दृष्टियों की तो बात ही और है, भाषावैज्ञानिक दृष्टि से भी इस मत को ठीक नहीं कहा जा सकता। हिन्दी के अन्तर्गत और बोलियाँ भले न मानी जाएँ किन्तु पश्चिमी-पूर्वी की बोलियाँ तो हैं ही। इस पर प्रश्नवाचक चिह्न नहीं लगाया जा सकता।

(5) आज जब हम कहते हैं, कि शिक्षा का माध्यम हिन्दी हो, या हिन्दी भारत की राजभाषा या राष्ट्रभाषा है, तो हमारा आशय न तो उपर्युक्त 18 बोलियों से होता है, और न 8 बोलियों से। हमारा आशय होता है आज की 'परिनिष्ठित हिन्दी' से जो प्रमुखतः खड़ीबोली पर आधारित है।

(6) सबसे छोटा अर्थ है हिन्दी भाषा की एक बोली के रूप में हिन्दी–अर्थात् उर्दू, हिन्दुस्तानी से अलग। यह संकुचिततम (अर्थात् संस्कृतनिष्ठ हिन्दी) है।

इन छः मतों में 6, 5, 3, 1 अर्थ ही अपेक्षाकृत अधिक प्रचलित हैं।

4

हिन्दी–उर्दू, रेख़्ता, रेख़्ती, हिन्दुस्तानी, हिन्दवी, देहलवी, आगरी

पिछले अध्याय में 'हिन्दी' के विभिन्न अर्थों पर विचार किया गया। हमने देखा कि पाँच–छः अर्थों में 'हिन्दी' का प्रयोग समय-समय पर होता रहा है और उनमें कई अर्थों में तो आज भी हो रहा है। 'हिन्दी' की कई शैलियाँ रही हैं, और उनमें कुछ तो आज भी हैं। 'हिन्दी' शब्द के समग्र अर्थ को समझने के लिए इस प्रसंग में इन हिन्दी-रूपों की जानकारी उपयोगी रहेगी।

हिन्दी भारत के एक बहुत बड़े भू-भाग की भाषा है और उसका काल-विस्तार एक हज़ार ईसवी से लेकर आज तक है तथा आगे भी रहेगा। इस महानदी से समय-समय पर शब्द तथा अन्य प्रयोगों के आधार पर कई शाखाएँ-उपशाखाएँ फूटती रही हैं जिनमें से मुख्य उर्दू, रेख़्ता, रेख़्ती, हिन्दवी हैं। उर्दू और हिन्दुस्तानी हिन्दी की ही दो जीवित शैलियाँ हैं। देहलवी और आगरी हिन्दी के ही दो स्थानीय (एक दिल्ली की और दूसरी आगरे की) रूप हैं।

यहाँ इन सब पर विस्तारपूर्वक विचार किया जा रहा है।

उर्दू

'उर्दू' शब्द को सभी लोगों ने मूलतः तुर्की भाषा का माना है और इसका मूल अर्थ 'शाही शिविर' या 'खेमा' आदि लिया है। मेरे अपने विचार में न तो यह शब्द मूलतः तुर्की भाषा का है, और न इसका मूल अर्थ 'खेमा' है। यह शब्द मूलतः कदाचित् चीनी भाषा का है। तुर्क, मंगोल तथा तातार, जिनमें यह शब्द विभिन्न रूपों तथा अर्थों में मिलता है, मूलतः हूणों के वंशज हैं। हूणों का मूल स्थान उत्तरी चीन में कहीं था। 'हूण' शब्द भी मूलतः चीनी भाषा का 'शान्-यू' है। 'शान्-यू' का अर्थ प्राचीन काल में 'लड़ाकू' या 'युद्धप्रिय' आदि था। चूंकि ऐसे लोग ही प्राचीन काल

में युद्ध करके 'राजा' बन जाया करते थे, अतः बाद में चीनी भाषा में 'शानू-यू' का अर्थ 'राजा' हो गया। चीनी लागों ने युद्धप्रिय तथा लुटेरा होने के कारण हूणों को यही नाम दे दिया। 'शानू-यू' शब्द ही बिगड़कर 'हून', 'ह्यू ङ्' या 'हूण' हो गया। यह शब्द पहली सदी के आसपास चीनी में 'ह्यू ङ्-नू' (Hiung nu) के रूप में मिलता है। इन हूणों का एक क़बीला ह्वांगहो नदी के किनारे था, जिसे चीनी 'ओर्दू' कहा करते थे। इन्हीं के आधार पर ह्वांगहो नदी के किनारे का वह स्थान (चीन में) 'ओर्दुस' कहलाता है। ओर्दू का मूल अर्थ चीनी में 'घुमक्कड़' या 'यायावर' था। इन लोगों की घुमक्कड़ी प्रवृत्ति के कारण ही चीनी इन्हें 'ओर्दू' कहा करते थे। पहली सदी ई० से कुछ पूर्व ही चीनी लोगों ने इन सभी लोगों को वहाँ से खदेड़ा और हूणों के साथ ये मंगोलिया होते मध्य एशिया में चले आए। ये लोग खेमों में रहा करते थे अतः धीरे-धीरे इस क़बीले का नाम 'ओर्दू' इन लोगों के खेमों के लिए प्रयुक्त होने लगा। यों, योरोप की कई भाषाओं में 'ओर्दू' से निकलने वाले शब्दों का प्रयोग अब भी मूल अर्थ (अर्थात् 'घुमक्कड़ जाति') में ही होता है। उदाहरणार्थ अंग्रेजी 'होर्ड' (Horde) का अर्थ यही है।

तुर्क (जो मूलतः हूणों के वंशज थे) इतिहास में चौथी सदी के आसपास दिखाई पड़ते हैं। उसके पहले ये हूणों (जिसमें हूण, तातार, ओर्दू आदि सभी थे) के अंग थे। परम्परागत रूप में तुर्कों में भी 'ओर्दू' या 'ओर्दु' शब्द आया। उस समय इस शब्द के दोनों अर्थ ('यायावर जाति' तथा खेमा) चल रहे थे। कभी-कभी अन्य अर्थों में ('सेना' या 'सैनिक पड़ाव') भी इसका प्रयोग होता था। 'ओदु' का 'ओर्द' रूप भी मिलता है। यूरोप में इस शब्द का प्राचीनतम प्रयोग 13वीं सदी पूर्वार्द्ध में 'ओर्दम' (Ordam) रूप में है। यूरोप में यह शब्द कई रूपों में कई भाषाओं में प्रयुक्त हुआ है। उदाहरणार्थ पोलिश होर्द (Horda), जर्मन होर्डे (Horde), फ्रांसीसी होर्द (Horde), अंग्रेजी होर्ड (Horde) तथा रूसी ओर्दा (Orda) आदि। इन भाषाओं में इस शब्द के तुर्की के अतिरिक्त मंगोली भाषा से भी जाने की सम्भावना है, क्योंकि मंगोली में भी यह शब्द चीनी से आ चुका था। बल्कि कुछ तुर्की विद्वानों का तो यह कहना है कि उनके यहाँ यह शब्द कदाचित् मंगोली से ही आया। प्राचीन उज़बेक में 'आर्दू' 'क़िले' के अर्थ में, तथा पश्तो में 'लश्करी पड़ाव' के अर्थ में मिलता है। उज़बेकिस्तान की राजधानी ताशकन्द में 'उर्दा' शहर के एक विशेष भाग का नाम है, जहाँ पहले शाही स्थान था। तुर्कों के साथ यह शब्द भारत में आया।

इस तरह, यह शब्द, चीन से चलकर मंगोलिया और तुर्की होते तुर्कों के साथ भारत में आया। हॉब्सन जॉब्सन के अनुसार यह शब्द बाबर के समय में भारत में आया, किन्तु मैं समझता हूँ कि बाबर से पूर्व ही तुर्कों के साथ यह भारत आ चुका था। उस समय इसके अर्थ 'खेमा', 'तम्बू', 'फ़ौजी पड़ाव' आदि थे तथा उसका रूप 'ओर्दू' से 'उर्दू' हो चुका था। 'ऊ' पर अतिरिक्त बलाघात के कारण 'ओ' कोमल

होकर 'उ' हो गया। यहाँ आने पर इसका अर्थ 'छावनी या लश्कर का बाज़ार' या 'वह बाज़ार जहाँ सब तरह की चीज़ें मिलती हों, आदि भी हो गया। आक्रमणकारी, मुसलमान फ़ौजी पड़ावों में रहते थे तथा वहाँ उनका ज़रूरी चीज़ों के लिए बाज़ार भी होता था। 'सेना के बाज़ार' अर्थ में ही भारत के कई नगरों (दिल्ली, गोरखपुर, ग़ाजीपुर आदि) में 'उर्दू बाज़ार' नाम मिलता है।

मुग़ल बादशाहों के 'फ़ौजी पड़ावों' के लिए भी 'उर्दू' शब्द चलता था। इन बादशाहों के सिक्के कभी-कभी पड़ावों में ही ढालने पड़ते थे, इसीलिए सिक्कों पर टकसाल का नाम प्रायः 'उर्दू' लिखा मिलता है। बाबर के कुछ सिक्कों पर 'उर्दू' लिखा है। इसी प्रकार अकबर के भी कुछ सिक्कों पर 'उर्दू-ए-जफ़र क़रीन' (अर्थात् 'विजयश्री से युक्त उर्दू' अर्थात् 'विजयी शाही पड़ाव') या 'उर्दू' लिखा है। जहाँगीर ने कभी दक्षिण जाते समय रास्ते में अपने शाही पड़ाव में सिक्के ढलवाए थे। उसका एक सिक्का ऐसा मिला है, जिस पर टकसाल का नाम 'उर्दू-दर-राहे-दक्कन' (अर्थात् 'दक्षिण की राह में का पड़ाव') लिखा है। शाहजहाँ ने कदाचित् अकबर के अनुकरण पर अपने टकसाल का नाम ही 'उर्दू-ए-जफ़र क़रीन' रख लिया था। इस तरह बाबर से लेकर शाहजहाँ तक 'उर्दू' शब्द 'शाही पड़ाव' या 'शाही फ़ौजी पड़ाव' आदि के अर्थों में प्रयुक्त होता रहा।

इन पड़ावी सैनिकों ने, बाबर के काल में, दिल्ली के आसपास प्रचलित (कौरवी-बाँगरू-पूर्वी पंजाबी-ब्रज मिश्रित) लोकभाषा को अपनाया। बाद में जब राजधानी आगरे चली गई तो शाही फ़ौजी पड़ाव वहाँ गया और इन फ़ौजियों की भाषा पर ब्रजभाषा का अतिरिक्त रंग चढ़ गया। इस प्रकार मुग़ल बादशाहों के साथ रहने वालों की भाषा वह थी, जिसके शब्द-समूह में अरबी-फ़ारसी-तुर्की शब्द काफ़ी थे, किन्तु जिसका व्याकरण मूलतः कौरवी का था, किन्तु साथ ही पंजाबी, बाँगरू, ब्रज आदि के तत्त्व भी उसमें थे।

शाहजहाँ ने अपनी राजधानी फिर आगरा से दिल्ली बदल ली और अपने नाम पर 'शाहजहानाबाद' आबाद किया। यहाँ उसने लाल क़िला बनवाया। यह भी उसका एक प्रकार से शाही फ़ौजी पड़ाव, अतः उर्दू था। स्थायी, बड़ा तथा सुन्दर होने के कारण, इसका नाम मात्र 'उर्दू' न होकर 'उर्दू-ए-मुअल्ला' हो गया। 'मुअल्ला' अरबी भाषा का शब्द है और इसका अर्थ है 'श्रेष्ठ'। अर्थात् यह 'श्रेष्ठ शाही पड़ाव' था। क़िला होने के कारण कुछ लोग इसे 'क़िला-मुअल्ला' तथा लाल पत्थर का बना होने के कारण सामान्य लोग इसे 'लाल क़िला' भी कहते थे।

इस समय तक शाही पड़ाव की भाषा कदाचित् एक निश्चित रूप ले चुकी थी अतः इस भाषा को 'ज़बान-ए-उर्दू-ए-मुअल्ला' (अर्थात् 'श्रेष्ठ शाही पड़ाव की भाषा') कहा गया। इस तरह शाहजहाँ और उसके शाहजहानाबाद (जहाँ 'उर्दू-ए-मुअल्ला' या 'लाल क़िला' है) से उर्दू भाषा का सम्बन्ध माना गया है। इसीलिए उर्दू को कभी-कभी

'शाहजहानी उर्दू' भी कहते हैं। यों यह निश्चय के साथ कहना कठिन है कि शाहजहाँ के समय में उर्दू का यह नाम चल पड़ा था या नहीं। इंशा अल्ला ख़ाँ आदि प्राचीन लेखकों को भी इस बाद में सन्देह रहा है। अस्तु, यदि उसके समय में नहीं तो कुछ ही समय बात, 1700 के कुछ पूर्व ही, यह मूल नाम चल पड़ा, जैसा कि आगे संकेत किया है। भाषा के नाम के रूप में 'ज़बान-ए-उर्दू-ए-मुअल्ला' शब्द बड़ा था, इसलिए धीरे-धीरे प्रयोग में आने पर यह छोटा होने लगा। पहले 'मुअल्ला' शब्द हटा और यह 'ज़बान-ए-उर्दू' ही कही जाने लगी। इसी का अनुवाद कुछ लोगों ने 'उर्दू की ज़बान' या 'लैंग्विज आव् उर्दू' किया है। कुछ दिन और बीतने पर 'ज़बान' शब्द भी छूट गया और 'ज़बान-ए-उर्दू-ए-मुअल्ला' केवल 'उर्दू' रह गई।

'उर्दू' भाषा के मूल विकास की दृष्टि से कहा जा सकता है कि नाम यद्यपि नहीं था, किन्तु इसका बीज किसी-न-किसी रूप में उसी समय पड़ा, जब 1207 ई० में कुतुबुद्दीन ऐबक ने दिल्ली को राजधानी बनाया। दिल्ली की लोकभाषा को अपने शब्द-समूह की छौंक के साथ मुसलमान सिपाहियों ने उसी समय सबसे पहले अपनाया होगा। बाबर के आगमन तक स्थिरता की कमी के कारण इसका विशेष विकास नहीं हुआ। बाबर और शाहजहाँ के बीच इसने पर्याप्त उन्नति कर ली। इतनी उन्नति कर ली कि शाहजहाँ के शासन की समाप्ति के लगभग 50 वर्ष बाद ही इसमें काव्य-रचना का प्रारम्भ हो गया। उस समय इस भाषा को 'हिन्द' की होने के कारण 'हिन्दी' या अरबी-फ़ारसी शब्दों से मिश्रित होने के कारण 'रेख़्ता' कहते थे।

भाषा के अर्थ में 'उर्दू' के प्रयोग का प्रारम्भ कब हुआ, यह अब भी विवादास्पद विषय है। लोगों ने तरह-तरह के मत व्यक्त किए हैं। मौलाना सैयद सुलेमान नदवी कहते हैं कि उर्दू का नाम 13वीं सदी हिजरी (अर्थात् 19वीं सदी) में एकाएक आ गया (हिन्दुस्तानी, जनवरी 1936, पृ० 17)। डॉ० ग्राहम बेली तथा डॉ० ताराचन्द आदि का कहना है कि 'उर्दू' का भाषा के निश्चित अर्थ में सबसे पुराना प्रयोग मुसहफ़ी में मिलता है। मुसहफ़ी का एक शेर है—'खुदा रक्खे ज़बाँ हमने सुनी है, मीर-वो-मिरज़ा की; कहें किस मुँह से हम ऐ मुसहफ़ी 'उर्दू' हमारी है।' मुसहफ़ी की मृत्यु 1824 ई० में हुई। अनुमान है कि 1800 के आसपास यह शेर लिखा गया, क्योंकि शेर से लगता है कि मीर और सौदा की मृत्यु के बाद यह लिखा गया होगा। सैयद एहतिशाम हुसेन अपने उर्दू साहित्य के इतिहास में लिखते हैं कि 18वीं सदी के अन्त तक उर्दू नाम भाषा के अर्थ में प्रयुक्त नहीं हुआ। इसी प्रकार और भी अनेक लोगों द्वारा इसी से मिलते-जुलते मत व्यक्त किए गए हैं।

वस्तुतः भाषा के लिए 'ज़बाने-ए-उर्दू-मुअल्ला' का प्रयोग 1700 से कुछ पूर्व ही चल पड़ा, और 1740 तक यह घिसते-घिसते 'ज़बाने-उर्दू-ए-मुअल्ला' से 'ज़बाने-उर्दू' तथा 'ज़बाने-उर्दू' से 'उर्दू' हो गया। यह शब्द का अकेले प्राचीनतम प्रयोग जहाँ तक मुझे ज्ञात है, सन् 1740 में लिखित 'मआसिरुल उमरा' में आया है। उसमें लेखक

उर्दू में शेर कहे जाने की बात लिखता है। उसके बाद से 'उर्दू' शब्द चल पड़ा, हालाँकि इसके लिए 'हिन्दी' और 'रेख़्ता' नाम कहीं अधिक प्रचलित थे। तब से 19वीं सदी के मध्य के कुछ पूर्व तक 'उर्दू' शब्द के अनेक स्थलों पर प्रयोग मिलते हैं, यद्यपि उस समय तक भी 'उर्दू' शब्द उर्दू भाषा का एकमात्र नाम उस रूप में नहीं बन सका था, जैसा कि उसके बाद हो गया। इन प्रयोगों में कुछ यहाँ उल्लेख्य हैं। प्रसिद्ध कवि आरजू (1687-1754) ने अपनी दो पुस्तकों–'नवादिरुल अलफ़ाज़', तथा 'मुस्मर' में उर्दू शब्द का कई स्थानों में प्रयोग किया है। उदाहरणार्थ 'नवादिरुल अलफ़ाज़' (रचना-काल 1751 ई०) में 'गज़क' शब्द के बारे में लिखते हुए कवि कहता है–'दर इस्तलाहे अहले उर्दू नव अस्त अज़ शारीनी कि अज कुंजद व शंकर साज़द' अन्य बहुत से शब्दों के सम्बन्ध में लिखते हुए भी इस पुस्तक में उर्दू शब्द का प्रयोग किया गया है। इसी के आस-पास मीर (1712-1810) मेकातुश्शुअरा के दीबाचे में लिखते हैं–''दर फ़ने रेख़्ता कि शेरस्त बतौर शेर फ़ारसी बज़वाने उर्दू-ए-मोअल्ला शाहजहानाबाद देहली।'' क़ाइम की 'मिख़ज़ने निकात' (1754 ई०) में भी यह शब्द आया है। इसी प्रकार 1803 ई० में लिखित 'तज़किरः मख़ज़न-उल्ग़रायब' में मिरज़ा मज़हर जानजाना के सम्बन्ध में आता है–''दर ज़बाने हिन्दी कि मुराद उर्दू अस्त।''

उर्दू के लिए विभिन्न कालों में 'हिन्दुस्तानी', 'हिन्दवी', 'रेख़्ता', 'हिन्दी' तथा 'हिन्दवी उर्दू' आदि नामों का प्रयोग हुआ है। 'रेख़्ता' नाम मोटे तौर पर 18वीं सदी के प्रारम्भ से, लगभग 19वीं के मध्य तक, विशेषतः उर्दू के लिए, चलता रहा है। 'हिन्दुस्तानी' नाम फ़ोर्ट विलियम कॉलिज के रिकार्डों में ही 'उर्दू' के लिए सर्वप्रथम प्रयुक्त हुआ, और चलता भी रहा। आगे चलकर, इस सदी में प्रायः हिन्दी-उर्दू की बीच की शैली के लिए 'हिन्दुस्तानी' नाम का प्रयोग हुआ है। गांधीजी की 'हिन्दुस्तानी' यही है। यों अब भी कभी-कभी 'हिन्दुस्तानी' नाम से लिखी जाने वाली भाषा 'हिन्दुस्तानी' न होकर 'उर्दू' होती है। उर्दू के उत्पत्ति-काल से लेकर, प्रायः 19वीं सदी के प्रथम चरण तक 'हिन्दी' नाम 'उर्दू' के लिए भी चलता रहा। उर्दू के मीर, ग़ालिब आदि अनेक कवियों ने 'हिन्दी' शब्द का 'उर्दू' के लिए प्रयोग किया है। अन्य नामों का प्रयोग व्यापक रूप से अधिक दिनों तक लगातार न होकर, प्रायः कभी-कभार ही हुआ है।

उर्दू भाषा कैसे बनी या उसकी उत्पत्ति किस भाषा से हुई, इस बात को लेकर विद्वानों में विवाद रहा है। कुछ लोग इसकी उत्पत्ति फ़ारसी या अरबी-फ़ारसी से मानते रहे हैं। स्पष्ट ही इन लोगों का ध्यान मात्र शब्दावली पर रहा है, व्याकरण पर नहीं, जो वास्तविक रूप में भाषा का मूल होता है। प्रो० आज़ाद ने 'आबे हयात' में ब्रजभाषा से उर्दू का जन्म माना है। किन्तु ब्रजभाषा से उर्दू के व्याकरण की तुलना करने पर यह स्पष्ट हो जाता है कि उर्दू में कुछ बातें ब्रज की अवश्य हैं, किन्तु वे इतनी थोड़ी

हैं कि ब्रज से उर्दू को उत्पन्न नहीं माना जा सकता। कभी बेली ने तथा कुछ अन्य लोगों ने यह मत प्रकट किया था कि उर्दू पंजाबी या लाहौरी से उत्पन्न हुई है। पंजाबी के भी कुछ रूप उर्दू में अवश्य हैं, किन्तु ब्रज की तरह ही वे इतने कम हैं, कि पंजाबी से उर्दू की उत्पत्ति नहीं मानी जा सकती। इसी प्रकार कुछ लोगों ने मुसलमानों से सिन्ध का प्राचीन सम्बन्ध दिखलाते हुए उर्दू की उत्पत्ति सिन्ध में, सिन्धी से मानी है, जो और भी असंभव है। बली को दक्खिनी का अन्तिम तथा उर्दू का प्रथम कवि देखकर कुछ लोगों ने उर्दू की दक्षिण में भी उत्पत्ति मानी है। इस प्रकार अनेकानेक मत व्यक्त किए गए हैं। किन्तु जैसा कि ऊपर दिखाया जा चुका है वस्तुतः खड़ी बोली या आधुनिक परिनिष्ठित हिन्दी की तरह ही उर्दू भी मूलतः दिल्ली के आसपास की खड़ी बोली पर आधारित है, जिसमें कुछ रूप (मूल या विकसित रूप में) पूर्वी पंजाबी बाँगरू तथा ब्रज के भी हैं। पुरानी हिन्दी की तरह, पुरानी उर्दू में भी कुछ रूप अवधी के मिलते हैं। इस प्रकार व्याकरणिक दृष्टि से हिन्दी, उर्दू कुछ अपवादों को छोड़कर प्रायः पूर्णतः एक हैं। मूल अन्तर केवल शब्दावली का है। साहित्यिक उर्दू में अरबी-फ़ारसी शब्द अधिक होते हैं, किन्तु यह अन्तर साहित्य के स्तर पर ही अधिक है। सामान्य, व्यावहारिक या बोलचाल के स्तर पर हिन्दी-उर्दू दोनों ही, अपने कठिन संस्कृत या अरबी-फ़ारसी शब्दों को छोड़कर प्रायः एक हो जाती हैं, जिसे गांधीजी हिन्दुस्तानी कहा करते थे। इधर हिन्दी तथा उर्दू दोनों का कुछ साहित्य भी उस भाषा में लिखा गया है। इसीलिए उर्दू को हिन्दी की फ़ारसी-अरबी शब्दावली से युक्त शैली कहना अधिक समीचीन है। दोनों का व्याकरण, प्रायः पूर्णतः एक होने पर, इन्हें अलग भाषाएँ मानना न तो व्यावहारिक है और न वैज्ञानिक।

उर्दू भाषा कैसे बनी इस बात को लेकर इंशा ने कहा है कि उस काल की प्रचलित भाषा में से कुछ भाषाओं के शब्दों को निकालकर, और उनके स्थान पर कुछ शब्द रखकर, तथा कुछ हेर-फेर करके उर्दू भाषा बनाई गई। वे 'दरिया-ए-लताफ़त' में लिखते हैं–''यहाँ के खुशबयानों ने मुत्तफ़िक होकर मुताद्दिद ज़बानों से अच्छे-अच्छे लफ़्ज निकाले, और बाज़ी इबारतों और अल्फ़ाज में तसर्रुफ़ करके और ज़बानों से अलग एक नई ज़बान पैदा की, जिसका नाम उर्दू रक्खा।'' इसी आधार पर श्री चन्द्रबली पांडेय ने अपनी कई पुस्तकों में यह मत प्रकट किया है, कि हिन्दी शब्दों को निकालकर तथा उनके स्थान पर अरबी-फ़ारसी आदि के शब्दों को रखकर उर्दू भाषा बनाई गई। डॉ० उदयनारायण तिवारी भी चन्द्रबली पांडेय से सहमत हैं। किन्तु तर्क की कसौटी पर यह मत ठहरता नहीं। उर्दू के बनने के सैकड़ों वर्ष बाद इंशा यह बात लिख रहे थे। स्पष्ट ही उनका यह अनुमान मात्र है, यदि कोई ठोस प्रमाण होता तो उन्होंने अवश्य दिया होता। वस्तुतः इस रूप में भाषा बनाने का उदाहरण विश्व में कहीं नहीं मिलता। उर्दू वैसे ही बनी जैसा कि ऊपर संकेत किया जा चुका है। अर्थात् तत्कालीन 'हिन्दवी' जब मुसलमानों द्वारा प्रयुक्त हुई, तो सहज ही उसका

व्याकरण अपनाकर भी उसके सारे-के-सारे शब्द मुसलमान नहीं अपना सके। संज्ञा, विशेषण तथा क्रियाविशेषण आदि फ़ारसी के ही प्रयुक्त होते रहे, जिनका वे फ़ारसी आदि बोलने में प्रयोग करते थे। इस प्रकार मेरी और उपर्युक्त विद्वानों की बात प्रायः एक ही है। अन्तर केवल यह है कि इंशा और उनके साथ पांडेय जी तथा डॉ० उदयनारायण तिवारी कहते हैं कि उर्दू बनाई गई, कुछ लोगों द्वारा मिलकर। किन्तु परिस्थितियाँ यह कहती हैं, कि उर्दू बन गई। आज तो भाषा बनाई जा सकती है, किन्तु उस काल में जब भाषा के प्रति वर्तमान जागरूकता नहीं थी, भाषा बनाए जाने की बात गले से नीचे नहीं उतरती। ऐसी स्थिति में उर्दू के बन जाने की बात ही मानी जा सकती है, बनाए जाने की नहीं।

उर्दू भाषा के प्रारम्भ की समस्या साहित्य के सन्दर्भ में भी विचारणीय है। उर्दू साहित्य के अध्येताओं द्वारा इस सम्बन्ध में प्रायः विरोधी मत प्रकट किए गए हैं। एक ओर तो उर्दू का आरम्भ खुसरो आदि से माना गया है तथा 'दक्खिनी' को 'दक्खिनी उर्दू' कहकर उसके पूरे साहित्य को उर्दू की सम्पत्ति माना गया है, और दूसरी ओर वली को, जो 'दक्खिनी' के अन्तिम कवि हैं, उर्दू का प्रथम कवि माना गया है। वस्तुतः उर्दू नाम तथा उसके वर्तमान स्वरूप को यदि दृष्टि में रखा जाए तो इसके साहित्य का प्रारम्भ 1700 के आसपास से ही माना जाना चाहिए, किन्तु, भाषावैज्ञानिक दृष्टि से उसकी पूर्ववर्ती भाषा को उर्दू से अलग नहीं रखा जा सकता। वास्तविकता यह है कि उर्दू, हिन्दी की ही एक शैली है, अतः अपने मूल में उर्दू उतनी ही पुरानी है, जितनी पुरानी कि हिन्दी, हाँ स्वतन्त्र शैली के रूप में इसका जन्म मुसलमानों के भारत में जमने के बाद हुआ, तथा साहित्य में इसका प्रयोग 1700 के आसपास हुआ है और तब से इसके इतिहास या विकास को दो कालों में बाँटा जा सकता है। प्रथम काल लगभग 1800 के पूर्व का है और दूसरा इसके बाद का। प्रथम काल के प्रमुख कवि वली, आबरू, हातिम, दर्द, सौदा, मीर आदि हैं तथा दूसरे काल के मोमिन, जौक़, ग़ालिब, दाग़, हाली, जिगर, इक़बाल, फ़िराक़ आदि। प्रथम काल में उर्दू भाषा में ब्रज, अवधी तथा दक्खिनी का भी प्रभाव था, किन्तु परवर्ती उर्दू इन प्रभावों से मुक्त हो गई। इधर पाकिस्तान के बनने के बाद, उर्दू पाकिस्तान की राष्ट्रभाषा घोषित हो गई है, और इस प्रकार, उसमें, अब साहित्य-रचना पाकिस्तान तथा हिन्दुस्तान दोनों ही में हो रही है। अभी तक दोनों देशों की उर्दू में कोई अन्तर नहीं है, किन्तु सम्भावना यह है कि आगे चलकर एक ओर पाकिस्तान की उर्दू, जहाँ सिन्धी, पश्चिमी पंजाबी शब्दों से कुछ युक्त होगी, तो भारतीय उर्दू में कुछ संस्कृत के तत्सम-तद्भव शब्द आ जाएँगे।

पाकिस्तान के बनने के पूर्व भारत में उर्दू के दिल्ली, रामपुर, लखनऊ, हैदराबाद, ये चार केन्द्र थे। इन चारों—प्रमुखतः दिल्ली और लखनऊ—की उर्दू में मुहावरा आदि की दृष्टि से कुछ अन्तर था। अब यह अन्तर प्रायः समाप्त हो गया है। यों व्याकरणिक

दृष्टि से अब भी उर्दू में एकाधिक शैलियाँ (कुछ लोग कहते हैं, 'मुझे रोटी खानी है' और कुछ कहते हैं 'मुझे रोटी खाना है') चल रही हैं।

हिन्दी एवं उर्दू में अन्तर

हिन्दी और उर्दू दोनों ही खड़ी बोली पर आधारित हैं। दोनों में मुख्य अन्तर केवल यह है कि हिन्दी में अरबी-फ़ारसी-तुर्की शब्द अपेक्षाकृत कम प्रयुक्त होते हैं, और संस्कृत के तत्सम और तद्भव शब्द अधिक, जबकि उर्दू में इसके ठीक उलटे अरबी-फ़ारसी-तुर्की शब्द अपेक्षाकृत अधिक प्रयुक्त होते हैं, और संस्कृत के तत्सम और तद्भव कम। यह कमी-बेशी प्रायः संज्ञा, विशेषण एवं कुछ क्रियाविशेषण में ही मिलती है, सर्वनाम, क्रिया आदि में नहीं। किन्तु इस मुख्य अन्तर के अतिरिक्त कुछ सामान्य अन्तर और भी हैं, जिनमें प्रमुख निम्नांकित हैं।

ध्वनि–(1) क़्, ख़्, ग़्, ज़्, फ़् का उर्दू में प्रयोग होता है, किन्तु हिन्दी में केवल वे ही इसका ठीक प्रयोग करते हैं, जो उर्दू की जानकारी रखते हैं। यों बिना उचित जानकारी के सामान्यतः जो प्रयोग करते हैं, उनमें प्रायः इनके स्थान पर क्, ख्, ग्, फ् का, तथा क्, ख्, ग्, ज्, फ् के स्थान पर कभी-कभी क़्, ख़्, ग़्, ज़्, फ़् का प्रयोग सुनाई पड़ता है। उदाहरणतः 'फ़ौज' को अनेक लोग 'फ़ौज़' कहते सुने जाते हैं। सामान्य हिन्दी-भाषी लिखने तथा बोलने में इनके स्थान पर क्, ख्, ग्, ज् का ही प्रयोग करते हैं। नागरी प्रचारिणी सभा एवं हिन्दी साहित्य सम्मेलन की तो यही नीति भी रही है। (2) अरबी में ज़ोय, ज़े, ज़ाल, ज़्वाद ये चार प्रकार की 'ज़' ध्वनियाँ थीं। फ़ारसी में एक विशेष ध्वनि 'ज़' थी, जो अरबी में नहीं थी। इन पाँचों के स्थान पर फ़ारसी में 'ज़' और 'ज़' दो ध्वनियाँ मिलती हैं। फ़ारसी से प्रत्यक्ष सम्पर्क के कारण उर्दू में ये दोनों ध्वनियाँ (ज़ोर, ज़िन्दगी; अज़्दहा, पज़ावः) आई हैं, और वे उर्दूदाँ, जिनका शीन-क़ाफ़ काफ़ी दुरुस्त है, इन दोनों का उच्चारण अलग-अलग करते हैं, किन्तु हिन्दी में, सामान्य लोगों में तो दोनों का ही 'ज्' हो जाता है और पढ़े-लिखे लोगों में दोनों का 'ज़्' उर्दू में है, जबकि हिन्दी में वह नहीं है। उसके स्थान पर 'ज़्' या 'ज्' हो जाता है। (3) शब्दांत में आने वाला हा-इ-मुख़्तफ़ी (संस्कृत विसर्ग जैसा) उर्दू में प्रायः अपने मूल के बहुत निकट है, किन्तु हिन्दी में वह–आ हो गया है : किनारः-किनारा, मसलः-मसला, मुआमलः-मामला, खज़ानः-खज़ाना। (4) अनेक शब्दों में हिन्दी में जहाँ महाप्राण ध्वनियाँ आती हैं, उर्दू में उनके स्थान पर प्रायः अल्पप्राण हो जाता है : सड़ाँध्-सड़ाँद्, बिसाँघ्-बिसाँद्, भूख्-भूक्, भिखारी-भिकारी, धोखा-धोका, हाथ-हात, पौधा-पौदा। यों उर्दू के प्रभावस्वरूप अब हिन्दी में भी सड़ाँद्, बिसाँद्, पौदा आदि लिखने लगे हैं।

व्याकरण–(1) एकवचन से बहुवचन बनाने के सामान्य नियम तो हिन्दी-उर्दू में एक से ही हैं, किन्तु उर्दू में अरबी-फ़ारसी परम्परा से प्राप्त नियमों का भी प्रयोग

होता है। उदाहरण के लिए (क) '-आत' जोड़कर—इसका प्रयोग प्रायः निर्जीव संज्ञाओं के साथ होता है : बाग़-बाग़ात, मकान-मकानात, ख़्याल-ख़्यालात, हाल-हालात, काग़ज-काग़जात। (ख) '-आन' जोड़कर—इसका प्रयोग सजीव संज्ञाओं के साथ प्रायः होता है : साहिब-साहिबान, गवाह-गवाहान, मालिक-मालिकान, काश्तकार-काश्तकारान। (ग) '-हा' जोड़कर—बार-बारहा। (घ) विभिन्न प्रकार के अन्य बहुवचन-रूप जो विभिन्न वज़नों पर बनते हैं—हाकिम-हुक्काम (फ़ुअआल); ख़बर-अख़बार (अफ़आल); अमीर-उमरा (फ़ुअला); हक़-हक़ूक; फुअ-वली-औलिया (अफ़इला); क़ायदः-क़वाइद, नतीज-नताइज (फ़वाइल) तथा अजीब-अजाइब (फ़आइल) आदि। इनमें कुछ, फ़ारसी-उर्दू के प्रभावस्वरूप हिन्दी में भी आते हैं। कुछ शब्द हिन्दी में आते, तो हैं किन्तु बहुवचन के रूप में न आकर सामान्य एकवचन शब्द के रूप में आते हैं। जैसे अख़बार, क़वायद आदि। इस रूप में उर्दू में भी इनका प्रयोग है। (2) स्त्रीलिंग प्रत्ययों में भी दोनों में समानता है। अन्तर केवल कुछ में है। उदाहरणार्थ हिन्दी में स्त्रीलिंग प्रत्यय-आ (सुता, अध्यापिका, गुणज्ञा) संस्कृत शब्दों में आता है, किन्तु उर्दू में यह नहीं मिलता। इसी प्रकार अरबी-फ़ारसी परम्परा के उर्दू में कई प्रत्यय हैं जो हिन्दी में नहीं आते [अरबी प्रत्यय 'ह' (विसर्ग-जैसा)—वालिद-वालिदः, मलिक-मलिकः, साहिब-साहिबः, तुर्की प्रत्यय '-म'—ख़ान-ख़ानम, वेग-बेगम; '-अन'—महमूद-महमूदन, करीम-करीमन, नूर-नूरन, नसीब-नसीबन, रशीद-रशीदन]। इनमें फ़ारसी-उर्दू के प्रभाव के कारण स्त्रीलिंग रूप हिन्दी में भी प्रयुक्त होते हैं। (3) सर्वनामों में अन्य पुरुष बहुवचन के रूप में हिन्दी में तो 'वे' होता है, किन्तु उर्दू में एकवचन रूपों 'वो', 'वोह' का ही बहुवचन में भी प्रयोग होता है। (4) सम्बन्ध प्रकट करने के लिए हिन्दी में सीधे षष्ठी तत्पुरुष का प्रयोग होता है : मकान-मालिक, किन्तु इसके विरुद्ध, उर्दू में फ़ारसी ढंग से, क्रम बदलकर -इ- या -ए- इज़ाफ़त की सहायता से 'तरकीब' बनाई जाती है : दर्द-ए-सर, मालिक-ए-मकान। (5) सामान्य एवं अपूर्ण भूत तथा वर्तमान आदि में उत्तम पुरुष बहुवचन में स्त्रीलिंग के स्थान पर पुल्लिग के रूप उर्दू में चलते हैं। जैसे लड़कियाँ कहती हैं—'हम जा रहे हैं' किन्तु हिन्दी में 'हम जा रही हैं' ही शुद्ध है। यों दिल्ली की हिन्दी, विशेषतः पंजाब एवं दिल्ली वालों की हिन्दी में ये उर्दू प्रयोग भी अब सुनाई पड़ने लगे हैं, किन्तु इलाहाबाद, बनारस की ओर की हिन्दी में, ये प्रयोग नहीं मिलते। (6) उर्दू में 'आन मिली', 'आन पहुँचा' 'आन पड़ी' जैसे प्रयोग खूब चलते हैं, किन्तु हिन्दी व्याकरण के अनुसार इन्हें 'आ मिली', 'आ पहुँचा' 'आ पड़ी' होना चाहिए। (7) 'मुझे पढ़ना है' जैसे प्रयोगों में मूल क्रिया, हिन्दी में लिंग एवं वचन के अनुसार परिवर्तित होती है। जैसे 'मुझे अख़बार पढ़ना है', 'तुम्हें किताब पढ़नी है', 'उसे बहुत से पत्र पढ़ने हैं, किन्तु उर्दू में इस सम्बन्ध में कम-से-कम दो प्रकार की मान्यताएँ हैं। कुछ लोग 'मुझे अख़बार पढ़ना है', 'तुम्हें किताब पढ़ना है' तथा 'उसे बहुत से पत्र पढ़ना है' जैसे प्रयोग करते हैं, तथा इसे ही व्याकरण-सम्मत

मानते हैं। इनके अनुसार -ना अन्त्य रूप लिंग एवं वचन के अनुसार परिवर्तित नहीं होते। दूसरा मत हिन्दी जैसा ही है। यों एक तीसरा मत यह भी है कि इसमें लिंग के आधार पर तो परिवर्तन होना चाहिए किन्तु वचन के अनुसार नहीं। इस प्रकार, इस सम्बन्ध में हिन्दी में टो-टूक नियम है,' किन्तु उर्दू में इस नियमितता का अभाव है। (8) **उपसर्ग** [हिन्दी आ (आगमन), वि (विज्ञान); उर्दू बा (नाअदब), कता (कतानज़र)]; **प्रत्यय** [हिन्दी-इत (प्रफुल्लित), -दायक (कष्टदायक), उर्दू-इन्दः (कुनिन्दः), -ह् (रोजः)]; परसर्ग एवं कारक-विभक्ति हिन्दी -या, तः (कृपया, मुख्यतया, साधारणतः); उर्दू अज़ (अज़तरफ़), बराय (बरायकरम); **अव्यय** (हिन्दी 'जब वह आएगा तब मैं जाऊँगा', उर्दू, 'जब वो आएगा जब मैं जाऊँगा' या 'वह आएगा जब मैं जाऊँगा') मुहावरों के प्रयोग तथा कभी-कभी कुछ शब्दों के अर्थ आदि में भी कुछ अन्तर है।

रेख़्ता

'रेख़्ता' या 'रेख़ता' शब्द का प्रयोग, उर्दू में एक प्रकार की 'गज़ल', संगीत के एक पारिभाषिक शब्द, तथा एक प्रकार की भाषा के लिए मिलता है। मूलतः यह शब्द फ़ारसी के 'रेख़तन्' मस्दर से बना है, जिसका अर्थ 'रचना', 'बनाना', 'डालना', 'मिलाना', 'तोड़ना' आदि होता है। संस्कृत की 'रिच' धातु तथा फ़ारसी का 'रेख़तन्' मस्दर मूलतः एक है। 'रिच्' का अर्थ 'गिराना', 'अलगाना' आदि होता है। लैटिन, ग्रीक आदि में भी यह धातु है। 'रेख़्ता' का फ़ारसी में अर्थ गिरा हुआ या 'गिराकर बनाया हुआ ढेर' आदि है। भारत में, 'रेख़्ता' शब्द का प्रयोग पहले छन्द और संगीत के क्षेत्र में हुआ है। इन दोनों ही क्षेत्रों में इसमें 'मिलने' या 'मिश्रण' का भाव है। फ़ारसी और भारतीय पद्धति को मिलाकर इनको बनाया गया। साथ ही ऐसे छन्दों को भी 'रेख़्ता' कहा गया, जिनमें कुछ अंश फ़ारसी का तथा कुछ हिन्दी का हो। जैसे खुसरो की प्रसिद्ध पंक्ति 'ज़हाल मस्कीं मकुन तग़ाफ़ुल दुराय नैना बनाय बतियाँ।' आगे इसी मिश्रण की दृष्टि से 1700 से कुछ पूर्व से 1800 से कुछ बाद तक की उर्दू की पद्य-भाषा 'रेख़्ता' कही गई थी। इसमें, हिन्दी व्याकरण में अरबी-फ़ारसी शब्दों का मिश्रण था। ग़ालिब और उनके पूर्व के अधिकांश कवियों ने इसी अर्थ में 'रेख़्ता' शब्द का प्रयोग किया। हिन्दी के भी बहुत-से कवियों ने रेख़्ता का प्रयोग 'मिश्रित छन्द' या 'मिश्रित भाषा' या 'मिश्रित राग' के अर्थ में किया। आलम, पलटू, तुलसी, बूला, साहब, गुलाल, किनाराम, ग़रीबदास, दरियादास तथा भीखा साहब आदि के नाम इस दृष्टि से लिये जा सकते हैं। 'रेख़्ता' के आधार पर ही औरतों की भाषा 'रेख़्ती' कहलाई। भाषा के प्रसंग में, 'रेख़्ता' का प्रयोग प्रायः उर्दू के लिए (विशेषतः 1700 से कुछ पूर्व से 1800 से कुछ बाद तक) ही मिलता है।

रेख़्ती

पुरुषों की भाषा से स्त्रियों की भाषा मुहावरा, प्रयोग आदि की दृष्टि से प्रायः भिन्न होती है। रंगीन आदि कुछ उर्दू कवियों ने स्त्रियों की भाषा में कविता लिखनी शुरू की, जिसे **बेगमाती ज़बान** या **बेगमाती उर्दू** कहा गया। बाद में 'रेख़्ता' के आधार पर इस ज़नानी भाषा तथा इसमें की गई कविता के लिए 'रेख़्ती' शब्द का प्रयोग किया गया। रेख़्ती लिखने वाले कवियों में रंगीन के अतिरिक्त इंशा, अलीबेग नाजनी तथा जान साहब आदि के नाम प्रमुखतः लिये जा सकते हैं। इस भाषा में उन शब्दों, मुहावरों, रूपों एवं प्रयोगों को ही विशेष रूप से स्थान दिया गया है, जो प्रायः केवल मुसलमान औरतों तक सीमित रहे हैं। लखनऊ-दिल्ली की मुसलमान औरतों में यह ज़बान आज भी सुरक्षित है। हिन्दी के कुछ उपन्यासों में भी इसका प्रयोग कुछ स्त्री-पात्रों की भाषा-रूप में हुआ है।

हिन्दुस्तानी

यह शब्द मूलतः विशेषण (हिन्दुस्तान+ई) है, और इसका अर्थ है 'हिन्दुस्तान का' या 'भारतीय'। भाषा के अर्थ में 'हिन्दुस्तानी' शब्द का प्रयोग हिन्दी के एक रूप के लिए होता है। ग्रियर्सन, धीरेन्द्र वर्मा तथा कई अन्य लोगों का विचार है कि यह नाम यूरोपियों की देन है, किन्तु वस्तुतः यह नाम कहीं अधिक पुराना है। 'तुजुके बाबरी' में आता है ''मैंने उसे (दौलत ख़ाँ लोदी को) अपने सामने बिठलाकर, एक व्यक्ति द्वारा, जो हिन्दुस्तानी भाषा भली भाँति जानता था, अपनी हर बात उसे समझाने का आदेश दिया।'' इस प्रकार कम-से-कम बाबर के समय से तो यह प्रयोग में है ही। यों मेरे विचार में यह शब्द भाषा के अर्थ में बाबर से भी पहले कदाचित् 15वीं सदी का है। आगे ये बाबर (16वीं सदी), फ़रिश्ता (17वीं सदी), टेरी (1616), वजही (1635), अमादुज़्ज़ी (1704), केटलियर (1715) तथा लेबिदोफ़ (1795) आदि में 'हिन्दुस्तानी' एवं 'इन्दोस्तान' आदि रूपों में मिलता है।

भाषा के अर्थ में, प्रारम्भ में, यह शब्द 'हिन्दी' या 'हिन्दवी' का पर्याय था, किन्तु बाद में 18वीं सदी में, इसका प्रयोग मुसलमानों की भाषा (केवल दक्षिणी भारत के या उत्तरी-दक्षिणी दोनों के) के लिए होने लगा। इस रूप में यह शब्द 'उर्दू' का पर्याय हो गया। 19वीं सदी में यह बात स्पष्टतः दिखाई पड़ती है। गार्सां द तासी (19वीं सदी मध्य) के इतिहास 'इस्त्वार द ल लित्रेत्यूर ऐंदुई ए ऐंदुस्तानी' से भी इस बात का संकेत मिलता है। इसमें 'ऐंदुई' तो 'हिंदुवी' है और 'ऐंदुस्तानी' अर्थात् 'हिन्दुस्तानी', 'उर्दू'। हेनरी यूल तथा बर्नेल ने अपने प्रसिद्ध कोश 'हॉब्सन-जॉब्सन' (1886) में स्पष्टतः इसे उर्दू कहा है (Hindustani zaban 'the language of that country,' but in fact the language of the Mohommedans of Upper India, and eventually of the Mohommedans of the Deccan, developed out of the Hindi dialect of the Doab chiefly, and of the territory round Agra and Delhi, with a mixture of Persian vocables and phrases, and a readiness to adopt other foreign words. It is also called ORDOO...Old-fashioned Anglo-Indians used to call it the MOORS.) तथा यह भी बतलाया है कि उसे पुराने ऐंग्लो-इण्डियन 'मूर्स' कहा करते थे।

1900 के आस-पास 'हिन्दुस्तानी' का प्रयोग कभी तो उर्दू के लिए और कभी-कभी हिन्दी-उर्दू की बीच की भाषा, अर्थात् 'सरल हिन्दी' या 'सरल उर्दू' के लिए मिलता है। इसी आधार पर, ग्रियर्सन ने 'कौरवी' को 'वर्नाक्यूलर हिन्दुस्तानी' (इस दूसरे अर्थ में) कहा है।

अंग्रेजों ने राष्ट्रीयता के जागरण को दबाने के लिए हिन्दू-मुसलमानों में विरोध उत्पन्न करने की नीति 19वीं सदी में ही अपना ली थी, और 'हिन्दुस्तानी' नाम की आड़ में वे अल्पसंख्यकों की भाषा उर्दू को प्रोत्साहित कर रहे थे। अन्य कारणों के अतिरिक्त इसका सामना करने के लिए भी, 1893 ई० में 'नागरी प्रचारिणी सभा, काशी' की, तथा 1910 में 'हिन्दी साहित्य सम्मेलन प्रयाग' की स्थापना हुई। दिनोंदिन हिन्दी-उर्दू में विरोध बढ़ने लगा, जो राष्ट्रीय आन्दोलन के लिए घातक सिद्ध होने लगा। कांग्रेस के नेताओं ने इसका अनुभव किया, अतः 1926 के कांग्रेस अधिवेशन (कानपुर) में राजर्षि पुरुषोत्तमदास टण्डन ने यह प्रस्ताव रखा कि आगे से कांग्रेस की कार्यवाही 'हिन्दुस्तानी' में हो। हिन्दुस्तानी से उनका अर्थ 'हिन्दी-उर्दू' के बीच की सरल भाषा था। हिन्दी-उर्दू के झगड़े को दूर करने के लिए, दोनों को छोड़ इस नाम का प्रयोग किया गया था। यह सब गांधीजी की प्रेरणा से हुआ था। इस प्रकार इस सदी के दूसरे चरण के आरम्भ में गांधीजी ने 'हिन्दुस्तानी' शब्द में यह (सरल हिन्दी या सरल उर्दू, या हिन्दी-उर्दू के बीच की भाषा) अर्थ सदा-सर्वदा के लिए निश्चित कर दिया। आज भी 'हिन्दुस्तानी' नाम प्रायः इसी अर्थ में प्रयुक्त होता है। यों बीच-बीच में अब्दुल हक, सैयद सुलेमान नदवी, डॉ० ताराचन्द, पं० सुन्दरलाल तथा कुछ अन्य लोगों ने 'हिन्दुस्तानी' नाम का प्रयोग 'उर्दू की ओर झुकी भाषा' के लिए भी किया। किन्तु जनता ने उसे कभी स्वीकार नहीं किया।

हिन्दवी

यह नाम **हिन्दुवी, हिन्दुई** तथा **हिन्दवी** इन तीनों रूपों में प्रायः मिलता है। प्रचलित व्युत्पत्ति के अनुसार संस्कृत 'सिन्धवः' का फ़ारसी में 'हिन्दवः' बना। इसी 'हिन्दवः' में फ़ारसी प्रत्यय 'ईक' के मिलने से 'हिन्दवी' शब्द बना। इस व्युत्पत्ति से मैं सहमत नहीं हो सका हूँ। 'हिन्दवी' शब्द का प्रयोग भारत के बाहर प्राचीनकाल में नहीं मिलता। ऐसा लगता है कि मुसलमान जब भारत में आए तो वे यहाँ के लोगों को 'हिन्दु' या 'हिन्दू' कहते थे। इसी में तत्कालीन फ़ारसी के विशेषण-प्रत्यय

-ई (जो प्राचीन फ़ारसी 'ईक' सं० 'इक' का विकसित रूप है) जोड़कर मध्यदेश के हिन्दुओं की भाषा को (हिन्दु+ई) उन लोगों ने 'हिन्दुई' (अर्थात् 'हिन्दूवाली' या 'हिन्दू की') नाम दिया। बाद में उच्चारण सौकर्य के लिए 'व' श्रुति आ जाने के कारण 'हिन्दुई' शब्द 'हिन्दुवी' हो गया। 'हिन्दवी' इस दूसरे रूप 'हिन्दुवी' का ही विकास है। इस प्रकार इसके इन तीनों नामों में 'हिन्दुई' सबसे पुराना, 'हिन्दुवी' उसका विकास तथा 'हिन्दवी' अन्तिम विकास है। एक इसके बाद का भी विकास 'हिन्दवी' रूप में मिलता है। उर्दू के कवियों में -वी (देहलवी, लखनवी, बाराबंकवी) या ई (गोरखपुरी, मछली-शहरी) भी इसी प्रकार आया है।

यहाँ यह भी उल्लेख्य है कि भाषा के अर्थ में 'हिन्दवी' या 'हिन्दुवी' नाम 'हिन्दी' से पुराना है। हिन्दुवी[1] नाम का पुराना उल्लेख प्रसिद्ध भारतीय फ़ारसी कवि मुहम्मद औफ़ी में मिलता है। औफ़ी (1228 ई०) ने इसका प्रयोग कई स्थानों पर किया है। एक स्थान पर मसऊद नामक कवि की रचनाओं का उल्लेख करते हुए वे लिखते हैं—"यके बताजी व यके बपारसी व यके **बहिन्दुवी** अमीर खुसरो (1253-1325) में भी हिन्दुवी शब्द मिलता है : 'हिन्दुस्तानियम मन हिन्दुवी गोयम जवाब'।" उन्होंने 'हिन्दी' को हिन्दी से ज्यादा हिन्दवी कहा है, मुहम्मद तुग़लक तथा फ़ीरोज़ तुग़लक के समय की पुस्तकों में उस काल की भाषा को 'हिन्दुवी' या 'हिन्दुई' कहा गया है।

दक्षिण भारत में भी यह शब्द बहुत पहले चला गया था और मुसलमान कवियों ने इसमें रचना भी प्रारम्भ कर दी। शेख अशरफ़ (1503) 'नौसरहार' में लिखते हैं—"यक यक बोल न मौजूँ आन। तक़रीर **हिन्दवी** सब बखान।" उस समय तक कदाचित् 'हिन्दवी' (हिन्दुवी से विकसित होकर) शब्द चल चुका था। उत्तरी भारत में जायसी (16वीं सदी उत्तरार्ध) भी कहते हैं—"तुर्की अरबी हिन्दवी भाषा जेती आहिं। जामे मारग प्रेम का, सबै सराहैं ताहि"। सं० 1669 के तुलसी के फ़ारसी पंचनामे (जो महाराज बनारस के संग्रहालय में है), सन् 1623 ई० में लिखित गोरा बादल की कथा, तथा 1666 ई० में श्री परकासदास के एक पत्र (जो अम्बेर के दीवान को लिखा गया था) में भी हिन्दवी शब्द का प्रयोग मिलता है। आश्चर्य होता है कि इस प्रकार भाषा के रूप में चारों ओर प्रसिद्ध होने पर भी अमीर खुसरो द्वारा प्रस्तुत भारतीय भाषाओं की सूची में, या अबुलफ़ज़ल द्वारा दी गई भाषा-सूची में यद्यपि 'लाहौरी' 'देहलवी' आदि नाम हैं, किन्तु यह नाम नहीं है। इसका कारण शायद यह है कि इसके क्षेत्र का निर्धारण नहीं हुआ था। उपर्युक्त सूचियों में दिए गए नाम

1. औफी तथा खुसरो आदि में इस शब्द को सभी ने 'हिन्दवी' माना है। वस्तुतः उसके पहले इसका 'हिन्दवी' हो जाना सम्भव नहीं लगता। उस काल में यह रूप 'हिन्दुवी' रहा होगा। फारसी लिपि में अ, उ में अभेदता के कारण गलती से बाद का विकसित रूप उस काल में प्रयुक्त मान लिया गया है।

क्षेत्रों से सम्बद्ध हैं। या, यह भी हो सकता है कि खुसरो और अबुलफ़ज़ल द्वारा प्रयुक्त नाम 'देहलवी' इसी का नाम हो। सम्भव है उस समय जनता में 'देहलवी' नाम रहा हो, 'हिन्दवी' साहित्यिकों तक सीमित रहा हो।

यह संकेत किया जा चुका है कि 'हिन्दवी' का प्रयोग कदाचित् हिन्दुओं की बोली के लिए था, इसके विरुद्ध आरम्भ में 'हिन्दी' नाम मुसलमानों द्वारा प्रयुक्त 'हिन्दवी' के लिए था। दोनों में व्याकरण का अन्तर न था, किन्तु शब्द-समूह में कुछ अन्तर था। 'हिन्दी' पर विचार करते समय दिखलाया जा चुका है कि 'ख़ालिकबारी' खुसरो की रचना नहीं है। वह रचना उसके बाद की है। किन्तु 'हिन्दी' और 'हिन्दवी' शब्दों के इतिहास की दृष्टि से उसका मूल्य है। उसमें 'हिन्दी' शब्द का प्रयोग केवल 5 बार, जबकि 'हिन्दवी' का प्रयोग 30 बार हुआ है। इसका अर्थ यह है कि उस समय तक भी 'हिन्दवी' शब्द अधिक प्रचलित था और 'हिन्दी' बहुत कम। सच पूछा जाय तो 1300 से 1800 के बीचे के पूरे इतिहास में 'हिन्दी' शब्द का प्रयोग अपेक्षाकृत कम हुआ है, और हिन्दवी का बहुत अधिक। 'ख़ालिकबारी' के सम्बन्ध में पहले मेरा विचार था कि इसमें हिन्दवी और 'हिन्दी' शब्द बिल्कुल समानार्थी शब्द के रूप में नहीं प्रयुक्त हुए हैं, अपितु जैसा कि ऊपर संकेत किया गया है, केवल उन शब्दों के लिए हिन्दवी का प्रयोग है जो अधिकतर हिन्दुओं की भाषा में चलते हैं, और 'हिन्दी' उनको कहा गया है जो मुलसमानों की भाषा (हिन्दी) में भी खूब चलते हैं। ध्यानपूर्वक देखने पर पता चला कि कुछ शब्दों से तो इस बात की पुष्टि होती है, किन्तु कुछ इसके विरुद्ध भी जाते हैं। इसका निष्कर्ष यह निकला कि : (1) उस काल में दोनों शब्द प्रायः समानार्थी थे, (2) हिन्दी शब्द का प्रचार कम तथा 'हिन्दवी' का अधिक था, (3) ख़ालिकबारी में इनके प्रयोग में कोई विशेष ध्यान नहीं दिया गया है। अधिक प्रचार के कारण 'हिन्दवी' शब्द अधिक तो आया है, किन्तु इस अधिक आने में छन्द की आवश्यकता भी एक कारण है।

'हिन्दवी' को हिन्दुओं की हिन्दी (जिसे हिन्दू लोग 'भाखा' या 'भाषा' कहते थे) या ऐसी हिन्दी, जिसमें अरबी-फ़ारसी शब्द अपेक्षाकृत कम रहते थे, 18वीं सदी तक, या तासी को प्रमाण मानें तो 19वीं सदी के मध्य तक माना जाता रहा है। हातिम (18वीं सदी उत्तराधं) 'दीवानज़ादे' में लिखते हैं–"हिन्दवी कि आरा भाका गोयन्द।" इंशा की 'हिन्दवी' भी ('रानी केतकी की कहानी' की भाषा से स्पष्ट है) पढ़े-लिखे मुसलमानों की भाषा नहीं है, यद्यपि चन्द्रबली पाण्डेय तथा डॉ० उदयनारायण तिवारी उसे ऐसा मानते हैं। वह प्रायः हिन्दुओं की 'ठेठ हिन्दी' या 'भाखा' है। उस काल के मुसलमानों द्वारा लिखित गद्य या पद्य की भाषा की तुलना करके यह बात स्पष्टतया देखी जा सकती है। गार्सां द तासी ने अपने इतिहास में 'एंदुस्तानी' (अर्थात् हिन्दुस्तानी) का प्रयोग उर्दू के लिए तथा 'एंदुई' (अर्थात् हिन्दवी) का प्रयोग हिन्दी के लिए किया है, इससे भी वही बात स्पष्ट होती है।

निष्कर्षतः कहा जा सकता है कि मोटे तौर पर तो दिल्ली के आसपास की बोली देहलवी, या उस पर आधारित साहित्यिक भाषाओं के लिए इस 'हिन्दवी' नाम का प्रयोग होता रहा है, और इस पररूप में 'हिन्दवी' हिन्दू-मुसलमान दोनों की भाषा रही है, और इसके अन्तर्गत हिन्दी, हिन्दुस्तानी, दक्खिनी, रेख़्ता, उर्दू आदि सभी कुछ रही हैं, किन्तु इसके साथ ही, मूलतः यह हिन्दुओं की भाषा रही है, और उसके लिए यह नाम प्रयुक्त होता रहा है। इस प्रकार हिन्दवी नाम के प्रयोग में वैज्ञानिक ढंग की दो-टूकता तथा एकरूपता नहीं मिलती। इसका प्रयोग सामान्यतः 19वीं सदी के मध्य तक मिलता है। बाद के प्रयोग अपवादस्वरूप ही हैं। आजकल केवल 'दक्खिनी' या 'दक्खिनी' तथा उसके पूर्व के उत्तर भारत के मसऊद, खुसरो तथा शकरगंजी आदि के 'साहित्य की भाषा' के लिए ही प्रायः 'हिन्दवी' शब्द का प्रयोग होता है।

देहलवी

भाषा के अर्थ में 'देहलवी' नाम काफ़ी पुराना है। ख़ुसरो तथा अबुलफ़ज़ल में इसका उल्लेख है। उस समय कदाचित् इसका प्रयोग मात्र दिल्ली की भाषा के लिए न होकर आसपास के लिए भी था। किन्तु इस प्रसंग में 'देहलवी' से मेरा आशय मात्र 'दिल्ली की भाषा' है। दिल्ली में खड़ीबोली के एकाधिक रूप हैं। जामा मस्जिद के आसपास के निम्न एवं निम्न-मध्यवर्ग के मुसलमान तथा निम्न वर्ग के हिन्दू जिस बोली का प्रयोग करते हैं, उसे **'करखन्दारी'** कहते हैं। इसका सम्बन्ध 'कारखानेदार' से है। शिक्षा के प्रचार के साथ यह बोली मरती जा रही है। दिल्ली के उच्च तथा उच्च-मध्यवर्ग के एवं सुशिक्षित मुसलमान उर्दू बोलते हैं तथा मध्य एवं उच्चवर्ग के हिन्दू खड़ी बोली के विशेष रूपों का प्रयोग करते हैं। इनमें जैनियों की भाषा एक प्रकार की है, तो ब्राह्मणों की दूसरे प्रकार की, तथा कायस्थों की एक तीसरे प्रकार की। विभिन्न पेशेवालों तथा कश्मीरी, मारवाड़ी आदि की खड़ीबोली में भी अन्तर है। इनमें विशेष अन्तर मुहावरों एवं शब्द-समूह में है। यों व्याकरणिक भेद भी हैं, किन्तु बहुत अधिक नहीं।

आगरी

आगरा की खड़ीबोली या हिन्दुस्तानी को 'आगरी' नाम दिया जा सकता है। आगरा प्रमुखतः ब्रज क्षेत्र है। वहाँ के सभी लोग ब्रज समझते हैं, और बोल भी सकते हैं। यों आगरा नगर में, ब्रज के अतिरिक्त **खड़ीबोली, खुरपल्टी, हबूड़ी** या **जिप्सी** तथा **ध्यारा बोली**, ये चार और बोलियाँ भी बोली जाती हैं। 'ध्यारा बोली' भी बहुत कुछ खड़ीबोली जैसी ही है। आगरा के अनेक लोग घर में तो ब्रज आदि बोलते हैं, किन्तु बाज़ार में या सभा-उत्सवों आदि में 'खड़ीबोली' का प्रयोग करते हैं। स्वभावतः 'आगरी खड़ीबोली' ब्रजभाषा से बहुत प्रभावित है, किन्तु दूसरी ओर दिनोंदिन यहाँ

खड़ीबोली का प्रयोग ब्रज को दबाता जा रहा है। आगरी खड़ीबोली की कुछ प्रमुख विशेषताएँ निम्नांकित हैं, जो उसे अन्य स्थानों की खड़ीबोली से अलग करती हैं : (1) अनेक शब्दों का उच्चारण ब्रज के अनुकूल है। जैसे म्हाराज, ल्हैंगा, ल्हैसन, पन्दर्है, र्है, र्हैगा। परसर्गों में करण-अपादान में 'से' के अतिरिक्त 'ते' का भी प्रयोग बहुत होता है। इसी प्रकार अधिकरण में 'पै' (हम्पै, मुज्पै) बहुत सुनाई पड़ता है। ये दोनों ब्रज-प्रभाव हैं। सर्वनामों में ब्रज-प्रभाव के कारण ही बिस्का (उसका), बिन्का (उनका), बिस्में, बिन्पै, बिन्होंपै (उन पर), किन्होंका (किनका), किन्होंसे (किनसे), कुछोपै (कुछ पर) जैसे रूप बहुत प्रयुक्त होते हैं। संख्याओं में दु, छैह, ग्यारै, बारै, सत्रे, चौदे, उन्नी, चौबी, किरोड़, दुस्सर, तिस्सर, पाँचमाँ, छठमाँ, नौमाँ (पाँच के बाद 'माँ' ही जोड़ा जाता है; हिन्दी -वाँ) आदि उल्लेख्य हैं। **अव्यय**–याँ, जाँ (यहाँ), वाँ (वहाँ), काँ, जाँ, यीं (यहीं), जँइ (यहीं), विदर (उधर) आदि। द्वितीय प्रेरणार्थक -वा- के स्थान पर -वा- जोड़कर बनाना भी ब्रज-प्रभाव है : उठना-उठाना-उठवाना, दौड़ना-दौड़ाना-दौड़वाना, करना-कराना-करवाना। शब्द-समूह में भी यहाँ की खड़ीबोली ब्रज से काफ़ी प्रभावित है। सुरलहर की भी यही स्थिति है।

5

हिन्दी क्षेत्र और उसकी बोलियाँ

हिन्दी-भाषी क्षेत्र

हिन्दी-भाषी पहले तो मात्र हिन्दी प्रदेश में अर्थात् बिहार, मध्य प्रदेश, उत्तर प्रदेश, दिल्ली, राजस्थान, हरियाना, हिमाचल प्रदेश था, किन्तु धीरे-धीरे अनेकानेक कारणों से एक तरफ़ तो लोग समय-समय पर विदेश में जाकर बसते रहे और दूसरी तरफ़ हिन्दी प्रदेश के बाहर भारत में, अन्य हिन्दी-भाषी क्षेत्रों में बसते, काम करते रहे। इसका परिणाम यह हुआ है कि आज हिन्दी न केवल हिन्दी प्रदेश में बोली-समझी जाती है, बल्कि हिन्दी प्रदेश के बाहर भी भारत में अनेक स्थानों पर तथा भारत के बाहर भी अनेक देशों में बोली-समझी जाती है। इस तरह एक तो हिन्दी-भाषी मुख्य क्षेत्र हैं और दो, हिन्दी-भाषी गौण क्षेत्र हैं–

(क) **हिन्दी-भाषी मुख्य क्षेत्र**–यह क्षेत्र जैसा कि ऊपर संकेत किया गया है बिहार, उत्तर प्रदेश, मध्य प्रदेश, दिल्ली, राजस्थान, हरियाना तथा हिमाचल प्रदेश है। यही नहीं, इसमें कुछ भाग पंजाब और महाराष्ट्र के भी आते हैं।

(ख) **अन्य भाषा उपक्षेत्र**–इसमें कर्नाटक तथा आंध्र आदि के दक्खिनी-भाषी क्षेत्र एवं कलकत्ता, शिलांग, बम्बई तथा अहमदाबाद आदि भारत के ये छोटे-छोटे हिन्दी-भाषी क्षेत्र (पॉकिट) आदि आते हैं।

(ग) **भारतेतर उपक्षेत्र**–भारत के बाहर मॉरिशस, फ़ीज़ी, सूरीनाम, ट्रिनिडाड, नेपाल, दक्षिणी अफ्रीका, उज़्बेकिस्तान-ताज़िकिस्तान की सीमा तथा अमेरिका आदि में भी कुछ हिन्दी बोलियों के बोलने वाले रहते हैं।

हिन्दी की बोलियाँ

किन-किन भाषा-रूपों को हिन्दी की बोलियाँ मानें और किन्हें नहीं, यह एक उलझी हुई समस्या है, जबकि कई बोलियों के बोलने वाले अपनी बोलियों को भाषा कहने लगे हैं। मुख्यतः बिहार में यह जागरूकता विशेष रूप से मिलती है और उसी

कारण कुछ लोग मैथिली, मगही, भोजपुरी को हिन्दी की बोली न कहकर अलग भाषा मानते हैं। यह ध्यान देने की बात है कि भाषा और बोली में भाषाविज्ञान, भाषिक संरचना या व्याकरण के आधार पर कोई भी अन्तर नहीं है। ग्रियर्सन अपने 'भाषा-सर्वेक्षण' में कहते हैं–

In the course of the survey, it has sometimes been difficult to decide whether a given form of speech is to be looked upon as an independent language or as a dialect of some other definite form of speech. In practice it has been found that it is sometimes impossible to decide the question in a manner which will gain universal acceptance. The two words 'language' and 'dialect' are in this respect like 'mountain' and 'hill'. One has no hesitation in saying that, say Everest is a mountain and Holborn Hill, a hill, but between two the dividing line cannot be accurately drawn.

सपीर ने भी अपनी पुस्तक 'लैंग्विज' में कहा है–

To the linguist there is on real difference between dialect and a language–

पेई ने अपने भाषाविज्ञान कोश में कहा है–

There is no intrinsic difference between language and dialect.

इसीलिए जो परिभाषा 'भाषा' की दी जाती है, वही 'बोली' की भी दी जा सकती है :

भाषाविज्ञान भाषा को निम्नांकित रूप में परिभाषित करता है :

''भाषा यादृच्छिक ध्वनिप्रतीकों की वह व्यवस्था है जिसके द्वारा समाज-विशेष के लोग आपस में विचार-विनिमय करते हैं।''

यह परिभाषा प्रायः इसी रूप में बोली पर भी लागू होती है :

''बोली यादृच्छिक ध्वनिप्रतीकों की वह व्यवस्था है जिसके द्वारा समाज-विशेष के लोग आपस में विचार-विनिमय करते हैं।''

वस्तुतः परम्परागत भाषाविज्ञान संरचना (Structure) की दृष्टि से भाषा और बोली पर विचार करता रहा है और इस दृष्टि से भाषा और बोली में कोई उल्लेख्य अन्तर नहीं है, इसीलिए परम्परागत भाषाविज्ञान इन दोनों में अन्तर दिखाने में असमर्थ रहा है। हाँ, समाज भाषाविज्ञान दोनों में अन्तर दिखाने में समर्थ है क्योंकि दोनों का अन्तर संरचनात्मक न होकर सामाजिक है। यहाँ समाज भाषाविज्ञान के आधार पर भाषा और बोली में अन्तर स्पष्ट करते हुए बोली को समझा जा सकता हैः

(क) पहली बात उन चार बिन्दुओं को लेकर कही जा सकती है जिनका उल्लेख मानक भाषा के **प्रसंग** में प्रायः किया जाता है। अर्थात् बोली में **ऐतिहासिकता** और **जीवंतता** तो होती है किन्तु **मानकता** और **स्वायत्तता** नहीं होती। इसीलिए भाषा की तुलना में बोली की प्रतिष्ठा कम होती है।

(ख) बोली का प्रयोग सामान्यतः **अनौपचारिक** स्थितियों में ही होता है जबकि भाषा का औपचारिक स्थितियों में भी होता है।

(ग) बोली का प्रयोग अपने-अपने क्षेत्र में ही होता है; जैसे भोजपुरी का भोजपुरी क्षेत्र में तो ब्रज का ब्रज क्षेत्र में तथा अवधी का अवधी क्षेत्र में। किन्तु भाषा का प्रयोग उसकी सभी बोलियों के क्षेत्र में होता है; हिन्दी अपनी सभी बोलियों के क्षेत्र में बोली जाती है। इस तरह भाषा **अंतःक्षेत्रीय** (Interregional) होती है तो बोली अंतःक्षेत्रीय (Interregional)। इसीलिए एक भाषा की अलग-अलग बोलियों को बोलने वाले जब आपस में मिलते हैं तो वे अपनी बोलियों का प्रयोग न करके यथासाध्य भाषा का प्रयोग करते हैं। इस प्रकार भाषा का प्रयोग क्षेत्र अपेक्षाकृत विस्तृत तथा बोली का सीमित होता है।

(घ) अपवादों की बात छोड़ दें तो शिक्षा-माध्यम के रूप में, प्रशासन में तथा साहित्य में प्रायः भाषा का ही प्रयोग होता है। इसके विपरीत बोली प्रायः बोलचाल तथा लोकसाहित्य में ही प्रयुक्त होती है।

(ङ) भाषा और बोली में **प्रकृतिगत** अन्तर भी मिलता है। बोली का प्रयोग चूँकि सीमित सन्दर्भों में होता है अतः उनके अनुरूप बोली की क्षमता भी सीमित होती है, उसका विकास भी सीमित होता है। इसकी तुलना में भाषा का प्रयोग बोली की तुलना में काफ़ी अधिक सन्दर्भों में होता है, अतः वह अधिक विकसित होती है, तथा उसकी क्षमता बोली की तुलना में अधिक होती है।

(च) सामान्यतः लोग अपने को भाषा से ही जोड़ते हैं। बोली से नहीं। जैसे 'मैं हिन्दी-भाषी हूँ' या 'तुम पंजाबी-भाषी हो'। मातृभाषा के प्रसंग में कोई यह नहीं कहता कि मैं अवधी-भाषी या भोजपुरी-भाषी हूँ। हाँ, मातृबोली की चर्चा हो तो दूसरी बात है।

बोली के प्रकार

भाषा की तरह बोलियाँ भी कई प्रकार की होती हैं। जैसे व्यक्तिबोली (Idiolect), क्षेत्रीय बोली (Regional dialect) तथा सामाजिक बोली (Social dialect) आदि।

व्यक्तिबोली, जैसा कि नाम से स्पष्ट है, विशिष्ट व्यक्ति की होती है, विशिष्ट क्षेत्र या विशिष्ट समाज की नहीं। वस्तुतः प्रत्येक व्यक्ति की बोली दूसरे व्यक्ति की बोली से किसी न किसी रूप में अलग होती है। इस तरह किसी बोली या भाषा के जितने बोलने वाले होते हैं उसकी उतनी ही व्यक्तिबोलियाँ भी होती हैं।

क्षेत्रीय बोली क्षेत्र के अनुसार अलग-अलग होती है। उदाहरण के लिए हिन्दी प्रदेश में हरियाना तथा दिल्ली के कुछ भागों में हरियानी बोली जाती है तो मथुरा, आगरा, अलीगढ़ तथा पास के क्षेत्र में ब्रज और अवध क्षेत्र में अवधी। हिन्दी की कुल 17-18 बोलियों के क्षेत्र इसी प्रकार अलग-अलग हैं। सामान्यतः बोली नाम का

प्रयोग 'क्षेत्रीय बोली' के लिए ही होता है।

सामाजिक बोली का सम्बन्ध समाज से होता है। एक ही क्षेत्र में प्रत्येक समाज की बोली अलग-अलग होती है। इस रूप में किसी भी क्षेत्र के बृहत्तर समाज को कई आधारों पर छोटे-छोटे समाजों में वर्गीकृत किया जा सकता है और उन सभी छोटे-छोटे समाजों या वर्गों की अपनी-अपनी बोलियाँ होती हैं : जैसे **आर्थिक आधार पर उच्च वर्ग, मध्य वर्ग, निम्न वर्ग**; तो **शिक्षा के आधार पर शिक्षित वर्ग, अर्धशिक्षित वर्ग, अशिक्षित वर्ग**। ऐसे ही **धर्म के आधार पर हिन्दू** और **मुसलमान** तो **व्यवसाय के आधार पर कृषक वर्ग, मज़दूर वर्ग, व्यवसायी वर्ग**। इन सभी की सामाजिक बोलियाँ अलग-अलग होती हैं। हिन्दी भाषा की भी इस प्रकार की अनेकानेक सामाजिक बोलियाँ हैं।

आगे हिन्दी की मुख्य क्षेत्रीय बोलियों के उपरूपों या गौण रूपों के विवरण दिए जा रहे हैं।

भाषा	**उपभाषाएँ (अथवा बोली-वर्ग)**	**बोलियाँ**
हिन्दी	1. पश्चिमी हिन्दी[1]—	1. कौरवी (खड़ीबोली)
		2. ब्रजभाषा
		3. हरियाणी
		4. बुन्देली
		5. कनौजी
	2. पूर्वी हिन्दी—	1. अवधी
		2. बघेली
		3. छत्तीसगढ़ी
	3. राजस्थानी—	1. पश्चिमी राजस्थानी (मारवाड़ी)
		2. पूर्वी राजस्थानी (जयपुरी)
		3. उत्तरी राजस्थानी (मेवाती)
		4. दक्षिणी राजस्थानी (मालवी)
	4. पहाड़ी—	1. पश्चिमी पहाड़ी
		2. मध्यवर्ती पहाड़ी (कुमायूँनी-गढ़वाली)
	5. बिहारी—	1. भोजपुरी
		2. मगही
		3. मैथिली

1. सामान्यतः इसमें यही पाँच बोलियाँ मानी जाती हैं, किन्तु मैं पश्चिमी हिन्दी में ताजुज़्बेकी तथा निमाड़ी को भी मानता हूँ। इस तरह मेरे अनुसार पश्चिमी हिन्दी में सात बोलियाँ हैं।

इस तरह हिन्दी के अन्तर्गत ये सत्रह बोलियाँ मानी जाती हैं। मैं ताजुज़्बेकी तथा निमाड़ी मिलाकर उन्नीस मानता हूँ। कुछ गौण हैं जिन्हें मिलाकर इनकी संख्या और भी ज़्यादा है। यहाँ सबका संक्षिप्त परिचय दिया जा रहा है, किन्तु इसके पूर्व **पश्चिमी** और **पूर्वी हिन्दी** को लिया जा रहा है।

पश्चिमी हिन्दी और पूर्वी हिन्दी

ये नाम ग्रियर्सन के रखे हुए हैं। वे केवल आठ बोलियों को ही भाषा-वैज्ञानिक दृष्टि से हिन्दी के अन्तर्गत मानते थे। इसीलिए 'हिन्दी' शब्द का प्रयोग केवल 'पश्चिमी हिन्दी' तथा 'पूर्वी हिन्दी' के नाम में ही उन्होंने किया, अन्य नामों पश्चिमी हिन्दी में खड़ीबोली, हरियानी, ब्रज, बुंदेली, कनौजी; पूर्वी हिन्दी में अवधी, बघेली, छत्तीसगढ़ी। मैं पूर्वी में तो तीन ही, किन्तु पश्चिमी में सात बोलियों (उपर्युक्त के अतिरिक्त निमाड़ी और ताजुज़्बेकी) को रखने के पक्ष में हूँ।

पश्चिमी और पूर्वी हिन्दी में अन्तर–इन दोनों का अन्तर मूलतः इनकी भौगोलिक स्थिति तथा इन दोनों के इतिहास पर आधारित है। भौगोलिक दृष्टि से 'पश्चिमी हिन्दी' पंजाबी, राजस्थानी, पहाड़ी, पूर्वी हिन्दी तथा मराठी भाषाओं के बीच में है, अतः उसमें इन भाषाओं की कुछ बातें न्यूनाधिक रूप में पायी जाती हैं। दूसरी ओर 'पूर्वी हिन्दी' पहाड़ी, बिहारी, उड़िया, मराठी तथा पश्चिमी हिन्दी के बीच में है, अतः उसमें इनकी विशेषताएँ अंशतः समाहित हैं। दूसरी ओर, 'पश्चिमी हिन्दी' शौरसेनी अपभ्रंश से उद्भूत है, अतः उसे उक्त अपभ्रंश की परम्पराएँ मिली हैं; तथा 'पूर्वी हिन्दी' अर्धमागधी से विकसित हुई है, अतः उसमें पूर्वी शौरसेनी तथा पश्चिमी मागधी की विशेषताएँ मिल गई हैं। इन दोनों के मुख्य अन्तर निम्नांकित हैं–

(क) ध्वनि–(1) ध्वनि की दृष्टि से दोनों में सबसे बड़ा अन्तर 'अ' के उच्चारण में है। बँगला आदि पूर्वी भाषाओं में 'अ' का उच्चारण 'ओ' के बहुत समीप होता है, अर्थात् संवृत तथा वृत्तमुखी होता है। किन्तु जैसे-जैसे हम पश्चिम की ओर बढ़ते हैं, ओष्ठों की यह वृत्तता एवं संवृतता समाप्त होती जाती है और विवृतता एवं ओष्ठ-अवृत्तता बढ़ती जाती है। इसका आशय यह हुआ कि पश्चिमी हिन्दी का 'अ' अधिक विवृत है, जबकि पूर्वी हिन्दी का उसकी तुलना में संवृत है; साथ ही पूर्वी हिन्दी के 'अ' में पश्चिमी हिन्दी की तुलना में कुछ ओष्ठ-वृत्तता है। (2) पश्चिमी हिन्दी में ह्रस्व इ तथा उ का उच्चारण दीर्घ ई, ऊ के अधिक निकट है, जबकि पूर्वी हिन्दी में भोजपुरी आदि की तरह इ, उ इतने अधिक ह्रस्व हैं कि पश्चिमी हिन्दी वालों को वे प्रायः 'अ' जैसे सुनाई पड़ते हैं। इसी प्रकार पूर्वी हिन्दी-भाषी जब पश्चिमी हिन्दी वालों से इ, उ सुनता है तो उसे ऐसा लगता है कि इनका उच्चारण दीर्घ ऊ हो रहा है (विशेषतः अंत्य स्थिति में)। (3) पूर्वी हिन्दी में दो स्वर एक साथ प्रायः आते हैं, किन्तु पश्चिमी हिन्दी में अपेक्षाकृत कम आते हैं। पश्चिमी हिन्दी दो, कौन,

और, बैल, ऐसा, भैंस, द्वार; पूर्वी हिन्दी दुइ, कउन, अउर, बइल, अइसा, भइँस, दुवार आदि। (4) पूर्वी हिन्दी के अधिकांश क्षेत्रों में ऋ का उच्चारण 'रि' होता है, किन्तु पश्चिमी हिन्दी क्षेत्र में कुछ अपवादों को छोड़कर प्रायः इसका उच्चारण 'र्' होता है : कृपा-क्रिपा-क्रपा, हृदय-ह्रिदय-ह्रदय। (5) पश्चिमी हिन्दी में ऐ, औ संयुक्त स्वर हैं, किन्तु अब धीरे-धीरे वे मूल स्वर होते जा रहे हैं। उदाहरण के लिए, दिल्ली की बोली में अधिकांश लोगों के उच्चारण में ऐ, औ संयुक्त स्वर न होकर मूल स्वर हो गए हैं। ये अब क्रमशः 'अग्र अर्धविवृत' तथा 'पश्च अर्धविवृत' स्वर हैं। किन्तु पूर्वी दिल्ली में ये, मूल स्वर तो बिल्कुल ही नहीं हैं। कभी-कभी संयुक्त स्वर के रूप में आते हैं, और प्रायः स्वर-संयोग के रूप में। उदाहरणतः ऊपर के उदाहरणों में (कौन, ऐसा, बैल, और आदि) पश्चिमी हिन्दी में अब धीरे-धीरे ऐ, औ के स्थान पर ए, ओ (मूल स्वर) उच्चरित होते जा रहे हैं, किन्तु पूर्वी में ये प्रायः अइ, अउ रूप में उच्चरित होते हैं और केवल कभी-कभी ऐ, औ रूप में, किन्तु मूल स्वर रूप में कभी भी नहीं। (6) पश्चिमी हिन्दी में शब्दों के आदि में य-, व- आते हैं, किन्तु उन स्थानों पर पूर्वी हिन्दी में प्रायः इ-, उ- हो जाते हैं : पश्चिमी हिन्दी यह, वह, यहाँ, वहाँ—पूर्वी हिन्दी इ, ऊ, इहाँ, उहाँ। इसी तरह या-, वा- के स्थान पर ए-, ओ- मिलता है : पश्चिमी हिन्दी यामें, वामें, पूर्वी हिन्दी एमें, ओमें आदि। (7) पश्चिमी हिन्दी की कौरवी, बाँगरू तथा निमाड़ी में ल ध्वनि भी हैं, किन्तु पूर्वी हिन्दी की किसी भी बोली में यह नहीं है। (8) पश्चिमी हिन्दी में अनेक शब्दों में जहाँ 'ल्' आता है, वहाँ पूर्वी हिन्दी तथा भोजपुरी आदि में 'र्' आता है। हालाँकि संस्कृत-प्राकृत काल में पूर्वी में 'ल्' तथा पश्चिमी में 'र्' हो जाने की प्रवृत्ति थी। पश्चिमी हिन्दी हल्, गला, हल्दी; जल (जलना), गाली; पूर्वी हिन्दी हर्, गर, हर्दी, जर् (जलन), गारी।

(ख) परसर्ग—पश्चिमी हिन्दी तथा पूर्वी हिन्दी के परसर्गों में निम्नलिखित अन्तर है—

पश्चिमी हिन्दी	**पूर्वी हिन्दी**
कर्ता—ने, नैं, नै, नें, न	X
कर्म, सम्प्रदान—को, कौ, क, कूँ, कु, कुँ, ख, क	काँ, का, के, कहँ, को
करण, अपादान—से, सी, सूँ, तै, ते, सै, सें, सों	से ते, सेनी, ले, सन, तें
सम्बन्ध—का, के, की, कौ, को	केर, क, कर, काँ, के, की
अधिकरण—में, मैं, पर, पै, पे, माँहि	महँ, माँ, मँ, पर

परसर्गों में सबसे भेदक अन्तर कर्ता कारक में है। पश्चिमी हिन्दी में 'ने', 'न' या 'नै' आदि आते हैं, किन्तु पूर्वी हिन्दी में इनके स्थान पर कोई भी परसर्ग नहीं आता। वस्तुतः पूर्वी भाषाओं में यह नहीं आता, यह केवल पश्चिमी भाषाओं की विशेषता है। पूर्वी-पश्चिमी के उदाहरण हैं—बाँगरू : उसने मार्‍या, खड़ीबोली (बोली) : उसने मारा, ब्रज : वाने मार्‍यौ, कनौजी : उइँ न मारो, बुन्देली : ऊ ने मारो, नीमाड़ी : उन न मार्‍यो, किन्तु अवधी : ऊ मारिस, बघेली : वो मारिस या मारलिसि, छत्तीसगढ़ी : वो मारिस।

अन्य अन्तर सामान्य हैं। जैसे पश्चिमी हिन्दी में सम्बन्ध में -र्- वाले रूप नहीं हैं, किन्तु पूर्वी हिन्दी में हैं। इसी प्रकार करण-अपादान सेनी, सन पश्चिमी में नहीं हैं।

(ग) मूल रूप—पश्चिमी हिन्दी में मूल रूप एक ही होता है, किन्तु पूर्वी हिन्दी में अनेक शब्दों के '-वा' युक्त दीर्घ रूप, तथा '-वना' वाला दीर्घतर रूप भी होते हैं। जैसे पश्चिमी हिन्दी घोड़ा, पूर्वी हिन्दी घोड़, घोड़ा; दीर्घ रूप घोड़वा; दीर्घतर घोड़वना; या पश्चिमी हिन्दी लड़का, पूर्वी हिन्दी लरिका, दीर्घ रूप लरिकवा, दीर्घतर रूप लरिकना आदि।

(घ) कारक-रूप—कारक-रूपों में सर्वाधिक भेदक अन्तर यह है कि पश्चिमी में आकारान्त पुल्लिग का एकवचन विकारी रूप अधिकांश बोलियों में प्रायः एकारान्त (लड़के, घोड़े) होता है, किन्तु पूर्वी में वह आकारान्त ही (लड़का~लइका~लरिका, घोड़ा) बना रहता है। विभिन्न प्रकार के अन्य रूपों की रचना में भी कुछ अन्तर है, किन्तु वे बहुत महत्त्वपूर्ण नहीं हैं।

(ङ) सर्वनाम—सर्वनाम के रूपों में भी पश्चिम हिन्दी तथा पूर्वी हिन्दी दोनों में काफ़ी अन्तर है। कुछ उदाहरण हैं—

पश्चिमी हिन्दी	**पूर्वी हिन्दी**
मैं, में, हौ, हऊँ	मइँ, में (पूर्वी में हौं नहीं है)
मेरा, मेरो, तेरा, तेरो, मारो,	मोर, तोर (-ए-, -आ- के स्थान पर -ओ-;
हमारा, हमारो, म्हारा, म्हारो,	हमार् पश्चिमी स्वरांत
तुम्हारा, तुम्हारो, तिहारो	तुम्हा, तोहार, पूर्वी व्यंजनांत)
उस	उइ, उओ ('स' वाले रूप पूर्वी में नहीं हैं)

(च) क्रिया-रूप—इस दृष्टि से दोनों में बहुत अधिक अन्तर है। कुछ प्रमुख बातें यहाँ दी जा रही हैं : (1) **क्रियार्थक संज्ञा**—पश्चिमी हिन्दी में प्रायः -न-, -ण- वाले रूप चलते हैं : चलना, चलनो, चकणा; हाँ ब्रज में -बो (चलबो) वाले रूप भी चलते हैं, किन्तु पूर्वी हिन्दी में -न-, -ण- रूप बिल्कुल नहीं चलते, केवल -ब (चलब, देखब) वाले रूप चलते हैं। (2) **भविष्यकाल**—पश्चिमी हिन्दी में प्रायः -ग- वाले रूप प्रयुक्त होते हैं : चलेगा, चलैगा, चलैगो, होगा, होयगो; किन्तु पूर्वी हिन्दी में -ग-

वाले रूप कभी नहीं आते। चली, चलिहै, देखी, देखिहै, होइ आदि आते हैं। (3) **सहायक क्रिया**–सहायक क्रियाओं में प्रमुख अन्तर बाट- एवं थ- की दृष्टि से है। पश्चिमी हिन्दी में वर्तमान काल में केवल 'ह' वाले (निमाड़ी -ज अपवाद हैं) रूप आते हैं। जैसे है, हैं, हूँ, हौं, हो; किन्तु पूर्वी में कुछ 'ह' वाले रूपों (है, हैं, हौं) के अतिरिक्त बाट- वाले भी रूप आते हैं : बाटै, बाटैं, बाटे, बाटौं, बाटो आदि। पश्चिमी हिन्दी में बाट- वाले रूप नहीं मिलते। भूतकाल में पश्चिमी हिन्दी में 'थ' या 'ह', 'हत' वाले रूप बनते हैं : हिन्दी, कौरवी था, थे, थी, थीं; निमाड़ी थी, था; या ब्रज हो, हे, ही, हीं, हतो, हते, हती, हतीं आदि; किन्तु पूर्वी हिन्दी में प्रायः केवल रह- वाले रूप ही चलते हैं : अवधी रहौं, रहै, रहन, रहौ, रहैं, रहन या छत्तीसगढ़ी रहे, रह्येउ, रहिस, रहिन आदि। (4) **भूतकाल**–पश्चिमी हिन्दी का भूतकाल संस्कृत के भूतकालिक कृदन्त, के कर्मवाच्य के रूप से विकसित है : सं० मारितः>शौरसेनी प्रा० मारिदों>ब्रज मार्‌यौ, कनौजी मार्‌यो, निमाड़ी मार्‌यो, बुन्देली मारो, पंजाबी मारिआ, बाँगड़ू मार्‌या, हि० मारा। पूर्वी हिन्दी के रूप इनसे से सम्बद्ध हैं, किन्तु उनके अन्त्य प्रत्यय पूर्वी भाषाओं (भोजपुरी आदि) के हैं। जैसे मारेउँ, मारिस या मारेस। इनमें -उँ, -स भोजपुरी आदि के मरलो, मरलस के -ओं, -स से सम्बन्धित हैं। इस प्रकार शौरसेनी और मागधी प्रदेश के बीच में स्थित होने के अनुरूप ही पूर्वी हिन्दी के ये रूप दोनों पर आधारित हैं।

कौरवी (खड़ीबोली)

'खड़ीबोली' नाम का प्रयोग दो अर्थों में होता है : एक तो 'मानक हिन्दी' के लिए जिसकी तीन शैलियाँ 'हिन्दी', 'उर्दू' और 'हिन्दुस्तानी' हैं; और दूसरे, उस लोकबोली के लिए जो दिल्ली-मेरठ में तथा आसपास बोली जाती है। यहाँ 'खड़ीबोली' नाम का प्रयोग इस दूसरे अर्थ में किया जा रहा है। इस अर्थ में 'कौरवी' नाम का भी प्रयोग होता है। यह क्षेत्र पुराना, 'कुरु' जनपद है, इसी आधार पर राहुल सांकृत्यायन ने इस बोली को 'कौरवी' नाम दिया था। यों, अच्छा ही रहे यदि 'खड़ीबोली' तो मानक हिन्दी को कहा जाय, और 'कौरवी' इस बोली को।

'खड़ीबोली' नाम–यह नाम कैसे पड़ा, विवाद का विषय है। मुख्य मत निम्नांकित हैं–(1) 'खड़ी' मूलतः 'खरी' है, और इसका अर्थ है 'शुद्ध'। लोगों ने इस बोली का साहित्य में प्रयोग करते समय जब अरबी-फ़ारसी शब्दों को निकालकर इसे शुद्ध रूप में प्रयुक्त करने का यत्न किया तो इसे 'खरी बोली' कहा गया, जो बाद में 'खड़ीबोली' हो गया। (2) 'खड़ी' का अर्थ है जो 'खड़ी हो' अर्थात् 'पड़ी' का उलटा। पुरानी ब्रज, अवधी आदि 'पड़ी बोलियाँ' थीं, अर्थात् आधुनिक काल की मानक भाषा नहीं बन सकीं। इसके विपरीत यह बोली आवश्यकता के अनुरूप खड़ी हो गई, अतः खड़ीबोली कहलाई। चटर्जी यही मानते थे। (3) कामताप्रसाद गुरु आदि के अनुसार

'खड़ी' का अर्थ है 'कर्कश'। यह बोली ब्रज की तुलना में कर्कश है, अतः यह नाम पड़ा। (4) ब्रज ओकारांतता-प्रधान है तो खड़ीबोली आकारांतता-प्रधान। किशोरीदास वाजपेयी के अनुसार 'आकारांतता' की 'खड़ी' पाई ने ही इसे यह नाम दिया है। (5) वेली ने 'खड़ी' का अर्थ 'प्रचलित' या 'चलती' माना, अर्थात् जो ब्रज आदि को पीछे छोड़ प्रचलित हो गई। (6) गिलक्राइस्ट ने 'खड़ी' का अर्थ 'मानक' (Standard) या 'परिनिष्ठित' किया है। (7) अब्दुल हक़ 'खड़ी' का अर्थ 'गँवारू' मानते हैं। इनमें कौन-सा मत ठीक है, और कौन-सा नहीं ठीक है, सनिश्चय कहना कठिन है। यों पुराने प्रयोगों से पहले मत को समर्थन मिलता है। असंभव नहीं कि इसके साहित्य में प्रयुक्त रूप को अपने 'खरेपन' के कारण 'खरा' कहा गया हो और उसके आधार पर उसकी मुख्य आधार बोली को 'खड़ी'। एक प्रश्न उठता है कि 'खड़ीबोली' अब तो भाषा है, इसे 'बोली' क्यों कहते हैं? वस्तुतः मूलतः दिल्ली-मेरठ की बोली को ही 'खड़ीबोली' कहा गया। बाद में इसका तथा कुछ और बोलियों का आधार लेती हुई जो भाषा सामने आई, यह भी इसी नाम से पुकारी जाने लगी। इस तरह 'भाषा' हो जाने पर भी मूल नाम (खड़ीबोली) से यह छुटकारा नहीं पा सकी। खड़ीबोली (कौरवी) का विकास शौरसेनी अपभ्रंश के उत्तरी रूप से हुआ है तथा इसका क्षेत्र देहरादून का मैदानी भाग, सहारनपुर, मुज़फ़्फ़रनगर, मेरठ, दिल्ली नगर, गाज़ियाबाद, बिजनौर, रामपुर और मुरादाबाद हैं। इसमें लोक-साहित्य पर्याप्त मात्रा में मिलता है, जिसमें पवाड़े मुख्य रूप से उल्लेख्य हैं। कौरवी की मुख्य उपबोलियाँ पश्चिमी कौरवी, पहाड़ताली तथा बिजनौरी हैं। कौरवी का शुद्ध रूप बिजनौरी को माना जाता है।

ब्रजभाषा

'ब्रज' का पुराना अर्थ 'पशुओं' या 'गौओं का समूह' या 'चरागाह' आदि है। पशुपालन के प्राधान्य के कारण यह क्षेत्र कदाचित् ब्रज कहलाता और इसी आधार पर इसकी बोली ब्रजभाषा अथवा ब्रजी कही जाती है। इसका विकास शौरसेनी अपभ्रंश के मध्यवर्ती रूप से हुआ है। ब्रजभाषा मथुरा, आगरा, अलीगढ़, धौलपुर, मैनपुरी, एटा, बदायूँ, बरेली तथा आसपास के क्षेत्रों में बोली जाती है। इसकी मुख्य उपबोलियाँ भुक्सा, अंतर्वेदी, भरतपुरी, डांगी, माथुरी आदि हैं। साहित्य और लोक-साहित्य दोनों ही दृष्टियों से ब्रजभाषा बहुत सम्पन्न है। हिन्दी प्रदेश के बाहर भी भारत के अनेक क्षेत्रों में ब्रजभाषा में साहित्य-रचना होती रही है। सूरदास, तुलसीदास, नन्ददास, रहीम, रसखान, बिहारी, देव, रत्नाकर आदि इसके प्रमुख कवि हैं। खड़ीबोली की आकारांतता के स्थान पर ओकारांतता (आयो, भलो, दूजो, करेगो, बड़ो) तथा व्यंजनांत के स्थान पर उकारांत (सबु, मालु), नै (ने), कूँ (को), सों (से), पै (पर) आदि इसकी कुछ मुख्य विशेषताएँ हैं। एक प्रश्न यह उठता है कि यह 'बोली' होकर भी 'भाषा' क्यों कही गई। वस्तुतः मध्ययुग में यह साहित्यिक भाषा थी तथा हिन्दी प्रदेश के बाहर

पंजाब, गुजरात, महाराष्ट्र आदि में भी इसमें रचनाएँ होती थीं। इसीलिए इसके साथ 'भाषा' शब्द जुड़ गया और वह आज भी इसके नाम का अंग है।

ब्रजभाषा का उद्‌भव और विकास–ब्रजभाषा का सम्बन्ध, जैसा कि पीछे कहा गया, शौरसेनी अपभ्रंश के मध्यवर्ती रूप से है। इसका जन्म 1000 ई० के आसपास माना जा सकता है। ब्रजभाषा का इतिहास या विकास तीन कालों में विभाजित किया जा सकता है–आदिकाल (प्रारम्भ से 1525); मध्यकाल (1525–1800); आधुनिक काल (1800–अब तक)। आदिकालीन ब्रजभाषा, जैसा कि स्वाभाविक है, अपभ्रंश से बहुत प्रभावित है तथा उसके सभी रूपों का समुचित विकास नहीं हुआ है। हेमचन्द्र के व्याकरण में जो उदाहरण हैं, उनकी भाषा में ब्रजभाषा का पूर्वरूप सुरक्षित है। ब्रजभाषा की -हिं (कर्म, करण, सम्प्रदान, अधिकरण) विभक्ति, इसमें -हि (अंगहि–करण कारक) रूप में मिलती है। सम्बन्ध परसर्ग उसमें 'केरउ' रूप में हैं, तथा अधिकरण परसर्ग मन्झे, मन्झहे रूप में। इन्हीं से ब्रज को, के, की एवं माँझ, माँहि का विकास हुआ है। ब्रज पै, पर हेमचन्द्र में 'उप्परि' रूप में है। सर्वनाम में भी यही स्थिति है। 'हौं', 'हउँ' रूप में, 'मैं', 'मइँ' रूप में, 'ओ', 'ओइ' रूप में तथा 'तू', 'तव', 'तो' रूप में हैं। 'अइसो' आदि सार्वनामिक विशेषण भी हैं। जाणिउँ (ब्रज जान्यौ), दिण्णी (ब्रज दीन्हीं), गोवइ (ब्रज गोवै) आदि क्रियारूप हैं। सन्देशरासक, प्राकृत पैंगलम् आदि संधिकालीन रचनाओं में भी ब्रज के रूप हैं। लगभग 1350 ई० से ब्रज का अधिक स्पष्ट रूप मिलने लगता है। इस दृष्टि से अग्रवाल कवि का प्रद्युम्नचरित (1354 ई०); विष्णुदास (15वीं सदी पूर्वार्द्ध) की महाभारत कथा, रुक्मिणीमंगल, स्वर्गारोहण, स्नेहलीला; मानिक की बैतालपचीसी (1489 ई०), छिताईवार्ता; मेघनाथ की गीतभाषा (1500 ई०) आदि प्रमुख हैं। इस काल के प्राप्त ब्रजरूप निम्नांकित हैं : **परसर्ग**–नैं; कहुँ, कौ, को, कूँ; सौं, सम, तैं, ते; कौ, को, के, की, कउ; माँझि, माँहि; में, मँहि, मन्झि। **सर्वनाम**–हउँ, हौं; मइँ, मो, मोहि, मोरो, मोरी, मेरे, तुम, तुम्हारे; सो; ताको; वहइ, वै, उन; जो; को, कौण; आपणे, आपनो, अपनी। **क्रिया**–हौं, भये, भई, हो, ह्वै, हैं आदि। **अव्यय**–अब, तब, जब, तिहाँ, कहाँ, आगे भीतर आदि। मध्यकालीन ब्रजभाषा सूर, नन्द, नरोत्तमदास, नाभादास, केशवदास, रसखान, सेनापति, बिहारी, भूषण, देव, घनानन्द आदि में सुरक्षित है। इस काल की ब्रज का रूप परिनिष्ठित हो गया है। शब्द-समूह की दृष्टि से, इस काल की ब्रजभाषा में अरबी-फ़ारसी-तुर्की के काफ़ी शब्द आ गए हैं। अन्तिम काल में लल्लूलाल, भारतेन्दु, रत्नाकर, कविरत्न आदि प्रमुख हैं। इस काल की साहित्यिक ब्रज पर खड़ीबोली का कुछ प्रभाव है। शब्द-समूह में आधुनिक ब्रज में अंग्रेजी के अनेक शब्द आ गए हैं।

इस प्रसंग में 'ब्रजबुलि' तथा 'पिंगल' का उल्लेख भी अनावश्यक न होगा।

ब्रजबुलि–'ब्रजबुलि' बँगला का एक कृत्रिम रूप है जिसे भ्रमवश लोग कभी-कभी ब्रजभाषा समझ बैठते हैं। इसमें, 15-16वीं सदी में, गोविन्ददास तथा ज्ञानदास आदि

कवियों द्वारा तथा आधुनिक काल में रवीन्द्रनाथ ठाकुर द्वारा कृष्णभक्ति-विषयक काव्य रचा गया। आसाम तथा उड़ीसा में भी इसमें कुछ साहित्य-रचना हुई है। कृष्ण का सम्बन्ध ब्रज से होने के कारण ही, कदाचित् इसे लोगों ने 'ब्रजबुलि' संज्ञा दे दी। यों व्याकरण तथा शब्द-समूह की दृष्टि से ब्रजबुलि में बँगला तथा मैथिली के अतिरिक्त ब्रज आदि पश्चिमी हिन्दी के रूपों (यद्यपि अपेक्षाकृत कम) का भी मिश्रण है। 'ब्रजबुलि' शब्द का प्रथम प्रयोग बंगाली कवि ईश्वरचन्द्र गुप्त (19वीं सदी) द्वारा हुआ है।

पिंगल–यह 'ब्रजभाषा' का एक अन्य नाम है। 'पिंगल' एक प्राचीन मुनि कहे जाते हैं जो छन्दःशास्त्र के आदि आचार्य थे। उन्हीं के नाम पर छन्दःशास्त्र को 'पिंगल' या 'पिंगलशास्त्र' कहने की परम्परा चली। पिंगल या पिंगलशास्त्र का सम्बन्ध कविता से है, और राजस्थान में 'डिंगल' के अतिरिक्त 'ब्रजभाषा' का भी काव्य-भाषा के रूप में प्रयोग होता रहा है, अतएव वहाँ डिंगल के रूप-साम्य पर 'ब्रजभाषा' को 'पिंगल' कहा गया, यों कदाचित् इसके पूर्व अपभ्रंश या शौरसेनी अपभ्रंश के लिए पिंगल का प्रयोग राजस्थान में आरम्भ हुआ। बाद में अन्यत्र भी यह नाम प्रयुक्त होता रहा है। पिंगल को 'नागभाषा' भी कहा गया है। 'प्राकृत पैंगलम्' की एक टीका। पिंगल का प्रयोग परवर्ती अपभ्रंश के लिए हुआ है।

हरियानी

'हरियाना' शब्द की व्युत्पत्ति विवादास्पद है। 'हरि+यान' (कृष्ण का यान इधर से ही द्वारिका गया था), 'हरि+अरण्य' (हरा वन), 'हरिण+अरण्य' (हिरनों का जंगल) तथा 'अहीर+आना' (राजपूताना, तिलंगाना की तरह) आदि कई मत दिए गए हैं, किन्तु कोई भी सर्वमान्य नहीं है। यों अन्तिम की संभावना अधिक है। हरियानी का विकास उत्तरी शौरसेनी अपभ्रंश के पश्चिमी रूप से हुआ है। खड़ीबोली, अहीरवाटी, मारवाड़ी, पंजाबी से घिरी इस बोली को कुछ लोग खड़ीबोली का पंजाबी से प्रभावित रूप मानते हैं। इसका क्षेत्र मोटे रूप से हरियाना, पंजाब का कुछ भाग तथा दिल्ली का देहाती भाग है। इसकी मुख्य बोलियाँ जाटू तथा बाँगरू हैं। कुछ लोग 'बाँगरू' नाम का प्रयोग 'हरियानी' के लिए करते हैं। हरियानी में केवल लोक-साहित्य है जिसका कुछ अंश प्रकाशित हो भी चुका है। अनेक स्थानों पर ल का ळ (काळा, माळा), एक व्यंजन के स्थान पर दित्व (बाब्बू, मीत्तर, गाड्डी), न का ण (होणा), ड़ का ड (बडा, पेड), सहायक क्रिया हूँ, है, हैं, हो के स्थान पर सूँ, सै, सैं, सो; को के स्थान पर ने (राम ने जाना है) आदि इसकी कुछ मुख्य विशेषताएँ हैं।

बुन्देली

बुन्देली राजपूतों के कारण मध्य प्रदेश तथा उत्तर प्रदेश की सीमा के झाँसी, छतरपुर, सागर आदि तथा आसपास के भागों को बुन्देलखंड कहते हैं। वहीं की बोली

बुन्देली या बुन्देलखंडी है। इसका क्षेत्र झाँसी, जालौन, हमीरपुर, ग्वालियर, भोपाल, ओरछा, सागर, नृसिंहपुर, सिवनी, होशंगाबाद तथा आसपास के क्षेत्र हैं। बुन्देली का विकास शौरसेनी अपभ्रंश से हुआ है। बुन्देली में लोक-साहित्य काफी है जिसमें इसुरी के फाग बड़े प्रसिद्ध हैं। कहा जाता है कि हिन्दी प्रदेश की लोकगाथा 'आल्हा' जिसे हिन्दी साहित्य में भी स्थान मिला है, मूलतः बुन्देली की एक उपबोली बनाफरी में लिखा गया था। इसकी अन्य उपबोलियाँ राठौरी, लोधांती आदि हैं। ब्रज के ऐ और औ का ए, ओ (ओर, जेसो), अंत्य अल्पप्राणीकरण (भूक, हात्, दूद, जीब), स का छ (सीढ़ी–छीड़ी), च का स (साँचे–साँसे), कर्म-सम्प्रदान में 'को' के स्थान पर खों, खाँ, खँ तथा 'के लिए' के स्थान पर 'के लाने' का प्रयोग, क्रियार्थक संज्ञा में 'न' तथा 'ब' वाले दोनों रूप (मारब, मारन) इसकी कुछ मुख्य विशेषताएँ हैं।

कनौजी

'कनौज' (संस्कृत कान्यकुब्ज) इस बोली का केन्द्र है, अतः इसका नाम 'कनौजी' पड़ा है। यह इटावा, फ़र्रुख़ाबाद, शाहजहाँपुर, कानपुर, हरदोई, पीलीभीत आदि में बोली जाती है। कनौजी शौरसेनी अपभ्रंश से निकली है। यह ब्रजभाषा के इतनी अधिक समान है कि कुछ लोग इसे ब्रजभाषा की ही उपबोली मानते हैं। कनौजी में केवल लोक-साहित्य मिलता है जिसमें से कुछ अंश प्रकाशित भी हो चुका है। उकारांतता (खातु, घर, सबु), ओकारांतता (हमारो या हमाओ), स्वार्थे प्रत्यय -इया (जिमिया, छोकरिया) तथा -वा (बेटवा, बचवा), औ का अउ (कउन), बहुवचन के लिए ह वार (हम ह् वार, हम लोग) आदि इसकी कुछ मुख्य विशेषताएँ हैं।

बैसवाड़ी

'बैसवाड़ी' नाम का प्रयोग एकाधिक अर्थों में हुआ है। केलॉग ने जिसे 'पुरानी बैसवाड़ी' (Old Baiswari) कहा है, वह वस्तुतः 'पुरानी अवधी' ही है। इसीलिए वे (या बीम्स भी) तुलसी की भाषा को 'पुरानी बैसवाड़ी' कहते हैं। कुछ लोगों ने 'बैसवाड़ी' के अन्तर्गत 'अवधी' और 'बघेली' दोनों को रखा है। इस प्रकार एक प्रयोग में यह 'अवधी' का समानार्थी है, तो दूसरे में उससे भी व्यापक। किन्तु अब यह नाम, उपर्युक्त दोनों के, किसी भी अर्थ में प्रयुक्त नहीं होता। 'बैसवाड़ी' अब अवधी की एक उपबोली मानी जाती है, जो उन्नाव एवं रायबरेली ज़िलों के बीच के क्षेत्र में बोली जाती है। 'बैस' राजपूतों के प्राधान्य के कारण, इस प्रदेश को 'बैसवाड़ा' कहते हैं। 'बैसवाड़ा' क्षेत्र में उन्नाव और रायबरेली के बीच के रायबरेली, बछरावाँ, डलमउ, लिरों, सरोनी, मोरावाँ, पुरवा, पनहन, पाटन, मगड़ायर, घाटमपुर, भगवन्तपुर, बिहार और डोंड़िया-खेरा आदि 14-15 परगने आते हैं। इसे 'बैसवाड़ी अवधी' भी कहते हैं। लोगों का कहना है कि 'बैसवाड़ी' अवधी के अन्य रूपों की तुलना में कुछ कर्णकटु है। 'बैसवाड़ी'

का साहित्य में प्रयोग नहीं हुआ है। इसके आधुनिक कवियों में चन्द्रभूषण द्विवेदी 'रमई काका' प्रसिद्ध हैं। उनकी प्रमुख पुस्तकें 'बौछार', 'फुहार' एवं 'रतौंधी' आदि हैं। 'बराती' भी इसके अच्छे साहित्यकार हैं।

बघेली

बघेले राजपूतों के आधार पर रीवाँ तथा आसपास का क्षेत्र बघेलखंड कहलाता है और वहाँ की बोली को बघेलखंडी या बघेली कहते हैं। बघेली का उद्भव अर्धमागधी अपभ्रंश के ही एक क्षेत्रीय रूप से हुआ है। यद्यपि जनमत इसे अलग बोली मानता है, किन्तु भाषावैज्ञानिक स्तर पर यह अवधी की ही उपबोली ज्ञात होती है और इसे दक्षिणी अवधी कह सकते हैं। इसके अन्तर्गत रीवाँ, नागोद, शहडोल, सतना, मैहर तथा आसपास का क्षेत्र आता है। कुछ अपवादों को छोड़कर बघेली में केवल लोक-साहित्य है। सर्वनामों में मुझे के स्थान पर म्वाँ, मोही; तुझे के स्थान पर त्वाँ, तोही; विशेषण में -हा प्रत्यय (नीकहा), घोड़ा का घ्वाड़, मोर का म्वार, पेट का प्याट, देत का द्यात आदि इसकी कुछ विशेषताएँ हैं। इसकी मुख्य बोलियाँ तिरहारी, जुड़ार, गहोरा आदि हैं।

छत्तीसगढ़ी

मुख्य क्षेत्र छत्तीसगढ़ होने के कारण इसका नाम छत्तीसगढ़ी पड़ा है। अर्धमागधी अपभ्रंश के दक्षिणी रूप से इसका विकास हुआ है। इसका क्षेत्र सरगुजा, कोरिया, बिलासपुर, रायगढ़, खैरागढ़, रायपुर, दुर्ग, नन्दगाँव, काँकेर आदि हैं। छत्तीसगढ़ी में भी केवल लोक-साहित्य है। छत्तीसगढ़ी की मुख्य उपबोलियाँ सुरगुजिया, सदरी, बैगानी, बिंझवाली आदि हैं। उड़िया तथा मराठी को सीमा पर की छत्तीसगढ़ी में 'ऋ' का उच्चारण 'रु' किया जाता है। कुछ शब्दों में महाप्राणीकरण (इलाका–इलाखा), अघोषीकरण (बन्दगी–बन्दकी, शराब–शराप, खराब–खराप), स का छ तथा छ का स (सीता–छीता, छेना–सेना) आदि इसकी कुछ विशेषताएँ हैं।

राजस्थानी

'राजस्थानी' राजस्थान के भाषारूपों के लिए, ग्रियर्सन द्वारा प्रयुक्त, एक सामूहिक नाम है। 'राजस्थानी' का अर्थ है, 'राजस्थान का'। पूरे राजस्थान या राजपूताना के लिए प्राचीन काल में किसी एक नाम का प्रयोग नहीं मिलता। या तो अलग-अलग राज्यों के लिए अलग-अलग नाम थे, या फिर इस पूरे क्षेत्र के कुछ खण्डों के लिए नाम थे। जैसे–इसके उत्तरी भाग का नाम 'जांगल' मिलता है, तो पश्चिमी भाग का नाम 'त्रवणी' आदि। सभी (अंग्रेजी शासन में इनकी संख्या 21 थी) राज्यों को मिलाकर एक प्रान्त के रूप में नामकरण का प्रथम श्रेय टॉमस को है। इसने 1800

ई० में इसके लिए 'राजपूताना' शब्द का प्रयोग किया। 'राजस्थान' शब्द का प्रयोग काफी प्राचीन है। संस्कृत में, शिलालेखों में 'राजस्थानीय' शब्द 'गवर्नर' के अर्थ में आता है जिसका अर्थ यह है कि 'राजस्थान' शब्द भी अप्रयुक्त नहीं कहा जा सकता। मध्ययुग में 'राज-स्थान' या 'राजधानी' के अर्थ में 'राजस्थान' का प्रयोग सत्रहवीं सदी के प्रथम चरण से ही ('नैणसी की ख्यात' आदि में) मिलने लगता है। किन्तु इस प्रान्त के लिए इसका प्रथम लिखित प्रयोग कदाचित् कर्नल टॉड के प्रसिद्ध ग्रन्थ 'एनल्ज ऐण्ड ऐण्टिक्विटीज़ ऑव राजस्थान' में ही (1829 ई० में) मिलता है। यों, यह टॉड का मौलिक प्रयास नहीं था। 'राजस्थान' या 'रायथाण' रूप में यह नाम प्रायः राजस्थान के लिए वहाँ की जनता में पहले से चल रहा था। जैसा कि ग्रियर्सन ने संकेत भी किया है, उन्होंने टॉड के आधार पर ही यहाँ की भाषा या यहाँ की भाषाओं एवं बोलियों को सामूहिक रूप से 'राजस्थानी' कहा। राजस्थान की भाषा, या वहाँ की बोलियों की अपनी कुछ स्वतन्त्र विशेषताएँ बहुत पहले से विकसित हो गई थीं। इसी कारण 'मरु' के रूप में इसका उल्लेख आधुनिक भारतीय भाषाओं के अस्तित्व में आने के पहले से हो रहा है। आठवीं सदी में लिखित उद्योतनसूरि के अपभ्रंश ग्रन्थ 'कुवलयमाला' में 18 देश-भाषाओं का नाम आता है। उसमें एक 'मरु' भी है : 'अप्पा तुप्पा भणिरे अह पेच्छइ मारुए तत्तो'। पन्द्रहवीं सदी के बाद के अनेक ग्रन्थों में राजस्थानी को **मरुभाषा** ('बेलि क्रिसन रुक्मणी री' के गोपालकृत ब्रजभाषानुवाद में), **मारुभाषा** (मौडजी-कृत 'पाबू-प्रकाश' में), **मरुबानी** (सूर्यमलकृत 'वंशभास्कर' में), **मरुदेशीया** (सूर्यमलकृत 'वंशभास्कर' में), तथा **मरुभूम भाषा** (मंछकृत 'रघुनाथ रूपक' में) आदि कहा गया है। 'राजस्थानी' के अन्तर्गत मानी जाने वाली अनेक बोलियों के नाम भी आधुनिक युग से पूर्व ही मिलने लगते हैं। उदाहरणार्थ, 'कुवलयमाला' में ही 'मालव' (मालवी) नाम आता है। 'आईने अकबरी' में अबुलफ़ज़ल 'मारवार' (मारवाड़ी) का नाम लेते हैं। 'नौबोली छन्द' (17वीं सदी) नामक रचना में जैसलमेरी, 'आठदेसरी गूजरी' (18वीं सदी) नामक रचना में मेवाती, मारवाड़ी, ढूँढाड़ी तथा कुछ अन्य में इसी प्रकार हाड़ौती, मेवाड़ी आदि के भी नाम आए हैं। कैरे (W. Carey) ने 19वीं सदी के प्रथम चरण में भाषा सर्वेक्षण करवाया था, जिसमें बीकानेरी, मारवाड़ी, उदयपुरी, हाड़ौती, मालवी के नाम आए हैं; कुछ लोग राजस्थानी के लिए 'डिंगल' या 'मारवाड़ी' नाम का भी प्रयोग करते हैं, किन्तु यथार्थतः ये दोनों ही नाम राजस्थानी के न होकर उसके एक रूप या एक सीमित क्षेत्र की बोली के हैं। ग्रियर्सन के भाषा-सर्वेक्षण के अनुसार राजस्थानी बोलने वालों की संख्या डेढ़ करोड़ से कुछ ऊपर थी। राजस्थानी भाषा-भाषी क्षेत्र सिन्धी, लहँदा, पंजाबी, बाँगरू, ब्रजभाषा, बुन्देली, मराठी तथा गुजराती भाषा-भाषी क्षेत्रों के बीच में गुड़गाँव, अलवर, भरतपुर, जयपुर, बूँदी, कोटा, भोपाल; इन्दौर, खानदेश, बरार, उदयपुर, जैसलमेर, पूर्वी सिन्ध, जोधपुर, बीकानेर आदि तक (कुछ में अंशतः और कुछ में पूर्णतः) फैला हुआ है। बम्बई,

कलकत्ता, कश्मीर, पंजाब, गुजरात, महाराष्ट्र तथा तमिलनाडु आदि में भी राजस्थानी-भाषी हैं। ग्रियर्सन ने **भीली** को राजस्थानी के अन्तर्गत नहीं रखा था, किन्तु वस्तुतः इसे राजस्थानी के अन्तर्गत माना जाना चाहिए। इसी प्रकार **'सौराष्ट्री'** भी राजस्थानी का ही एक रूप है।

डॉ० ग्रियर्सन ने राजस्थानी बोलियों के पाँच वर्ग किये—(1) **पश्चिमी राजस्थानी**—इसका क्षेत्र जोधपुर, बीकानेर, जैसलमेर तथा उदयपुर आदि है। इस वर्ग की प्रमुख बोली **मारवाड़ी** तथा प्रमुख उपबोलियाँ **ढटकी, थली, बीकानेरी, बागड़ी, शेखावाटी, मेवाड़ी, खैराड़ी, सिरोही, गोड़वाड़ी** तथा **देवड़ावाटी** आदि हैं। (2) **उत्तरी पूर्वी राजस्थानी**—इसका क्षेत्र अलवर, भरतपुर तथा दिल्ली के दक्षिण गुड़गाँव के आसपास है। इसकी बोलियाँ **अहीरवाटी** तथा **मेवाती** हैं। राजस्थानी का यह रूप पश्चिमी हिन्दी से बहुत प्रभावित है। (3) **मध्य-पूर्वीय राजस्थानी**—इसका क्षेत्र जयपुर, कोटा तथा बूँदी है। इसकी प्रमुख बोलियाँ **ढूँढाड़ी** या **जयपुरी, किशनगढ़ी, अजमेरी** आदि हैं। उपबोलियाँ हैं : **तोरावाटी, राजावाटी, चौरासी** तथा **नागरचाल** आदि। (4) **दक्षिण-पूर्वी राजस्थानी**—इसका क्षेत्र मालवा के आसपास है। इसकी प्रमुख बोली **'मालवी'** है। (5) **दक्षिणी राजस्थानी**—इसका क्षेत्र नीमाड़ के आसपास है। इसकी प्रमुख बोली **नीमाड़ी** है। डॉ० चटर्जी इस वर्गीकरण से सहमत नहीं हैं। वे ग्रियर्सन के वर्ग 1 तथा 3 को ही राजस्थानी कहना समीचीन समझते हैं, और इन्हें क्रम से **पश्चिमी** तथा **पूर्वी** दो वर्गों में रखने के पक्ष में हैं। अहीरवाटी, मेवाती तथा नीमाड़ी आदि को पश्चिमी हिन्दी के अन्तर्गत रखा जाए या राजस्थानी, के इस सम्बन्ध में वे निश्चित नहीं हैं। ग्रियर्सन और चटर्जी के मतों एवं इन बोलियों के व्याकरण को दृष्टि में रखते हुए मैं इस निष्कर्ष पर पहुँचा हूँ कि ग्रियर्सन का पाँचवाँ वर्ग जिससे **नीमाड़ी** आती है, निश्चिततः राजस्थानी नहीं, अपितु पश्चिमी हिन्दी वर्ग का है। शेष को इन चार वर्गों में रखा जा सकता है—

पश्चिमी राजस्थानी—राजस्थानी का यह रूप पश्चिमी राजस्थान, अर्थात् जोधपुर, अजमेर, मेवाड़, सिरोही, जैसेलमेर, बीकानेर आदि में बोला जाता है इसे **मारवाड़ी** भी कहते हैं। शौरसेनी अपभ्रंश के उपनागर रूप से इसका विकास हुआ है। मारवाड़ी में साहित्य तथा लोक-साहित्य दोनों ही पर्याप्त मात्रा में हैं। मीराबाई के पद इसी में लिखे गए हैं। मारवाड़ी, ढूँढाड़ी, मेवाड़ी, सिरोही आदि इसकी उपबोलियाँ हैं। पश्चिमी राजस्थानी में ध और स दो क्लिक ध्वनियाँ हैं। से का सूँ या ऊँ, में का माँय, का की, के का नो, नी, ने आदि इसकी कुछ मुख्य विशेषताएँ हैं।

उत्तरी राजस्थानी—उत्तरी राजस्थान में इसका क्षेत्र अलवर, गुड़गाँव, भरतपुर तथा आसपास है। इसे **मेवाती** भी कहते हैं। मेवाती का नाम 'मेव' जाति के इलाके मेवात के नाम पर पड़ा है। इसकी एक मिश्रित बोली अहीरवाटी है जो गुड़गाँव, दिल्ली तथा करनाल के पश्चिमी क्षेत्रों में बोली जाती है। अन्य बोलियाँ राठी, नहेर, कठर, गुजरी आदि हैं। इस पर हरियाणी का बहुत प्रभाव है। कर्ता-कर्म में नै, कर्म-संप्र०

मों, कै, करण-अपादान सैं, तैं, इसको, उसको आदि के अतिरिक्त ऐंको, बैंको, कैंहको, आदि कुछ विशेषताएँ हैं। मेवाती में केवल लोक-साहित्य है। उत्तरी राजस्थानी का उद्‌भव शौरसेनी अपभ्रंश के उपनागर रूप से हुआ है।

पूर्वी राजस्थानी–राजस्थान के पूर्वी भाग में जयपुर, अजमेर, किशनगढ़ आदि में यह बोली जाती है। इसकी प्रतिनिधि बोली जयपुरी है जिसका केन्द्र जयपुर है जयपुरी को ढँढाणी भी कहते हैं, क्योंकि इस क्षेत्र का पुराना नाम ढूँढाण है। शौरसेनी अपभ्रंश के उपनागर रूप से विकसित इस बोली में केवल लोक-साहित्य है। तोरावाटी, काठँडा, चौरासी आदि इसकी मुख्य उपबोलियाँ हैं। इसकी कुछ विशेषताएँ अधिकरण में मालै; मैंने के लिए मनै और मूँनै, पूर्ण कृदन्त दीनू, लीनू आदि हैं।

दक्षिणी राजस्थानी–इन्दौर, उज्जैन, देवास, रतलाम, भोपाल, होशंगाबाद में तथा आसपास इसका क्षेत्र है। इसकी प्रतिनिधि बोली मालवी है जिसका मुख्य क्षेत्र मालंवा है। शौरसेनी अपभ्रंश के उपनागर रूप से विकसित इस बोली में कुछ साहित्य तथा पर्याप्त लोक-साहित्य है। सोडवाड़ी, राँगड़ी, पाटवी, रतलामी आदि इसकी कुछ मुख्य उपबोलियाँ हैं। कर्म परसर्ग खे, रे; करण-अपा, ती, मारे; संप्र० दे सारू; सम्बन्ध थाको, थाका, थाकी इसकी कुछ विशेषताएँ हैं।

डिंगल

राजस्थानी की प्रमुख बोली 'मारवाड़ी' का यह साहित्यिक रूप है। कुछ लोग डिंगल को मारवाड़ी से भिन्न चारणों की एक अलग भाषा बतलाते हैं, किन्तु ऐसा मानना निराधार है। डिंगल को **भाटभाषा** भी कहा गया है। मारवाड़ी के साहित्यिक रूप का नाम डिंगल क्यों पड़ा, इस प्रश्न पर बहुत मत-वैभिन्न्य है : (1) डॉ० श्यामसुन्दर दास के अनुसार, पिंगल के सादृश्य पर यह एक गढ़ा हुआ शब्द है। (2) तेस्सितोरी के अनुसार डिंगल का अर्थ है 'अनियमित' या 'गँवारू'। साहित्य के क्षेत्र में ब्रज की तुलना में गँवारू होने के कारण यह नाम पड़ा। (3) हरप्रसाद शास्त्री 'डगर' से 'डिंगल' बनाते हैं। 'डगर' का अर्थ है 'जांगल देश की भाषा'। (4) गजराज ओझा के अनुसार 'ड'-प्रधान भाषा होने से 'पिंगल' के सादृश्य पर 'प' के स्थान पर 'ड' रखकर 'डिंगल' शब्द टवर्ग या ड-प्रधान भाषा के लिए बनाया गया। (5) पुरुषोत्तमदास स्वामी के अनुसार डिम+गल से डिंगल बना है। 'डिम' अर्थात् डमरू की ध्वनि या रणचण्डी की ध्वनि। गल=गला या ध्वनि, अर्थात् वीररस की ध्वनि वाली भाषा। (6) किशोर सिंह के अनुसार 'डी' धातु का अर्थ है 'उड़ना'। ऊँचे स्वर से पढ़े जाने से, डिंगल उड़ने वाली भाषा है। (7) उदयराज के अनुसार डग=पाँखें, +ल=लिये हुए; या डग=लम्बा क़दम या तेज़ चाल+ल=लिये हुए। अर्थात् 'डिंगल' स्वतन्त्र या तेज़ चलने वाली भाषा है। (8) जगदीशसिंह गहलौत के अनुसार डींग+गळ (अर्थात् ऊँची बोली) से डिंगल है। (9) बद्रीप्रसाद के अनुसार डिंगीय डीघी (=ऊँची)+गळ

(=बात, स्वर) से डिंगल है। (10) मोतीलाल मेनारिया के अनुसार 'डिंगल' [डींग (=अतिरंजनापूर्ण)+ल] से 'डिंगल' बना है। (11) गणपतिचन्द्र के अनुसार राजस्थान के किसी छोटे भाग का नाम प्राचीनकाल में 'डगल' था। उसी आधार पर वहाँ की भाषा 'डिंगल' कहलाई। (12) चन्द्रधर शर्मा गुलेरी के अनुसार डिंगल यादृच्छात्मक अनुकरण शब्द है। (13) नरोत्तमदास स्वामी के अनुसार कुशललाल रचित पिंगल 'शिरोमणि' (रचना-काल 1600 के आसपास) में उडिंगल नागराज का एक छन्दःशास्त्रकार के रूप में उल्लेख मिलता है। जैसे 'पिंगल' से 'पिंगल' का नाम पड़ा है, उसी प्रकार 'उडिंगल' से 'उडिंगल', 'उडिंगल' ही बाद में 'डिंगल' हो गया। (14) डॉ० सुकुमार सेन तथा विश्वनाथ प्रसाद मिश्र के अनुसार संस्कृत शब्द डिंगर (=गँवारू, निम्न) से इसका सम्बन्ध है। अर्थात् मूलतः डिंगल गँवारू लोगों की भाषा थी। वस्तुतः इनमें कोई भी मत युक्तियुक्त नहीं है। कुछ सम्भावना नरोत्तम स्वामी के मत की ही हो सकती है। कुछ ग्रन्थों में डिंगल का पुराना नाम 'उडिंगल' मिलता भी है। डिंगल नाम बहुत पुराना नहीं है। इसका प्रथम प्रयोग डिंगल के प्रसिद्ध कवि बाँकीदास की पुस्तक 'कुकवि बत्तीसी' (र० का० 1814 ई०) में मिलता है। साहित्य में डिंगल का प्रयोग 13वीं सदी के मध्य से लेकर आज तक मिलता है। डॉ० तेस्सितोरी ने 'डिंगल' के प्राचीन और अर्वाचीन दो भेद किए हैं। 17वीं सदी के मध्य तक की भाषा को प्राचीन और उसके बाद की भाषा को अर्वाचीन माना है। डिंगल के प्रसिद्ध कवि नरपति नाल्ह, ईसरदास, पृथ्वीराज, करणीदीन, बाँकीदास, सरलादास तथा बालाबख़्श आदि हैं।

पहाड़ी

पहाड़ी भागों में बोली जाने के कारण यह नाम पड़ा है। ग्रियर्सन के भाषा-सर्वेक्षण के अनुसार 'पहाड़ी' बोलने वालों की संख्या 21 लाख से कुछ ऊपर थी। 'पहाड़ी' हिमाचल प्रदेश में भद्रवाह के उत्तर-पश्चिम से लेकर नेपाल के पूर्वी भाग तक फैली हुई है। इसके अन्तर्गत तीन प्रधान रूप हैं—**पश्चिमी पहाड़ी, मध्यवर्ती पहाड़ी तथा पूर्वी पहाड़ी** और फिर इन तीनों में कुछ भाषाएँ तथा बोलियाँ आदि हैं, जैसे 'नेपाली', 'कुमायूँनी' तथा 'गढ़वाली' आदि। पहाड़ी की बोलियों में साहित्यिक महत्त्व केवल 'नेपाली' तथा कुछ 'कुमायूँनी' का ही है। अन्यों में लोक-साहित्य ही है। 'पहाड़ी' के लिए प्रमुखतः नागरी लिपि का प्रयोग होता है तथा गौण रूप से टाक्री, फ़ारसी, कोची तथा सिरमौरी का। अब फ़ारसी लिपि का प्रचार कम होता जा रहा है। पहाड़ी बोलियों का मूलाधार डॉ० सुनीतिकुमार चटर्जी पैशाची, दरद या खस अपभ्रंश मानते हैं। उनके अनुसार बाद में, मध्यकाल में ये बोलियाँ नागर या सौराष्ट्र अपभ्रंश से बहुत अधिक प्रभावित हो गईं। किन्तु मेरे विचार में इनका सम्बन्ध शौरसेनी अपभ्रंश से अपेक्षाकृत अधिक ज्ञात होता है। पूर्वी पहाड़ी में 'नेपाली' आती है। यहाँ केवल

हिन्दी प्रदेश की बोलियों पर विचार कर रहे हैं, अतः केवल मध्यवर्ती एवं पश्चिमी पहाड़ी पर ही विचार किया जाएगा। पूर्वी पहाड़ी या नेपाली पर अत्यन्त संक्षेप में पीछे विचार किया जा चुका है।

मध्यवर्ती पहाड़ी–पहाड़ी भाषा-क्षेत्र के मध्य भाग में बोले जाने के कारण इसे **माध्यमिक केन्द्रीय या मध्य पहाड़ी** कहते हैं। ग्रियर्सन के भाषा-सर्वेक्षण के अनुसार, इसके बोलने वालों की संख्या लगभग 1,106,612 थी। यह कुमायूँ तथा गढ़वाल में दक्षिण-पूर्व में बरमदेव से लेकर उत्तर-पश्चिम में चकराता के उत्तर स्थित प्रदेश तक बोली जाती है। इसकी प्रमुख बोलियाँ दो हैं–**'कुमायूँनी'** तथा **'गढ़वाली'**। 'माध्यमिक पहाड़ी' पर 'राजस्थानी' का राजनीतिक कारणों से बहुत अधिक प्रभाव पड़ा है। 'माध्यमिक पहाड़ी' में कुछ साहित्य केवल 'कुमायूँनी' में ही है।

कुमायूँनी–इसका प्रमुख क्षेत्र कुमायूँ होने के कारण इसे कुमायूँनी कहते हैं। 'कुमायूँ' शब्द की व्युत्पत्ति कई प्रकार से दी गई है। अधिक मान्य मत के अनुसार इसका सम्बन्ध संस्कृत शब्द 'कूर्माचल' या 'कूर्मांचल' से है। ग्रियर्सन के भाषा-सर्वेक्षण के अनुसार 'कुमायूँनी' बोलने वालों की संख्या लगभग 4,36,788 थी। यह कुमायूँ कमिश्नरी के नैनीताल (उत्तरी भाग), अलमोड़ा, पिथौरागढ़, चमोली तथा उत्तरकाशी जिलों में बोली जाती है। भाषा और बोलियों की दृष्टि से यह गढ़वाली, तिब्बती, नेपाली तथा पश्चिमी हिन्दी से घिरी है। 'कुमायूँनी' की उपबोलियाँ तथा स्थानीय रूप, बहुत से विकसित हो गये हैं जिनमें प्रधान **खसपरजिया, कुमयाँ या कुमैताँ, फल्दकोटिया, पछाईं, चौगरखिया, गंगोला, दानपुरिया, सीराली, सोरियाली, अस्कोटी, जोहारी, रउचोभैंसी तथा भोटिआ हैं**। 'कुमायूँनी' पर 'राजस्थानी' का इतना अधिक प्रभाव है कि यह उसका एक रूप-सा ज्ञात होती है। 'कुमायूँनी' में पुराना साहित्य तो नहीं है, किन्तु इधर लगभग डेढ़ सौ वर्षों से साहित्य-रचना हुई है। यहाँ के पुराने साहित्यिकों में गुमानी पन्त, कृष्णदत्त पांडे, सिवदत्त सत्ती आदि प्रधान हैं। इसकी लिपि नागरी है।

गढ़वाली

इस बोली का क्षेत्र प्रधान रूप से गढ़वाल में होने के कारण यह नाम पड़ा है। पहले इस क्षेत्र के नाम केदारखंड, उत्तराखंड आदि थे। यहाँ बहुत से गढ़ों के कारण, मध्ययुग में लोग इसे 'गढ़वाल' कहने लगे। ग्रियर्सन के भाषा-सर्वेक्षण के अनुसार इसके बोलने वालों की संख्या 6,70,824 के लगभग थी। यह गढ़वाल तथा उसके आसपास टेहरी, अलमोड़ा, देहरादून (उत्तरी भाग), सहारनपुर (उत्तरी भाग), बिजनौर (उत्तरी भाग) तथा मुरादाबाद (उत्तरी भाग) आदि के कुछ भागों में बोली जाती है। गढ़वाली की बहुत-सी उपबोलियाँ विकसित हो गई हैं, प्रमुख **श्रीनगरिया, राठी, लोहब्या, बधानी, दसौलया, माँज-कुमैया, नागपुरिया, सलानी तथा टेहरी** हैं।

'श्रीनगरिया' 'गढ़वाली' का परिनिष्ठित रूप है। गढ़वाली में साहित्य प्रायः नहीं के बराबर है, किन्तु लोक-साहित्य प्रचुर मात्रा में है। इसके लिए नागरी लिपि का प्रयोग होता है।

पश्चिमी पहाड़ी

यह 'पहाड़ी' की पश्चिमी बोलियों का एक सामूहिक नाम है। ग्रियर्सन के भाषा-सर्वेक्षण के अनुसार इसके बोलने वालों की संख्या लगभग 8,53,468 थी। इसका भौगोलिक विस्तार पंजाब के उत्तरी-पूर्वी पहाड़ी भाग में भद्रवाह, चंबा, मंडी, शिमला, चकराता और लाहुल-स्पिति आदि में तथा इनके आस-पास है। पश्चिमी पहाड़ी की प्रमुख बोलियाँ **जौनसारी, सिरमौरी, बघाटी, चमेआली तथा क्योंठली** हैं। इनके अतिरिक्त **सतलुज वर्ग की बोलियाँ** (बाहरी सिराजी, शोदोची), **कुलू वर्ग की बोलियाँ** (कुलुई, भीतरी सिराजी), **मंडी वर्ग की बोलियाँ** (मंडेआली, मंडेआली पहाड़ी, सुकेती) तथा **भद्रवाह वर्ग की बोलियाँ** (पाडरी, भलेसी, भद्रवाही) भी इसी के अन्तर्गत आती हैं। ग्रियर्सन ने ये तो उल्लेख नहीं किया है, किन्तु 'लोहुली' और 'हमीरपुरी' का भी, मेरे विचार में स्वतन्त्र उपबोली के रूप में उल्लेख किया जा सकता है। लोक-साहित्य इन बोलियों में पर्याप्त मात्रा में है। इस क्षेत्र में 'टाकरी' लिपि तथा उसके विभिन्न रूपों का पर्याप्त प्रचार रहा है, किन्तु अब देवनागरी का प्रचार बढ़ता जा रहा है। टाकरी लिपि का प्रचार केवल दुकानदारों आदि में बहीखाता आदि लिखने तक ही अब सीमित है। कुछ लोग उर्दू लिपि का भी प्रयोग करते हैं, यद्यपि अब उनकी संख्या घट रही है।

बिहारी

हिन्दी प्रदेश की वह उपभाषा प्रमुखतः बिहार में बोली जाती है। बिहार की तीनों बोलियों का एक वर्ग बनाकर उन्हें 'बिहारी' नाम देने का श्रेय ग्रियर्सन को है। ग्रियर्सन के भाषा-सर्वेक्षण के अनुसार बिहारी भाषाओं के क्षेत्र में उसके बोलने वालों की संख्या लगभग 36,239,967 थी तथा क्षेत्र से बाहर लगभग 940,815। इसका भौगोलिक विस्तार उत्तर में नेपाल की सीमा के आसपास से लेकर दक्षिण में छोटा नागपुर तक तथा पश्चिम में बस्ती, जौनपुर, बनारस और मिर्ज़ापुर से लेकर पूर्व में माल्दह और दिनाजपुर तक है। इस प्रकार प्रमुखतः यह पूरे बिहार और उत्तर प्रदेश के बलिया, गाज़ीपुर, पूर्वी फैजाबाद, पूर्वी जौनपुर, आज़मगढ़, बनारस, देवरिया, गोरखपुर आदि जिलों में बोली जाती है। बिहारी को 'पूर्वी बिहारी' और 'पश्चिमी बिहारी' दो भागों में बाँटा जा सकता है। पूर्वी बिहारी के अन्तर्गत **मैथिली** और **मगही** दो बोलियाँ हैं, तथा पश्चिमी बिहारी में केवल एक **भोजपुरी**। ग्रियर्सन के अनुसार 'मगही' 'मैथिली' से इतनी मिलती-जुलती है कि उसे 'मैथिली' की एक उपबोली

माना जा सकता है। डॉ० चटर्जी इन तीनों बोलियों को एक वर्ग में रखने के पक्ष में नहीं हैं। उनके अनुसार भोजपुरी शेष दो (मैथिली, मगही) से इतनी भिन्न है कि उसे इन दोनों के साथ रखना समीचीन नहीं कहा जा सकता। बिहारी की बोलियों में साहित्य-रचना प्रमुखतः केवल मैथिली में हुई है। बिहारी की उत्पत्ति पश्चिमी मागधी अपभ्रंश से है। बिहारी के क्षेत्र में लिखने के लिए प्रमुखतः नागरी, कैथी, मैथिली, महाजनी तथा गौणतः बँगला (बंगाल-बिहार की सीमा पर) एवं उड़िया (उड़ीसा-बिहार की सीमा पर) लिपियों का प्रयोग होता है।

भोजपुरी

हिन्दी प्रदेश की उपभाषा 'बिहारी' इस बोली का नाम 'भोजपुर' (जिला शाहाबाद का एक परगना) नाम के एक छोटे से कस्बे के आधार पर पड़ा है, यद्यपि यह दूर-दूर तक बोली जाती है। प्राचीन काल में भोजपुरी इसी नाम के राज्य की राजधानी होने के कारण अत्यन्त प्रसिद्ध था। भाषा के अर्थ में 'भोजपुरी' शब्द का प्रथम प्रयोग 1789 का मिलता है। यह प्रयोग रेमंड के 'शेर मुताख़रीन' के अनुवाद की भूमिका में है। भोजपुरी को 'पूरबी' भी कहते हैं। 'पूरबी' नाम सापेक्षिक होने के कारण बड़ा अनिश्चित-सा है। इसीलिए ब्रजभाषा तथा खड़ीबोली क्षेत्र के लोगों द्वारा कभी-कभी 'अवधी' के लिए भी इस नाम का प्रयोग होता है। 'भोजपुरी' को 'भोजपुरिया' भी कहते हैं। ग्रियर्सन के भाषा-सर्वेक्षण के अनुसार इसके बोलने वालों की संख्या 'भोजपुरी' क्षेत्र में लगभग 2 करोड़ तथा क्षेत्र के बाहर 4 लाख, अतः कुल 2 करोड़ 4 लाख के लगभग थी। 'भोजपुरी' उत्तर में नेपाल की दक्षिणी सीमारेखा के आसपास से लेकर दक्षिण में छोटा नागपुर तक और पश्चिम में पूर्वी मिर्जापुर, बनारस तथा पूर्वी फैजाबाद से लेकर पूर्व में राँची और पटना के पास तक बस्ती (कुछ भाग), गोरखपुर, देवरिया, सारन, मिर्जापुर (दक्षिणी-पूर्वी), बनारस, जौनपुर (पूर्वी), गाजीपुर, बलिया, शाहाबाद, पालामऊ तथा राँची (थोड़ा पूर्वी भाग छोड़कर) में बोली जाती है। भोजपुरी की प्रधान उपबोलियाँ चार हैं—**उत्तरी भोजपुरी, दक्षिणी भोजपुरी, पश्चिमी भोजपुरी तथा नगपुरिया।** इनमें 'नगपुरिया' औरों से अपेक्षाकृत अधिक भिन्न है। **दक्षिणी भोजपुरी** (भोजपुर कस्बा जिसके केन्द्र में है) भोजपुरी का परिनिष्ठित रूप है। सुदूर उत्तर में भोजपुरी का थारू नाम की जाति में प्रचलित रूप मिलता है, जिसे **थारू भोजपुरी** कहते हैं। इसके अन्य उल्लेख्य स्थानीय रूप **मघेसी, बँगरही, सरवरिया, सारनबोली, गोरखपुरी, खारवारी, छपरहिया** तथा **सोनपारी** आदि हैं। भोजपुरी में लिखित साहित्य प्रायः नहीं के बराबर है। यहाँ के लोगों ने साहित्य में, प्राचीन काल में अवधी या ब्रज तथा आधुनिक काल में खड़ीबोली का प्रयोग किया है। हाँ, इधर राहुलजी तथा कुछ अन्य लोगों ने भोजपुरी में कुछ साहित्य-रचना अवश्य की है। भोजपुरी की उत्पत्ति पश्चिमी मागधी या मागधी अपभ्रंश के पश्चिमी रूप से मानी जाती है। जैसा कि ऊपर संकेत

किया जा चुका है, ग्रियर्सन ने मगही और मैथिली के साथ भोजपुरी को बिहारी के अन्तर्गत रखा है। डॉ० सुनीतिकुमार चटर्जी इसके पक्ष में नहीं हैं। वे भोजपुरी को मगही, मैथिली से इतना भिन्न मानते हैं कि इन तीनों को एक वर्ग में रखना समीचीन नहीं मानते। भोजपुरी प्रमुखतः नागरी लिपि में लिखी जाती है। कुछ पुराने लोग कैथी का प्रयोग करते हैं। बहीखाते के लिए महाजनी लिपि का प्रयोग होता है।

मगही

यह पूरे गया जिले में तथा पटना, हज़ारीबाग, मुँगेर, पालामऊ, भागलपुर और राँची आदि जिलों के कुछ भागों में बोली जाती है। 'मगही' शब्द 'मागधी' का विकसित रूप है। कुछ पढ़े-लिखे लोग इसे 'मागधी' भी कहते हैं। 'मगही' या 'मागधी' का अर्थ है 'मगध की भाषा', पर आधुनिक 'मगही' प्राचीन मगध (वर्तमान पटना ज़िला तथा गया का आधा भाग) तक ही सीमित नहीं है। 'मगही' बोलने वालों की संख्या ग्रियर्सन के भाषा-सर्वेक्षण के अनुसार लगभग 6,504,817 थी। अब यह संख्या एक करोड़ के लगभग होगी। 'मगही' का परिनिष्ठित रूप गया जिले में बोला जाता है। अन्य स्थानों पर समीपवर्ती भाषाओं का प्रभाव पड़ा है। पटना की 'मगही' पर मैथिली, भोजपुरी तथा पटना के उर्दूभाषी मुसलमानों का प्रभाव है, अतः उधर के स्थानीय रूप 'उड़िया' से, और इसी प्रकार पूर्वी स्थानीय रूप बंगाली से प्रभावित हैं। पश्चिमी सीमा की 'मगही' भोजपुरी से प्रभावित है। इन विभिन्न रूपों को **मिश्रित मगही** या यदि अलग-अलग कहना चाहें तो **मैथिली-प्रभावित मगही, भोजपुरी-प्रभावित मगही** आदि नाम दे सकते हैं। **'मगही'** का एक प्रधान रूप है **पूर्वी मगही**। इसके अन्तर्गत कई उपबोलियाँ हैं, जिनका आगे उल्लेख किया गया है। मगही में लिखित साहित्य नहीं है। लोक-साहित्य पर्याप्त है जिसमें 'गोपीचन्द' और 'लोरिक' प्रसिद्ध हैं। इसकी लिपि प्रमुखतः कैथी तथा नागरी है। 'पूर्वी मगही' को कुछ लोग बंगाली तथा उड़िया में भी लिखते हैं। अब नागरी का प्रचार बढ़ रहा है।

मैथिली

हिन्दी प्रदेश की उपभाषा 'बिहारी' की यह एक बोली है। 'मैथिली' नाम उस क्षेत्र के नाम 'मिथिला' से सम्बद्ध है। 'मिथिला' शब्द भारतीय साहित्य में बहुत पहले से है। याज्ञवल्क्य स्मृति तथा वाल्मीकि रामायण में भी इसका उल्लेख है। 'मिथिला' शब्द की व्युत्पत्ति अनिश्चित है। एक मतानुसार यहाँ के एक प्राचीन राजा का नाम 'मिथि' था। उन्हीं के आधार पर यह 'मिथिला' कहलाया। एक दूसरा मत उणादि सूत्रकार का है। वे इसे मंथ् धातु (मथना) से सम्बद्ध मानते हैं। कुछ लोग इसी से सम्बद्ध कल्पना यह भी करते हैं कि पहले यहाँ समुद्र-मंथन यहीं हुआ था, अतः यह मिथिला कहलाया। एक चौथे मत के अनुसार 'मिथिला' नामक ऋषि से इसका सम्बन्ध

है। एक आधुनिक मत यह भी है कि 'मिथ' का अर्थ है 'एकसाथ' या 'मिला हुआ'। यह प्रदेश तीन प्राचीन छोटे-छोटे राज्यों (वैशाली, विदेह तथा अंग) का मिला रूप है, अइतः इसे मिथिला कहा गया है। छठा मत शाकटायन का दिया जा सकता है, जिनके अनुसार 'मिथिला' का अर्थ है, 'वह देश जहाँ शत्रुओं का दमन हो।' सत्य यह है कि ये सभी मत अनुमान मात्र हैं। इनमें पुष्ट प्रमाणों पर कोई भी आधारित नहीं है। मैथिली भाषा के लिए एक प्राचीन नाम **देसिल बअना** (विद्यापति) मिलता है। इसका एक अन्य नाम **तिरहुतिया** भी है। यह नाम भी 'मैथिली' नाम से पुराना है। इसका प्रथम उल्लेख 1771 में 'तिरुतियन' रूप में (बेलिगत्ती लिखित 'अब्फाबेटुम ब्राह्मनिकुम' की अम्दुजी की भूमिका में) मिलता है। 'मैथिली' नाम का प्रयोग आधुनिक काल में है। सर्वप्रथम 1801 में कोलब्रुक ने इस नाम का उल्लेख अपने लेखों में किया। ग्रियर्सन के भाषा-सर्वेक्षण के अनुसार इसके बोलने वालों की संख्या एक करोड़ से कुछ ऊपर थी। 'मैथिली' का क्षेत्र बिहार के उत्तरी भाग में पूर्वी चम्पारन, मुजफ्फरपुर, मुँगेर, भागलपुर, दरभंगा, पूर्णियाँ तथा उत्तरी संथाल परगना में है। इसके अतिरिक्त यह माल्दह और दिनाजपुर में तथा भागलपुर एवं तिरहुत सब-डिवीजन की सीमा के पास नेपाल की तराई में भी बोली जाती है। **'उत्तरी मैथिली', 'दक्षिणी मैथिली', 'पूर्वी मैथिली', 'पश्चिमी मैथिली', 'छिका-छिकी'** तथा **'जोलहा बोली'** मैथिली की ये छः उपबोलियाँ हैं। कुछ लोग पूर्वी सीतापुर तथा मधुबनी सब-डिवीजन की निम्न श्रेणी की जातियों की बोली को **केन्द्रीय** जनसाधारण की **मैथिली** का नाम देते हैं। इस प्रकार इसकी बोलियों की संख्या सात हो जाती है। इनमें उत्तरी मैथिली ही 'मैथिली' का परिनिष्ठित रूप है, जो उत्तरी दरभंगा तथा आसपास के ब्राह्मणों में विशेष रूप से प्रयुक्त होती है। बिहारी बोलियों में केवल 'मैथिली' ही साहित्यिक दृष्टि से सम्पन्न है। इसके प्रसिद्ध कवि विद्यापति हिन्दी की विभूति हैं। यहाँ के अन्य साहित्यिकों में उमापति, नन्दीपति, रामापति, महीपति तथा मनबोध झा आदि प्रधान हैं। अब 'मैथिली' भाषा-भाषी साहित्य में खड़ीबोली हिन्दी का प्रयोग कर रहे हैं। मैथिली की उत्पत्ति मागधी अपभ्रंश के मध्य या केन्द्रीय रूप से मानी जाती है। मैथिली के लिए तीन लिपियों का प्रयोग होता है। मैथिल ब्राह्मणों में मैथिली लिपि प्रचलित है, जो बंगला से बहुत मिलती-जुलती है। अन्य जातियों के लोग स्थानीय रूपान्तरों के साथ कैथी लिपि का प्रयोग करते हैं। साहित्यिक कार्यों के लिए नागरी का प्रयोग होता है। अब नागरी का प्रयोग धीरे-धीरे सभी कार्यों में बढ़ रहा है।

हिन्दी भाषा का हिन्दीतर भारतीय क्षेत्र

यह क्षेत्र हिन्दी मुख्य क्षेत्र के बाहर भारत के कई कोनों पर जैसे आन्ध्र, कर्नाटक, महाराष्ट्र, बंगाल आदि में फैला हुआ है। इसमें मुख्य हिन्दी बोलियाँ निम्नांकित हैं :–

दक्खिनी

इसके अन्य नाम 'हिन्दी', 'हिन्दवी', 'दकनी', 'दखनी', 'देहलवी', 'गूजरी' (शाह बुरहानुद्दीन—यह सब गूजरी किया जबान), 'हिन्दुस्तानी', 'ज़बाने हिन्दुस्तान', 'दक्खिनी हिन्दी', 'दक्खिनी उर्दू', 'मुसलमानी', 'दक्खिनी हिन्दुस्तानी' आदि हैं। दक्खिनी मूलतः हिन्दी का ही एक रूप है। इसका मूल आधार, दिल्ली के आसपास प्रचलित 14वीं-15वीं सदी की 'खड़ीबोली' है। मुसलमानों ने भारत में आने पर इस बोली को अपनाया था। मसऊद, इब्नसाद, खुसरो तथा फरीदुद्दीन शकरगंजी आदि ने अपनी हिन्दी कविताएँ इसी में लिखी थीं। 15वीं-16वीं सदी में फ़ौज, फ़कीरों तथा दरवेशों के साथ यह भाषा दक्षिण भारत में पहुँची और वहाँ प्रमुखतः मुसलमानों में, तथा कुछ हिन्दुओं में जो उत्तर भारत के थे, प्रचलित हो गई। इसके क्षेत्र प्रमुखतः दक्षिण भारत (बीजापुर, गोलकुण्डा, अहमदनगर आदि), बरार, बम्बई तथा मध्य प्रदेश आदि हैं। ग्रियर्सन इसे हिन्दुस्तानी का बिगड़ा रूप न मानकर उत्तर भारत की 'साहित्यिक हिन्दुस्तानी' को ही इसका बिगड़ा रूप मानते हैं। डॉ० चटर्जी इसे हिन्दुस्तानी नहीं, तो उसकी सहोदरा भाषा अवश्य मानते हैं। भाषावैज्ञानिक दृष्टि से, दक्खिनी को, मैं समझता हूँ कि मूलतः 'प्राचीन खड़ीबोली' मानना चाहिए, जिसमें पंजाबी, हरियानी, ब्रज, मेवाती तथा अवधी के कुछ रूप भी हैं। दक्षिण में जाने के बाद इस पर कुछ गुजराती-मराठी का भी प्रभाव पड़ा है। यह ध्यातव्य है कि उत्तरी भारत की पंजाबी, हरियानी, ब्रज, अवधी आदि भाषाओं के रूपों के मिलने का यह अर्थ कदापि नहीं है कि इन सबका इस पर केवल प्रभाव है। वस्तुस्थिति यह है कि उस काल की भाषा कुछ इस प्रकार की मिश्रित थी ही। सभी बोलियों का स्पष्ट अलग-अलग विकास नहीं हुआ था। कबीर ने भी इसी मिश्रित भाषा का प्रयोग किया है। ग्रियर्सन के भाषा-सर्वेक्षण के अनुसार, दक्खिनी बोलने वालों की संख्या लगभग साढ़े छत्तीस लाख थी। आज भी उस क्षेत्र में, दक्खिनी (उर्दू नाम से) बोली जाती है, यद्यपि यह भाषा कई दृष्टियों से बदल गई है। परिवर्तन की दृष्टि से तीन बातें उल्लेखनीय हैं—(1) उर्दू भाषा का उस पर पर्याप्त प्रभाव पड़ गया है। (2) कुछ पुराने रूप विकसित होकर कुछ-के-कुछ हो गए हैं। (3) शब्द-समूह के क्षेत्रानुसार तमिल, तेलुगु, कन्नड़ आदि भाषाओं का प्रभाव पड़ा है। 15वीं से 18वीं सदी तक दक्खिनी को बहमनी वंश के तथा अन्य राजाओं का आश्रय प्राप्त रहा और इसमें पर्याप्त साहित्य-रचना हुई। इसमें गद्य-साहित्य भी पर्याप्त प्राचीन मिलता है। खड़ीबोली गद्य का प्राचीन प्रामाणिक ग्रन्थ दक्खिनी में ही मिलता है। इस गद्य-ग्रन्थ का नाम 'मिराजुल आशिकीन' है, जिसके लेखक ख्वाजा बन्दानवाज़ (1318-1430) हैं। दक्खिनी के साहित्यकारों में अब्दुल्ला, वजही, निजामी, गवासी, गुलामअली तथा बेलूरी आदि प्रमुख हैं। उर्दू साहित्य का आरम्भ भी वस्तुतः दक्खिनी से ही हुआ है। उर्दू के प्रथम कवि वली (रचना-काल 1700

ई० के लगभग) ही दक्खिनी के अन्तिम कवि वली औरंगाबादी हैं। इस प्रकार दक्खिनी को एक प्रकार से उर्दू की जननी कह सकते हैं, यद्यपि भाषा और भाव दोनों ही दृष्टियों से दोनों में आकाश-पाताल का अन्तर है। दक्खिनी की केवल लिपि ही फारसी (या प्रचलित शब्दावली में उर्दू) है, अन्यथा इसकी भाषा में सामान्य हिन्दी की भाँति ही, भारतीय परम्परा के शब्द पर्याप्त हैं। अरबी-फारसी शब्द उर्दू की तुलना में बहुत ही कम हैं। इसका क्षेत्र दक्षिण में होने के कारण ही इसका नाम दक्खिनी है। आज हिन्दीवाले, इसे 'हिन्दी' या 'दक्खिनी हिन्दी' कहकर, इसे अपनी भाषा और इसके साहित्य को अपने साहित्य का अंग मान रहे हैं, और उर्दू वाले 'कदीम उर्दू' या 'दक्खिनी उर्दू' कहकर इसे अपना अंग मान रहे हैं। वस्तुतः न केवल दक्खिनी भाषा, अपितु उसका साहित्य भी हिन्दी के निकट है। कुछ अपवादों को छोड़कर, उर्दू के विरुद्ध, दक्खिनी भाषा और साहित्य की आत्मा पूर्णतया भारतीय है। कुछ शब्द उदाहरण के लिए देखे जा सकते हैं : प्रकार, संचित, इन्द्रिय, अलिप्त, स्थूल, कल्पित (बुरहानुद्दीन में); गगन, कला, पवन, नीर, अधर, यौवन (कुली कुतुबशाह में); गम्भीर, अनूप, भाल, जीव (वजही में)। यों उर्दू भी हिन्दी की एक शैली ही है, बहुत सशक्त एवं सजीव शैली। ऐसी स्थिति में 'दक्खिनी हिन्दी' हिन्दी ही है। किसी भी दक्खिनी गद्य-लेखक या कवि ने उसके लिए 'उर्दू' शब्द का प्रयोग नहीं किया है। ऐसी स्थिति में किसी भी रूप में, उर्दू नाम का प्रयोग, उसके लिए बहुत उचित नहीं कहा जा सकता। **दक्खिनी** के लिए प्राचीन नाम हिन्दी (यों देखत हिन्दी बोल—शाही मीराजी, पन्द्रहवीं सदी, अन्तिम चरण), **देहलवी** और **हिन्दवी** (यों मैं हिन्दवी कर आसान-शेख अशरफ़ (1503 नौसरहार) में) मिलते हैं, जिसका आशय यह है कि उत्तर भारत से, भाषा के साथ ये नाम भी गए थे। बाद में सम्भवतः सत्रहवीं सदी के अन्तिम चरण में 'दक्खिनी' नाम प्रचलित हुआ। इसका प्रथम प्रामाणिक प्रयोग कदाचित् 'वजही' में है। वे अपनी 'कुतुबमुश्तरी' (1638 ई०) में लिखते हैं—**दखिन में जो दखिनी मीठी बात का**। कुछ उर्दू लेखकों ने लिखा है कि दक्खिनी को बाद में 'रेख़्ता' भी कहने लगे थे। वस्तुतः बात ऐसी नहीं है। दक्खिनी के अन्तिम काल के कवियों (जैसे वली आदि) ने 'रेख़्ता' का काव्य की एक विशेष शैली के लिए ही प्रयोग किया है। यह दक्खिनी का नाम नहीं है। इसका मूल आधार 14-15वीं सदी की (फौज, फकीर दरवेश) दिल्ली-आगरा की खड़ीबोली है। मुसलमानों के साथ यह आगे चलकर कर्नाटक, आंध्र, तमिलनाडु, केरल, महाराष्ट्र, गुजरात में फैल गई। स्वभावतः इस पर इन सभी क्षेत्रों की भाषाओं का मुख्यतः शब्द-भंडार के क्षेत्र में प्रभाव पड़ा है। दक्खिनी में मध्यकाल में काफी रचनाएँ हुईं जो दक्खिनी साहित्य के नाम से प्रसिद्ध हैं। अब इन क्षेत्रों में जो साहित्य-रचना होती है वह दक्खिनी में न होकर प्रायः मानक हिन्दी या उर्दू में होती है। इसकी वर्तमान उपबोलियों में मुख्य मैसूरी, गुलबर्गी, बीदरी, बीजापुरी, हैदराबादी आदि हैं।

बंबइया हिन्दी

जैसा कि नाम से स्पष्ट है यह हिन्दी बम्बई में बोली जाती है। इसका मूल आधार तो मानक हिन्दी है किन्तु इस पर मराठी और गुजराती तथा राजस्थानी, अवधी, भोजपुरी आदि हिन्दी बोलियों का प्रभाव पड़ा है। बंबइया हिन्दी किसी की मातृभाषा नहीं है। यह मात्र सामान्य बोलचाल में प्रयुक्त होती है, लेखन या औपचारिक स्थितियों में नहीं। यों अब फिल्मी हिन्दी में इसके प्रयोग अवश्य कभी-कभार मिल जाते हैं। उसी प्रभाव से बम्बई के लेखकों के कथा-साहित्य में भी इसे कहीं-कहीं पाया जा सकता है। जगदम्बा प्रसाद दीक्षित का उपन्यास 'मुर्दाघर' तो मुख्यतः प्रायः इसी हिन्दी में लिखा गया है।

शिलंगी हिन्दी

'शिलंग' जिसे अंग्रेजी प्रभाव से शिलाङ् भी कहा जाता रहा है; 1972 तक असम की राजधानी थी, अब यह मेघालय की राजधानी है। यहाँ की जनसंख्या डेढ़ लाख से ऊपर है, जिनमें एक लाख से ऊपर लोग एक प्रकार की अत्यन्त सरल हिन्दी का प्रयोग करते हैं जिसे वहाँ 'बाजार-हिन्दी' नाम से अभिहित करते हैं। शिलंग के मूल निवासी खासी जाति के लोग हैं, जिनकी भाषा आस्ट्रो-एशियाटिक भाषा परिवार की 'खासी' है। यों यहाँ बँगला, असमी, हिन्दी तथा नेपाली-भाषी भी हैं। यहाँ बाजारों में दैनिक व्यवहार की सर्वाधिक प्रचलित भाषा यह विशेष प्रकार की सरल हिन्दी ही है। इसमें 'सकना' क्रिया का मानक हिन्दी की अपेक्षा व्यापक प्रयोग होता है; वह वहाँ सहायक क्रिया के साथ-साथ मूल क्रिया भी हो गई है : सकेगा (मैं कर लूँगा, मैं कर सकता हूँ), नहीं सका (नहीं कर पाया, नहीं हो पाया), आज नहीं सकेगा (आज नहीं होगा, आज नहीं कर पाऊँगा)। बोलने नहीं सकता, या देने नहीं सकता जैसे प्रयोग भी खूब हैं। 'होना' का भी बहुत व्यापक रूप से प्रयोग होता है। जैसे थोड़ा खाना होने से होगा (थोड़े खाने से भी काम चल जाएगा) या नहीं देने से भी होगा (यदि आप पैसे नहीं देंगे, तब भी आपको सामान दूँगा)। क्रिया के काल केवल तीन हैं : सामान्य वर्तमान, सामान्य भूत, सामान्य भविष्यत्। इन्हीं से सभी काल-भेदों का काम चल जाता है। इसका शब्द-भंडार बहुत छोटा है, जिसमें हिन्दी के शब्द तो हैं ही, इसके अतिरिक्त भोजपुरी (भात-पक्सा चावल, औरत—पत्नी, छोकरा—छोकरी, बेटे—बेटी, बबुनी—बहिन, मा—ईमां), खासी (किआद—एक स्थानीय मादक पेय, खूबलेइ, नमस्कार), असमी (मद—शराब, लाहे-लाहे—थोड़ा-थोड़ा), अंग्रेजी (ब्रेक फास्ट बटर) आदि के भी शब्द हैं। इस हिन्दी में बँगला-असमी के प्रभाव से 'अ' वृत्तमुखी बोला जाता है जैसे सरकार का सँरकार। इस हिन्दी में कुछ शब्दों के अर्थों में भी परिवर्तन आ गया है। जैसे खाना और पीना दोनों के लिए 'खाना', 'बसना' के लिए

'बैठना', बस पर चढ़ना के लिए 'उठना'। यह ठीक अर्थों में बोली न होकर तकनीकी दृष्टि से 'पिजिन' (एक मिश्रित भाषिक रूप) है जो प्रायः बोलचाल में ही आता है तथा किसी की मातृबोली नहीं होता।

कलकतिया हिन्दी

यह हिन्दी कलकत्ते की है। इसका मूल आधार तो मानक हिन्दी है किन्तु स्वभावतः इस पर बँगला प्रभाव काफी है। चूंकि हिन्दी क्षेत्र के भोजपुरी प्रदेश के काफी लोग कलकत्ते में बस गए हैं, इसीलिए उनका भी प्रभाव इस पर है। यह भी किसी की मातृबोली न होकर मात्र सामान्य बोलचाल की भाषा है। कलकत्ते में बँगला के बाद इसी का प्रयोग सर्वाधिक होता है।

उपर्युक्त बोलियों की तरह ही भारत के अन्य बड़े नगरों जैसे अहमदाबाद, कटक आदि में भी उपर्युक्त प्रकार की स्थानीय प्रभावों से युक्त टूटी-फूटी हिन्दी बोली और समझी जाती है।

हिन्दी भाषा का भारतेतर क्षेत्र

यह क्षेत्र भारत के बाहर अनेक देशों में छोटे-छोटे क्षेत्रों में फैला हुआ है। इसकी मुख्य हिन्दी बोलियाँ ये हैं –

मॉरिशसी हिन्दी

मॉरिशस के अस्तित्व का पता वैसे तो 1500 में चला किन्तु वहाँ भारतीय लोगों का जाना 1736 से शुरू हुआ। हिन्दी (मुख्यतः भोजपुरी) प्रदेश से वहाँ लोग 1834 में तथा उसके बाद 1923 तक जाकर बसते गए। यों तो यहाँ चीन, इंग्लैंड, फ्रांस, अफ्रीका आदि के लोग भी हैं किन्तु भारतीय सबसे ज्यादा हैं। लगभग साढ़े आठ लाख की जनसंख्या में लगभग साढ़े पाँच लाख। इनमें सर्वाधिक लोग भोजपुरी-भाषी हैं। यहाँ की पुरानी भाषा क्रियोल है जिसे 'क्रियोली' भी कहते हैं। इसके बोलने वाले लगभग सवा दो लाख हैं। यहाँ की हिन्दी स्वभावतः भोजपुरी, क्रियोली, फ्रांसीसी और अंग्रेजी से प्रभावित है। यहाँ का हिन्दी लोक-साहित्य भोजपुरी का है। यहाँ के हिन्दी-भाषियों के मूल नाम भी भोजपुरी मूल के (जैसे घरभरन, दुखहरन, घमंडिया) हैं। फ्रांसीसी तथा क्रियोली के प्रभाव से यहाँ एक अलिजिह्वीय 'र्' का विकास हो गया है। यहाँ के शब्द-भंडार में क्रियोली के काफी तत्व हैं। जैसे बुतिक—दुकान, पलामुन—टमाटर, लासेमेन—सप्ताह, लेवकांत—चौबीस तारीख। यों संज्ञा शब्द ज्यादा आए हैं किन्तु क्रिया भी (हिन्दी का 'करना' जोड़कर); प्लांते करना—रोपना, नाजे करना—तैरना, फिनि करना—खत्म करना। फ्रांसीसी से भी कुछ शब्द आए हैं। जैसे लेगिम—सब्जी। भोजपुरी के शब्द तो बहुत ज्यादा हैं ही। जैसे बुढ़वा, घरवे, छोकड़िया,

चिज आदि। यहाँ की मूल ठेठ हिन्दी में कर्ता का लिंग क्रिया को प्रभावित नहीं करता : तोर माई का करता, तोर बहन का करता। कुछ संज्ञाओं में केवल पुल्लिग का प्रयोग होता रहा है। जैसे लड़का के लिए 'छोकड़ा लड़का' और लड़की के लिए 'छोकड़ी लड़का'। अब मॉरिशस में मानक हिन्दी की शिक्षा की व्यवस्था हो जाने से मानक हिन्दी ही प्रचार में आती जा रही है। मॉरिशस के प्रसिद्ध हिन्दी लेखकों में सोमदत्त बखौरी तथा अभिमन्यु अनत आदि हैं। यहाँ हिन्दुस्तानी, आर्यवीर, वसन्त, अनुराग आदि पत्रिकाएँ निकलती रही हैं।

फीजी हिन्दी

फीजी में इस समय पौने तीन लाख से कुछ अधिक लोग हिन्दी बोलते हैं। इनके पूर्वज 1879-1920 के बीच प्रायः पूर्वी उत्तर प्रदेश तथा पश्चिमी बिहार से आए थे। यों कुछ लोग यहाँ गुजरात, आंध्र तथा तमिलनाडु से भी आए थे किन्तु बहुसंख्यक हिन्दी-भाषियों में घुल-मिल जाने के कारण वे भी प्रायः हिन्दी ही बोलते हैं। फीजी में मुख्य द्वीप विती लेवू तथा वनुआ लेवू हैं। इन दोनों की हिन्दी में थोड़ा ही अन्तर है। फिजी हिन्दी में भोजपुरी, अवधी तथा अंग्रेजी के तत्त्व तो हैं ही तथाकथित साहबी हिन्दी के भी प्रयोग होते हैं। जैसे—ऊ लोगन जाए माँगता। ऐसे ही फीजी की अपनी भाषा के भी तत्त्व हैं। जैसे—मोतो (माला), नगोना (एक स्थानीय पेय)। फीजी में इधर काफी हिन्दी साहित्य की रचना हुई है। जोगिन्दर सिंह कँवल वहाँ के 'प्रेमचन्द' कहे जाते हैं। यहाँ कुछ हिन्दी पत्रिकाएँ भी निकलती रही हैं। जैसे—'जय फीजी' तथा 'शान्ति-दूत'।

नेपाली हिन्दी

पड़ोसी नेपाल में भी हिन्दी बोलने वाले काफी हैं। मेरा अपना अनुमान तो यह है कि उनकी संख्या अस्सी लाख के लगभग हैं। इनमें कुछ लोग जो उन इलाकों में हैं जो ऐसे भारतीय इलाकों से लगे हुए हैं जहाँ हिन्दी की मध्य पहाड़ी, अवधी, मैथिली आदि बोलियाँ बोली जाती हैं। इसे तराई वाला इलाका कहते हैं। दूसरे वे लोग हैं जो नेपाल के भीतर हैं। इनकी संख्या लगभग पचास लाख है। इन्हें 'मधेसी' कहा जाता है। यों यह उल्लेख्य है कि ये लोग बहुत पहले भारत के उस भाग से चले गए थे जहाँ हिन्दी बोली जाती है तथा जिस भाग को 'मध्यदेश' कहा जाता रहा है। इसी आधार पर इन्हें 'मध्यदेशीय' कहा गया तथा बाद में 'मध्यदेशीय' का ही 'मधेसिया' और 'मधेसी' हो गया। आज से लगभग दो सौ वर्ष पहले महाराज पृथ्वीनारायण शाह देव (जो हिन्दी के एक अच्छे कवि थे) के राज्यकाल में भी ये लोग नेपाल में थे। जहाँ तक हिन्दी का प्रश्न है नेपाली हिन्दी का कोई एक रूप नहीं है। मधेसी लोगों की हिन्दी पुरानी है और नेपाली तथा नेवारी से प्रभावित है

तथा सीमावर्ती हिन्दी में मध्यवर्ती पहाड़ी, अवधी तथा मैथिली आदि के तत्त्व हैं। यों अब मानक हिन्दी का विभिन्न प्रभावों से युक्त रूप वहाँ प्रचलित है। एक समय था जब हिन्दी को वहाँ दूसरी राजभाषा बनाए जाने की बात जोर-शोर से चल रही थी, राजनीतिक कारणों से ऐसा नहीं हो पाया। उल्लेख्य है कि नाथ और सिद्ध साहित्य की रचना प्रायः नेपाल में ही हुई थी। बाद में लक्ष्मीप्रसाद देवकोटा, मोतीराम भट्ट, भवानी गुप्त भिक्षु, केदारमान व्यथित, गोपाल सिंह नेपाली, राम हरि जोशी, यदुवंश लालचन्द्र, रामदेव द्विवेदी उदयन, सुन्दर झा शास्त्री, धीरेन्द्र मल्ल, शुक्रराज शास्त्री, घूस्वा सायमि, दुर्गा प्रसाद श्रेष्ठ आदि साहित्यकारों ने हिन्दी में अच्छी रचनाएँ कीं। 1956 में नेपाल से 'नेपाली' नाम का हिन्दी दैनिक निकलना प्रारम्भ हुआ। साहित्यालोक तथा आरोहण पत्रिकाएँ भी प्रकाशित होती हैं। कहना न होगा कि यहाँ जो साहित्य आधुनिक काल में लिखा गया है वह प्रायः मानक हिन्दी में है।

सूरीनामी हिन्दी

सूरीनाम दक्खिनी अमरीका का एक छोटा-सा देश है। यहाँ चार लाख लोग रहते हैं जिनमें डेढ़ लाख भारतवंशी हैं। ये प्रायः सभी हिन्दी-भाषी हैं। यों यहाँ डच, रेड इंडियन, नीग्रो, पुर्तगाली, जापानी भी रहते हैं। यहाँ की राजभाषा या राष्ट्रभाषा डच है। यहाँ के अधिकांश भारतवंशी भोजपुरी प्रदेश के हैं जिनके पूर्वज 1873 में वहाँ गए थे; इस तरह यहाँ की मूल हिन्दी भोजपुरी थी किन्तु अब मानक हिन्दी पहुँच गई है। यहाँ की आधुनिक हिन्दी में भोजपुरी के काफी सामान्य शब्द हैं, साथ ही डच आदि अन्य भाषाओं का भी प्रभाव है। डच के कुछ शब्द यहाँ खूब चलते हैं। जैसे फोरजाल (बैठक), दोदूफी (कबूतर), वोसरोको (बनियान) आदि। यहाँ कुछ हिन्दी शब्दों में अजीब अर्थ विकसित हो गए हैं। जैसे खूंटा उस डंडे को तो कहते ही हैं जिसमें गाय बाँधते हैं, गायघर को भी 'खूँटा' कहते हैं। सूरीनाम में इधर कई हिन्दी संस्थाएँ बन गई हैं। जैसे 'सूरीनाम हिन्दी परिषद्', 'जयप्रकाश हिन्दी संस्थान', 'सुमन हिन्दी पाठशाला' आदि। यहाँ से कई हिन्दी पत्रिकाओं का भी प्रकाशन होता रहा है, जैसे 'सरस्वती', 'आर्य दिवाकर' आदि। यहाँ के मुख्य हिन्दी कवि और लेखक रहमान खाँ, गुरुदत्त कलासिंह तथा सूर्यप्रसाद वीरे आदि हैं। नारायण आचार्य ने सूरीनाम में हिन्दी पढ़ने-पढ़ाने के लिए डच के माध्यम से हिन्दी पाठ लिखे हैं तथा डच-हिन्दी और हिन्दी-डच शब्दकोश भी बनाया है। इसके पूर्व ज्ञान हंस अधीन का भी 'हिन्दी-डच कोश' छपा था।

हालैंडी हिन्दी

हालैंड की जनसंख्या वैसे तो डेढ़ करोड़ है किन्तु हिन्दी बोलने वाले एक लाख के लगभग ही हैं। इनमें काफी लोग तो सूरीनाम (दक्षिणी अमरीका) से आए हैं और कुछ लोग सीधे भारत से भी गए हैं। हालैंड की हिन्दी बहुत कुछ तो वही है जो

सूरीनाम की हिन्दी है, और जिसका परिचय पीछे दिया जा चुका है। अर्थात् वह हिन्दी भोजपुरी प्रदेश की हिन्दी है जिसमें मानक हिन्दी के भी तत्त्व हैं तथा शब्द भंडार के क्षेत्र में डच भाषा का काफी प्रभाव पड़ा है। हालैंड की हिन्दी और सूरीनाम की हिन्दी में एक अन्तर यह अवश्य है कि हालैंड की हिन्दी में सूरीनामी हिन्दी की तुलना में डच शब्द ज्यादा हैं।

हालैंड अमस्टर्डम, डेनहाख, रोटर्डम, यूत्रैख, ऐंटहोफन तथा ऐन्सखेद आदि नगरों में हिन्दी पढ़ाई की थोड़ी-बहुत व्यवस्था है, जिसमें कुछ सहयोग वहाँ की सरकार का भी है, किन्तु मुख्यतः यह काम हालैंड में स्थापित आर्यसमाज के केन्द्रों द्वारा तथा कुछ उत्साही व्यक्तियों द्वारा ही होता है।

त्रिनिदादी हिन्दी

वेस्टइंडीज के त्रिनिदाद और टोबैगो द्वीपों में भारतवंशी हिन्दी-भाषी रहते हैं। इनके पूर्वज 1865 में भारत से वहाँ गए थे। इनकी कुल संख्या इस समय 13-14 लाख है। यहाँ अंग्रेजी का अधिक प्रचार है, इसीलिए यहाँ की हिन्दी में 'तुम' को 'टुम', 'दाता' को 'डाटा', 'जगत के तारनहारे' को 'जगत को टारनहारे' जैसे प्रयोग भी सुनने को मिलते रहे हैं। यहाँ की हिन्दी भी मूलतः भोजपुरी हिन्दी है। हिन्दी शिक्षा के लिए यहाँ हिन्दी एज्युकेशन बोर्ड बना था। अब कई संस्थाएँ यह काम थोड़ा-बहुत कर रही हैं। यहाँ के मुख्य कवि-गद्यकार प्रो० हरिशंकर आदेश, सुरभि आदेश, कुमार सत्यकेतु आदि हैं। पहले यहाँ से कई हिन्दी पत्र निकलते थे, अब 'ज्योति' नाम की मासिक पत्रिका ही निकल रही है।

गुयानी हिन्दी

यहाँ 1870 में भारतीय आए थे जिनमें अधिकांश भोजपुरी-भाषी थे। 1980 तक यहाँ भोजपुरी ही चली। बाद में भारत से सम्पर्क के बाद मानक हिन्दी का प्रचार हुआ। यों जैसा कि स्वाभाविक है यहाँ की हिन्दी भोजपुरी तथा अंग्रेजी से काफी प्रभावित है। यहाँ हिन्दी को 'टूटल भाषा' कहा जाता रहा है। 'टूटल' भोजपुरी कृदन्ती विशेषण है जिसका अर्थ है 'टूटी हुई'। यहाँ के अशिक्षित अब भी अपनी भाषा के रूप में भोजपुरी बोलते हैं, तथा शिक्षित लोग हिन्दी। यहाँ से पहले 'आग्रोसी' पत्र निकलता था जिसमें अंग्रेजी के अतिरिक्त हिन्दी पृष्ठ भी होता था। अब 'अमर ज्योति' और 'ज्ञानदा' पत्रिकाएँ निकलती हैं। यहाँ के हिन्दी साहित्यकारों में महातम सिंह तथा गोकरन शर्मा आदि मुख्य हैं।

दक्षिण अफ्रीकी हिन्दी

दक्षिण अफ्रीका (नैटाल, ट्रांसवाल, केप) में भी हिन्दी-भाषी हैं जिनकी संख्या

एक लाख से ऊपर है। ये लोग मूलतः भोजपुरी प्रदेश के हैं और भोजपुरी प्रभावित हिन्दी बोलते हैं जिस पर अंग्रेजी का बहुत अधिक प्रभाव पड़ा है। ये लोग अजीब ढंग का मिश्रण करते हैं। जैसे—तू वरी नहीं करना (तू चिन्ता मत करना), तू प्लीज होकर ई काम करना (तू कृपया यह काम करना)। कुछ हिन्दी शब्दों के अर्थ यहाँ बदल भी गए हैं। जैसे मस्ती—शैतानी। ई बच्चा मस्ती कर रहा है (यह बच्चा शैतानी कर रहा है)।

ताजुज़्बेकी

सोवियत संघ में ताजिकिस्तान तथा उज्बेकिस्तान की सीमा पर हिसार, शहरेनव, रेगार, सुर्ची आदि में बोली जाने वाली इस हिन्दी बोली का यह नाम मेरा दिया हुआ है। (विस्तार के लिए देखिए मेरी पुस्तक 'ताजुज़्बेकी')। मैंने इस पर जो काम किया है, उससे पता चलता है कि इसके बोलने वाले दिल्ली के आसपास कुछ दक्षिण-पश्चिम से, 13वीं सदी के लगभग चलकर पंजाब अफ़गानिस्तान होते, उस क्षेत्र में पहुँचे जहाँ आज हैं। प्रवास-यात्रा में इनकी भाषा पंजाबी और अफगानी से भी प्रभावित हुई, किन्तु वह अब भी स्पष्ट रूप से हिन्दी बोली है। यों शब्द-भण्डार के क्षेत्र में ताजिक, उजबेक तथा रूसी ने इसे प्रभावित किया है। मूलतः यह बोली ब्रज, हरियानी तथा राजस्थानी के बीच की मालूम होती है।

6

हिन्दी भाषा का उद्भव और विकास

पिछले अध्यायों में हमने देखा कि वैदिक संस्कृत की ही तीन क्षेत्रीय बोलियाँ बन चुकी थीं : पश्चिमोत्तरी, मध्यवर्ती, पूर्वी। आगे चलकर पालि काल में बोलियों की संख्या बढ़कर चार हो गई। चौथी जो नई पनपी वह दक्षिणी थी। प्राकृत काल में इन्हीं चारों से सात बोलियों का विकास हो गया जिनसे आगे चलकर इन्हीं नामों की अपभ्रंश और फिर उनसे आधुनिक भारतीय भाषाओं का विकास हुआ–

व्राचड प्राकृत → व्राचड अप० → सिन्धी
केकय प्राकृत → केकय अप० → लहंदा
टक्क प्राकृत → टक्क अप → पंजाबी
शौरसेनी प्राकृत → शौरसेनी अप० →
(1) गुजराती
(2) **राजस्थानी**
(3) **पहाड़ी**
(4) **पश्चिमी हिन्दी**
अर्धमागधी प्राकृत → अर्धमागधी अप०
पूर्वी हिन्दी
मागधी प्राकृत → मागधी अप० →
(1) **बिहारी**
(2) उड़िया
(3) बाँगला
(4) असमी
महाराष्ट्री प्राकृत → महाराष्ट्री अप० → मराठी,

इस आरेख में जो मोटे टाइप में हैं वे ही हिन्दी बोलियों के वर्ग या हिन्दी उपभाषाएँ हैं : राजस्थानी, पहाड़ी, पश्चिमी हिन्दी, पूर्वी हिन्दी, बिहारी।

इस प्रकार वैदिक संस्कृत से संस्कृत, पालि, प्राकृत होते शौरसेनी, अर्धमागधी, मागधी इन तीन अपभ्रंशों से हिन्दी भाषा (उसकी सारी बोलियों) का उद्भव हुआ है। यह उद्भव-काल 1000 ई० के आसपास माना जा सकता है।

1000 ई० से आज तक के हिन्दी भाषा के विकास को आदि, मध्य और आधुनिक तीन क्षेत्रों में बाँटा जाता है। जिनकी विशेषताएँ नीचे दी जा रही हैं।

(1) आदिकाल (1000 ई० से 1500 ई०)

हिन्दी भाषा अपने आदिकाल में सभी बातों में अपभ्रंश के बहुत अधिक निकट थी, क्योंकि उसी से हिन्दी का उद्भव हुआ। आदिकालीन हिन्दी की मुख्य विशेषताएँ नीचे दी जा रही हैं –

ध्वनि–आदिकालीन हिन्दी में मुख्यतः उन्हीं ध्वनियों (स्वरों-व्यंजनों) का प्रयोग मिलता है जो अपभ्रंश में प्रयुक्त होती थीं। मुख्य अन्तर ये हैं : (1) अपभ्रंश में केवल आठ स्वर थे–अ, आ, इ, ई, उ, ऊ, ए, ओ। ये आठों ही स्वर मूल स्वर थे। आदिकालीन हिन्दी में दो नए स्वर ऐ, औ विकसित हो गए, जो संयुक्त स्वर थे तथा जिनका उच्चारण क्रमशः अए, अओ जैसा था। (2) च, छ, ज, झ संस्कृत, पालि, प्राकृत, अपभ्रंश में स्पर्श व्यंजन थे, किन्तु आदिकालीन हिन्दी में वे स्पर्श-संघर्षी हो गए और तब से अब तक स्पर्श-संघर्षी ही हैं। (3) न, र, ल, स व्यंजन संस्कृत, पालि, प्राकृत, अपभ्रंश में दंत्य ध्वनि थे। आदिकाल में ये वर्त्स्य हो गए। (4) अपभ्रंश में ड़, ढ़, व्यंजन नहीं थे। आदिकाल की हिन्दी में इनका विकास हुआ। (5) न्ह, म्ह, ल्ह, पहले संयुक्त व्यंजन थे, अब वे क्रमशः न, म, ल के महाप्राण रूप हो गए, अर्थात् संयुक्त व्यंजन न रहकर मूल व्यंजन हो गए। (6) संस्कृत तथा फारसी आदि से कुछ नये शब्दों के आ जाने के कारण कुछ संयुक्त व्यंजन हिन्दी में ऐसे आ गए होंगे, जो अपभ्रंश में नहीं थे। कुछ अपभ्रंश शब्दों के लोप के कारण कुछ ऐसे संयुक्त व्यंजनों, स्वरानुक्रमों (Vowel sequences) तथा व्यंजनानुक्रमों (Consonant sequences) आदि के लोप की भी सम्भावना हो सकती है, जो अपभ्रंश में रहे होंगे।

व्याकरण–आदिकालीन हिन्दी का व्याकरण 1000 या 1100 ई० के आसपास तक अपभ्रंश के बहुत निकट था। भाषा में काफी रूप ऐसे थे जो अपभ्रंश के थे। किन्तु धीरे-धीरे अपभ्रंश के व्याकरणिक रूप कम होते गए और हिन्दी के अपने रूप विकसित होते गए, तथा धीरे-धीरे 1500 ई० तक आते-आते हिन्दी अपने पैरों पर खड़ी हो गई और अपभ्रंश प्रायः प्रयोग से निकल गए। आदिकालीन हिन्दी का व्याकरण समवेततः अपभ्रंश व्याकरण से इन बातों में भिन्न है : (1) अपभ्रंश भाषा संस्कृत, पालि, प्राकृत की तुलना में वियोगात्मक होते हुए भी एक सीमा तक संयोगात्मक भाषा थी। काफी क्रिया तथा कारकीय रूप संयोगात्मक भी होते थे, किन्तु आदिकालीन हिन्दी में वियोगात्मक रूपों का प्राधान्य हो चला। सहायक क्रियाओं तथा परसर्गों

(कारक चिह्नों) का प्रयोग काफी होने लगा और धीरे-धीरे संयोगात्मक रूप कम होते गए और उनका स्थान वियोगात्मक रूप लेते गए। (2) नपुंसकलिंग एक सीमा तक अपभ्रंश में था, यद्यपि संस्कृत, पालि, प्राकृत की तुलना में उसकी स्थिति अस्पष्ट-सी होती जा रही थी। आदिकालीन हिन्दी में नपुंसकलिंग का प्रयोग प्रायः पूर्णतः समाप्त हो गया। गोरखनाथ में कुछ प्रयोगों को कुछ लोगों ने नपुंसकलिंग माना है, किन्तु यह मान्यता पूर्णतः असंदिग्ध नहीं कही जा सकती। (3) कृदंतों से बनी क्रियाओं में लिंग-परिवर्तन पूरी तरह होने लगे। (4) वाक्य-रचना में शब्द-क्रम काफी कुछ निश्चित से होने लगे। (5) हिन्दी की बोलियों के अपने-अपने व्याकरणिक रूप अभी तक पूर्णतः अलग-अलग नहीं हुए थे।

शब्द-भण्डार–आदिकालीन हिन्दी का शब्द-भण्डार अपने प्रारम्भिक चरण में अपभ्रंश का ही था, किन्तु धीरे-धीरे उसमें कुछ परिवर्तन आते गए, जिनमें उल्लेख्य दो-तीन हैं : (1) भक्ति-आन्दोलन का प्रारम्भ हो गया था, अतः तत्सम शब्दावली आदिकालीन हिन्दी में अपभ्रंश की तुलना में, कुछ बढ़ने लगी थी। (2) मुसलमानों के आगमन से कुछ पश्तो, फारसी-अरबी, तुर्की शब्द हिन्दी में आए, उदाहरणार्थ : 'गोरखबानी' में अकलि, नूर, गूँगा, अलह, काजी, 'पृथ्वीराजरासो' में अब्बीर, नजर, जीन, सोर, गाजी, समसेर; 'चन्दायन' में खून, तुरसी, सुरमा, मीर आदि। (3) भक्ति-आन्दोलन तथा मुसलमानी शासन का प्रभाव समाज पर भी पड़ा जिसके परिणामस्वरूप इस बात की सम्भावना हो सकती है कि कुछ ऐसे पुराने शब्द जो अपभ्रंश में प्रचलित थे, इस काल में अनावश्यक अथवा अल्पावश्यक होने के कारण या तो हिन्दी शब्द-भण्डार से निकल गए या फिर उनका प्रयोग बहुत ही कम हो गया।

साहित्य में प्रयोग–इस काल का हिन्दी साहित्य मिश्रित और प्रारम्भिक डिंगल, ब्रज, अवधी, मैथिली तथा खड़ीबोली में मिलता है। मुख्य साहित्यकार चन्द्र, नरपति नाल्ह, मुल्ला दाऊद, गोरखनाथ, विद्यापति आदि हैं।

(2) मध्यकाल (1500 ई० से 1800 ई० तक)

इस काल में आकर ध्वनि, व्याकरण तथा शब्द-भण्डार के क्षेत्र में मुख्यतः आगे दिए गए परिवर्तन हुए।

ध्वनि–ध्वनि के क्षेत्र में तीन बातें उल्लेख्य हैं : (1) शब्दान्त का 'अ' कम-से-कम मूल व्यंजन के बाद आने पर लुप्त हो गया। अर्थात् 'राम' का उच्चारण 'राम्' होने लगा। मानस के अनेक छन्द दोषपूर्ण हो जाएँगे यदि उनमें 'राम्' न पढ़कर 'राम' पढ़ा जाए। जैसे राम् राम् कहि राम् कहि राम् राम्। किन्तु 'भक्त' जैसे शब्दों में जहाँ अ के पूर्व संयुक्त व्यंजन था, 'अ' बना रहा। कुछ स्थितियों में अक्षरान्त 'अ' का भी लोप होने लगा था, (2) फारसी की शिक्षा की कुछ व्यवस्था तथा दरबार में फारसी भाषा का प्रयोग होने से उच्च वर्ग में तथा नौकरी-पेशा लोगों में फारसी

का प्रचार हुआ, जिसके कारण उच्च वर्ग के लोगों की हिन्दी में तुर्की-अरबी-फारसी के काफी शब्द प्रचलित हो गए और उन शब्दों के माध्यम से क़, ख़, ग़, ज़, फ़ ये पाँच नए व्यंजन हिन्दी में आ गए। (3) ह के पहले का अ कुछ स्थितियों में एँ जैसा उच्चरित होने लगा था। पांडुलिपियों में ऐसे 'अ' के स्थान पर 'ए' के प्रयोग से इस बात का अनुमान लगता है।

व्याकरण : व्याकरण के क्षेत्र में भी मुख्यतः तीन ही बातें उल्लेखनीय हैं : (1) आदिकालीन हिन्दी में अपभ्रंश के काफी रूपों का प्रयोग होता था। इस काल में हिन्दी भाषा व्याकरण के क्षेत्र में पूरी तरह अपने पैरों पर खड़ी हो गई। अपभ्रंश के रूप प्रायः हिन्दी से निकल गए। जो कुछ बचे थे, वे वह थे जिन्हें हिन्दी ने आत्मसात कर लिया था। (2) इस काल की भाषा, आदिकालीन भाषा की तुलना में और भी अधिक वियोगात्मक हो गई। संयोगात्मक रूप और भी कम हो गए। परसर्गों तथा सहायक क्रियाओं का प्रयोग और भी बढ़ गया। (3) उच्च वर्ग में फ़ारसी का प्रचार होने के कारण हिन्दी वाक्य-रचना फ़ारसी वाक्य-रचना से प्रभावित होने लगी थी। उदाहरण के लिए, हिन्दी की प्रारम्भिक परम्परा के अनुकूल 'सूर' में आता है : 'इन्द्र कह्यो मम करो सहाइ'। यहाँ 'कि' का प्रयोग नहीं है, किन्तु बाद में फ़ारसी शब्द 'कि' के प्रयोग से वाक्य बनने लगे। रामप्रसाद निरंजनी के 'भाषा योगवासिष्ठ' (1741 ई०) में आता है : 'वेद में एक ठौर कहा है कि जब लग जीवता रहे तब लग कर्म को करना।'

शब्द-भण्डार : शब्द-भण्डार की दृष्टि से ये दो-तीन बातें मुख्य हैं : (1) इस काल में आते-आते काफी शब्द फ़ारसी (लगभग 3500), अरबी (लगभग 2500), पश्तो (लगभग 50) तथा तुर्की (लगभग 125) से हिन्दी में आ गए और इन आगत विदेशी शब्दों की संख्या लगभग 6000 से ऊपर हो गई। फ़ारसी से कुछ मुहावरे और लोकोक्तियाँ भी आईं। (2) भक्ति-आन्दोलन के चरम बिन्दु पर पहुँचने के कारण तत्सम शब्दों का अनुपात भाषा में और भी बढ़ गया। (3) यूरोप से संपर्क होने के कारण कुछ पुर्तगाली, स्पेनी, फ्रांसीसी तथा अंग्रेजी शब्द भी इस काल के परवर्ती चरण में हिन्दी में आ गए।

साहित्य में प्रयोग : इस काल में धर्म की प्रधानता के कारण राम-स्थान की भाषा अवधी तथा कृष्ण-स्थान की भाषा ब्रज में ही विशेष रूप से साहित्य रचा गया। यों दक्खिनी, डिंगल, मैथिली और खड़ीबोली तथा उसकी उर्दू शैली में भी साहित्य-रचना हुई। इस काल के प्रमुख साहित्यकार जायसी, सूर, मीरा, तुलसी, केशव, बिहारी, भूषण, देव, बुरहानुद्दीन, नुस्रती, कुली-कुतुबशाह, मुल्ला वजही तथा वली आदि हैं।

(3) आधुनिक काल (1800 से अब तक)

ध्वनि : आधुनिककालीन हिन्दी में ध्वनि के क्षेत्र में चार-पाँच बातें उल्लेख्य

हैं : (1) आधुनिक काल में शिक्षा के व्यवस्थित प्रचार के कारण तथा प्रारम्भ में हिन्दी प्रदेश में अनेक क्षेत्रों में कचहरियों की भाषा उर्दू होने के कारण क़, ख़, ग़, ज़, फ़ जो मध्यकाल में केवल उच्च वर्गों के या फ़ारसी पढ़े-लिखे लोगों तक प्रचलित थे, इस काल में प्रायः 1947 तक सुशिक्षित लोगों में खूब प्रचलित हो गए, किन्तु स्वतन्त्रता के बाद स्थिति बदली है और अंग्रेजी में प्रयुक्त होने के कारण ज़, फ़ तो एक सीमा तक अब भी प्रयोग में हैं, किन्तु क़, ख़, ग़ के ठीक प्रयोग में कमी आई है। नई पीढ़ी, कुछ अपवादों को छोड़कर, इनके स्थान पर प्रायः क, ख, ग बोलने लगी है। हाँ, हिन्दी की उर्दू शैली में इन पाँचों का ठीक उच्चारण होता है। (2) अंग्रेजी शिक्षा के प्रचार के कारण कुछ बहुशिक्षित लोगों में ऑ (कॉलिज, डॉक्टर, ऑफ़िस, कॉफ़ी आदि में) ध्वनि भी हिन्दी में प्रयुक्त हो रही है। यों सामान्य लोग इसके स्थान पर आ का ही प्रयोग करते हैं। (3) अंग्रेजी शब्दों के प्रचार के कारण कुछ नये संयुक्त व्यंजन (जैसे ड्र) हिन्दी में प्रयुक्त होने लगे हैं (ड्राम, ड्रिल, ड्रेस, ड्रामा)। (4) स्वरों में ऐ, औ हिन्दी में आदिकाल में आए थे। उस समय इनका उच्चारण अए, अओ था, अर्थात् वे संयुक्त स्वर थे। आधुनिक काल में, मुख्यतः 1940 के बाद ऐ और औ की स्थिति कुछ भिन्न हो गई है। इस सम्बन्ध में तीन बातें उल्लेख्य हैं : (क) पश्चिमी हिन्दी क्षेत्र में अब ये मूल स्वर हो गए हैं। (ख) पूर्वी क्षेत्र में ये अए, अओ रूप में संयुक्त स्वर ही हैं। (ग) नैया, वैयाकरण, कौआ जैसे शब्दों में पश्चिमी तथा पूर्वी दोनों ही हिन्दी क्षेत्रों में ऐ, औ का उच्चारण क्रमशः संयुक्त स्वर अइ, अउ रूप में अर्थात् संस्कृत उच्चारण के समान होता है (5) मध्यकाल में अ का लोप शब्दांत में तथा कुछ स्थितियों में अक्षरांत में होना प्रारम्भ हुआ था। आधुनिक काल तक आते-आते यह प्रक्रिया पूरी हो गई। अब हिन्दी में उच्चारण में कोई भी शब्द अकारांत नहीं है। (6) व ध्वनि आदि तथा मध्यकाल में कुछ अपवादों को छोड़कर प्रायः द्वयोष्ठ्य रूप में उच्चरित होती थी, अब वह कुछ अपवादों को छोड़कर हिन्दी के काफी शब्दों में कम-से-कम पश्चिमी क्षेत्र में दन्तोष्ठ्य रूप में उच्चरित होती जा रही है। संभावना यह है कि द्वयोष्ठ्य व का प्रयोग धीरे-धीरे बहुत ही कम रह जाएगा या यह उच्चारण समाप्त हो जाएगा।

व्याकरण : व्याकरण की दृष्टि से निम्नलिखित बातें कही जा सकती हैं : (1) आदिकाल में हिन्दी की विभिन्न बोलियों के व्याकरणिक अस्तित्व का प्रारम्भ हो गया था, किन्तु काफी व्याकरणिक रूप ऐसे थे जो आसपास के क्षेत्रों में समान थे। मध्यकाल में उनके इस प्रकार के मिश्रण में काफी कमी हो गई थी। सूर, बिहारी, देव आदि की ब्रजभाषा तथा जायसी, तुलसी आदि की अवधी इस बात का प्रमाण है। आधुनिक काल तक आते-आते ब्रज, अवधी, भोजपुरी, मैथिली आदि कई बोलियों का व्याकरणिक अस्तित्व इतना स्वतन्त्र हो गया है कि यदि भाषा के रूप में सामाजिक स्वीकृति मिले तो बड़ी सरलता से उन्हें भाषा की संज्ञा दी जा सकती है। (2) हिन्दी प्रायः पूर्णतः

एक वियोगात्मक भाषा हो गई है। (3) प्रेस, रेडियो, शिक्षा तथा व्याकरणिक विश्लेषण आदि के प्रभाव से हिन्दी व्याकरण का रूप काफी स्थिर हो गया है। व्याकरण के इस स्थिरीकरण में आचार्य महावीर प्रसाद द्विवेदी का मुख्य हाथ रहा है। (4) कहा जा चुका है मध्यकाल में हिन्दी वाक्य-रचना एक सीमा तक फ़ारसी से प्रभावित हुई थी। आधुनिक काल में अंग्रेजी शिक्षा का प्रचार फ़ारसी की तुलना में कहीं अधिक हुआ है। साथ ही समाचार-पत्रों, रेडियो तथा सरकारी कामों में प्रयोग के कारण भी अंग्रेजी हमारे अधिक निकट आई है इसका परिणाम यह हुआ है कि हिन्दी भाषा वाक्य-रचना, मुहावरा तथा लोकोक्ति के क्षेत्र में अंग्रेज़ी से बहुत अधिक प्रभावित हुई है। अंग्रेज़ी ने विराम-चिह्नों के माध्यम से भी हिन्दी वाक्य-रचना को प्रभावित किया है। (5) इधर कुछ वर्षों से 'कीजिए' के लिए 'करिए', 'मुझे' के लिए 'मेरे को', 'मुझसे' के लिए 'मेरे से', 'तुझमें' के लिए 'तेरे में', 'नहीं जाता है' के स्थान पर 'नहीं जाता', 'नहीं जा रहा है' के स्थान पर 'नहीं जा रहा' जैसे नये रूपों तथा नई वाक्य-रचना का प्रयोग बढ़ता जा रहा है। अर्थात् हिन्दी भाषा रूप-रचना तथा वाक्य-रचना दोनों ही क्षेत्रों में परिवर्तित हो रही है।

शब्द-भण्डार : शब्द-भण्डार की दृष्टि से 1800 से अब तक के आधुनिक काल को मोटे रूप से छः-सात उपकालों में विभाजित किया जा सकता है। 1800 से 1850 तक का हिन्दी शब्द-भण्डार मोटे रूप से वही था जो मध्यकाल के अन्तिम चरण में था। अन्तर केवल यह था कि धीरे-धीरे अंग्रेजी के अधिकाधिक शब्द हिन्दी भाषा में आते जा रहे थे। 1850 से 1900 तक अंग्रेजी के और शब्दों के आने के अतिरिक्त आर्यसमाज के प्रचार-प्रसार के कारण तत्सम शब्दों का प्रयोग बढ़ा और कुछ पुराने तद्भव शब्द परिनिष्ठित हिन्दी से निकल गए। उदाहरण के लिए 'इंद्री' निकल गया और 'इन्द्रिय' आ गया, यद्यपि 'इन्द्री' का बहुवचन 'इन्द्रियाँ' अब तक चल रहा है। 1900 के बाद द्विवेदी काल तथा छायावादी काल में अनेक कारणों से तत्सम शब्दों का प्रयोग बढ़ना आरम्भ हो गया। प्रसाद, पंत, महादेवी वर्मा का पूरा साहित्य इस दृष्टि से दर्शनीय है। इसके बाद प्रगतिवादी आन्दोलन के कारण तद्भव शब्दों के प्रयोग में पुनः वृद्धि हुई तथा तत्सम शब्दों के प्रयोग में कुछ कमी हुई। 1947 तक लगभग यही स्थिति रही। 1947 के बाद शब्द-भण्डार में कई बातें उल्लेख्य हैं : (क) अनेक पुराने शब्द नये अर्थों में प्रचलित हो गए हैं। उदाहरण के लिए, 'सदन' शब्द राज्यसभा तथा लोकसभा के लिए प्रयुक्त हो रहा है—दोनों सदनों में इस बात पर बहस हुई। इस वाक्य में 'सदन' घर का पर्याय नहीं है जैसाकि पहले था। (ख) अभिव्यक्ति की आवश्यकताओं की पूर्ति के लिए अनेक (फिल्माना, आया राम गया राम, भाई-भतीजावाद, घुसपैठिया) नये शब्द बन गए हैं। साहित्य में नाटक, उपन्यास, कहानी, कविता की भाषा बोलचाल के बहुत निकट है, उसमें अरबी, फारसी तथा अंग्रेजी के जन-प्रचलित शब्दों का काफी प्रयोग हो रहा है, किन्तु आलोचना की भाषा

अब भी एक सीमा तक तत्सम शब्दों में काफी लदी हुई है। (ग) इधर हिन्दी को पारिभाषिक शब्दों की बहुत आवश्यकता पड़ी है, क्योंकि हिन्दी अब विज्ञान, वाणिज्य, विधि आदि की भी भाषा है। इसकी पूर्ति के लिए अनेक शब्द अंग्रेजी, संस्कृत आदि से लिये गए हैं तथा अनेक नये शब्द बनाए गए हैं। स्वतन्त्रता के पूर्व हिन्दी में मुश्किल से 5-6 हजार पारिभाषिक शब्द थे, किन्तु अब उनकी संख्या लगभग एक लाख से ऊपर है और दिनोंदिन उसमें वृद्धि होती जा रही है। हिन्दी शब्द-भण्डार अनेक प्रभावों को ग्रहण करते हुए तथा नये शब्दों से समृद्ध होते हुए दिनोंदिन अधिक समृद्ध होता जा रहा है जिसके परिणामस्वरूप हिन्दी अपनी अभिव्यंजना में अधिक सटीक, निश्चित, गहरी तथा समर्थ होती जा रही है।

साहित्य में प्रयोग : आधुनिक काल राजनीति का है। अतः भारतीय राजनीति के केन्द्र दिल्ली की भाषा खड़ीबोली, ब्रज, अवधी आदि को पीछे छोड़ प्रायः एकमात्र हिन्दी क्षेत्र की साहित्यिक अभिव्यक्ति का माध्यम और हिन्दी भाषा का प्रतिनिधि रूप बन गई है। अन्य बोलियों में यदि कुछ लिखा भी जा रहा है तो अपवादतः। यही खड़ीबोली हिन्दी हमारी राजभाषा है।

7

मानक हिन्दी खड़ीबोली और उसका उद्भव एवं विकास

आजकल सामान्य अर्थ में जिसे हिन्दी कहते हैं वह 'खड़ीबोली' है अर्थात् वह खड़ीबोली जो कौरवी बोली से भिन्न स्थान विशेष की बोली न होकर सभी बोली क्षेत्रों में 'मानक हिन्दी' के रूप में बोली जाती है इसलिए इस अर्थ में 'हिन्दी', 'खड़ीबोली', 'मानक हिन्दी' प्रायः पर्याय हैं। यह भाषा 'भारत की राजभाषा' है, कभी-कभी 'राष्ट्रभाषा' भी कही जाती है, और भारत की सम्पर्क भाषा भी है।

मानक हिन्दी 'खड़ीबोली' का आधार

यहाँ प्रारम्भ में ही एक प्रश्न उठता है कि मानक हिन्दी खड़ीबोली का आधार क्या कौरवी, अर्थात् मेरठ के आसपास बोली जाने वाली खड़ीबोली है? बीम्स, ग्रियर्सन, चटर्जी, धीरेन्द्र वर्मा आदि अधिकांश भाषाशास्त्रियों का मत यही है। कोलब्रुक इसका आधार कनौजी, इस्टविक तथा मुहम्मद हुसैन 'आजाद' ब्रजभाषा और मसऊद हसन ख़ाँ हरियानी को मानते हैं जहाँ तक 'कौरवी' का प्रश्न है, व्यंजन-द्वित्व (बेट्टा, जात्ता, खात्ता), स्वर-माध्यम ड, ढ (गाडी, पढाई), अनेक शब्दों में 'ल' के स्थान पर ळ (बाळक) आदि ऐसी बातें हैं जो खड़ीबोली (मानक हिन्दी) से मेल नहीं खातीं। इसी प्रकार कनौजी, ब्रजभाषा तथा हरियानी की अनेक ध्वन्यात्मक तथा व्याकरिणक विशेषताएँ मानक हिन्दी खड़ीबोली से मेल नहीं खातीं। अतः उपर्युक्त मतों में किसी भी एक को मानना कठिन है। मुझे ऐसा लगता है कि मुसलमान शासन पंजाब से होता हुआ आगरे में केन्द्रित हुआ और फिर दिल्ली आया। इस प्रकार पंजाबी, हरियानी, ब्रज और दिल्ली की खड़ीबोली—इन तीनों की विशेषताओं का मिश्रित रूप, जो दिल्ली में राजभाषा फारसी की कोमल छाया में विकसित हुआ, आज की मानक हिन्दी खड़ीबोली है, जिसकी तीन शैलियाँ (हिंदुस्तानी, उर्दू, हिन्दी) हैं। यों इसमें सन्देह नहीं

कि विभिन्न भाषाओं के मिश्रण के बावजूद इसमें प्राधान्य दिल्ली तथा उसके आसपास बोली जाने वाली कौरवी या खड़ीबोली का ही है किन्तु वह मेरठ की ग्रामीण खड़ीबोली से भिन्न है।

खड़ीबोली का विकास

ऊपर हम कह चुके हैं कि खड़ीबोली अपने मूल रूप में मात्र मेरठ की आसपास की कौरवी पर आधारित नहीं है, जैसा कि अधिकांश भाषाविज्ञानी मानते हैं, बल्कि यह एक मिश्रित बोली है, जिसमें प्रमुख बातें तो कौरवी की हैं, किन्तु साथ ही पंजाबी, बाँगरू, ब्रज के तत्त्व भी अपने मूल या परिवर्तित रूप में इसमें समाहित हैं। इस प्रकार यह मध्यदेश के भाषा-रूपों पर आधारित है और इसे उत्पत्ति की दृष्टि से शौरसेनी अपभ्रंश या उसके सन्धिकालीन रूप शौरसेनी अवहट्ठ से सम्बद्ध कर सकते हैं। खड़ीबोली में प्रयुक्त रूपों के बीज तो हमें प्राकृत-काल में ही मिलने लगते हैं। अपभ्रंश काल में आकर वे और स्पष्ट हो गए थे। उदाहरणार्थ, हम, हमारी, तू, जो, है, हो, कही, गए, के, का, आज, कैसे, जैसे रूप अपभ्रंश के अन्तिम काल में मिलने लगते हैं, यद्यपि उनका प्रयोग बहुत अधिक नहीं हुआ है। सन्धिकालीन तथाकथित अवहट्ठ की प्राकृत-पैंगलम् वर्णरत्नाकर, उक्ति-व्यक्ति-प्रकरण, संदेशरासक एवं कीर्तिलता आदि में भी खड़ीबोली के अनेक रूप हैं। यों उनमें कुछ विकसित हैं, और कुछ अविकसित। उदाहरणार्थ : परसर्ग—का, के। सर्वनाम—हम, हमारी, तू, तुम्हें, तुम्ह, जो, कोई, अपना। संख्यावाचक विशेषण—एक, दो, तीन, चार, पाँच, छः, सात, आठ, बारह, तेरह, सोलह, बाइस, सत्ताइस, अट्ठाइस, बत्तीस, चालीस, उनचास, सत्तर आदि। क्रिया : भूत—आए, भरे, गए, चले; वर्तमान—है, हो, हों। अव्यय—आज, जहाँ, तहाँ, जब, तब आदि।

खड़ीबोली का जन्म 1000 ई० के कुछ बाद का माना जा सकता है। इसके विकास के तीन काल हैं : आदिकाल (1100-1500); मध्यकाल (1500-1800); आधुनिक काल (1800 से अब तक)।

खड़ीबोली का आदिकालीन रूप गोरखनाथ, खुसरो, रामानन्द, कबीर, रैदास, नामदेव तथा बन्दानवाज आदि की रचनाओं में उपलब्ध है। ध्वनि की दृष्टि से प्रमुख उल्लेख्य बात यह है कि इस काल में अपभ्रंश की तुलना में दो ध्वनियाँ नई आ गईं : दो स्वर—ऐ, औ। रूप की दृष्टि से यह एक ओर तो अपभ्रंश के रूपों में आक्रांत थी, दूसरे इसके अपने सभी रूप विकसित नहीं हुए थे। उदाहरण के लिए 'भरिया', 'चलिया' जैसे रूप चलते थे। ये बाद में विकसित होकर आधुनिक रूप बने : भरिया > भर्या > भरा, चलिया > चल्या > चला। यह उल्लेख्य है कि पंजाबी में अब भी प्रथम दोनों रूप हैं, तथा कौरवी एवं बाँगरू में मध्यम। खड़ीबोली में मात्र तीसरा रूप है। इसका अर्थ यह भी हुआ कि तत्कालीन खड़ीबोली,

पंजाबी आदि के बहुत निकट थी। राजस्थानी एवं ब्रज से भी अनेक समानताएँ थीं। इसें यों भी कहा जा सकता है कि उस काल तक अभी पंजाबी, कौरवी, ब्रज तथा समीपस्थ राजस्थानी का पूर्ण विकास नहीं हुआ था, अतः आपसी अन्तर बहुत कम ही थे। आदिकालीन खड़ीबोली का शब्द-समूह, मुख्यतः तद्भव एवं देशज का था। तत्सम शब्द अपेक्षाकृत कम थे। पश्तो, तुर्की, अरबी, फारसी के शब्द भी कुछ आ गए थे।

खड़ीबोली के मध्यकाल का स्वरूप हमें गंग की 'चन्द छन्द वर्णन की महिमा', नानक, दादू, मलूकदास, रज्जब आदि सन्तों, रहीम के 'मदनाष्टक', आलम के 'सुदामाचरित्र', जटमल की 'गोरा-बादल की कथा', वली, सौदा, इंशा, नजीर आदि दक्खिनी एवं उर्दू के कवियों, कुतुबशतम (17वीं सदी), भोगलु पुरान (18वीं सदी) तथा सन्त प्राणनाथ के कुलजमस्वरूप आदि में मिलता है। ध्वनियों की दृष्टि से इस काल में अक्षरान्त अ (कुछ अपवादों को छोड़कर) समाप्त हो गया। अर्थात् राम का उच्चारण राम् होने लगा। सामान्य लोगों में तो नहीं, किन्तु पढ़े-लिखों की खड़ीबोली में, इस काल के अन्त तक क़, ख़, ग़, ज़, फ़ ये पाँच नये व्यंजन फ़ारसी से आ गए। फ़ारसी के प्रचलन के कारण ही इनका प्रवेश हुआ। रूपों की दृष्टि से खड़ीबोली अपभ्रंश आदि के रूपों से काफी मुक्त हो गई। यों अब भी नये रूपों के साथ कुछ पुराने रूप रहे थे। उदाहरणार्थ, सर्वनामों में एक ओर तुम, हम, हमारा जैसे नये रूप थे, तो दूसरी ओर तुम्ह, हम्हे, अम्हारा जैसे पुराने रूप भी थे। क्रियारूपों में भी यही स्थिति है। एक ओर करन्ता, चल्या जैसे प्राचीन रूप चल रहे थे तो दूसरी ओर करता, चला जैसे नये रूप। संयुक्त क्रियाओं का प्रयोग अभी तक अधिक नहीं था। फ़ारसी के प्रभाव के कारण 'कि' की सहायता से वाक्य बनने लगे थे। शब्दों में, इस काल के पूर्वार्द्ध में पश्तो, तुर्की, अरबी, फ़ारसी के काफ़ी शब्द आ चुके थे। कालान्त तक कुछ पुर्तगाली, डच, फ्रांसीसी और अंग्रेजी शब्द भी आ गए। प्रथम काल की तुलना में इस काल में धार्मिक जागरण के कारण तत्सम शब्द कुछ अधिक आ गए।

आधुनिक काल का आरम्भ ही खड़ीबोली की विशेष उन्नति से हुआ। प्रेस, समाचारपत्र, विज्ञान आदि के प्रचार ने इसके प्रयोग (विशेषतः गद्य) को बढ़ाया। ब्रज आदि धीरे-धीरे साहित्य क्षेत्र से हटने लगीं। 19वीं सदी के अन्त तक खड़ीबोली प्रमुखतः गद्य की भाषा थी, किन्तु उसके बाद पद्य पर भी इसका एकाधिकार हो गया। इस काल में आकर खड़ीबोली की हिन्दी-उर्दू दो स्पष्ट शैलियाँ हो गईं। उर्दू में तो खड़ीबोली का प्रयोग पद्य में भी बहुत पहले से हो रहा था, यद्यपि उस पर अन्य बोलियों का भी प्रभाव था।

लल्लूलाल ने अपनी रचनाएँ मध्य एवं आधुनिक काल के संधिस्थल पर की थीं। उनके साहित्य में प्रयुक्त खड़ीबोली के रूप से, हमें उस काल की आरम्भिक खड़ीबोली का स्पष्ट चित्र मिल सकता है, अतः यहाँ संक्षेप में उसे देख लेना अनावश्यक

न होगा। लल्लूलाल की खड़ीबोली में आज की प्रायः सभी ध्वनियाँ हैं। सभी स्वरों के अनुनासिक रूप भी हैं। उनके द्वारा प्रयुक्त परसर्ग हैं : ने, को, तईं, से, का, के, की, में। 'मेरे लिए' के लिए 'मेरे तईं' का प्रयोग है। सर्वनामों में मैं, हम, मेरा, मुझ, मुझी, तूं, तैंने, तुम्हें, तुझे, तुम, तेरा, तुम्हारा; आप, अपना; वह, वे, उस, उन, विहने (=उन्हें) तिन, उनने (उसने), विन्होंने (=उन्होंने) आदि है। संख्यावाचक शब्दों में, विशेष रूप से 1,00,00,000 के लिए 'करोड़' तथा 100 के लिए 'सौ' उल्लेख्य हैं। अव्ययों में आज प्रयुक्त होने वाले तो हैं ही साथ ही जद(= जब), तद(= तब), फेर(= फिर), सोंही(= सामने) भी हैं क्रिया रूपों में अनेक बातें उल्लेख्य हैं। धातुओं में 'ल्याना', 'बरसावना' जैसे प्रयोग (महा आनन्दकर नैनों से जल बरसावने लगा) भी हैं। दृढ़ाना जैसी नामधातुओं का भी प्रयोग हुआ है। प्रमुख कृदन्त ये हैं : **क्रियार्थक संज्ञा**–दौड़ना, बोलना आदि। **कर्तृवाचक संज्ञा**–इसमें वाला का प्रयोग नहीं है। लिवैया, रखैया, जैसे ऐया वाले रूप हैं। **वर्तमानकालिक कृदन्त**–चलना, खाना आदि। **भूतकालिक कृदन्त**–पलाया (भागा), आया, गया आदि। **पूर्वकालिक कृदन्त**–पुकार के, कह के, बैठकर, मारकर। अर्थात् -के और -कर दोनों हैं। केवल धातु का भी प्रयोग है; (जैसे 'इतना कह लोमस ऋषि ने एक चेले को बुला के कहा'। (कालों में सामान्य के अतिरिक्त कुछ ऐसे भी रूप हैं, जो आज से भिन्न हैं : जानूँ (जानता)हूँ, रहे हैं (रहते हैं), कहे है (कह रही है), भए (हुए), कीया (किया), हता (था), करा (किया), गाय रहे थे (गा रहे थे), किया चाहिए (करना चाहिए), डुबोऊँगा (डुबाऊँगा) संयुक्त क्रिया का प्रयोग पहले की तुलना में बढ़ गया है, किन्तु आज की तुलना में कम है। कुछ प्रयोग हैं : 'जाया चाहते हैं', 'पिलावे लगी', 'बुला भेजा', 'लगे चिंघाड़ने', 'ला दीजो' आदि।

इसका आशय यह है कि उस काल तक खड़ीबोली में एकरूपता नहीं आई थी। ब्रज, कौरवी आदि के वे प्रभाव भी अवशेष थे, जो बाद में निकल गए। किन्तु आगे जैसे-जैसे खड़ीबोली का गद्य में प्रयोग बढ़ता गया, इसमें शुद्धता एवं एकरूपता आती गई। महावीर प्रसाद द्विवेदी ने अपने काल में हिन्दी खड़ीबोली को नियमित एवं परिनिष्ठित रूप देने में अभूतपूर्व काम किया। अब रूप की दृष्टि से खड़ीबोली पूर्णतः अपने पैर पर खड़ी हो गई है। 'कृपया' जैसे कुछ संस्कृत रूप अपवाद हैं। इधर कुछ नई प्रवृत्तियाँ भी खड़ीबोली में आ रही हैं। उदाहरण के लिए बाँगरू, पंजाबी के प्रभाव के कारण 'मैंने जाना है' जैसे प्रयोग बढ़ने लगे हैं। सर्वनामों में कई कारकों के रूप सम्बन्ध के आधार पर बनने लगे हैं : मेरे को, मेरे से, मेरे में। 'हम जा रही हैं' के स्थान पर भी पुल्लिंग रूप 'हम जा रहे हैं' जैसे प्रयोग अधिक प्रचलित होते जा रहे हैं। सहायक क्रिया के प्रयोग की प्रवृत्ति कम हो रही है, विशेषतः अपूर्ण वर्तमान में–'मैं जा रहा हूँ' के स्थान पर 'मैं जा रहा।' 'मैं', 'तू' के स्थान पर बहुवचन 'हम', 'तुम' का प्रयोग बढ़ता जा रहा है। अंग्रेजी प्रभाव से एक नई ध्वनि ऑ (ऑफिस)

आ गई है। यों इसका प्रयोग केवल अंग्रेजीदाँ ही करते हैं। ऐ, औ संयुक्त स्वर आदिकाल में आए थे, किन्तु अब ये पुनः लुप्त हो रहे हैं और इनके स्थान पर अर्ध-विवृत स्वरों का प्रयोग होता जा रहा है।

आधुनिक काल में शब्द-समूह में भी विशेष परिवर्तन हुए हैं, और होते जा रहे हैं। इधर अंग्रेजी शब्द बहुत अधिक आए हैं, और वे हमारी भाषा के अंग बन गए हैं। सन् 1900 के बाद, छायावादी धारा में तत्सम शब्दों का प्रयोग बहुत बढ़ गया। इसका कारण सांस्कृतिक उत्थान, ब्राह्मसमाज, आर्यसमाज तथा बँगला प्रभाव आदि था। आगे चलकर इसका परिणाम यह हुआ कि गद्य का शब्द-भण्डार भी संस्कृतनिष्ठ हो गया। प्रगतिवादी आन्दोलन ने 1936 के बाद हमारी धारा गाँवों की ओर मोड़ी और उसके परिणामस्वरूप आंचलिक शब्द और मुहावरे साहित्यिक खड़ीबोली के अंग बनने लगे। इधर भारत की आजादी के बाद हमें पारिभाषिक शब्दों की विशेष आवश्यकता हुई है, अतः अनेक अन्तर्राष्ट्रीय शब्द अपनाए जा रहे हैं, नये शब्द बनाए जा रहे हैं, तथा भारत की अन्य भाषाओं से भी शब्द ग्रहण किए जा रहे हैं। इस प्रकार हमारा शब्द-समूह बहुत विकसित होता जा रहा है। अब तक हमारी भाषा पत्र-व्यवहार, समाचार-पत्र एवं साहित्य की ही भाषा थी, अब उसे विज्ञान, वाणिज्य, विधि आदि का भी माध्यम बनना है। अतः स्वभावतः उसकी अभिव्यंजना शक्ति में सर्वोन्मुखी विकास हो रहा है और वह दिनोंदिन सभी दृष्टियों से समर्थ एवं सम्पन्न होती जा रही है।

8

हिन्दी ध्वनियों का इतिहास

वैसे तो भारतीय भाषाओं के प्रसंग में ध्वनियों का इतिहास प्रायः वैदिक संस्कृत से ही प्रारम्भ करते हैं किन्तु इस इतिहास को और पीछे मूल भारोपीय भाषा तक भी ले जाया जा सकता है। मूल भारोपीय भाषा की ध्वनियों के बारे में काफी मतभेद है। मोटे हिसाब से उसमें इन ध्वनियों को माना जा सकता है :

स्वर

अति ह्रस्व : अ

ह्रस्व : अ, इ, उ, ऋ, लृ, ऍ, ओ॑, ऩ॑, म़॑

दीर्घ : आ, ई, ऊ, ॠ, ॡ, ए, ओ, ऩ, म़

(उल्लेख्य है कि ऩ, म़ आक्षरिक न, म थे जिनके ह्रस्व और दीर्घ दोनों रूपों का प्रयोग होता था।)

व्यंजन

स्पर्श : कंठ-तालव्य : क, ख, ग, घ, ङ (य-युक्त)

जिह्वामूलीय : क, ख, ग, घ, ङ

कंठोष्ठ्य : क, ख, ग, घ, ङ (व-युक्त)

(अर्थात् कवर्ग तीन थे। पहला क्य, ख्य, ग्य, घ्य, ङ्य और ऐसे ही अंतिम क्व, ख्व, ग्व, घ्व, ङ्व। दूसरा सामान्य था।)

दंत्य : त, थ, द, ध, न

ओष्ठ्य : प, फ, ब, भ, म

कंपनजात तालव्य : र

पार्श्विक दंत्य : ल

ऊष्म दंत्य : स, ज़

संदिग्ध ध्वनियाँ संघर्षी : ह़, ह, थ़, द़, ख़, ग़, झ़

आगे चलकर भारत-ईरानी तक आते-आते ध्वनियों में काफी परिवर्तन हुआ। मोटे रूप में भारत-ईरानी भाषा में (जो वैदिक और ईरानी की आदि जननी थी) ये ध्वनियाँ थीं–

स्वर

मूलस्वर–

ह्रस्व : अ, इ, उ

दीर्घ : आ, ई, ऊ

संयुक्त स्वर–

ह्रस्व : ऐ, औ

दीर्घ : आइ, आउ

व्यंजन

कंठ्य : क, ख, ग, घ, ङ

तालव्य : च, × , ज, झ, ञ

अपतालव्य : च, × , ज, झ, ञ

दंत्य : त, थ, द, ध, न

ओष्ठ्य : प, फ, ब, भ, म

संघर्षी : स़, ज़, श, झ़

अर्ध स्वर : य, व

आगे चलकर इन ध्वनियों में फिर परिवर्तन आया और वैदिक संस्कृत में आकर ध्वनियों की स्थिति काफी कुछ बदल गई। वैदिक ध्वनियों को लेकर थोड़े-बहुत विवाद के बावजूद मोटे रूप से ये ध्वनियाँ थीं–

स्वर

मूल : ह्रस्व अ, इ, उ, ऋ, लृ
दीर्घ आ, ई, ऊ, ॠ, लृ

संयुक्त : ए (अइ), ऐ (आइ), ओ (अउ), औ (आउ)

व्यंजन : क, ख, ग, घ, ड.
च, छ, ज, झ, ञ
ट, ठ, ड, ढ, ण, ळ, ळ्ह
त, थ, द, ध, न

प, फ, ब, भ, म
य, र, ल, व
स, ष, श
ह (( ), :)

शुद्ध नासिक्य ध्वनि : अनुस्वार

वैदिक 'अ' विवृत पश्च था। 'अ' 'आ' का स्थान एक ही था। दोनों में केवल मात्रा का अन्तर था। इसी कारण संधि में अ+अ = आ होता था। आज हिन्दी आदि आधुनिक आर्यभाषाओं में 'अ' 'आ' का स्थान एक नहीं है, अतः 'अ+अ = आ' वाला सिद्धांत आधुनिक आर्यभाषाओं के अनुकूल नहीं है। इ—ई तथा उ—ऊ में भी मात्रा का ही अन्तर था। ये क्रमशः संवृत अग्र तथा संवृत पश्च थे। इनकी सन्धियों के सम्बन्ध में भी उपर्युक्त बातें ही लागू होती हैं। ऊपर 'अ' को विवृत कहा गया है, किन्तु पश्चिम में कदाचित्, कुछ परिस्थितियों में इसका उच्चारण अर्ध-विवृत तथा अर्ध-संवृत भी था। वैदिक ए, ओ को चटर्जी (O. D. B. I., पृ0 240) मूल स्वर मानते हैं, किन्तु मेरे विचार में ऐ, औ की तरह ही, ये भी संयुक्त स्वर थे। ए, ओ, ऐ, औ के उच्चारण क्रमशः अइ, अउ, आइ, आउ थे। ॠ, ऋ का दीर्घ रूप था। इनका उच्चारण थोड़ा विवादास्पद है। परम्परागत रूप से 'ऋटुरषणां मूर्द्धा' में ऋ को मूर्द्धन्य कहा गया है, ऋक् तथा वाजसनेयी प्रातिशाख्य एवं कुछ अन्य ग्रन्थों में इसे जिह्वामूलीय (ऋत्वक्कौ जिह्वामूले) कहा गया है, किन्तु ये कदाचित् क्षेत्रीय उच्चारण थे। जैसा कि तैत्तिरीय आदि प्रातिशाख्यों में उल्लिखित है (जिह्वाग्र ऋकारर्कल्कारेषु वर्स्वेषूपसंहरति), तत्कालीन परिनिष्ठित उच्चारण में ये वर्त्स्य थीं। ऋ प्रकंपी (trilling) तथा ॠ प्रलंबित प्रकंपी (Prolonged trill) ध्वनि थी। ये आक्षरिक 'र' थीं। ऋक् प्रातिशाख्य के अनुसार ऋ का उच्चारण ¼अ + ½र + स अ था। ऌ को 'ऌतुलसानां दन्ताः' में दंत्य कहा गया है किन्तु यह भी वर्त्स्य ही थी। यह आक्षरिक ल् (bottle के ल से कुछ मिलती-जुलती) थी। इसका प्रयोग 'क्ऌप्' तक सीमित था। दीर्घ स्वर तो आज की भाँति अनुनासिक होते थे, किन्तु कदाचित् ह्रस्व स्वर नहीं। हाँ, अनुस्वार अवश्य उनके बाद भी आता था। 'कवर्ग' आज की तुलना में कुछ और पीछे से उच्चरित होता था। 'चवर्ग' को मैकडौनेल, चटर्जी, वर्मा आदि ने स्पर्श माना है, किन्तु मेरे विचार में, वैदिक काल में ही इसमें स्पर्श-संघर्षी की प्रवृत्ति आने लगी थी, यद्यपि यह शुद्ध स्पर्श-संघर्षी नहीं था। अवेस्ता के प्रसिद्ध वैयाकरण जैकसन ने अवेस्ता च, ज को भी स्पर्श माना है, किन्तु जहाँ तक मैं समझता हूँ, वहाँ भी यह ध्वनि संघर्ष से पूर्णतः शून्य नहीं थी। बल्कि वैदिक की तुलना में अवेस्ता एवं प्राचीन फ़ारसी में तो इन ध्वनियों के पूर्ण स्पर्श-संघर्षी होने की ही सम्भावना

अधिक है। ष् तथा टवर्ग प्रतिवेष्टित मूर्द्धन्य थे। आज की तुलना में इनका स्थान और ऊपर था। बल्कि यह कहना अधिक अच्छा होगा कि शुद्ध मूर्द्धन्य ये तभी थे। अब तो ये दोनों कुछ नीचे चले आए हैं। 'लृतुलसाना दन्ताः' में त्, थ्, द्, ध्, न्, ल्, स् को दंत्य कहा गया है किन्तु ये सभी तथा र् (जिसे मूर्द्धन्य कहा गया है) परिनिष्ठित उच्चारण में वस्तुतः वर्त्स्य या कभी-कभी दन्तमूलीय थे। र् प्रकंपी था, यों उसके कभी-कभी उत्क्षिप्त या लुंठित उच्चरित होने की भी सम्भावना है। दीर्घ र् केवल प्रकंपी ही होता था। श् आज की तुलना में कुछ और पीछे अर्थात् मूर्द्धा के पार्श्ववर्ती तालु प्रदेश से उच्चरित होता था। चवर्ग का भी स्थान वही था। कवर्ग पीछे होता हुआ भी, उससे बहुत दूर नहीं था, इसी कारण इन ध्वनियों में प्रायः परिवर्तन मिलता है : दिश्–दिक्, वाच्–वाक्, विश्–विट् (बनिया), तादृश्य–तादृक्, प्रावृष–प्रावृट् (वर्षा ऋतु), द्विष्–द्विट् (शत्रु) मुच्–मुक् इत्यादि। इस सम्बन्ध में मेरा एक अनुमान और है। जहाँ तक कवर्ग एवं चवर्ग का प्रश्न है, मेरे विचार में ये दोनों पूर्व वैदिक या वैदिक के आरम्भिक काल में पास-पास से उच्चरित होते थे। अर्थात् चवर्ग का स्थान कवर्ग एवं टवर्ग वे बीच में था, इस कारण भी इनमें आपसी परिर्वतन मिलते हैं। इस अनुमान के लिए दो आधार हैं। एक तो यह कि नागरी लिपि में चवर्ग का स्थान कवर्ग एवं टवर्ग के बीच में है, जो कदाचित् उच्चारण की उस पुरानी परम्परा का ही यह अवशेष है। दूसरे, मूल भारोपीय कवर्ग ही कालान्तर में चवर्ग हो गया था, इससे भी चवर्ग के कवर्ग के समीपवर्ती होने का अनुमान लगता है। यदि मेरा यह अनुमान ठीक है तो, इसका आशय यह हुआ कि चवर्ग पहले तालव्य नहीं था, बाद में आगे हटने से तालव्य हुआ, और अब तो, और भी आगे खिसक आया है। ऊपर हम लोग श् के उच्चारण-स्थान की बात कर रहे थे। इसका उच्चारण आज जैसा शीत्कारयुक्त न होकर श्–ख़ के बीच में होता था। इसका स्थान मूर्द्धन्य प्रदेश के समीप होने से ही प् के साथ भी इसका परिवर्तन मिलता है। कोश–कोष। वस्तुतः प्रारम्भ में ष एक स्वतन्त्र ध्वनि थी भी नहीं। भारत-ईरानी की विशेष श् ध्वनि ही वैदिक में आकर ष् रूप में विकसित हो गई। ऊपर श् के ख़ के समीप उच्चरित होने का संकेत किया जा चुका है। आगे चलकर कुछ वैदिक शाखाओं में ष् के ख् रूप में उच्चरित होने के पीछे इसी का हाथ था। परवर्ती काल में श् आगे खिसककर वर्त्स्य के समीप आ गया। वर्त्स्य स् के साथ इसका परिवर्तन (कोसल-कोशल, वशिष्ठ-वसिष्ठ) तभी से प्रारम्भ हुआ। पूर्वी एवं पश्चिमी हिन्दी प्रदेश में या अन्यत्र भी श् का स् में परिवर्तन (देश-देस आदि) उसी परम्परा की देन है। ह् घोष था, और विसर्ग उसी का अघोष रूप था। जिह्वामूलीय तथा उपध्मानीय, विसर्ग के ही क्रमशः क्-ख् एवं प्-फ् के पूर्व आने वाले, ख़्, फ़्, जैसे उच्चरित होने वाले रूप थे : अन्त : करण, दुःख, पुनः-पुनः, अन्तःपुर। व् तीन थे–शुद्ध अर्धस्वर (द्वयोष्ठ्य),

द्वयोष्ठ्य संघर्षी तथा दन्तोष्ठ्य संघर्षी। संघर्षी व् को व्व लिखते थे तथा कदाचित् 'गुरु व्' कहते थे (गुरुव्वकारो विज्ञेयः पदादौ पठितो भवेत्—माध्यन्दिनी शिक्षा 2. 6)। अर्ध स्वर य् का भी एक संघर्षी रूप था। कार्य्य, सूर्य्य में यही 'य्' था। 'य्' और 'ष्' का उच्चारण सामान्यतः तो 'य्' 'ष्' ही होता था, किन्तु कहीं-कहीं 'ज' तथा 'ख' भी होता था। 'य' के सम्बन्ध में माध्यन्दिनी शिक्षा में कहा गया है (पदादौ विद्यमानस्य ह्यसंयुक्तस्य यस्य च, आदेशो हि जकारः स्यात् युक्तः सन् हरणेन तु। रेफेनाथ हकारेण युक्तस्य सर्वथा भवेत्, यकारर्कारयुक्तस्य जकारः सर्वथा भवेत) कि आद्य असंयुक्त तथा र्, ह् से संयुक्त 'य्', 'ज' हो जाता है। इसी प्रकार 'ष्' के सम्बन्ध में केशवी शिक्षा में आता है : 'षः खष्टुमृते च' अर्थात् टवर्ग से संयोग न हो तो 'ष्' का उच्चारण 'ख' होता है। माध्यन्दिनी में भी (षकारस्य खकारः स्याट्टुकयोगे तु नो भवेत) यही बात कही गई है। उच्चारण की ये दोनों प्रवृत्तियाँ यजुर्वेद शाखा के उच्चारण में तो हैं ही, ऋक् आदि अन्यों में भी कदाचित् प्रभावस्वरूप मिलती हैं। इनका प्रारम्भ सम्भवतः पूर्वी प्रदेश में हुआ था। 'य्' के 'ज' उच्चारण के पीछे उसके संघर्षी उच्चारण का हाथ है। मेरे विचार में 'य' का जो 'ज' उच्चारण था, वह तत्कालीन सामान्य 'ज' से थोड़ा भिन्न था। सामान्य 'ज' तो थोड़े अन्तर से प्रायः स्पर्श था, किन्तु य वाला 'ज्' स्पर्श-संघर्षी था। जैसा कि पीछे संकेत किया जा चुका है 'ष्' के 'ख़्' उच्चारण के पीछे 'ष्' के 'ख़्' जैसे उच्चारण का हाथ था। मध्ययुगीन पोथियों में 'ख' के स्थान पर 'ष' के प्रयोग में इस 'ष' के 'ख' उच्चारण की परम्परा के अतिरिक्त 'ख' में 'र व' के भ्रम को बचाने के प्रयास का भी हाथ था। गुरुमुखी में तो अब भी ख के लिए ष (R) का ही प्रयोग चलता है। यह भी इन्हीं बातों की देन है। ळ्, ळ्ह् को मैकडॉनेल ने स्पर्श कहा है तथा कुछ लोगों ने उत्क्षिप्त, किन्तु मेरे विचार में ये प्रतिवेष्टित पार्श्विक थे। स्वर-मध्यग ड्, ढ् इन रूपों में आते थे। अर्थात् ये उपस्वन थे। अनुस्वार शुद्ध नासिक्य ध्वनि थी। कुछ प्रातिशाख्यों में इस बात के प्रमाण हैं कि इनके मेल से स्वर (कम से कम दीर्घ) अनुनासिक रूप में उच्चरित होने लगे थे। जैसे कवर्ग के पहले ङ या चवर्ग के पहले ञ अर्थात् वर्गों के साथ सम्बद्ध पंचम नासिक्य व्यंजन आते थे, उसी प्रकार य्, र्, ल्, व्, श्, ष्, स्, ह् के पूर्व अनुस्वार आता था। सुविधा की दृष्टि से बाद में बिन्दु ने इन सभी का स्थान ले लिया। प्रकृतितः वैदिक में तथा लौकिक में भी अनुस्वार (स्वर के बाद आने वाला) पूर्ववर्ती स्वर का अनुनासीकृत प्रलंबित रूप था। अनुस्वार के उच्चारण में हवा केवल नाक से निकलती थी अर्थात् 'संस्कृत' का उच्चारण था 'सअँस्कृत' या 'संसार' का उच्चारण था 'सअँसार'। आजकल वेदपाठी अनुस्वार का उच्चारण 'ग्वुम्', 'ग्वम्' या ग्वं' आदि रूपों में करते हैं, जो अशुद्ध है। संघर्षी व़, :, ( ) उपस्वप्न थे।

संस्कृत ध्वनियाँ

स्वर : मूल

	अग्र	मध्य	पश्च
संवृत	ई, इ		ऊ, उ
अर्धसंवृत			
अर्धविवृत	ए	अ	ओ
विवृत			आ

संयुक्त स्वर : ऐ, औ

स्थान / प्रयत्न	द्वयोष्ठ्य	दंतोष्ठ्य	दंत्य	वर्त्स्य-दंतमूलीय	तालव्य	मूर्द्धन्य	कंठ्य	स्वरयंत्र-मुखी
स्पर्श	प् फ् ब् भ्		त् थ् द् ध्		च् छ् ज् झ्	ट् ठ् ड् ढ्	क् ख् ग् घ्	
नासिक्य	म्			न्	ञ्	ण्	ङ्	
पार्श्विक				ल्		ळ्, ळ्ह्		
प्रकंपी				र्				
संघर्षी		व्		स्	श्	ष्		विसर्ग (:) ह्
अर्धस्वर	व्				य्			

अनुस्वार

वैदिक में अ-आ, इ-ई, उ-ऊ के स्थान एक थे, केवल मात्रा में भेद था, किन्तु लौकिक तक आते-आते इनके स्थान भी एक-दूसरे से अलग होने लगे थे, यद्यपि वैयाकरणों ने पुराने उच्चारण पर आधारित परम्परागत मान्यता ही अपने ग्रन्थों में दी। 'आ' तो प्रायः अपने स्थान पर ही विवृत रहा, किन्तु 'अ' अर्धविवृतता की ओर बढ़ने लगा था। पश्चिमोत्तरी भारत तथा मध्य देश में तो यह मध्यस्वर हो गया किन्तु मागधी क्षेत्र में यह और आगे बढ़कर अग्र की ओर अग्रसर हो रहा था। इसी कारण आगे चलकर मागधी में प्रथमा एकवचन -अः का विकास -ए में हो गया। 'इ', 'उ' अपने दीर्घ रूपों से कुछ नीचे खिसक आए। ऋ, ॠ, लृ लेखन में तो थे, किन्तु इनका उच्चारण प्रायः रि, री, ल्रि हो चुका था, अर्थात् इनका स्वर-रूप प्रायः समाप्त हो

गया था। वैदिकी के संयुक्त स्वरों–ए, ऐ, ओ, औ–में ए, तो मूल स्वर हो गए, और ऐ, औ का उच्चारण आइ, आउ से बदलकर वैदिकी के ए, ओ के उच्चारण जैसा अर्थात् क्रमशः अइ, अउ हो गया। ए, ओ मूल स्वर आज तो अर्धसंवृत हैं, किन्तु लौकिक संस्कृत के काल में ये और नीचे अर्थात् अर्धविवृत थे। चवर्ग अपने पुराने स्थान (मूर्द्धा के समीप) से कुछ आगे आ गया, साथ ही उसकी प्रकृति स्पर्श से स्पर्श-संघर्षी की ओर और खिसक आई, यद्यपि वह उस समय तक स्पष्टतः एवं पूर्णतः स्पर्श-संघर्षी नहीं हुआ था। त्, थ्, द्, ध् ध्वनियाँ वैदिकी की तुलना में आगे आकर दंत्य हो गईं। तत्कालीन अनेकानेक ग्रन्थों में इन्हें दंत्य कहा गया है। इन ग्रन्थों में ल्, न्, स् को भी दंत्य कहा गया है, किन्तु मेरे विचार में ये ध्वनियाँ शुद्ध दंत्य नहीं थीं। ये वर्त्स्य एवं दंतमूलीय थीं। जिह्वामूलीय, उपध्मानीय का सामान्य लोगों में उच्चारण नहीं होता था, ये विद्वानों तक सीमित थे। विसर्ग का अघोष उच्चारण भी कदाचित् पढ़े-लिखे लोगों में ही था। अन्य लोग इसे घोष बोलते थे। यद्यपि यह घोषत्व आदि या स्वर-मध्यग ह् जैसा प्रबल नहीं था। ळ्, ळ्ह् का प्रयोग संस्कृत के लिखित रूप में नहीं मिलता। उस काल के पंडितों के संस्कृत के उच्चारण में ये ध्वनियाँ नहीं थीं, किन्तु जन-भाषा में ये थे, जैसा कि पालि में इनके प्रयोग से स्पष्ट है।·यों दक्षिणी भारत में संस्कृत में भी ये रहे होंगे। श्, ष्, स् तीनों थे। कुछ स्थानों पर ष का उच्चारण ख होता था। सामान्य लोगों में प्रमुखतः उत्तरी भारत में ष् मूर्द्धन्य से कुछ और आगे आ रहा था, इसी कारण आगे चलकर उसकी सत्ता, उच्चारण में श से अलग नहीं रही। धीरे-धीरे श्-ष्-स् तीनों के उच्चारण-स्थान समीप होते जा रहे थे। पश्चिमोत्तरी भारत अपवाद था। वहाँ तीनों के स्थान स्पष्टतः दूर-दूर थे। 'श्' का उच्चारण अब पहले जैसा श-ख़ के बीच से नहीं था, अपितु 'श' हो गया था। अनुस्वार अब भी शुद्ध नासिक्य ध्वनि था। व उपस्वन था।

पालि ध्वनियाँ

स्वर

	अग्र	मध्य	पश्च
संवृत	ई, इ		ऊ, उ
अर्धसंवृत			
अर्धविवृत	ए, ऍ	अ	ओ (औ)
विवृत			अ

व्यंजन

स्थान प्रयत्न	द्वयोष्ठ्य	दंतोष्ठ्य	दंत्य	वर्त्स्य	तालव्य	मूर्द्धन्य	कंठ्य	स्वरयंत्र- मुखी
स्पर्श	प् फ् ब् भ्		त् थ् द् ध्		च् छ् ज् झ्	ट् ठ् ड् ढ्	क् ख् ग् घ्	
नासिक्य	म्			न्	ञ्	ण्	ङ्	
पार्श्विक				ल्		ळ्, ळ्ह्		
प्रकंपी				र्				
संघर्षी		व्		स्				ह्
	अर्धस्वर	व्				य्		

अनुस्वार (जिसे 'निग्गहीत' कहते थे)

अ-आ, इ-ई, उ-ऊ के स्थान में और स्पष्ट भेद हो गया। 'अ' अर्धविवृत मध्य स्वर था। पूर्वी प्रदेश में 'अ' इतना अग्र हो गया कि उसका उच्चारण ए के समीप हो गया था। ऋ, ॠ, लृ संस्कृत काल में ही उच्चारित नहीं होती थीं। पालि काल में वे पालि-लेखन से भी निकल गईं। यद्यपि तत्कालीन संस्कृत-लेखन में इनका प्रयोग होता रहा। पालि में संयुक्त स्वर पूर्णतः समाप्त हो गए। ऐ, औ क्रमशः मूल स्वर ए, ओ में मिल गईं। संस्कृत काल की तुलना में ए, ओ कुछ और संवृत हो गए, किन्तु अभी तक ये अर्धसंवृत नहीं हुए थे। इस काल में मात्रा-नियम (law of Mora) के कारण ह्रस्व ऍ और ह्रस्व ओ का विकास हो गया। ये दीर्घ व्यंजनों के पूर्व आते थे, अर्थात् उपस्वन थे। पालि काल के अन्त तक आते-आते च्, छ्, ज्, झ् प्रायः स्पर्श-संघर्षी हो गए थे। यह प्रवृत्ति मागधी प्रदेश में पहले आई तथा पश्चिम में बाद में, जिह्वामूलीय, उपध्मानीय तथा विसर्ग समाप्त हो गए। ल्, न्, स्, र् वर्त्स्य थे। ळ्, ळ्ह् का प्रयोग होता था। पालि में तो एक ही 'स्' था, अर्थात् मध्य देश में श्, ष् दोनों के उच्चारण 'स' के स्थान के पास होने लगे थे, इसी कारण ये दोनों 'स' में समाहित हो गए, किन्तु अन्य स्रोतों से पता चलता है, कि उस काल में पूरब में केवल 'श' था, अर्थात्, उधर 'ष' 'स' का स्थान 'श' की ओर खिसक गया था, जिसके परिणास्वरूप मात्र 'श' प्रयुक्त होता था तथा पश्चिमोत्तरी भारत में तीनों श्, ष्, स् सुरक्षित थे। अर्थात् उधर इनके स्थान में विशेष परिवर्तन नहीं हुए। पालि साहित्य में मात्र 'स' मिलता है। पालि काल की समाप्ति तक स्वर मध्यम ड्, ढ् का स्पर्श उच्चारण शिथिल होने लगा था, और इस तरह इनके उत्क्षिप्त उच्चारण के बीज पड़ चुके थे। य्, व् के संघर्षी रूप भी प्रयुक्त होते थे। दंत्योष्ठ्य व् भी

था। य् का ज् उच्चारण भी होता था। इस य् के ज् होने का संयुक्त व्यंजनों पर यह प्रभाव पड़ा कि 'त्य्' का 'त्ज्' होते 'च्च्' हो गया तथा 'द्य्' का 'द्ज्' होते 'ज्ज्'। यह प्रवृत्ति पश्चिमोत्तर में तथा मध्यभारत में विकसित हुई। मागधी क्षेत्र में बाद में प्रभावस्वरूप आई। मूलतः मागधी क्षेत्र में 'त्य' के 'तिय' और 'द्य' के 'दिय' होने की प्रवृत्ति थी। 'अनुस्वार' भी पालि में था, और इसे 'निग्गहीत' (निर्गृहीत, अर्थात् करण (नासिका-विवर) को निर्ग्रह कर, अर्थात् भरकर उच्चारण किया जाने वाला) अथवा 'बिन्दुसरानुग' (बिन्दुस्वरानुग, वह बिन्दु जो स्वर के बाद (अनु) आवे, अर्थात् अनुस्वार) कहते थे। इसका उच्चारण वैदिक जैसा ही था।

प्राकृत ध्वनियाँ

स्वर

	अग्र	मध्य	पश्च
संवृत	ई, इ		ऊ, उ
अर्धसंवृत	ए (ऍ)		ओ (ओ˘)
अर्धविवृत		अ	
विवृत			आ

व्यंजन

स्थान / प्रयत्न	द्वयोष्ठ्य	दंतोष्ठ्य	दंत्य	वर्त्स्य	तालव्य	मूर्द्धन्य	कोमल तालव्य	स्वरयंत्र-मुखी
स्पर्श	प् फ् ब् भ्		त् थ् द् ध्		च् छ् ज् झ्	ट् ठ् ड् ढ्	क् ख् ग् घ्	
नासिक्य	म्			न्	ञ्	ण्	ङ्	
पार्श्विक				ल्		ळ्, ळ्ह्		
प्रकंपी				र्				
संघर्षी		व़्		स्	श्	ष्		
अर्धस्वर	व्				य्			

अ, आ, इ, ई, उ, ऊ, ह्रस्व ए, दीर्घ ए, ह्रस्व ओ, दीर्घ ओ ध्वनियाँ लगभग आज जैसी थीं। ए, ओ, अर्धविवृत से अर्धसंवृत हो गए थे। पूरब में 'अ' अग्र होने के बाद फिर मध्य की ओर बढ़ने लगा था। कवर्ग कुछ नीचे आ गया था। च्, छ्, ज्, झ् कुछ-कुछ स्पर्श-संघर्षी जैसे उच्चरित होने लगे थे स्वरमध्यग स्थिति में ड़, ढ़

का उच्चारण कुछ-कुछ ड़्, ढ़् होने लगा था। यद्यपि लेखन में इनके लिए अलग अक्षर नहीं थे। ञ्ह्, ण्ह्, न्ह्, म्ह्, ल्ह् प्रयुक्त होते थे किन्तु ये, ञ्, ण्, न्, म्, ल् के महाप्राण न होकर संयुक्त व्यंजन थे। ळ् था किन्तु वर्तमान ब्रज, बुन्देली, पूर्वी हिन्दी, बिहारी तथा बंगाली-आसामी के तत्कालीन क्षेत्र से इसका प्रयोग कम होता जा रहा था। पहले 'ळ्' का प्रयोग केवल स्वर मध्यग 'ड्' के लिए होता था, किन्तु अब स्वर मध्यग तथा अंत्य 'ल' के लिए भी यह प्रयुक्त होने लगा था। यों उच्चवर्ग में यह प्रवृत्ति कदाचित् कम थी। इसीलिए साहित्य में नहीं है और न लेखन में। व के द्वयोष्ठ्य तथा दंतोष्ठ्य दोनों रूप थे। प्राकृत काल के आरम्भ में टवर्ग के अतिरिक्त अन्य चारों वर्गों के तृतीय एवं चतुर्थ वर्ग कुछ समय के लिए संघर्षी रूप में उच्चरित होने लगे थे। इसी रूप में अल्पप्राण का लोप हुआ था तथा महाप्राण ह में परिवर्तित हुए थे :

सकल > सगल > सग़ल > सअल, मुख > मुघ > मुघ़ > मुह। मध्य देश में स था, पूरब में मागधी क्षेत्र में श और पश्चिम भारत में ण।

अपभ्रंश ध्वनियाँ

स्वर

	अग्र	मध्य	पश्च
संवृत	ई, इ		ऊ, उ
अर्धसंवृत	ए (ऍ)		ओ (ओॅ)
अर्धविवृत		अ	
विवृत			आ

व्यंजन

स्थान / प्रयत्न	द्वयोष्ठ्य	दंतोष्ठ्य	दंत्य	वर्त्स्य	तालव्य	मूर्द्धन्य	कोमल तालव्य	स्वरयंत्र-मुखी
स्पर्श	प् फ् ब् भ्		त् थ् द् ध्		च् छ् ज् झ्	ट् ठ् ड् ढ्	क् ख् ग् घ्	
नासिक्य	म् म्ह्			न् न्ह्	ञ्	ण् ण्ह्	ङ्	
पार्श्विक				ल्		ळ		
प्रकंपी				र्				
संघर्षी		व्		स्	श्			ह्
अर्धस्वर	व्				य्			

अपभ्रंश काल तक आते-आते क्षेत्रीय भेद पर्याप्त हो गए थे। यहाँ हमारा सम्बन्ध हिन्दी-प्रदेश से है, अतः शौरसेनी, कौसली या अर्धमागधी तथा पश्चिमी मागधी की ध्वनियाँ ही यहाँ विचारणीय हैं। सामान्यतः अपभ्रंश में भी वही ध्वनियाँ थीं, जो प्राकृत में थीं। 'अ' प्रायः पूरे हिन्दी क्षेत्र में अर्धविवृत मध्य स्वर था। 'ळ' पश्चिमी क्षेत्र (वर्तमान शब्दावली में पहाड़ी, खड़ीबोली या कौरवी, बाँगरू, कुछ राजधानी क्षेत्र) में ही था। पूर्वी हिन्दी या बिहारी क्षेत्र में नहीं। मध्यदेश में 'स्' था और पूरब में 'श्' किन्तु मध्यदेश के प्रभाव के कारण पूरब में भी 'श्' के स्थान पर भी 'स्' आने लगा था। इस प्रकार मागधी की श् वाली प्रवृत्ति बिहारी से निकलने लगी थी। र-ल के सम्बन्ध में भी यही बात थी। बिहारी में 'र' के स्थान पर 'ल' होने की प्रवृत्ति समाप्त हो रही थी, और 'ल्' के स्थान पर भी 'र्' होने की पश्चिमी प्रवृत्ति उसमें तथा पूर्वी हिन्दी के क्षेत्र में आ रही थी, जो आज भी (हल > हर, फल < फर) दृष्टिगत होती है। दंतोष्ठ्य संघर्षी व् भी था।

हिन्दी की ध्वनियाँ

प्राचीनकालीन ध्वनियाँ

स्वर : मूल—अपभ्रंश के ही।
संयुक्त—ऐ, औ (नवीन विकास)

व्यंजन : अपभ्रंश के ही।

अपभ्रंश ध्वनियों की तुलना में इस काल में केवल यही परिवर्तन हुआ कि ऐ और औ दो संयुक्तस्वर अस्तित्व में आ गए। पालि-प्राकृत की तरह अपभ्रंश में भी ये संयुक्त स्वर नहीं थे। डॉ० धीरेन्द्र वर्मा ने संघर्षी 'व्' को इस काल की नई ध्वनि माना है, मेरे विचार में यह ध्वनि पहले से चली आ रही थी। तत्सम शब्दों के आगमन से श का प्रयोग इस काल में बढ़ने लगा था—विशेषतः शिक्षित वर्ग में। इस काल के अन्तिम चरण में ड, ढ से अलग, अक्षर रूप में ड़, ढ़ (बिन्दु जोड़कर) प्रयुक्त होने लगे थे।

मध्ययुगीन ध्वनियाँ

व्यंजनों में, इस युग के अन्त तक, फारसी के अत्यधिक प्रचार से शिक्षित वर्ग के लोग में अरबी, फारसी, तुर्की शब्दों के माध्यम से क़, ख़, ग़, ज़, फ़, ये पाँच नई ध्वनियाँ आ गईं। सामान्य लोगों की भाषा इनके स्थान पर क, ख, ग, ज, फ का प्रयोग होता था। बिहारी क्षेत्र में ड़् का महाप्राण ड़् ह् भी इस काल में प्रयोग में आ गया। इस प्रकार हिन्दी और उसकी प्रदेश की बोलियों में इस काल में ये 6 नवीन ध्वनियाँ प्रयुक्त होने लगीं।

आधुनिक ध्वनियाँ

आगे हिन्दी की वर्तमान ध्वनियों का सविस्तर विवेचन किया जाएगा। यह केवल यह उल्लेख्य है कि इस काल में अंग्रेजी के अत्यधिक प्रचार के कारण एक नई स्वर-ध्वनि ऑ (कॉलिज, ऑफिस) का प्रयोग (20वीं सदी प्रथम चरण से) होने लगा, तथा हिन्दी-प्रदेश के पश्चिमी भाग में इधर कुछ वर्षों (20वीं सदी दूसरे भाग) से ऐ, औ संयुक्त स्वर, मूल स्वर रूप में (विवृत ए, विवृत ओ) उच्चरित होने लगे हैं। ऋ, ष लेखन में हैं, किन्तु इनका उच्चारण रि, श होता है। चवर्ग, टवर्ग कुछ और आ गए हैं। ण का उच्चारण कई क्षेत्रों में बहुत कुछ ड़ँ के समान होने लगा है। ञ् प्रायः यूँ या न् जैसा उच्चरित होता है, यद्यपि इनका स्थान न् से भिन्न है। ङ् का प्रयोग इधर कुछ बढ़ा है। बहुत से लोग मीटिंग, बाँग जैसे शब्दों का उच्चारण मीटिङ्, बाँङ् जैसा करने लगे हैं, विशेषतः पूर्वी क्षेत्र में। भोजपुरी, मगही आदि क्षेत्रों में ङ् का महाप्राण ङ् ह् भी प्रयुक्त होता है। इसी प्रकार ण्ह् आदि भी कुछ बोलियों में हैं।

हिन्दी ध्वनियों का विवरण

आधुनिक काल में हिन्दी में यदि बोलियों की बात छोड़ दें तो प्रमुखतः निम्नांकित ध्वनियों का प्रयोग होता है।

स्वर : अ, आ, इ, ई, उ, ऊ, ए, ऐ, ओ, औ।

व्यंजन : क्, ख्, ग्, घ्, ङ्, च्, छ्, ज्, झ्, ञ्, ट्, ठ्, ड्, ढ्, ण्,
त्, थ्, द्, ध्, न्, न्ह्, प्, फ्, ब्, भ्, म्, म्ह्, य्, र्, रह्, ल्, ल्ह्,
व्, श्, (ष्), स्, ह्, ड़्, ढ़्, क़्, ख़्, ग़्, ज़्, फ़्

इन स्वरों और व्यंजनों को उच्चारण-विषयक विशेषताओं के आधार पर यों रखा जा सकता है–

स्वर

	अग्र	मध्य	पश्च
संवृत	ई, इ		ऊ, उ
अर्धसंवृत	ए		ओ
अर्धविवृत	ऐ	अ	(ऑ) औ
विवृत			आ

और इन्हें भी यों दिखाया जा सकता है–

	अग्र	मध्य	पश्च
उच्च	ई		ऊ
निम्नतर उच्च	इ		उ
उच्चतर मध्य	ए		ओ
निम्नतर मध्य		अ	
निम्न			आ

व्यंजन

स्थान / प्रयत्न	द्वयोष्ठ्य	दंतोष्ठ्य	दंत्य	वर्त्स्य	तालव्य	मूर्द्धन्य	कोमल तालव्य	जिह्वा मूलीय	स्वरयंत्र-मुखी
स्पर्श	प् फ् ब् भ्		त् थ् द् ध्		च् छ् ज् झ्	ट् ठ् ड् ढ्	क् ख् ग् घ्	क़्	
नासिक्य	म् म्ह			न् न्ह	ञ्	ण्	ङ्		
पार्श्विक				ल् ल्ह					
प्रकंपी				र्					
संघर्षी		फ़् व़्		स् ज़्	श्	ड़् ढ़्	ख़् ग़्		
अर्धस्वर	व्				य्				

स्वर

मूल स्वर

स्पर्श, स्पर्श-संघर्षी तथा नासिक्य बाईं ओर अल्पप्राण तथा दाईं ओर महाप्राण हैं। स्पर्श तथा स्पर्श-संघर्षी में ऊपर अघोष तथा नीचे घोष हैं। नासिक्य, पार्श्विक प्रकंपी उत्क्षिप्त तथा अर्धस्वर में सभी घोष हैं। संघर्षी में ब़, ज़, ग़, ह घोष हैं। 'ष' लेखन में है। उच्चारण में वह 'श' ही है।

अ : अर्द्धविवृत अवृत्तमुखी मध्य स्वर : इसे निम्नतर (या निम्न) मध्य अवृत्तमुखी मध्य स्वर (Lower mid unrounded central vowel) भी कहते हैं। मात्रा की दृष्टि से यह ह्रस्व है। इसके उच्चारण के समय जीभ का मध्य भाग कुछ ऊपर उठ जाता है, तथा ओष्ठ कुछ खुल जाते हैं। किन्तु वे प्रायः उदासीन एवं शिथिल से रहते हैं। आ-अ में मात्रा-भेद के अतिरिक्त स्थान-भेद भी है। इसीलिए अ को आ का ह्रस्व रूप मानना ठीक नहीं है। 'अ' शब्दों के आदि (अपना, असली, अक्षर, अकाल) और मध्य (सरल, अमर, प्रकट) में तो आता है, किन्तु शब्दांत में यह नहीं है।

15वीं सदी तक अंत्य अक्षरांत्य अ था। 16वीं सदी के आसपास से स्वराघात

के कारण इसके लोप की प्रक्रिया शब्द-मध्य तथा अन्त में प्रारम्भ हुई।

आ : विवृत अवृत्तमुखी दीर्घ पश्च स्वर : इसे निम्न अवृत्तमुखी दीर्घ पश्व स्वर भी कहते हैं। इसके उच्चारण में जीभ नीचे रहती है, ओष्ठ चतुर्दिक विस्तृत हो जाते हैं। हिन्दी के किसी भी अन्य स्वर में होंठों का इतना फैलाव नहीं मिलता। इसके उच्चारण के समय अवयव अल्पदृढ़ होते हैं। यह आदि (आप, आदमी, आग, आलपिन), मध्य (काली, पानी, सात, चाल) तथा अंत्य (गीला, झूला, चला, आना) तीनों ही स्थितियों में आता है। प्रायः आ को अ का दीर्घ रूप समझा जाता है, किन्तु दोनों में—जैसा कि ऊपर कहा जा चुका है—स्थान-भेद भी है। अतः इस अ का दीर्घ रूप नहीं माना जा सकता। मात्रा के आधार पर आ के कई रूप होते हैं, किन्तु सभी दीर्घ ही होते हैं।

ऑ : अर्धविवृत ईषत् वृत्तमुखी दीर्घ पश्च स्वर : इसका प्रयोग अंग्रेजी के आगत शब्दों में होता है। सामान्य जनता इसके स्थान पर प्रायः आ बोलती है। यह आदि, मध्य तथा अन्त में आता है : ऑफिस, कॉलिज, डॉक्टर, कॉङ्ग्रेस, लॉ।

इ : संवृत अवृत्तमुखी ह्रस्व अग्र स्वर : इसे निम्नतर (या निम्न) उच्च अवृत्तमुखी अग्रस्वर भी कहते हैं। संवृतता की दृष्टि से इसका स्थान ई से कुछ नीचे है। इसके उच्चारण में जीभ का अग्रभाग पर्याप्त मात्रा में ऊपर उठ जाता है, किन्तु ई की अपेक्षा निम्न, तथा केन्द्र की ओर खिंचा रहता है। इसके उच्चारण में उच्चारण-अवयव 'अ' की अपेक्षा कुछ अधिक किन्तु प्रायः बहुत कम दृढ़ होते हैं ओष्ठ कुछ खुले होते हैं, किन्तु वे ढीले ओर उदासीनप्राय होते हैं। सम्बद्ध भाषण में पूर्ववर्ती व्यंजन के प्रभाव से इसमें कुछ दृढ़ता आ जाती है। यह आदि (इस, इधर, इतिहास, इकट्ठा) मध्य, (किस, किधर, मित्रता, अलौकिकता) और अंत्य (अति, रवि, कवि, आदि, शक्ति, ध्वनि, जाति) तीनों ही स्थितियों में आती है। परिनिष्ठित हिन्दी में अंत्य इ प्रायः केवल तत्सम शब्दों में मिलती है, किन्तु बोलियों में (चारि, आवति, आँखि) तद्भव आदि में भी। हिन्दी प्रदेश के पश्चिमी भाग में अंत्य 'इ' मात्रा में दीर्घ 'ई' के बहुत निकट पहुँच जाती है। पूर्वी प्रदेश में यह बहुत ह्रस्व सुनाई पड़ती है।

ई : अवृत्तमुखी संवृत दीर्घ अग्रस्वर : इसे उच्च अवृत्तमुखी अग्रस्वर भी कहते हैं। इसके उच्चारण में जीभ का अग्रभाग बहुत अधिक ऊपर उठ जाता है, और वह कोमल ताल के पास प्रायः स्वर-रेखा (vowel line) के समीप पहुँच जाता है। इसके उच्चारण में ओष्ठ चौड़ाई में खुलते हैं, तथा पार्श्वों की ओर कुछ खिंच जाते हैं। यह आदि (ईसाई, ईश्वर, ईंट, ईमान, ईख), मध्य (सीमा, नीम, भतीजा, अमीर) तथा अंत्य (बड़ी, चोटी, भाई, गाती) तीनों ही स्थितियों में आती है।

उ : संवृत वृत्तमुखी ह्रस्व पश्च स्वर : इसे निम्नतर (या निम्न) उच्च वृत्तमुखी पश्च स्वर भी कहते हैं। इसका स्थान ऊ से कुछ निम्न है। इसके उच्चारण में जीभ का पश्च भाग पर्याप्त ऊपर उठता है तथा ऊ की तुलना में कुछ मध्य की ओर खिंचा रहता है। ओष्ठ वृत्ताकार रहते हैं, किन्तु उनमें दृढ़ता कम रहती है। उ आदि

(उड़ना, उस, उबटन, उत्कंठा), मध्य (सुई, कुली, मधुर, दुगुना) और अन्त (ऋतु, मधु, पशु, गुरु, जन्तु, साधु) तीनों ही स्थितियों में आता है। परिनिष्ठित हिन्दी में अंत्य उ केवल तत्सम शब्दों में ही प्रायः आता है, किन्तु बोलियों में तद्भव तथा देशज आदि में भी : खाउ, चलु, गोड़ु । अंत्य स्थिति में पश्चिमी हिन्दी-क्षेत्र में यह पूर्वी हिन्दी या बिहारी प्रदेश से दीर्घ होता है।

ऊ : वृत्तमुखी संवृत पश्च स्वर : इसे उच्च वृत्तमुखी पश्च स्वर भी कहते हैं। मात्रा की दृष्टि से यह दीर्घ है। इसके उच्चारण में जीभ का पिछला भाग बहुत अधिक ऊपर उठ जाता है और वह कोमल तालु के पास प्रायः स्वर-रेखा (vowel line) के समीप पहुँच जाता है। ओष्ठ वृत्ताकार होने के साथ-साथ दृढ़ तथा बन्द से हो जाते हैं। उनके बीच बहुत छोटे छेद से हवा निकलती है। ऊ हिन्दी में आदि (ऊपर, ऊसर, ऊधम, ऊर्मि), मध्य (स्कूल, भूल, बूढ़ा, ज़रूर), और अंत्य (उल्लू, आलू, लड्डू, चाक़ू) तीनों ही स्थितियों में आता है। मात्रा आदि के आधार पर इसके एकाधिक रूप मिलते हैं।

ए : अर्धसंवृत अवृत्तमुखी दीर्घ अग्रस्वर : इसे उच्चतर (या उच्च) मध्य अवृत्तमुखी अग्रस्वर भी कहते हैं। मात्रा में दीर्घ होते हुए भी यह ई से कुछ ह्रस्व है। इसके उच्चारण में ओष्ठ दोनों पार्श्वों की ओर ई से अधिक खुलते हैं, किन्तु ऐ से कम। इसमें उच्चारण-अवयवों में दृढ़ता होती है, किन्तु ई या ऐ जैसी नहीं। ए, आदि (एक, एजेंट, एड़, एवज, एलार्म), मध्य (खेल, बेल, फेर, केला, अनेक, सेना) और अंत्य (चले, तुम्हारे, ये, चौबे) तीनों ही स्थितियों में आती है। मात्रादि की दृष्टि से इसके कई रूपान्तर होते हैं।

ओ : अर्द्धसंवृत वृत्तमुखी पश्च स्वर : इसे उच्चतर (या उच्च) मध्य वृत्तमुखी पश्च स्वर भी कहा जाता है। मात्रा की दृष्टि से यह दीर्घ है, किन्तु ऊ से कुछ ह्रस्व है। इसके उच्चारण में जीभ का पश्च भाग ऊपर उठता है, किन्तु ऊ या उ से वह नीचे ही रहता है। ओष्ठ वृत्ताकार हो जाते हैं, किन्तु ऊ जैसे नहीं। उनमें कुछ दृढ़ता भी होती है, किन्तु ऊ के उच्चारण जैसी नहीं। वृत्ताकार ओष्ठ-रंध्र ऊ के रंध्र से बड़ा होता है। ओ हिन्दी में आदि (ओर, ओस, ओला), मध्य (कोड़ा, मोरी, तोड़ो, भोर), और अंत्य (चलो, जाओ, रेडियो, फ़ोटो, गिरो, रासो, दो), तीनों ही स्थितियों में आता है। मात्रा आदि के आधार पर इसके कई रूप हैं। वैदिक में यह ध्वनि संयुक्त स्वर थी, किन्तु संस्कृत, पालि, प्राकृत, अपभ्रंश एवं हिन्दी में मूलस्वर है। कुछ लोग लौकिक संस्कृत 'ओ' को भी संयुक्त स्वर मानते हैं।

संयुक्त स्वर

भारतीय आर्यभाषाओं में संयुक्त स्वर का इतिहास आगम और लोप का रहा है। **वैदिक काल** में ए (अइ), ऐ (आई), ओ (अउ), औ (आउ) चार संयुक्त स्वर थे। **लौकिक संस्कृत काल** में ए, ओ तो मूलस्वर हो गए, और ऐ, औ केवल दो संयुक्त स्वर रह गए, जिनके उच्चारण बदलकर क्रमशः 'अइ', 'अउ' हो गए थे।

पालि काल में ये दोनों संयुक्त स्वर मूल स्वर ए, ओ में समाहित हो गए। इस प्रकार पालि में संयुक्त स्वर थे ही नहीं। प्राकृत तथा अपभ्रंश काल में भी यही स्थिति थी, अर्थात् संयुक्त स्वर नहीं थे। लगभग 1500 वर्षों की अनुपस्थिति के उपरान्त 1000 ई० के आस-पास आधुनिक भारतीय आर्यभाषाओं में फिर से संयुक्त स्वर विकसित हो गए। संस्कृत के बाद लुप्त हुए संयुक्त स्वर—ऐ, औ—हिन्दी में, उसके जन्म के साथ नये सिरे से आए। 1000 ई० से लेकर इस बीसवीं सदी के लगभग मध्य या कुछ और पूर्व तक, हिन्दी और उसकी बोलियों में ये दोनों संयुक्त स्वर प्रयुक्त होते रहे हैं। किन्तु इधर प्रायः दो दशकों से कुछ विचित्र-सी स्थिति है। दिल्ली के आस-पास की परिनिष्ठित हिन्दी में दोनों—ऐ, औ—संयुक्त स्वर, अधिकांश शब्दों में मूल स्वर हो गए हैं। या यों कह सकते हैं कि कुछ शब्दों को छोड़, 'औ' एक प्रकार के विवृत 'ओ' में तथा 'ऐ' एक प्रकार की विवृत 'ए' में परिवर्तित हो गई है। इसी आधार पर डॉ० उदयनारायण तिवारी तथा कुछ अन्य लोगों ने हिन्दी में संयुक्त स्वर की उपस्थिति नहीं मानी है। किन्तु मेरे विचार में ऐसी मान्यता बहुत समीचीन नहीं है। हिन्दी में संयुक्त स्वरों के प्रयोग अब भी हैं, जिसे भौगोलिक दृष्टि से इस प्रकार रखा जा सकता है। दिल्ली, कौरवी क्षेत्र का पश्चिमी भाग, पहाड़ी क्षेत्र, हरियानी क्षेत्र, राजस्थानी क्षेत्र का एक बड़ा भाग तथा प्रायः ब्रज क्षेत्र (अवधी आदि के सीमान्त प्रदेश छोड़कर) में परिनिष्ठित हिन्दी के उच्चारण में ऐ, औ के दो-दो रूप हैं। कुछ शब्दों में तो ये स्पष्टतः संयुक्त स्वर हैं, और शेष सभी में मूल स्वर।

(क) **औ** (संयुक्त स्वर)—कौवा, चौवन, हौवा, पौवा, चौवा आदि ऐसे शब्दों में ही उच्चरित होता है, जहाँ उसके बाद व श्रुति है।

(ख) **औ** (मूल स्वर)—मौत, और, दौड़, लौटना, सौत, चौथा, नौकर आदि अन्य सभी शब्दों में जहाँ व-श्रुति नहीं है, और मूल स्वर के रूप में प्रयुक्त होता है।

(क) **ऐ** (संयुक्त स्वर)—गैया, भैया, नैया, वैयाकरण आदि ऐसे शब्दों में, जिनमें ऐ के बाद य-श्रुति है।

(ख) **ऐ** (मूल स्वर)—बैल, मैल, ऐब, पैदा, कैसा आदि अन्य सभी शब्दों में, जिनमें ऐ के बाद य-श्रुति नहीं है, ऐ मूल स्वर के रूप में उच्चरित होता है।

स्पष्टतः हिन्दी में इस प्रकार के व तथा य श्रुति वाले शब्द अधिक नहीं हैं अतः य, व श्रुति वाले शब्दों को अपवाद मानकर, कहा जा सकता है कि पश्चिमी हिन्दी क्षेत्र में हिन्दी में संयुक्त स्वर कुछ अपवादों को छोड़कर प्रायः नहीं हैं किन्तु उपर्युक्त क्षेत्र छोड़कर, हिन्दी-भाषी क्षेत्र के अन्य लगभग सभी (उत्तर प्रदेश का बहुत बड़ा भाग, मध्यप्रदेश, बिहार), भागों में स्थिति सर्वथा भिन्न है। वहाँ अब भी औ तथा ऐ स्पष्टतः संयुक्त स्वर के रूप में हैं, चाहे उनके बाद व-य श्रुति हो, या न हो। इसका कारण यह है कि इन क्षेत्रों की स्थानीय बोलियों में अभी तक इन दोनों स्वरों का मूल स्वर के रूप में सरलीकरण नहीं हुआ है, ये दोनों ही वहाँ संयुक्त स्वर के रूप में हैं।

निष्कर्षतः हिन्दी में संयुक्त स्वर हैं भी और नहीं भी हैं। संयुक्त स्वर मूल स्वर से इस बात में भिन्न होता है कि मूल स्वर में जीभ एक निश्चित स्थान पर रहती है, जैसा कि ऊपर स्वर-चतुर्भुज में अ, आ, इ आदि विभिन्न स्वरों को दिखाया गया है किन्तु इसके विपरीत संयुक्त स्वरों में जीभ एक स्वर से दूसरे स्वर की ओर चलती है, और जीभ की इस चल स्थिति में संयुक्त स्वर का उच्चारण हो जाता है। इस तरह संयुक्त स्वर उन दो स्वरों का संयुक्त रूप होता है।

हिन्दी के ऐ, औ संयुक्त स्वर, वैदिक या संस्कृत ऐ, औ से सर्वथा भिन्न हैं। वैदिक में इनका उच्चारण आइ, आउ था एवं संस्कृत में अइ, अउ (शैशव–शाइशव, शइशव, गौरव–गाउरव, गउरव), किन्तु हिन्दी में इनका उच्चारण अऍ, अओॅ है। अर्थात् वैदिक एवं संस्कृत काल में इनके उच्चारण में जीभ आ या अ से इ की ओर तथा आ या अ से उ की ओर जाती थी, किन्तु हिन्दी में इनके उच्चारण में जीभ अ से ऍ (ह्रस्व ऍ) और ओॅ (ह्रस्व ओॅ) की ओर जाती है। हिन्दी के इन दोनों स्वरों में जीभ नीचे से ऊपर जाती है, अतः हिन्दी के ये दोनों संयुक्त स्वर **आरोही संयुक्त स्वर** हैं। पश्चिमी प्रदेश में जहाँ ये संयुक्त स्वर, मूल स्वर हैं, इनके उच्चारण में जीभ निश्चित स्थान पर रहती है, और इन स्वरों को क्रमशः अर्धविवृत दीर्घ अग्रस्वर (ऐ) तथा अर्धविवृत दीर्घ पश्च स्वर (औ) कहा जाता है। नीचे के चित्र में ऐ, औ के दोनों उच्चारणों को स्पष्ट किया गया है।

ये स्वर आदि (ऐसा, ऐनक, ऐब, औरत, औरस, और) मध्य, (कैसा, भैंस, पैर, मैल, चौरस, कौशल, फ़ौरन) तथा अंत्य (कै, जै, है, कै (कै बजा है), मैं, जौ, सौ, नौ) तीनों ही स्थितियों में आते हैं। लिखने में जिन शब्दों के अन्त में 'अय' (आशय, जय, भय) तथा 'अव' (शैशव, अभिनव, नव, रव, रौरव, शव, यव) आते हैं, बोलने में वे भी प्रायः ऐकारांत एवं औकारांत (आशै, जै, भै, शैशौ, अभिनौ, नौ, रौ, शौ, यौ) बोले जाते हैं।

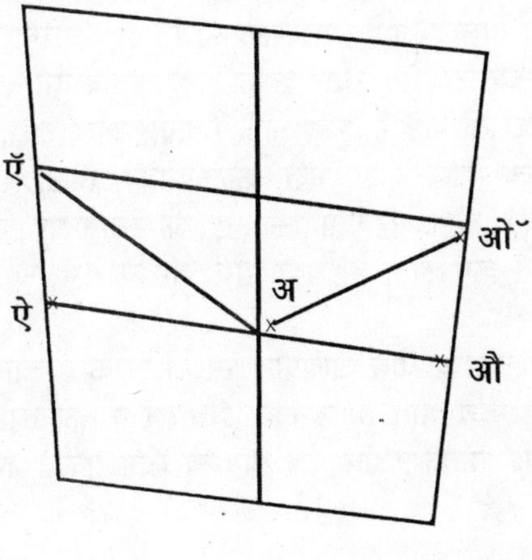

व्यंजन

स्पर्श कोमल तालव्य–इसमें कवर्ग आता है। मूल भारोपीय भाषा में तीन कवर्ग थे, साथ ही कवर्ग का उच्चारण काफ़ी पीछे होता था। वैदिक में आते-आते एक कवर्ग रह गया तथा उच्चारण स्थान की दृष्टि से भी यह कुछ आगे चला आया। अब कवर्गीय ध्वनियाँ वैदिक की तुलना में भी आगे आ गई हैं। वैदिक 'क' के लिए कंठ्य नाम बहुत ग़लत नहीं था, किन्तु अब इसे कोमल तालव्य कहना अधिक समीचीन है।

क् : कोमल तालव्य अघोष अल्पप्राण स्पर्श। इसका उच्चारण जीभ के पश्च भाग को कोमल तालु से स्पर्श कराकर किया जाता है। इसे सामान्यतः अल्पप्राण कहा जाता है, किन्तु मेरे विचार में, सामान्य अल्पप्राणों की तुलना में इसमें प्राणत्व कुछ अधिक है। उल्लेख है कि आधुनिक अंग्रेजी तथा फ़ारसी के 'क़' भी कुछ महाप्राण है, किन्तु हिन्दी 'क' की महाप्राणता उनकी तुलना में बहुत कम हैं। क् व्यंजन आदि (काम, कल, कील, कौन), मध्य (कंकड़, थूका, रुकना, सका) तथा अंत्य (रुक्, पीक्, थूक्, नाक्, लोक्), तीनों ही स्थितियों में आता है। सामान्य लोग तुर्की, अरबी, फ़ारसी क़् के स्थान पर 'क्' ही बोलते हैं।

क़् : अल्पप्राण अघोष जिह्वामूलीय स्पर्श व्यंजन। इसका उच्चारण जीभ की जड़ या जिह्वामूल को कोमल तालु के पीछे कौवे के निकट स्पर्श कराकर होता है। यह आदि (क़िस्त, क़ाबिल, क़ानून), मध्य (ताक़त, शौक़ीन, वक़्त) तथा अंत्य (ताक़, शौक़) तीनों ही स्थितियों में आता है। इसका प्रयोग हिन्दी में केवल तुर्की, अरबी, फ़ारसी शब्दों में होता है। यह हमारी परम्परागत ध्वनि नहीं है। मध्ययुग में मुसलमानों के प्रभावस्वरूप यह ग्रहण की गई। सामान्यतः लोग इसके स्थान पर 'क' (ताकत, कानून) बोलते हैं। यह उल्लेख्य है कि हमारी परम्परा में आदि भारोपीय भाषा में क़, ख़, ग़, घ़, (तीनों कवर्गों में एक) स्पर्श ध्वनियाँ थीं।

ख् : कोमल तालव्य अघोष महाप्राण स्पर्श। डॉ० धीरेन्द्र वर्मा इत्यादि विद्वानों का कहना है कि इसका उच्चारण-स्थान क का ही है किंतु वस्तुतः इसका उच्चारण-स्थान क के स्थान से थोड़ा-सा पीछे है। यह आदि (खाना, खोल, खीर, खल), मध्य (राखी, अनोखा), तथा अंत्य (राख, दुःख, भूख, कोख, साख, सीख), तीनों ही स्थितियों में आता है। सामान्यतः लोग अरबी-फ़ारसी 'ख़' के स्थान पर 'ख' बोलते हैं। अंत्य ख् में प्राणत्व बहुत कम होता है, तथा प्रायः वह क् (भूख-भूक्) के निकट पहुँच जाता है।

ग् : कोमल तालव्य घोष अल्पप्राण स्पर्श। इसका उच्चारण स्थान क् ख् के उच्चारण-स्थान का मध्य भाग है। इसका उच्चारण क की तरह ही पश्च-जिह्व का कोमल तालु से स्पर्श कराकर होता है। सामान्य लोग तुर्की, अरबी, फ़ारसी 'ग़' के

स्थान पर प्रायः 'ग्' ही बोलते हैं।

घ् : कोमल तालव्य घोष महाप्राण स्पर्श। इसका उच्चारण स्थान ख से थोड़ा-सा पीछे है। घ् आदि (खास, घर, घोड़ा); मध्य (सघन, बघारना, चिंघाड़ना, औघड़) तथा अंत्य (माघ, बाघ, घाघ), तीनों ही स्थितियों में आता है। अंत्य स्थिति में इसमें महाप्राणत्व कम होता है।

मूर्द्धन्य

इसमें टवर्ग आता है। जैसा कि पीछे यथास्थान उल्लेख किया जा चुका है, मूर्द्धन्य ध्वनियाँ मूल भारोपीय भाषा में नहीं थीं, और न भारत-ईरानी में ही थीं। आर्यों के भारत में आने पर इनका विकास हुआ। इस विकास में सहज ऐतिहासिक विकास के साथ-साथ भारतीय आर्येतर तत्त्वों के प्रभाव का भी हाथ माना गया है। वैदिक काल में बहुत कम शब्दों में ये ध्वनियाँ थीं। बाद में समय के साथ-साथ इसका प्रयोग बढ़ता गया। वैदिक तथा संस्कृत काल में ये ध्वनियाँ मूर्द्धन्य थीं, किन्तु पालिकाल से ही इसका स्थान कुछ आगे खिसकने लगा। आज ये ध्वनियाँ वैदिक उच्चारण-स्थान की तुलना में कुछ आगे से उच्चरित होती हैं, और यही नहीं अनेक सन्दर्भों में तो ये कभी-कभी तालव्य या कभी-कभी वर्त्स्य भी उच्चरित होती हैं। टवर्गीय ध्वनियों का उच्चारण जीभ के अग्रभाग को प्रतिवेष्टित करके (अर्थात् मोड़कर) मूर्द्धा का स्पर्श करा कर किया जाता है। कभी-कभी अप्रतिवेष्टित उच्चारण भी होता है, विशेषतः जब ये ध्वनियाँ काफ़ी आगे से उच्चरित होती हैं। किन्तु ऐसा उच्चारण न तो बहुत अधिक होता है, और न परिनिष्ठित है।

ट् : अल्पप्राण अघोष मूर्द्धन्य प्रतिवेष्टित स्पर्श। ट आदि (टाल, टाट, टीला), मध्य (आटा, कटा, कटुता) और अंत्य (टाठ्, हाट्, फूट्, कूट्) तीनों ही स्थितियों में आता है।

ठ् : महाप्राण अघोष मूर्द्धन्य प्रतिवेष्टित स्पर्श। ट की तुलना में इसमें प्राणत्व कुछ ही अधिक है। यह आदि (ठग, ठाट, ठीक), मध्य (कठोर, कठिन, गठीला), और अंत्य (आठ्, गाँठ्, हठ्, पाठ्, काठ्), तीनों ही स्थितियों में आता है। ठ् का स्थान सामान्यतः ट का ही है। यों कुछ लोग उससे आगे या पीछे से भी उच्चरित करते हैं। अंत्य ठ् में महाप्राणत्व कम होता है।

ड् : अल्पप्राण घोष मूर्द्धन्य प्रतिवेष्टित स्पर्श। यह आदि (डाल, डर, डोर) मध्य (अडिग), आडम्बर, रेडियो, सुडौल और अंत्य (रोड्, खंड, लार्ड, कांड) तीनों ही स्थितियों में आता है। मध्य में और अन्त में यह अपेक्षाकृत कम आता है, और जब आता भी है या तो अंग्रेजी शब्दों (सोडा, लार्ड, रेडियो) में, या कुछ अपवादों को छोड़कर (अडिग, सुडौल), संयुक्त व्यंजन के सदस्य रूप में (काण्ड, खण्ड, अड्डा), या अनुनासिक स्वर के बाद (खाँड)। अन्यथा मध्य और अन्त में ड्, ड़् हो जाता है।

ढ् : महाप्राण घोष मूर्द्धन्य प्रतिवेष्टित स्पर्श। ढ आदि (ढाल, ढाई, ढील, ढोल) और मध्य (बेढब, ठण्ढी, बेढङ्गा, औढरदानी, निढाल आदि) में ही आता है अन्त में नहीं। हिन्दी के अन्य व्यंजनों की तुलना में इसका प्रयोग समवेत रूप से बहुत कम होता है। लगभग सभी परिस्थितियों में यह प्रतिवेष्टित एवं अप्रतिवेष्टित दोनों रूपों में उच्चरित होता है। यों अप्रतिवेष्टित रूप में उच्चरित करने की प्रवृत्ति अधिक है। मध्य अंत्य स्थिति में यह अनेक शब्दों में ढ़ (अढ़ाई, बढ़ना, पढ़ना, बाढ़) रूप में मिलता है।

दंत्य : इसमें तवर्ग आता है। इन ध्वनियों का उच्चारण जीभ की नोक तथा उसका कुछ ऊपरी अग्र भाग को ऊपर के दाँतों के भीतरी भाग (जड़, मसूड़ों से लगे) स्पर्श कराकर किया जाता है। कभी-कभी (यद्यपि बहुत कम) इनका उच्चारण वर्त्स्य या दंत्य-वर्त्स्य भी होता है।

त् : अल्पप्राण अघोष दंत्य स्पर्श। यह आदि (ताज़ा, तेल, तौलना), मध्य (बातचीत, अति, नाती, आता), तथा अंत्य (वात्, रात्, सात्, गीत्) तीनों ही स्थितियों में आता है।

थ् : महाप्राण अघोष दंत्य स्पर्श। थ आदि (थाली, था, थोड़ा, थप्पड़), मध्य (कथा, साथी, कथानक), तथा अंत्य (रथ्, साथ्. पथ्, नथ्, हाथ्) तीनों ही स्थितियों में आता है। अंत्य थ् में महाप्राणत्व कम होता है, और प्रायः वह त् (हाथ्-हात्) के निकट पहुँच जाता है।

द् : अल्पप्राण घोष दंत्य स्पर्श। द आदि (दादा, दाल, दौड़ना), मध्य (गूदा, दादा, वायदा, दीदी, सादी) तथा अंत्य (याद्, सलाद्, बाद्, शायद्) तीनों ही स्थितियों में आता है।

ध् : महाप्राण घोष दंत्य स्पर्श। ध् आदि (धारणा, धैर्य, धातु), मध्य (आधार, मध्यम, बधाई) तथा अंत्य (बुध्, दुध्, आध्, सुध्, साध्) तीनों ही स्थितियों में आता है। अंत्य ध में प्राणत्व कम होता है।

ओष्ठ्य या द्वयोष्ठ्य : इसमें पवर्ग आता है। इन ध्वनियों का उच्चारण दोनों ओष्ठों का स्पर्श कराकर किया जाता है।

प् : अल्पप्राण अघोष ओष्ठ्य स्पर्श। यह आदि (पान, पति, पत्र, प्राण, पकना), मध्य (अपना, सपना, कपड़ा, जपना) तथा अंत्य (आप्, जप्, लोप्, सूप्) तीनों ही स्थितियों में आता है।

फ् : महाप्राण अघोष ओष्ठ्य स्पर्श। फ् आदि (फटना, फन, फल, फूल) मध्य (हाँफना, सफलता, विफल) तथा अंत्य (हाँफ्, रेफ्, कफ्) तीनों स्थितियों में आता है।

कई क्षेत्रों में फ् का उच्चारण प्रायः दन्तोष्ठ्य संघर्षी फ़ होने लगा है। दिल्ली तथा आस-पास भी नई पीढ़ी फ़टना, फ़ूल, फ़ल,सफ़ल रूप में उच्चारण कर रही है। लगता है कि आगे चल कर हिन्दी से फ ध्वनि समाप्त हो जाएगी तथा उसका स्थान फ़ ध्वनि ले लेगी। इसके विपरीत कई क्षेत्रों की ग्रामीण जनता फ़ारसी तथा अंग्रेज़ी

फ़ के स्थान पर फ (साफ, फेल) बोलती है।

ब् : अल्पप्राण घोष ओष्ठ्य स्पर्श। 'प' की तुलना में इसका उच्चारण कुछ शिथिल है तथा इसमें स्फोट भी कुछ हल्का होता है। ब आदि (बादल, बड़ा, बीस), मध्य (ख़बर, अबीर, चबाना, रबर) एवं अंत्य (सब्, शराब्, दूब्, दब्, तब्) तीनों ही स्मृतियों में आता है।

भ् : महाप्राण घोष ओष्ठ्य स्पर्श। यह आदि (भूल, भला, भात, भूत), मध्य (सभा, सभी, कभी, आभार), तथा अंत्य (लोभ्, लाभ्, शुभ्, गर्भ्) तीनों ही स्थितियों में आता है। अंत्य में इसमें महाप्राणता (जीभ् आदि) बहुत कम हो जाती है, और कभी-कभी तो यह ब् के निकट पहुँच जाता है।

स्पर्श संघर्षी–इसमें चवर्ग आता है। आदि भारोपीय भाषा में चवर्गीय ध्वनियाँ नहीं थीं। कवर्गीय ध्वनियों से इन ध्वनियों का विकास बाद में हुआ। इन ध्वनियों में प्रथम दो स्थितियाँ (हवा का भीतर से आना, तथा स्पर्श के कारण उसका रोका जाना) तो स्पर्श जैसी होती हैं किन्तु स्पर्श कुछ रगड़ के साथ होता है, तथा स्पर्श-उन्मोचन के समय धीमे उन्मोचन से हवा को कुछ घर्षण करके निकालना पड़ता है। इसी कारण इन्हें स्पर्श-संघर्षी कहते हैं। मेरे विचार में चवर्गीय ध्वनियाँ संस्कृत काल के अन्त तक शुद्ध स्पर्श न होकर भी प्रायः स्पर्श थीं, पालिकाल के अन्त तथा बाद में ये कुछ स्पर्श-संघर्षी होने लगीं और अब स्पर्श-संघर्षी हैं। चवर्ग का उच्चारण जीभ के ऊपरी अग्र भाग का कठोर तालु से स्पर्श कराकर किया जाता है। कभी-कभी इन ध्वनियों का उच्चारण वर्त्स्य भी होता है। प्राचीन काल में चवर्ग और भी पीछे से उच्चरित होता था, और वैदिक काल के आरम्भ में या, इसके पूर्व तो यह कदाचित् जिह्वा-मध्य एवं कोमल तालु के स्पर्श से उच्चरित होता था। बाद में यह धीरे-धीरे आगे खिसक आया। हिन्दी में इसे तालव्य कहते हैं किन्तु यह कभी-कभी अग्रतालव्य कहना अधिक ठीक है।

च् : अल्पप्राण अघोष अग्रतालव्य स्पर्श-संघर्षी भी हो सकता है। यह आदि (चित्र, चोर, चार, चावल), मध्य (रुचिकर, बच्चा, बचाना, बूचड़खाना) तथा अंत्य (सच्, आँच्, गच्, सोच्) तीनों ही स्थितियों में आता है।

छ् : महाप्राण अघोष अग्रतालव्य स्पर्श-संघर्षी। यह आदि (छाता, छत, छोर), मध्य (मछली, कछुआ), तथा अन्त (पूछ्, मूँछ्, काछ्, रीछ्), तीनों ही स्थितियों में आता है। अन्त्य छ् में प्राणत्व कम होता है।

ज् : अल्पप्राण घोष अग्रतालव्य स्पर्श-संघर्षी। यह आदि (जाल, जल, जब, जहाँ), मध्य (राजा, बाजा, बजाना, खोजी) तथा अन्त्य (ताज्, तीज्, साज्, अनाज्) तीनों ही स्थितियों में आता है। सामान्यतः लोग तथा फ़ा० ज़, तथा अंग्रेज़ी ज़् के स्थान पर भी ज् (गजट, रोज, पंजावा) बोलते हैं।

झ् : महाप्राण घोष अग्रतालव्य स्पर्श-संघर्षी। यह आदि (झोंका, झाल, झूला),

मध्य (रीझा, बोझा, उलझन), तथा अंत्य (बूझ, साँझ, बाँझ) तीनों ही स्थितियों में आता है। अंत्य झ में महाप्राणत्व अपेक्षाकृत कम होता है।

नासिक्य–इन्हें अनुनासिक भी कहते हैं। संस्कृत भाषाशास्त्रियों ने इन ध्वनियों को स्पर्श कहा है। वस्तुतः इनके उच्चारण में दो अंगों में (दोनों ओष्ठ या जीभ, वर्त्स आदि) स्पर्श होता है, और कोमल तालु एवं कौवे के नीचे झुक जाने के कारण हवा नासिका-मार्ग से गूँजती हुई निकलती है। इस प्रकार इन्हें स्पर्श कहना बहुत अशुद्ध नहीं है। इनके उच्चारण में हवा न रुकने के कारण ही इन्हें सप्रवाह भी कहते हैं। इनका अधिक उचित नाम कदाचित् नासिक्य सप्रवाह स्पर्श हो सकता है।

ङ् : अल्पप्राण घोष कोमल तालव्य नासिक्य व्यंजन। इसका उच्चारण-स्थान क् आदि की तुलना में कुछ पीछे है। परिनिष्ठित हिन्दी में ङ् कुछ अपवादों (वाङ्मय, पराङ्मुख, पराङ्न्याय) को छोड़कर केवल मध्य में ख, ग, घ व्यंजनों के पूर्व संयुक्त व्यंजन के एक सदस्य रूप में आता है : (अंक, पंखा, शंख, गंगा, दंगल, जंघा)। किन्तु हिन्दी की बोलियों में यह अन्य स्थितियों में भी आता है, तथा मध्य में उपर्युक्त स्थिति के अतिरिक्त अन्य सन्दर्भों में भी आता है। उदाहरणार्थ पूर्वी अवधी तथा भोजपुरी क्षेत्र के लोग 'कंगना' को 'कँङ्ना', 'माँग' को 'माँङ्' तथा 'संग' को 'सँङ्' कहते हैं। इसी प्रकार ताँङ्गा (ताँगा), राँङ्, (रांगा), भाँङ् (भाँग), लँङ्गोट (लंगोट), टाँङ् (टाँग), लौंङ् (लौंग), मूँङ् (मूँग), टाँङुन (एक अन्न), अँङ्ना (आँगन), मेङ् (मेढक), बेंङ् (बोने का अनाज), ढोंङ् (ढोंग), ढोंङ्गी (ढोंगी) आदि। कुछ शब्दों में तो दीर्घ ङ् भी हैं : अंङ्ङ् (अंग), अङ्ङ्-भङ्ङ् (अंग-भंग), धतिङ्-ङड़ (मोटा, उजड्ड)। आदि में यह ध्वनि नहीं आती। हाँ, संस्कृत में कुछ कृत्रिम व्याकरणिक संज्ञाओं (ङीन्, ङीष्, ङीप्) में यह अवश्य आदि में आती है। यों धातुपाठ में ङु (ङु ङ् शब्दे) एक धातु है, जिसका अर्थ शब्द करना होता है। इससे आत्मनेपद रूप 'ङवते' (शब्द करता है) बनता है, जिसमें ङ् आदि में है, किन्तु ये सभी अपवाद हैं।

ण् : अल्पप्राण घोष मूर्द्धन्य नासिक्य व्यंजन। इसमें जीभ की नोक उलटकर मूर्द्धा का स्पर्श करती है। स्पर्श बिन्दु अन्य टवर्गीय ध्वनियों की अपेक्षा कुछ पीछे को होता है। उच्चारण में अब 'ण्', उत्क्षिप्त 'ड़्' के अनुनासिक रूप 'ड़ँ' से बहुत कुछ मिलता-जुलता उच्चरित होने लगा है। परिनिष्ठित हिन्दी में स्वर-सहित ण् केवल संस्कृत के तथाकथित तत्सम शब्दों में ही प्रयुक्त होता है। यह केवल मध्य (कणिका, परिणाम) तथा अन्त (गुण्, चरण्, प्रण्, शरण्,) में ही आता है। सं० में यह आदि में नहीं आता था, किन्तु प्राकृत अपभ्रंश में (णिसा=निशा, णिव=नृप) यह आदि में भी आता था। संयुक्त व्यंजन के सदस्य के रूप में इसका उच्चारण न (अण्डा, पण्डा, अण्टी) जैसा होता है। यद्यपि यह न् सामान्य न् न होकर प्रायः प्रतिवेष्टित और कुछ पीछे से उच्चरित होता है।

ञ् : अल्पप्राण घोष तालव्य नासिक्य। इसके उच्चारण के सम्बन्ध में विवाद

है। यह बहुत कुछ न् या यँ जैसा है। आगे देखिए ञ् का इतिहास। यह केवल मध्य में (चंचल, अंचल) आता है।

न् : अल्पप्राण घोष वर्त्स्य नासिक्य। इसके उच्चारण में जीभ की नोक से वर्त्स्य का स्पर्श करते हैं। यह आदि (नाना, नारी, नीति), मध्य (नानी, रानी, सेना, सोना), और अन्त्य (कान्, जान्, पान्, ज़बान्, शान्, मशीन्), तीनों ही स्थितियों में आता है।

न्ह् : महाप्राण घोष वर्त्स्य नासिक्य व्यंजन। यह न् का महाप्राण है। परिनिष्ठित हिन्दी में यह ध्वनि मध्य (नन्हा, उन्हें, कन्हैया, उन्होंने) तथा अन्त (कान्ह्, चिन्ह्) में आती है, किन्तु हिन्दी की बोलियों में यह आदि (न्हाना, न्हाण) में भी आती है।

म् : अल्पप्राण घोष द्वयोष्ठ्य नासिक्य व्यंजन। यह आदि (माता, माली, मूली, मारा), मध्य (कुमार, अमीर, कमल) तथा अंत्य (आम्, बम्, काम्), तीनों ही स्थितियों में आता है।

म्ह् : महाप्राण घोष द्वयोष्ठ्य नासिक्य व्यंजन। यह म का महाप्राण रूप है। परिनिष्ठित हिन्दी में यह मध्य (कुम्हार, कुम्हड़ा, तुम्हारा, तुम्हें, ब्राम्हण), और अंत्य (ब्रम्ह्) में आता है, किन्तु हिन्दी की बोलियों में यह आदि (म्हारो, म्हारा) में भी आता है। कनौजी : म्हगाई।

पार्श्विक–इसमें ल्, ल्ह् आते हैं। पार्श्विक ध्वनियों के उच्चारण में जीभ की नोक का तालु से या मसूड़े के किसी स्थान से स्पर्श कराते हैं, और स्पर्श के समय हवा एक या दोनों पार्श्वों से बाहर निकलती रहती है। ये सप्रवाह ध्वनियाँ हैं, इस कारण इनका उच्चारण देर तक किया जा सकता है।

ल् : अल्पप्राण घोष वर्त्स्य पार्श्विक। इसके उच्चारण में जीभ की नोक मसूड़ों को छूती है और एक या दोनों पार्श्वों से हवा निकलती है। यह आदि (लाभ, लूला, लोग), मध्य (अलग, कली, भूला) तथा अंत्य (गोल्, ढाल्, लाल्, हिल्, कील्) तीनों ही स्थितियों में आता है।

ल्ह् : महाप्राण घोष वर्त्स्य पार्श्विक। यह ल् का महाप्राण है। परिनिष्ठित हिन्दी में यह केवल कुछ थोड़े से शब्दों के मध्य में (अल्हड़, दूल्हा, आल्हा, कूल्हा, चूल्हा) आता है, किन्तु बोलियों में आदि (ल्हेदो=प्रसन्न हुआ, ल्हास) तथा अन्त्य (काल्ह्, चूल्ह्) स्थितियों में आता है। कनौजी : ल्हसुन।

प्रकम्पी–इसमें र् आता है। इसके उच्चारण में जीभ की नोक वर्त्स्य के अत्यन्त समीप चली जाती है। इतनी समीप कि भीतर से आने वाली हवा से उसमें थोड़ा कम्पन (दो तीन बार) होता है।

र् : अल्पप्राण घोष वर्त्स्य प्रकम्पी। कुछ स्थितियों में हिन्दी र् उत्क्षिप्त भी होता है। इसका लुंठित उच्चारण संदिग्ध है। यह आदि (रात, रीति, रस) मध्य (मरना, सारा, परी) तथा अंत्य (लार, सूर, शोर, नहर, तीर) तीनों ही स्थितियों में आता है।

इसका महाप्राण रूप ऱ्ह अव० तथा भोज० में साऱ्ही (मलाई), मुऱ्ही (धोती का कमर में फेंटे के नीचे लिपटा भाग), दाऱ्ही (दाढ़ी) तथा काऱ्हा (काढ़ा) आदि मई, में पाया जाता है। परिनिष्ठत हिन्दी में अपवादतः 'गऱ्हा' में भी ऱ् का महाप्राण रूप है। कनौजी में आदि ऱ्ह है : ऱ्हटा।

उत्क्षिप्त—इसमें ड़्, ढ़् है। इनके उच्चारण में जीभ प्रतिवेष्टित होकर मूर्द्धा को छूकर झटके से नीचे गिरती है।

ड़् : अल्पप्राण घोष मूर्द्धन्य उत्क्षिप्त। यह केवल मध्य (साड़ी, आड़ा) तथा अंत्य (पहाड़्, बाड़्, पेड़्, गड़बड़्) स्थितियों में आता है।

ढ़् : महाप्राण घोष मूर्द्धन्य उत्क्षिप्त। यह ड़् का महाप्राण है। यह मध्य (गढ़ना, पढ़ना, बूढ़ा, चढ़ाई, गढ़न) तथा अन्त्य (बाढ़, गढ़) स्थितियों में आता है।

संघर्षी—इसमें फ़, व़, स, ज़, श (ष), ख़, ग़, ह हैं। संघर्षी के उच्चारण में दो अंग एक-दूसरे के इतने समीप चले जाते हैं, कि उनके बीच से निकलने वाली हवा घर्षण करते हुए निकलती है।

फ़् : अघोष दन्तोष्ठ्य संघर्षी। इसका उच्चारण नीचे के ओष्ठ का ऊपर के दाँतों की पंक्ति के इतना पास लाकर किया जाता है, कि हवा को घर्षण के साथ निकलना पड़े। फ़् आदि (फ़ायदा, फ़ासला, फ़ारसी), मध्य (सफ़र, सफ़ेद) तथा अन्त्य (साफ़, सौंफ़, बर्फ़) तीनों ही स्थितियों में आता है। सामान्य जनता इसके स्थान पर 'फ' बोलती है। सौंफ़ जैसे एक-दो शब्दों को छोड़कर फ़ ध्वनि केवल फ़ारसी या अंग्रेजी शब्दों में आती है। कुछ क्षेत्रों में नई पीढ़ी के काफ़ी लोग फल, फूल जैसे शब्दों में भी 'फ' के स्थान पर 'फ़' बोलने लगे हैं।

व् : घोष दन्तोष्ठ्य संघर्षी। यह फ़ का घोष रूप है। स्वरतंत्रियों में घर्षण के अतिरिक्त इसके उच्चारण की अन्य सभी बातें फ़् के समान हैं। इसमें घर्षण अत्यन्त हल्का होता है। यह ध्वनि संयुक्त व्यंजन के प्रथम सदस्य रूप में या दन्तोष्ठ्य म के बाद प्रायः आती है : व्यापार, व्यवहार, संविधान, संवेदना। 'वन' जैसे कई शब्दों में कुछ लोग दन्तोष्ठ्य व बोलते हैं, और कुछ द्वयोष्ठ्य। इस प्रकार कुछ शब्दों में 'व' का उच्चारण द्वयोष्ठ्य एवं दन्तोष्ठ्य दोनों रूपों में विभिन्न लोगों द्वारा किया जाता है।

स् : अघोष वर्त्स्य समपार्श्व संघर्षी। यह जीभ के अग्रभाग को वर्त्स्य के पास ले जाकर उच्चरित किया जाता है। स् आदि (सब, साल, सूखना, सिलाई) मध्य (ऊसर, असबाब, इसका, फ़ैसला) तथा अन्त्य (रस्, ओस्, बस्) तीनों ही स्थितियों में आता है। इसे बहुत से लोग 'दन्त्य स' कहते हैं, किन्तु हिन्दी स् का यह नाम ग़लत है। यह वर्त्स्य है।

ज़् : घोष वर्त्स्य संघर्षी। यह स् का घोष रूप है। इसका घर्षण-क्षेत्र स् के क्षेत्र से कुछ पूर्व होता है। ज़् समपार्श्व संघर्षी है। यह आदि (ज़रा, ज़र्रा, ज़रूरत),

मध्य (सज़ा, गज़ट, गुज़रना) तथा अन्त्य (राज़, रोज़, चीज़, गज़), तीनों ही स्थितियों में आता है। सामान्यतः इसके स्थान पर लोग 'ज' बोलते हैं। यह केवल फ़ारसी तथा अंग्रेजी शब्दों में है।

श् (ष्) : अघोष तालव्य उत्थितपार्श्व संघर्षी। यह आदि (शायद, शेष, शहर, शेयर), मध्य (मशीन, आशीर्वाद, शीशा, आश्रय) तथा अन्त्य (खुश, शीश) तीनों स्थितियों में आता है। लिखने में, अनेक शब्दों में ष (शेष, रोष, भाषा, ऋषि) लिखते हैं, किन्तु इनमें ष् का उच्चारण वस्तुतः श ही होता है। इस प्रकार अब हिन्दी ध्वनियों में 'ष' नहीं है। लिखते हैं किन्तु उसके स्थान पर भी 'श' 'ही' बोला जाता है।

ख़् : अघोष जिह्वामूलीय संघर्षी। इसमें जिह्वापश्च कोमल तालु के समीप जाकर वायु-मार्ग सँकरा कर देता है। यह आदि (ख़ैर, खुश, ख़बर), मध्य (अख़बार, बुख़ार), तथा अन्त्य (शाख़, चख़-चख़) तीनों ही स्थितियों में आता है। इसे सामान्य लोग प्रायः ख बोलते हैं। यह तुर्की-फ़ारसी में आता है।

ग़् : घोष जिह्वामूलीय संघर्षी। यह ख़ का रूप घोष है। ग़् आदि (ग़ायब, ग़रीब), मध्य (अफ़ग़ान, मुग़ल, बग़ल) तथा अन्त्य (चिराग़, मुर्ग़) तीनों ही स्थितियों में आता है। यह केवल तुर्की तथा फ़ारसी शब्दों में आता है। सामान्यतः लोग इसके स्थान पर ग् बोलते हैं।

ह : घोष स्वरयंत्रमुखी संघर्षी। 'ह' में संघर्ष अन्य सभी संघर्षी ध्वनियों की अपेक्षा कम है। ह मध्य (महीना, महान, यहाँ) तथा अन्त्य (वाह, यह, कह, चाह) स्थितियों में आता है। आदि ह् घोष नहीं होता। उसका विवरण नीचे है। विसर्ग संस्कृत में अघोष था, किन्तु हिन्दी में वह घोष है, अर्थात् उसमें और सामान्य ह् में कोई भेद नहीं है। 'यह' और 'प्रायः' के 'ह्' और 'विसर्ग' उच्चारण में समान हैं। डॉ० धीरेन्द्र वर्मा और डॉ० उदयनारायण तिवारी विसर्ग को हिन्दी में अघोष मानते हैं, किन्तु मेरे विचार में यह घोष है। आदि 'ह' (हमारा, हीरा, हाथ है) में घोषत्व बहुत कम होता है।

अर्धस्वर–इसमें व्, य् आते हैं। अर्धस्वर, स्वर एवं व्यंजन के बीच में हैं। ये संघर्षहीन सप्रवाह हैं।

व् : अल्पप्राण घोष संघर्षहीन सप्रवाह द्वयोष्ठ्य अर्धस्वर। इसके उच्चारण में दोनों ओष्ठ बीच में थोड़ा भाग छोड़, एक-दूसरे का स्पर्श करते हैं। साथ ही जीभ का पश्च भाग कोमल तालु की ओर उठ जाता है। यह आदि (वह, वहाँ, वीर) मध्य (सवारी, जवान, मेवा) तथा अन्त्य (राव्, ताव्) तीनों स्थितियों में आता है।

य् : अल्पप्राण घोष तालव्य संघर्षहीन सप्रवाह अर्धस्वर। जीभ के अगले भाग को कठोर तालु के समीप ले जाकर इसका उच्चारण किया जाता है। य आदि (यह, यहाँ, यश, यात्रा), मध्य (प्रयास, सहायता, काया, सहयोग) तथा अन्त्य (राय्, दाय्, अनुकरणीय्, गाय्) तीनों स्थितियों में आता है।

हिन्दी ध्वनियों का विकास

किसी भी भाषा की ध्वनियों का विकास मुख्यतः तो उस भाषा में होता है जो उसके मूल में होती है। उदाहरण के लिए हिन्दी में काफ़ी सारी ध्वनियाँ मूल भारोपीय भाषा से संस्कृत, पालि, प्राकृत, अपभ्रंश होते हुए हिन्दी में आई हैं। चूंकि मूल भारोपीय भाषा की कम ही सामग्री उपलब्ध है, इसलिए प्रायः हिन्दी ध्वनियों का विकास संस्कृत में दिखाया जाता है। विकास का दूसरा स्रोत वे भाषाएँ होती हैं जो भाषा के जीवनकाल में उसे प्रभावित करती हैं। हिन्दी में ऐसा प्रभाव पश्तो, तुर्की, फ़ारसी (और फ़ारसी के ही माध्यम से अरबी), पुर्तगाली, अंग्रेजी आदि का पड़ा है। इन भाषाओं से आए शब्दों के कारण हिन्दी में कई ध्वनियाँ ज्यों-की-त्यों या परिवर्तित रूप में आई हैं। एक तीसरा स्रोत अज्ञात व्युत्पत्ति के (या देशज) शब्दों का होता है, जिनके स्रोत का पता नहीं होता। कुछ बहुत थोड़ी ध्वनियाँ इस वर्ग के शब्दों से भी आती हैं। हिन्दी में जो शब्द संस्कृत से मूल रूप में आए हैं। उन्हें तत्सम, जो परिवर्तित होकर आए हैं उन्हें तद्भव तथा जो बाहर की भाषाओं से आए हैं उन्हें गृहीत या आगत या विदेशी कहते हैं। इस तरह हिन्दी ध्वनियाँ तत्सम, तद्भव, विदेशी और देशज शब्दों के माध्यम से आई हैं।

ऐसी ध्वनियाँ जो मात्र विदेशी भाषाओं से आई हैं, क़, ख़, ग़, ज़, फ़, ऑ हैं।

ध्वनियों के विकास के सम्बन्ध में यह ध्यान देने की बात है कि हिन्दी में (क) जो ध्वनियाँ संस्कृत, फ़ारसी, अंग्रेजी आदि के समान हैं वे तो वैसे ही हिन्दी में आ गई हैं। जैसे म (सं० महान्, फ़ा० मोम, अं० मोटर आदि में) आदि; (ख) जिन ध्वनियों में थोड़ा-बहुत अन्तर है, उन्हें हिन्दी में अपनी ध्वनि के अनुरूप बनाकर ग्रहण किया है। जैसे अंग्रेजी ज़ का ज (गैराज) या फिर (ग) ग्रहण कर लिया है। जैसे फ़ारसी आदि से क़, ख़ ग़, ज़, फ़ या अंग्रेजी से ऑ।

सामान्य नियम

हिन्दी में प्रायः छः-सात हज़ार शब्द फ़ारसी (अरबी, पश्तो, तुर्की) से, और दस-बारह हज़ार अंग्रेजी से आए हैं जबकि संस्कृत से आने वाले शब्द इनकी तुलना में दस गुना से भी अधिक हैं। इसीलिए पहले फ़ारसी वर्ग के शब्दों को, फिर अंग्रेजी शब्दों को और अन्त में संस्कृत शब्दों को लिया जा रहा है।

(क) फ़ारसी वर्ग के शब्दों में

(1) हिन्दी-भाषी सुशिक्षित वर्ग में प्रभावस्वरूप पाँच नये व्यंजन आ गए हैं, जिनमें फ़, ज़ का तो काफ़ी प्रयोग होता है, किन्तु क़, ख़, ग़ का प्रयोग इधर काफ़ी

कम हो गया है।

(2) बोलचाल की सामान्य हिन्दी में क़, ख़, ग़, ज़, फ़, क्रमशः क, ख, ग, ज, फ हो गए हैं या होते जा रहे हैं।

(3) ध्वनि-परिवर्तन के नियम के रूप में मुख्यतः केवल एक ही बात कही जा सकती है और वह यह कि फ़ारसी वर्ग के शब्दों के अन्त में आने वाला अल्पोच्चरित 'ह' हिन्दी में निरपवाद रूप से 'आ' हो गया है : दारोग़ह>दारोग़ा, तमाशह>तमाशा, किनारह>किनारा, किरायह>किराया, ग़ुस्सह>ग़ुस्सा।

(ख) अंग्रेजी वर्ग के शब्दों में

मुख्यतः दो बातें कहने की हैं–

(1) हिन्दी के सुशिक्षित वर्ग ने अपने उच्चारण में 'ऑ' को ग्रहण कर लिया है। (ऑफ़िस, डॉक्टर)।

(2) सामान्य बोलचाल में अंग्रेज़ी ऑ से आ (फुटबाल), 'फ़' से 'फ' (फोटो), तथा ज़ से ज (सेफ्टीरेजर) हो गया है।

(ग) संस्कृत के तद्भव शब्दों में

संस्कृत से हिन्दी में आने पर काफ़ी ध्वनियाँ तो ज्यों-की-त्यों या प्राय· ज्यों-की-त्यों आई हैं, किन्तु काफ़ी ध्वनियाँ ऐसी भी हैं जिनमें कुछ नियमित परिवर्तन हुए हैं, जिनमें से निम्नांकित मुख्य हैं–

(अ) स्वरों के नियम

(1) **क्षतिपूरक दीर्घीकरण का नियम**–संस्कृत शब्दों में संयुक्त या दीर्घ व्यंजन (द्वित्व) के पूर्व यदि ह्रस्व स्वर हो, तो हिन्दी में दो व्यंजनों के स्थान पर प्रायः एक रह जाता है, तथा शब्द में मात्रा की उस कमी को पूरा करने के लिए पूर्व ह्रस्व-स्वर प्रायः दीर्घ हो जाता है, जिसे क्षतिपूरक दीर्घीकरण (compensatory lengthening) कहते हैं। इसमें अ का आ, इ का ई अथवा ए, तथा उ का ऊ या ओ हो जाता है :

अ>आ : कर्म>कम्म>काम, सप्त>सत्त>सात, अष्ट>अट्ठ>आठ, हस्त>हत्थ>हाथ, सर्प>सप्प>साँप, अद्य>अज्ज>आज।

इ>ई : भिक्षा>भिक्ख>भीख, शिक्षा>सिक्ख>सीख, इक्षु>इक्खु>ईख, जिह्वा>जिब्भ>जीभ।

इ>ए : छिद्र>छिद्द>छेद, शिम्बा>सिम्म>सेम, बिल्व>बिल्ल>बेल।

ए>ऊ : दुग्ध>दुद्ध>दूध, पुत्र>पुत्त>पूत, बुभुक्षा>बुभुक्खा>भूख, उष्ट्र>उट्ट>ऊँट।

उ>ओ : पुस्तिका>पुत्थिका>पोत्थिअ>पोथी, कुष्ठ>कुड्ढ>कोड्ढ>कोढ़।

(2) **केन्द्रीकरण का नियम**–अ स्वर मध्य है तथा अन्य स्वर अग्र या पश्च हैं। इसलिए 'अ' का उच्चारण सरल है। यही कारण है कि मुख-सुख के लिए प्रायः

सभी स्वर केन्द्रीय स्वर अ में परिवर्तित हो जाते हैं। इसे केन्द्रीकरण कहते हैं। उदाहरणार्थ–आभीर=अहीर, तित्तिर=तीतर, परीक्षा=परख, अगुरु=अगर (बत्ती), आदि।

(3) **अक के आ होने का नियम**–अक (=अग=अग़=अअ=आ) से 'आ' विकसित हो जाता है, घोटक=घोड़ा, चणक=चना, दोरक=डोरा, सप्तक=सत्ता, चित्रक=चीता, आदि।

(4) **इका के ई होने का नियम**–इका (=इगा=इग़ा=इआ=इअ=ई) 'ई' में विकसित हो जाती है : शाटिका=साड़ी, घोटिका=घोड़ी, घटिका=घड़ी, होलिका=होली, आदि।

(आ) व्यजनों के नियम

(क) मूल व्यंजन

(1) **महाप्राणों के ह होने का नियम**–संस्कृत शब्दों का महाप्राण व्यंजन मुख्यतः यदि वह आदि में नहीं है (भू=हो, जैसे कुछ अपवाद हैं) तो वह प्रायः ह् में परिवर्तित हो जाता है :

ख>ह : मुख=मुँह, आखेट=अहेर (शिकार), आखेटिक=अहेरी।

घ>ह : अरघट्ट=रहँट, मेघ=मेह, प्राघूर्ण=पाहुन।

थ>ह : कथ=कह, यूथी=जूही।

ध>ह : दधि=दही, बधिर=बहरा, वधू=बहू, साधु=साहु, गोधूम=गेहूँ।

फ>ह : मुक्ताफल=मुक्ताहल (मोती), कंटकफल=कटहल।

भ>ह : आभीर=अहीर, गंभीर=गहरा, गर्दभ=गदहा, दुर्लभ=दुलहा।

छ, झ, ठ, ढ से हिन्दी में 'ह' के विकास के उदाहरण मुझे नहीं मिले।

(2) **घोषीकरण का नियम**–संस्कृत के शब्दों के स्वर मध्यम अघोष अल्पप्राण स्पर्श हिन्दी में परम्परागत तद्भव शब्दों में घोष अल्पप्राण स्पर्श या स्पर्शसंघर्षी हो गए हैं :

क>ग : शाक=साग, कंकण=कंगन, कंकाल=कंगाल, एकादश=ग्यारह।

च>ज : कुंचिका=कुंजी, पंचक=पंजी।

ट>ड : ड् ध्वनि हिन्दी में अंत्य तथा स्वर-मध्यम स्थिति में ड़ हो जाती है, अतः ट का ड होकर नहीं रुकता, अपितु वह ड़ हो जाता है : घोटक=घोडअ=घोड़ा, घोटिका=घोड़िआ=घोड़ी, घटिका=घडिआ=घड़ी, अक्षवाटक=अक्खवाडअ=अखाड़ा, गुटिका=गुडिआ=गुड़िया, कीटक=कीडअ=कीड़ा। कभी-कभी ड़ का र भी हो जाता है : सं० विटपक=बिरवा, कीटिका=कीरी।

प>ब : गोपेन्द्र=गोबिन्द, उपायन=बायन। प का ब में विकास हुआ, किन्तु अनेक शब्दों में ब शिथिल होकर व हो गया : पूपक=पूवा, अष्टापंचाशत=अट्ठावन, आपाक=आँवा, गोपेन्द्र=गोविन्द, विटपक=बिरवा, अग्रपद=अगुवा। कुछ शब्दों में व

का उ हुआ और फिर उ पूर्ववर्ती अ आदि से निकलकर 'औ' हो गया : सपत्नी=सौत, कपर्दिका=कौड़ी।

(3) **म के व होने का नियम**–अनेक शब्दों में स्वर मध्यम म् शिथिल होकर 'वँ' हुआ और फिर व् की अनुनासिकता पूर्ववर्ती स्वर पर चली गई : आमलक=आँवला, ग्राम=गाँव, कुमार=कुँवर, कुमारी=कुँवारी, श्यामल=साँवला, धूम=धुँआ, चमर=चँवर, भ्रमर=भँवर। कुछ शब्दों में व और भी शिथिल होकर उ हो गया और पूर्ववर्ती अ, आ से मिलकर औ बन गया : दमनक=दौना, गमन+क=गौना, वामन+क=बौना, भ्रमरक=भौंरा।

(4) **ण के न होने का नियम**–परिनिष्ठित हिन्दी में प्रयुक्त तद्भव शब्दों में सर्वत्र ण के स्थान पर न हो गया है : कंकण=कंगन, चणक=चना, प्राघूर्णक=पाहुना, स्वर्णकार=सुनार, पर्ण=पान, कर्ण=कान। अपवाद : पाषाण=पहाड़।

(5) **व के ब होने का नियम**–कुछ शब्दों में 'व' का 'ब' हो जाता है : वधू=बहू, वारिद=बादल, वानर=बन्दर, वक्र=बाँका, दूर्वा=दूब, वृद्ध=बूढ़ा।

(6) **य के ज होने का नियम**–कुछ शब्दों में य का ज हो जाता है : यमुना=जमुना, जमना, यव=जौ, कार्य=काज, यूक=जूँ, शय्या=सेज, यंत्र=जंतर।

(7) **ष के प्रायः स होने का नियम**–मुषल=मूसल, कषपट्टिका=कसौटी, षंढ=साँड़, वर्ष=बरस, उषर=ऊसर, आषाढ़=असाढ़, षष्ठि=साठ। या कभी-कभी ख : पुरुष=पुरखा, मेष=मेख, (मीन-मेख निकालना), षड्राग=खटराग (में पड़ना), झष=झख (मारना), शोषण=सोखना, पाषाण=पाखान, वर्षा=बरखा। अथवा ह : पाषाण=पहाड़, पाहन, कृष्ण=कान्ह। अथवा छः षट्=छः।

(8) **स के प्रायः स बने रहने का नियम**–सर्व=सब, सर्प=साँप, सप्त=सात, सौभाग्य=सुहाग। या कभी-कभी ह : स्ना=नहा, सप्तति=हत्तर (69, 71, 72, 73, 74, 75, 76, 77, 78)। किन्तु अपवादतः च : लालसा=लालच, कृसरान्न=खिच (ड़ी)।

(9) **श के प्रायः स होने का नियम**–श्वास=साँस, शत=सौ, विंशति=बीस, शाक=साग, श्यामल=साँवला, शाटिका=साड़ी, श्रावण=सावन, शृगाल=सियार। किन्तु कभी-कभी ह : दश=रह (11, 12, 13, 17, 18), दह (14), रह (15), केशरी=केहरी।

(10) **र के कभी-कभी ल होने का नियम**–वारिद=बादल, हरिद्रा=हल्दी, पत्र=पत्तल, चत्वारिंशत्=चालीस, बब्बूर=बबूल, करीर=करील।

(11) **ल के कभी-कभी र होने का नियम**–लाला=राल, लोष्टक=रोड़ा, अट्टालिका=अटारी, श्लाघ=सराह (धातु), कवल=कौर, शृगाल=सियार, लांगूली=लंगूर।

(ख) संयुक्त व्यंजन

संयुक्त व्यंजनों का संस्कृत से हिन्दी तक विकास होने में हम पाते हैं कि कभी तो इनमें किसी एक या दो का लोप (सप्त=सात, उष्ट्र=ऊँट) हो जाता है और

कभी एक (स्ना=नहा) या दोनों परिवर्तित हो जाते (षंड=साँड) हैं, या इसी प्रकार कुछ घटित होता है। इसका विस्तृत विवेचन अभी तक नहीं हुआ है। लगता है कि उच्चारण के आधार पर व्यंजनों को **सशक्त** या (अपेक्षाकृत) **अशक्त** कहा जा सकता है। जिस व्यंजन के उच्चारण में जितनी दृढ़ता होगी, वह उतना ही सशक्त होगा और उसके उच्चारण में जितनी ही अदृढ़ता होगी, वह उतना ही अशक्त होगा। इस दृष्टि से संस्कृत व्यंजनों को पाँच वर्गों में रखा जा सकता है–

(1) सर्वाधिक सशक्त–पाँचों वर्गों के प्रथम चार वर्ण (स्पर्श)

(2) उनसे अशक्त–स, ष, श (ऊष्म)

(3) उनसे भी अशक्त–वर्गों के पाँचवें वर्ण (नासिक्य)

(4) उनसे भी अशक्त–य, र, ल, व (अंतस्थ)

(5) सर्वाधिक अशक्त–ह

उपर्युक्त आधार पर **संयुक्त व्यंजन** दो प्रकार के हो सकते हैं–

(क) सम : जिसमें दोनों ही बल की दृष्टि से समान हों; जैसे दुग्ध, सप्त।

(ख) विषम : जिसमें एक बली हो तथा एक निर्बल हो; जैसे अग्नि, कर्म, अंगुष्ठ, जिह्वा। आगे दोनों को अलग-अलग लिया जा रहा है।

सम संयुक्त व्यंजन–यदि दोनों समान शक्ति के हों तो पूर्ववर्ती व्यंजन का लोप हो जाता है। इसका कारण यह है कि पूर्ववर्ती का उच्चारण पूरा नहीं होता, अतः वह परवर्ती की तुलना में, जो पूर्णोच्चरित है, उस स्थिति में, कुछ अशक्त हो जाता है। इसका एक दूसरा कारण यह भी हो सकता है कि उसके साथ स्वर नहीं होता। उदाहरणार्थ–

(1) स्पर्श+स्पर्श–भक्त=भत्त=भात, दुग्ध=दुद्ध=दूध, सप्त=सत्त=सात।

अन्तस्थ+अन्तस्थ–आर्यक=आजा, आर्यिका=आजी, (कुमायूँनी में) इजा (माँ), सर्व=सब (अपवाद : कल्य=कल; दे० आगे)

विषम संयुक्त व्यंजन–जैसा कि स्वाभाविक है कि विषम, अर्थात् यदि संयुक्त व्यंजन में एक सशक्त हो और एक अशक्त, तो अशक्त का लोप होगा तथा सशक्त यथावत् या कुछ परिवर्तित होकर बना रहेगा। नासिक्य व्यंजन लुप्त होते भी हैं, तो प्रायः पार्श्ववर्ती स्वर को प्रभावित कर जाते हैं। इसी प्रकार स, स, ष, ह आदि अवशिष्ट व्यंजन को महाप्राणित कर जाते हैं।

(1) स्पर्श+नासिक्य–कवर्ग–अंकन=आँकना, पंक=पाँक, टंक=टाँक, भंग=भाँग।

चवर्ग–चंचु=चोंच, पञ्च=पाँच, मंचिका=मँचिया, संचक=साँचा।

टवर्ग–भाण्डक=भाँडा, भण्ड=भाँड, मण्डप=माँडव, षण्ड=साँड़, कण्टक=काँटा।

तवर्ग–इन्धन=ईंधन, बन्धन=बाँधना, संधि=सेंध।

पवर्ग–कम्पन=काँपना, (शिम्बा=सेम अपवाद है)

मिश्र–अग्नि=आग, सपत्नी=सौत।

आगे-पीछे का कोई अन्तर नहीं है; सन्धि=सेंध, अग्नि=आग। ज्ञ अपवाद है; ज्ञ के स्थान पर प्रायः न (राज्ञी=रानी, यज्ञोपवीत=जनेऊ) हो जाता है। तथाकथित तत्सम एवं अर्धतत्सम शब्दों में ग्य या ग्यँ (ज्ञान=ग्याँन, आज्ञा=आग्याँ, यज्ञ=यग्य, जग्य) होता है।

(2) स्पर्श+अन्तस्थ–सूत्र=सूत, पुत्र=पूत, गुर्जर=गूजर, पत्र=पात, पत्ता, पक्व=पका, अर्क=आक, चक्र=चाक, सर्प=साँप। आगे-पीछे आने का कोई अन्तर नहीं : अर्क=आक, चक्र=चाक।

(3) स्पर्श+ऊष्म–(क) क्ष=ख। इसमें 'क्+ष' है। 'ष' का लोप तो होता है किन्तु वह क को प्रभावित करके उसे महाप्राण 'ख' बना देता है : अक्षि=आँख, क्षेत्र=खेत, शिक्षा=सीख, बुभुक्षा=भूख। ष पहले आए, तब भी कोई अन्तर नहीं पड़ता : पुष्कर=पोखरा, शुष्क=सूखा। (ख) स्त=थ (पुस्तिका=पोथी, हस्त=हाथ, स्तन=थन, हस्ती=हाथी, मस्तक=माथा) में भी वही बात है। (ग) अन्य उदाहरण : कुष्ठ=कोढ़ (ट>ढ>ढ़), अष्ट=आठ, पश्चिम=पच्छिम, रुष्ट=रूठा, पक्ष=पंख। अर्थात् ऊष्म स्पर्श को महाप्राण बना देता है।

(4) नासिक्य+अन्तस्थ–पर्ण=पान, कर्ण=कान, कर्म=काम, घर्म=घाम, शून्य=सूना, पूर्णिमा=पूनो, प्राघूर्णक=पाहुना, चूर्ण=चून (चूर्ण=चूर अपवाद) चून, धर्म=धाम (तीर्थ), अन्य=आन, शून्य=सुन्न, पुण्य=पुन्न, पुन, ऊर्ण=ऊन।

(5) ऊष्ण+नासिक्य–रश्मि=रास, रस्सी।

(6) ऊष्ण+अन्तस्थ–यस्य=जिस, तस्य=तिस, कस्य=किस, श्वसुर=ससुर, श्याला=साला, श्वास=साँस, श्वश्रू=सास।

(7) कोई भी व्यंजन+ह–जिह्वा=जीभ, गुह्यिका=गुझिया। (व>ब+ह=भ; य>ज+ह=झ)

त्रिव्यंजन–तीन व्यंजनों के संयुक्त रूप में भी प्रायः यही बात देखी जाती है। अन्त्र=आँत, उष्ट्र=ऊँट, चन्द्र=चाँद, पंक्ति=पाँत, तीक्ष्ण=तीखा, यन्त्रक़=जाँता, पार्श्व=पास।

अन्तस्थ+अन्तस्थ–(1) ल के उच्चारण में मध्यरेखा पर स्पर्श होता है, अतः वह य, व की तुलना में अधिक सशक्त होता है, यही कारण है कि ल्य, ल्व में य, व लुप्त हो जाता है : मूल्य=मोल, कल्य=कल, बिल्व=बेल।

(2) यदि य, व व्यंजन ज, बनकर स्पर्श हो जाएँ, तो वे सशक्त हो जाते हैं : व्याघ्र=बाघ, सर्व=सब, कार्य=काज।

संयुक्त व्यंजनों में एक व्यंजन के लोप तथा उसके प्रभाव से शेष के महाप्राणीकरण, मूर्धन्यीकरण, तालव्यीकरण की भी प्रवृत्ति मिलती है। इनमें जो व्यंजन शेष बचता है, वह भी परिवर्तित हो जाता है। कभी-कभी कारण न होने पर भी मात्र प्रवृत्तिवश इस प्रकार का परिवर्तन हो जाता है, जिसे **प्रवृत्त्यात्मक परिवर्तन** कहा जा सकता है। महाप्राणीकरण विषय की कुछ बातें प्रसंगतः ऊपर भी आ चुकी हैं।

महाप्राणीकरण–स्पर्श के साथ स, ष, श, ह का योग हो तो स्वभावतः स, ष, श, ह का लोप होता है, किन्तु शेष स्पर्श महाप्राण हो जाता है। मेरे विचार में इसे दो वर्गों में स्पष्ट किया जा सकता है : (1) स, ष, श, का विकास 'ह' में हो जाता है और 'ह' के योग से महाप्राणता संभव है (कब+ही=कभी); (2) स, ष, श, ह लुप्त हो जाते हैं, किन्तु उनके प्रभाव से अवशिष्ट अल्पप्राण महाप्राण में परिवर्तित हो जाते हैं। उदाहरणार्थः

(क) शिक्षा=सीख, भिक्षा=भीख, बुभुक्षा=भूख, शुष्क=सूखा, पुष्कर=पोखर, क्षीर=खीर, इक्षु=ईख, क्षेत्र=खेत, स्कंभ=खंभा।

(ख) वृश्चिक=बिच्छू।

(ग) अष्ट=आठ, कुष्ठ=कोढ़, रुष्ट=रूठा।

(घ) प्रस्तर=पत्थर, पुस्तिका=पोथी, हस्त=हाथ, मस्तक=माथा, स्तन=थन, हस्ती=हाथी।

(ङ) जिह्वा=जीभ, ब्राह्मण=ब्राम्हन, ब्राम्हण (पश्चवर्ती प्रभाव), वाष्प=भाप (व>ब+ह=भ)। उल्लेख है कि न्ह, म्ह भी महाप्राण हैं।

मूर्द्धन्यीकरण–तवर्ग (प्रथम चार) +र=टवर्ग (प्रथम चार)–ऐसा इसलिए है कि 'र' मूर्धा से उच्चरित (ऋतुरषाणां मूर्द्धा) है, अतः तवर्ग का मूर्धन्यीकरण हो गया। त+र=ट, त्रसर=टसर, करपत्र=करवट (आरा), कैवर्त=केवट, उद्वर्त्तन=उबटन, कर्त=काट, वर्त्म=बाट, कर्तरी=कटारी, चित्र=छीट, त्रुट्=टूट, (अपवाद : अंत्र=आँत, त्रयोविंशति=तेईस, चित्रक=चीता, वर्तिका=बत्ती, पत्र=पात, पुत्र=पूत, सूत्र=सूत, बेत्र=बेंत, क्षेत्र=खेत, रात्रि=रात)। लगता है कि कुछ क्षेत्रों में 'र' के प्रभाव से टवर्ग हुआ तथा कुछ में निर्बल 'र' लुप्त हो गया। कुछ शब्दों में दूर होने पर भी प्रभाव : वृतक=बड़ा, मृत्तिका=माटी, मिट्टी, विकृत=विकट। 'ल' का भी अपवादतः यही प्रभाव : तिलक=टीका, गलगति=गिरगिट। प्रवृत्त्यात्मक : विभीतक=बहेड़ा। थ+र=ठ; अर्धचतुर्थ=अहुँट (3½), (दूर होने पर) ग्रन्थि=गाँठ, थियेटर=ठेठर (भोजपुरी में)। अपवादतः सार्थ-साथ, चतुर्थ=चौथा : प्रवृत्त्यात्मक : प्रस्था=पठा, स्थग=ठग, उत्थान=उठान। द+र=ड, बीच में या अन्त में होने पर ड़ : कपर्दिका=कौड़ी। दूर होन पर भी : दर=डर, दोरक=डोरा। ल का भी यही प्रभाव : दोलिका=डोली। अपवाद : दद्रु=दाद, भाद्रपद=भादों, निद्रा=नींद, चन्द्र=चाँद : प्रवृत्त्यात्मक : दंडक=डंडा, दंशन=डँसना, विभीतक=बहेड़ा। ध+र=ढ, बीच में या अन्त में होने पर ढ़ : धृष्ट=ढीठ, सार्ध=साढ़े, अर्धतृतीय=अढ़ाई, ढाई, वर्ध=बढ़ : ल के प्रभाव से : शिथिल=ढील। अपवाद : अर्ध=आधा। प्रवत्त्यात्मक–स्तब्ध=ठाढ़, क्वाथक=काढ़ा।

तालव्यीकरण–तवर्ग (प्रथम चार) +य=चवर्ग (क्रमशः प्रथम बार)। 'य' तालव्य है, अतः त, य, द, ध दंत्य स्पर्श से हटकर तालव्य हो गए। त+य =च : नृत्य=नाच, सत्य=साँच, सच, कृत्यगृह=कचहरी। थ+य=छ : मत्स्य=मछली। द+य =ज : अद्य=आज,

वाद्य=बाजा, द्यूत=जुआ, विद्युत्=बिजली, वैद्यनाथ=बैजनाथ। ध+य=झ : संध्या=साँझ, बंध्या=बाँझ, युध्य=जूझ, सम्बुध्य=समझ, अध्यापक=झा, उपाध्याय=ओझा, मध्यधार=मझधार।

हिन्दी ध्वनियों का इतिहास

आगे हिन्दी की प्रायः सभी ध्वनियों का पृथक्-पृथक् इतिहास दिया जा रहा है। यहाँ अरबी शब्दों को अलग से न लेकर फ़ारसी के साथ ही रखा गया है; क्योंकि अरबी के शब्द फ़ारसी के माध्यम से ही आए हैं। पुर्तगाली शब्द, कुछ तो सीधे पुर्तगाली से आए हैं, तथा कुछ अन्य भाषाओं के माध्यम से। इसका दो टूक निर्णय करना कठिन है कि कौन-कौन किन अन्य भाषाओं के माध्यम से आए हैं इसीलिए पुर्तगाली शब्द पुर्तगाली उच्चारण को पृष्ठभूमि में रखकर ही दिए गए हैं।

अ

(1) **सं० अ से**–सं० गर्दभी>प्रा० गद्दही>हि० गदही, गधी, सं० स्थग>प्रा० ठग>हि० ठग, सं० खर्जूर>प्रा० खज्जूर>हि० खजूर। (2) **स्वराघातरहित सं० आ से**–सं० भांडागार>प्रा० भंडागार>हि० भंडार, सं० आभीर>प्रा० अहीर>हि० अहीर, सं० आषाढ़>प्रा० आसाढ़>हि० असाढ़। (3) **सं० इ से**–सं० विभीतक>प्रा० बहेडअ>हि० बहेड़ा, सं० वारिद>हि० बादल। (4) **सं० ई से**–सं० परीक्षा>प्रा०परिक्खा>हि० परख। (5) **सं० उ से**–सं० अगुरु>प्रा० अगरु>हि० अगर (अगरबत्ती)। (6) **सं० ऋ से**–सं० कृष्ण>कन्हैया। (7) **सं० ए से**–सं० एरंड>प्रा० एरंड>हि० अरंड। (8) **सं० ओ से**–शोभांजन>हि० सहिजन (एक पेड़)। (9) **तुर्की अ से** (बेगम, तोशक)। (10) **फ़ा० अ से** (अन्दर, अनार)। (11) **पुर्त० अ से** (अनन्नास, गमला)। (12) **अं० अ से** (जज, बस)। (13) **अं० ऑ से** (अफ़सर, अगस्त, अर्दली)। (14) **अं० ऐ से** (जनवरी, अलबम)। (15) **अं० ए से** (दिसम्बर, फरवरी)। (16) **अं० इ से** (रपट, इंजन)।

आ

(1) **सं० आ से**–सं० शाक>प्रा० साग>हि० साग, सं० श्वास>हि० साँस, सं० काष्ठ>प्रा० कट्ठ>हि० काठ। (2) **सं० अ से** (यदि यह अ संयुक्त या दीर्घ व्यंजन के पूर्व हो)–सं० चक्र>प्रा० चक्क>हि० चाक, सं० हस्त>प्रा० हत्थ>हि० हाथ, सं० सर्प>प्रा० सप्प>हि० साँप, सं० कर्म>प्रा० कम्म>हि० काम। (3) **सं० अक से**–सं० घोटक>प्रा० घोढअ>हि० घोड़ा, सं० चणक>प्रा० चणअ>हि० चना, सं० दोरक>प्रा० डोरअ>हि० डोरा। (4) **सं० ऋ से** (यदि यह संयुक्त या दीर्घ व्यंजन के पूर्व हो)–सं० नृत्य>प्रा० णच्च>हि० नाच, सं० कृष्ण>प्रा० कण्ह>हि० कान्ह। (5) **तुर्की, फ़ा०, अं० आ से** (दरोग़ा, चाक़ू, आज़ाद, पास)। (6) **'अह्' से** (ख़ज़ानह्>ख़जाना,

किनारह्>किनारा, मसालह्>मसाला, बस्तह>बस्ता)। (7) **पुर्त० आ से** (अनन्नास, अल्मारी, काजू)।

इ

(1) **सं० इ से**–सं० विटपक>प्रा० विरवअ>हि० बिरवा, सं० माणिक्य>प्रा० माणिक्क>हि० मानिक। (2) **सं० अ से**–सं० गलगति>हि० गिरगिट, सं० पञ्जर>प्रा० पंजर>हि० पिंजरा। (3) **सं० ई से**–सं० दीपक>प्रा० दीअअ>हि० दिया, सं० दीपावली>प्रा० दीवाअली>हि० दिवाली। (4) **सं० ऋ से**–सं० मृत्तिका>प्रा० मिट्टिआ>हि० मिट्टी, सं० शृगाल>प्रा० सिआल>हि० सियार। (5) **सं० ए से**–सं० गोपेन्द्र>हि० गोबिन्द। (6) **तुर्की, फ़ा०, अं० इ से** (चिक, आतिशबाजी, इंजन)।

ई

(1) **सं० ई से**–सं० गृहिणी>प्रा० घरिणी>हि० घरनी, सं० क्षुरी>प्रा० छुरी, हि० छुरी, सं० क्षीर>प्रा० खीर>हि० खीर। (2) **सं० इ से**–(जो दीर्घ या संयुक्त व्यंजन के पूर्व हो) सं० इक्षु>प्रा० इक्खु>हि० ईख, सं० भिक्षा>प्रा० भिक्ख>हि० भीख। (3) **सं० इ से** (अन्य स्थितियों में)–सं० दधि>प्रा० दहि>हि० दही, सं० अपि>प्रा० वि>हि० भी। (4) **सं० इका से**–सं० घोटिका>प्रा० घोडिआ>हि० घोड़ी, सं० होलिका>प्रा० होलिआ>हि० होली, सं० आरात्रिका>हि० आरती। (5) **सं० ऋ से**–सं० पृष्ठ>प्रा० पिट्ठ>हि० पीठ। (6) **तुर्की, फ़ा, अं० इ से**–(क़ालीन, क्रीम)। (7) **अं० इ से**–(अर्दली, तिजोरी, जुलाई)।

उ

(1) **सं० उ से**–सं० कटुक>प्रा० कडुअ>हि० कड़ुआ, सं० गुटिका>प्रा० गुडिआ>हि० गुड़िया। (2) **सं० ऊ से**–सं० प्रभूत>प्रा० बहुत्त>हि० बहुत, सं० धूम>हि० धुआँ, सं० द्यूत>प्रा० जूअ>हि० जुआ। (3) **सं० अ से**–सं० पश्च>प्रा० पुच्छ (सं० में भी प्रयुक्त)>हि० पूँछ, सं० पलाल>हि० पुआल। (4) **सं० ऋ से**–सं० वृद्ध>प्रा० बुड्ढ>हि० बुड्ढा। (5) **सं० ओ (को) से**–सं० एकोन>प्रा० अउण>हि० उन (उनतीस, उनतालिस, उनसठ)। (6) **सं० मृ से**–सं० स्मृति>हि० सुरत (सं>स, ऋ>र, म>व>उ)। (7) **सं० व् से**–सं० स्वर्णकार>प्रा० सुण्णार>हि० सुनार (सोनार भी)। (8) **तुर्की फ़ा०, अं० उ से**–उज़बक, कुर्ता, उस्तरा, कुश्ती, फुटबाल, हुक।

ऊ

(1) **सं० ऊ से**–सं० ऊषर>प्रा० ऊसर>हि० ऊसर, सं० ऊर्ण>प्रा० उण्ण>हि० ऊन। (2) **सं० उ से** (दीर्घ या संयुक्त व्यंजन के पूर्व का)–सं० उष्ट्र>प्रा० उट्ट>हि० ऊँट,

सं० पुत्र>प्रा० पुत्त>हि० पूत (सपूत, कपूत), सं० दुग्ध>प्रा० दुद्ध>हि० दूध। (3) **सं० 'उ' या 'उका' से**–सं० बालुका>प्रा० बालुआ>हि० बालू, सं० भल्लुक>प्रा० भल्लुअ>हि० भालू, सं० शक्तुक प्रा०>सत्तुअ>हि० सत्तू। (4) **सं० इ से**–सं० वृश्चिक>हि० बिच्छू। (5) **सं० इक से**–सं० गैरिक>प्रा० गेरुअ>हि० गेरू। (6) **सं० ऋ से**–सं० पुच्छ>प्रा० पुच्छ>हि० पूँछ, सं० वृद्ध>प्रा० बुड्ढ>हि० बूढ़ा। (7) **सं० औ से**–सं० पौष>प्रा० पुस्स>हि० पूस। (8) **तुर्की, फ़ा०, पुर्त०, अं० ऊ से** (बारूद, कूच, अंगूर, खरबूजा, काजू, जून, प्रूफ़, सूप)।

ए

(1) **सं० ए से**–सं० अग्रे>प्रा० अग्गे>हि० आगे, सं० मेघ>प्रा० मेह>हि० मेंह, सं० क्षेत्र>प्रा० खेत्त>हि० खेत। (2) **सं० अ से**–सं० शय्या>प्रा० सेज्जा>हि० सेज (कदाचित् य के प्रभाव से), सं० कंचुलिका>प्रा० कंचुलिआ>हि० केंचुली, सं० मज्जा>हि० भेजा। (3) **सं० इ से** (जिसके बाद संयुक्त व्यंजन हो)–सं० शिम्बा>हि० सेम, सं० छिद्र>प्रा० छिद्द>हि० छेद, सं० बिल्व>प्रा० बिल्ल>हि० बेल। (4) **सं० ऐ से**–सं० कैवर्त>प्रा० केवट्ट>हि० केवट, सं० तैल>प्रा० तेल, हि० तेल, सं० गैरिक>प्रा० गेरुअ>हि० गेरू। (5) **सं० उ से**–सं० फुप्फुस>हि० फेफ(ड़ा)। (6) **सं० अयो से**–सं० त्रयोदश>प्रा० तेरस, तेरह>हि० तेरह; सं० त्रयोविंशति>प्रा० तेवीस>हि० तेइस। (7) **सं० अइ से**–सं० नवति>प्रा० नब्बए>हि० नब्बे, नब्बे; सं० सप्तनवति>प्रा० सत्तानवे>हि० सत्तानवे। (8) **सं० ओ से**–सं० गोधूम>हि० गेहूँ (गोहूँ बालियों में)। (9) **तुर्की, फ़ा० ए से** (बेग, बेगम, सफ़ेद रेशम)। (10) **पुर्त० ए से** (मेज़)। (11) **अं० ऍइ से** (एक्स-रे, रेडियो)।

ऐ

(1) **सं० ऐ से**–सं० चैत्र>प्रा० चइत्त>हि० चैत, सं० वैराग्य>हि० बैराग। (2) **सं० अइ से**–सं० प्रविष्ट>प्रा० पइट्ठ>हि० पैठ्, सं० उपविष्ट>प्रा० बइट्ठ>हि० बैठ्। (3) **सं० इ से**–सं० द्विशाखिका>हि० बैसाखी। (4) **सं० अय से**–सं० नयन>हि० नैन। (5) **तुर्की, फ़ा० अइ से** (कैंची, मैदान, खैर)। (6) **अं० ऐ से** (गैस, बैंड, टैंक, बैंक)।

ओ

(1) **सं० ओ से**–सं० घोटिका>प्रा० घोडिया>हि० घोड़ी, सं० होलिका>प्रा० होलिआ>हि० होली, सं० दोरक>प्रा० डोरअ>हि० डोरा। (2) **सं० उ से** (यदि बाद में संयुक्त व्यंजन हो)–सं० पुष्कर>प्रा० पुक्खर, पोक्खर>हि० पोखर, सं० कुष्ठ>प्रा० कुड्ढ>हि० कोढ : सं पुस्तिका>प्रा० पुत्थिआ, पोत्थिअ>हि० पोथी। (3) **सं० ऊ से**–सं० मूल्य>प्रा०

मोल्ल>हि० मोल; **सं०** भुर्ज>प्रा० भुज्ज>हि० भोज (पत्र)। (4) **सं० औ से**–सं० सौभाग्य>प्रा० सोहग्ग>हि० सोहाग; सं० मौक्तिक>प्रा० मोत्तिअ>हि० मोती; (5) **सं० व से**–सं० स्वर्ण>प्रा० सोण्ण>हि० सोना। (6) **सं० 'अयू' से**–सं० मयूर>प्रा० मऊर>हि० मोर। (7) **सं० अव से**–सं० अलवणल>प्रा० अलोणअ>हि० अलोना; सं० अवश्या>प्रा० ओस्सा>हि० ओस। (8) **सं० उप से**–सं० उपल+क>प्रा० उवल+अ>हि० ओला। (9) **सं० अप से**–सं० अपसार>प्रा० ओसार>हि० ओसार (ा, ई)। (10) **तुर्की, फ़ा ओ से** (तोप, दारोग़ा, ज़ोर, गोश्त)। (11) **पुर्त० ओउ से** (गोभी, बोतल)। (12) **अं० ओउ से** (कोट, नोट, रेडियो)।

औ

(1) **सं० औ से**–सं० गौ (अउ) रव>हि० गौरव। (2) **सं० अप से**–सं० सपत्नी>हि० सौत, सं० कपर्दिका>प्रा० कवड्डिआ>हि० कौड़ी, सं० अपर>प्रा० अवर>हि० और। (3) **सं० आम से**–सं० वामन+क>हि० बौना, सं० चामर>हि० चौंर। (4) **सं० अउ से**–सं० जतुगृह>प्रा० जउहर>हि० जौहर, सं० चतुष्क>प्रा० चउक्क>हि० चौक, सं० चतुर्दश>प्रा० चउद्दह>हि० चौदह। (5) **अव से**–सं० यव>प्रा० जव>हि० जौ। सं० लवंग>हि० लौंग, सं० नव>प्रा० णव>हि० नौ। (6) **तुर्की, फ़ा० अउ से**–(सौगात, मौसम, फ़ौज)। (7) **पुर्त ओ० से**–(पिस्तौल)। (8) **पुर्त आ० से**–(तौली)। (9) **पुर्त ओआ से** (तौलिया)।

क्

आदि क् : (1) **सं० क् से**–सं० कातर>प्रा० काअर, कायर>हि० कायर, सं० कटाहिका>प्रा० कडाहिआ>हि० कड़ाही; सं० कर्ण>प्रा० कण्ण>हि० कान, सं० क्वाथ>हि० काढ़ा। (2) **तुर्की, फ़ा० क़् से**–(कुर्ता, कुमक, कमज़ोर, किताब)। (3) **पुर्त० क् से** (काजू, कप्तान, कमरा)। (4) **अं० ईषत् महाप्राणयुक्त क् से** (कमेटी, कंकरीट, कलक्टर)। **मध्य क् :** (1) **सं० क् से**–सं० एकविंशति>प्रा० एक्कवीसइ>हि० इक्कीस; सं० शकट+क>हि० छकड़ा। सं० कर्कर>प्रा० कक्कर>हि० कंकड़; सं० वक्र>हि० बाँका; सं० चिक्कण>हि० चिकना; सं० पक्व>प्रा० पक्क>हि० पका। (2) **तुर्की, फ़ा० क् से** (मुचलका, आबकारी, इन्कार)। (3) **पुर्त०, अं० क् से** (अलकतरा, तंबाकू, एकड़, एक्स-रे)। **अंत्य क् :** (1) **सं० क् से**–सं० ग्राहक>प्रा० गाहक>हि० गाहक, सं० चतुष्क>प्रा० चउक्क>हि० चौक, सं० माणिक्य>प्रा० माणिक्क>हि० मानिक; सं० चक्र>प्रा० चक्क>हि० चाक। सं० बुक्क>प्रा० भुक्क>हि० भूँक। (2) **तुर्की, फ़ा० क् से** (उज़बक, कुमक, चाबुक, ऐनक)। अं० (मूल) या संयुक्त क् से (बैंक, चेक, ट्रक, हैंक)।

ख्

आदि ख् : (1) **सं० ख् से**–सं०>खर्जू>प्रा० खज्जू, खज्ज>हि० खाज; सं० खट्वा>प्रा० खट्टा, खट्ट>हि० खाट; (2) **सं० क्ष् से**–सं० क्षेत्र>प्रा० खेत>हि० खेत; सं० क्षीर>प्रा० खीर>हि० खीर। (3) **सं० क से**–सं० कर्पर>प्रा० खप्पर>हि० खप्पर। (4) **सं० स्क् से**–सं० स्कंभ>प्रा० खम्भ>हि० खम्भा। (5) **सं० ष् से**–सं० षट्राग>हि० खटराग। **मध्य ख् :** (1) **सं० ख् से**–सं० खसखस>प्रा० खसखस>हि० खसखस। (2) **सं० क्ष् से**–सं० द्वादशाक्षरी>हि० बारहखड़ी; सं० अक्षावाटक>प्रा० अक्खवाडग>अक्खवाडअ>हि० अखाड़ा; सं० मक्षण>प्रा० मक्खण>हि० मक्खन, माखन। (3) **सं० ख्य् से**–सं० व्याख्यान>प्रा० वक्खाण>हि० बखान। (4) **सं० ष्क् से**–सं० पुष्कर>प्रा० पुक्खर, पोक्खर>हि० पोखर, पोखरा; सं० शुष्क>प्रा० सुक्ख>हि० सूखा। **अंत्य ख् :** (1) **सं० ख् से**–सं० दुःख>हि० दुख, सं० सुख>हि० सुख; (2) **सं० क्ष से**–सं० अक्षि>प्रा० अक्खि>हि० आँख; सं० लक्ष>प्रा० लक्ख>हि० लाख; सं० इक्षु>प्रा० इक्खु>हि० ईख। (3) **सं० ष् से**–सं० झष>हि० झख (मुहावरा–झख मारना); सं० मीनमेष>हि० मीनमेख (मुहावरा–मीनमेख निकालना); (4) **सं० ष्क् से**–संशुष्क>प्रा० सुक्ख>सं० सूख् (धातु)।

ग्

आदि ग् : (1) **सं० ग् से**–सं० गम्भीर>प्रा० गहिर>हि० गहरा, सं० गुटिका>प्रा० गुडिआ>हि० गुड़िया, सं० ग्राम>प्रा० गाम>हि० गाँव; सं० ग्रंथि>प्रा० गण्ठि>हि० गाँठि गाँठ। (2) **सं० क् से**–सं० कंदुक>प्रा० गेंदुअ>हि० गेंद, सं० एकदश>हि ग्यारह। (3) **सं० घ् से**–सं० घट्>प्रा० गढ>हि० गढ़् (धातु)। (4) **फ़ा०, पुर्त० अं० ग से**–(गंदा, गर्मी, गमला, गिरजा, गिलास, गोल)। **मध्य ग् :** (1) **सं० ग् से**–सं० अगुरु>प्रा० अगरु>हि० अगर(बत्ती), सं० फाल्गुन>प्रा० फग्गुण>हि० फागुन, सं० अंगिका>प्रा० अंगिआ>हि० अँगिया, सं० गर्गर>प्रा० गग्गर>हि० गागर, सं० अग्निस्थिका>प्रा० अंग्गिट्ठिआ>हि० अँगीठी, सं० अग्रहायण>प्रा० अग्गहण>हि० अगहन। (2) **सं० क् से**–सं० शकुन>प्रा० सगुन>हि० सगुन, सं० भक्त>हि० भगत। सं० कंकाल>हि० कंगाल। (3) **तुर्की, फ़ा० ग् से**–(बेगम, तगाड़, कारीगर)। (4) **फ़ा० क़ से**–(नक़्क़ारः> नगाड़ा)। (5) **अं० क् से**–(डिक्री>डिग्री)। **अन्त्य ग् :** (1) **सं० ग् से**–सं० शृंग>प्रा० सिंग>हि० सींग्; सं० लवंग>हि० लौंग, सं० स्थग>हि० ठग, सं० वल्गा>प्रा० बग्ग>हि० बाग (घोड़े की), सं० अग्नि>प्रा० अग्गि<हि० आग, सं० सौभाग्य>प्रा० सोहग्ग>हि० सोहाग, सं० मुद्ग>प्रा० मुग्ग>हि० मूँग। (2) **सं० क् से**–सं० लोक>प्रा० लोग>हि० लोग, सं० शाक>प्रा० साग>हि० साग; सं० काक>हि० काग। (3) **फ़ा० क से**–(तंग, रंग, रग)। (4) **पुर्त अं० ग् से**–(परेग=कील, बैग, जंग)। (5) **अं० क से** (कॉर्क>काग)।

घ्

आदि घ् : (1) सं० घ् से–सं० घट+क>प्रा० घड़अ>हि० घड़ा; सं० घोटिका>प्रा० घोडिआ>हि० घोड़ी; सं० घटिका>घडिआ>हि० घड़ी। (2) **सं० ग् ह के योग से**–सं० गृह>प्रा० घर>हि० घर; सं० गृहिणी>प्रा० घरिणी>हि० धरनी। **मध्य घ् : (1) सं० घ् से**–सं० व्याघ्रिणी>हि० बाघिन सं० उद्‌घाटन, प्रा० उग्घाड>हि० उघाड़ (ना)। (2) **सं० ग् तथा ह् से**–सं० विग्रह>प्रा० विग्गह>हि० बीघा। **अन्त्य घ् : (1) सं० घ् से**–सं० जंघा>प्रा० जंघ>हि० जाँघ, सं० व्याघ्र>प्रा० वग्घ>हि० बाघ।

क़्

आदि क़् : (1) तुर्की, फ़ा०, क़् से–(क़ुर्क़, क़दम, क़ब्ज)। **मध्य क़् : (1) तुर्की, फ़ा० क़् से**–(चक़मक़, अक्ल)। **अंत्य क़् : (1) तुर्की, फ़ा० क़् से**–(चक़मक़, खन्दक़, गर्क़)।

ट्

आदि ट् : (1) सं० ट् से–सं० टंकशाला>हि० टकसाल। (2) **सं० त् से** (र या ल पास हो तो)–सं० तिलक>हि० टीका, टिकली; सं० त्रसर>प्रा० टसर>हि० टसर (रेशम)। (3) **अं० ट् से** (टैंक, टाइप, टिकट)। **मध्य ट् : (1) सं० ट् से**–सं० कंटक>प्रा० कंटअ>हि० काँटा; सं० कषपट्टिका>प्रा० कसवट्टिआ>हि० कसौटी। (2) **सं० त् से**–सं० कर्तरिका>प्रा० कट्टरिआ>हि० कटारी। सं० उद्वर्त्तन>हि० उबटन; सं० मृत्तिका>प्रा० मिट्टिआ>हि० मिट्टी। (3) **पुर्त द् से**–पुर्त० बाल्दे>हि० बाल्टी। (4) **अं० ट् से** (एटलस, नोटिस)। **अंत्य ट् : (1) सं० ट् से**–सं० अरघट्ट>प्रा० रहट्ट>हि० रहट; सं० हट्>प्रा० हट्ट>हि० हाट। (2) **सं० त् से**–सं० कर्त>हि० काट्; सं० कैवर्त>प्रा० केवट्ट>हि० केवट, सं० करपत्र>प्रा० करवट्ट>हि० करवट् (काशी करवट)। (3) **सं० ष्ठ् से**–सं० कोष्ठ>प्रा० कोट्ट>हि० कोट (पुराना क़िला)। (4) **अं० ट् से** (कोट, एजेंट, टिकट)।

ठ्

आदि ठ् : (1) सं० ठ् से–सं० ठक्कुर>प्रा० ठक्कुर>हि० ठाकुर (ठक्कुर शब्द सं० में है, किन्तु मूलतः यह सं० शब्द नहीं है। कुछ लोगों ने इसे तुर्की 'तेगिन' से जोड़ा है)। (2) **सं० स्थ से**–सं० स्थग>प्रा० ठग>हि० ठग; सं० स्थाप्य>प्रा० ठप्प>हि० ठप। **मध्य ठ् (1) सं० ठ् से**–सं० कंठिका>प्रा० कंठिआ>हि० कंठी, सं० कोष्ठागारिका>प्रा० कोट्ठारिआ>हि० कोठरी; सं० अंगुष्ठ+क>प्रा० अंगुट्ठअ>हि० अँगूठा। (3) **सं० ट् से**–सं० मिष्टानिक्का>हि० मिठाई; सं० लष्टिका>प्रा० लट्ठिआ>हि० लाठी। (4) **सं०**

स्थ से–सं० प्रस्था (पयति)>प्रा० पट्ठा>हि० पठा(भेज्) सं० अग्निस्थिका>**प्रा०** अंग्गिट्ठिआ>हि० अँगीठी; (5) **सं० त्थ से**–सं० उत्थान>प्रा० उट्ठान>हि० उठान। **अंत्य ठ् :** (1) **सं० ठ् से**–सं० शुंठि>प्रा० सुंठि>हि० सोंठ। (2) **सं० ट् से**–सं० षट्षष्टि>प्रा० छासट्ठ>हि० छियासठ; सं० प्रविष्ट>प्रा० पइट्ठ>हि० पैठ् (धातु); सं० अष्ट>प्रा० अट्ठ>हि० आठ; (3) **सं० र् के समीप थ् से**–सं० ग्रंथि>प्रा० गंठि>हि० गाँठि, गाँठ।

ड्

आदि ड् : (1) **सं० ड् से**–सं० डमरू>हि० डमरू; सं० डाकिनी>प्रा० डाइणि>हि० डाइन। (2) **सं० द्** (प्रायः ल, र का समीपवर्ती) **से**–सं० दोरक>प्रा० डोरअ>हि० डोरा; सं० दर>**प्रा०** डर>हि० डर; सं० दाह>हि० डाह, सं० दंशन>हि० डँसना। (3) **अं० ड् से**–डाक्टर, डिग्री। **मध्य ड् :** (1) **सं० ड से**–सं० भाण्डागारिक>प्रा० भंडारिअ>हि० भंडारी; सं० अण्डक>हि० अंडा। (2) **सं० स्थ् से**–सं० अस्थि>प्रा० हड्डि>हि० हड्डी। (3) **अं० ड् से**–रेडियो, सोडा। **अंत्य ड् :** (1) **सं० ड् से**–सं० मंड>हि० माँड्। (2) **अं० ड् से**–कार्ड, गार्ड।

ढ्

आदि ढ् : (1) **सं० ढ् से**–सं० ढाल>हि० ढाल। (2) **सं० ध्** (र के समीप) **से**–सं० धार>ढाल, सं० अर्धतृतीय>प्रा० अड्ढतिय, अड्ढइ>हि० अढ़ाई, ढाई; सं० धृष्ठ>प्रा० ढिट्ठ>हि ढीठ। (3) **सं० थ्** (ल के समीप) **से**–सं० शिथिल>प्रा० सिढिल>हि० ढीला। **मध्य ढ् : कुछ मिश्र शब्दों में**–बेढब।

त्

आदि त् : (1) **सं० त् से**–सं० तुन्द>प्रा० तुंद>हि० तोंद; सं० तालक>प्रा० तालअ>हि० ताला; सं० त्रयोविंशति>प्रा० तेवीस>हि० तेइस; सं० त्वरित>हि० तुरत, तुरंत। (2) **तुर्की, फ़ा० त् से** (तमग़ा, तमंचा, तंग, तंदूर)। (3) **पुर्त० त् से** (तौलिया, तंबाकू)। (4) **अं० ट् से** (तारकोल, तारपीडो, तिजोरी)। **मध्य त् :** (1) **सं० त् से**–सं० पश्चाताप>प्रा० पच्छताव>हि० पछतावा; सं० स्रोतक>प्रा० सोतअ>हि० सोता (चश्मा), सं० आदित्यवार>हि० इतवार; सं० अंत्र>अप० अंत+डी>हि० अँतड़ी; सं० चित्रक>प्रा० चित्तअ>हि० चीता; सं० कार्तिक>प्रा० कत्तिक>हि० कातिक; सं० पित्तल>प्रा० पित्तल>हि० पीतल; सं० मौक्तिक>प्रा० मोत्तिअ>हि० मोती; सं० नप्तृक>प्रा० नत्तिअ>हि० नाती; सं० विज्ञप्तिका>प्रा० विनत्तिआ>हि० विनती, बिनती। (2) **सं० ट् से**–(अपवादतः) सं० कटवर>हि० कतवार (कूड़ा)। (3) **तुर्की, फ़ा० त् से**–(कोतल, कुर्ता, उस्तरा, उस्ताद)। (4) **पुर्त० त् से**–(संतरा, इस्त्री, मिस्त्री, फ़ीता, पिस्तौल)। (5) **अं० ट्**

से–(पतलून, केतली, सितंबर, अस्पताल)। **अंत्य त्** : (1) **सं० त् से**–सं० दंत>प्रा० दन्त>हि० दाँत; सं० क्षेत्र>प्रा० खेत्त>हि० खेत; सं० रात्रि>प्रा० रत्त>हि० रात; सं० भक्त>प्रा० भत्त>हि० भात; सं० पंक्ति>प्रा० पंति>हि० पाँत; सं० सप्त>प्रा० सत्त>हि० सात। सं० वार्ता>प्रा० वत्ता, बत्त>हि० बात। (2) **तुर्की, फ़ा० त् से**–(सौगात, गनीमत, किस्त, मस्त, अमानत)। (3) **पुर्त० त् से**–(इस्पात, परात)। (4) **अं० ट् से**–(अगस्त)।

थ्

आदि थ् : (1) **सं० थ् से**–सं० स्थाली>प्रा० थाली>हि० थाली; सं० स्थानक>प्रा० थानअ>हि० थाना; सं० स्तन>प्रा० थण>हि० थन। (2) **अं० थ् से**–(थर्मामीटर, थर्मस, थिएटर)। **मध्य थ्** : (1) **सं० थ् से**–सं० कथन+ई>हि० कथनी; (2) **सं० त् से**–सं० मस्तक>प्रा० मत्थअ>हि० माथा; सं० पुस्तिका>प्रा० पोत्थिआ>हि० पोथी; सं० हस्ती>प्रा० हत्थी>हि० हाथी। (2) **अं० थ् से**–ईथर। **अंत्य थ्** : (1) **सं० थ् से**–सं० पथ>हि० पथ; सं० कपित्थ>प्रा० कइत्थ>हि० कैथ; सं० सार्थ>प्रा० सत्थ>हि० साथ। (2) **सं० त् से**–सं० मस्तक>प्रा० मत्थअ>हि० माथा; सं० हस्त>प्रा० हत्थ>हि० हाथ। सं० लोत्र>प्रा० लोत्त>हि० लोथ (लाश)। (3) **अं० थ् से** (बर्थ–रेल की, रेडियो का तार–अर्थ)।

द्

आदि द् : (1) **सं० द् से**–सं० दुर्बल>प्रा० दुब्बल>हि० दुबला; सं० दद्रु>प्रा० दद्दु>हि० दाद; सं० दुग्ध>प्रा० दुद्ध>हि० दूध; सं० द्रोणक>प्रा० दोणअ>हि० दोना; सं० द्वौ>प्रा० दो>हि० दो। (2) **तुर्की, फ़ा० द् से**–(दारोग़ा, देर, देहात)। (3) **अं० ड् से**–(दलेल, दराज, दर्जन, दिसम्बर)। **मध्य द्** : (1) **सं० द् से**–सं० वारिद>प्रा० बद्दल>हि० बादल; सं० हरिद्रिका>प्रा० हलिद्दिआ, हलिद्दी>हि० हल्दी; सं० भाद्रपद>प्रा० भाद्दवअ>हि० भादों; भादौं; **सं०** गर्दभक>प्रा० गद्दहअ>हि० गदहा (गधा)। (2) **तुर्की, फ़ा० द् से**–(उर्दू, बहादुर, आदत आदि)। (3) **पुर्त० द् से**–(पादरी)। (4) **अं० ड् तथा द् से**–(अर्दली, अकादमी, फैदम)। **अंत्य द्** : (1) **सं० द् से**–सं० तुन्द>प्रा० तुन्द>हि० तोंद; सं० बिन्दु>प्रा० बिन्दु>हि० बूँद; सं० दद्रु>प्रा० दद्द, दद्द>हि० दाद; सं० निद्रा>प्रा० निद्दा>हि० नींद। (2) **तुर्की, फ़ा० द् से**–(बारूद, आबाद, खराद, खुद)। (3) **पुर्त० द् से**–(गारद)।

ध्

आदि ध् : **सं० ध् से**–सं० धान्य>प्रा० धण्ण>हि० धान; सं० धूम्र>प्रा० धुम्म>हि० धुआँ। **मध्य ध्** : (1) **सं० ध् से**–सं० अंधकार>प्रा० अधकार, अंधआर, अंधयार, अंधियार>हि० अंधेरा; सं० उद्धार>प्रा० उद्धार>हि० उधार। (2) **सं० द्** (महाप्राण

के ह से मिलकर) **से**–सं० गर्दभ+क>प्रा० गद्दह+अ>हि० गदहा>गधा (गर्दभी से गधी भी)। **अंत्य ध् : सं० ध् से**–सं० अश्वगंधा>हि० असगंध; सं० दुग्ध>प्रा० दुद्ध>हि० दूध।

प्

आदि प् : (1) सं० प् से–सं० पाषाण>प्रा० पहाण>हि० पहाड़; सं० पारद>प्रा० पारअ>हि० पारा; सं० प्रहेलिका>प्रा० पहेलिआ>हि० पहेली; सं० स्पर्श>हि० परस। (2) **फ़ा० प् से**–(पंजा, परगना, परदा)। (3) **पुर्त० प् से**–(पादरी, परात, पावरोटी)। (4) **अं० प् से**–(पंप, पतलून, पार्क, पार्सल, पाउडर, प्रेस) **मध्य प् : (1) सं० प् से**–सं० स्वप्न>हि० सपना; सं० सुपुत्र>हि० सपूत, सं० कर्पटक>प्रा० कप्पडअ>हि० कपड़ा; सं० उत्पलक>प्रा० उप्पलअ>हि० उपला; सं० पिप्पल>प्रा० पिप्पल>हि० पीपल। (2) **सं० त्म से**–सं० आत्मनाम्>प्रा० अप्पणो>हि० अपना। (3) **फ़ा० प् से**–(आबपासी)। (4) **पुर्त० प् से**–(आलपीन, कप्तान, इस्पात)। (5) **अं० प् से**–(आपरेशन, डिपो, टेम्पो, अपील)। **अंत्य प् : (1) सं० प् से**–सं० कम्प>प्रा० कंप>हि० काँप; सं० शूर्प>प्रा० सुप्प>हि० सूप; सं० सर्प>प्रा० सप्प>हि० साँप; सं० वाष्प>हि० भाप। (2) **सं० त्म से**–सं० आत्म>प्रा० अप्प>हि० आप। (3) **तुर्की, फ़ा० प् से**–(तोप, गप)। (4) **अं० प् से**–(टाइप, क्लिप, पंप, कैंप)।

फ्

आदि फ् : (1) सं० फ् से–सं० फाल्गुन>प्रा० फग्गुण>हि० फागुन; सं० फण>प्रा० फण>हि० फन; सं० स्फोटक>प्रा० फोढअ>हि० फोड़ा। (2) **सं० प्** (ऊष्म के समीप का) **से**–सं० पाश>हि० फाँस; सं० परशु>प्रा० फरसु>हि० फरसा। **मध्य फ् : सं० फ् से**–सं० सफल>हि० सफल। **अंत्य फ् : (1) सं० फ़् से**–सं० कफ>हि० कफ (इसे कदाचित् अं० कफ़ के प्रभाव से प्रायः कफ़ भी कहते हैं) सं० गुंफ>हि० गफ। (2) **सं० प् से**–सं० शतपुष्प>हि० सौंफ (यद्यपि यह संस्कृत से विकसित शब्द हैं, किन्तु इसे प्रायः लोग 'सौंफ़' कहते हैं)।

ब्

आदि ब् : (1) सं० ब् से–सं० बीटक>प्रा० बीडग, बीडअ>हि० बीड़ा (पान); सं० बधिर+क>प्रा० बहिर+अ>हि० बहिरा, बहरा; सं० ब्राह्मण>प्रा० बम्हण>हि० बाम्हन। (2) **सं० व् से**–सं० वटक>प्रा० वडग, वडअ>हि० बड़ा (दही बड़ा); सं० वधू>प्रा० बहू>हि० बहू; सं० द्वात्रिंशत>प्रा० बत्तीसा>हि बंत्तिस; सं० व्याघ्र–प्रा० बग्घ>हि० बाघ। (3) **सं० प् से**–सं० उपविष्ट्>प्रा० बइट्ठ>हि० बैठ् (धातु); सं० प्रभूत>प्रा० बहुत>हि० बहुत। (4) **सं० भ् से**–सं० भगिनी>प्रा० भइणी>बहिणी>हि० बहिन। (5)

सं० म् से–सं० मल्लिका बेला (बोली–बेइला, वेइल)। (6) **तुर्की, फ़ा० ब् से**–(बारूद, बेगम, बदन, बयान)। (7) **पुर्त० ब् से**–(बाल्टी, बंबा, बोतल)। (8) **अं० ब् से**–(बैंक, बंडल, बटन, बम)। **मध्य ब् :** (1) **सं० ब से**–सं० लम्बक>प्रा० लम्बअ>हि० लम्बा; सं० दुर्बल+क>प्रा० दुब्बल+अ>हि० दुबला; सं० निम्बुक>प्रा० निम्बुअ>हि० नीबू। (2) **सं० म् से**–सं० ताम्र>प्रा० तम्म, तम्ब>हि० ताँबा; सं० आम्रिका>प्रा० अम्बिया>हि० अँबिया (टिकोरा)। (3) **सं० प् से**–सं० गोपेन्द्र>प्रा० गोविन्द>हि० गोबिन्द (4) **सं० भ् से**–सं० अभ्रक>हि० अबरक। (5) **सं० ब् से**–सं० उद्वर्त्तन>हि० उबटन। (6) **तुर्की, फ़ा० ब् से**–(उज़बक, क़ाबू, आबकारी, आबनूस, आबादी)। (7) **पुर्त० ब् से**–(चाबी, बंबा)। (8) **अं० ब् से**–(अक्तूबर, अलबम, नंबर, रबड़)। **अंत्य ब् :** (1) **सं० ब् से**–सं० कदम्ब>हि० कदम्ब। (2) **सं० व् से**–सं० सर्व>प्रा० सव्व>हि० सब; सं० दूर्वा>प्रा० दुब्बा>हि० दूब। (3) **फ़ा० ब् से**–(असबाब, खूब, कबाब, अजीब)। (4) **अं० ब् से**–(उब, हब, निब, क्लब)।

भ्

आदि भ् : (1) **सं० भ् से**–सं० भूर्ज>प्रा० भुज्ज>हि० भोज (पत्र), सं० भिक्षा>प्रा० भिक्खा>भिक्ख>हि० भीख; सं० भ्रमर+क>प्रा० भवँरअ>हि० भवँरा, भौंरा। (2) **सं० व्** (समीप के 'ष' का प्रभाव) **से**–सं० वेष>हि० भेस (जैसा देश, वैसा भेस); सं० वाष्प>हि० भाप। (3) **सं० म्** (जिसके समीप हो) **से**–सं० महिष>प्रा० महिस>हि० भैंस (म>व>ब+ह=भ; बिना ह के) सं० मज्जा>प्रा० मज्जा>हि० भेजा। (4) **सं० प् से**–सं० अपि>प्रा० वि>हि० भी (ज़ोर के कारण ई)। (5) **सं० ब् से**–सं० बुषक, बुशक>प्रा० भुस्सअ>हि० भूसा (ऊष्म के कारण महाप्राणत्व)। **मध्य भ् :** (1) **सं० भ् से**–सं० आभूषण>हि० आभूषण; सं० उद्भर (ति)>हि० उभर (ना); सं० गर्भिणी>प्रा०>गब्भिणी>हि० गाभिन। (2) **पुर्त० ब् से**–पुर्त० कोवि>हि० गोभी। **अंत्य भ् :** (1) **सं० भ् से**–सं० लाभ>हि० लाभ, सं० लोभ>हि० लोभ। (2) **सं० व् से**–सं० जिह्वा>प्रा० जिब्भा, जिब्भ>हि० जीभ।

च्

आदि च् : (1) **सं० च् से**–सं० चैत्र>प्रा० चइत>हि० चैत; सं० चक्र>प्रा० चक्क>हि० चाक; सं० चणक>प्रा० चणअ>हि० चना। (2) **सं० त् से**–सं० तंडुल>प्रा० तंडुल>चांउल>हि० चावल। (3) **तुर्की, फ़ा० च् से**–(चकमक, चाक़ू, चिक, चंदा, चरबी, चश्मा, चादर)। (4) **पुर्त० च् से**–(चाबी)। (5) **अं० च् से**–(चेक, चिमनी, चाकलेट, चुरुट)। **मध्य च् :** (1) **सं० च् से**–सं० अंचल>प्रा० अंचल > हि० आँचल; सं० कूचिका>प्रा० *कुच्चिआ>हि० कूची; सं० कच्चर+क>प्रा० कच्चरअ>हि० कचड़ा। (2) **सं० त् से**–सं० कृत्यग्रहिका>प्रा० किच्चहरिया>हि० कचहरी। (3) **सं० स् से**–सं०

कृसरान्न>प्रा० खिच्च+डी>हि० खिचड़ी। (4) **सं० ज्ञ से**–सं० अज्ञातक>फ़ा०, हि० अचानक। (5) **सं० स्त् से**–सं० स्तंभित>हि० अचंभित। (6) **तुर्की, फ़ा० च् से** (खच्चर, मुचलका, आलूचा, परचा, बच्चा)। (7) **अं० च् से** (पंक्चर, बोलियों में पंचर)। **अंत्य च् :** (1) **सं० च् से**–सं० चंच>प्रा० चंचु>हि० चोंच्; सं० पंच>प्रा० पंच>हि० पाँच। (2) **सं० त् से**–सं० नृत्य>प्रा० नच्च>हि० नाच; सं० सत्य>प्रा० सच्च>हि० साच, साँच, सच। (3) **सं० स् से**–सं० लालसा>हि० लालच। (4) **तुर्की : फ़ा० च् से**–(कूच, चम्मच)। (5) **अं० च् से**–(मैच, बेंच, टार्च, इंच)।

छ्

आदि छ् : (1) **सं० छ् से**–सं० छत्रक>प्रा० छत्तअ>हि० छाता; सं० छाया>प्रा० छाआ>हि० छाँह; सं० छिद्र>प्रा० छिद्द>हि० छेद। (2) **सं० ष् से**–सं० षट्पट>प्रा० छप्पय>हि० छप्पय; सं० षष्ठ>प्रा० छठ्ठ>हि० छठ (ा)। (3) **सं० श् से**–सं० शकटक>प्रा० *छक्ककडअ>हि० छकड़ा; सं० शल्कल>हि० छिलका। (4) **सं० च् से**–सं० चित्र>हि० छींट। (5) **सं० क्ष् से**–सं० क्षुद्र+क>प्रा० छुट्टु+अ>हि० छोटा; सं० क्षुरक>प्रा० छुरअ>हि० छुरा। **मध्य छ् :** (1) **सं० क्ष् से**–सं० कक्षपट्टिका>प्रा० कच्छुट्टिआ>हि० कछोटी; सं० ऋक्षिणी>हि० रीछनी। (2) **सं० त्स् से**–सं० उत्साह>प्रा० उच्छाह>हि० उछाह; सं० उत्संग>प्रा० उच्छंग>हि० उछंग (गोद); सं० वत्सक>प्रा० वच्छअ>हि० बाछा (प्रा० में ड प्रत्यय से बछड़ा); सं० मत्स्य प्रा० मच्छ+ली>हि० मछली। (3) **सं० च् से**–सं० वृश्चिक>प्रा० विच्छुआ>हि० बिच्छू; सं० पश्चाताप>प्रा० पच्छाताअ>हि० पछतावा। **अंत्य छ् :** (1) **सं० छ् से**–सं० पृच्छ>प्रा० पुच्छ्>हि० पूछ् (धातु); सं० पुच्छ>प्रा० पुच्छ>हि० पूँछ। (2) **सं० क्ष् से**–सं० ऋक्ष>प्रा० रिच्छ>हि० रीछ। (3) **सं० श् से**–सं० श्मश्रु>प्रा० म्हच्छु>हि० मूँछ।

ज्

आदि ज् : (1) **सं० ज् से**–सं० जतुगृह>प्रा० जउहर>हि० जौहर; सं० जिह्वा>प्रा० जिब्भा>हि० जीभ; सं० ज्येष्ठ>प्रा० जेट्ठ>हि० जेठ; सं० ज्वल>प्रा० जल>हि० जल् (धातु)। (2) **सं० द्० से**–सं० द्युत>हि० जूआ। (3) **सं० य् से**–सं० यमुना>यमना, जमना; सं० यूष>प्रा० जूस>हि० जूस (अं० भी जूस); सं० यव>प्रा० जो>हि० जौ; सं० यादृश>प्रा० जइस>हि० जैसे (सा), सं० यूक>प्रा० जूअ>हि० जूँ। (4) **फ़ा० ज् से**–(जासूस, जिल्द, जवाब)। (5) **पुर्त० ज् से**–(जंगला)। (6) **अं० ज् से**–(जज, जंक्शन, जनवरी)। **मध्य ज् :** (1) **सं० ज् से**–सं० स्वजन>सजण; सज्जण>हि० सजन, साजन; सं० पंजरक>प्रा० पंजरअ>हि० पिंजरा, पिंजड़ा; सं० कज्जल>प्रा० कज्जल>हि० काजल; सं० वाणिज्यकारक>प्रा० वाणिज्जारअ>हि० बनिजारा, बनजारा। (2) **सं० द्य् से**–सं० विद्युत+इका>प्रा० बिज्जुलिआ>हि० बिजली; सं० वाद्य+क>प्रा० बज्जअ>हि०

बाजा। (3) **सं० च् से**–सं०–कुंचिका>हि० कुंजी; सं० पंचक>हि० पंजा। (4) **सं० य् से**–सं० यवानिका>अजवाइन, सरयू>सरजू। (5) **सं० द् से**–सं० गदाधर>हि० गजाधर (नामों में)। (6) **फ़ा० ज् से**–(पायजामा, अजीब, इजलास)। (7) **पुर्त० ज् से**–(काजू, गिरजा)। (8) **अं० ज् से**–(एजेंट, एजेंसी, इंजीनियर, इंजन) **अंत्य ज् :** (1) **सं० ज् से**–सं० भ्रातृजाया>प्रा० भाउज्जा>हि० भावज। (2) सं० राज्य>प्रा० रज्ज>हि० राज; लज्जा>प्रा० लज्ज>हि० लाज; (3) **सं० द् से**–सं० अद्य>प्रा० अज्ज>हि० आज; सं० अन्नाद्य>प्रा० अणज्ज>हि० अनाज, सं० खोद्य>प्रा० खोज्ज>हि० खोज। (4) **सं० य् से**–सं० तृतीय>प्रा० तिइज्ज>अप० तइज्ज>हि० तीज; सं० कार्य>प्रा० कज्ज>हि० काज; सं० शय्या>प्रा० सेज्जा>हि० सेज। (5) **फ़ा० ज् से**–(हज, रंज, इलाज, गंज)। (6) **पुर्त० ज् से**–काज(बटन का)। (7) **अं० ज् से**–(जज, गैरेज, ब्रिज)।

झ्

आदि झ् : (1) **सं० झ् से**–सं० झाट>प्रा० झाड>हि० झाड़; सं० झष>प्रा० झख>हि० झख (मुहावरा–झख मारना)। (2) **सं० श् से**–सं० शद्>प्रा० झड>हि० झड (ना)। (3) **सं० ध् से**–सं० ध्वजदंडक>प्रा० *जंडअ>झंडा (इसे प्लाट्स से 'जयंतक' से जोड़ा है); सं० अध्यापक>प्रा० अज्झावय>अज्झा>हि० झा। **मध्य झ् :** (1) **सं० झ् से**–सं० झंझा>प्रा० झंझा>हि० झंझा। (2) **सं० ध् से**–सं० उपाध्याय>हि० ओझा; सं० अनध्याय>हि० अंझा। **अंत्य झ् :** (1) **सं० ध् से**–सं० संध्या>प्रा० संझ>हि० साँझ, सं० बंध्या>प्रा० बंझ>हि० बाँझ।

ङ्

मध्य ङ् : (1) **सं० ङ् से**–सं० कङ्काल>हि० कंगाल। (2) **सं० न् से**–सं० नग्न*क:>प्रा० नग्गओ>हि नंगा। (3) **आगम**–सं० कर्कर>प्रा० कक्कर>हि० कंकड़। (4) **फ़ा० ङ् से**–(दंगल, तंग, जंग, रंगीन)। (5) **अं० ङ् से**–(बैंक, टैंक)।

ञ्

आदि में तथा अन्त में नहीं आता। **मध्य ञ् :** (1) **सं० ञ् से**–सं० पञ्चक>प्रा० पंचअ>हि० पंजा। (2) **आगम**–सं० मज्जन>हि० मंजन। (3) **फ़ा० से**–(रंज, गंज, संजीदा)। (4) **अं० से**–(इंजन, इंजीनियर, इंच, रिंच)।

ण्

आदि में यह हिन्दी में नहीं आता। **मध्य ण् :** (1) **सं० ण् से**–सं० अगणित>हि० अगणित (अगँड़िंत्); सं० प्रामाणिक>हि० प्रामाणिक (प्रार्माड़िंक्); सं० वर्णन>हि०

वर्णन (वरड़ँन्)। अर्थात् इनमें ण् अनुनासिक उत्क्षिप्त है। स्पर्श युक्त ण्–सं० पण्डित>हि० पंडित; सं० खण्ड>हि० खंड। (2) **अं० शब्दों में**–(अंडरवियर, कंट्रोल, कंडक्टर, बंडल)। **अंत्य ण् :** (1) **सं० ण् से**–सं० गुण>हि० गुण, सं० पण>हि० प्रण (उत्क्षिप्त ड़ँ है)।

न्

आदि न् : (1) **सं० न् से**–सं० नव>प्रा० णअ, णउ>हि० नौ; सं० निद्रा>प्रा० णिद्द>हि० नींद; सं० नृत्य>प्रा० णच्च>हि० नाच। (2) **सं० ज्ञ् से**–सं० ज्ञातिगृह>प्रा० णइहर>हि० नैहर (3) **सं० ल् से**–सं० लवण>प्रा० लोण>हि० नोंन, नून (बोलियों में)। (4) **तुर्की फा० न् से** (नागा, नमक, नाखून, नहर)। (5) **पुर्त० ल् से**–पुर्त लेलाँव>हि० नीलाम (बोलियों में लिलाम कहते हैं जो मूल के अधिक निकट है)। (6) **अं० न् से**–(निब, निकर, नोटिस) **मध्य न् :** (1) **सं० न् से**–सं० पानीय>प्रा० पाणिअ>हि० पानी; (2) **सं० ण् से**–सं० चणक>प्रा० चणअ>हि० चना; सं० गृहिणी>प्रा० धारिणी>हि० घरनी; सं० प्राघूर्णक>प्रा० प्राहुणग>पाहुणअ>हि० पाहुना; सं० स्वर्णकार>प्रा० सुण्णार>हि० सुनार; (3) **सं० ज्ञ् से**–सं० विज्ञप्तिका>प्रा० विण्णत्तिआ>हि० विनती; (4) **तुर्की फ़ा० न् से**–(गनीमत, अनार, आमदनी); (5) **पुर्त० न् से**–(अनन्नास, सन्तरा); (6) **अं० न् से**–(चिमनी)। **अंत्य न् :** (1) **सं० न् से**–सं० स्तन>प्रा० थण>हि० थन; सं० भगिनी>प्रा० भइणी, बहिणी, बहिण>हि० बहिन, बहन; सं० धान्य>प्रा० धण्ण>हि० धान। (2) **सं० ण् से**–सं० ऊर्णा>प्रा० उण्णा>हि० ऊन; सं० कर्ण>प्रा० कण्ण>हि० कान; सं० पर्ण>प्रा० पण्ण>हि० पान; सं० कंकण>प्रा० कंकण>हि० कंगन। (3) **सं० ञ् से**–सं० अष्टापंचाशत्>प्रा० अट्ठावण>हि० अट्ठावन। (4) **सं० ल् से**–सं० जम्बूफल>जम्बुल>जम्बुन>हि० जामुन। (5) **तुर्की, फ़ा० न् से**–(क़ालीन, आसमान; अरमान, क़ानून)। (6) **पुर्त० न् से**–(आलपिन, क्रिस्तान, कप्तान)। (7) **अं० न् से**–(दर्जन, आपरेशन, टेलीफ़ोन)।

न्ह्

आदि न्ह् : मानक हिन्दी में नहीं है। **मध्य न्ह् :** (1) **सं० ष्ण् से**–सं० कृष्ण+क>प्रा० कण्हअ>हि० कान्हा, कन्हैया। **अंत्य न्ह् :** (1) **सं० ष्ण् से**–सं० कृष्ण>प्रा० कण्ह>हि० कान्ह। (2) **सं० ह्न से**–सं० चिह्न>हि० चिन्ह।

म्

आदि म् : (1) **सं० म् से**–सं० मक्षिका>प्रा० मक्खिआ>हि० मक्खी; सं० मृत्तिका>प्रा० मिट्टिआ>हि० मिट्टी; सं० म्रक्षण>प्रा० मक्खण (तेल, लेप)>हि० मक्खन, माखन; सं० श्मश्रु (दाढ़ी-मूँछ)>प्रा० मुच्छु>हि० मूँछ; (2) **सं० ब् से**–सं० बकुलश्री>प्रा०

बउलसिरी, बोलसिरी>मध्ययुगीन हिन्दी मौलसिरी>आधुनिक हि० (सं० प्रभाव से) मौलश्री; (3) **तुर्की, फ़ा० म् से**–(मुचलका, मज़दूर, मर्द, मस्त); (4) **पुर्त० म् से**–(मिस्त्री, मारतौल); (5) **अं० म् से**–(मलेरिया, मशीन, मिल, मिनट)। **मध्य म् : (1) सं० म् से**–सं० मामिका>प्रा० मामिआ>हि० मामी; सं० चर्म>प्रा० चम्म, हि० चमड़ा; सं० जम्बूफल>प्रा० जम्बुल>जम्बुन>हि० जामुन। (2) **सं० द्व से**–सं० उद्वेष्टते>प्रा० उव्वेढइ>हि० उमेठ (ना)। (3) **तुर्की, फ़ा० भ् से**–(तमग़ा, कुमक, अमानत, आमदनी, क़मीना)। (4) **पुर्त० भ् से**–(अलमार, गमला, कमरा)। (5) **अं० भ् से**–(कैमरा, चिमनी)। **अंत्य भ् : (1) सं० म् से**–सं० नाम>प्रा० नाम>हि० नामु सं० कर्म>प्रा० कम्म>हि० काम; सं० निम्ब>प्रा० णिम्म>हि० नीम; सं० आम्र>प्रा० अम्ब, अम्म>हि० आम; सं० दम्म (मूलतः ग्रीक) >प्रा० दम्म>हि० दाम; (2) **सं० भ् से**–सं० वल्लभ>प्रा० वल्लभ>हि० बालम। (3) **तुर्की, फ़ा० भ् से**–(बेगम, जाज़िम, आराम, गरम, इनाम, कसम)। (4) **पुर्त० व् से**–(नीलाम)। (5) **अं० म् से**–(टीम, आइसक्रीम, अलबम, बम)।

म्ह्

आदि म्ह् : (1) मानक हिन्दी में नहीं है। **मध्य म्ह् :** (1) सं० ष्म् से–सं० कुष्माडक>प्रा० कुम्हंडअ>हि० कुम्हड़ा; सं० तुष्मे>प्रा० तुम्हे>तुम्ह+करक> तुम्ह+अरअ>तुम्हारा; सं० *तुष्मे>प्रा० तुम्हे>अप० तुम्हइँ>हि० तुम्हें। (2) **सं० म्भ् से**–सं० कुम्भकार>प्रा० कुंभार, कुम्हार>हि० कुम्हार। (3) **सं० ह्म से**–सं० ब्राह्मण>प्रा० बम्हण>हि० बाम्हन (बोली); सं० ब्रह्मा>हि० ब्रम्हा। **अंत्य म्ह् : (1) सं० ह्म् से**–विपर्यय द्वारा–सं० ब्रह्म>हि० ब्रम्ह।

ल्

आदि ल् : (1) सं० ल् से–सं० लक्ष>प्रा० लक्ख>हि० लाख; सं० लोक>प्रा० लोग>हि० लोग। (2) **सं० य् से**–सं० यष्टिका>प्रा० लट्ठिआ>हि० लाठी (य् से ल् सामान्यतः संभव नहीं है)। (3) **तुर्की, फ़ा० ल् से**–(लाश, लगाम, लबालब, लिफ़ाफ़ा)। (4) **पुर्त० ल् से**–(लबादा)। (5) **अं० ल् से**–(long cloth>लट्ठा, लाँड्री, लाइसेंस, लैंप)। **मध्य ल् : (1) सं० ल् से**–सं० शिथिल>प्रा० सिढिल>हि० ढीला; सं० श्यालक>प्रा० शिआलअ>हि० साला; सं० भल्लुक>प्रा० भल्लुअ>हि० भालू; सं० वल्लभ>हि० बालम। (2) **सं० र् से**–सं० हरिद्री (हरिद्रा भी>प्रा० हलिद्दी>हि० हल्दी; सं० चत्वारिंशत्>प्रा० चत्तालीसा>हि० चालीस; सं० पर्यङ्क>प्रा० पल्लंग>हि० पलंग। (3) **सं० ड् से**–सं० तडाग>प्रा० तलाअ, तलाव>हि० तालाब। (4) **सं० द्र् से**–सं० भद्र+क>प्रा० भल्लअ>अप० भल्ला>हि० भला। (5) **सं० त् से**–सं० *विद्युतिका>प्रा० बिज्जुलिआ>बिज्जुली>हि० बिजली; सं० अतीसी, अतसी>प्रा० अतसी, अलसी>हि० अलसी। (6) **सं० ड् से**–सं०

षोडश>प्रा० *सोड, सोलह>हि० सोलह। (7) **तुर्की, फ़ा० ल् से**–(ग़लीचा, मुचलका, अक्लमंद, कलाबाजी, अदालत)। (8) **पुर्त ल् से**–(आलपीन, नीलाम, गमला)। (9) **अं० ल् से**–(एटलस, अलबम, पलास, पतलून, कालर)। (10) **अं० र् से**–अं० ड्रिल>दलेल। **अंत्य ल् :** (1) **सं० ल् से** सं० कज्जल>प्रा० कज्जल>हि० काजल; सं० खल>हि० खरल; सं० गल्ल>प्रा० गल्ल>हि० गाल; सं० कल्य>प्रा० कल्ल>हि० कल; सं० मूल्य>प्रा० मोल्ल>हि० मोल; सं० बिल्व>प्रा० बेल्ल>हि० बेल (श्रीफल)। (2) **सं० र्ण् से**–सं० घूर्ण>प्रा० घोल्ल>हि० घोल (धातु)। (3) **सं० त् से**–सं० हारीत>हि० हारिल (एक पक्षी)। (4) **सं० र् से**–सं० बब्बूर>प्रा० बब्बूर>हि० बबूल (कीकर)। (5) **तुर्की, फ़ा० ल् से**–(अयाल, कोतल, लाल, बगल, काहिल)। (6) **पुर्त० ल् से**–(पिस्तौल, बोतल)। (7) **अं० ल् से**–(गोल, जेल अस्पताल)।

ल्ह्

आदि ल्ह् : परिनिष्ठित हिन्दी में आदि में नहीं आता। **मध्य ल्ह् :** (1) **सं० ल्ह् से**–सं० कुल्हरिका>हि० कुल्हड़; सं० चुल्हक>प्रा० चुल्हअ>हि० चूल्हा। (2) **सं० ठ् से**–सं० कुठारक>हि० कुल्हाड़ा।

र्

आदि र् : (1) **सं० र् से**–सं० अरघट्ट>प्रा० अरहट्ट>रहट्ट>हि० रहट सं० रात्रि>प्रा० रत्ति>हि० रात; सं० राज्ञी>प्रा० रञ्ञी, राणी>हि० रानी (2) **सं० ऋ से री**–सं० ऋक्ष>प्रा० रिच्छ>हि० रीछ। (3) **सं० न्य् से**–सं० न्यंज>प्रा० णंच>हि० रंच। (4) **सं० ल् से**–सं० लाला>हि० राल। (5) **तुर्की, फ़ा० र् से**–रब्बा (=एक गाड़ी, रूमाल, रोशनी, रिश्ता)। (6) **अं० र् से**–(रंगरूट, रजिस्ट्री, रबर)। **मध्य र् :** (1) **सं० र् से**–सं० गैरिक>प्रा० गेरुअ>हि० गेरू; सं० आरात्रिक>प्रा० आरत्तिअ>हि० आरती। (2) **सं० ऋ से**–सं० कृ०>प्रा० कर>हि० कर; सं० मृ>मर>हि० मर; सं० गृहिणी>प्रा० घरिणी>हि० घरनी। (3) **सं० द् से**–सं० एकादश>प्रा० एगारह>हि० ग्यारह; सं० द्वादश>प्रा० बारस>बारह>हि० बारह। (4) **सं० ल् से**–सं० प्रक्षाल>प्रा० पक्खार>हि० पखार (ना); सं० अट्टालिका>प्रा० अट्टारिआ>हि० अटारी। (5) **सं० ट् से**–सं० वाटिका>प्रा० वाडिआ>हि बाड़ी>बारी; सं० विटपक>प्रा० विडवअ>विरवअ>हि० बिरवा। (6) **आगम**–सं० कोटि>प्रा० कोडि>हि० करोड़; अं० डज़न>दर्जन; सं० पण>हि० प्रण; सं० खल>हि खरल; सं० शाप>हि० श्राप। (7) **तुर्की, फ़ा० र् से**–(कुर्ता, बारूद, सुराग, आबरू, आराम)। (8) **पुर्त० र् से**–(अलमारी, पादरी, गिरजा, सन्तरा, कमरा)। (9) **अं० र् से**–(आपरेशन, दराज, ओवरसियर, सर्कस)। **अंत्य र् :** (1) **सं० र् से**–सं० अपर>प्रा० अवर, अउर>हि० और; सं० माकर>प्रा० मक्कार>हि० मक्कार। (2) **सं० ल् से**–सं० अवेला>हि० अबेर, सवेला>सवेर (अवेर-सबेर); सं० कवल>हि०

कौर; सं० शृगाल>प्रा० सिगाल>हि० सियार। (3) **सं० त् से**–सं० सप्तति>प्रा० सत्तरि>हि० सत्तर; सं० सप्तसप्तति>प्रा० सत्तहत्तरि>हि० सतहत्तर, सतत्तर। (4) **सं० ट् से**–सं० आखेट>प्रा० आहेड>हि० अहेर (शिकार)। (5) **सं० ऋ से**–सं० ज्ञातिगृह>प्रा० णइहर>हि० नैहर; सं० पितृगृह>हि० पीहर। (6) **तुर्की, फ़ा० र् से**–(बहादुर, खच्चर, अंजीर, अंदर, अनार, काश्तकार)। (7) **अं० र् से**–(अक्तूबर, कंडक्टर, इन्स्पेक्टर, टाइपराइटर, कैलेंडर)। (8) **अं० शब्द में आगम**–अं० टमाटोउ (Tomato>हि० टमाटर)। इस प्रकार का यह अकेला शब्द है।

ड़्

आदि में यह ध्वनि नहीं आती। **मध्य ड़् :** (1) **सं० ड् से**–सं० पीडा>प्रा० पीडा>हि० पीड़ा; सं० पण्डित>प्रा० पंडइ>हि० पाँडे; सं० गड्डलिका>प्रा० गड्डरिगा>हि० गड़रिया; सं० जाड्य>प्रा० जड्अ>हि० जाड़ा; सं० ओड्रिक>प्रा० लोड्डिअ>हि० उड़िया। (2) **सं० ट् से**–सं० घोटक>प्रा० घोडअ>हि० घोड़ा; सं० वाटिका>प्रा० वाडिआ>हि० बाड़ी (बारी भी); सं० कटाहिका>प्रा० कडाहिआ>हि० कड़ाही; सं० अष्टत्रिंशत्>प्रा० अट्ठतीसा>हि० अड़तीस; सं० हट्टताल>हि० हड़ताल (कदाचित् गुजराती होते)। (3) **सं० द् से**–संदंशिका>प्रा० संडंसिया>हि० सँड़सी; सं० कपर्दिका>प्रा० कवड्डिआ>हि० कौड़ी। (4) **सं० त् से**–सं० बिभीतक>प्रा० बहेडय>हि० बहेड़ा; सं० प्रतिवेश>प्रा० पड़ोस>हि० पड़ोस; सं० आम्रातक>प्रा० अम्बारक>अम्बाडय> *अम्माडअ>हि० आमड़ा, अमड़ा। (5) **सं० र् से**–सं० कच्चा+क>प्रा० कच्चरअ>हि० कचड़ा; सं० द्वादशाक्षरी>हि० बारहखड़ी; सं० प्रस्तारक>हि० पहाड़ा; सं० कच्चपूरिका>हि० कचौड़ी। (6) **सं० ल् से**–सं० पूपालिका>प्रा० पूवलिआ>हि० पूड़ी (पूरी भी)। (7) **फ़ा० र् से**–फ़ा० शरक (मूलतः अरबी)>हि० सड़क। (8) **अं० र् से**–(बूचड़खाना)। **अंत्य ड़् :** (1) **सं० ड् से**–सं० एड्रूक>प्रा० एड>हि० एड; सं० षंड (शंड भी)>प्रा० संड>हि० साँड; सं० खड>प्रा० खंड>हि० खाँड; सं० शुंड>प्रा० सुंड>हि० सूँड़। (2) **सं० ण् से**–सं० पाषाण>प्रा० पहाण>हि० पहाड़। (3) **सं० ट् से**–सं० पर्पट>प्रा० पप्पड़>हि० पापड़; सं० कोटि>प्रा० कोडि>हि० करोड़। (4) **सं० स्थ् से**–सं० अस्थि>प्रा० हड्डि, हड्ड>हि० हाड़ (हड्डी प्रा० अवशेष है)। (5) **सं० र् से**–सं० कर्कर>प्रा० कक्कड>हि० कंकड़; सं० कुल्हरक>हि० कुल्हड़। (6) **तुर्की र् से**–(तगाड़)। (7) **अं० र् से**–(रबड़, एकड़, बूचड़)।

ढ़्

यह ध्वनि आदि में नहीं आती। **मध्य ढ़् :** (1) **सं० ढ् से**–सं० गाढ>प्रा० गाढ>हि० गाढ़ा। (2) **सं० थ् से**–सं० क्वाथ+क>प्रा० कड्ढअ>हि० काढ़ा। (3) **सं० ध् से**–सं० अर्द्धतृतीयक>प्रा० अड्ढइअ>हि० अढ़ाई; सं० द्विअर्द्धक>प्रा० डिअड्ढअ>हि० डेढ़ा ड्योढ़ा; सं० सार्द्ध>प्रा० सड्ढ>हि० साढ़े; सं० वर्धकिन>प्रा० बड्ढकिअ>हि० बढ़ई;

सं० वृद्ध>प्रा० बुड्ढअ>हि० बूढ़ा। (4) **सं० ठ् से**–सं० पठन>प्रा० पढण>हि० पढ़ना; सं० पीठिका>हि० पीढ़ी। (5) **सं० ड् से**–सं० गडिका>प्रा० गढिआ>हि० गढ़ी। **अंत्य ढ़्** (1) **सं० ढ् से**–सं० गूढ>प्रा० गूढ>हि० गूढ़; सं० आषाढ>प्रा० आसाढ>हि० असाढ़। (2) **सं० ठ् से**–सं० पठ>प्रा० पढ>हि० पढ़ (3) **सं० ट् से**–सं० कुष्ठ>प्रा० कोड्ढ>हि० कोढ़; सं० घट>प्रा० गढ>हि० गढ़ (धातु); सं० दंष्ट्र>प्रा० दड्ढ>हि० दाढ़। (4) **सं० ध से**–सं० द्विअर्द्ध>प्रा० डिअड्ढ>हि० डेढ़; सं० बर्द्ध>प्रा० बड्ढ>हि० बाढ़, बढ़ (धातु)। (5) **सं० ध् से**–सं० क्रुध्य (ति)>प्रा० कुड्ढ>हि० कुढ़ (धातु)। (6) **सं० ष् से**–सं० कर्ष>प्रा० कड्ढ>हि० काढ़।

फ़्

आदि फ़् : (1) **फ़ा० फ़् से**–(फ़ायदा, फ़ासला, फ़रमाइश, फ़ौज)। (2) **पुर्त० फ् से**–(फ़ीता, फ़र्मा)। (3) **अं० फ् से**–(फ़ैशन, फ़ोटो, फ़ीस, फ़ैक्टरी)। **मध्य फ् :** (1) **फ़ा० फ़् से**–(अफ़सोस, खुफ़िया, गिरफ़्तार, अफ़वाह)। (2) **पुर्त० फ् से**–(काफ़ी)। (3) **अं० फ् से**–(अफ़सर, ऑफ़िस, सोफ़ा, मफ़लर, टेलीफ़ोन)। **अंत्य फ् :** (1) **फ़ा० फ् से**–(साफ़, इंसाफ़, उफ़, गफ़, कफ़, खरीफ़)। (2) **अं० फ़् से**–(रफ़, कफ़)। (3) **सं० ष्प से**–सं० शतपुष्पा>हि० सौंफ़। इसे उर्दू में 'फ़े' से लिखते हैं। हिन्दी का भी पढ़ा-लिखा समाज इसे 'सौंफ' न कहकर 'सौंफ़' ही कहता है। इस प्रकार अंत्य स्थिति में फ़, ध्वनि फ़ा०, अं० के अतिरिक्त, कम-से-कम एक शब्द में सं० से भी विकसित हुई है।

स्

आदि स् : (1) **सं० स् से**–सं० सर्प>प्रा० सप्प>हि० साँप; सं० सत्य>प्रा० सच्च>हि० साच, सच; सं० सप्त>प्रा० सत्त>हि० सात; सं० स्वामी>प्रा० सावीं>प्राचीन हि० साईं; गोस्वामी>गोसाईं। (2) **सं० श् से**–सं० शाटिका>प्रा० साडिया>हि० साड़ी; सं० शाक>प्रा० साग>हि० साग; सं० सय्या>प्रा० सेज्जा>हि० सेज; सं० श्रेष्ठि>प्रा० सेट्ठि>हि० सेठ; सं० श्रावण>प्रा० सावण>हि० सावन; सं० श्यामलक>प्रा० साँवलअ>हि० साँवला; सं० श्यालक>प्रा० सिआलय, सालअ>हि० साला; सं० श्वास>प्रा० सास>हि० साँस; सं० श्वश्रु>प्रा० सस्सु>हि० सास; सं० शृंग>प्रा० सिंग>हि० सींग; सं० शृंगाटक>प्रा० सिंघाडअ>हि० सिंघाड़ा। (3) **सं० ष् से**–सं० षंड>प्रा० संड>हि० साँड़। (4) **तुर्की, फ़ा० स् से**–(सौग़ात, सुराग़, सफ़ेद, सरक़ार, सज़ा)। (5) **फ़ा० श् से**–फ़ा० शरक हि० >सड़क। (6) **पुर्त० स् से**–(साया, संतरा)। (7) **अं० स से**–(सर्कस, सर्जन, साइकिल, सलाद)। **मध्य स् :** (1) **सं० स् से**–सं० असिद+क>प्रा० असिअ+अ>हि० हँसिया; सं० श्वसुर>प्रा० ससुर>हि० ससुर; सं० कांस्य+क>प्रा० कंस्स+अ>हि० काँसा। (2) **सं० श् से**–सं० लशुन>प्रा० लसुण>हि० लहसुन; सं० दंशन>प्रा०

डंसण>हि० डँसना; सं० रम्मि>प्रा० रस्सि>हि० रस्सी; सं० अश्रु>प्रा० अस्सु>हि० आँसू; असगन्ध (एक बूटी)। (3) **सं० ष् से**–सं० ऊषर>प्रा० ऊसर>हि० ऊसर; सं० कषपट्टिका>प्रा० कसवट्टिया>हि० कसौटी; सं० आषाढ़>प्रा० आसाढ़>हि० असाढ़; सं० *मातृष्वसिका>प्रा० माउसिआ>हि० मौसी। (4) **फ़ा स् से**–(अफ़सोस, आसमान, आसान)। (5) **पुर्त० स् से**–(इस्त्री, इस्पात, पिस्तौल, मिस्त्री)। (6) **अं० स् से**–(आइसक्रीम, एक्स-रे)। **अंत्य स् :** (1) **सं० स् से**–सं० घास>प्रा० घास>हि० घास; सं० श्वास>प्रा० सास>हि० साँस; सं० कस्य>प्रा० किस्स>हि० किस। (2) **सं० श् से**–सं० दश>प्रा० दस>हि० दस; सं० विंशति>प्रा० बीसइ>हि० बीस; सं० रश्मि>प्रा० रस्सि>हि० रास (घोड़े की); सं० पार्श्व>प्रा० पस्स>हि० पास; सं० स्वश्रु>प्रा० सस्सु>हि० सास; सं० अवश्या>प्रा० ओस्सा>हि० ओस। (3) **सं० ष् से**–सं० वर्ष>हि० बरस; सं० यूष>प्रा० जूस>हि० जूस; (4) **फ़ा० स् से**–(अफ़सोस, आबनूस, चापलूस)। (5) **फ़ा० श् से**–अब्रश (मूलतः अरबी)>हि० अपरस (एक चर्मरोग)। (6) **पुर्त० स् से**–(अनन्नास)। (7) **अं० स् से**–(एटलस, कांग्रेस, प्रेस, बस)।

ज़्

आदि ज़् : (1) **फ़ा० ज़् से**–(ज़हर, ज़रा, ज़ोर)। (2) **अं० ज़् से**–(ज़ीरो, ज़ीन) **मध्य ज़् :** (1) **तुर्की ज़् से**–(उजबक)। (2) **फ़ा० ज़् तथा भ़् से**–(आज़ाद, कर्ज़दार, अज़दहा, पज़ावा, औज़ार)। (3) **अं० ज़् से**–(सेफ्टीरेज़र, चिम्पैंज़ी)। **अंत्य ज़् :** (1) **फ़ा० ज़् से**–(राज़, आवाज़, अन्दाज़)। (2) **अं० ज़् तथा भ़् से**–(ब्लाउज़, दराज़, रूज़)।

श्

आदि श् : (1) **सं० श् से**–सं० शिक्षा>हि० शिक्षा। (2) **सं० ष् से**–सं० षडानन>हि० षडानन (शडानन); सं० षड्यंत्र>हि० षड्यंत्र (शड्यंत्र)। (3) **फ़ा० श् से**–(शहर, शीशा, शाम, शिकार)। (4) **अं० श् से**–(शेयर, शो)। **मध्य श् :** (1) **सं० स् से**–सं० आशा>हि० आशा; सं० विश्व>हि० विश्व। (2) **सं० ष् से**–सं० शोषण>हि० शोषण (शोशड़ँ)। (3) **तुर्की, फ़ा० श् से**–(तोशक, शीशा, किश्ती, शीशी)। (4) **अं० श् से**–(ऑपरेशन, राशनकार्ड, पेंशन, मशीन)। **अंत्य श् :** (1) **सं० श् से**–सं० देश>हि० देश; सं० नाश>हि० नाश। (2) **सं० ष् से**–सं० दोष>हि० दोष (दोश)। (3) **तुर्की, फ़ा० श् से**–(लाश, किशमिश, ख़रगोश, ख़ानाबदोश, खुश)। (4) **अं० श् से**–(पालिश, वार्निश)।

ख़्

आदि ख़् : तुर्की, फ़ा० ख़् से–(ख़च्चर, ख़र्च, ख़राब, ख़ज़ाना, ख़ास, ख़रीदना)। **मध्य ख़् : फ़ा० ख़् से**–(आख़िर, चारख़ाना, अख़बार, गुस्ताख़ी)। **अंत्य ख़् : फ़ा० ख़् से**–(गुस्ताख़, चख़चख़, शोख़, शेख़)।

ग़्

आदि ग़् : तुर्की, फ़ा० ग़् से–(ग़लीचा, ग़नीमत, ग़ल्ला, ग़रीब, ग़लत)। **मध्य ग़् : तुर्की, फ़ा० ग़् से**–(दारोग़ा, तमग़ा, चुग़द, इसबग़ोल)। **अंत्य ग़् : तुर्की, फ़ा० ग़् से**–(सुराग़, चिराग़, दाग़)।

ह्

विसर्ग भी 'ह' है। **आदि ह् :** (1) **सं० ह् से**–सं० हट्ट>प्रा० हट्ट>हि० हाट; सं० होलिका>प्रा० होलिआ>हि० होली; सं० हस्तिन्>प्रा० हत्थि>हि० हाथी; (2) **सं० भ् से**–सं० भू>प्रा० हो>हि० हो (धातु)। (3) **आगम**–सं० अस्थि>प्रा० हड्डि, हड्डी, हड्ड>हि० हाड़, हड्डी; सं० ओष्ठ>प्रा० होठ्ठ>हि० होंठ। (4) **सं० ध् से**–सं० अधस्तात>प्रा० हेट्ठा>हि० हेठा। (5) **फ़ा० ह् से**–(हज़ार, हफ़्ता, होश)। (6) **अं० ह् से**–(हॉकी, होटल, हॉल)। **मध्य ह् :** (1) **सं० ह् से**–सं० प्रहेलिका>प्रा० प्रहेलिआ>हि० पहेली; सं० अग्रहायण>प्रा० अग्गहण>हि० अगहन। (2) **सं० ख् से**–सं० आखेट>प्रा० आहेढ>हि० अहेर; सं० द्विमुख+क>प्रा० दुमुहअ>हि० दुमुँहा। (3) **सं० ध् से**–सं० अरघट्ट>प्रा० अरहट्ट, रहट्ट>हि० रहट; सं० प्राघुण (प्राघूर्ण भी)>प्रा० पाहुण>हि० पाहुन। (4) **सं० थ् से**–सं० यूथी> हि० जूही; सं० कथन>प्रा० कहण>हि० कहना। (5) **सं० ध् से**–सं० दधि>प्रा० दहि>हि० दही; सं० वधू>प्रा० बहू>हि० बहू; सं० वधिर>हि० बहरा। (6) **सं० फ् से**–सं० मुक्ताफल>हि० मुक्ताफल; सं० कंटकफल (काष्टफल भी)>हि० कटहल; सं० शफरी>हि० सहरी (मध्ययुगीन हिन्दी)। (7) **सं० भ् से**–सं० आभीर>प्रा० अहिर, अहीर>हि० अहिर; सं० गंभीर>प्रा० गहिर>हि० गहरा; सं० दुर्लभ+क>प्रा० दुल्लह+अ>हि० दुलहा। (8) **सं० ष् से**–सं० पाषाण>प्रा० पहाण>हि० पहाड़। (9) **सं० श से**–सं० केशरी>हि० केहरी (शेर); सं० दश>प्रा० दह+ला>हि० दहला। (10) **सं० स् से**–सं० एकसप्तति>प्रा० एकहत्तरि>हि० इकहत्तर; सं० स्नान>हि० नहान; सं० प्रस्तारक>हि० पहाड़ा। (11) **आगम**–सं० लशन>प्रा० लसुण>हि० लहसुन। (12) **तुर्की, फ़ा० ह् से**–(बहादुर, चेहरा, इम्तहान, ओहदा)। (13) **अं० ह् से**–(टॉउनहाल)। **अंत्य ह् :** (1) **सं० ह् से**–सं० दाह>प्रा० डाह>हि० डाह; सं० बाहु>प्रा० बाहु>हि० बाँह। (2) **सं० ख् से**–सं० मुख>हि० मुँह; (3) **सं० घ् से**–सं० मेघ>प्रा० मेह>हि० मेह। (4) **सं० ड् से**–सं० दुरूढ>प्रा० दुरूह>हि० दुरूह। (5) **सं० थ् से**–सं० कथ्>प्रा० कह>हि० कह (धातु)। (6) **सं० ध् से**–सं० गोधा>प्रा० गोहा>हि० गोह। (7) **सं० ष् से**–सं० एषः>प्रा० ऐसो>एहो>हि० यह। (8) **सं० श् से**–सं० चतुर्दश>प्रा० चउद्दह>हि० चौदह; सं० षोडश>प्रा० सोलह>हि० सोलह। (9) **आगम**–सं० छाया>हि० छाँह। (10) **फ़ा० ह् से**–(गुनाह, गुमराह, जगह, गवाह)।

य्

आदि य् : (1) **सं० य् से**–(योजना, युद्ध, यात्रा, यद्यपि, यदि)। (2) **सं० ए से**–सं० एषः>प्रा० एसो>अप० एहो>हि० यह; सं० एते>प्रा० एए>अप० एइ>हि० ये। (3) **फ़ा० य् से**–(या, याद, यादगार)। (4) **अं० य् से**–(यूरोप, यूनियन, यूरेनियम)। **मध्य य् :** (1) **सं० य् से**–(प्रयत्न, संयोजक, नायक, नायिका)। (2) **तद्भव शब्दों में विभिन्न व्यंजनों के लोप से श्रुति-रूप में आगत य्**–सं० कोकिल>प्रा० कोइल>हि० कोयल; सं० कोकिला (=अंगारा)>प्रा० कोइला>हि० कोयला; सं० गुटिका>प्रा० गुड़िया>हि० गुड़िया; सं० कातर>प्रा० कायर>हि० कायर। (3) **व्याकरणिक पदों में श्रुति-रूपों में**–लाया, जायेगा, लाये; (4) **तुर्की फ़ा० य् से**–(अयाल, खुफ़िया, सायाँ, असलियत)। (5) **पुर्त० शब्दों में**–(आया, साया, तौलिया)। (6) **अं० शब्दों में**–(इंजीनियर, डेयरी, डायर, डायरी)। **अंत्य य् :** (1) **सं० य् से**–समय, आशय, अभिनय। (2) **सं० इ से**–सं० गाविका>प्रा० गाई>हि० गाय। (3) **लोप के कारण श्रुति-रूप में आगम**–सं० प्रिय>प्रा० पिअ>हि० पिय; सं० षट्पद>प्रा० छप्पय>हि० छप्पय। (4) **तुर्की, फ़ा० य् से**–(सराय; राय, बजाय)।

व्

आदि व् : (1) **सं० व् से**–(सजग सुशिक्षित लोगों के उच्चारण में)–वधू, वन, वंशी, वर्ष, वर्तमान। (2) **विवादास्पद व्युत्पत्ति के कुछ तद्भव शब्दों में**–(वहां, वहाँ)। (3) **फ़ा० व् से**–(वकील, वक्त, वर्ना, वज़न)। (4) **अं० व् से**–(विकेट, वायलिन, वारंट, वार्निश)। **मध्य व् :** (1) **सं० व् से**–सं० श्रावण>प्रा० सावण>हि० सावन। (2) **सं० प् से**–सं० अष्टापंचाशत>प्रा० अट्ठावण्ण>हि० अट्ठावन; सं० उत्तापल+क>प्रा० उत्तावल+अ>हि० उतावलां; सं० विटपक>प्रा० बिरवअ>हि० बिरवा। (3) **सं० म् से**–सं० श्यामलक>प्रा० साँवलअ>हि० साँवला; सं० आमलक>प्रा० आमलअ>हि० आँवला। (4) **फ़ा० शब्दों में**–(हवा, आवाज़, आवारा)। (5) **अं० शब्दों में**–(नवम्बर, रेलवे, ओवरसियर, ओवरकोट)। **अंत्य व् :** (1) **सं० व् से**–अभिनव, गौरव, शव, नाव, (सं० बहु० नावः से)। (2) **सं० म् से**–(पूर्ववर्ती स्वर प्रायः अनुनासिक हो जाता है)–सं० आम>हि० आँव (क़ब्ज); सं० ग्राम>हि० गाँव; सं० नाम>हि० नाँव। (3) **सं० प् से**–सं० ताप>प्रा० ताव>हि० ताव (गर्मी, क्रोध)। (4) **लोक के बाद श्रुति-रूप में आगम**–सं० पाद>पाव, पाँव; सं० राजा>प्रा० राआ, राअ>हि० राव। (6) **कुछ तकनीकी अंग्रेज़ी शब्दों में**–(निगेटिव)।

अनुनासिकता

आदि में यह नहीं आती। **मध्य :** (1) **सं० ङ् से**–सं० अंगिका>हि० अँगिया; सं०

जंघ>हि० जाँघ। (2) **सं० ञ् से**–सं० पंच>हि० पाँच; सं० अंचल>हि० आँचल। (3) **सं० ण् से**–सं० कंटक>हि० काँटा; सं० भांड>हि० भाँड़ा; सं० मंड>हि० माँड़। (4) **सं० न् से**–सं० चन्द्र>हि० चाँद; सं० स्कंध>हि० काँधा। (5) **सं० म् से**–सं० कम्पन>हि० काँपना; सं० भ्रमर>हि० भौंरा; सं० आमलक>हि० आँवला। (6) **स्वतः अनुनासिकता**–सं० सर्प>हि० साँप; सं० अक्षि>हि० आँख; सं० कक्ष>हि० काँख; सं० वेत्र>हि० बेंत। **अंत्य** (1) **सं० म् से**–सं० किम्+एवं>हि० क्यों; सं० स्वामी>हि० साईं; सं० गोस्वामी>हि० गोसाईं। (2) **स्वतः**–सं० यूक>हि० जूँ; सं० भ्रू>हि० भौं।

फ़ारसी शब्दों में ध्वनि-परिवर्तन

फ़ारसी में अरबी शब्द भी समाहित हैं क्योंकि अरबी शब्द भी फ़ारसी के माध्यम से हिन्दी में आए हैं। फ़ारसी और हिन्दी में ध्वनियाँ दो प्रकार की हैं–

(क) समान ध्वनियाँ, (ख) असमान ध्वनियाँ।

(क) समान ध्वनियाँ

फ़ारसी की उन ध्वनियों में कोई उल्लेख्य परिवर्तन नहीं हुआ जो हिन्दी के प्रायः समान हैं–

(1) **आ** (आदमी, आराम, आज़ाद, आबादी, तोता); (2) **इ** (इज़्जत, इनाम, निशान, आखिर, कि, बल्कि); (3) **ई** (ईमान, ईज़ाद, अमीर, कारीगर, आसानी); (4) **उ** (उस्तरा, उस्ताद, दुनिया, फ़ुर्सत); (5) **ऊ** (ऊदा, आसमानी रंग, सूद, आबनूस, तराजू); (6) **ए** (एहसान, सफ़ेद, रेशम); (7) **ओ** (ज़ोर, कोफ़्ता, कमज़ोर, कोशिश, क़ानूनग़ो); (8) **क** (किताब, कम, नौकर, सरकार, चाबुक, नमक); (9) **ग** (गर्दा, गवाह, खरगोश, अंगूर, तंग, जंग, बुज़ुर्ग); (10) **त** (तबला, तोता, कबूतर, किताब, मौत, दोस्त); (11) **द** (दंग, दंगल, सूद, दर्द); (12) **प** (पनीर, पोशाक, वापस, आबपाशी; गप); (13) **ब** (बंदरगाह, बस्ता, अबीर, आबाद, क़बाब, किताब); (14) **ङ्** (अंगूर, तंग, रंगीन); (15) **म्** (मज़ा, मैदा, अमीर, आदमी, आराम, कम); (16) **व्** (वकालत, वजह, वक्त, हवा, हलवा, पुलाव)।

(ख) असमान ध्वनियाँ

ये ध्वनियाँ तीन प्रकार की हैं–

(क) जिन्हें हिन्दी और हिन्दी की उर्दू शैली ने ग्रहण कर लिया है : (1) (क़) क़ायदा, क़ानून, अक़्ल, शौक़; (2) (ख़) ख़राब, ख़ून; अख़बार; गुस्ताख़; (3) (ग़) ग़ुस्सा, ग़रीब; बग़ल; दिमाग़; मुर्ग़; (4) (फ़) फ़ैसला, फ़ौरन, लिफ़ाफ़ा, साफ़, खिलाफ़।

(ख) जिन्हें ग्रहण किया है किन्तु परिवर्तित रूप में : (1) ज़ (यह फ़ारसी में तीन प्रकार की थी : ज़े (दंत्य-संघर्षी); झे (तालव्य-संघर्षी); जाल ('द' से मिलती-जुलती

दंत्य-संघर्षी)। अरबी के ज़ोय (कंठस्थानयुक्त दंत-संघर्षी) और ज्वाद (कंठस्थानयुक्त दंतवर्त्स्य स्पर्श ध्वनि, द से मिलती-जुलती) ध्वनियाँ इन्हीं में समाहित हो गईं। हिन्दी ने फ़ारसी की इन तीन ध्वनियों को ज़ (वर्त्स्यसंघर्षी) रूप में ग्रहण किया : ज़हर, ज़िन्दगी, कब्ज़ा, रोज़, जहाज़।

(ग) जो हिन्दी की मिलती-जुलती ध्वनियों में परिवर्तित हो गईं : (1) **स** (फ़ा में दंत्य-संघर्षी; अरबी में तीन स्वतन्त्र ध्वनियाँ थीं : से, स्वाद, सीन; फ़ा में एक रह गई थी; हिन्दी में यह वर्त्स्य संघर्षी हो गई : साहब, सबूत; आसान, आसमान, ख़ास, इजलास); (2) **न** (दंत्य से वर्त्स्य; नौकर, नरम; अनार, आमदनी; खून, दीवान); (3) **च** (तालव्य वर्त्स्य से तालव्य; चरबी, चुस्त, अचकन, पेच, ख़र्च); (4) **ज** (तालव्यवर्त्स्य से तालव्य; जेब, जान; नतीजा, अंजीर, लहजा, ख़ारिज); (5) **य** (तालव्यवर्त्स्य से तालव्य; यार, याद; किफ़ायत, राय); (6) **श** (तालव्यवर्त्स्य से तालव्य; शायद, शहर; शीशा, किशमिश कोशिश); (7) **र** (तालव्यवर्त्स्य का वर्त्स्य; रंगीन, रोज़, आराम, नरम; अनार, अन्दर); (8) **ल** तालव्यवर्त्स्य का वर्त्स्य; लगाम, लापता; अदालत, क़लई; इस्तेमाल, ख़्याल); (9) **ह** (अरबी में दो हे थी : उपालिह्वीय, स्वरयंत्रमुखी; फ़ा० एक : अघोष स्वरयंत्रमुखी; हिन्दी में वह घोष हो गई; हवा, हज़ार, नहर, ज़हर, अफ़वाह, राह); (10) **अल्पोच्चारित ह** ? (हिन्दी में आ हो गया : इशारह्-इशारा, किनारह्-किनारा, इरादह्-इरादा); (11) **स्वरयन्त्रमुखी स्पर्श** (हिन्दी में आदि में तो यह लुप्त हो गया (अरब, अक़्ल, ईद, ईसवी) और मध्य तथा अन्त में आ हो गया (बाद, इनाम, मशाल, जमा, मना)); (12) **अ** (विवृत अ का अर्धविवृत अ—अंजीर, अन्दाज, ख़बर); (13) **अइ** (संयुक्त स्वर अइ का ऐ; ऐनक, मैदान, शैतान, क़ैद); (14) **अउ** (संयुक्त स्वर अउ का औ; औरत, शौक़ीन, दौलत)।

विशेष परिवर्तन

उपर्युक्त सामान्य परिवर्तनों के अतिरिक्त अनेक प्रकार के विशेष परिवर्तन भी मिलते हैं। लोकभाषाओं सें क्षेत्रीय परिवर्तन भी अनेक प्रकार के हैं जो केवल सीमित क्षेत्रों में मिलते हैं। **लोप** (ज़ियादती>ज्यात्ती>ज़ाती, ज्यादती; मु?आम-लह्>मामला, बोय>बू, खुशबोय>खुशबू, मज़दूर>मजूर, ख्वाहिश>खाहिश, मुबाफ़िक (म्बफ़िक); **ह्रस्वीकरण** (नव्वाब>नवाब, दल्लाल>दलाल, ज़िद्द>ज़िद, हक्क़>हक़, खत्तहा>खाता, आचार>आचार); **अनुनासिकता** (दुनिया>दुनियाँ); **संधि से महाप्राणीकरण** (बिहिश्ती>भिश्ती); **मूर्धन्यीकरण** (शरक>सड़क, दायर>डायर (मुकदमा डायर करना); (दायम-उल-हब्स>डामल); **विपर्यय** (फ़तीलह>फ़लीता, कुफ्ल>कुल्फ़ी, लमहा>लहमा); **अंत्य न् का अनुनासिकता में परिवर्तन** (क़ारून>कारूँ, ख़ान>खाँ, मियान>मियाँ); **घोषीकरण** (नक़्द>नगद; तक़ादह्>तकाज़ा, तगादा); **आगम** (गर्म>गरम, शर्म>शरम, हुक्म>हुकुम; तथा हमज़ा का ई (इस्त?फ़ा>इस्तीफ़ा) आदि।

अंग्रेजी ध्वनियों में परिवर्तन

तुलनात्मक दृष्टि से हिन्दी और अंग्रेजी की ध्वनियाँ दो प्रकार की हैं : समान, असमान।

(क) समान ध्वनियाँ

अंग्रेजी से हिन्दी में जो शब्द आए हैं, उनमें उन ध्वनियों में परिवर्तन या किसी ख़ास परिवर्तन की संभावना नहीं है जो दोनों भाषाओं में समान हैं। जैसे (1) **आ** (पास, क्लास, ड्रामा; अपवादतः क्लाः क—क्लर्क); (2) **ई** (क्रीम, टीम; अपवादतः ई का ऐ कुनीन, कुनैन); (3) **ऊ** (जून, प्रूफ़, सूप; अपवादतः ऊ का ओ ऐरऽ रूट—अरारोट); (4) **ग** (गिलास, गोल, बैग, कांग्रेस); (5) **ब** (बैंक, बटन, डबल, अक्तूबर, निब); (6) **ङ** (टैंक, बैंक); (7) **न** (नवम्बर, नोटिस, नोट, जून); (8) **म** (मोटर, मलेरिया, कैमरा, बम); (9) **य** (याडी); (10) **स** (सर्कस, सिनेमा, बस, प्रेस); (11) **फ़** (यह मूलतः हिन्दी का नहीं है, किन्तु अंग्रेजी जब आई, उसके पहले फ़ारसी से हम इसे ग्रहण कर चुके थे : फ़ोन, फ़ाइल, आफ़िस, कफ़); (12) **ज़** (यह भी मूलतः हिन्दी का नहीं है, किन्तु अंग्रेजी से शब्दों के आने के पहले फ़ारसी से यह ध्वनि परिवर्तित होकर हिन्दी में आ चुकी थी : ज़ीन, ज़ीरो, सेफ़्टीरेज़र, दराज़, ब्लाउज़)।

(ख) असमान ध्वनियाँ

(1) **अ :** अं० में मुख्यतः दो अ (A, o) हैं। डज्न् (dozon-dAzn) में पहला है तो, सैलड् (salad-saee-lod) में दूसरा। पहला अर्धविवृत मध्य स्वर है तथा दूसरा उदासीन स्वर (neutral vowel या श्वा schwa), जिसका स्थान, प्रायः इससे कुछ ऊपर होता है। हिन्दी में भी कभी-कभी एक उदासीन स्वर का प्रयोग होता है, किन्तु अं० के इन दोनों अ को प्रायः हि० में सामान्य अ (अर्ध-विवृत मध्य स्वर) कर देते हैं : रबर, टन, कम्पनी, अपील, एकड़।

(2) **इ :** अं० अर्ध-संवृत है। हि० में यह संवृत इ में परिवर्तित हो जाती है : इंच, डिग्री, निव। अंत्य इ हि० में प्राय ई हो जाती है : अर्दली, अकादमी, कमेटी।

(3) **उ :** अं० उ अर्ध-संवृत है। हि० में आकर वह संवृत हो गया है : फ़ुटबाल, फ़ुट, हुक, जुलाई।

(4) **ऍ :** अं० ए (e) के, अं० में दो उच्चारण हैं। कुछ लोग इसे अर्ध-संवृत एवं अर्ध-विवृत के प्रायः ठीक बीच से बोलते हैं और कुछ लोग अर्ध-विवृत मुख्य स्वर से थोड़ा ही ऊपर अर्थात् अर्ध-विवृत। हि० में इसे प्रायः अर्ध-संवृत कर दिया जाता है : रेकार्ड, बेंच, पेन।

(5) **ऐ :** अं० में यह सामान्यतः अर्ध-विवृत है। यों विभिन्न लोगों के उच्चारण

में यह विवृत एवं अर्ध-विवृत के बीच में या उसके आसपास भी उच्चरित होती है। हि० में सामान्यतः इस मूल स्वर के स्थान पर पूर्वी क्षेत्र में संयुक्त स्वर ऐ बोलते हैं : गैस, बैंक, कैमरा, बैंड, टैंक।

(6) **अं** : अं० में यह (ɒ) पश्च विवृत ह्रस्व स्वर है। हि० में इसे अं० से गृहीत किया गया है, किन्तु हि० का ऑ, अंग्रेजी की इस ध्वनि से कुछ भिन्न है। एक तो अं० ध्वनि विवृत है, किन्तु हि० ध्वनि अर्ध-विवृत है। इसके अतिरिक्त अं० ध्वनि ह्रस्व है जब कि हि० में इसे प्रायः लोग दीर्घ बोलते हैं : कॉलिज, प्लॉट, डॉक्टर।

(7) **अऽ** : यह (ə:) अर्ध-संवृत, दीर्घ मध्य स्वर है। उसके बाद प्रायः र ध्वनि होती है जो अनुच्चरित रहती है। हि० में इसके स्थान पर सामान्य अर्धविवृत ह्रस्व अ बोलते हैं और र् का उच्चारण करते हैं : नर्स, फ़र, चर्च, पर्स।

(8) **एइ** : अं० में 'एइ' संयुक्त स्वर है। हि० में इसे अर्ध-संवृत दीर्घ अग्र मूल स्वर ए कर देते हैं : रेल, मेल, जेल, रेडियो, एकड़, एक्स-रे।

(9) **ओउ** : अं० में 'ओउ' संयुक्त स्वर है। हिन्दी में इसे अर्ध-संवृत दीर्घ पश्च मूल स्वर ओ कर देते हैं : होटल, कोट, पोस्टकार्ड, नोट।

(10) **अइ** : इसके स्थान पर हि० में प्रायः 'आइ' हो जाता है : पाइप, टाइप, लाइसेंस, टाइम, आइसक्रीम।

(11) **अउ** : हि० में इसका प्रायः आउ या ऑउ हो जाता है : ऑउट, टॉउन, पॉउण्ड।

(12, 13) **क, प** : अं० में ये ध्वनियाँ (ट् भी) ईषत् महाप्राण होती हैं। इनकी महाप्राणता स्थान के अनुसार कम या अधिक होती है। उदाहरणार्थ, शब्दारम्भ में तथा बलाघातयुक्त (stressed) स्वर के पूर्व (come, payment, taken) महाप्राणता अधिक होती है, तथा अन्य स्थितियों में, जैसे बलाघातयुक्त के बाद (baker, letter, upper) कम या स के बाद (spider, skin, stand) प्रायः नहीं। इसी प्रकार दीर्घ स्वर के पूर्व होने पर ह्रस्व स्वर की तुलना में महाप्राणता अधिक होती है। हि० में आने पर क्, प्, म् तीनों ही में महाप्राणता नहीं रहती : कमेटी, कफ़, कंकरीट, एकड़, ट्रक, टैंक, टाइम, टिकट, एजेण्ट, चुरुट, पम्प, पैण्ट, पॉकिट, अपील, टाइप, पाइप।

(14, 15) **च ज** : अं० में ये तालव्य-वर्त्स्य स्पर्श-संघर्षी हैं, किन्तु हिन्दी में प्रायः तालव्य हैं। इसके अतिरिक्त अं० उच्चारण में इनमें संघर्ष तथा उच्चारण में दृढ़ता ये दोनों अधिक होते हैं। हि० में स्पर्शत्व की मात्रा अधिक है : चाकलेट, चुरुट, चेक, पंचर, मैच, टार्च, जेल, जज, इंजन, कॉलिज।

(16, 17) **ट, ड** : अं० की ट (t), ड (d) ध्वनियाँ वर्त्स्य हैं। हिन्दी में ये ध्वनियाँ या तो दंत्य त, द (पतलून, केतली, अगस्त, अक्तूबर, सितम्बर, तिजोरी, अस्पताल, दलेल, दर्जन, दिसम्बर, दराज, गारद) हो जाती हैं या पूर्वतालव्य ट, ड् (टंकी, ट्रक, ट्रंक, टिकट, एटलस, एजेन्ट तथा चुरुट आदि)। ट् में प्राणत्व की दृष्टि

से भी अन्तर आ जाता है। दे० ऊपर।

(18, 19) **थ़, द़ :** अंग्रेजी में थ (th), द (th) दंत्य संघर्षी हैं। हिन्दी में ये दंत्य स्पर्श हो जाते हैं। थीसिस, थर्मस, थर्मामीटर, थियेटर, फादर (पादरी), फैदम (पानी की गहराई नापने की माप)।

(20) **ल :** अं० ल की दो संध्वनियाँ हैं : (1) **स्पष्ट ल** (clear l)—यह हिन्दी ल जैसा है। स्वर तथा य के पूर्व आने वाला ल यही है : लैम्प, लाइन, कालर, लाइसेंस। (2) **अस्पष्ट ल** (dark l)—यह व्यंजन के पूर्व तथा शब्दान्त में आता है। इसके उच्चारण में जीभ का मध्य भाग कुछ नतोदर हो जाता है, तथा पश्च भाग कोमल तालु की ओर कुछ ऊपर उठ जाता है। हिन्दी में इसके स्थान पर भी स्पष्ट ल का प्रयोग होता है : जेल, पार्सल, गोल, पिटरोल, बिल्डिंग।

(21) **व :** अंग्रेजी में w (अर्धस्वर) तथा v (दन्तोष्ठ्य संघर्षी) दो ध्वनियाँ हैं। दोनों के उच्चारण में हि० में दृढ़ता कम होती है। दन्तोष्ठ्य संघर्षी में संघर्षण भी अपेक्षाकृत हल्का होता है। अनेक हिन्दीभाषी दोनों के स्थान पर किसी एक—प्रायः अर्धस्वर—का प्रयोग करते हैं। इस प्रकार v में ही विशेष परिवर्तन होता है; वाट, वैगन, वेल्डर, वायलिन, ड्राइवर, ओवरकोट।

(22) **स :** हि० तथा अं० श में थोड़ा ही अन्तर है। हि० का श तालव्य है, किन्तु अं० का श वर्त्स्य-तालव्य : शेयर, बुश्शर्ट, मशीन, पालिश, वार्निश, डैश।

(23) **झ़ :** अं० में यह ध्वनि श का घोष है। यह ध्वनि प्रायः केवल फ्रांसीसी शब्दों में मिलती है। हि० में इसके स्थान पर ज Rouge-रूज=मुँह पर लगाने का लाल पाउडर, Garege (गैरिज, गैराज) या ज़ (रूज़) का प्रयोग होता है।

(24) **र :** अं० र मोटे रूप से संघर्षी है। हि० में आकर प्रकम्पी हो जाता है। इसके अतिरिक्त अं० में र का उच्चारण केवल स्वर के पूर्व होता है, व्यंजन के पूर्व तथा शब्दान्त में नहीं। किन्तु सामान्यतः हिन्दी में सभी स्थितियों में इसका उच्चारण होता है। राशन, रिक्शा, रंगरूट, आपरेशन आदि में तो अं० एवं हि०. दोनों में र उच्चरित होता है, किन्तु बुशर्ट, अर्दली (orderly) ओवरकोट, ओवरसियर, टाइपराइटर, अक्तूबर, पार्क, रिपोर्ट, कार, डाक्टर, कालर जैसे शब्दों में अं० में र उच्चरित नहीं होता, किन्तु हि० में होता है।

विशेष परिवर्तन

उपर्युक्त परिवर्तनों के अतिरिक्त **घोषीकरण** (cork—**काग**, recruit—रंगरूट); **आगम** (इस्टेशन—station), इस्कूल (school), **बुरुश** (brush), टेबल, टेबुल, टेबिल (table), जेहल (jail), गिलास (glass), दर्जन, टमाटर; **सोप :** सितम्बर (september), पंचर (puncture), पतलून (pantaloon), तिजोरी (treasury), डिप्टी (deputy); **विपर्यय** (जनरल—general), सिंगल (signal) (तारकोल—coaltar) तथा **समीकरण**

(कलट्टर—collector), सिकत्तर (secretary), (inspector—इन्सपट्टर) आदि की भी प्रवृत्ति है।

बलाघात

बोलते समय वाक्य के किसी अंश या शब्द पर अथवा शब्द के किसी अक्षर या स्वर पर बल देते हैं। यह बल ही बलाघात कहलाता है। यों बलाघात कई प्रकार का हो सकता है : (1) **ध्वनि-बलाघात**—यह एकाधिक ध्वनि के किसी अक्षर (syllable) में शीर्ष ध्वनि या प्रायः स्वर पर होता है। जैसे 'राम' में 'आ' पर। (2) **अक्षर-बलाघात**—यह एकाधिक अक्षर के किसी शब्द के एक अक्षर पर होता है। जैसे घोड़ा में 'घो' पर। (3) **शब्द-बलाघात**—एकाधिक शब्द के एक शब्द पर। जैसे 'मुझे एक खिड़की वाला मकान चाहिए' में 'एक' या 'खिड़की' पर। यहाँ दोनों स्थितियों में अर्थ एक नहीं रहेगा। 'एक' पर बल होने का अर्थ होगा 'एक ही खिड़की वाला', किन्तु 'खिड़की' पर बल होने का अर्थ होगा 'खिड़की वाला'। (4) **वाक्यांश-बलाघात**—तुम रहे गधे के गधे।

भाषाविज्ञान में प्रायः अक्षर बलाघात ही महत्त्वपूर्ण माना जाता है, इसलिए बलाघात का अर्थ प्रायः अक्षर-बलाघात ही लिया जाता है।

मूल भारोपीय भाषा में इस प्रकार बलवाला बलाघात न होकर मुख्यतः उतार-चढ़ाव वाला या संगीतात्मक स्वराघात था। संगीतात्मक स्वराघात उदात्त तथा **स्वरित** दो प्रकार का था। वैदिक काल के पूर्व भारत-ईरानी काल में **अनुदात्त** भी विकसित हो चुका था।

वैदिक काल के उदात्त, अनुदात्त, स्वरित लौकिक संस्कृत के जन्म के पूर्व ही समाप्त हो गए तथा बलाघात अस्तित्व में आ गया, यद्यपि वह काफ़ी हलका था। पालि में थोड़ा बहुत संगीतात्मक स्वराघात था, जो वैदिक का अवशेष था; साथ ही बलाघात भी था जो संस्कृत की तुलना में अधिक विकसित हो चुका था।

प्राकृत-काल में महाराष्ट्री, अर्धमागधी तथा मागधी में कदाचित् संगीतात्मक स्वराघात कुछ-न-कुछ शेष था, किन्तु अन्यों में केवल बलात्मक स्वराघात या बलाघात था।

अपभ्रंश तक आते-आते संगीतात्मक स्वराघात केवल मागधी में शेष रहा, शेष में बलाघात।

आधुनिक भाषाओं में उसी परम्परा में मुख्यतः बलाघात है। केवल मागधी से विकसित भोजपुरी, बांग्ला आदि में संगीतात्मकता है। यों प्रश्न, आश्चर्य, निराशा आदि भावों को व्यक्त करने की दृष्टि से बोलने में उतार-चढ़ाव की संगीतात्मकता प्रायः सभी भाषाओं में होती है और यहाँ भी है। पालि-प्राकृत-अपभ्रंश-विषयक बातें मैं अपनी ओर से कह रहा हूँ। विद्वानों में इसे लेकर मतभेद है। ग्रियर्सन केवल बलात्मक

मानते हैं, टर्नर दोनों मानते हैं तथा जूल ब्लाक को किसी के भी होने में सन्देह है। आधुनिक हिन्दी के आक्षरिक बलाघात को लेकर काफ़ी विवाद है। मुख्यतः इस पर कामताप्रसाद गुरु, आर्येन्द्र शर्मा, भोलानाथ तिवारी तथा अशोक केलकर आदि ने विचार किया है किन्तु सबके मत अलग-अलग हैं।

मेरे अनुसार हिन्दी बलाघात अक्षर-विभाजन और अक्षर की ह्रस्वता, दीर्घता पर निर्भर है। हिन्दी में अक्षर ह्रस्वता-दीर्घता की दृष्टि से चार प्रकार के होते हैं :

(क) ह्रस्व

इसमें ह्रस्व स्वर होता है। उसके पूर्व एक या अधिक व्यंजन आ भी सकते हैं नहीं भी। जैसे 'इसी' में 'इ', 'किया' में 'कि', 'क्रिया' में 'क्रि'।

(ख) मध्यम

इसमें दो प्रकार के अक्षर आते हैं :

मध्यम-1 : इसमें एक ह्रस्व स्वर होता तथा उसके बाद एक व्यंजन। स्वर के पूर्व एक या अधिक व्यंजन आ सकते हैं। 'उसका' में 'उस', 'किसकी' में 'किस', 'सर्वप्रियता' में 'प्रिय' इसके उदाहरण हैं।

मध्यम-2 : इसमें दीर्घ स्वर होता है। उसके पूर्व एक या अधिक व्यंजन आ भी सकते हैं नहीं भी। जैसे 'ऐनक' में 'ऐ', 'कैसा' में 'कै', व्यापारी में 'व्या'।

(ग) दीर्घ

इसके भी दो भेद होते हैं।

दीर्घ-1 : ह्रस्व स्वर और उसके बाद संयुक्त या द्वित्त्व व्यंजन। स्वर के पूर्व एक या अधिक व्यंजन आ सकते हैं। उदाहरणार्थ–अर्थयुक्त में 'अर्थ', 'भक्तवत्सल' में 'भक्त' या 'व्यर्थता' में 'व्यर्थ'।

दीर्घ-2 : दीर्घ स्वर हो और उसके बाद मूल व्यंजन। स्वर के पूर्व एक या अधिक व्यंजन आ भी सकते हैं नहीं भी जैसे राज, त्याग, आज।

(घ) अतिदीर्घ

इसमें दीर्घ स्वर और उसके बाद संयुक्त या द्वित्त्व व्यंजन होते हैं। स्वर के पूर्व एक या अधिक व्यंजन आ भी सकते हैं नहीं भी? जैसे 'आर्यपुत्र' में 'आर्य' या 'परिहार्य' में 'हार्य' या 'अस्वास्थ्य' में 'स्वास्थ्य' आदि।

एकाक्षरी शब्द में बलाघात या आक्षरिक बलाघात का प्रश्न नहीं उठता। एक से अधिक अक्षर के शब्दों में–

(1) यदि किसी शब्द के सभी अक्षर ह्रस्व, मध्यम, दीर्घ या अतिदीर्घ हों तो

बलाघात (काले टाइप से) उपांत्य अर्थात् अन्तिम में पहले वाले अक्षर पर होता है क-टुस-मि-ति, आ-भा-री, सा-ला-ना, कम्-बल, अर्थ-युक्त रोज़-गार।

(2) यदि एक ही अक्षर मध्यम हो, और शेष ह्रस्व हों तो बलाघात मध्यम पर (कि-सी अ-मिट प-रि-चित); यदि एक ही अक्षर दीर्घ हो और शेष लघु या मध्यम हों तो बलाघात दीर्घ पर (क-पूत, अ-पार, अ-भिन्न, स्व-तन्त्र, आ-नन्द, सा-कार); और यदि एक ही अक्षर अतिदीर्घ हो तथा शेष ह्रस्व, मध्यम या दीर्घ हों तो बलाघात अतिदीर्घ पर (अ-प-रि-हार्य, अव्-व्याप्त, पंच-पात्र) होता है।

(3) यदि शब्द के एकाधिक अक्षर अति दीर्घ हों और उनमें कोई एक उपांत्य हो तो बलाघात उसी पर होगा। यदि उनमें उपांत्य कोई न हो तो बलाघात उसके पूर्व निकटतम अतिदीर्घ पर होता है। यदि अतिदीर्घ कोई न हो और एकाधिक दीर्घ हों तो उपांत्य दीर्घ पर, या यदि उपांत्य दीर्घ न हो तो उसके पूर्व निकटतम दीर्घ पर बलाघात होता है। इसी प्रकार यदि अतिदीर्घ तथा दीर्घ न हों तथा एकाधिक मध्यम हों तो उपांत्य मध्यम पर या यदि उपांत्य मध्यम न हो तो उसके पूर्व निकटतम मध्यम पर बलाघात होता है। उदाहरणार्थ : रे-डि-यो, का-री-ग-री, स-फ़ा-या, सन्-श-या-लु, आ-सक्-ति, अ-ना-वृष्-टि, वा-टि-का।

इस प्रसंग में यह ध्यान दिलाना आवश्यक है कि हिन्दी प्रदेश काफ़ी बड़ा है और उसमें अन्य अनेक भाषिक नियमों की तरह बलाघात में भी बहुत एकरूपता नहीं है। की ओर संकेत कहना केवल यह है कि समवेततः हिन्दी-भाषी जनता के काफ़ी बड़े भाग के आज के उच्चारण में बलाघात के उपर्युक्त नियम मुझे मिले हैं।

किसी शब्द से जब दूसरा शब्द या पद बनता है तो आवश्यक नहीं कि मूल शब्द का बलाघात अपरिवर्तित रहे। कभी तो वह ज्यों-का-त्यों रहता है (मधुर, म-धुर-ता) और कभी परिवर्तित (सुन्-दर, सुन-दर-ता) हो जाता है। इसका आशय यह है कि मूल शब्द के उच्चारण में प्रयुक्त बलाघात का ही आँख मूँदकर प्रयोग उससे बने शब्द के उच्चारण में नहीं करना चाहिए। उससे निर्मित शब्द या पद पर उपर्युक्त नियमों के अनुसार फिर से विचार करके बलाघात का निर्णय किया जाना चाहिए।

9

हिन्दी शब्द-रचना का इतिहास

मेरा अपना अनुमान है कि प्रायः प्रत्येक भाषा-परिवार में प्रारम्भ में काफ़ी शब्द अनुकरण से बने होंगे और बाद में पुनरुक्तियों से शब्द बनाने की प्रक्रिया आगे बढ़ी होगी। इसके बाद समास से शब्द बनाना शुरू हुआ होगा। अगले चरण में काफी परिवर्तन के बाद प्रारम्भ में जुड़ने वाले कुछ शब्द ध्वनि, अर्थ और प्रयोग की दृष्टि से परिवर्तित होते-होते उपसर्ग हो गए होंगे और कुछ बाद में जुड़ने वाले शब्द इसी तरह प्रत्यय बन गए होंगे। भारोपीय परिवार में भी शब्द-रचना की इन पाँचों प्रक्रियाओं के स्पष्ट प्रमाण मिलते हैं।

हिन्दी ने अपने पीछे की ऐसी ही परम्परा से शब्द-रचना की पाँचों प्रक्रियाएँ ग्रहण की हैं और उसमें भी इन्हीं से शब्द-रचना की जाती है। महत्त्व के अनुसार ये हैं–

(1)समास से शब्द-रचना
(2)उपसर्ग से शब्द-रचना
(3)प्रत्यय से शब्द-रचना
(4)उपसर्ग तथा प्रत्यय जोड़कर शब्द-रचना
(5)संक्षेपण से शब्द-रचना
(6)अनुकरणात्मक तत्त्वों से शब्द-रचना
(7)पुनरुक्ति से शब्द-रचना

(1) समास से शब्द-रचना

और भी कई भाषा-परिवारों की तरह भारोपीय परिवार में अनादिकाल से सबसे अधिक शब्द-रचना समास से की जाती रही है। यह बात प्रारम्भ में कम थी किन्तु धीरे-धीरे संस्कृत तक आते-आते यह प्रवृत्ति संक्षेप की दृष्टि से बढ़ती गई। जैसे राजा का कुमार = राजकुमार धरणी को धारण करने वाला = धरणीधर। समास का अर्थ

ही है 'संक्षेप'। वैसे तो यह प्रवृत्ति भारोपीय परिवार की सभी भाषाओं में थी, किन्तु संस्कृत तथा जर्मन में इसका विशेष प्रचार था। समासों का सुव्यवस्थित विवेचन भारत में काफ़ी पहले शुरू हो गया था, इसीलिए कदाचित् इसका प्रयोग भी शिक्षित लोगों को भाषा में भारत में, सामान्य से अधिक था जैसा कि साहित्य से पता चलता है।

आगे चलकर पालि, प्राकृत, अपभ्रंश में भी यही प्रवृत्ति रही और वही हिन्दी में भी परम्परागत रूप से आई है।

संस्कृत में प्रायः तत्सम+तत्सम शब्दों से समास बनते थे। पालि, प्राकृत अपभ्रंश में कुछ विषमस्रोतीय समास (तत्सम और तद्भव से बने) भी मिलते हैं। हिन्दी में आकर सामान्यतः तो समस्रोतीय समास ही बन रहे हैं (जैसे जलवायु, आबोहवा, रसोईघर) किन्तु इधर काफ़ी समास विषमस्त्रोतीय भी बने हैं, और बन रहे हैं। जैसे–

फ़ारसी + तत्सम : ज़िलाधीश
अंग्रेज़ी + तत्सम : बमवर्षक
अंग्रेज़ी + तत्सम : रेलगाड़ी

भारतीय परम्परा में प्रयोग के क्रम में ही समास बनते हैं। जैसे **जेब को कतरने वाला**–जेबकतरा, **राह का ख़र्च**–राहख़र्च, **गृह में प्रवेश**–गृहप्रवेश किन्तु फ़ारसी में समास बनाने की परम्परा उल्टी है। वह पद्धति भी कुछ शब्दों में फ़ारसी के प्रभाव से हिन्दी-उर्दू में आई है। जैसे **मकान का मालिक** का 'मकान-मालिक' भी है किन्तु 'मालिक-मकान' भी है। हाँ 'सदरे रियासत' (रियासत का सदर), हाकिम परगना (परगना का हाकिम), 'कलक्टर बनारस' (बनारस के कलक्टर), 'कमिश्नर इलाहाबाद', 'एस० पी० कानपुर' आदि फ़ारसी पद्धति के ही समास हैं।

इस तरह हिन्दी में अधिकांश सामासिक रचना संस्कृत पद्धति पर होती है, किन्तु मध्यकालीन फ़ारसी प्रभावस्वरूप कुछ समास अपवादतः फ़ारसी पद्धति से भी बने हैं। यह ध्यान देने की बात है कि हिन्दी में जितने भी फ़ारसी पद्धति के समास हैं वे सभी प्रशासनिक हैं जो स्पष्ट ही फ़ारसी में चलाई जाने वाली मध्यकालीन प्रशासनिक व्यवस्था के अवशेष हैं। ये अंग्रेज़ों के ज़माने में भी इसी रूप में बने रहे थे।

(2) उपसर्ग से शब्द-रचना

'उपसर्ग' का मूल अर्थ है (उप + सृज् + घञ्) 'समीप छोड़ा हुआ' अर्थात् पास रखा हुआ अथवा समीप लाकर सृजन करने वाला। ऐतरेय ब्राह्मण में 'उपसर्ग' शब्द का प्रयोग 'योग' या 'जोड़' आदि अर्थों में हुआ है। बाद में इसका अर्थ हो गया किसी धातु या शब्द के आदि में जोड़ी हुई 'व्याकरणिक इकाई'। ऋग्वेद प्रातिशाख्य में आता है, 'सोपर्गेषु नामसु' अर्थात् 'उपसर्गयुक्त संज्ञा....'। अष्टाध्यायी में मिलता है, 'उपसर्गी क्रियायोगे' अर्थात् क्रिया के साथ लगकर प्र, परा इत्यादि निपात, उपसर्ग

कहलाते हैं। वार्तिककार कात्यायन भी कहते हैं, 'क्रियाविशेषक उपसर्गः' अर्थात् 'उपसर्ग धातु के अर्थ में विशेषता उत्पन्न करता है'। 'सिद्धान्त-कौमुदी' में आता है : 'उपसर्गेण धात्वर्थो बलादन्यत्र नीयँते। प्रहाराहारसंहारविहारपरिहारवत्। अर्थात् उपसर्ग के द्वारा 'हार' से प्रहार', 'आहार', 'संहार', 'विहार', 'परिहार' की भाँति धातु का अर्थ बलात् परिवर्तित कर लिया (अयन्त्र ले जाया) जाता है। शाकटायन के धातुपाठ में कहा गया है : 'धात्वर्थं बाधते कश्चित्कश्चित्तमनुवर्तते। तमेव विशिनष्ट्यन्य उपसर्गगतिस्त्रिधा'। अर्थात् कोई उपसर्ग धातु का अर्थ दबाकर अपना अर्थ लाद देता है, कोई अर्थ का ही अनुवर्तन करता है, अर्थात् उसी को सम्पुष्ट करता है, तथा कोई अर्थ में विशेषता ला देता है। वर्धमान ने उपसर्ग के चार कार्य माने हैं। 'धात्वर्थं बाधते कश्चित् कश्चित्तमनुवर्तते। तमेव विशिनष्ट्योऽन्यंकोऽन्यः प्रयुज्यते।' अर्थात् उपर्युक्त तीन के अतिरिक्त चौथे ऐसे होते हैं, जो प्रायः निरर्थक होते हैं, अर्थात् अर्थ में कोई भी अन्तर नहीं लाते।

'उपसर्ग' उस वर्ण या वर्ण-समूह को कहते हैं, जिसका स्वतन्त्र प्रयोग न होता हो, और जो किसी शब्द के पूर्व, कुछ आर्थिक विशेषता लाने के लिए जोड़ा जाय। हिन्दी के वैयाकरणों एवं भाषा-शास्त्रियों ने (हिन्दी व्याकरण—कामताप्रसाद गुरु, संशोधित संस्करण, पृ० 418-414; हिन्दी भाषा का इतिहास—डॉ० धीरेन्द्र वर्मा, 1949, पृ० 224 आदि; हिन्दी भाषा का उद्गम और विकास—डॉ० उदयनारायण तिवारी, सं० 2018, पृ० 419 आदि) 'कम', 'खुश', 'हर', 'गैर', 'भर' आदि अनेक ऐसे शब्दों को भी उपसर्ग मान लिया है, जो वस्तुतः स्वतन्त्र शब्द हैं (वह खुश है, कटोरा भर, उसके पास ज्यादा है, मेरे पास कम, वह तो गैर है, इत्यादि) वस्तुतः ये स्वतन्त्र शब्द हैं अतः इनके योग से बनने वाले शब्द सामासिक पद (खुशबू, कमजोर, गैरहाजिर) हैं। यदि इनको उपसर्ग मान लिया जाय तो सामासिक पद एवं उपसर्ग से बने शब्दों के बीच सीमारेखा खींचना असम्भव होगा। ऐसी स्थिति में केवल उन शब्दों को ही उपसर्ग मानना उचित होगा जो स्वतन्त्रतः प्रयोग में न आते हों, जैसे अ (असुन्दर, अलौकिक) या ला (लाइलाज, लावारिस) आदि। 'घोड़ा' सामासिक पदों में 'घुड़' (घुड़दौड़) हो जाता है, इसी प्रकार 'आधा' का 'अर्ध' या 'बिना' का 'बिन' (अर्धपका, बिनब्याहा) हो जाता है, इस प्रकार के 'अर्ध', 'बिन' आदि भी उपसर्ग नहीं हैं। आगे ऐसे श्रब्द छोड़ दिए गए हैं, जो उपर्युक्त ग्रन्थों में उपसर्ग माने गए हैं, किन्तु जो उपर्युक्त कसौटी पर खरे नहीं उतरते।

भारोपीय परिवार में उपसर्गों का इतिहास काफ़ी प्राचीन काल तक जाता है। पहले ये स्वतन्त्र शब्द थे तथा इनका अपना अर्थ था। यही कारण है कि मूल भारोपीय भारत-ईरानी तथा वैदिक संस्कृत में उपसर्ग का जिन शब्दों से सम्बन्ध होता था, उनसे वे अलग भी आ सकते थे। वैदिक संस्कृत में ऐसे उदाहरण काफ़ी हैं, जहाँ मूल शब्द तथा उससे सम्बद्ध उपसर्ग के बीच अन्य शब्द आए हैं। पीछे उदाहरण

दिए जा चुके हैं। संस्कृत में आकर उपसर्गों की यह स्वतन्त्रता पूर्णतः समाप्त हो गई, और वे केवल मूल शब्द से सम्बद्ध होकर ही आने लगे। संस्कृत में प्र, परा, अप, सम्, अनु, अव, निस्, निर्, दुस्, दुर्, वि, आङ्, नि, अधि, अपि, अति, सु, उद्, अभि, प्रति, परि, उप ये 22 उपसर्ग माने जाते हैं। यों इनके अतिरिक्त स्वी (स्वीकृत), पुरः (पुरस्कार), तिरः (तिरोभूत), प्रादुः (प्रादुर्भाव), गति कहलाने वाले शब्द भी व्यवहारतः उपसर्ग ही रहे हैं। साथ ही अनेक अव्यय (स आदि) भी प्रयोगतः उपसर्ग ही हैं।

पालि-प्राकृत अपभ्रंश के प्रमुख उपसर्ग ये हैं—प (सं० प्र), परा (सं० परा), ओ (सं० अप), अव (सं० अप), सं (सं० सम्), अणु (सं० अनु), ओ (सं० अव), नि (सं० निर्), नी (सं० निर्), दु (सं० दुर्), दू (सं० दुर्), अहि (सं० अभि), अभि (सं० अभि), वि (सं० वि), अहि (सं० अधि), अधि (सं० अधि), सू (सं० सु), सू (सं० सु), उ (सं० उत्), अई (सं० अति), अति (सं० अति), णि (सं० नि), नि (सं० नि), पडि (सं० प्रति), पति (सं० प्रति) परि (सं० प्रति), सुपरि (सं० परि), पलि (सं० परि), इ (सं० अपि), पि (सं० अपि), वि (सं० अपि), अवि (सं० अपि), ऊ (सं० उप), ओ (सं० उप), उव (सं० उप), आ (सं० आङ्)। जैसाकि कोष्ठकों में दिखाया गया है, ये सभी संस्कृत से ही विकसित हुए हैं, अर्थात् तद्भव हैं।

हिन्दी में, ऐतिहासिक दृष्टि से तीन प्रकार के उपसर्ग हैं—तत्सम, तद्भव, विदेशी। नीचे तीनों को अलग-अलग लिया जा रहा है।

तत्सम उपसर्ग

ये संस्कृत के हैं, इसीलिए इनका इतिहास प्रायः नहीं दिया गया।

अ—स० में 22 उपसर्गों में यह नहीं है। न (नञ्) 'गति' का इसे रूपांतर माना गया। इसका अर्थ 'अभाव', 'हीनता', 'शून्यता' आदि है। तत्सम शब्दों (अभाव, अप्रतिष्ठा, असुन्दर, अज्ञान, अनीति, अघोष) के अतिरिक्त अन्य प्रकार के शब्दों के साथ भी इनका प्रयोग मिलता है : अछूत, अचूक, अथक, अचेत, अबेर, अटल, अडिग। यह संज्ञा (असमय, अबोध, अथाह, अछूत, अज्ञान) विशेषण (असुन्दर, अज्ञानी) एवं धातु (अथक्, अ0डिग्, अटल्, अचूक्) आदि के साथ जोड़ा जाता है।

अनु—इस संस्कृत उपसर्ग का अर्थ है 'पीछे' तथा 'समान' आदि। यह प्रायः केवल तत्सम शब्दों के साथ आता है : अनुरूप, अनुशासन, अनुताप, अनुवाद। इसके द्वारा संज्ञा से संज्ञा (अनुशासन) या संज्ञा से विशेषण (अनुरूप) बनाते हैं।

अन्—यह सं० के 22 उपसर्गों में नहीं है। यह 'न' (नञ्) गति का वह रूप है जो सं० में स्वर से प्रारम्भ होने वाले शब्दों के पूर्व जोड़ा जाता था : अनायास, अनर्थ, अनादि, अनंत। इसके भी अर्थ 'अ' की भाँति ही 'अभाव', 'शून्यता', निषेध' आदि हैं। यह संज्ञा (अनमोल, अनगिनती, अनमेल, अनमन, अनमना), विशेषण

(अनकहा, अनदेखी, अनचाहा, अनसुनी), धातु (अनपढ़, अनगढ़, अनबन्, अनजान्) तथा क्रियाविशेषण (अनचाहे, अनजाने) के पूर्व जोड़ा जाता है। 'अनोखा' 'अनूठा' जैसे शब्दों में भी यही है किन्तु *ओखा, *ऊठा का प्रयोग न होने से इनमें उपसर्ग का पता नहीं चलता। उल्लेख्य है कि 'अन्' उपसर्ग प्रायः स्वर से प्रारम्भ होने वाले तत्सम शब्दों (अनायास, अनाचार, अनर्थ, अनंत, अनादि) एवं व्यंजन से प्रारम्भ होने वाले तद्‌भव शब्दों (अनबन, अनभल, अनमोल, अनपढ़, अनजान, अनगढ़, अनखिला, अनमना) के पूर्व जुड़ता है। अनहित, अनमेल जैसे कुछ शब्द अपवाद हैं।

अप—इस सं० उपसर्ग का अर्थ है 'बुरा'। यह प्रायः केवल तत्सम् शब्दों के साथ आता है। इसे जोड़कर संज्ञा से प्रायः हेयार्थी संज्ञा (अपशब्द, अपमान, अपहरण, अपकीर्ति) शब्द बनाते हैं।

अभि—इस सं० उपसर्ग का अर्थ है 'ओर', 'अधिक' 'अतिरिक्त' आदि। यह प्रायः केवल तत्सम शब्दों के साथ लगता है। इसे जोड़कर संज्ञा से संज्ञा (अभिमान, अभिज्ञान, अभिमत, अभियोग), विशेषण से विशेषण (अभिनव) तथा संज्ञा से त्रियाविशेषण (अभिमुख) बनाते हैं।

अव—इस सं० उपसर्ग का अर्थ है 'बुरा', 'हीन', 'नीचे', 'दूर' आदि। इसे जोड़कर संज्ञा से हेयार्थी संज्ञा (अवगुण) तथा विशेषण से विशेषण (अवनत) आदि बनाते हैं। यह प्रायः केवल तत्सम शब्दों के साथ ही आता है। मूलतः 'अव' कदाचित् 'अप' था।

आ—इस सं० उपसर्ग का अर्थ है 'तक', 'समेत', 'ओर', 'कम' आदि। यह भी प्रायः तत्सम शब्दों के साथ ही आता है। इसे जोड़कर संज्ञा से संज्ञा (आगमन, आकर्षण) विशेषण से विशेषण (आकर्षक) तथा संज्ञा से क्रियाविशेषण (आजन्म, आमरण) आदि बनाते हैं।

उत्—'ऊपर', 'ऊँचा' आदि का अर्थ देने वाला संस्कृत उपसर्ग। यह प्रायः तत्सम शब्दों में ही आता है। इसे जोड़कर संज्ञा से संज्ञा (उत्पीड़न) तथा विशेषण से (उत्फुल्ल) आदि बनाते हैं।

उप—'सहायक', 'गौण', 'छोटा', 'निकट', आदि अर्थों में प्रयुक्त होने वाला एक संस्कृत उपसर्ग। यह तत्सम एवं तद्‌भव (उपबोली) तथा नवनिर्मित (उपस्वनिम) आदि कई प्रकार के शब्दों के साथ आता है। इसे जोड़कर प्रायः संज्ञा से संज्ञा (उपबोली, उपभाषा, उपराष्ट्रपति, उपमन्त्री, उपकुलपति, उपग्रह, उपसभापति, उपभेद, उपवेद, उपनाम, उपभोग, उपवन) बनाते हैं।

कु—यह सं० उपसर्गों या गति आदि में तो नहीं है, किन्तु इसका संस्कृत में उपसर्गवत् प्रयोग खूब हुआ है : कुरूप, कुयोग, कुख्यात, कुपथ, कुदृष्टि, कुदिन, कुकर्म। प्रा० में भी यह 'कु' रूप में ही आता है। कुदिट्ठ (कुदृष्टि), कुरुब (कुरूप)। हि० में यह उपसर्ग तत्सम (उपर्युक्त शब्द) शब्दों के साथ ही अधिक आता है। यों कुपूत

(अधिक प्रचलित 'कपूत'), कुचाल, कुठौर, कुनामी (अधिक प्रचलित 'बदनाम') (कुढब अधिक प्रचलित 'बेढब'), कुडौल (अधिक प्रचलित 'बेडौल') आदि रूपों में भी कभी-कभी प्रयुक्त होता है। यह प्रायः संज्ञा (कुपथ, कुकर्म, कुचाल, कुरूप) तथा विशेषण (कुख्यात); के साथ ही आता है। धातु के साथ (कुपच्) कम प्रयुक्त होता है।

दुर्—'बुरा', 'कठिन' आदि अर्थों में प्रयुक्त होने वाला एक सं० उपसर्ग। इसे जोड़कर प्रायः संज्ञा से संज्ञा (दुराचार, दुर्बल, दुर्गुण, दुर्जन, दुर्दिन, दुर्घटना, दुर्दशा दुर्व्यवहार) तथा विशेषण से विशेषण (दुर्ज्ञेय, दुर्जेय) बनाते हैं। इसका प्रयोग प्रायः तत्सम शब्दों तक सीमित है। यह दुष् (दुष्कर्म, दुष्प्राप्य) आदि अन्य रूपों में भी मिलता है।

नि—सं० उपसर्ग। सं० में इसका अर्थ नीचे (निपतित, निपात) समूह (निकाय, निकर), आदेश (निदेश), समीप (निकट), कुशलता (निपुण) आदि था। हि० में यह प्रायः तत्सम शब्दों के साथ ही आता है : निकट, निकर, निकष, निकाय, निकेतन, निगम, निकष, नियम, नियामक। स्पष्ट ही हिन्दी की दृष्टि से यहाँ इसका उपसर्ग रूप बहुत स्पष्ट नहीं है, किन्तु निकुंज, निगूढ़, निदर्शन, निबन्ध, नियुक्त, नियुक्ति जैसे उदाहरणों में वह कुछ स्पष्ट है।

निर्—'नहीं', 'रहित', 'दूर', 'बाहर' आदि अर्थों में प्रयुक्त होने वाला संस्कृत उपसर्ग। यह प्रायः संज्ञा से विशेषण (निर्बल, निरपराध, निर्मल, निर्भय, निर्दोष, निर्गुण) बनाने के काम आता है।

परा—'उल्टा', 'पीछे' आदि का अर्थ देने वाला एक संस्कृत उपसर्ग। यह तत्सम शब्दों के साथ ही प्रायः आता है। इसे जोड़कर संज्ञा से संज्ञा (पराजय, पराभव) बनाते हैं।

परि—'चारों ओर', 'पूर्ण' आदि अर्थों में प्रयुक्त होने वाला एक संस्कृत उपसर्ग। इससे संज्ञा से संज्ञा (परिश्रम, परिजन) तथा विशेषण से विशेषण (परिपूर्ण) आदि बनाते हैं।

वि—'अभाव', 'दूसरा', 'अधिक', 'विशेष', आदि अर्थों का संस्कृत उपसर्ग। इसे जोड़कर संज्ञा से संज्ञा (विज्ञान, विस्मरण, विवाद, विदेश) विशेषण से विशेषण (विदेशी, विजातीय, विशेष) तथा संज्ञा से विशेषण (विलक्षण) आदि बनाते हैं।

स—सहितार्थी संस्कृत अव्यय जिसका उपसर्गवत् प्रयोग हुआ है। इसकी सहायता से संज्ञा से विशेषण (सफल, सजीव, सरस, सनाथ) विशेषण से विशेषण (सजातीय) तथा संज्ञा से क्रियाविशेषण (सकुशल, सानंद, सस्नेह, सप्रेम) बनाए जाते हैं।

सु—'अच्छा', 'सरल', 'ज्यादा' आदि अर्थों को व्यक्त करने वाला एक संस्कृत उपसर्ग। यह तत्सम (सुशिक्षित) एवं अन्य प्रकार (सुडौल) के शब्दों के साथ आता है। इनकी सहायता से संज्ञा से संज्ञा (सुकर्म, सुयोग, सुविचार, सुगन्ध), विशेषण

में विशेषण (सुयोग्य, सुगन्ध, सुप्रसिद्ध), धातु से विशेषण (सुकर्, सुजान्) तथा संज्ञा से विशेषण (सुशील, सुबुद्धि) आदि बनाते हैं। 'सपूत' में 'पू' पर बलाघात के कारण 'सु' का 'उ' 'अ' में परिवर्तित हो गया है : 'सपूत'।

तद्भव उपसर्ग

ये मूलतः संस्कृत (उपसर्ग, गति, अव्यय) से विकसित हुए हैं।

उ–यह सं० उपसर्ग उद् से सम्बद्ध है। प्रा० में ही यह उ (प्रा० उग्गच्छइ<सं० उद्गच्छति, प्रा० उग्गओ<सं० उद्गतः) हो गया था। इसका मूल अर्थ ऊपर, ऊँचा आदि है। 'उ' संज्ञा (उनीदा; उ+नींद+आ; उथला; उ+थाल+अ) तथा धातु (उभरना, उतरना) में जुड़ता है।

उन–सं० एकोन>पालि एकून<प्रा० ऊन (सं० में भी ऊन है) >उन>ही० उन। इसका अर्थ है 'एक नहीं' या 'एक कम'। यह केवल संख्यावाचक शब्दों में ही आता है : उन्नीस, उनतीस, उन्तालीस, उनचास, उनसठ, उनहत्तर, उनासी। यह उल्लेख्य है कि इसका प्रा० रूप ऊन सं० में भी (ऊनविंशति, ऊनचत्वारिंशत् आदि) प्रयुक्त हैं।

औ–सं० अव>प्रा० अव, ओ (सं० अवतारः>प्रा० ओवार; सं० अवमानः>प्रा० अवमाणो)>हि० औ। इसका अर्थ 'हीन', 'नीचे', 'दूर' आदि हैं। 'अव' सं० के 22 उपसर्गों में है। मूलतः यह कदाचित् 'अप' रहा होगा। 'औ' का प्रयोग मध्ययुगीन हिन्दी में बहुत हुआ है। आधुनिक काल में प्रायः ग्रामीण बोलियों तक ही यह सीमित है : औगुन, औघट, औढर, औघड़। परिनिष्ठित हिन्दी में संस्कृत रूप 'अव' (अवगुण, अवतार, अवशेष) ही अधिक आता है। 'औघड़' आदि अपवाद हैं।

क–सं० कु>प्रा० कु>हि०क। यह केवल 'कपूत' में आता है। दे० 'कु' (पृ० 199)

दु–सं० दुर्ः>प्रा० दू (सं० दुर्भग>प्रा० दूहवो) दु (सं० दुर्नयः>प्रा० दुन्नयो)>हि० दु। इस प्रकार इसका 'दु' रूप प्राकृत में ही विकसित हो चुका था। 'दु' का अर्थ 'बुरा', 'हीन' आदि है। यह संज्ञा (दुराज, दुहाग (भाग; दुहागिन) दुकाल; दुबला, दु+बल+आ) तथा धातु (दुसह्) के पूर्व आता है। आज परिनिष्ठित हिन्दी में केवल 'दुबला' आदि में ही यह प्रायः मिलता है, मध्ययुगीन हिन्दी तथा बोलियों में यह बहुत सामान्य है।

नि : सं० निर>प्रा० नी, नि (सं० निर्गतः>प्रा० निग्गओ)>हि० नि। इसका अर्थ 'बिना', 'रहित', 'निषेध' आदि है। इसका प्रयोग सभी प्रकार के शब्दों के साथ होता है, किन्तु तद्भव शब्दों के साथ सर्वाधिक होता है। संज्ञा के साथ–निडर, निरोग, निहत्था, निकम्मा। धातु के साथ–निधड़क। धड़क संज्ञा भी है, किन्तु संज्ञा रूप में 'धड़कन' अधिक चलता है। 'निखालिस' में 'नि' निरर्थक है।

पर : सं० प्र>हि० पर। इसका अर्थ है 'पहले की पीढ़ी का'। यह सम्बन्धदर्शी शब्दों के साथ आता है : परपोता, परदादा, परनाना। कुछ लोग 'पर' के स्थान पर 'पड' (पड़पोता) का भी प्रयोग करते हैं।

स : सं० सु>हि० स। सपूत (सुपुत्र)। दे० सु (पृ० 200)

विदेशी उपसर्ग

विदेशी उपसर्गों में फ़ा० तथा अं० उपसर्ग आते हैं। अर० उपसर्ग भी हिन्दी में फ़ा० के माध्यम से ही आए हैं, अतः उन्हें भी फ़ा० का ही मानना उचित है।

फारसी उपसर्ग

अल : यह मूलतः अर० का निश्चयार्थी निपात है। इसका प्रयोग अर० (अलगरज) तथा फ़ा० (अलमस्त, अलमस्ती) शब्दों के ही साथ होता है। 'अलबत्ता' में भी यही है, किन्तु 'बत्ता' के स्वतन्त्रतः प्रयोग न होने के कारण हिन्दी में इस शब्द में यह उपसर्ग नहीं माना जा सकता। 'अल' संज्ञा (मस्ती) तथा विशेषण (मस्त) के पूर्व आता है। यह उपसर्ग फ़ा० के माध्यम से हिन्दी में आया है।

दर : मूलतः यह फ़ा० का 'दरवाजा' का समानार्थी शब्द 'दर' (सं० द्वारा) है। 'दरवाजे' के अर्थ से विकसित होकर यह फ़ा० 'में' का अर्थ रखने वाला एक अव्यय बन गया (फ़ा० दर-परदः = परदे में, दर-बाब = बारे में, दर-सूरत = सूरत में, दशा में)। हि० में यह 'में' के अर्थ में अलग नहीं आता (दरवाजे के अर्थ में आता है : दर-दर की ठोकर खाना, दर-दर की खाक छानना) अतः उपसर्ग है। इसका प्रयोग केवल अरबी-फ़ारसी शब्दों के साथ ही दरअसल, दरहक़ीक़त होता है। 'दर' का 'में' अर्थ न जानने के कारण प्रायः लोग इन प्रयोगों के स्थान पर 'दर असल में' 'दर हक़ीक़त में' बोलते हैं, जो दुहरा प्रयोग (अशुद्ध) है। यह संज्ञा (दरहक़ीक़त) तथा विशेषण (दरअसल) शब्दों के साथ आता है।

ब : फ़ा० का एक उपसर्ग जिसका अर्थ 'के साथ', 'से' आदि होता है। यह प्रायः अरबी-फ़ारसी शब्दों के साथ ही आता है : बख़ूबी, बदौलत, बदस्तूर, बतौर, बकौल, बनाम। इसे संज्ञा के साथ जोड़कर क्रियाविशेषण बनाते हैं।

बा : फ़ा० उपसर्ग, जिसका अर्थ 'साथ' या 'से' होता है : बाक़ायदा, बाज़ाब्ता, बाशऊर, बातमीज़, बावजूद। इसका प्रयोग केवल अरबी-फ़ारसी शब्दों के साथ ही प्रायः होता है। इसे संज्ञा शब्दों में जोड़कर विशेषण (बाशऊर, बामुहावरा), या क्रियाविशेषण (बाज़ाप्ता, बाक़ायदा) बनाते हैं।

बे : यह फ़ा० उपसर्ग 'बिना' (तुलनीय सं० वि) 'रहित' आदि का वाचक है : बेरहम, बेईमान, बेचारा, बेइज़्ज़ती, बेतुका। 'बे' प्रायः अर०-फ़ा० शब्दों के साथ ही आता है, किन्तु अपवादतः (बेखटके, बेढंगा, बेडौल, बेधड़क) अन्यों के साथ भी

प्रयुक्त होता है। इसे संज्ञा में जोड़कर विशेषण (बेचैन, बेरहम, बेखबर, बेतुका (बे+तुक+आ), बेइज़्ज़त) तथा क्रियाविशेषण (बेशक, बेवक्त), एवं धातु में जोड़कर विशेषण (बेधड़क्; 'धड़क्' धातु रूप में ही अधिक प्रयुक्त होता है) बनाते हैं।

ला : 'अभाव' या 'नहीं' अर्थ का बोधक एक अर० उपसर्ग जो फ़ा० के माध्यम से हिन्दी में आया है। इसे संज्ञा में जोड़कर विशेषण (लापरवाह, लाइलाज, लाजवाब, लावारिस, लाचार, लासानी) बनाते हैं। यह केवल अर० फ़ा० शब्दों के साथ ही प्रायः आता है।

हम : फ़ा० उपसर्ग जिसका अर्थ 'आपस में', 'साथ' या 'बराबर' आदि होता है। (तुलनीय सं० सम) यह केवल अर०-फ़ा० शब्दों के साथ ही आता है। 'हम' जोड़कर संज्ञा से विशेषण (हमदर्द, हमउम्र, हमदम, हमबिस्तर, हमसफर) बनाते हैं।

अंग्रेज़ी उपसर्ग

अं० के केवल पाँच शब्द या उपसर्ग ही हिन्दी में उपसर्ग जैसे प्रयुक्त होते हैं; डिप्टी, वाइस, सब, हाफ, हेड। इनमें 'डिप्टी', 'डिप्टी सुपरिंटेंडेंट' या 'डिप्टी कलेक्टर' आदि रूप में आता तो है, किन्तु स्वतन्त्र भी (डिप्टी साहब आए हैं) आता है, अतः इसे उपसर्ग नहीं माना जा सकता। किन्तु शेष माने जा सकते हैं।

वाइस : इसका अर्थ है 'उप'। 'वाइस' का प्रयोग केवल अंग्रेजी शब्दों के साथ होता है : वाइसचांसलर, वाइसचेयरमैन, वाइसप्रेसिडेंट, वाइसऐडमिरल, वाइसप्रिंसिपल।

सब : इसका अर्थ है 'उप', 'नायब' या 'छोटा'। इसका प्रयोग केवल अंग्रेज़ी शब्दों के साथ ही होता है : सबडिप्टी इन्स्पेक्टर, सबकमिटी, सबइन्स्पेक्टर, सबरजिस्ट्रार, सबस्टेशन, सबऑफिस, सबडिविजन।

हाफ़ : इसका अर्थ है 'आधा'। इसका प्रयोग प्रायः अंग्रेज़ी शब्दों के साथ ही होता है : हाफ़बैक, हाफ़-पैंट, हाफ़टोन। कुछ भोजपुरी क्षेत्रों में 'हाफ़-कमीज़' शब्द भी चलता रहा है। कुछ लोग 'हाफ़-सिड़ी', 'हाफ़-पागल' के भी प्रयोग करते सुने जाते हैं। किन्तु ये प्रयोग अपवाद हैं। कुछ लोम 'हाफ़' का स्वतन्त्र प्रयोग करते हैं, किन्तु उसे हिन्दी का प्रकृत प्रयोग नहीं माना जा सकता।

हेड : इसका अर्थ है 'प्रधान'। इसका प्रयोग प्रायः अंग्रेज़ी शब्दों के ही साथ होता है : हेडमास्टर, हेडमिस्ट्रेस, हेडक्लर्क, हेडऑफिस। पूर्वी क्षेत्रों में 'हेडमौलवी', 'हेडपण्डित' का प्रयोग भी होता रहा है, यद्यपि अब सुनाई नहीं पड़ता। 'हेड' का भी कुछ लोग स्वतन्त्र प्रयोग करते हैं, किन्तु वैसे प्रयोग हिन्दी के प्रकृत प्रयोग नहीं हैं। यदि उन्हें माना जाय तो इसे भी छोड़ा जा सकता है।

सब मिलाकर अंग्रेज़ी के उन उपसर्गों को उपसर्ग मानें या नहीं या हिन्दी में इनकी गणना करें या नहीं—यह विवाद का विषय है। 1900 से 1940 तक के वाङ्मय में इसका प्रयोग मुझे मिलता है, इसी आधार पर इन्हें यहाँ लिया गया है।

(3) प्रत्यय से शब्द-रचना

'प्रत्यय' शब्द 'इ' (=जाना) धातु में 'प्रति' उपसर्ग लगकर बना है, जिसका अर्थ है 'की ओर जाना' या 'पास जाना'। अर्थात् 'प्रत्यय' शब्द अथवा 'धातु' के पास जाता है या इनसे जुड़ता है। प्रत्यय की परिभाषा कुछ इस प्रकार दी जा सकती है : 'प्रत्यय ध्वनि या ध्वनि-समूह की वह इकाई है, जो व्याकरणिक रूप या अर्थ की दृष्टि से परिवर्तन लाने के लिए, किसी शब्द या धातु (या अपवादतः कभी-कभी उपसर्ग; जैसे हिन्दी की दृष्टि से 'विज्ञ') के अन्त में जोड़ी जाती है, किन्तु जिसका स्वतन्त्र प्रयोग नहीं होता।' प्रत्यय मूलतः सार्थक शब्द रहे होंगे, किन्तु धीरे-धीरे उनकी स्वतन्त्र अर्थवत्ता समाप्त हो गई और वे मात्र प्रत्यय रह गए।

संस्कृत प्रत्यय : प्रत्ययों की परम्परा मूल भारोपीय भाषा तक जाती है। मूल भाषा में अनेक प्रत्यय थे। भारत-ईरानी में आकर, उनमें कुछ लुप्त हो गए, कुछ नवीन विकसित हुए तथा शेष यथावत् थे। संस्कृत में आकर भी इसी प्रकार के परिवर्तन हुए। संस्कृत में प्रत्ययों के मूलतः दो भेद मिलते हैं : (1) **कृत् :** जो धातु के साथ जोड़े जाते हैं, जैसे क्त्वा, क्त, शतृ आदि। कृत प्रत्यय से बने शब्द कृदन्त (कृत्+अन्त) कहलाते हैं। ये संज्ञा, विशेषण तथा क्रियाविशेषण होते हैं। (2) **तद्धित**–ऐसे प्रत्यय जो संज्ञा, सर्वनाम, विशेषण तथा कृदन्त आदि में जोड़े जाते हैं। जैसे–इक (साहित्यिक) -ईन (कुलीन) -ईय (स्वकीय) आदि। इस प्रकार कृत् एवं तद्धित में मूल अन्तर यह है कि 'कृत्' केवल 'धातु' (असिद्ध) के साथ जोड़े जाते हैं, किन्तु तद्धित धातु छोड़कर अन्य सिद्ध शब्दों (संज्ञा, विशेषण, कृदंत आदि) के साथ आते हैं। संस्कृत के प्रमुख कृत् प्रत्यय ये हैं : तव्यत्, तव्य, अनीयर्, के लिमर्, यत्, क्यप्, ण्यत्, क्त, क्तवतु, क्वसु, कानच्, शतृ, शानच, तुमुन्, क्त्वा, णमुल्, ण्वुल, तृच, ल्यु, णिनि, अच्, क, अण्, ट, खश्, खच्, कञ्, क्स, क्विप्, ड, तृन्, इष्णुच्, वुञ्, युच्, षाकन्, आलुच्, उ, घञ्, नङ्, अप्, क्तिन्, घ, खल्, उण् आदि। प्रमुख तद्धित हैं : इञ्, ढक, यत्, मतुप्, ठन्, इनि, इतच्, त्व, तल्, इमनिच्, ष्यञ्, अञ्, वति, कन्, अण्, मयट, वतुप्, डति, छ, तसिल्, त्रल्, दा, थाल्, थमु, अस्ताति, एनप कृत्वसुच्, सुच्, खञ्, यत्, त्यप् इत्यादि।

प्राकृत प्रत्यय : प्राकृतों (पालि, प्राकृत, अपभ्रंश) में भी प्रत्ययों के ये ही दो वर्ग थे। प्राकृतों के प्रमुख कृत् प्रत्यय न्त, माण, ई, अ, द, त, आवि, इ, इस्संत, इस्समाण, इस्सई, तुं, दुं, त्तए, तूण, तुआण, इत्ता, इत्ताण, तव्व, अणिज्ज अणीअ तथा इर आदि हैं। प्रमुख तद्धित प्रत्यय हैं : केर, एच्चय, अ, इ, आयण, एम, इत, ईण, इक, इल्ल, उल्ल, व्व, डिमा, त्तण, हुत्तं, आलु, मंत, वंत, त्तो, हि, ह, त्य, एल्ल, डेत्तिअ, डेत्तिल, ड्डेहह, सि, सिअं, इआ, डयम्, डालिअ, रो, ल, क्क, अर तथा अम आदि।

हिन्दी प्रत्यय : हिन्दी में यद्यपि कुछ लोगों ने कृत् एवं तद्धित प्रत्ययों को

अलग-अलग रखा है, किन्तु मेरे विचार में दोनों को अलग रखना अनावश्यक है। जैसाकि आगे हम देखेंगे, हिन्दी में ऐसे भी प्रत्यय काफी हैं, जो कृत् एवं तद्धित दोनों ही का कार्य करते हैं।

आधुनिक काल में कुछ लोगों ने 'प्रत्यय' शब्द का प्रयोग व्यापक रूप से अंग्रेजी ऐफिक्स (Affix) के अर्थ में किया है। अर्थात् 'प्रत्यय एक या अधिक ध्वनि की वह इकाई है, जिसे किसी शब्द या धातु के पूर्व, मध्य या अन्त में जोड़ते हैं।' इस रूप में, प्रत्यय के पूर्वप्रत्यय (Prefix), मध्यप्रत्यय (Infix) तथा परप्रत्यय (Suffix) तीन भेद हो सकते हैं। प्रस्तुत पुस्तक में पूर्वप्रत्यय के अर्थ में परम्परागत शब्द 'उपसर्ग' प्रयुक्त हुआ है। यहाँ हम लोग 'प्रत्यय' शब्द का प्रयोग मात्र 'परप्रत्यय' के अर्थ में कर रहे हैं। भारत में परम्परागत रूप से इसी अर्थ में यह शब्द प्रयुक्त होता रहा है।

हिन्दी प्रत्ययों पर श्री कामताप्रसाद गुरु, डॉ० धीरेन्द्र वर्मा तथा डॉ० उदयनारायण तिवारी ने विस्तार से विचार किया है। यहाँ जो प्रत्यय लिए गए हैं वे उपर्युक्त विद्वानों के ग्रन्थों में दिए गए प्रत्ययों से कुछ थोड़े भिन्न हैं। इस प्रसंग में दो बातें उल्लेख्य हैं। (1) जैसाकि उपसर्गों के प्रसंग में कहा जा चुका है प्रत्ययों में भी, 'आबाद', 'खाना' आदि को भी उपर्युक्त ग्रन्थों में प्रायः प्रत्यय मान लिया गया है, किन्तु इन शब्दों का स्वतन्त्र रूप से भी प्रयोग होता है, अतः इन्हें प्रत्यय न मानकर शब्द मानना कदाचित् अधिक समीचीन होगा। इसीलिए इन्हें यहाँ छोड़ दिया गया है। यों ऐसे कुछ शब्द विवादास्पद भी हो सकते हैं। (2) दूसरे, उपर्युक्त ग्रन्थों में ईला, एला, एरा, ला, वाला, हरा, हारा, सरा आदि को भी प्रत्ययों में रखा गया है, किन्तु वस्तुतः ये मूल प्रत्यय न होकर दो प्रत्ययों के योग हैं : ईल्+आ (पत्थर+ईल्+आ=पथरीला : पत्थर्+इल्+ई=पथरीली), एल्+आ, वाल्+आ आदि। ऐसे संयुक्त प्रत्ययों को यहाँ स्थान नहीं दिया गया है, और इनके स्थान पर मूल प्रत्ययों (ईल्, एल्, एर्, ल्, वाल्, हर्, हार्, सर्) को ही लिया गया है। स्पष्ट ही इन मूल प्रत्ययों में पुल्लिंग प्रत्यय—आ एवं स्त्रीलिंग प्रत्यय—ई जोड़कर दूसरा-दूसरी, खानेवाला-खानेवाली, इकहरा-इकहरी जैसे शब्द बनते हैं। यों प्रमुख संयुक्त प्रत्ययों का उल्लेख यथास्थान कर दिया गया है।

मध्ययुगीन हिन्दी के प्रमुख प्रत्यय अन्त, अप, आई, आन्, इक, ई, ऐया, औन्, कार्, ता, थ्, न्, पन्, पा, वार्, हार् आदि हैं।

हिन्दी प्रत्यय ऐतिहासिक दृष्टि से चार प्रकार के हैं : तत्सम, तद्भव, देशज, विदेशी। आगे सभी को अलग-अलग लिया जा रहा है।

तत्सम प्रत्यय

इसके अन्तर्गत वे प्रत्यय आते हैं, जो संस्कृत के हैं। यह उल्लेख्य है कि पहले तो इनका प्रयोग प्रायः उन संस्कृत शब्दों के साथ ही होता रहा है, जिनके साथ ये प्रायः संस्कृत में आते रहे हैं। किन्तु अब स्थिति थोड़ी भिन्न है। इधर पारिभाषिक

शब्दावली के प्रयोग में, तथा कुछ अन्य उदाहरणों में यों भी, ये प्रत्यय संस्कृत प्रयोगों में अलग भी प्रयुक्त हो रहे हैं, ऐसी स्थिति में ये हिन्दी के अपने प्रत्यय हो गए हैं, अतः इन्हें 'तत्सम प्रत्यय' कहकर हिन्दी भाषा के विवेचन के प्रसंग में छोड़ा नहीं जा सकता, यद्यपि डॉ० धीरेन्द्र वर्मा ने इसी आधार पर इन्हें छोड़ दिया है। आज, हिन्दी भाषा अपने तद्भव प्रत्ययों की तुलना में इन प्रत्ययों का प्रयोग कहीं अधिक रही है।

अन : भाववाचक संज्ञा बनाते हैं, पालन, सृजन, वर्णन।

आ : स्त्री प्रत्यय। इसका प्रयोग मात्र तत्सम शब्दों के साथ होता है; आदरणीया, प्रिया, सुता, माननीया।

आनी : स्त्री प्रत्यय। दे० तद्भव में।

आलु : इससे संज्ञा से विश्लेषण बनाते हैं : दयालु, कृपालु, लज्जालु, निद्रालु, स्वप्नालु। यह प्रायः केवल तत्सम शब्दों के साथ आता है।

इक : इससे संज्ञा से विश्लेषण बनाते हैं : पथ-पथिक्, मास-मसिक्, धन-धनिक्। इसमें कभी तो बिना स्वर-परिवर्तन के इक जोड़ देते हैं और कभी प्रथम अक्षर के अ को आ (धार्मिक, वार्षिक, सामाजिक, प्रामाणिक), इ, ई, ए को ऐ (दैनिक, वैज्ञानिक; वीणा-वैणिक, वैदिक; वैतनिक) तथा उ, ऊ, ओ को औ (मौखिक, पौराणिक, भौगोलिक, यौगिक, लौकिक) करके जोड़ते हैं। जोड़ने के पूर्व शब्द के अंत्य स्वर (सेना-सैनिक, भाषा-भाषिक) को प्रायः किन्तु सर्वदा नहीं अणु-आणविक्; यहाँ उ 'व' में परिवर्तित हो गया है, लुप्त कर देते हैं।

इत : इससे प्रायः संज्ञा से विशेषण (हर्षित, पुष्पित, पुलकित, पल्लवित, प्रतिबिम्बित, आधारित) या धातु से विशेषण (लिखित, रचित, पूजित) आदि बनाते हैं। अंत्य स्वर को लुप्त करके इसे जोड़ते हैं : चिन्ता-चिन्तित, शंका-शंकित।

इम : इससे संज्ञा से विंशेषण (रक्तिम, अरुणिम, स्वर्णिम, अग्रिम) या विशेषण से दिशावाचक संज्ञा (पश्च—पश्चिम) बनाते हैं। संयुक्त प्रत्यय इमा (इम्+आ) से विशेषण से भाववाचक संज्ञाएँ बनती हैं : नीलिमा, अरुणिमा, मधुरिमा, महा—महिमा, गुरु—गरिमा, लघु—लघिमा।

इल : इससे संज्ञा से विशेषण (स्वप्निल, फेनिल, पंकिल, जटिल, ग्रंथिल) बनाते हैं। शब्दान्त स्वर का लोप हो जाता है।

ईन (ईण) : इससे संज्ञा से विशेषण (कुलीन, ग्रामीण, समकालीन, सार्वजनीन) तथा विशेषण से विशेषण (नवीन्) बनाते हैं।

ईय : इससे संज्ञा से विशेषण (स्वर्गीय, नारकीय, भारतीय, शासकीय) बनाते हैं।

कार : कर्तृ वाचक के अर्थ में प्रयुक्त हैं : साहित्यकार, कथाकार, नाटककार, उपन्यासकार, ग्रन्थकार, कलाकार, भाष्यकार। तद्भव शब्दों के साथ भी आता है। कहानीकार, जानकार। इसका प्रयोग संज्ञा (कथाकार आदि) तथा धातु (जानकार)

के साथ होता है। कभी-कभी कर्तृवाचक के अतिरिक्त भी इसके अर्थ (अहंकार, झंकार, हुंकार, हाहाकार, जयजयकार) होते हैं। फ़ारसी से भी हिन्दी में एक 'कार' प्रत्यय आया है (पेशकार)।

ज : जन्मनेवाला। पंकज, स्वेदज, आत्मज, जारज, अनुज, मनुज, वारिज।

जीवी : जीने वाला। परजीवी, बुद्धिजीवी, श्रमजीवी, प्रणजीवी, अल्पजीवी, लघुजीवी।

ज्ञ : जानने वाला। (विशेषज्ञ, अल्पज्ञ, मर्मज्ञ, शास्त्रज्ञ, बहुज्ञ, सर्वज्ञ) हो जाता है। ज्ञ् केवल उपसर्ग के साथ भी (अज्ञ, विज्ञ) आता है।

त : संज्ञा (अंशतः, तत्त्वतः, मूलतः, वस्तुतः) सर्वनाम (स्वतः), विशेषण (यथार्थतः, साधारणतः, सामान्यतः, प्रथमतः) तथा क्रियाविशेषण (अग्रतः) से क्रियाविशेषण बनाने में प्रयुक्त।

तम : सबसे अधिक : उच्चतम, सुन्दरतम, लघुतम, श्रेष्ठतम (दुहरा प्रयोग), महानतम, निकटतम।

तया : यह मूलतः संस्कृत के ताकारन्त स्त्रीलिंग शब्दों के तृतीया एकवचन के रूप का अंत्य भाग है। ऐतिहासिक दृष्टि से तो नहीं, किन्तु वर्णनात्मक दृष्टि से इसे भी हिन्दी में प्रत्यय (साधारणतया, विशेषतया, विशिष्टतया, सामान्यतया, मुख्यतया) मानना पड़ेगा।

तर : किसी से अधिक : उच्चतर, निम्नतर। सं० में यह 'तर' है। 'बेहतर' का तर फ़ारसी का है।

ता : संज्ञा (जनता, कविता, सहायता, शिशुता), विशेषण (सुन्दरता, कुरूपता, आवश्यकता, कोमलता, नीरसता, नवीनता, स्वतन्त्रता, परतन्त्रता, स्वाधीनता, प्राचीनता, आधुनिकता, महानता, लघुता, समता, एकता) तथा सर्वनाम (ममता) से संज्ञा बनाने में प्रयुक्त।

त्व : भाववाचक संज्ञा बनाने में प्रयुक्त : ममत्व, अमरत्व, समत्व, कवित्व, लघुत्व, बहुत्व, गुरुत्व, सतीत्व।

दा : बार। एकदा, सर्वदा।

धा : शतधा, बहुधा, द्विधा।

मय : पूर्ण, युक्त : जलमय, आनन्दमय, कर्ममय, दुखमय, कष्टमय, भावमय, दयामय। 'मय' उच्चारण से प्रायः 'मैं' हो गया है।

ल : विशेषण बनाते हैं : वत्सल, मंजुल, श्यामल, शीतल।

वर्ती : वाला। परवर्ती, पूर्ववर्ती, चक्रवर्ती, अनुवर्ती।

वान् : वाला : गुणवान्, रूपवान्, स्वरूपवान्, धनवान्, बलवान्, शक्तिवान्, धैर्यवान्।

शाली : वाला। बलशाली, भाग्यशाली, शक्तिशाली।

तद्भव प्रत्यय

ये प्रत्यय संस्कृत से विकसित हुए हैं। परम्परागत रूप से गृहीत होने के कारण तत्सम एवं विदेशी प्रत्ययों की तुलना में ये हिन्दी के 'अधिक अपने' हैं।

अंग : वाला, करनेवाला। दाब् (दबाना) से 'दबंग' (दबानेवाला, रोबदाबवाला)। इसका सम्बन्ध सं० अंग+क (>प्रा० अंगअ>हि० अंग) से ज्ञात होता है।

अंगड़ : बड़ा (अंगोंवाला)। 'बात' से 'बतंगड़'। यह प्रत्यय तत्सम एवं प्राकृत का संयुक्त रूप है। इसे यों अलग भी रखा जा सकता है। सं० अंग+प्रा० अट>अंगड़्।

अंत : किया हुआ। रटंत, गढ़ंत (मनगढ़ंत)। इसे धातु (रट्, गढ़) में जोड़कर विशेषण बनाते हैं। सं० अन्त (शतृ प्रत्यय) > प्र० अन्त > हि० अंत। संस्कृत में भी शतृ प्रत्ययांत रूप विशेषणवत् आते हैं। 'अंतू' एक संयुक्त प्रत्यय (अंत+ऊ) है : घुमंतू।

अंक : हिन्दी में 'अक्' का प्रयोग कई अर्थों में होता है। उदाहरणार्थ धातु से स्थान (बैठ-बैठक); ध्वनि से भाव (भन-भनक, टन-टनक, खनक, धड़क, खटक); स्वार्थे (ढोलक्, ठंडक्), समूहबोधक (शतक, सप्तक), तथा धातु से कर्तृवाचक (पालक, मारक) आदि। इसका सम्बन्ध संस्कृत के एकाधिक प्रत्ययों से है। कर्तृवाचक स्वार्थे, एवं समूहार्थी प्रत्यय के रूप में अक् सं० 'क' से संबद्ध है। अकारान्त शब्दों के व्यंजनांत हो जाने से अब यह प्रायः (कुछ अपवादों को छोड़कर) 'अक्' रूप में मिलता है। अन्य रूपों में यह सं० कृत् (चमत्कृत > प्रा० चमक्क > हि० चमक) से निकला ज्ञात होता है। हार्नले इसे 'अक' से जोड़ते हैं।

अट : संज्ञा (जीव–जीवट) तथा अनुकरणात्मक या अन्य प्रकार के शब्दों के आधार (लपट, डपट, झपट, झंझट) संज्ञा बनाने में प्रयुक्त। इसका सम्बन्ध संस्कृत 'वत्' से ज्ञात होता है।

अत : धातु से भाववाचक संज्ञा (लिख-पढ़, लिखत-पढ़त, बचत, खपत, रंगत, लग-लागत) बनाने में प्रयुक्त। इसका सम्बन्ध सं० त्व > प्रा० त्त से ज्ञात होता है। यह प्रत्यय कई रूपों में प्रयुक्त होता है।

अन : इससे कर्तृवाचक संज्ञा (ढक्-ढक्कन, जम्-जामन, झाड़-झाड़न, बेलन) तथा विशेषण (भड़क्-भड़कन) तथा जातिवाचक संज्ञा (कतरन) आदि बनाते हैं। इसका सम्बन्ध सं० अन, प्रा० अण से है।

अल : वाला। दढ़ियल, लठियल। 'य' श्रुति है। इसका सम्बन्ध सं० 'आलु' से माना गया है किन्तु वस्तुतः यह सं० ल (मंजुल) से संबद्ध लगता है। 'इयल' (सड़ियल) भी इसी का रूप है, जो सड़् के साथ आता है।

आँध : यह आइँध, आयँध, आइँद, रूपों में भी मिलता है। इसका सम्बन्ध सं० (आगन्ध > आइन्ध > आइँध), से है। इसे संज्ञा (कपड़ाँध) या धातु (सड़ाँध)

में जोड़कर भाववाचक संज्ञा बनाते हैं। चिराँध, बिसाँध में भी यही है, यद्यपि इनके मूल शब्द हिन्दी में प्रायः प्रचलित नहीं हैं। भोजपुरी आदि पूर्वी बोलियों में यह 'आइन' (चिराइन) हो गया है।

आ : इसका प्रयोग विभिन्न अर्थों में होता है। जैसे व्यंजनांत निर्लिंगी मूल शब्दों से पुल्लिग शब्द (लड़क्-लड़का, घोड्- घोड़ा, बेट्-बेटा, अच्छ्-अच्छा, बड्-बड़ा), धातु + कृदंती प्रत्यय के बाद जोड़कर पुल्लिग भूतकालिक तथा वर्तमानकालिक कृदंत (चला, लिखा, आया (य श्रुति), चलता, लिखता, आता), धातु से संज्ञा (पूज्-पूजा, झगड्-झगड़ा, झटक्-झटका, खटक्-खटका) व्यवसायबोधक संज्ञा से स्थानवाचक संज्ञा (सराफ़ा, बज़ाज़ा) संज्ञा से पुल्लिंग विशेषण (प्यासा, प्यारा, मैला, भूखा) तथा सामान्य धातु से प्रेरणार्थक धातु (पढ़-पढ़ा, चिढ़-चिढ़ा, कर-करा, चल्-चला) आदि। व्युत्पत्ति की दृष्टि से 'आ' का सम्बन्ध स्वार्थिक प्रत्यय 'क' और पूर्ववर्ती अ, अर्थात् 'अक' से है : घोटक > घोडअ > घोड़ा; चलित + क > चलिदअ > चलिआ > चल्या > चला। प्रेरणार्थक—आ, संस्कृत प्रेरणार्थक—'अय' से संबद्ध है। एक आ तत्सम प्रत्यय भी हैं : सुना, पूज्या, अजा।

आई : इससे धातु (लड़ाई, सिलाई, धुलाई, खुदाई, पढ़ाई, चढ़ाई) एवं विशेषण से संज्ञा (कठिनाई, सफाई, चतुराई, ढिठाई) आदि बनाते हैं। ई भी इसी का एक रूप (कमाई, रँगाई, भलाई, बुराई, महँगाई) है, जो अकारान्त शब्दों के बाद आती है। इस प्रकार 'आई' भाववाचक संज्ञा बनाने का प्रत्यय है। हार्नले इसका सम्बन्ध सं० तिका (सं० भाववाचक प्रत्यय -ता का स्वार्थिक प्रत्यय क-युक्त रूप) से मानते हैं : सं० तिका > प्रा० *दिगा > इआ > हि० आई (विपर्यय से)। जैसे सं० *मिष्टतिका > प्रा० मिट्ठइआ > हि० मिठाई। चटर्जी इसका सम्बन्ध धातु के प्रेरणार्थक रूप (-आप-) से -इका जोड़कर बनाई गई स्त्रीलिंग संज्ञा से मानते हैं : सं० आपिका > आविआ > आवी > आई। उदाहरणार्थ *याचापिका > ऊँचाई। तीसरा मत डॉ० बानीकान्त काकती का है। उन्होंने आसामी भाषा-विषयक अपने ग्रन्थ में अपना मत दिया है। वे आधुनिक आर्यभाषाओं की -आई का सम्बन्ध दो स्रोतों से मानते हैं। धातु से संज्ञा बनाने में चटर्जी का समर्थन करते हैं, किन्तु दूसरे का सम्बन्ध वैदिक प्रत्यय -ताति (> प्रा० *ताइ > आई) से जोड़ते हैं। जैसे ज्येष्ठताति > जेठाई। मेरे विचार में धातु से बनने वाली संज्ञाओं में तो -आई का सम्बन्ध सं० आपिका से है, जैसा कि चटर्जी, काकती आदि मानते हैं, किन्तु विशेषण से संज्ञा बनाने में यह प्रत्यय, वैदिकी प्रत्यय *तातिका ('ताति' का 'क' मुक्त रूप, > *दादिगा > *दाइआ > दाई > आई) से निकला है। वैदिक साहित्य में दक्षताति (दक्षता), वसुताति (धनाढ्यता), देवताति (देवत्व), ज्येष्ठताति (ज्येष्ठता) आदि शब्द आते हैं। तत्कालीन बोलचाल में कदाचित् इनके *ज्येष्ठतातिका (घोटिका, बालिका जैसा) जैसे रूप थे। *ज्येष्ठतातिका > *जेट्ठदादिगा > *जेट्ठाइआ > जेठाई।

आऊ : इससे धातु से विशेषण (उपजाऊ, बिकाऊ, टिकाऊ), संज्ञा से विशेषण (पंडिताऊ) एवं धातु से संज्ञा (प्याऊ : पी+आऊ) आदि बनाते हैं। हार्नले के अनुसार 'आऊ' का सम्बन्ध सं० तृ या स्वार्थे 'क'-'युक्त 'तुतृक' से है : खादितृ अथवा खादितृक > प्रा० खाइऊ > खाऊ। प्लाट्स इसका सम्बन्ध सं० 'उक' से मानते हैं। चटर्जी इन्हीं का अनुसरण करते हैं। 'उक' कामुक, भिक्षुक, भावुक आदि में हैं। मेरे विचार में इसका सम्बन्ध 'उक' से न होकर 'ऊक' से है। चटर्जी ने 'ऊक' को अल्पप्रयुक्त कहा है, किन्तु संस्कृत में इसका प्रयोग कम नहीं मिलता। संस्कृत में इसे 'ऊक' या 'उकण्' प्रत्यय कहा गया है। संस्कृत से कुछ उदाहरण हैं : मरूक = मृग, बलूक = नीला कमल, उलूक, जागरूक, भल्लूक, मंडूक, शंबूक (एक जाति), बन्धूक (एक फूल), जंबूक (गीदड़) : बन्धूक (एक दवा), काणूक, दंदसूक (साँप), जंजपूक (बुरा यज्ञकर्ता) यायजूक (अच्छा यजकर्ता) इत्यादि। उड़ा-उड़ाऊ, खा-खाऊ, कमा-कमाऊ, दिखा-दिखाऊ, चला-कामचलाऊ आदि शब्द बने हैं। इन्हीं के सादृश्य पर बिकाऊ, टिकाऊ, पण्डिताऊ जैसे-शब्द बने हैं, जिनमें प्रत्यय का रूप 'आऊ' हो गया है। इस प्रकार 'ऊ' से ही 'आऊ' का विकास भ्रमवश हो गया है। मूलतः दोनों एक हैं।

आड़ी : इससे संज्ञा से कर्तृवाचक संज्ञा (खेल-खिलाड़ी) बनाते हैं। 'ड़ी' भी इसी का रूप (जुआ+डी=जुआड़ी); है जो आकारान्त शब्दों में आता है। आड़ी का सम्बन्ध सं० आरी से है : द्यूतकारी+जुआड़ी।

आन : इससे धातु से भाववाचक संज्ञा बनाते हैं : उठ्-उठान, मिल्-मिलान, उड्-उड़ान, थक्-थकान। सं० प्रेरणार्थक आन्-अन या इसका स्वार्थिक प्रत्यय '-क' युक्त रूप 'आप्-अन-क' से इसका विकास हुआ है : आपनक या आपन > आवणअ, आवण > आणव > आण > आन। -न (लम्बान, चौड़ान) भी इसी का रूप है, जिससे विशेषण से संज्ञा बनाते हैं। यह अकारान्त शब्दों के साथ आता है। स्थान अर्थ में भी एक -आन् (समधियान, सढुवान, मौसियान) प्रत्यय हिन्दी में प्रयुक्त होता है। स्पष्ट ही यह प्रत्यय सं० स्थान > थाण > आन रूप में विकसित हुआ है।

आना : यह स्थानवाचक प्रत्यय है : राजपूताना, तिलंगाना, मुहाना, गोंडवाना। उपर्युक्त स्थानवाची शब्दों के स्थान पर भी कभी-कभी समधियाना, सढुवाना, मौसियाना का प्रयोग मिलता है। इसकी व्युत्पत्ति सं० स्थान + क (> थानअ > आना) से हुई है।

आनी : यह एक तत्सम प्रत्यय ज्ञात होता है, किन्तु वस्तुतः ऐसी बात नहीं है। सं० में 'आनुक्' एवं 'ङीष्' दो प्रत्ययों का संयुक्त रूप आनी (भवानी, मातुलानी) था। 'र' के संसर्ग से इसका रूप 'आणी' (रुद्राणी, इन्द्राणी, आचार्याणी) भी हो जाता था। प्राकृत में से न ण होने की सामान्य प्रवृत्ति के अनुकूल यह सभी शब्दों में आणी (माउणाणी, इन्द्राणी) हो गया। हिन्दी में प्रा० ण > से न होने से यह फिर 'आनी'

हो गया, और बिना 'र' आदि के विचार अब यह स्त्रीलिंग प्रत्यय के रूप में प्रयुक्त हो रहा है : गुरुआनी, मेहतरानी, देवरानी, जेठानी, मास्टरानी, डाक्टरानी।

आप, आपा : ये भाववाचक संज्ञा बनाने के प्रत्यय हैं। इनसे धातु (मिल-मिलाप), निलिंग व्यंजनांत विशेषण तथा सर्वनाम (बूढ़-बुढ़ापा, मोट्-मुटापा, अपन्-अपनापा) तथा संज्ञा से (राँड़ > रँड़ापा, बहिनापा) भाववाचक संज्ञाएँ बनाई जाती हैं। 'पा' भी मूलतः इसी का रूप है, जो आकारांत शब्दों के बाद आता है। इसकी सहायता से धातु या संज्ञा से भाववाचक संज्ञाएँ (पुजापा) बनाई जाती हैं। 'आप' का सम्बन्ध सं० 'त्व' से तथा 'आपा' एवं 'पा' का सम्बन्ध सं० 'त्व + स्वार्थिक प्रत्यय क' से है : सं० 'त्व, -त्वक > प्रा० प्प-, -प्पअ > -प, पा'। सं० वृद्धत्व + क > प्रा० बुड्ढप्प + अ > हि० बुढ़ापा।

आयत : इससे संज्ञा या विशेषण से (पंच-पंचायत, बहुत-बहुतायत) भाववाचक संज्ञा बनाते हैं। इसका सम्बन्ध हार्नले, बीम्स ने सं० वत्, मत् (> पूर्ववर्ती म के साथ, जैसे प्रा० पुण्णमंत, धणवंत, अवंत, अमंत > अयंत > हि० आयत) से माना है। यह मत बहुत सन्तोषजनक नहीं है। वस्तुतः इसकी व्युत्पत्ति संदिग्ध ज्ञात होती है।

आर : इसकी सहायता से संज्ञा से पुल्लिग कर्तृवाचक संज्ञा (चाम-चमार, लोहा-लोहार) तथा निर्लिंग कर्तृवाचक संज्ञा (भीख-भिखार् + ई, इन=भिखारी, भिखारिन) बनाते हैं। आकारांत शब्दों के बाद इसका रूप 'र्' हो जाता है। संज्ञा के निर्लिंगी कर्तृवाचक : पूजा + र् = पुजार + ई, इन = पुजारी, पुजारिन। संज्ञा से पुल्लिग कर्तृवाचक : लोहा + र् = लोहार। इसी प्रकार सुनार। 'आर्' या 'र' का सम्बन्ध सं० कार (>आर) से है : सं० कुम्भकार > प्रा० कुम्भार > हि० कुम्हार; चर्मकार > चम्मआर > चम्मार > चमार। आरी, आरा संयुक्त प्रत्यय हैं और इनका विकास कार + इक (पूजाकारिक > पुजारी; आर् + ई) तथा कार + क (घासकारक > घसियारा; आर् + आ + ई) से हुआ है।

आल : स्थानवाचक प्रत्यय। ससुराल्, ननिहाल् (ह का आगम), ददियाल्। सं० आलय > आलअ > आल। श्वसुरालय > ससुरालअ > ससुराल।

आला : स्थानवाचक—शिवाला। सं० आलय > आलअ > आला। सं० शिवालय > सिवालअ > सिवाला।

आलू : इससे विशेषण बनाते हैं : लाज्-लजालू। आकारांत शब्दों में इसका स्वरूप '-लू' हो जाता है : झगड़ा-झगड़ालू। 'आलू' का सम्बन्ध सं० आलु + क से है : लज्जालु + क > प्रा० लज्जालुअ > हि० लजालू।

आव : इससे धातु (तनाव्, चुनाव्, बनाव्, पड़ाव्, बचाव्, बरताव्, झुकाव्, घुमाव्, लगाव्, बहाव्) एवं संज्ञा (पत्थर-पथराव) से भाववाचक संज्ञा बनाते हैं। आकारांत शब्दों में इसका रूप 'व्' हो जाता है : विशेषण (मोटा > मोटाव; मनमुटाव) तथा

धातु से (दबा-दबाव) भाववाचक संज्ञा। हार्नले इसका सम्बन्ध सं० त्व, त्वन > प्रा० त्तं, त्तणं या अअ, अअणं > अप० अउ, अअणु से मानते हैं। बीम्स इसे सं० अतु, आतु से सम्बन्धित करते हैं। डॉ० चटर्जी इसका सम्बन्ध प्रेरणार्थक 'आप + उक् + आ' से मानते हैं। डॉ० उदयनाराण तिवारी इसका सम्बन्ध प्रेरणार्थक 'आप् + अ + क' से मानते हैं। डॉ० तिवारी का मत ठीक ज्ञात होता है : सं० वधापक > प्रा० वड्ढावअ > हि० बढ़ाव्। आवा (पहिनावा) तथा वा (भुला + वा–भुलावा, बुलावा) भी इसी से सम्बद्ध है : सं० आपक > आवअ > आवा > वा।

आवट : इसकी सहायता से धातु से भाववाचक संज्ञा (थकावट, सजावट, लिखावट, कसावट, रुकावट, बनावट, बुनावट) बनाते हैं। आकारांत शब्दों के अन्त में यह 'वट' रूप में (मिला-मिलावट) आता है। इसका सम्बन्ध चटर्जी आदि ने प्रेरणार्थक 'आप् + वृत्ति' से माना है : आप् + वृत्ति > आवट्ट > आवट। मेरे विचार में यह सं० तव्य + क + त्वं > प्रा० अव्वट्ट > आवट रूप में विकसित हुआ है।

आवन् : इससे निर्लिंगी विशेषण की रचना की जाती है : डर् + आवन्–डरावन्। उल्लेख्य है कि 'आवना', 'आवनी' मूल प्रत्यय न होकर संयुक्त प्रत्यय (आवन् + पुल्लिंग प्रत्यय आ; अथवा स्त्रीलिंग प्रत्यय ई) हैं। लुभावना, सुहावना। औन् (घिनौना) भी 'आवन्' का ही एक विकसित रूप है। औना, औनी संयुक्त प्रत्यय हैं। 'आवन्' का विकास प्रेरणार्थक 'आप् + न' से हुआ है।

आस् : इसे धातु (पी-प्यास, उँघास, लिखास) या संज्ञा (नींद-निंदास) में जोड़कर भाववाचक संज्ञा बनाते हैं। 'आस' निर्लिंगी विशेषण प्रत्यय भी है, जिसमें–आ, -ई जोड़कर विशेषण (निंदासा, निंदासी, प्यासा, प्यासी) बनाते हैं। आकारांत शब्दों में केवल 'स' जोड़ते हैं छपा-छपास (छपासा, छपासी)। हार्नले तथा प्लाट्स इसका सम्बन्ध 'वांछा' से मानते हैं : सं० निद्रावाछा > प्रा० निद्दवंछा > हि० निदास्। कई भारतीय भाषाओं एवं बोलियों में 'छ' को 'स' कर देने की प्रवृत्ति है। इस दृष्टि से छ का स हो जाना असम्भव नहीं है। डॉ० उदयनारायण तिवारी 'आस्' को सं० 'आप + वश' से मानते हैं, किन्तु यह मत संदिग्ध है। आशा (> आसा > आस) से भी इसका विकास सम्भव है। संयुक्त प्रत्यय 'आसा' 'आसी' का विकास वांछक, वांछिका या आशा (> आसा) से माना जा सकता है।

आहट, आहत : इससे भाववाचक संज्ञा (भला + मनुष्य–भलमनसाहत, फड़फड़ाहट, जगमगाहट, गड़गड़ाहट, भनभनाहट, सनसनाहट) बनाते हैं। आकारांत शब्दों के बाद इसका रूप 'हट्' हो जाता है : घबराहट, बुलाहट, चिल्लाहट, बौखलाहट, आहट। हार्नले इसका सम्बन्ध सं० वृत्ति, वृत्त, वार्ता (प्राकृत रूप वट्टी, वट्ट, वत्ता) संज्ञाओं से मानते हैं। बीम्स इसे सं० अतु, आतु से जोड़ते हैं। टर्नर– आहा + आहट से सम्बद्ध होने का अनुमान लगाते हैं। वस्तुतः इसकी उत्पत्ति संदिग्ध है। मेरे विचार में उपर्युक्त मतों की तुलना में सं० तव्य + क + त्वं, प्रा० अव्वट्टं > अव्वट >

आवट > आउट (ह का आगम) रूप में इसका विकास अधिक सम्भव है।

इनु : इससे पुल्लिग से स्त्रीलिंग बनाते हैं : सुनारिन, नागिन, लुहारिन, कुम्हारिन, जमादारिन, साँपिन। इसे जोड़ने के पूर्व अंत्य स्वर का लोप कर देते हैं : जुलाहा-जुलाहिन, हलवाहा-हलवाहिन, घसियारा-घसियारिन, तेली-तेलिन, नाई-नाइन, पुजारी-पुजारिन, पहाड़ी-पहाड़िन। कुछ शब्दों में 'इन्' के स्थान पर 'आइन्' (मास्टराइन, चौधुराइन, डाक्टराइन, चौबाइन, ठकुराइन, पाँडे-पँड़ाइन, ललाइन) का प्रयोग होता है। इसका विकास सं० आनी, आणी (भवानी, मातुलानी, इन्द्राणी) > प्रा० आणी (माउलाणी, इन्द्राणी) > णी > इण > इन रूप में हुआ है।

इया : इससे संज्ञा से विशेषण (भोजपुर-भोजपुरिया, कलकत्ता-कलकतिया, कनौज-कनौजिया, पर्वत-पर्वतिया, मूँग-मूँगिया, पूरब-पूरबिया, दीवाला-दीवालिया), धातु से विशेषण (बढ़-बढ़िया, घट-घटिया), पुल्लिग से (लघुत्वबोधक), स्त्रीलिंग से (चुहिया, चुठिया, लठिया, खटिया, डिबिया, लुटिया, फोड़िया) तथा धातु या संज्ञा से कर्तृवाचक संज्ञा (रसोइया, ढोलकिया, धुनिया, प्राढ़तिया, जड़िया, फटफटिया) आदि बनाते हैं। अंत्य स्वर लुप्त हो जाते हैं : लोटा-लुटिया, लाठी-लठिया। इतिहास की दृष्टि से उपर्युक्त चारों अर्थों में ये चार प्रत्यय हैं। प्रथम प्रत्यय का सम्बन्ध बीम्स, चटर्जी, वर्मा, तिवारी इय, ईय, इक से मानते हैं। मेरे विचार में यह मूल प्रत्यय नहीं है, अपितु संयुक्त प्रत्यय 'ईयक' (ईय + क > ईअअ > इआ > इय) का विकास है : पर्वतीय + क > पर्वतीअअ > पर्वतिया। दूसरे अर्थ में डॉ० तिवारी इसका सम्बन्ध सं० इत से मानते हैं। किन्तु 'इत' से 'ई' या 'इय' का विकास सम्भव है, 'इया' का नहीं। ऐसी स्थिति में इसे भी संयुक्त प्रत्यय 'इतक' से विकसित मानना पड़ेगा—सं० वर्धित + क > प्रा० वड्ढितअ > बढ़िया। तीसरे अर्थ में इसका सम्बन्ध 'इका' (इआ > इया) से है—य (ल) ष्टिका > लट्ठिआ > लठिया। चौथे अर्थ में इसका सम्बन्ध उपर्युक्त विद्वानों ने 'इक' से जोड़ा है, किन्तु इसे संयुक्त प्रत्यय 'इकक' (इअअ > इआ > इया) से संबद्ध करना अधिक युक्ति-युक्त है।

ई : यह हिन्दी का सर्वाधिक प्रयुक्त प्रत्यय है। इसका व्यवहार अनेक अर्थों में होता है : (1) पुल्लिग से स्त्रीलिंग (संज्ञा : बेटी, चाची, घोड़ी, चींटी, बकरी; विशेषण : छोटी, बड़ी, लम्बी, चौड़ी; सर्वनाम : अपनी, मेरी, तुम्हारी; कृदंत : लेती, पढ़ी; क्रियाविशेषण : इतनी, उतनी, जितनी, क्रिया : पी, गी; परसर्ग की)। इस अर्थ में इसका सम्बन्ध सं० 'इका' से है : घोटिका > घोड़िआ > घोड़ी, शाटिका > साड़िआ > साड़ी, कपर्दिका > कबड्डिआ > कौड़ी। (2) संज्ञा से विशेषण (घमंडी, शहरी, आसमानी, स्कूली, खूनी, रेशमी, जंगली, जापानी, राजस्थानी, ऊनी)। इस अर्थ में यह सं० ईय से सम्बद्ध है : देशीय > देसीअ > देसी (देशी भी जो संस्कृत प्रभाव है)। (3) संज्ञा या धातु से व्यवसाय या कर्तृवाचक, तेली, माली, धो-धोबी (ब का आंगन), ताँबूल-तमोली। इस अर्थ में यह 'इक' से संबद्ध है : सं० तैलिक > प्रा०

तेलिअ > हि० तेली। (4) लघुवाचक (कटारी)। (5) स्त्रीलिंग लघुवाचक (टोकरी, रस्सी)। चौथे, पाँचवें अर्थों में भी इसका विकास पहले की तरह 'इका' से ही है। (6) अंगबोधक संज्ञा से आभूषणबोधक संज्ञा (अँगूठी, कंठी, पहुँची)। इसका सम्बन्ध 'ईय' से है। (7) द्रव्यवाचक संज्ञा से वस्तुवाचक (शीशा-शीशी)। इस अर्थ में भी यह 'ईय' से ही संबद्ध है। (8) संख्यावाचक से समूहवाचक (बीसी, पच्चीसी, बाईसी, बत्तीसी, तीसी)। इसका सम्बन्ध सं० 'इका' से है : (9) संज्ञा से स्थानवाचक (कोतवाली)। इसका सम्बन्ध 'ईय' से है। (10) संज्ञा, विशेषण, धातु से भाववाचक संज्ञा (खेती, दोस्ती, चोरी, प्रोफेसरी, थानेदारी, अफसरी, सफेदी, ललाई, चौड़ाई, लम्बाई, गर्मी, हँसी, बोली, थपकी, धमकी)। इस अर्थ में इसे डॉ० चटर्जी तथा डॉ० वर्मा संस्कृत का तत्सम प्रत्यय मानते हैं, किन्तु ऐसा सम्भव नहीं दीखता। इस अर्थ में यह कदाचित् तद्भव -ई फ़ा० -ई तथा अरबी -ई का सम्मिलित रूप है। इस रूप में इसे 'मिश्र' या 'मिश्रित' शीर्षक के अन्तर्गत अलग भी स्थान दिया जा सकता है, तथा (11) अपत्यवाचक अर्थ में यह अरबी (आदमी) है।

ईल : इसे जोड़कर संज्ञा (पथरील्, सुरील्), एवं धातु (सजील्, रपटील्, लचकील्) से निर्लिंगी विशेषण बनाते हैं। फिर इसमें पुल्लिग प्रत्यय -आ एवं स्त्रीलिंग प्रत्यय -ई जोड़कर प्रयोग्य विशेषण बनाते हैं। पुल्लिग के कुछ उदाहरण हैं। फुर्तीला, छबीला, चटकीला, शर्मीला, पथरीला, रंगीला, सुरीला, जोशीला, चमकीला, खर्चीला, रोबीला, भड़कीला, नोकीला, जहरीला, सजीला, रपटीला, तथा लचकीला आदि। इस प्रकार ईला, ईला, संयुक्त प्रत्यय हैं न कि मूल। हार्नले इसका सम्बन्ध प्राकृत इल्ल से मानते हैं किन्तु, मूलतः संस्कृत प्रत्यय -इल (फेनिल, ग्रन्थिल) से इसका विकास सं० इल > प्रा० इल्ल > हि० ईल् रूप में हुआ है। इसे जोड़ने के पहले अंत्य स्वर लुप्त हो जाता है।

एर : इससे संज्ञा (ममेर, चचेर), विशेषण (बहुतेर्) एवं धातु (लुटेर्) से निर्लिंग विशेषण बनाते हैं, जिसमें -आ, -ई जोड़ते हैं : ममेरा, चचेरा, फुफेरा, मौसेरा, बहुतेरा, लुटेरा आदि। कभी-कभी इससे व्यवसायबोधक शब्द भी कँसेरा, चितेरा (चित्र), कमेरा (काम), सँपेरा बनते हैं। एरा, एरी स्पष्ट ही संयुक्त प्रत्यय हैं। हार्नले एर् का सम्बन्ध सं० दृश (सदृश) से मानते हैं। टर्नर इसे अकर (ठट्ठकर > प्रा० ठटार > ठठेरा) से मानते हैं। मेरा विचार है कि विशेषण के प्रत्यय के रूप में इसका सम्बन्ध सं० कृत (> प्रा० केर > एर) से है; व्यवसायबोधक प्रत्यय के रूप में सं० कारक (कर्मकारक > कमेरा) से; तथा अन्य (बहुतेरा आदि) में तर + क से : प्रभूततर > बहुतेर् (-अ (> क), (इका >) -ई)।

एँड़ी : संज्ञा (रस्-रसेंड़ी, चाक-चकेंड़ी= चाक के पास का बर्तन) से भांडवाचक संज्ञा। इसका सम्बन्ध सं० भांडिका (> भांडिआ > हँडिआ > अंडिअ > एँड़ी) से ज्ञात होता है। रसभाँडिका > रसंडिआ > रसेंडी।

ऐत : संज्ञा (डकैत, अल्हैत, लठैत) तथा धातु (लड़ैत) से कर्तृवाचक संज्ञा इसकी व्युत्पत्ति 'आयात्' के समान है

ओई : पति। संज्ञा से पतिबोधक संज्ञा (ननदोई, बहनोई) : सं० पति + क से : सं० भगिनी + पति + क > बहनोई।

ओल : संज्ञा से लघुत्वबोधक निर्लिंगी संज्ञा (खटोल्, सँपोल्) जिसमें -आ, -ई जोड़कर खटोला, खटोली, सँपोला, सँपोली बनाते हैं। इस प्रकार ओला, ओली मूल प्रत्यय न होकर संयुक्त प्रत्यय हैं। ओल् का सम्बन्ध सं० पोत + ल (> पोअल > ओल्) से है। 'ओला' 'ओली' क्रमशः पोतलक (> पोअलअ > पोलअ > ओला), पोतलिका (> ओअलिया > ओलिया > ओली) से सम्बद्ध हैं।

औट् ओट् : यह सं० 'पट्ट' से सम्बद्ध है। ओटा, ओटी आदि संयुक्त प्रत्यय हैं, और वे पट्टक, पट्टिका से विकसित हैं। धातु (कस्-कसौटी, काछ्-कछौटी) या संज्ञा (लिंग—लँगोटा, लँगोटी, चाम-चमोटी) से संज्ञा। सं० कघपट्टिका कसबट्टिआ > कसौटिअ > कसौटी।

औत : संज्ञा से अपत्यवाचक संज्ञा (जेठौत, बहिनौत) बनाने में प्रयुक्त। सं० पुत्र से। सं० भगिनीपुत्र > बहिनौत। 'औत' का प्रयोग पूरे हिन्दी प्रदेश में नहीं होता।

और, औड़ : भरा हुआ, डाला हुआ। संज्ञा से निर्लिंगी संज्ञा (पतौर्, पतौड़्, मुंगौड़्, तिलौड़्) जिसमें, -आ -ई जोड़कर पतौड़ी, पतौड़ा, मुँगौड़ा, तिलौड़ी आदि बनाते हैं। औरा, औरी, औड़ा, औड़ी संयुक्त प्रत्यय हैं। मूल प्रत्यय का सम्बन्ध सं० पूर (सं० तिल + पूर > तिलौर्), तथा औरा, औरी का पूरक, पूरिका से है : पत्र + पूर + क > पत्तउरा > पतौरा, पतौड़ा; मुद्गपूरिका > मुँगौड़ी। पकौड़ा, पकौड़ी, सेवड़ा, रेवड़ा, रेवड़ी आदि में भी यही है, यद्यपि इनमें 'भरे हुए' का भाव नहीं है। ये शुद्ध सादृश्य की उपज हैं।

कार : कर्तृवाचक के अर्थ में प्रयुक्त हैं : साहित्यकार, कथाकार, नाटककार, उपन्यासकार, ग्रंथकार, कलाकार, भाष्यकार। तद्भव शब्दों के साथ कहानीकार, जानकार। इसका प्रयोग संज्ञा (कथाकार आदि) तथा धातु (जानकार) के साथ होता है। कभी-कभी कर्तृवाचक के अतिरिक्त भी इसके अर्थ (अहंकार, झंकार, हुंकार, हाहाकार, जयजयकार आदि) होते हैं। यह संस्कृत 'कार' है। फ़ारसी से भी हिन्दी में एक 'कार' प्रत्यय आया है।

की : (1) धातु (फिरकी, धुनकी) से कर्तृवाचक। इसकी व्युत्पत्ति सं० अक (पाठक, दर्शक) + इका से है। (2) धातु से (बैठकी, डुबकी, चुसकी) भाववाचक। इसका सम्बन्ध स्वार्थे क + ई से है। (3) लघुत्वबोधक (कण > कन > किनकी) भी क + ई से ही संबद्ध है।

ज् : हिन्दी 'ज्' निर्लिंगी है (भतीज्, भांज्), जो स० 'जात' से विकसित है। इसमें लिंग प्रत्यय -आ, -ई, जोड़कर भतीजा, भतीजी, भांजा, भांजी आदि बनाते हैं।

इस प्रकार 'ज्' मूल प्रत्यय और जा, जी संयुक्त प्रत्यय हैं। जा, जी क्रमशः जातक, जातिका से विकसित हैं : भ्रातृजातक > भतीजा, भगिनीजातिका > भांजी। डॉ० उदयनारायण तिवारी ने भागिनेय, भागिनेया, भ्रातृज, भ्रातृजा से इन शब्दों को जोड़ा है, किन्तु इनसे भतीजा, भतीजी, भांजा, भांजी आदि का विकास मुझे सम्भव नहीं दीखता।

ट् : इसका प्रयोग कई अर्थों में होता है। (1) विहीन, कटा–निर्लिंगी विशेषण (नाक-कक्ट्) जिसमें, -आ, -ई जोड़कर नक्टा, नक्टी बनते हैं। इसका सम्बन्ध कर्त् > कट्ट > काट् से है। (2) स्वार्थिक–वधू + ट् + ई = वधूटी। काला + उ + ट् + -आ, -ई = कलूटा, कलूटी (ऊ का आगम; वधूटी के उ का प्रभाव संभव है)। सं० वर्त (वृत्) > प्रा० वट्ट > ट। (3) भाववाचक–व्यंजनान्त के साथ 'अट्' रूप में : लपट् उचाट्, झपट् (सं० झंप् > प्रा० झप्प्), डपट्। सं० वर्त से। (4) निर्लिंग संज्ञा + -आ, -ई : चिप् (चिप् = पकड़न) चिम्टा, चिम्टी। सं० वर्त से।

ठ् : क्रमबोधक। + -अ -ई = छठा, छठी। सं० ष्ठ से : सं० षष्ठ > छठ्।

ड्, ड़् : प्रमुखतः दो अर्थों में प्रयुक्त। (1) स्वार्थिक निर्लिंगी : इसमें -आ, -ई या शून्य प्रत्यय जोड़ते हैं : दुखड़ा, मुखड़ा, जेबड़ा, जेबड़ी, जेवरी (सं० जीवा = रस्सी) लोथड़ा, चमड़ा, चमड़ी (चाम), टँगड़ी (टाँग), पलंगड़ी, पलगरी, लँगड़ा, लँगड़ी (फ़ा० लंग = लँगड़ा), मोजड़ी (मध्ययुगीन साहित्य; फ़ा० मोजा = जूता, मोजा), गँठरी, गँठड़ी (पुल्लिग गट्ठर, सं० ग्रन्थि > गट्ट) बछड़ा, बछेड़ी, (ए का आगम), बछेड़ा, बछड़ी (वत्स + ड़), टुकड़ा, टुकड़ी (टूक > सं० स्तोक) अंतड़ी (अंत्र > अन्त > आंत), दमड़ी (दाम < द्रम्म), पगड़ी (पग, पुल्लिग पग्गड़्), पंखड़ी, (पंख); (मध्ययुगीन साहित्य) हियड़ा, जिवड़ा, हिवड़ा, आँखड़ी, जीभड़िया ('इया' दीर्घतर रूप का प्रत्यय), गोड़री, खोलड़ी (खोल)। सं० वर्तृ (वृत्) > प्रा० वट्ट > ट > ड > ड़ > र। (2) संज्ञा तथा क्रियाविशेषण : पिछड़ी, अगाड़ी। व्युत्पत्ति वही। दिहाड़ी, लिहाड़ी भी यही है। बहेड़ा, सिंघाड़ा, चिवड़ा का 'ड़' यह न होकर 'तक' या 'टक' से विकसित है।

त् : वर्तमानकालिक कृदन्त का प्रत्यय, जिसमें -आ, -ई, -ए, -ओ आदि जोड़कर रूप (सोत्–सोता, सोती, सोते, सोतों) बनते हैं। इसका सम्बन्ध सं० शतृ (अंत) > प्रा० अंत् से है। -ई वाले रूप सं० -अन्ती (पचन्ती > पचंती > पचती) से सम्बद्ध हैं। लिखत्, पढ़त् आदि में इसका रूप 'अत्' हो जाता है।

थ् : क्रमवाचक। + -आ, -ई = चौथा, चौथी। सं० र्य से : सं० चतुर्थ > प्रा० चउत्थ > चौथ् + आ = चौथा, + ई = चौथी, + ए = चौथे आदि।

न् : निर्लिंगी क्रियार्थक संज्ञा : + -आ, -ई = खाना, खानी, पढ़ना, पढ़नी; + ए = खाने, पढ़ने। सं० अनीय (ल्युट्) > प्रा० अणीय > णअ > ण > न् : करणीयं > करणीअं > करणअं > करन्। स्त्रीलिंग प्रत्यय के रूप में 'न' के लिए दे० 'इन' 'नाइन' जैसे शब्दों में 'न' को यह माना जा सकता है, यद्यपि एकरूपता

की दृष्टि से प्रस्तुत पुस्तक में अंत्य स्वर के लोप के बाद 'इन' माना गया है। खान-पान में न अपवादतः निर्लिंग न होकर पुल्लिग है। रहन-सहन जैसे शब्दों में इसका रूप 'अन्' है, तथा यहाँ यह स्त्रीलिंग है।

पन् : भाववाचक प्रत्यय। संज्ञा (बचपन, लड़कपन, बालपन), विशेषण पागलपन, पीलापन, कालापन, छुटपन, बड़प्पन) तथा सर्वनाम (अपनापन) के साथ प्रयुक्त। यह प्रत्यय **पना** रूप में भी आता है। बचपना, गँवारपना, छुटपना। इसका सम्बन्ध सं० त्वन् > प्रा० -प्पण से है : सं० वृद्धत्वन > प्रा० बुड्ढप्पण > बूढ़ापन। 'पना' 'त्वन + क' से संबद्ध है। 'पा' के लिए देखिए 'आपा'।

रू : स्वार्थिक प्रत्यय। सं० रूप > प्रा० रूव > हि० रू : सं० पक्षिरूव > *पक्खिरूव > पखेरू। अन्य उदाहरण मेहरारू (मषिलारूप), गोरू (गोरूप), बछरू (बहारूप), गभरू (गर्भरूप)।

ल् : (1) विशेषणात्मक प्रत्यय। इसके संयुक्त रूप ला (ल् + आ), ली (ल् + ई) मिलते हैं : धुँधला, पिछला, अगला, निचला, परला, उपरला, लाड़ला। इसका सम्बन्ध कुछ मतों से आलु (कृपालु) से है, बीम्स के अनुसार सं० इल > प्रा० इल्ल से, तथा चटर्जी के अनुसार सं० ल से है। अन्तिम मत उचित प्रतीत होता है। (2) संस्कृत में ल का स्वार्थे प्रयोग (मंजु-मंजुल) भी था। हिन्दी में भी बगला (वक), पँसली (सं० पशु), डफली (फ़ा० डफ़) (खुजली सं० खर्जु > प्रा० खुज्ज) टिकली (टीका से; यदि 'तिलक' से न मानें) में यह स्वार्थे प्रत्यय है।

वँ : (1) क्रमबोधक निर्लिंगी विशेषण बनाने में 5 तथा ऊपर की संख्याओं के साथ प्रयुक्त। इसमें -आ, -ई आदि जोड़कर पुल्लिग आदि के रूप बनते हैं। पाँचवाँ, छठवाँ (छठा भी), सातवाँ आदि। इसका सम्बन्ध सं० म से है : पंचम > पंचवँ > पाँचवँ (+ आ, + ई)। वाँ 'मकः' तथा वीं 'मिका' से सम्बन्धित हैं : पंचमकः > पंचमआ > पाँचवाँ। (2) धातु से विशेषण (ढलवाँ, कटवाँ, पिटवाँ, चुनवाँ) बनाने में प्रयुक्त। इसका सम्बन्ध सं० वत् से ज्ञात होता है।

वाल् : इसका कई अर्थों में प्रयोग होता है। (1) 'वाला' अर्थ का प्रत्यय–प्रयागवाल्, मऊवाल्, काशीवाल्, पाली (पल्ली) वाल्। (2) 'रक्षक' अर्थ में प्रयुक्त–कोत (कोट्ट) वाल्। (3) 'वाला' अर्थ का निर्लिंगी प्रत्यय, जिसमें -आ, -ई आदि जोड़कर विभिन्न रूप बनते हैं, अर्थात् वाला, वाली आदि सुंयक्त प्रत्यय हैं। संज्ञा (टोपीवाला, गाड़ीवाला, पहरेवाला, ताँगेवाला), विशेषण (अच्छावाला, लम्बावाला, छोटावाला), सर्वनाम (अपनेवाला, उसकेवाला, मेरावाला, तुम्हारावाला) तथा क्रियाविशेषण (ऊपरवाला, नीचेवाला, आगेवाला, पीछेवाला) के साथ इसका प्रयोग होता है। धातु के साथ बीच में प्रायः 'ने' जोड़ते हैं : मरनेवाला, आनेवाला, जानेवाला, गानेवाला। 'रखवाला' अपवाद है, यों 'रखनेवाला' रूप भी बनता है, किन्तु दोनों के अर्थ में अन्तर है। 'वाल्' का सम्बन्ध सं० 'पाल' से, 'वाला' का 'पालक' से तथा 'वाली' का 'पालिका' से है : कोट्टपाल > कोतवाल।

सर् : दो, तीन के साथ प्रयुक्त क्रमबोधक निर्लिंग प्रत्यय। इसमें -आ, -ई आदि जोड़कर दूसरा, तीसरा, दूसरी, तीसरी आदि रूप बनते हैं। हार्नले इसका सम्बन्ध सृतः (सृ) से मानते हैं। चटर्जी इसे सं० सर (सृ = रेंगना) से जोड़ने के पक्ष में हैं। डॉ० वर्मा तथा डॉ० तिवारी ने भी इन्हीं मतों का अनुसरण किया है। मेरे विचार में 'सर्' का सम्बन्ध प्रथमा, द्वितीया बहुवचन तिस्र : (स्त्रीलिंग) चतस्रः के 'स्र' से है। संस्कृत के तीन एवं चार के रूपों में बहुवचन (स्त्रीलिंग) में 'स्र' एवं 'सृ' वाले रूप इस बात का संकेत करते हैं कि इन शब्दों के मूल एकाधिक थे। स्र-सृ वाले मूलों के रूप कभी और भी थे, किन्तु बाद में वे स्त्रीलिंग बहुवचन तक सीमित हो गए। उन मूलों वाली क्रमबोधक संख्याओं से ही हिन्दी 'सर' का सम्बन्ध ज्ञात होता है।

हर् : इसके कई अर्थ हैं : (1) गृहवाची प्रत्यय। संज्ञा शब्दों में इसे जोड़ते हैं। इसका विकास सं० गृह > घर > हर रूप में हुआ है। सं० पितृगृह > पिहहर > पीहर, खंडगृह > खंडहर > खँड़हर, ज्ञातीग्रह > णाइहर > नइहर > नैहर। हरा, हरी (+ आ, + इ) संयुक्त प्रत्यय है : कटहरा (काष्ठगृह + क), कचहरी (कृत्य-गृहिका > कच्चहरिआ)। इनका विकास 'गृहक' एवं 'गृहिका' से हुआ है। डॉ० तिवारी 'हर्' को प्रा० ह + सं० र (यथा मधु—र) से जोड़ते हैं, किन्तु इसे स्वीकार करना कठिन है। (2) परतवाची निर्लिंगी प्रत्यय : (-आ, -ई जोड़कर) इकहरा, दुहरा, तेहरा, चौहरा। डॉ० तिवारी इसका सम्बन्ध सं० हार (=विभाग से मानते हैं। मेरे विचार में इसका सम्बन्ध 'घर' से है : एक + घर + क = इकहरा, द्विघर + क > दुहरा। (3) -जैसा अर्थवाची रूप में (रूपहरा, सुनहरा, -हला)। 'हर' का संबंध धार + क से है। स्वर्ण + धार + क = सुनहरा, रौप्यधारक > रूपहरा। डॉ० तिवारी इसे भी 'हार' (विभाग) से जोड़ते हैं, किन्तु 'विभाग' से इस अर्थ का सम्बन्ध नहीं दीखता।

हार् : संबद्ध काम करने वाले के अर्थ में इसका सम्बन्ध (लकड़ी-लकड़-हार् + आ = लकड़हारा, पनिहारा, पनिहारी) डॉ० तिवारी ने सं० 'हारक' (=ले जाने वाला; > हारअ > हारा) से माना है। मेरे विचार में इसका सम्बन्ध धारक (> हारअ > हारा) या भारक (हारअ > हारा) से है।

देशज प्रत्यय

इस वर्ग में वे प्रत्यय आते हैं, जिनकी व्युत्पत्ति का पता नहीं है। अचरज नहीं कि आगे चलकर इनमें कुछ की व्युत्पत्ति का पता चल जाय और उन्हें तद्भव आदि अन्यों में स्थान देना पड़े। वे प्रत्यय भी जिनका पता प्राकृत या द्रविड़ तक चलता है, यहीं रखे गए हैं। इन्हें अज्ञात व्युत्पत्तिक प्रत्यय भी कह सकते हैं।

अंकू : वाला, -नेवाला। धातु में जोड़कर विशेषण बनाते हैं डरंकू, लड़ंकू, पढ़ंकू (डर्, लड़्, पढ़् से)।

अक्कड़ : -नेवाला कर्तृवाचक। धातु में जोड़कर विशेषण बनाते हैं जिसका

संज्ञावत् प्रयोग भी चलता है। पिअक्कड़, घुमक्कड़, बुझक्कड़, भुलक्कड़। इसका सम्बन्ध प्रा० अक्क + ट से जोड़ा गया है।

अड़ : संज्ञा से संज्ञा (अन्ध-अन्धड़) तथा विशेषण (भूख-भुक्कड़) बनाने में प्रयुक्त होता है।

आक् : धातु से कर्तृवाचक संज्ञा (पैराक, तैराक) तथा धातु से निर्लिंग संज्ञा (लड़ाक् + आ = लड़ाका, + ई = लड़ाकी) बनाने में प्रयुक्त। यह ध्वन्यात्मक शब्दों (फटाक, चटाक, खटाक, धड़ाक, तड़ाक) में भी आता है। 'लड़ाका' का 'आका' जैसा कि उपर्युक्त विश्लेषण से स्पष्ट है मूल प्रत्यय न होकर संयुक्त प्रत्यय (आक् + आ) है। हार्नले इसका सम्बन्ध सं० 'अक' अथवा आपक से मानते हैं : सं० उड्डापक >प्रा० उड्डावक >उड़ाका। किन्तु ऐसा विकास सम्भव नहीं है। चटर्जी इसका सम्बन्ध प्रा० अक्क से जोड़ते हैं, जो संस्कृत कृत से जोड़ा जा सकता है : सं० चमत्कृत>चमक्किअ>चमक्कअ>चमक्क। जूल ब्लाक ने इसके सं० क्य (मणि-माणिक्य) से विकसित होने का भी संकेत दिया है। मेरे विचार में प्राकृत काव का यह बहु प्रयुक्त प्रत्यय मूलतः द्रविड़-परिवार का है। वहाँ धातु से संज्ञा बनाने में इसका प्रयोग (तमिल में इरु = होना; इरुक्कइ = अस्तित्व) प्रायः होता है, वहाँ यह '-क्क-', ग्ग दोनों ही रूपों में है। धड़ाका, पड़ाका, भड़ाका, धमाका, सड़ाका आदि का 'आका' भी इसी का दीर्घ रूप है। इस प्रकार यह प्रत्यय द्रविड़ से प्राकृत में आया और फिर आधुनिक भाषाओं में।

आटा : ध्वन्यात्मक शब्दों के साथ जोड़कर भाववाचक संज्ञा बनाते हैं। खर्राटा, फर्राटा।

इअल, इयल : इसे जोड़कर संज्ञा (मटियल, दढ़ियल) या धातु (अड़ियल, मरियल, सड़ियल) में जोड़कर विशेषण बनाते हैं। अन्त में यदि 'ई' हो तो उसे ह्रस्व करके यल (अल) जोड़ते हैं : पनियल, दढ़ियल। इसकी व्युत्पत्ति की समस्या पूर्ववर्ती पुस्तकों में नहीं उठाई गई है। मेरे विचार में इसका सम्बन्ध प्राकृत के मतुपर्थी प्रत्यय इल्ल (प्रा० सोहिल्ल = शोभावान, छाइल्ल = छायावान) से ज्ञात होता है।

विदेशी प्रत्यय

हिन्दी में विदेशी प्रत्यय प्रमुखतः फ़ारसी (अरबी भी इसमें सम्मिलित हैं) से ही आए हैं। अंग्रेजी के दो-तीन ही हैं, और उनका प्रयोग बहुत सीमित है। वस्तुतः ये अंग्रेजी के प्रत्यय, हिन्दी के माने जाएँ या नहीं यह प्रश्न विवादास्पद है, क्योंकि विशेष स्तर के लोग ही उसका प्रयोग करते हैं।

फ़ारसी प्रत्यय

फ़ारसी के प्रमुख प्रत्यय निम्नलिखित हैं –

अन : इससे प्रायः संज्ञा से क्रिया विशेषण (मसलन्, एहातयातन्, हक़ीक़तन्) बनाते हैं। मूलतः यह अरबी का है। इसका प्रयोग केवल अरबी शब्दों के साथ ही होता है। ऐसे भी कई शब्दों में यह प्रत्यय है, जहाँ मूल शब्द के उस अर्थ में प्रयोग में न आने के कारण इसका प्रत्यय रूप स्पष्ट नहीं है, जैसे जबरन्, ग़ालिबन्। अरबी में मूलतः अन् कर्म कारक की विभक्ति है। अर्थात् 'ग़ालिब' का कर्म कारकीय रूप 'ग़ालिबन्' है।

आन, आना : तद्भव में भी एक 'आना' का उल्लेख हो चुका है। प्रस्तुत प्रत्यय 'आना' फ़ा० आनः का विकास है : जुर्मानः > जुर्माना, दस्तानः > दस्ताना। इसी प्रकार, रोजाना, सालाना, नजराना, घबराना आदि भी हैं। तुलनात्मक दृष्टि से यह वही प्रत्यय है, जो सं० में अन रूप में मिलता है। अवेस्ता में यह आनः, अनः रूप में है। मस्ताना, मर्दाना में भी मूलतः यही है, किन्तु उनके रूप मर्दानी, मस्तानी भी हैं, अतः उनमें 'आना' का दूसरा रूप 'आन्' माना जाएगा। इस प्रकार मर्दाना, मस्ताना, मर्दानी, मस्तानी में दो प्रत्यय (आन् + आ; आन् + ई) हैं। इससे संज्ञा (घराना) तथा विशेषण (सालाना) बनते हैं।

आनी : मूलतः यह संज्ञा से विशेषण बनाने का अरबी प्रत्यय है। हिन्दी, में यह अरबी के अतिरिक्त फ़ारसी शब्दों के साथ भी आता है : जिस्मानी, रूहानी, बर्फ़ानी।

इअत, इयत : मूलतः यह अरबी का प्रत्यय है। संज्ञा या विशेषण से भाववाचक संज्ञा बनाने में इसका प्रयोग होता है : इन्सानियत, असलियत, ख़ैरियत, क़ाबिलियत, वाक़िफ़ियत। यह प्रत्यय अरबी (इन्सानियत), फ़ारसी (ख़ैरियत) तथा अन्य (अंग्रेज़ियत) प्रकार के भी शब्दों के साथ आता है। शब्दांत स्वर का लोप करके इसे जोड़ते हैं : आदमियत।

इश : इस फ़ारसी प्रत्यय से धातु (फ़रमा-फ़रमाइश, आज़मा-आज़माइश, मल्-मालिश) या विशेषण (बन्द-बन्दिश) से भाववाचक संज्ञा बनाते हैं।

इस्तान : यह मूलतः फ़ारसी का स्तान (सं० स्थान) है। पाकिस्तान, क़ब्रिस्तान, अफ़गानिस्तान। यह इस्ताँ (गुलिस्ताँ) तथा स्तान (हिन्दुस्तान) रूप में भी मिलता है।

ई : (1) अपत्यवाचक (आदम-आदमी) अर्थ में यह अरबी है। (2) फ़ारसी का ई प्रत्यय (फ़ारसी, हिन्दी) जो पहले ईक था, तथा अरबी का ई (अरबी) प्रत्यय भी हिन्दी में आए हैं किन्तु यहाँ के तद्भव 'ई' में मिल गए हैं।

इस अर्थ में यह विशेषण का प्रत्यय है। (3) ख़ुशी, दोस्ती आदि में यह भाववाचक संज्ञा का प्रत्यय है।

इन् : इससे संज्ञा से विशेषण बनाते हैं। संग-संगीन, रंग-रंगीन, शौक़-शौक़ीन, नमक-नमकीन। यह फ़ारसी प्रत्यय संस्कृत ईन एवं ईण के अनुरूप है।

कार : यह फ़ारसी प्रत्यय है। हिन्दी में संस्कृत से भी कार प्रत्यय आया है।

इस फ़ारसी प्रत्यय का भी अर्थ संस्कृत प्रत्यय की भाँति ही करनेवाला है : काश्तकार, पेशकार, बदकार, दस्तकार, सलाहकार। 'बेकार' में 'कार' प्रत्यय न होकर फ़ारसी का शब्द 'कार' (=काम; तुलनीय संस्कृत कार्य) है।

खोर–यह फ़ा० धातु 'खुर्दन' का कृदन्ती रूप है और इसका अर्थ है 'खानेवाला'। फ़ा० 'खुर्दन' धातु अवेस्ता में 'क़र' तथा संस्कृत में 'स्वद्' रूप में मिलती है। इस प्रत्यय का प्रयोग देशी (घूसख़ोर) तथा विदेशी (हलालख़ोर, हरामख़ोर, रिश्वतख़ोर, सूदख़ोर) दोनों ही प्रकार के शब्दों के साथ होता है।

गर–फ़ा० का कर्तृवाचक या व्यवसायसूचक प्रत्यय। सौदागर, कीमियागर, जादूगर, रफ़ूगर, कलईगर, बाज़ीगर। कारीगर में ई सम्भवतः बाज़ीगर का प्रभाव है। 'कारगर' में यह विशेषणात्मक प्रत्यय है। 'गरी' (गर + ई) एक संयुक्त प्रत्यय है जो व्यवसाय या भाव का बोध कराता है–जादूगरी, सौदागरी, कारीगरी, बाज़ीगरी। यह गीरी (बाबूगीरी, कुलीगीरी) रूप में भी है। फ़ा० 'गर' प्राचीन फ़ा० में 'क़र' रूप में है। अवेस्ता तथा संस्कृत में भी इसका 'कर' (लाभकर) रूप मिलता है।

गार–यह फ़ारसी प्रत्यय संस्कृत तथा अवेस्ता 'कार' के अनुरूप है। इसकी सहायता से संज्ञा से कर्तृवाचक (मददगार, परहेज़गार, गुनहगार, खिदमतगार) तथा भाववाचक (रोज़गार, यादगार) संज्ञा बनाते हैं।

गाह–फ़ारसी का यह स्थानवाचक प्रत्यय पुरानी फ़ा० 'गाथु', पहलवी 'गाश', अवेस्ता 'गातु' तथा सं० 'गातु' (धातु गा) से सम्बद्ध है धातु (चरागाह) एवं संज्ञा (क़ब्रगाह, ईदगाह, बन्दरगाह, आरामगाह) शब्दों के साथ यह आता है।

गी–इससे विशेषण संज्ञा, तथा धातु से भाववाचक संज्ञा (आवारगी, मर्दानगी, ज़िन्दगी, गन्दगी, देनगी, बानगी) बनाते हैं।

गीर–पकड़ने वाला। यह फ़ारसी धातु 'गिरफ़्तन' (अवेस्ता गरेव्, वैदिक संस्कृत ग्रम, लौकिक संस्कृत ग्रह) से सम्बद्ध है। राहगीर, दिलगीर, जहाँगीर, आलमगीर, उठाईगीर। 'गीरी' इसी से बना संस्कृत प्रत्यय उठाईगीरी है।

च–हिन्दी में 'च' ध्वनि वाले दो विदेशी प्रत्यय हैं। एक तो लघ्वार्थी निर्लिंगी प्रत्यय च् देग् या डेग् (बड़ा); देगचा या डेगचा (देग से छोटा), देग्ची, डेग्ची (=बहुत छोटी) है और दूसरा करनेवाला, चलानेवाला, खानेवाला, आदि अर्थों में प्रयुक्त होता है–नकलची, बन्दूकची, अफ़ीमची। इनकी व्युत्पत्ति के सम्बन्ध में विवाद है। डॉ० धीरेन्द्र वर्मा (हिन्दी भाषा का इतिहास, 1949, पृ० 240) ने केवल प्रथम अल्पार्थी प्रत्यय को लिया है और उसे फ़ा० 'चह्' कहा है। डॉ० उदयनारायण तिवारी (हिन्दी भाषा का उद्गम और विकास, सं० 2018, पृ० 417) ने प्रथम को मूलतः तुर्की का 'चा' और दूसरे को तुर्की 'ची' माना है, अर्थात् उनके अनुसार दोनों ही मूलतः तुर्की प्रत्यय हैं। डॉ० शौकत सब्ज़वारी (उर्दू, जबान का इर्तका, प्रथम संस्करण, पृ० 202) ने प्रथम को ही लिया है, और उसे क़दीम हिन्द-आर्याई 'अच' माना है। 'हिन्द-आर्याई'

से सब्ज़वारी साहब का क्या आशय है, स्पष्ट नहीं है। यों यह Indo-Aryan का अनुवाद लगता है। किन्तु उन्होंने इसे 'फ़ारसी' के अन्तर्गत रखा है। ये दोनों बातें एक-दूसरे की विरोधी हैं। 'क़दीम' शब्द के प्रयोग से अनुमान लगता है कि शायद इससे उनका आशय 'मूल भारोपीय भाषा से है।' यदि ऐसी बात है तो यह मत पूर्णतः निराधार है, क्योंकि मूल भारोपीय में 'च' ध्वनि थी ही नहीं।

मेरे विचार में इन दोनों में प्रथम तो फ़ारसी 'चह्' है, जो प्राचीन फ़ारसी में अल्पार्थी तथा स्वार्थिक, दोनों प्रत्ययों के रूप में प्रयुक्त होता था। यह प्रत्यय मूलतः और पुराना है। रूसी में यह इक (दोमिक, ज़ोन्तिक) क, इका; एवं संस्कृत में क (भिक्षुक, घोटक, बालक) तथा इका रूप में मिलता है। पीछे कहा जा चुका है कि मूल भारोपीय का ही एक कवर्ग ईरानी, संस्कृत आदि में चवर्ग हो गया था। इसी परिवर्तन के अनुकूल रूसी, संस्कृत आदि में 'क' रूप में मिलने वाला यह प्रत्यय फ़ारसी में 'च' में परिवर्तित हो गया। फ़ारसी का यह 'चह्' प्रत्यय नियमानुकूल हिन्दी में 'चा' हो गया, और यहाँ स्त्रीलिंग प्रत्यय जुड़ने से इसका एक रूप 'ची' भी विकसित हो गया। इससे बनने वाले कुछ शब्द हैं—देगचा (देगची), ग़लीचा, बग़ीचा (बगीची), चिलमची, सन्दूकची, डोलची, ओड़चा, इलायची, चमचा। दूसरा प्रत्यय नीचे है।

ची—यह 'वाला' या करने, चलने, खाने आदि वाले के अर्थ का प्रत्यय तुर्की का है, जो सीधे तुर्की से, एवं फ़ारसी भाषा के माध्यम से हिन्दी में आया है—तोपची, बन्दूकची, तबलची, नक़लची, मिडिलची, मदकची, अफ़ीमची, बावरची, मशालची, ख़ज़ांची, कानूनची।

वाद—अपत्यार्थ का निर्लिंगी प्रत्यय। इनमें आ, ई जोड़कर पुल्लिग, स्त्रीलिंग रूप बनाते हैं। अर्थात् ज़ादा, ज़ादी संयुक्त प्रत्यय है। उदाहरण हैं—शाहज़ादा, शाहज़ादी, हरामज़ादा, हरामज़ादी। 'ज़ाद' फ़ारसी है, जिसका पुराना रूप 'ज़ात' था। संस्कृत में यही 'जात' रूप में मिलता है। ज़ाद (चचाज़ाद, आदमज़ाद, फूफाज़ाद) का भी प्रयोग मिलता है। इन शब्दों में कुछ लोग इसका उच्चारण 'ज़ात' भी करते हैं।

दाँ—जाननेवाला। यह फ़ारसी धातु 'दानिस्तन्' (अवेस्ता दा = जानना), (पहलवी दानेस्तन) का एक कृदन्ती रूप है। क़द्रदाँ, क़ानूदाँ, ज़बानदाँ।

दान—यह पात्रवाचक फ़ारसी प्रत्यय पहलवी 'दान्' अवस्ता 'दान' तथा संस्कृत 'धान' से सम्बन्धित है। क़लमदान, पीकदान, शमादान, फूलदान, पानदान, आतिशदान, सिंगारदान, उगालदान, इत्रदान, गुलदान। इसी में ई जोड़कर संयुक्त प्रत्यय 'दानी' (सुरमादानी, गोंददानी, चायदानी, धूपदानी। मच्छरदानी में 'दानी' 'पात्र' न होकर 'कपड़ा' हो गया है) बना है।

दार—वाला। यह फ़ारसी धातु दाश्तन (= धारण करना; अवेस्ता 'दर' संस्कृत 'घर') का एक कृदन्ती रूप है। इसे संज्ञा में जोड़कर संज्ञा (रिश्तेदार, ओहदेदार, पहरेदार, थानेदार, दुकानदार, ईमानदार, क़र्ज़दार, फ़ौजदार), तथा विशेषण (मालदार,

कामदार, रसदार, जानदार, आबदार, ख़ुशबूदार, बदबूदार, इज़्ज़तदार, समझदार, ज़मींदार, चौकीदार, चमकदार), एवं धातु में जोड़कर संज्ञा (ख़रीददार) आदि बनाते हैं।

नाक—से भरा हुआ। यह फ़ारसी प्रत्यय (सं० नक (मूल नज्) से सम्बन्धित) संज्ञा (ख़तरनाक, ख़ौफ़नाक, दर्दनाक) में जोड़ा जाता है।

बाज़—वाला, करने वाला। यह फ़ारसी धातु बाख़्तन् (अवेस्ता बज् संस्कृत भज्) का कृदन्ती रूप है—दग़ाबाज़, मुक़द्दमेबाज़, चालबाज़, बैठकबाज़, बमबाज़, नशेबाज़, धोखेबाज़, कबूतरबाज़ तथा पतंगबाज़ आदि। इसी में ई जोड़कर संयुक्त प्रत्यय 'बाज़ी' बनता है—मुक़दमेबाज़ी, धोखेबाज़ी, गलेबाज़ी, चालबाज़ी।

बान—वाला, रखने या चलनेवाला। यह फ़ारसी प्रत्यय (संस्कृत वान्) संज्ञा में जोड़कर संज्ञा (बाग़बान, दरबान, निगहबान) एवं संज्ञा में जोड़कर विशेषण (मेहरबान) बनाने के काम आता है। इसी में ई, जोड़कर संयुक्त प्रत्यय 'बानी' (मेहरबानी, दरबानी, बाग़बानी) बनता है।

बारी—बरसना। इसका सम्बन्ध फ़ारसी धातु 'बारीदन' (= बरसना; संस्कृत 'वृष्') से है। बमबारी, गोलाबारी, बर्फ़बारी।

बीन—देखनेवाला। परम्परागत फ़ारसी वैयाकरणों के अनुसार यह फ़ारसी धातु 'दीदन्' (देखना) का एक रूप है, किन्तु वस्तुतः यह प्राचीन फ़ारसी धातु 'वेन्' का अवशिष्ट रूप है। अवेस्ता में यह धातु 'वयेन्' तथा संस्कृत में 'वेन्' 'वेण्' (= पहचानना) रूप में मिलती है। तमाशबीन, खुर्दबीन, दूरबीन।

मन्द—वाला। यह फ़ा० प्रत्यय संस्कृत मत्, मन्त् से सम्बद्ध है। अक्लमन्द, दौलतमन्द, हाजतमन्द, ज़रूरतमन्द। इसमें ई जोड़कर संयुक्त प्रत्यय 'मन्दी' (अक्ल. मन्दी) बनता है।

वर—वाला। यह फ़ारसी प्रत्यय पहलवी 'वर्' अवेस्ता 'वर' तथा संस्कृत-वर् (माँगना) से सम्बधित है। जानवर, हिम्मतवर, नामवर, ताक़तवर।

वान—वाला। यह ऊपर दिए गए प्रत्यय बान का ही एक रूप है। हिन्दी में 'वान्' संस्कृत से भी आया है। बहुत निश्चय के साथ ठीक-ठीक यह बतलाना कठिन है कि किन शब्दों में यह फ़ारसी का है, और किन में संस्कृतं का। यों फ़ीलवान, बग्गीवान, पहलवान, कोचवान आदि संज्ञा शब्दों में सम्भवतः यह फ़ारसी से है और गाड़ीवान, इक्केवान, हाथीवान आदि में संस्कृत से।

वार—वाला। यह 'वर' (ऊपर देखिए) से सम्बन्धित है। क़ुसूरवार, ख़तावार, उम्मीदवार में यह प्रत्यय 'वाला' या 'कर्तृवाचक' है, महीनेवार, हफ़्तेवार, सिलसिलेवार, ब्योरेवार, माहवार में 'से' 'के हिसाब से', 'के रूप में' आदि का अर्थ देता है।

अंग्रेजी प्रत्यय

इस वर्ग में प्रमुख प्रत्यय तीन हैं—

आइट–अनुयायी, वादी। ट्राटस्काइट, गांधीआइट, नक्सलाइट। इसका प्रयोग अत्यन्त विरल है। प्रथम उदाहरण के साथ, प्रायः सर्वदा ही, इस अर्थ में इसी प्रत्यय का प्रयोग मिलता है। यह संज्ञा से जुड़कर विशेषण बनता है।

इक–संज्ञा से विशेषण बनाते हैं। जैसे यौगिक व्यायाम, पंथिक कमेटी।

इज़्म–विचारधारा, मत-वाद। इसका प्रयोग अंग्रेज़ी (रोमांण्टिसिज़्म, क्लासिसिज़्म, मार्क्सिज़्म, लेनिनिज़्म, टेररिज़्म, कम्युनिज़्म, सोशलिज़्म) तथा हिन्दी (शैविज़्म, बुद्धिज़्म, गांधिज़्म, जैनिज़्म) दोनों ही प्रकारो के शब्दों के साथ होता है। उदाहरणों से स्पष्ट है कि यह प्रत्यय संज्ञा तथा विशेषण दोनों प्रकार के शब्द के साथ आता है, तथा इसकी सहायता से बने शब्द संज्ञा होते हैं। इसका स्थान अब 'वाद' मत लेते जा रहे हैं।

इस्ट–मतवादी, अनुयायी-वादी। यह प्रत्यय अंग्रेज़ी (मार्क्सिस्ट, कम्युनिस्ट, सोशलिस्ट, टेररिस्ट, लेनिनिस्ट, सर्वोदयिस्ट) तथा कभी-कभी हिन्दी (बुद्धिस्ट) शब्दों के साथ आता है। इसकी सहायता से संज्ञा बनाते हैं।

अंग्रेज़ी के इन प्रत्ययों का प्रयोग 1900 से 1960 तक के निबन्धों, तथा साहित्य तथा विवेचनों में प्रायः मिलता है, किन्तु अब इनके प्रयोग प्रायः विरल होते जा रहे हैं।

(4) उपसर्ग तथा प्रत्यय जोड़कर शब्द-रचना

प्रायः उपसर्ग तथा प्रत्यय को किसी शब्द में जोड़कर नये शब्द की रचना करते हैं, किन्तु अपवादतः उपसर्ग में प्रत्यय जोड़कर भी शब्द-रचना के उदाहरण हिन्दी में मिलते हैं। जैसे अज्ञ, विज्ञ, सुज्ञ, प्रज्ञ आदि मूलतः ये शब्द संस्कृत के हैं और संस्कृत में 'ज्ञा' धातु है तथा अ, वि, सु, प्र, शब्द तथा उपसर्ग हैं। किन्तु हिन्दी में 'ज्ञ' की धातुता धुँधला गई और लोग इसका प्रत्यय रूप में (जैसे वेदज्ञ, विधिज्ञ, विशेषज्ञ, धर्मज्ञ आदि) ही प्रयोग करने लगे हैं। ऐसे ही हिन्दी में अ आदि शब्द नहीं हैं अपितु उपसर्गवत प्रयुक्त हो रहे हैं (जैसे उचित-अनुचित, सुन्दर-असुन्दर, मानवीय-अमानवीय आदि)। इस तरह वर्णनात्मक स्तर पर अज्ञ, विज्ञ, सुज्ञ, प्रज्ञ आदि को हिन्दी में उपसर्ग और प्रत्यय का योग मानना ही उपयुक्त होगा। हाँ, ऐतिहासिक दृष्टि से ये उपसर्ग + धातु या शब्द + धातु आदि हैं, जैसा कि संस्कृत में माना जाता है। इतिहास और वर्णन हमेशा मेल नहीं खाते। हिन्दी में वर्णनात्मक दृष्टि से 'जाना' का भूतकाल 'गया' है पर ऐतिहासिक दृष्टि से 'जाना' और 'गया' का कोई सम्बन्ध नहीं है। 'जाना' से 'या' धातु के रूप से विकसित हैं और 'गया' गम् धातु के रूप से।

(5) संक्षेपण से शब्द-रचना

भारत में कई शब्दों के संक्षेप से शब्द-रचना की परम्परागत नई नहीं है। 'शुक्ल दिवस' के लिए 'शुदी' या 'सुदी' तथा 'बहुलकृष्ण दिवस' के लिए 'बदी' हिन्दी प्रदेश में काफ़ी पुराना शब्द है। इधर पश्चिम में जीवन की व्यस्तता ने बड़े शब्दों के छोटा करके प्रयुक्त करने की परम्परा सहज ही चला दी और इन दोनों परम्पराओं के कारण हिन्दी में 'संक्षेपण' के द्वारा शब्द बनाए जाने लगे। अंग्रेजी में इस संक्षेपण के लिए दो शब्द हैं—'ऐब्रिविऐशन' और 'ऐक्रोनिम'। पहले का अर्थ मात्र 'संक्षेप' है किन्तु दूसरे का अर्थ है 'आद्याक्षरी' या 'आद्यवर्णी' 'संक्षेप'। 'माइक्रोफ़ोन' का 'माइक' या किसी भी प्रकार के संक्षेप पहले में आ सकते हैं, किन्तु दूसरे में कई शब्दों के आदि वर्ण या अक्षर मिलाकर बनाए गए संक्षेप आते हैं। जैसे **इंका**—इंदिरा कांग्रेस, **संविदि**—संयुक्त विधायक दल, **भालोद**—भारतीय लोकदल, **भाजपा**—भारतीय जनता पार्टी, **राडार**—Radio Direction and Ringing **मिग**—मिकोयान गुरेबिच, नकेन(वाद)—नलिन विलोचन शर्मा, केशरी कुमार, नरेश, **दिननि**—दिल्ली नगर निगम, **भेल**—भारत हेवी एलेक्ट्रिकल लिमिटेड, **आंसुका**—आन्तरिक सुरक्षा क़ानून, **कृभको**—कृषक भारतीय कोऑपरेटिव लिमिटेड, तथा **द्रमुक**—द्रविड़ मुनेत्र कषगम आदि। हिन्दी में ऐसे काफ़ी संक्षेप अंग्रेजी से आए हैं (जैसे मोटेल मोटरन होटल आदि) किन्तु कुछ हिन्दी के अपने भी हैं।

(6) अनुकरणात्मक तत्त्वों से शब्द-रचना

भाषा में काफ़ी शब्द अनादिकाल से ही अनुकरण के आधार पर बनते रहे हैं। अनुकरणात्मक शब्दों से भाषा की उत्पत्ति भले ही पूर्णतः सही न हो, किन्तु वह पूरी तरह निराधार भी नहीं है। विभिन्न भाषाओं के शब्दों को कुरेदने पर हम आसानी से देख लेते हैं कि काफी शब्दों का मूल आधार अनुकरण है।

यह अनुकरण मुख्यतः दो प्रक़ार का होता है—ध्वनि-अनुकरण (खटखट, भड़भड़, सूँसूँ, थपथपी), दृश्य-अनुकरण (चमचमाना, जगर-मगर, जगमग)। इनमें ध्वनि-अनुकरण ही शब्दों का मुख्य आधार होता है। हिन्दी में ऐसे शब्दों की संख्या चार-पाँच हजार मानें तो अत्युक्ति न होगी। दृश्य-अनुकरण वाले शब्द अपेक्षाकृत कम होते हैं।

अनुकरणात्मक शब्दों के इतिहास को प्रायः सभी भाषाओं में प्राचीनतम ज्ञान तक खींचा जा सकता है। जहाँ तक हिन्दी का प्रश्न है मूल भारोपीय भाषा में अनुकरणात्मक शब्दों के होने के प्रमाण मिलते हैं। (दे० ब्रुगमान का 'भारोपीय भाषाओं का तुलनात्मक व्याकरण', अं० अनुवाद, खण्ड दो)। वहीं से यह परम्परा ग्रीक, लैटिन, प्राचीन, जर्मन, संस्कृत आदि में आई। संस्कृत में ऐसे शब्दों की संख्या चार-पाँच सौ से कम न रही होगी। कुछ उदाहरण हैं—कंकण, काक, काकली, किंकिणी, कुक्कुट,

केका, गमक, गर्जन, घर्घर, चटचट, झझा, झर्झर, टंकार, डिंडिभ, थरथर, फुत्कार, बुद्बुद्, रण, हिक्का।

संस्कृत की यह परम्परा पालि-प्राकृत-अपभ्रंश में और भी पनपी तथा इनमें और भी अधिक अनुकरणात्मक शब्द मिलते हैं। जैसे कलकल, काग, किलकिल, कुक्कुट, खुट्ट, गग्गर, गड़बड़, घुरघुर, चड़चड़, चिक्कार, छमछम, छिक्का, टक्कर तथा थरथर आदि।

इसी परम्परा में हिन्दी में भी अनुकरणात्मक शब्दों का प्रयोग शुरू हुआ जो उसके आदि, मध्य, आधुनिक तीनों ही कालों में मिलता है।

ऐतिहासिक दृष्टि से हिन्दी में पुनरुक्त शब्द मुख्यतः चार प्रकार के हैं—

(क) जो संस्कृत में आए हैं। इन्हें तत्सम अनुकरणात्मक शब्द कहा जा सकता है। जैसे कंकण, किंकिणी, काक, कोकिल, कुक्कुट, कुहू, कूजन, गर्जन, मर्मर, रण, हुंकार, कुहक।

(ख) कुछ शब्द ऐसे हो सकते हैं जो पालि-प्राकृत-अपभ्रंश से आए हों और संस्कृत में न रहे हों। ये इस काल में अनुकरण के आधार पर बने हो सकते हैं। हालाँकि जब तक संस्कृत और पालि-प्राकृत-अपभ्रंश के सारे अनुकरणात्मक शब्दों की सूची न बने इस सम्बन्ध में विशेष कुछ कहना कठिन है।

(ग) तद्भव अनुकरणात्मक शब्द—जो शब्द संस्कृत के अनुकरणात्मक शब्दों के तद्भव रूप हों जैसे कंगन (सं० कंकण), किंकिनी (सं० किंकिणी), कोयल (सं० कोकिल), चिड़िया (सं० चटक), चियाँ (सं० चिंचा, इमली के बीज), तड़ित (सं० तंड़ित), ताड़न (सं० ताडन), घुग्घू (सं० घूक), छींक (सं० छिक्का, छिक्क), डमरू (सं० डमरूक) तथा गरजना (सं० गर्जन) आदि।

(घ) हिन्दी के अपने शब्द—वे अनुकरणात्मक शब्द जो हिन्दी काल में बने हैं। यों जब तक कि संस्कृत-पालि-प्राकृत-अपभ्रंश के अनुकरणात्मक शब्दों की पूरी सूची न हो, इनकी पहचान कठिन है। गटकना, फटफटिया (मोटर साइकिल), पोंपों (कार, मोटर), सूसू (बच्चों की पेशाब), धड़ाम, अरराना, मिमियाना, टर्राना, चिचियाना, आँय-बाँय-शाँय, उबकाई, किचकिच, कचर-पचर तथा कचूमर आदि प्रायः हजार-एक शब्द हिन्दी में ऐसे मिले हैं जिनका सम्बन्ध पीछे की भाषाओं से मुझे नहीं मिला। हो सकता है ये ऐसे ही हों।

अनुकरणात्मक, तत्त्व से शब्द रचना के प्रसंग में यह भी उल्लेख्य है कि अनुकरण के आधार पर जो तत्त्व हमें प्राप्त होते हैं कभी तो वे स्वयं शब्दवत् प्रयुक्त होते हैं (जैसे कूक, काक) और कभी उसमें कुछ जोड़कर शब्द बनते हैं (जैसे डमरू, टंकार) और कभी-कभी इसकी पुनरुक्ति से शब्द बनाए जाते हैं। जैसे 'कण' की पुनरुक्ति है 'कणकण' और उससे 'कंकण' बना है। ऐसे ही 'किण' से 'किणकिणी' फिर 'किंकिणी'। फटफटिया, पोंपों, बुदबुदा, बूँदाबाँदी, गड़बड़, थरथरी आदि ऐसे काफी

शब्द हैं जिनकी निर्माण-प्रक्रिया में पहले 'अनुकरण' फिर 'पुनरुक्ति' ये दोनों प्रक्रियाएँ काम करती पाई जाती हैं।

(7) पुनरुक्ति से शब्द-रचना

'पुनरुक्ति' का अर्थ है किसी शब्द को दुहराकर दूसरा 'शब्दबंध' बना लेना। यह दुहराना जैसा कि आगे हम देखेंगे, कई प्रकार का होता है। वैसे वही (झिकझिक, चिकचिक), लगभग वही (घोड़ा-वोड़ा), समानार्थी (लाज-शर्म), विलोमार्थी (आगे-पीछे, तूतू-मैंमैं) तथा समवर्गी (भूख-प्यास) आदि।

भारोपीय परिवार में पुनरुक्ति

लगता है, मूल भारोपीय भाषा में भी यह प्रवृत्ति थी, इसीलिए लेटिन, उच्च जर्मन, ग्रीक आदि में बहुत पहले से मिली है। (दे० भारोपीय भाषाओं का तुलनात्मक व्याकरण—ब्रुगमान, अं० अनुवाद, खण्ड दो)। संस्कृत भी इसका अपवाद नहीं। कार्षापण, शालिहोत्र, शनैःशनैः, मुहुर्-मुहुर्, बुद्बुद्, पीब-पिब, आलवाल, गर्गरस, दारदरति जैसे अनेकानेक उदाहरण सरलता से मिल जाते हैं।

यों इस बात के अनुमान में काफी आधार हैं कि भारतीय भाषाओं में पुनरुक्तियों के बहुत प्रयोग के पीछे अत्यन्त प्राचीन परम्परा के अतिरिक्त निषादों तथा द्रविड़ों की भाषाओं का प्रभाव भी रहा है। (दे० सुनीतिकुमार चटर्जी) की 'इंडो-आर्यन् ऐंड हिन्दी', 'किरात जन कृति', 'भारत में आर्य-अनार्य' तथा प्रिजलुस्की आदि की 'प्री-आर्यन ऐंड प्री-द्रविड़ियन इन इंडिया'।

संस्कृत तथा द्रविड़ आदि में पुनरुक्तियों के काफी प्रयोग के कारण पालि-प्राकृत-अपभ्रंश में ऐसे प्रयोग और बढ़ते गए। और उसी परम्परा में हिन्दी आदि आधुनिक भाषाओं को रिक्थ में यह प्रवृत्ति मिली।

हिन्दी की पूर्वजा भाषाओं में पुनरुक्ति

हिन्दी के पहले की संस्कृत, पालि, प्राकृत, अपभ्रंश भाषाओं में भी पुनरुक्तियाँ मिलती हैं किन्तु उनमें मात्रा समान नहीं है। धीरे-धीरे इनका प्रयोग बढ़ता गया है। जहाँ तक अनुकरणात्मक शब्दों में पुनरुक्ति का प्रश्न है संस्कृत में उनके प्रयोग हैं किन्तु विशेष नहीं। आगे इस वर्ग के शब्दों की संख्या दिनोंदिन बढ़ती गई।

संस्कृत में पुनरुक्त शब्द

संस्कृत में ऐसे शब्द काफ़ी हैं। जैसे किटकिट (किट-किट करना), किल-किल (प्रसन्नतासूचक शब्द), कुटिकुटी (चहचहाना), खटखटा (खटखट करना), खुरखुर (यही आवाज), गुडगुडा (ऐसी ध्वनि होना), घुमघुम (ऐसी ही ध्वनि), चटचट (आग की

ध्वनि का शब्द), तड़तड़िति (तड़कने का द्योतक शब्द), बकबका (टर्रटर्र करना), बुद्बुद् (बुलबुला), मकमक (टर्रटर), शरशर (फुफकारना), शकशक (सर-सर, खड़-खड़ करना), हीही (ऐसी ही ध्वनि), तथा हुलहुल (हर्षद्योतक शब्द) आदि।

यह ध्यातव्य है कि संस्कृत के पुनरुक्त शब्दों में अनुकरणात्मक शब्द अधिक हैं। समवेत रूप से मोनियर विलियम्स के संस्कृत-अंग्रेज़ी कोश में पुनरुक्त शब्दों की संख्या पाँच-छः से अधिक नहीं है। लगता है, संस्कृत साहित्य में शिष्ट जनों की संस्कृत का प्रयोग हुआ है और उसमें पुनरुक्त शब्दों के बहुत अधिक आने की संभावना नहीं है। वैसे भी पालि, प्राकृत, अपभ्रंश तथा हिन्दी को देखने पर लगता है कि जैसे-जैसे समय बीतता गया है पुनरुक्त शब्दों का प्रयोग बढ़ता गया है।

पालि-प्राकृत में पुनरुक्ति

पालि, प्राकृत-अपभ्रंश में संस्कृत की तुलना में पुनरुक्त शब्दों का अधिक प्रयोग मिलता है, और संस्कृत की तरह ही इनमें भी यह प्रवृत्ति अनुकरणात्मक शब्दों में अधिक है। कुछ उदाहरण हैं—

पालि—अञ्ञमञ्ञ (परस्पर), उमुज्ज-चिमुज्ज (निकलना-डूबना), आर-पार (लोक-परलोक), कदाचि-करहचि (कभी-कभी), चपुचपु (चपचप आवाज़ भोजन की), चुण्णविचुण्ण (चूर्ण-विचूर्ण), द्वीह-तीन (दो-तीन), धम्मानु-धम्म (धर्म-अनुधर्म), हलाहल।

प्राकृत अपभ्रंश—कडकड (कड़-कड़), कडमड (उद्वेग), कटकटकट (कड़-कड़-कड़), कणकणकण (कण-कण-कण), कलकल (कल-कल), करकर (कर-कर ध्वनि), कहकहकह (हर्षसूचक शब्द), किलकिलकिल (किलकिलाना), कुहंकुह (एक पक्षी), खड्कखड (खटखटाना), खणखणखण (खण-खण करना), खम्मक्खम (घमासान लड़ाई), गहगह (हर्षविभोरता की ध्वनि), घणघण (रथ की घनघनाहट), घुघुघुघुघ (घुग्घु का बोलना), घुनघुन (यह आवाज करना), घुरुघुरु (घुरघुराना), घुलघुल (ऐसी ही आवाज), चडचड (चटचटाना), चडपड (छटपटाना), चरचर (चरचराना), चिलिचिलिआ (गीला), चुलचुल (उत्सुक), छडछड (फटकने की ध्वनि), छिमछिमछिम (छम-छम करना), छिछि (धिक्कार), छुल्लछुल्ल (छलकना), जगजग (जगमगाना), झणझण (झ-झ करना), झरझर (झर-झर की आवाज़), झलझल (चमकना), झलहिलय (छुब्ध), टलटल (यही आवाज़), टलवल (तड़पना), टुण्टुण (टुनटुनाना), डमडम (यही आवाज़), डबडब (दौड़ना), डुहुडुहुडुहु (नदी की तेज आवाज़), तडफड (तड़फड़ाना), थगथग (थरथर), थरत्थर, थरथर (थरथर), थूथु (घृणा की आवाज़), दमदम (आडंबर), दुहदुह (यही आवाज़), धगधग (यही आवाज़, आग का धू-धू करके जलना), धमधम (धम-धम करना), धुगधुग (यही आवाज़), पुडपुडी (मुँह से सीटी की आवाज़), फरहर (फर-फर करना), फुरफुर (यही आवाज़), भुक्क-भुक्क (भौं-भौं करना), भुगभुग (यही आवाज़), मघमघ (महमहाना), मडमडमड (यही आवाज़), महमह (गंध), मिलिमिलिमिलि (चमकना), मिसमिस (चमकना),

मुणमुण (बड़बड़ाना), रणझण (रुनझुन), रणरण (यही आवाज़), रुहरुह (धीमा बहना), वडवड (रोना), सिमसिम (यही आवाज़), हडहड (हड़हड़ाना), हरहर (हरहराना), हल्लफल (हड़बड़ी), हसहस (सुलगना), हाहा (शोक), हाहाकार (शोक का शब्द)।

हिन्दी में पुनरुक्तियों के प्रयोग की परम्परा

हिन्दी में उसके प्रायः जन्म से ही पुनरुक्तियों का प्रयोग मिलने लगता है। कालक्रमानुसार देखें तो **रोडा** कृत राउलवेल में धँस-धँस, कौन-कौन, आळवाल, **गोरखनाथ** में साथ-साथ, अरध-धरध, जड़ी-बूटी, छवैछमासि, **नाथ-सिद्धों** में वाद-विवाद, टूटी-फाटी, तेल-फुलेल, उठत-बैठत, **मुल्ला दाउद** के चांदायन में सखी-सहेली, सूरबीर, रात-दिवस, **विद्यापति** में बेटिबेटि, गद्‌गद, ऊँच-नीच, **कबीर** में मैं-मैं, तू-तू, हलके-हलके, मोर-तोर, सहज-सहज **जायसी** के पदमावत में खिन-खिन, मित्र-शत्रु, मरन-जियन, धम-धम, **तुलसी** में बिच-बिच, सुकवि-कुकबि, जड़-चेतन, सरग-नरक, लोक-परलोक, पाहि-पाहि, नेति-नेति, बंदि-बंदि, जयति-जयति, **नन्ददास** में चुनि-चुनि, कुसल-छेम, पुन्य-पाप, टुटि-फुटि, हास-विलास, तर्क-वितर्क, जेन-केन, लोट-पोट, **रसखान** में अवेर-सवेर, मुहि-तुहि, **केशव** की रामचंद्रिका में आस-पास, हमहिं-तुम्हहिं, **घनानन्द** में सोच-विचार, रीति-नीति, चटक-मटक, **सेनापति** में आस-पास, धाम-धाम, चनक-मनक, **गिरिधर** में क्षण-क्षण, फाँदत-फूटंत, जोइ-सोइ, तथा **पद्‌माकर** में जहाँ-तहाँ, जैसे-तैसे, जगर-मगर आदि में हिन्दी रूप में इसके प्रयोग की परम्परा की अक्षुण्ण बानगी हमारे सामने स्पष्ट हो जाती है। हिन्दी के पूरे जीवन काल में पुनरुक्तियों के प्रयोगों को देखने से यह स्पष्ट हो जाता है कि धीरे-धीरे इसके प्रयोग बढ़ते गए हैं। आधुनिक काल में प्रेमचन्द जैसे अनेक कथाकारों में तो इसके प्रयोग बहुत ही ज़्यादा हुए हैं। वस्तुतः जिसकी अभिव्यक्ति में जितनी ज़्यादा सहजता है, उसमें पुनरुक्तियों का प्रयोग उतना ही अधिक है। तुलसी और केशव की कृतियों की तुलना से यह बात स्पष्ट हो जाती है।

हिन्दी पुनरुक्तियों के प्रकार

हिन्दी में पुनरुक्तियों के कई वर्ग बनाए जा सकते हैं जो निम्न प्रकार दर्शाए जा सकते हैं–

(अ) पूर्णध्वनीय पुनरुक्ति

(1) **संज्ञा पुनरुक्ति**–(क) **जातिवाचक**–कोना-कोना, नगर-नगर, कण-कण।
(ख) **व्यक्तिवाचक**–पंजाब-पंजाब में हज़ारों मारे गए।
(ग) **भाववाचक**–हँसी-हँसी में लड़ाई हो जाती है।

(2) **सर्वनाम**– (क) **उत्तम पुरुष**–मेरा-मेरा, मैं-मैं।
(ख) **मध्यम पुरुष**–तू-तू, तेरा-तेरा।

(ग) **निजवाचक**–अपना-अपना।

(घ) **सम्बन्धवाचक**–जो-जो, जिस-जिस, जिसे-जिसे, जिन्हें-जिन्हें।

(ङ) **नित्य सम्बन्धी**–वे-वे, उस-उस, उन-उन।

(च) **निश्चयवाचक**–वह-वह, इस-इस।

(छ) **अनिश्चयवाचक**–कोई-कोई, किसी-किसी, कुछ-कुछ।

(ज) **प्रश्नवाचक**–क्या-क्या, किसे-किसे।

(3) **विशेषण**– (क) **गुणवाचक**–अच्छे-अच्छे, ऊँची-ऊँची, काले-काले, गरम-गरम, गोरी-गोरी, चौड़े-चौड़े, नरम-नरम।

(ख) **संख्यावाचक**–एक-एक, दो-दो, तीन-तीन, दस-दस, आधा-आधा, सवा-सवा, पहला-पहला, दूना-दूना।

(ग) **परिमाणवाचक**–थोड़ा-थोड़ा, जरा-जरा।

(4) **क्रिया**–चल-चल, देख-देख, मारता-मारता, हँसता-हँसता, उठाते-उठाते, बैठा-बैठा, सोया-सोया।

(5) **अव्यय**–कहाँ-कहाँ, किधर-किधर, अन्दर-अन्दर, ऊपर-ऊपर, नीचे-नीचे, भीतर-भीतर, जहाँ-जहाँ, जहाँ-तहाँ, अभी-अभी, हाय-हाय, राम-राम, छिः-छिः, वाह-वाह।

(आ) अपूर्णध्वनीय पुनरुक्ति

(1) **संज्ञा**–दाल-दलिया, भीड़-भाड़, चाय-शाय, हाथों-हाथ, घोड़ा-वोड़ा, चाय-चूय, लबालब, मालामाल, रंगारंग, बूँदाबाँदी, होड़ाहोड़ी।

(2) **सर्वनाम**–मैं-वैं, तुम-ताम।

(3) **विशेषण**–काला-कलूटा, भद्दा-बद्दा, सुन्दर-उन्दर, भोला-भाला, भारी-भरकम, एकाएक, दूनादून।

(4) **क्रिया**–पढ़ना-वढ़ना, देख-दाखकर, ताक-तूककर, बाँटना-बूँटना, पीना-पाना, खींचना-खाँचना।

(5) **अव्यय**–बीचोबीच, आमने-सामने, जहाँ-तहाँ।

अपूर्वध्वनीय पुनरुक्ति के दोनों घटकों में थोड़ा अन्तर होता है। यह अन्तर निम्नांकित रूपों में होता है–

स्वरागम

आ–गिर-गिरा, जल-जला, मालामाल, रंगारंग, दूनादून, मुँहामुँह, लबालब।

ए–खूनेखून।

ओ–बीचोबीच, कानोकान, हाथोहाथ, रातोरात।

आ-ई–चोरा-चोरी, एकाएकी, बूँदाबाँदी, होड़ाहोड़ी, गरमा-गरमी।

परिवर्तन–

अ → उ–पढ़-पुढ़, कट-कुट।

आ → ऊ–गाना-गुना, चाहना-चूहना, बाँधना-बूँधना।

इ → आ–फिट-फाट।

ई → आ–ठीक-ठाक, भीग-भाग, सीधा-सादा, भीड़-भाड़।

उ → आ–चुपचाप।

ऊ → आ–कूटना-काटना, छूत-छात, टूट-टाट, भूलना, भालना।

ए → आ–घेर-घार, छेड़-छाड़, लेट-लाट, फेर-फार।

ऐ → आ–बैठना-बाठना।

ओ → आ–घोटना-घाटना, छोड़ना-छाड़ना, तोड़-ताड़, सोच-साचकर, फोड़ना-फाड़ना।

औ → आ–लौट-लाटकर।

व्यंजनागम

फ–ईख-फीख।

व–आग-वाग, इनाम-विनाम, आशा-वाशा।

श–आलू-शालू, इमली-शिमली, इनाम-शिनाम।

स–इनाम-सिनाम।

इसमें सर्वाधिक प्रचलित 'व' है।

व्यंजन-प्रतिस्थापन

झ–मोटा-झोटा।

ढ–चाल-ढाल।

ट–माल-टाल।

ध–कमाई-धमाई, काम-धाम, मार-धाड़, सजा-धजा, पुरानी-धुरानी, पकड़-धकड़।

प–लोट-पोट, लुढ़कते-पुढ़कते।

र–देख-रेख।

फ–खाना-फाना, साग-फाग।

म–झूठ-मूठ, सेंत-मेंत, टेढ़ा-मेढ़ा, गोल-मोल, ढुल-मुल।

व–मिठाई-विठाई, घोड़ा-वोड़ा, दाल-वाल।

श–चाय-शाय, तरकारी-शरकारी।

स–रोटी-सोटी, चाय-साय, ग़लस-सलत, गड़बड़-सड़बड़, गुम-सुम, रहन-सहन, रही-सही।

व्यंजन-लोप

यह शब्द के आरम्भ में होता है। लोप के बाद शब्द कभी तो मूल शब्द के पूर्व आता है–

ऐरा-ग़ैरा, इर्द-गिर्द, अगल-बग़ल, अता-पता, बदल-अदल, आमने-सामने, आर-पार, इने-गिने, औने-पौने, अंजर-पंजर, आस-पास।

और कभी बाद में–

सिलाई-इलाई, सवाल-अवाल, लोटा-ओटा।

मूल धातु के भूतकालिक रूप के साथ उसके सकर्मक या प्रेरणार्थक का भूतकालिक कृदंत–

छका-छकाया, पका-पकाया, सिला-सिलाया, घिसा-घिसाया, चुना-चुनाया, कसा-कसाया, मिला-मिलाया। इसके स्त्रीलिंग रूप (पकी-पकाई, सिली-सिलाई) तथा बहुवचन रूप (पके-पकाए, सिले-सिलाए) भी मिलते हैं। यों सादृश्य पर बने कई ऐसे सकर्मक या प्रेरणार्थक रूप इन प्रयोगों में मिलते हैं, जिनका स्वतन्त्र प्रयोग नहीं मिलता। उदाहरण के लिए घिसाना, चुनाना आदि।

बीच में उपसर्ग

ज्ञान-विज्ञान, तर्क-वितर्क, वाद-विवाद, अंग-प्रत्यंग, दिन-प्रतिदिन, क्षण-प्रतिक्षण, ठाँव-कुठाँव, रात-बिरात, रंग-बिरंगा।

इनमें प्रायः वि, प्रति, कु, वि आदि ही आते हैं।

बीच में परसर्ग

का–संज्ञा–गाँव-का-गाँव, दल-के-दल, ढेर-के-ढेर, झुंड-के-झुंड, रात-की-रात, बात-की-बात, क़तार-की-क़तार, पाँत-की-पाँत, साल-के-साल, दम-के-दम, दाम-के-दाम।

लोकोक्तियों में ऐसे प्रयोग खूब मिलते हैं–

आम-के-आम, गुठलियों के दाम, चोरी-की-चोरी, ऊपर से सीनाज़ोरी, काम-का-काम, नाम-का-नाम।

सर्वनाम–और-का-और, कुछ-का-कुछ।

विशेषण–कोर-के-कोरे, पोंगा-का-पोंगा, बुद्धू-का-बूद्धू, वैसा-का-वैसा, सौ-के-सौ, पूरे-के-पूरे, सारा-का-सारा, तीनों-के-तीनों।

क्रिया–रोते-के-रोते, खुला-का-खुला, डरे-के-डरे।

अव्यय–ऊपर-का-ऊपर, नीचे-का-नीचे, कहीं-का-कहीं, कहाँ-का-कहाँ।

में–संज्ञा–विद्वानों-में-विद्वान्, बात-में-बात।

अव्यय—हाँ-में-हाँ।

पर—संज्ञा—गिलास-पर-गिलास, प्याले-पर-प्याला, तार-पर-तार।

से—संज्ञा—हद-से-हद।

सर्वनाम—क्या-से-क्या, कुछ-से-कुछ।

विशेषण—अधिक-से-अधिक, कम-से-कम।

अव्यय—जल्द-से-जल्द, शीघ्र-से-शीघ्र।

ब—संज्ञा—हरफ़-ब-हरफ़, रोज़-ब-रोज़, तुर्की-ब-तुर्की।

विशेषण—एक-ब-एक, हू-ब-हू।

दर—संज्ञा—किस्त-दर-किस्त, पर्त-दर-पर्त, पीढ़ी-दर-पीढ़ी, पुश्त-दर-पुश्त।

अज़—विशेषण—कम-अज़-कम, जल्द-अज़-जल्द।

बीच में निपात

ही—संज्ञा—रुपये-ही-रुपये, किताब-ही-किताब, आदमी-ही-आदमी, चिंता-ही-चिंता, दुख-ही-दुख, चैन-ही-चैन, राम-ही-राम।

सर्वनाम—तू-ही-तू, मेरा-ही-मेरा, आप-ही-आप।

विशेषण—बुरा-ही-बुरा, पाँच-ही-पाँच।

क्रिया—उतरा-ही-उतरा, बैठा-ही-बैठा, आते-ही-आते, खड़े-ही-खड़े, सोये-ही-सोये।

तो—संज्ञा—राम-तो-राम, दिन-तो-दिन, हिन्दी-तो-हिन्दी।

सर्वनाम—आप-तो-आप, स्वयं-तो-स्वयं।

विशेषण—बुरा-तो-बुरा।

क्रिया—सोना-तो-सोना, जाएँ-तो-जाएँ।

अव्यय—और-तो-और।

बीच में निषेधवाचक

न—सर्वनाम—कुछ-न-कुछ, कोई-न-कोई।

क्रिया—हो-न-हो, देखते-न-देखते, बीतते-न-बीतते।

अव्यय—कहीं-न-कहीं, कभी-न-कभी।

(इ) अर्थ की दृष्टि से

(i) समानार्थी पुनरुक्ति

संज्ञा—दवा-दारू, लाज-शर्म, जीव-जन्तु, साधु-सन्त, कथा-वार्ता, काम-काज, दोस्त-मित्र, कपड़ा-लत्ता, खेल-तमाशा, हाट-बाज़ार।

विशेषण—रूखा-सुखा, हृष्ट-पुष्ट, जला-भुना, भरा-पूरा।

क्रिया—सोचना-विचारना, डाँटना-डपटना, डाँटना-फटकारना, मारना-पीटना,

चमकना-दमकना, समझना-बूझना, काटना-छाँटना, रोना-गिड़गिड़ाना, दौड़ना-भागना।

अव्यय—सदा-सर्वदा।

(ii) समवर्गीय पुनरुक्ति

संज्ञा—भूख-प्यास, दूध-दही, रात-दिन, रोटी-पानी, बाप-दादा, मोह-माया, श्रद्धा-भक्ति, दीन-ईमान।

विशेषण—दीन-दुखी, लूला-लँगड़ा।

क्रिया—तोड़ना-फोड़ना, गाना-बजाना, झाड़ना-पोंछना, नहाना-धोना, लेना-देना, खाना-पीना, खेलना-कूदना, लिखना-पढ़ना।

अव्यय—जब-तब, जहाँ-तहाँ, जैसे-तैसे।

(iii) विपरीतार्थी पुनरुक्ति

संज्ञा—देश-विदेश, हानि-लाभ, पाप-पुण्य, गुण-दोष, दुख-सुख, उत्थान-पतन, संयोग-वियोग, धूप-छाँह, शुद्ध-अशुद्ध।

विशेषण—अच्छा-बुरा, भला-बुरा, थोड़ा-बहुत, नया-पुराना।

क्रिया—उठना-बैठना, कहना-सुनना, आना-जाना, लेना-देना, सोना-जागना।

अव्यय—अब-तब, आगे-पीछे, नीचे-ऊपर, यहाँ-वहाँ, इधर-उधर।

(iv) पहला निरर्थक, दूसरा सार्थक

आस-पास, इर्द-गिर्द, ऐरा-ग़ैरा, अता-पता, आस-औलाद।

(v) पहला सार्थक, दूसरा निरर्थक

मिलना-जुलना, मेल-जोल, दिन-दहाड़े, सैर-सपाटा, गोल-मटोल, पूछतांछ, देख-भाल।

(vi) पहला सार्थक, दूसरा प्रतिध्वनि

घोड़ा-ओड़ा, चाय-वाय, चाय-शाय, चाय-चूय।

(vii) दोनों निरर्थक

आनन-फ़ानन, ऊल-जलूल, हक्का-बक्का, अगड़म-बगड़म, जगर-मगर।

(viii) तीनों निरर्थक

आय-बाँय-शाँय।

(ix) संख्यावाचकीय

तीन-पाँच, उन्नीस-बीस, बीस-इक्कीस, इकसठ-बासठ, सतरा-बहतरा, एक-दो, दस-पाँच।

यहाँ एक प्रश्न उठ सकता है कि पुनरुक्ति से जो रचना बनती है वह क्या 'शब्द' है। वस्तुतः अर्थ के स्तर पर तो वह एक शब्द है, भले ही देखने में अलग-अलग लगे। उदाहरण के लिए—

1. यहाँ निरर्थक की जो बात की गई है, उसके संभव में संक्षेप है कि असंभव नहीं कि पहले कभी ये शब्द सार्थक रहे हों और फिर धीरे-धीरे शब्द-भांडार से निकलकर अज्ञात अतः प्रायः निरर्थक हो गए हैं।

उनसे 'कहना-सुनना' बेकार हुआ।

इस वाक्य में 'कहना-सुनना' अर्थतः 'कहना वग़ैरह' का एक अर्थ दे रहा है। वस्तुतः जैसे समास रचना की दृष्टि से एकाधिक शब्द रहते हैं किन्तु वह अर्थतः और प्रयोगतः एक शब्द 'समस्त शब्द' हो जाता है, उसी प्रकार तरह-तरह पुनरुक्ति से बना शब्द भी चाहे देखने में वह शब्द (बारंबार, रात-दिन, खटा-खट, हड़बड़ी, मर्मर, कार्षापण, शालिहोत्र, कलकल, काटकूट) हो या शब्द-बंध (बार-बार, दिन-रात, छठे-छमासे, थोड़ा-बहुत) एक ही शब्द होता है।

10

संज्ञा रूपों और परसर्गों का विकास

संस्कृत में अंत्य ध्वनि की दृष्टि से संज्ञाएँ दो प्रकार की हैं—**स्वरांत**—जैसे बालक (अकारांत), विश्वपा (आकारांत), कवि (इकारांत), सुधी (ईकारांत), भानु (उकारांत) आदि, **व्यंजनांत**—जैसे जगत्, बीरुध्, अप् आदि। मध्यकालीन भारतीय आर्यभाषाओं में व्यंजनांत संज्ञाएँ प्रायः समाप्त होती गईं और मुख्यतः केवल स्वरांत ही शेष रह गईं, जैसे फल, लता, भिक्षुक, हत्थी (स्त्री), मुनि आदि।

हिन्दी संज्ञाओं के विषय में कुछ बातें विशेष ध्यान देने की हैं—(1) हिन्दी में स्वरांत और व्यंजनांत दोनों प्रकार की संज्ञाएँ हैं—जैसे घोड़ा, कवि, साथी अथवा आम, रोग, ईख आदि। (2) स्वरांत संज्ञाओं में केवल **आ** (घोड़ा, लता), **इ** (कपि, शक्ति), **ई** (हाथी, गाड़ी), **उ** (पशु, धातु), **ऊ** (डाकू, बहू) से अन्त होने वाली संज्ञाएँ ही प्रमुख हैं। (3) अकारांत संज्ञाएँ हिन्दी में नहीं हैं। जो लेखन में अकारांत हैं, उनका उच्चारण व्यंजनांत ही होता है, अर्थात् आम, रोग, मेज, बाल, ईख, पुस्तक आदि शब्द केवल लेखन में अकारांत हैं। उच्चारण की दृष्टि से ये व्यंजनांत हैं—आम्, रोग्, मेज्, बाल्, ईख्, पुस्तक् आदि। (4) एकारांत (चौबे, दुबे), ओका रांत (रेडियो, फ़ोटो), औकारांत (जौ, गौ) संज्ञा शब्द बहुत ही कम हैं और उनमें से दो-चार को छोड़कर अधिकांश बिना किसी परिवर्तन के प्रयुक्त होते हैं।

लिंग

संस्कृत, पालि, प्राकृत और अपभ्रंश (एक सीमा तक) में तीन लिंग थे—पुल्लिग, स्त्रीलिंग, नपुंसक लिंग। हिन्दी में केवल दो लिंग हैं—पुल्लिग, स्त्रीलिंग। पुल्लिग से स्त्रीलिंग बनाने के लिए मुख्यतः निम्नांकित स्त्री प्रत्ययों का हिन्दी संज्ञा शब्दों में प्रयोग होता है—

(1) **आ** (सं०)—सुता, कान्ता;

(2) **ई** (सं० तथा सं० इका से विकसित)—कुमारी, कटोरी, नर्तकी, घोड़ी, लड़की;

(3) **इनी** (सं०)–संन्यासिनी, सर्पिणी, हथिनी;

(4) **इन** (सं० इनी)–दुलहिन, बाघिन, कहारिन;

(5) **नी** (सं० इनी)–ऊँटनी, जाटनी, मोरनी;

(6) **ती** (सं० ति)–युवती;

(7) **आनी** (सं०)–भवानी, मेहतरानी, नौकरानी, सेठानी;

(8) **आइन** (सं० आनी)–ठकुराइन, जुलाहिन;

(9) **इया** (सं० इका)–खटिया, लठिया।

इनके अतिरिक्त 'नर', 'मादा' को जोड़कर भी भेड़िया, चील, कौवा, चीता आदि काफ़ी शब्दों के लिंगीय रूप बनते हैं, जैसे नर कौवा, मादा कौवा।

वचन

संस्कृत में तीन (एक०, द्वि०, बहु०) वचन थे। पालि, प्राकृत, अपभ्रंश में दो वचन (एक०, बहु०) रह गए। हिन्दी में ये ही दो हैं। हिन्दी में कुछ संज्ञा शब्द (प्राण, दर्शन, लोग आदि) तो बहुवचन में ही प्रयुक्त होते हैं। और द्रव्यवाचक या अगणनीय संज्ञाओं (जैसे जल, सोना, दूध) का एकवचन में ही प्रयोग होता है। शेष के बहुवचन बनाने के लिए जिन प्रत्ययों का प्रयोग होता है–(1) **शून्य** (हाथी, साधु), (2) **ए** (घोड़े, लड़के), (3) **आँ** (लड़कियाँ, गुड़ियाँ), (4) **एँ** (किताबें, बहुएँ), (5) **ओं** (लड़कों, साथियों), (6) **ओ** (भाइयो ! बहनो !)। इन प्रत्ययों के अतिरिक्त गण (मंत्रिगण), जन (कविजन), वृन्द (कविवृन्द), लोग (राजा लोग) आदि अतिरिक्त शब्दों का भी बहुवचन बनाने के लिए प्रयोग होता है। कुछ लोग अरबी-फ़ारसी में प्रयुक्त आन (साहेबान), आत (काग़जात), आम (हुक्काम) आदि का भी कुछ शब्दों में प्रयोग करते हैं। हिन्दी के बहुवचन के ए, ओं आदि प्रत्यय कहाँ प्रयुक्त होते हैं, इस पर आगे कारकीय रूप के प्रसंग में विचार किया जा रहा है।

कारकीय रूप

संस्कृत से चलकर हिन्दी तक आते-आते कारकीय रूपों की संख्या घटती ग़ई है। उदाहरण के लिए, संस्कृत में सैद्धान्तिक दृष्टि से एक संज्ञा शब्द के 24 रूप (8 कारक × 3 वचन) हैं। यों प्रयोगतः यह संख्या कुछ कम ठहरती है, क्योंकि उनमें कई रूप समान हैं, जैसे अकारान्त पुल्लिंग संज्ञा शब्द के कुल 17 ही रूप बनते हैं। वैदिक संस्कृत में रूपों की संख्या संस्कृत से भी अधिक है। पालि में द्विवचन प्रायः लुप्त हो गया, अतः सिद्धान्ततः एक संज्ञा के कुल रूप 16 (2 वचन × 8 कारक) हो गए। प्रयोगतः यह संख्या और भी कम है, जैसे अकारान्त पुल्लिंग शब्दों के केवल 15 रूप हैं। यों इनमें कई रूपों के पुराने और नये विकसित दोनों रूप

मिलते हैं। जैसे करण बहु० में बुद्धेभि, बुद्धेहि। यदि ऐसे रूपों को निकाल दें तो यह संख्या 12 हो जाती है। प्राकृत-अपभ्रंश में यह संख्या और भी कम (10-11) होती गई। हिन्दी में यह संख्या और भी कम हो जाती है। प्राचीन भाषाओं (संस्कृत, पालि, प्राकृत, अपभ्रंश) तथा हिन्दी में कारकीय रूप-रचना की दृष्टि से एक उल्लेख्य अन्तर यह है कि इन भाषाओं में 'प्रातिपदिक', अथवा 'मूल शब्द' में विभक्ति जोड़कर प्रायः कारकीय रूप बनते थे (राम + विसर्ग = रामः), किन्तु हिन्दी में तीन भाषिक इकाइयों को जोड़कर कारकीय रूप बनते हैं--(क) 'मूल शब्द' या 'प्रातिपदिक' + (ख) कारकीय रूप बनाने के प्रत्यय + (ग) परसर्ग (ने, को, से आदि)। उदाहरणार्थ—'लड़के ने पत्र लिखा' वाक्य में 'लड़के ने' कर्ता कारक का रूप है। इसमें 'लड़का (मूल) + ए + ने' ये तीन भाषिक इकाइयाँ हैं। संस्कृत तथा पालि में यह स्थिति प्रायः बिल्कुल नहीं है। प्राकृत-अपभ्रंश में कुछ है भी तो कम।

हिन्दी में कारकीय रूप तीन प्रकार के हैं—**(क) अविकारी रूप**—जिनके साथ कारक चिह्न (परसर्ग) न लगें। जैसे 'राम गया' में 'राम', 'मैंने फूल देखा' में 'फूल' आदि। **(ख) विकारी रूप**—जिनके साथ कारक चिह्न (परसर्ग) अवश्य लगें। जैसे 'लड़के ने फूल तोड़ा' में 'लड़के' या 'अपने मित्र को बुलाओ' में 'मित्र'। **(ग) संबोधन रूप**—जिसका प्रयोग सम्बोधन में हो। जैसे 'ओ मोहन' में 'मोहन' या 'ऐ लड़के' में 'लड़के' या 'हे भाई' में 'भाई' आदि। अब अविकारी रूप को **मूल रूप** तथा विकारी को **विकृत** या **तिर्यक्** रूप भी कहा जाता है।

कारकीय रूप-रचना की दृष्टि से हिन्दी में कुल चार प्रकार के संज्ञा शब्द हैं। इनके रूप तथा इसमें लगने वाले प्रत्यय नीचे दिए जा रहे हैं—

(1) आकारांत पुल्लिग (जैसे घोड़ा)

	रूप		प्रत्यय	
	एक०	बहु०	एक०	बहु०
अविकारी	घोड़ा	घोड़े	शून्य	ए
विकारी	घोड़े	घोड़ों	ए	ओं
संबोधन	घोड़े	घोड़ो	ए	ओ

'दारोग़ा', 'अब्बा', 'मुल्ला' जैसे कुछ विदेशी, 'पिता', 'राजा', 'नेता', 'योद्धा', 'वक्ता' जैसे कुछ संस्कृत तत्सम तथा 'मामा', 'नाना', 'चाचा', 'काका', 'बाबा', 'लाला' जैसे पुनरुक्ति वाले शब्द अपवाद हैं। इनके रूप घोड़ा, लड़का आदि हिन्दी के सामान्य आकारांत पुल्लिग शब्दों की तरह नहीं बनते। विस्तार के लिए देखिए ('हिन्दी भाषा की संरचना' में सम्बद्ध अंश)।

(2) अन्य पुल्लिग (जैसे व्यंजनांत मित्र, इकारांत कवि, ईकारांत साथी, उकारान्त साधु तथा ऊकारान्त डाकू आदि।)

	रूप		प्रत्यय	
	एक०	बहु०	एक०	बहु०
अविकारी	मित्र, कवि, साथी गुरु, डाकू	मित्र, कवि साथी, गुरु, डाकू	शून्य	शून्य
विकारी	मित्र, कवि, साथी गुरु, डाकू	मित्रों, कवियों साथियों, गुरुओं, डाकुओं		ओं
संबोधन	मित्र, कवि, साथी गुरु, डाकू	मित्रो, कवियो, साथियो, गुरुओ, डाकुओ	शून्य	ओ

(3) **इकारांत** (जैसे जाति), **ईकारांत** (जैसे लड़की), **इयांत** (जैसे गुड़िया) स्त्रीलिंग।

	रूप		प्रत्यय	
	एक०	बहु०	एक०	बहु०
अविकारी	जाति, लड़की, गुड़िया	जातियाँ, लड़कियाँ, गुड़ियाँ	शून्य	आँ
विकारी	जाति, लड़की, गुड़िया	जातियों, लड़कियों, गुड़ियों	शून्य	ओं
सम्बोधन	जाति, लड़की, गुड़िया	जातियो, लड़कियो, गुड़ियो	शून्य	ओ

(4) **अन्य स्त्रीलिंग** (जैसे व्यंजनांत पुस्तक, आकारांत माता, उकारांतऋतु, ऊकारांत बहू तथा औकारांत गौ आदि)।

	रूप		प्रत्यय	
	एक०	बहु०	एक०	बहु०
अविकारी	पुस्तक, माता, ऋतु, बहू, गौ	पुस्तकें, माताएँ, ऋतुएँ, बहुएँ, गौएँ	शून्य	एँ
विकारी	पुस्तक, माता, ऋतु, बहू, गौ	पुस्तकों, माताओं, ऋतुओं, बहुओं, गौओं	शून्य	ओं
सम्बोधन	पुस्तक, माता, ऋतु, बहू, गौ	पुस्तको, माताओ, ऋतुओ, बहुओ, गौओ	शून्य	ओ

मूल शब्दों में प्रत्यय जोड़कर रूप-रचना करने में निम्नांकित ध्वन्यात्मक परिवर्तन (संधियाँ) करने पड़ते हैं–

(1) आकारांत पुल्लिग संज्ञा में शून्य के अतिरिक्त कोई भी प्रत्यय जोड़ा जाय तो अन्तिम 'आ' का लोप हो जाता है। 'घोड़ा + ए' = 'घोड़ + ए' = 'घोड़े'। इसी प्रकार घोड़ों, घोड़ो आदि में भी।

(2) ईकारांत, ऊकारांत संज्ञा शब्द में शून्य प्रत्यय को छोड़कर कोई भी प्रत्यय जोड़ा जाय तो अंत्य 'ई, ऊ' क्रमशः 'इ, उ' में परिवर्तित हो जाते हैं, जैसे 'साथी + ओं' = 'साथि + ओं' = साथियों, 'डाकू + ओं' = डाकुओं। इसी प्रकार लड़कियाँ, लड़कियों, बहुएँ, बहुओं, बहुओ आदि में भी।

(3) ह्रस्व इ के बाद आँ, ओं, ओ प्रत्यय जोड़ें तो 'य' का आगम हो जाता है, जैसे 'कवि + ओ' = 'कविओ', 'साथी + ओं' = 'साथियों', 'जाति + आँ' = 'जातियाँ' तथा 'लड़की + ओं' = 'लड़कियों' आदि।

(4) इयांत स्त्रीलिंग शब्द में आँ, ओं, ओ प्रत्यय जोड़ने पर 'या' का लोप हो जाता है और शब्द इकारांत रह जाता है। जैसे 'गुड़िया + आँ' = 'गुड़ियाँ', 'गुड़िया + ओं' = 'गुड़ियों', 'गुड़िया + ओ' = 'गुड़ियो'। यहाँ 'य' का आगम तीसरे नियम से हो जाएगा। इन ध्वन्यात्मक परिवर्तनों अथवा संधि-नियमों में 1, 2 और 3 तो प्रायः सामान्य रूप से हिन्दी के अपने नियम हैं जो कारकीय रूप-रचना के अतिरिक्त अन्य प्रकार की शब्द-रचना तथा रूप-रचना में भी मिलते हैं, किन्तु 4 की यहाँ विशेष रूप से कल्पना कर ली गई है। इस कल्पना का उद्देश्य है प्रकृति-प्रत्यय का सुव्यवस्थित विश्लेषण तथा प्रात्ययिक एकरूपता का निदर्शन।

ऊपर के सारे प्रत्यय आगामी तालिका में प्रस्तुत हैं–

रूप	एक०	बहु०
अधिकारी	शून्य	शून्य, ए, आँ, एँ
विकारी	ए, शून्य	ओं
सम्बोधन	ए, शून्य	ओ

अर्थात् ये 6 हैं–शून्य (दोनों वचन), ए (दोनों वचन), आँ, एँ, ओं, ओ। आगे इनकी व्युत्पत्ति तथा इनके विकास पर विचार किया जा रहा है।

शून्य–दोनों वचनों के शून्य का विकास संस्कृत की विभक्तियों के लोप से हुआ। ध्वनि-परिवर्तन के कारण धीरे-धीरे विभक्तियाँ लुप्त हो गईं और शून्य शेष बच गया–रामः > रामो > रामू > राम। ये रूप 11वीं सदी से मिलने लगते हैं।

ए–एकवचन के ए के विकास के बारे में मुख्य मत तीन हैं–(1) केलॉग के मतानुसार संस्कृत के स्य (सम्बन्ध एकवचन) या कुछ सर्वनामों में प्रयुक्त स्मिन् (सप्तमी

एकवचन) से यह विकसित है। उनका कहना है कि प्राकृतकाल में प्रभाव के कारण स्मिन् से विकसित 'हिं' संज्ञा में जोड़ा जाने लगा था। अर्थात् या तो–घोटकस्य > घोडइ > घोड़े, अथवा घोटकः > घोडओ + हिं (< सं० स्मिन्) > घोड़ई > घोड़े। डॉ० उदयनारायण तिवारी का भी यही मत है। (2) डॉ० धीरेन्द्र वर्मा सं० एकवचन के सभी कारकीय रूपों का इस 'ए' को अवशेष मानते हैं, किन्तु कर्ता (घोटकः), कर्म (घोटकम्) तथा अपादान (घोटकात्) के रूपों से ए (घोड़े) के विकास की संभावना प्रायः नहीं है। (3) मेरे विचार में 'ए' का विकास करण (घोटकेन), सम्प्रदाय (घोटकाय), सम्बन्ध (घोटकस्य) तथा अधिकरण (घोटके) के रूपों से हुआ है। इनसे 'घोड़े' के ध्वन्यात्मक विकास की संभावना तथा इन सभी कारकों में 'घोड़े' रूप का प्रयोग, ये दोनों ही बातें मेरे मत के पक्ष में जाती हैं। हिन्दी के जन्म के साथ ही इसका प्रयोग मिलने लगता है पहला प्रयोग राउलवेल में है।

ए–बहुवचन के 'ए' के विकास के सम्बन्ध में कई मत हैं–(1) बीम्स ने संकेत किया है कि संभव है यह सर्वनाम 'सर्वे' के 'ए' का प्रभाव हो। (2) हार्नले तथा केलॉग इसे मूलतः एकवचन का ही 'ए' मानते हैं, जिस पर ऊपर विचार किया जा चुका है। किन्तु एकवचन से बहुवचन का विकास मानना बहुत उपयुक्त नहीं है। (3) डॉ० सुनीतिकुमार चटर्जी वैदिक संस्कृत से प्रयुक्त 'एभि' विभक्ति (करण बहुवचन) से इस 'ए' का विकास मानते हैं। वस्तुतः इसकी व्युत्पत्ति अभी तक अस्पष्ट है। इसके प्रयोग तेरहवीं सदी से मिलने लगते हैं।

आँ, एँ–इनकी व्युत्पत्ति के बारे में कोई भी विवाद नहीं है। सभी लोग इन्हें नपुंसक लिंग प्रथमा बहुवचन विभक्ति 'आनि' से विकसित मानते हैं–(क) आनि > आइँ > आँ, (ख) आनि > आइँ > ऐं > एँ पन्द्रहवीं सदी से इसके उदाहरण मिलने लगते हैं।

ओं–इसकी व्युत्पत्ति के विषय में भी विवाद नहीं है। संस्कृत षष्ठी बहुवचन की विभक्ति 'आनाम्' से इसका विकास हुआ है–आनाम् > आनं > अणं > वन > ओं। उदाहरणार्थ–घोटकानाम् > घोड़गानं > घोडअणं > घोड़पन > घोड़ों। 11वीं सदी से ओं वाले रूप मिलने लगते हैं।

ओ–संबोधन बहुवचन 'ओ' की व्युत्पत्ति पर केवल मैंने ही विचार किया है। मुझे ऐसा लगता है कि मूलतः संस्कृत प्रथमा एकवचन विसर्ग से इसका विकास हुआ है। सं० 'रामः' का पालि-प्राकृत में 'रामो' हो गया। यही ओ प्रभावस्वरूप प्राकृत में संबोधन एकवचन में भी प्रयुक्त होने लगा तथा और आगे चलकर यह ओ अपभ्रंश में प्रयोग-विस्तार से एकवचन और बहुवचन दोनों का प्रत्यय बन गया। हिन्दी का बहुवचन ओ अपभ्रंश के बहुवचन ओ से आया है। पन्द्रहवीं सदी से संबोधन के ओ-वाले रूप मिलने लगते हैं।

परसर्ग (कारक चिह्न)

कारक चिह्न ने, को, से, का, में, पर आदि को परसर्ग कहते हैं। 'परसर्ग' अंग्रेजी शब्द Postposition का हिन्दी अनुवाद है। अंग्रेजों ने अपने शब्द Preposition के आधार पर हिन्दी आदि भारतीय भाषाओं के ने, को, से आदि को Postposition कहा था, क्योंकि ये शब्द के बाद (राम ने, मोहन को, घर से) आते हैं, जबकि अंग्रेजी के टु, फ्राम आदि शब्द के पहले (To Ram, from Delhi) आते हैं। हिन्दी के परसर्ग हैं—ने, को, के, लिए, से, का, में, पर। आगे इनकी व्युत्पत्ति पर विचार किया जा रहा है।

ने—'ने' की व्युत्पत्ति के बारे में विद्वानों में काफी विवाद है—(1) पं० कामताप्रसाद गुरु तथा किशोरीदास वाजपेयी 'ने' का विकास संस्कृत तृतीया एकवचन विभक्ति 'एन' से मानते हैं। इनके अनुसार इसका विकास होगा—संस्कृत एन > प्राकृत एण > एन > (विपर्यय से) ने। विचार करने पर इस मत के विपक्ष में कई बातें सामने आती हैं—(क) जैसा कि बीम्स ने कहा है—यदि 'एन' के स्थान पर 'नेन' होता तो उस 'ने' का विकास संभव था। 'एन' का विकास 'एँ' हो सकता है, 'ने' नहीं। (ख) यदि 'एन' से 'ने' का विकास होता तो 'एन' पालि, प्राकृत, अपभ्रंश में विकसित होता हुआ मिलता, किन्तु ऐसी बात है नहीं। हिन्दी के पूर्व ही यह 'एँ' हो गया था। (ग) आधुनिक भारतीय आर्यभाषाओं के परसर्गों का विकास विभक्तियों से नहीं हुआ है। इससे प्रायः सभी विद्वान् सहमत हैं। वस्तुतः विभक्तियों के घिस जाने के बाद अर्थ की अस्पष्टता आने पर ही कारकीय भाव को स्पष्ट करने के लिए स्वतन्त्र शब्द जोड़े गए थे। परसर्ग उन्हीं शब्दों के, ध्वनि-परिवर्तन से विकसित रूप हैं। अतः परसर्गों का विकास स्वतन्त्र शब्दों से मानना उचित होगा, विभक्तियों से नहीं। (2) बीम्स तथा केलॉग आदि 'ने' का सम्बन्ध 'लग्' धातु के रूप से मानते हैं। केलॉग के अनुसार संस्कृत लग्यः > प्राकृत लग्गिओ > हिन्दी लगि > लै > ले > ने रूप में 'ने' विकसित हुआ है। (3) ट्रंप, तेस्सितोरी, चटर्जी तथा डॉ० सुकुमार सेन आदि संस्कृत 'कर्णे' से ने का विकास मानते हैं—कर्णे > कने > ने। कई हिन्दी बोलियों में 'कने' का प्रयोग 'पास' के अर्थ में होता है। वस्तुतः इनमें कोई भी मत (अर्थ, प्रयोग, ध्वनि-विकास इन तीनों दृष्टियों से) बहुत पुष्ट नहीं दीखता, अतः 'ने' की व्युत्पत्ति संदिग्ध माननी पड़ेगी, जैसा कि डॉ० धीरेन्द्र वर्मा आदि कुछ लोगों ने कहा भी है। इस अर्थ में 'ने' का प्रयोग सोलहवीं सदी से मिलता है।

को—'को' की व्युत्पत्ति भी काफ़ी विवादास्पद है—(1) ट्रंप ने 'को' को संस्कृत 'कृत' से विकसित माना है—कृतं > कितो > किओ > को। केलॉग भी पहले इसी मत के थे, किन्तु बाद में उन्होंने इसे अस्वीकार कर दिया। (2) बीम्स, हार्नले, चटर्जी आदि के अनुसार 'को' का सम्बन्ध संस्कृत 'कक्ष' (= निकट, बगल) से है। बीम्स

इसका विकास देते हैं–कक्षं > कक्खं > काखं > काहं > कहं > कहुं (अपभ्रंश की उकार बहुला प्रवृत्ति से) > कौ > को। (3) (काल्डवेल इसे द्रविड़ 'कु' कर्मकारक का चिह्न) से जोड़ते हैं। इनमें अर्थ-सम्बन्ध, प्रयोग तथा ध्वनि-विकास–तीनों दृष्टियों से बीम्स तथा चटर्जी आदि का मत ठीक लगता है। हिन्दी में ग्यारहवीं सदी से इसका प्रयोग होने लगा था।

के लिए–'के' और 'लिए' दोनों का विकास अलग-अलग हुआ है। 'के' की व्युत्पत्ति के बारे में दो मत हैं–(1) कुछ लोग 'के' को संस्कृत 'कृते' से जोड़ते हैं–कृते > किते > किदे > किए > कए > के। सं० में 'रामस्य कृते' (राम के लिए) जैसे प्रयोग इस व्युत्पत्ति का समर्थन करते हैं। (2) दूसरे मतानुसार इसका विकास प्राकृत 'केरक' से है–केरक > केर > के। 'केरक' का अर्थ प्राकृत में 'का' है अतः पहला मत ही ठीक लगता है। यह प्रयोगतः अर्थ की दृष्टि से भी निकट है तथा इससे 'के' के ध्वन्यात्मक विकास की भी सम्भावना है।

'लिए' के सम्बन्ध में भी तीन मत हैं–(1) हार्नले इसका सम्बन्ध संस्कृत 'लब्धे' से मानते हैं। (2) एक अन्य मतानुसार संस्कृत 'लग्ने' से इसका विकास हुआ है–लग्ने > लग्ने > लए > लिए। (3) डॉ० धीरेन्द्र वर्मा प्राकृत धातु 'ले' से इसे जोड़ते हैं। कुछ हिन्दी बोलियों में 'लिए' के अर्थ में लगे, लागि आदि का प्रयोग आज भी मिलता है, अतः 'लग्ने' से 'लिए' के विकास की संभावना हो सकती है। हाँ, 'लिए' में 'ल' की 'इ' कहाँ से आ गई, यह बहुत स्पष्ट नहीं है। 'के लिए' का प्रयोग 18वीं सदी से पहले मुझे नहीं मिला।

से–'से' की व्युत्पत्ति भी काफ़ी विवादास्पद है–(1) हार्नले 'से' का सम्बन्ध प्राकृत 'सं्तों' या 'संतों' से मानते हैं। (2) बीम्स 'से' का अर्थ मूलतः from न मानकर with मानते हैं और इसी आधार पर इसे संस्कृत 'समं' से विकसित कहते हैं–समं > सों > से। 'पृथ्वीराज रासो' में इस अर्थ में 'सम' का प्रयोग मिलता भी है, जिससे बीम्स के मत को बल मिलता है–'कह दूत प्रिथिराज सम'। किन्तु कठिनाई यह है कि समं में 'से' के ए के विकास के लिए संभावना नहीं है। (3) केलॉग 'से' को संस्कृत 'संगे' से जोड़ते हैं–संगे > सैं > सें > से। (4) चटर्जी ने 'से' का विकास 'सम हि' से माना है–सं० सम > हि > सअइ > से। इन सबमें अर्थ का ध्वन्यात्मक विकास दोनों दृष्टियों में केलॉग का मत ही अधिक तर्कसंगत ज्ञात होता है। ले का प्रयोग 13वीं सदी से मिलने लगता है।

का–'का' के तीन रूप मिलते हैं–का, की, क। 'का' पुल्लिग एकवचन है, 'की' स्त्रीलिंग तथा 'के' बहुवचन या विकारी। इसकी व्युत्पत्ति के विषय में मुख्य मत दो हैं–(1) पिशेल, भंडारकर तथा कुछ अन्य लोग इस संस्कृत शब्द 'कार्यम्' से जोड़ते हैं। (2) हार्नले और बीम्स के अनुसार 'का' का विकास संस्कृत शब्द 'कृत' से हुआ है। कहते भी हैं–तुलसी-कृत रामायण = तुलसी का रामायण। विकास इस

प्रकार हुआ है–सं० कृतः > प्रा० > करितो, करिओ, केरको > केरओ > केरो > कर > का। इनमें दूसरा मत प्रायोगिक अर्थ तथा ध्वन्यात्मक विकास तीनों दृष्टियों से संभावित लगता है। किन्तु मेरे विचार में इसे कृतः के स्थान पर कृतकः (> केरको > केर (अवधी), कर (अवधी), एर (बँगला) हि० का) से मानना अर्थ, प्रयोग तथा ध्वनि-विकास, इन तीनों ही दृष्टियों से अधिक उचित है। कृतः से 'केरको' का विकास संभव नहीं है क्योंकि इसमें दो 'क' हैं। 'का' का प्रयोग ग्यारहवीं सदी से मिलने लगता है।

में–'में' की व्युत्पत्ति के बारे में प्रायः कोई विवाद नहीं है। दो-एक को छोड़कर प्रायः सभी विद्वान इसका सम्बन्ध संस्कृत 'मध्ये' से मानते हैं–मध्ये > मज्झे > मज्झि > माँहिं > महिं > महँ > मैं > में। 12वीं सदी से 'में' का प्रयोग मिलने लगता है।

पर–'पर' की व्युत्पत्ति के बारे में दो मत हैं–(1) केलॉग तथा धीरेन्द्र वर्मा इसे संस्कृत 'उपरि' से विकसित मानते हैं। (2) हार्नले तथा उदयनारायण तिवारी इसे संस्कृत 'परे' (=दूर) से जोड़ते हैं। अर्थ तथा ध्वन्यात्मक विकास दोनों दृष्टियों से पहला मत ही ठीक ज्ञात होता है। हिन्दी के जन्म से ही इसका प्रयोग मिलने लगता है।

हे–यह सम्बोधन में प्रयुक्त होता है। इसे परसर्ग न कहकर पूर्वसर्ग कहना अधिक उपयुक्त है। यह संस्कृत में भी 'हे' (संबोधन में प्रयुक्त) है। कबीर से पहले से ही इसका प्रयोग मिलने लगता है।

ऐ–यह भी पूर्वसर्ग है। इस पर विचार नहीं किया गया है। मेरे विचार में सं० 'हे' (संबोधन में प्रयुक्त) से यह विकसित है–हे > ऐ। कबीर से पहले से ही यह भी मिलता है।

परसर्गवत् प्रयुक्त अन्य शब्द अन्दर (फ़ा०), आगे (सं० अग्रे > प्रा० अग्गे > आगे), ऊपर (सं० उपरि), ओर (सं० अवार), खातिर (अर०), नीचे (सं० नीचे), पास (सं० पार्श्वे), पीछे (सं० पश्चे), बाहर (सं० बहिर्), मारे (सं० मारितेन), भीतर (अभ्यंतर), वास्ते (अर० वासितः) आदि हैं।

11
सर्वनाम रूपों का विकास

सर्वनाम संज्ञा के स्थान पर प्रयुक्त होते हैं। संज्ञा की भाँति ही इनके भी **विकारी** और **अविकारी** रूप होते हैं। पिछले अध्याय में हम देख चुके हैं कि अविकारी रूप में परसर्ग नहीं लगते तथा विकारी में अवश्य लगते हैं। सर्वनाम एक बात में संज्ञा शब्दों से भिन्न हैं कि उनका संबोधन में प्रायः प्रयोग नहीं होता। आगे हिन्दी सर्वनामों के इतिहास पर क्रमशः विचार किया जा रहा है।

पुरुषवाचक सर्वनाम

उत्तम पुरुष

	एक०	बहु०
अविकारी रूप	मैं	हम
विकारी रूप	मैं, मुझ	हम
सम्बन्ध रूप	मेरा	हमारा

मैं–(1) कामताप्रसाद गुरु ने 'मैं' का सम्बन्ध संस्कृत 'अहम्' से माना है, किन्तु अहम् का ध्वन्यात्मक विकास 'मैं' नहीं हो सकता। प्राकृत में इसका रूप 'हैं' हो जाता है, जिससे ब्रजभाषा का 'हौं' विकसित हो सकता है, और हुआ भी है, किन्तु 'मैं' नहीं। (2) इसीलिए बीम्स, चटर्जी आदि अन्य प्रायः सभी विद्वान् 'मैं' का सम्बन्ध सं० मया (तृतीया एकवचन) से मानते हैं–सं० मया > पा० माया > प्रा० मइ > अप० मइँ, मैं। एक प्रश्न उठता है कि मइँ में अनुनासिकता कहाँ से आ गई। इस सम्बन्ध में दो मत हैं–(क) डॉ० सुनीतिकुमार चटर्जी इसे संस्कृत एक० तृतीया एन (जैसे बालकेन) का प्रभाव मानते हैं। (ख) मेरे विचार में निकटस्थ ध्वनि म के प्रभाव से अनुनासिकता आई है। 'में' (सं० मध्ये) आदि कई अन्य हिन्दी शब्दों की अनुनासिकता भी इसी प्रकार की है। सच पूछा जाय तो मइँ अपभ्रंश-काल का रूप

है और इस काल में आकर सामान्य जनता की भाषा पर संस्कृत के रूप के प्रभाव की संभावना नहीं है। इसलिए दूसरा मत ही ठीक लगता है। 'मैं' का प्रयोग ग्यारहवीं सदी में होने लगता है।

मुझ–अधिकांश विद्वान् 'मुझ' को 'मह्यम्' (संप्रदान एकवचन) से सम्बद्ध मानते हैं–सं० मह्यम् > पा० मय्हं > प्रा० मज्झं > अप० मज्झ मज्झु > हि० मुझ। मुझ में 'उ' कहाँ से आ गया, यह प्रश्न विचारणीय है। (1) बीम्स ने इसे तुझ मज्झु (सं० तुभ्यम्) के सादृश्य पर माना है। (2) मेरे विचार में अप० में प्राप्त रूप मज्झु (जो अपभ्रंश की उकारबहुला प्रवृत्ति के कारण अस्तित्व में आया होगा) से विपर्यय के कारण 'मुझ' बना होगा। यों काफ़ी संभावना बीम्स के मत की भी हो सकती है। इसका प्रयोग ग्यारहवीं सदी से मिलने लगता है।

मुझे–(1) 'मुझे' की व्युत्पत्ति ऊपर दी गई। 'मुझे' के 'ए' को धीरेन्द्र वर्मा विकारी ए (लड़का-लड़के) का प्रभाव मानते हैं। (2) मेरे विचार में अप० 'तुज्झे' के सादृश्य पर 'मुज्झे' बना था जो मिलता है। उसी से 'मुझे' विकसित हुआ है। दक्खिनी हिन्दी में इसका प्रयोग 14वीं सदी से हो रहा है।

मेरा–मेरा, हमारा, तेरा, तुम्हारा में अंत्य 'आ' लिंग-वचन का द्योतक है, और इसके स्थान पर ए (मेरे, तेरे आदि) या ई (मेरी, तेरी आदि) आ सकते हैं। शेष में 'मे', 'हमा', 'ते', 'तुम्हा' क्रमशः उत्तम पुरुष, मध्यम पुरुष के हैं। शेष बचता है 'र'। यह 'र' ही सम्बन्ध कारक का द्योतन करता है। 'मेरा' के विकास के सम्बन्ध में मुख्य मत दो हैं–(1) केलॉग तथा धीरेन्द्र वर्मा आदि इसे मह + केर या केरो से जोड़ते हैं। धीरेन्द्र वर्मा ने विकास दिया है–मह केर या मह केरो > म्हारो, मारो, मेरा। किन्तु 'मा' से 'मे' के विकास की सम्भावना नहीं है। (2) आठवीं सदी के एक संस्कृत-चीनी कोश में 'मेरा' के अर्थ में एक शब्द मिला है 'ममेर', जो 'मम + केर' से निकला ज्ञात होता है। प्राकृत-काल में 'केर' सम्बन्धकारक का चिह्न था भी। 'मम' की अस्पष्टता के कारण उसके साथ 'केर' के जुड़ जाने की पूरी सम्भावना हो सकती है। उदयनारायण तिवारी 'ममेर' से ही 'मेरा' को जोड़ते हैं। प्राकृत 'केर' मूलतः संस्कृत 'कृत' से विकसित है–अर्थात् मम + केर (सं० कृत) > ममेर > मेर + लिंग-वचन का प्रत्यय आ आदि से मेरा आदि। इनमें दूसरा मत अधिक तर्कसंगत ज्ञात होता है, क्योंकि ध्वन्यात्मक विकास, अर्थ तथा प्रयोग तीनों ही दृष्टियों से इसके विकास की सम्भावना हो सकती है। कबीर में मुझे इसके पुराने प्रयोग मिले हैं।

हम–(1) कामताप्रसाद गुरु इसे सं० अहं से विकसित मानते हैं। किन्तु अहं से इसके ध्वन्यात्मक विकास की सम्भावना है नहीं। (2) तेसितोरी, चटर्जी, वर्मा आदि इसे वैदिक संस्कृत अस्मे (संप्रदान-अधिकरण बहु०) से जोड़ते हैं–अस्मे > पालि, प्राकृत, अप० अम्हे > अम्ह > हम। अपभ्रंश से हिन्दी विकास में धीरेन्द्र वर्मा 'म' और 'ह' में विपर्यय मानते हैं। मेरे विचार में ऐसा नहीं है। गुजराती में 'हम' के

लिए 'अम' का प्रयोग इस बात का संकेत देता है कि 'अम्ह' का 'अम' बना और फिर 'ह' के आदि-आगम (ओष्ठ से होंठ या अस्थि से हड्डी की भाँति) से 'अम' 'हम' बन गया। हिन्दी के प्रारम्भिक काल से ही इसका प्रयोग मिलने लगता है।

हमें–(1) बीम्स तथा वर्मा प्राकृत, अपभ्रंश अम्हइँ से इसे निकला मानते हैं। (2) उदयनारायण तिवारी 'हमें' के 'एँ' को 'एन' से जोड़ते हैं। किन्तु यह तो तृतीया है और 'हमें' तृतीया में नहीं आता। (3) मेरे विचार में अपभ्रंश कर्मकारक 'अम्हे' से यह निकला है। कबीर के बाद से इसका प्रयोग मिलता है।

हमारा–(1) 'हमारा' की व्युत्पत्ति धीरेन्द्र वर्मा 'अम्ह' कारकों से मानते हैं–प्राकृत अम्ह करको > अम्ह अरओ > अम्हारो > हमारो, हमारा। इस विकास को संस्कृत तक ले जाते हुए मैं इस रूप में रखना चाहूँगा–अस्मे + कृतकः > अम्ह करको > अम्ह अरओ > अम्हारउ > हमारा। (2) उदयनारायण तिवारी ने 'हमारा' को 'अस्म कर' से जोड़ा है, किन्तु इसकी सम्भावना अपेक्षाकृत कम लगती है। यह ग्यारहवीं सदी से प्रयोग में है।

मध्यम पुरुष

	एक०	बहु०
अविकारी रूप	तू	तुम
विकारी रूप	तू,	तुझ तुम
सम्बन्ध रूप	तेरा	तुम्हारा

तू–(1) धीरेन्द्र वर्मा इसका विकास संस्कृत त्वया से मानते हैं, किन्तु इसका सीधा विकास त्वम् से हुआ है, जैसा कि (2) हार्नले, सुनीतिकुमार चटर्जी तथा बाबूराम सक्सेना आदि मानते हैं–सं० त्वम् > पा० त्वं, तुवं > प्रा० तुवं > पावर्ती अपभ्रंश तू > हि० तू। हिन्दी में यह आदिकाल से प्रयोग में है।

तुझ–(1) पिशेल तथा तेसितोरी 'तुझ' का विकास तुभ्यं से सम्भव नहीं मानते। इसीलिए वे लोग मह्यम् के सादृश्य पर सं० *तुह्यम् रूप की कल्पना करते हैं–सं० *तुह्यम् > अप० तुज्झ > तुझ। (2) धीरेन्द्र वर्मा तथा उदयनारायण तिवारी इसे तुभ्यम् से जोड़ते हैं–सं० तुभ्यम् > तुज्झ > तुझ। (3) मेरे विचार में प्राकृत-अपभ्रंश के रूपों से स्पष्ट है कि अंत्य म् वाले रूपों से इसका विकास नहीं है, नहीं तो म् का किसी न किसी रूप में इनमें अवशेष होता। वैदिक संस्कृत तुह्य (संप्रदान एक०) से मुझे इसके विकास की सम्भावना लगती है–वै० सं० तुह्य > प्रा० तुज्झ > अप० तुज्झ > हि० तुझ। ग्यारहवीं सदी से ही यह प्रयोग में मिलने लगता है।

तुझे–(1) वर्मा 'ए' को लड़के के 'ए' वाला विकारी 'ए' मानते हैं। (2) मेरे विचार में प्रा० तुज्झे (कर्म, बहु०) से यह निकला है। प्राकृत पैंगलम् में तुझे का

प्रयोग है। कबीर में भी है।

तेरा–मम + केर से 'मेरा' के विकास के सादृश्य पर तव + केर से 'तेरा' का विकास माना जा सकता है–तव + केर (सं० कृत) > *तवेर (कल्पित रूप) > तर (+ लिंग-वचन का प्रत्यय)। आदि काल में 'तेरा' प्रयोग में मिलता है।

'तुम'–तुम की व्युत्पत्ति बहुत विवादास्पद है–(1) कामताप्रसाद गुरु इसे त्वम् से जोड़ते हैं–सं० त्वम् > प्रा० तुम्ह > हि० तुम। किन्तु, इस रूप में इसके विकास की सम्भावना नहीं है। (2) प्राकृतों के सम्बन्ध में विचार करते हुए पिशेल ने *तुष्मे रूप (वैदिक युष्मे के आधार पर) की कल्पना की थी। धीरेन्द्र वर्मा तथा उदयनाराण तिवारी इस सं० *तुष्मे से ही तुम्हें होते 'तुम' का विकास मानते हैं। (3) मैंने *तुष्मे को लेकर अपनी 'हिन्दी भाषा' में एक आपत्ति उठाई है। आपत्ति यह है कि संस्कृत में मध्यम पुरुष बहुवचन के सभी रूप य् से प्रारम्भ होते थे, किन्तु पालि में सभी रूप त् से प्रारम्भ होने लगे। अतः केवल एक कल्पित रूप तुष्मे मान लेने से काम नहीं चल सकता। यदि कल्पना करनी है तो संस्कृत में सभी कारकों में तू से प्रारम्भ होने वाले रूपों की कल्पना करनी पड़ेगी। किन्तु एक साथ सभी कारकों में रूपों की कल्पना समीचीन नहीं लगती, अतः 'तुष्मे' की कल्पना नहीं की जा सकती। मुझे लगता है कि मेरी यह आपत्ति ठीक है, और ऐसी स्थिति में तुम की व्युत्पत्ति अस्पष्ट है, बल्कि यह कहना अधिक उपयुक्त होगा कि तुम, तुम्हारा आदि में त व्यंजन कहाँ से आ गया, स्पष्ट नहीं है। शेष उम (त् + उम) आदि तो वैदिक 'युष्मे' से स्पष्ट ही सम्बद्ध है। मुझे एक संभावना लगती है। सम्भव है पालिकाल के प्रारम्भ में एकवचन के सभी रूपों में प्राप्त त् के प्रभाव से बहुवचन में य के स्थान पर 'त' हो गया हो। किन्तु यह केवल एक सम्भावना है। आदि काल में पहले प्रयोग में तुम्ह आया बाद में तुम।

तुम्हें–(1) वर्मा प्रा०, अप० 'तुम्हई' से मानते हैं। (2) मेरे विचार में पालि, प्रा० अप० तुम्हें (कर्ता-कर्म) से इसका विकास हुआ है जो वैदिक 'युष्मे' है। अनुनासिकता 'म' का प्रभाव है। 'त्' के विषय में ऊपर कहा गया। 16वीं सदी से उसका प्रयोग मिलता है।

तुम्हारा–इसका विकास, जैसा कि धीरेन्द्र वर्मा ने माना है, प्राकृत तुम्ह + करको > तुम्ह अरओ > तुम्हारा रूप में ज्ञात होता है। इसमें 'करको' तो संस्कृत 'कृतकः' से विकसित ज्ञात होता है, और तुम्ह वैदिक युष्मे, पालि तुम्हे से आया है, किन्तु जैसा कि 'तुम' के प्रसंग में कहा जा चुका है, त कहाँ से आ गया स्पष्ट नहीं है। ग्यारहवीं सदी से इसका प्रयोग मिलता है।

आप–तुम के स्थान पर आदर के लिए 'आप' का प्रयोग होता है। इसकी व्युत्पत्ति के बारे में मुख्यतः दो मत हैं–(1) बीम्स, चटर्जी, धीरेन्द्र वर्मा आदि संस्कृत आत्म > प्रा० अप्प > आप रूप में इसका विकास मानते हैं। मैं इससे सहमत नहीं

हूँ। वस्तुतः सं० 'आत्म' से हिन्दी निजवाचक 'आप' का विकास हुआ है, आदरसूचक 'आप' का नहीं, क्योंकि संस्कृत 'आत्म' में मूलतः निज का भाव है, आदर का भाव नहीं है। (2) मेरे विचार में हिन्दी आप या तो संस्कृत 'आप्त' से विकसित है (आप्त > अप्प > आप) या द्रविड़ भाषाओं में 'प्राप्त' आदरसूचक शब्द अप्प (अप्प > प्रा० अप्प > हि० आप)। मेरे विचार में पहली की सम्भावना अधिक है। कबीर में इसका प्रयोग मिलने लगता है।

अन्य पुरुष

	एक०	बहु०
अविकारी रूप	वह	वे
विकारी रूप	उस	उन, उन्ह, उन्हों

वह–वह की व्युत्पत्ति के बारे में कई मत हैं–(1) कामताप्रसाद गुरु इसे सं० सः से विकसित मानते है–सं० सः > प्रा० सो > हिन्दी वह। किन्तु इस रूप में विकास की सम्भावना नहीं है। (2) भण्डारकर तथा उदयनारायण तिवारी सं० असौ > पा० असु > प्रा० असो > अहाँ > ओह > वह रूप में इसका विकास मानते हैं। (3) पिशेल ने कुछ ईरानी रूपों के आधार पर सं० में एक *अवमूल की कल्पना की थी। इसके पक्ष में कुछ अतिरिक्त सामग्री चटर्जी को तथा कुछ और सामग्री मुझे मिली। इसके आधार पर इसका विकास होगा–*अवः > अवो* > *वो > ओउ > ओहु > बहु > वह। यों सभी दृष्टियों से विचार करने पर इसकी व्युत्पत्ति संदिग्ध ज्ञात होती है। ग्यारहवीं सदी से इसका प्रयोग मिलने लगता है।

उस–(1) धीरेन्द्र वर्मा का कहना है कि यदि 'अव' की कल्पना ठीक है तो 'अव' के षष्ठी एकवचन *अवस्य से यह विकसित हो सकता है–सं० *अवस्य > प्रा० अउस्स > उस। (2) उदयनारायण तिवारी इसका विकास 'अमुष्य' से मानते हैं–सं० अमुष्य > पा० अमुस्स > प्रा० अउस्स > उस। दूसरा मत अधिक उपयुक्त ज्ञात होता है।

उसे–इसकी व्युत्पत्ति पर विचार नहीं हुआ। मैंने अपनी 'हिन्दी भाषा' में प्राकृत में 'अउस्से' की कल्पना की है। इसकी व्युत्पत्ति निश्चित नहीं है। ग्यारहवीं सदी से यह प्रयोग में मिलता है।

वे–इसकी व्युत्पत्ति के बारे में मुख्य मत तीन हैं (1) चटर्जी कल्पित रूप *अवेभिः (*अव का कारण बहु०) > *अवहि > वे रूप में इसका विकास मानते हैं। (2) धीरेन्द्र वर्मा इसकी व्युत्पत्ति अनिश्चित मानते हैं। (3) उदयनारायण तिवारी के मतानुसार 'वह + एभिः' से 'वे' विकसित है। वस्तुतः इसकी व्युत्पत्ति अनिश्चित ज्ञात होती है।

उन–इसकी व्युत्पत्ति के बारे में मुख्य मत चार हैं–(1) डॉ० धीरेन्द्र वर्मा इसकी व्युत्पत्ति अनिश्चित मानते हैं। (2) किशोरीदास वाजपेयी वह + बहुत्वसूचक 'न' से 'उन' को निकला मानते हैं, किन्तु इस प्रकार के विकास की संभावना नहीं है। (3) उदयनारायण तिवारी के मतानुसार संस्कृत अमुष्यांम् > अमूनाम् > अउण > उण्ह > उन रूप में यह विकसित है। (4) मुझे लगता है कि संस्कृत के कर्म बहु० अमून् (प्रा० अमूण, अप० उण्ह, हि० उन्ह > उन) से इसका विकास अधिक संभावित है, क्योंकि उदयनारायण तिवारी के विकास में 'न' कहाँ से आ गया, यह स्पष्ट नहीं है। इसका प्रयोग ग्यारहवीं सदी से मिलने लगता है। पहला प्रयोग मुझे गोरखनाथ में मिला है।

उन्हें–(1) डॉ० वर्मा इसे विकृत रूप मानते हैं। (2) मेरे विचार में यह विकृत रूप नहीं हो सकता। यह अप० 'उण्ह' से हमें, तुम्हें के सादृश्य पर बना है। कबीर के बाद से इसका प्रयोग मिलता है।

उन्हों–यह 'ने' के पहले आता है। इसकी व्युत्पत्ति पर किसी ने विचार नहीं किया है। मेरे विचार में ' ों ' तो लड़कों आदि विकारी बहुवचन के रूपों का है (सं०-आगम् से) तथा शेष अप० 'उन्ह' है। इसका प्रयोग काफ़ी परवर्ती है।

निश्चयवाचक सर्वनाम

यह दो प्रकार का होता है–दूरवर्ती, निकटवर्ती। दूरवर्ती तो 'वह' है, जिस पर अन्य पुरुष के अन्तर्गत विचार किया जा चुका है। निकटवर्ती 'यह' है जिसके रूप निम्नांकित हैं–

	एक०	बहु०
अविकारी रूप	यह	ये
विकारी रूप	इस	इन, इन्ह, इन्हों

यह–यह के विकास के सम्बन्ध में प्रायः कोई विवाद नहीं है। सभी विद्वान् इसका सम्बन्ध एषः से मानते हैं–संस्कृत एषः > पालि ऐसो > प्रा० ऐसो > अप० एसो > एहो, एहु > एह > यह। हिन्दी के जन्मकाल से ही इसका प्रयोग मिलता है।

इस–'इस' के सम्बन्ध में मुख्य मत चार हैं–(1) बीम्स, संस्कृत अस्य > प्राकृत अस्स > इस रूप में इसे विकसित मानते हैं, किन्तु 'अ' से 'इ' के विकास की संभावना सामान्यतः नहीं है। (2) धीरेन्द्र वर्मा संस्कृत अस्य > प्राकृत एअस्स > इस रूप में इसका इतिहास देते हैं। वस्तुतः अस्य से प्राकृत एअस्स का विकास संभव नहीं है। (3) सुनीतिकुमार चटर्जी संस्कृत एतस्य (> पालि एतस्य > प्राकृत एअस्स > इस) से इसे जोड़ते हैं। चटर्जी का मत ठीक लगता है, क्योंकि इसके विरोध में वे

बातें नहीं कही जा सकतीं जो बीम्स और वर्मा के विरोध में ऊपर कही गई हैं। गोरखनाथ से ही इसका प्रयोग मिलने लगता है।

इसे–(1) वर्मा 'इसे' के 'ए' को विकृत रूप का चिह्न मानते हैं। (2) मेरे विचार में तुझे, मुझे के सादृश्य पर बना है। मध्यकाल के बाद यह प्रयोग में आया।

ये–(1) ये का विकास चटर्जी संस्कृत एतैः (करण बहु०) > एतेहि > कल्पित रूप *एएहि से मानते हैं। (2) हार्नले तथा धीरेन्द्र वर्मा संस्कृत एते (प्रथमा बहु०) > पालि एते > प्राकृत एए > अप० एइ > ए > ये रूप में मानते हैं। इनमें दोनों ही की समान संभावना है। ग्यारहवीं सदी में यह 'ए' रूप में है। बाद में 'ये' हो गया है।

इन–इसका सम्बन्ध 'कई शब्दों' से जोड़ा जाता रहा है–(1) किशोरीदास वाजपेयी यह + बहुत्वबोधक न से 'इन' को जोड़ते हैं, किन्तु इस रूप में इसके विकास की संभावना नहीं है। (2) धीरेन्द्र वर्मा ने 'इस' पर संज्ञा रूपों के षष्ठी बहु० के प्रत्यय 'अनाम्' के प्रभाव से इसका विकास माना है, किन्तु उपर्युक्त की तरह ही, इसकी भी संभावना प्रायः नहीं है। (3) उदयनारायण तिवारी संस्कृत कल्पित रूप *एताषाम् से इसे जोड़ते हैं। कहना न होगा कि इसमें 'न' का विकास स्पष्ट नहीं है। यद्यपि इस प्रकार कुछ उदाहरण पालि-प्राकृत में मिलते हैं। वस्तुतः इसकी व्युत्पत्ति अनिश्चित है। ग्यारहवीं सदी से इसका प्रयोग मिलने लगता है।

इन्हें–(1) वर्मा इसे 'इन्ह' का विकृत कहते हैं, किन्तु अकारांत का विकृत एकारान्त होता है (लड़का-लड़के)। (2) मेरे विचार में 'इन्ह' (अप० एण से महाप्राणीकरण से) हमें, तुम्हें के सादृश्य पर ऐसा बन गया है। मध्यकाल के बाद यह प्रयोग में आया है।

इन्हों–यह 'ने' के पहले आता है। इसकी व्युत्पत्ति पर विचार नहीं किया गया है। मेरे विचार में 'इन्ह' तो वही है जो अपभ्रंश में मिलता है तथा 'नों' संज्ञा के विकारी रूपों (लड़कों की तरह) का प्रभाव है। इसका प्रयोग काफ़ी बाद में मिलता है।

प्रश्नवाचक सर्वनाम

	एक०	बहु०
अविकारी रूप	कौन, क्या	X
विकारी रूप	किस	किन, किन्ह, किन्हा

अविकारी बहुवचन में कौन-कौन, क्या-क्या या कौन लोग आदि का प्रयोग होता है।

कौन–इसका विकास कामताप्रसाद गुरु, श्यामसुन्दरदास सं० 'क' से मानते

हैं। बाद के सभी विद्वानों ने इसे सं० 'कः पुनः' का विकास माना है—सं० कः पुनः > पा० कोपत > अप० कवण > हि० कौन। ग्यारहवीं सदी से 'कौन' का प्रयोग मिलता है।

क्या—(1) कामताप्रसाद गुरु 'क्या' को सं० किम् से जोड़ते हैं। इस विकास में अर्थ के स्तर पर तो समानता है, किन्तु 'किम्' से 'क्या' के ध्वन्यात्मक विकास की सम्भावना नहीं है। (2) प्लाट्स सं० कीदृश > केद्दहो > केहो > किहा > किया > क्या रूप में विकास मानते हैं। (3) प्राकृतों में मुझे क्या के अर्थ में किस्सा, कीआ रूप मिले हैं, जिससे क्या का विकास सरलता से हो सकता है, और किस्सा, का सम्बन्ध सं० *कस्य से संभावित है। अर्थात् विकास हुआ *किस्य (सं० कस्य के स्थान पर बोलचाल का रूप रहा होगा) + कः (स्वार्थे) > प्रा० किस्सा > *कीसा > किआ > क्या। इसका आशय यह हुआ कि प्राकृत से तो विकास स्पष्ट है, उसके ऊपर दिए गए कल्पित रूप की संभावना हो सकती है। दे० नीचे 'किस'।

किस—'किस' की व्युत्पत्ति के बारे में मुख्य मत दो हैं—(1) बीम्स, केलॉग, चटर्जी, धीरेन्द्र वर्मा, उदयनारायण तिवारी इसे संस्कृत 'कस्य' से जोड़ते हैं—संस्कृत कस्य > प्राकृत किस्स > हिन्दी किस। (2) मेरी आपत्ति यह रही है कि 'क' का 'कि' कैसे हो गया। वस्तुतः मेरे विचार में ब.लचाल में संस्कृत में एक किस्य रूप भी रहा होगा। इसके पक्ष में दो तर्क हैं—(क) एक तो यह कि पालि में किस्स रूप प्राप्त है जो सं० किस्य से ही निकल सकता है। (ख) दूसरे, मूल भारोपीय भाषा में 'क' के अतिरिक्त 'कि' मूल की भी संभावना है जो सं० 'किम्' फ़ा० 'चिय', लेटिन quis जर्मन hui आदि से स्पष्ट है। ऐसी स्थिति में 'क' से कस्य के समानान्तर 'कि' 'से' 'किस्य' का होना सर्वथा संभव है। अर्थात् मेरे अनुसार किस का विकास है—सं० *किस्य, पालि किस्स, अप० किस, हि० किस। परवर्ती अपभ्रंश से ही यह प्रयोग में है।

किन—(1) बीम्स तथा धीरेन्द्र वर्मा संस्कृत 'केषां' के स्थान पर संज्ञा शब्दों (जैसे बालकानां) के सादृश्य पर बने संस्कृत कल्पित रूप *कानां (> प्राकृत केणां > किन) से 'किन' का विकास मानते हैं, किन्तु (2) डॉ० उदयनारायण तिवारी संस्कृत केषाम् > प्राकृत काणं > काण (पालि किस्स के प्रभाव से), किण > किन रूप में इसे विकसित कहते हैं। (3) मेरे विचार में संज्ञा के बालकानाम् जैसे रूपों से प्रभावित बोलचाल की संस्कृत के कल्पित रूप* केषानाम् (केषां पर आनाम् के प्रभाव से बना) से यह (> पा० केसानं > प्रा० केणं > अप० किण > हि० किन) से निकला है। पालि में प्राप्त रूप 'केसानं' जिससे 'किन' के विकास की पूरी सम्भावना है, सं० 'केषानाम्' से ही निकल सकता है और 'केषानाम्' का अस्तित्व उपयुक्त रूप में असंभव नहीं है। प्रथम दो मतों में आ > ए तथा ष > ण विकास बहुत संभव नहीं है। 11वीं सदी से यह प्रयोग में है।

किन्हें–(1) वर्मा 'किन्ह' में विकारी चिह्न 'ए' से मानते हैं। (2) मेरे विचार में ऐसा संभव नहीं है। अप० किण (+ ह) से हमें, तुम्हें आदि के सादृश्य पर किन्हें बना है। 17वीं सदी के बाद से यह प्रयोग में है।

किन्हों–ऊपर देखिए 'उन्हों'। इसका प्रयोग काफ़ी बाद में शुरू हुआ।

सम्बन्धवाचक सर्वनाम

	एक०	बहु०
अविकारी रूप	जो	×
विकारी रूप	जिस	जिन, जिन्हें, जिन्हों

अविकारी रूप बहु० में 'जो-जो' या 'जो लोग' का प्रयोग होता है।

जो–इसकी व्युत्पत्ति के विषय में कोई विवाद नहीं है। सभी लोग इस बात से सहमत है कि संस्कृत यः से इसका विकास हुआ है–संस्कृत यः > पालि यो > प्राकृत जो > अपभ्रंश जो > हिन्दी जो। हिन्दी में इसका प्रयोग प्रारम्भ हो रहा है।

जिस–इसका सम्बन्ध स्पष्ट ही 'यस्य' से है, किन्तु इसके विकास के सम्बन्ध में थोड़ा मतभेद है–(1) बीम्स तथा उदयनारायण तिवारी संस्कृत यस्य > प्राकृत जस्स > हिन्दी जिस रूप में मानते हैं, तो (2) धीरेन्द्र वर्मा संस्कृत यस्य > जस्स, जिस्स > जिस रूप में। वस्तुतः समस्या 'इ' के आने की है। (3) मुझे प्राकृत में **'जिस्स'** रूप मिला है। लगता है पालि में प्राप्त रूप 'किस्स' के प्रभाव से सं० यस्य, पा० यस्स, प्राकृत में जाकर जिस्स, जिस्सा हो गया। अर्थात् विकास हुआ–सं० यस्य > पा० यस्स > प्रा० जिस्स (किस्स के प्रभाव से; ऊपर दे० किस) > हि० जिस। ग्यारहवीं सदी से यह प्रयोग में है।

जिसे–(1) वर्मा : जिस + ए। (2) मेरे विचार में 'जिस' का विकास 'तुझे' आदि के सादृश्य से। सोलहवीं सदी से प्रयोग में है।

जिन–इसकी व्युत्पत्ति (1) बीम्स तथा वर्मा संस्कृत सम्बन्ध कारक बहुवचन के येषां के स्थान पर संज्ञा शब्दों के सादृश्य पर बने कल्पित रूप *याना (> प्राकृत जाणं > जिन) से मानते हैं। (2) उदयनारायण तिवारी सं० येषाम् > प्राकृत जाणं > हि० जिन रूप में विकास मानते हैं। 'जाणं' से 'जिन' का विकास (आ > इ) सामान्यतः सम्भव नहीं है। (3) मेरे विचार में संज्ञा शब्दों के बालकानाम् जैसे रूपों से प्रभावित येषां के स्थान पर बोलचाल की संस्कृत में प्रचलित रूप *येषानाम् (> पा० येसानं > जिण, जिण्हं > जिन, जिन्ह) से इसका विकास हुआ है। मेरे अनुमान के पक्ष में ये बातें कही जा सकती हैं–(क) अकारांत संज्ञाओं के बहुप्रयोग के कारण ऐसे प्रभाव संभावित हैं। इसे बीम्स, चटर्जी आदि ने अनेक व्युत्पत्तियों में माना है। (ख) येषां पर आनाम् के प्रभाव से येषानाम् रूप बन सकता है। (ग) पालि में प्राप्त

रूप येसानं से सरलता से निकल सकता है। (घ) येसानं से जिन, जिन्ह का विकास स्पष्ट है। 11वीं सदी से ही इसका प्रयोग मिलने लगता है।

जिन्हें–(1) वर्मा–विकृत रूप। (2) मेरे विचार में 'जिन्ह' हमें, तुम्हें के सादृश्य से। (दे०–पीछे उन्हें, इन्हें, किन्हें आदि)। मध्यकाल के बाद से यह 'प्रयोग' में मिलता है।

जिन्हों–इसका प्रयोग 'ने' के पहले होता है। इस पर विचार नहीं हुआ है। मेरे विचार के लिए दे० पीछे 'उन्हों'। इसका प्रयोग आधुनिक काल में होने लगा है।

अनिश्चयवाचक सर्वनाम

	एक०	बहु०
अविकारी	कोई, कुछ	×
विकारी रूप	किसी	किन्हीं

अविकारी बहु० में कोई-कोई या कुछ लोग का प्रयोग होता है।

कोई–इसकी व्युत्पत्ति के सम्बन्ध में सभी लोग सहमत हैं–संस्कृत कोऽपि (कः अपि) > पालि को पि > प्राकृत को वि > अपभ्रंश कोई > हि० कोई।

कुछ–कुछ की व्युत्पत्ति विवादास्पद है–(1) बीम्स संस्कृत किंचित् के स्थान पर संभावित प्रयुक्त कल्पित रूप *कञ्चित (कत् × चित) से 'कुछ' का सम्बन्ध जोड़ते हैं। 'च' का 'छ' कैसे हो गया, उन्होंने स्पष्ट नहीं किया है। (2) धीरेन्द्र वर्मा संस्कृत कश्चिद् > प्राकृत कल्पित रूप *कच्छु > कुछ रूप में इसका विकास देते हैं। इस मत में 'श' के प्रभाव से 'च' के 'छ' के विकास की संभावना तो है, किन्तु 'कश्चिद्' और 'कुछ' के अर्थ में अन्तर है। (3) मुझे इसका विकास इस रूप में कुछ संभावित लगता है–संस्कृत किंचित् > शिलालेखी प्राकृत किंचि > किंछि (कश्चिद् > कल्पित रूप *कच्छि का प्रभाव) > कल्पित रूप *किच्छ > किच्छु (अपभ्रंश की उकार-बहुला प्रवृत्ति) > किछु (भोजपुरी में प्राप्त रूप), कछु (पुरानी हिन्दी में प्राप्त) > कुछ। वस्तुतः इसकी व्युत्पत्ति संदिग्ध है। यों अन्तिम मत की संभावना ही हो सकती है। 14वीं सदी के पूर्व तक 'कछु' का प्रयोग मिलता है। बाद में 'कुछ' का प्रयोग होने लगा।

किसी–प्रमुख मत निम्नांकित हैं–(1) धीरेन्द्र वर्मा संस्कृत कस्यापि से 'किसी' को निकला मानते हैं। (2) उदयनारायण तिवारी संस्कृत कस्यापि (प्राकृत कस्सवि > कस्सइ > किसी) से इसका सम्बन्ध जोड़ते हैं। (3) पालि में किस्सापि रूप प्राप्त है, अतः संस्कृत में इसका पूर्व रूप *किस्यापि होगा। इसीलिए मेरे विचार में सं० *किस्यापि > पा० किस्यापि > प्रा० *किस्यवि > अप० *किस्सइ > हि० किसी रूप में इसका विकास हुआ है। ('किस्यापि' के 'किस्य' के लिए ऊपर देखिए 'किस')।

किन्हीं–(1) वर्मा ने इसकी व्युत्पत्ति अनिश्चित मानी है। (2) उदयनारायण तिवारी इसे केषामपि (> *कानापि, प्रा० काणंवि, काणंपि > काणइ > किन्हीं, करण विभक्ति भिः > हि के संयोग से तथा पालि किस्य के प्रभाव से) से जोड़ते हैं। (3) मेरे विचार में केषां के स्थान पर प्रयुक्त केषानाम् (आनाम् के प्रभाव से) से बने रूप *केषांनामपि से इसका विकास अधिक संभव है। तिवारी जी के मत की 'न' की समस्या भी इस रूप से सुलझ जाती है, तथा जिन (दे०), किन (दे०) में व्यक्त संभावनाओं से भी इसका मेल खाता है।

यों इसकी भी मात्र संभावना ही हो सकती है। सनिश्चय कुछ कहना कठिन है। यों एक संभावना और भी हो सकती है–'किसी' आदि रूप तो प्राचीनकाल से मिलते हैं, किन्तु किन्हीं का कोई बहुत पुराना प्रयोग मुझे नहीं मिला। असंभव नहीं कि आधुनिक काल में किन + ही के साथ प्रयोग से अभी, जभी या इसी-उसी की तरह 'किन्हीं' रूप बन गया हो। किन्हीं कि अनुनासिकता 'न्ह' के कारण है। इसका पुराना प्रयोग मुझे नहीं मिला।

निजवाचक सर्वनाम

आप–इसका विकास सं० आत्म से हुआ है–सं० आत्म > प्रा० अप्प > हि० आप। सभी लोग इससे सहमत हैं। आपका प्रयोग आदिकाल से ही मिलने लगता है।

अपना–(1) इसका विकास वर्मा जी प्रा० अप्पाणो, अप० अप्पाणु से मानते हैं। (पिशेल के अनुसार इसे कल्पित सं० रूप *आत्मानक, प्रा० अप्पणअ) से बनना चाहिए। (2) वस्तुतः 'अपना' रूप सम्बन्ध कारक का है और आप से संबद्ध है, अतः मेरे विचार में 'आप' से मूल 'आत्म' के सम्बन्धकारकीय रूप सं० आत्मनः, प्रा० अप्पणो, अप्पणा, अप० अप्पणा, परवर्ती अपभ्रंश अपना हि० अपना रूप में इसका विकास काफ़ी स्पष्ट है। इसका प्रयोग हिन्दी में प्रारम्भ से ही मिलता है।

आपस–प्रा० में इसका रूप आप्पस्स मिलता है, अतः सं० में इसका मूल रूप आत्मस्य होना चाहिए, जो मिलता नहीं। लगता है कि षष्ठी एक० के बालकस्य जैसे अकारांत शब्दों के रूपों के प्रभाव से बोलचाल में 'आत्मनः' (षष्ठी एक०) के स्थान पर 'आत्मस्य' रूप प्रचलित रहा होगा। इस तरह मेरे विचार में सं० *आत्मस्य > प्रा० अप्पस्य > हि० आपस रूप में यह विकसित हुआ है। बीम्स, वर्मा, तिवारी आदि ने इसका विकास नहीं दिया है। चंदबरदाई से ही इसका प्रयोग मिलने लगता है।

सो–इसका प्रयोग 'वह' के स्थान पर कभी-कभी होता है। पहले सो, जिस, तिन, आदि का प्रयोग होता था। सं० सः > पा० प्रा०, अप० सो हि० सो रूप में यह विकसित है। इसका प्रयोग प्राचीन काल से ही हिन्दी में हो रहा है।

सर्वनामों के प्रयोग

प्रारम्भ में इनके सामान्य प्रयोग होते थे। आगे चलकर इनके प्रयोग में तीन नई बातें आईं–

(1) बहुवचन का 'तुम' एकवचन में प्रयुक्त होने लगा और बहुवचन में 'तुम लोग', 'तुम सब' प्रयोग में आ गए।

(2) आप का बहुवचन 'आप लोग' का प्रयोग चला।

(3) आदर के भाव के लिए यह, वह, जो, कौन, के बहुवचन के ये, वे, इन्हें, उन्हें, जिन्हें, किन्हें आदि एकवचन में प्रयुक्त होने लगे और बहुवचन के लिए 'ये लोग', 'वे लोग', 'इन लोगों', 'उन लोगों' जैसे रूपों का प्रयोग होने लगा। यह मध्यकालीन फ़ारसी प्रभाव था।

12

विशेषणों का विकास

विशेषणों में परिवर्तन

संस्कृत में, विशेषण में विशेष्य के अनुसार लिंग, वचन, कारक में परिवर्तन होते थे। विधान है—यल्लिगं यद्वचनं या च विभक्तिर्विशेष्यस्य, तल्लिगं तद्वचनं सैव विभक्तिर्विशेषणस्यापि जैसे सुन्दरः नरः, सुन्दरं पुष्पम्; अनेन शोभनेन नरेण, अनया शोभनया स्त्रिया आदि। पालि, प्राकृत, अपभ्रंश में भी यह बात है, किन्तु धीरे-धीरे समय के साथ इसमें शिथिलता आती गई और हिन्दी में आकर आकारांत शब्दों को छोड़कर इस प्रकार का परिवर्तन समाप्त (कुछ फ़ारसी प्रभाव) हो गया। 'रूपवान पुरुष', 'रूपवती स्त्री', 'सुन्दर पुरुष', 'सुन्दरी स्त्री' जैसे प्रयोग अपवाद हैं। प्रायः लोग 'सुन्दर स्त्री' आदि ही कहते हैं।

आकारांत विशेषण में अवश्य ऐसा परिवर्तन मिलता है : **-आ** पु० एक० अविकारी (अच्छा घोड़ा गया, बड़ा लड़का आया); **-ए** : पु० एक० विकारी (अच्छे लड़के को बुलाओ, अच्छे घोड़े गए, अच्छे हाथियों को रोक लो, बड़े लड़कों को जाने दो); **-ई** : स्त्री०(लम्बी लड़की जीत गई, लम्बी लड़कियाँ जीत गईं, लम्बी लड़की को बुलाओ, लम्बी लड़कियों को बुलाओ)। आकारांत विशेषण क्रमशः -आँ, -एँ, -ईं अंत्य होते हैं। बायाँ लड़का, बाएँ लड़के को बाईं लड़की।

तरार्थी विशेषण

संस्कृत में इसके लिए तर (गुरुतर, महत्तर, सुन्दरतर), ईयान् (पटीयान् = अधिक पटु, लघीयान् = लघुतर, म्रदीयान् = मृदुतर) प्रत्यय का प्रयोग करते थे। हिन्दी में 'ईयान्' का प्रयोग बिल्कुल नहीं होता, किन्तु 'तर' वाले कुछ शब्द (लघुतर, मृदुतर, महत्तर, गुरुतर, सुन्दरतर आदि) अवश्य आते हैं। इसी प्रकार 'बदतर', 'बेहतर', जैसे कुछ 'तर' प्रत्यय वाले शब्द फ़ारसी परम्परा से भी हिन्दी में आए हैं। किन्तु हिन्दी का प्रकृत नियम है 'से' (तुम से बुरा, राम से बड़ा, सीता से सुन्दर), 'से कहीं' (तुम

से कहीं बुरा, राम से कहीं बड़ा, सीता से कहीं सुन्दर), 'से अधिक' (सीता से अधिक सुन्दर), 'से ज्यादा', 'से कहीं अधिक', 'से कहीं ज्यादा' आदि से तुलना का भाव प्रकट करना। 'तर' वाले शब्द मूलतः प्राचीन देशी या विदेशी परम्परा के अवशेष ही हैं।

तमार्थी विशेषण

संस्कृत में तम (महत्तम, प्रियतम, लघुतम) या इष्ठ (गरिष्ठ, ज्येष्ठ, कनिष्ठ, वरिष्ठ, बलिष्ठ, श्रेष्ठ, पापिष्ठ) प्रत्यय का प्रयोग होता था। हिन्दी में इन दोनों का प्रयोग बहुत सीमित रह गया है–यह सुन्दरतम है, वह श्रेष्ठ है। फ़ारसी 'तरीन' (बेहतरीन) का प्रयोग भी एकाध शब्दों तक ही सीमित है। कुछ तमार्थी विशेषणों में तो फिर प्रत्यय जोड़कर (श्रेष्ठतम) भी उनका प्रयोग करते हैं। कुछ तमार्थी विशेषण सामान्य विशेषणों की भाँति प्रयुक्त (वह लड़का बहुत बलिष्ठ है, यह भोजन बड़ा गरिष्ठ है) होते हैं। तमार्थी भाव के लिए हिन्दी में सामान्यतः 'सबसे' (सबसे अच्छा), 'सबसे अधिक' (सबसे अधिक भद्दा), 'सबसे ज्यादा', 'सबसे बढ़कर', 'सबमें' आदि का प्रयोग होता है।

सदृशता

इसके लिए हिन्दी में 'सा' (सम > सवँ > सअँ > सा), 'जैसा' (< जइस < यादृश) 'सदृश' (सं०) तथा 'सरीखा' (सदृश ?) आदि का प्रयोग होता है। आकारांत के रूपांतर उपर्युक्त की भाँति -ए, -ई रूप में होते हैं।

संख्यावाचक विशेषण

हिन्दी आदि आधुनिक आर्य भाषाओं में, संख्यावाचक विशेषण ध्वनि की दृष्टि से बहुत अधिक समान हैं। अन्य प्रकार के शब्दों में ध्वन्यात्मक असमानता तथा इनमें ध्वन्यात्मक समानता आश्चर्य में डाल देने वाली है। कम ही शब्द ऐसे हैं जिनमें कुछ उल्लेख्य [सौ–मराठी शंभर; दो–गुजराती बे, मराठी दोन; ग्यारह–पंजाबी (कुछ क्षेत्रों में) याराँ अड़सठ–पंजाबी आदि] अन्तर हैं। प्रश्न उठता है कि इस एकरूपता का कारण क्या है? डॉ० चटर्जी का अनुमान है कि विभिन्न भाषाओं में संख्यावाचक शब्द संस्कृत से विकसित होते तत्स्थानीय मध्यकालीन भारतीय आर्यभाषा से होकर नहीं आए हैं, अपितु मध्यकाल में किसी परिनिष्ठित भाषा के संख्यावाचक शब्द ही पूरे आर्य भाषा-भाषी प्रदेश पर छा गए और स्थानीय प्राकृतों के अपने शब्दों को उन्होंने समाप्त कर दिया, इस प्रकार अन्य शब्द जहाँ संस्कृत काल से परिवर्तित होते आ रहे हैं, संख्यावाचक शब्द प्राकृत काल से ही अलग-अलग विकसित हुए हैं। इस रूप में अपेक्षाकृत कम समय के कारण इनमें परिवर्तन कम हुआ है। डॉ० चटर्जी

का यह भी अनुमान है कि सम्भवतः वह मध्यकालीन भाषा पालि थी, जिसने इस क्षेत्र में सबको प्रभावित किया। किन्तु जैसा कि उन्होंने भी कहा है, पालि की संख्याओं को सभी संख्याओं का आधार नहीं माना जा सकता, न सभी ध्वन्यात्मक विशेषताओं को पालि के आधार पर स्पष्ट ही किया जा सकता है।

मैं डॉ० चटर्जी के उपर्युक्त अनुमानों से सहमत नहीं हूँ। किसी भाषा ने इस रूप में केवल संख्याओं–वह भी एक नहीं, अपितु अधिकांश या सभी–को प्रभावित किया हो, या उनका समानन किया हो, ऐसा इतिहास में कभी हुआ नहीं, और न इसके लिए पर्याप्त कारण ही हैं। मेरे विचार में यह समानता ऊपर से लादे गए नये रूपों के कारण नहीं है, जैसा कि डॉ० चटर्जी मानते हैं, अपितु अन्तःक्षेत्रीय व्यापार के फलस्वरूप, अन्य शब्दों की तुलना में, संख्याओं में विकास या परिवर्तन के कम होने के कारण है, तुर्की वर्ग की भी कई भाषाओं में इस प्रकार की समानता मिलती है। यहाँ मुख्य संख्यावाची विशेषणों के विकास को संक्षेप में देखा जा सकता है।

(क) पूर्णांक संख्यावाचक

एक–सं० एक > पा० एक > प्रा०, अप० एक्क > अप० एक > हि० एक। एक के विभिन्न रूप इक (31, 41, -हरा, -तरफ़ा आदि), अक (अकेला), ग्य (11) हैं जो एक से ही विकसित हैं–ए > इ > अ। 'ग्य' का ग एक के क का घोषीकृत रूप है तथा य एक के 'ए' से सम्बद्ध है।

दो–सं० द्वौ, पा० द्वे, दुबे, प्रा० दो, अप० वे, वे हि० दो। स्पष्ट ही पा० तथा अप० के रूप हि० के पूर्व रूप नहीं हैं। सं० द्वौ, प्रा० दो से उसका सम्बन्ध है। दु (धारी), दू (दूना) दो से विकसित हैं, तो वा, द्वा (द्वादश आदि के) में द के लोप से व से विकसित हैं।

तीन–सं० त्रीणि > पा० तिणि > प्रा० तिण्णि > अप० तिण्ण > हि० तीन। तिन (-तरफ़ा), ते (-हरा, 13, 23), तैं (33) तीन से ही विकसित हैं। तिर (53, 63 आदि), त्रे (53), त्रि (त्रिपंचाशत् आदि) के विकास हैं।

चार–सं० चत्वारि > पा०, प्रा० चत्तारि > अप० चयारि, चापि > हि० चार। चौ (14, 24 आदि), चौं (34, 64), चौर (84) आदि चार के विकास न होकर सं० चतुर् > चउर > चौर > चौ आदि हैं। चौं की अनुनासिकता 35, 65 के प्रभाव के कारण है।

पाँच–सं० पा०, प्रा० पंच > अप० पाँच > हि० पाँच। पंच (-मेल, -गुना) पच (75, 55, 85), पिच (75, 85, 15) पाँच के रूपांतर हैं। 'पिच' की इ पास की संख्याएँ (73, 83, 93) के प्रभाव से हैं। पंच का प्रा० पन्न > हि० पन (15) का विकास असामान्य है। पैं (35, 45, 65) पंच में च के लोप और य -श्रुति के

आगम से हुआ है–पंच > पयँ > पैं।

छः–सं० षट् > प्रा० अप० > छह > हि० छ, छह। ष से छ के विकास को डॉ० धीरेन्द्र वर्मा अस्पष्ट मानते हैं। टर्नर षट् से छह के विकास को असंभव मानकर मूल शब्द *क्षट् या क्ष्वट् कल्पित करते हैं। चटर्जी मूल शब्द के रुप में सं० *क्षष् या *क्ष्वष् की कल्पना करते हैं। मेरे विचार में असामान्य होते हुए भी ष से ही छ का विकास हुआ है। वस्तुतः शकट का छकड़ा, शिक्या का छीका, सज्ज का छाज आदि पचासों उदाहरणों (प्राकृत, नेपाली, हिन्दी की बोलियों आदि में) में ऊष्म का छ मिलता है। ऐसी स्थिति में सभी शब्दों के लिए कल्पित शब्द बनाना वैज्ञानिक नहीं है, और ष (जो बाद में उच्चारण में श हो गया था) से ही छ निकला है। छः के रूपान्तर छ तथा सो (षोडश > सोलह) हैं।

सात–सं० सप्त > पा०, प्रा०, अप० सत्त > हि० सात। सत (17, 27 आदि) सात का रूपान्तर है। सड़ या सर (67) में ड़, र सत के 'त' (> ट > ड > ड़ > र) के विकास हैं।

आठ–सं० अष्ट > पा०, प्रा०, अप० अट्ठ > हि० आठ। अठ (18, 28 आदि) आठ का रूपान्तर है। अड़ या अर (38, 48, 68) में ड़, र आठ के ठ (> टड > ड़ > र) के विकास हैं।

नौ–सं०, पा० नव > प्रा०, अप० णव > हि० नव (89), नौ। निन्या (99) 'नौ' से सम्बद्ध है, किन्तु इसका विकास अस्पष्ट है। नौ से केवल 89, 99 बने हैं। 19, 29, 39, 49, 59, 69, 79, में 'उन' का अर्थ 'एक कम' (सं० एकोन > उन) है।

दस–सं० दश > पा० दस > प्रा० दस, दह (स > ह), रह (द > ड > ड़ > र) लह (द > ड > ळ > ल), अप० दस तथा अन्य प्राकृत रूप > हिन्दी दस, दह (14), रह (11, 12, 13, 17, 18), लह (16)। 15 में द + र (दह + रह) हैं।

बीस–सं० विंशति (मेरे विचार से सं० में मूलतः द्विंशति रहा होगा), पा० वीसति > प्रा० बीसइ > अप० बीस > हि० बीस। ब्बीस (26), ईस (19, 22) आदि इसी के रूपान्तर हैं। 19 = उन (एक कम) + ईस।

तीस–सं० त्रिंशत् > पा० तिंसति > प्रा०, अप० तीस > हि० तीस। 29 = उन + तीस।

चालीस–सं० चत्वारिंशत् > पा० चत्ताळीसति > प्रा० चत्तालीस > अप० चालीस > हि० चालीस। प्रा० चत्तालीस से च के लोप से 'तालीस' (39, 41, 43, 45, 47, 48) तथा त के लोप से 'चालीस' और दोनों के लोप से 'आलीस' (42, 44)। 44, 42, के 'य' तथा 'व' श्रुति हैं।

पचास–सं० पंचाशत् > पा० पञ्ञासा, *पंचासा > प्रा०, अप० पंचास > हि०

पचास। 'चास' (49) 'प' के लोप से। पंचाशत् > पञ्चासा > पणासा > पण > पन (53, 55, 56) > वन (51, 52, 54, 57, 58) रूप में पन, वन विकसित हैं।

साठ–सं० षष्ठि > पा०, प्रा० अप० सट्ठि > अप० सट्ठ > हि० साठ, सं० (59, 61) आदि। सड़ (67) का ड़ ठ > ट > ड > ड़ रूप में विकसित हैं।

अस्सी–सं० अशीति > प्रा० असीति > प्रा० असीइ > अप० अस्सी > हिन्दी अस्सी, आसी (79, 81, 82 आदि)।

सत्तर–सं० सप्तति > पा० सत्तति, सत्तरि > प्रा० सत्तरि > अप०, हि० सत्तर। हत्तर (69, 71, 72 आदि में) में 'ह' स का परिवर्तित रूप है। त का र त > ट > ड > ड़ > र रूप में हुआ ज्ञात होता है।

नब्बे–सं०, पा० नवति > प्रा०, अप० णवह > हि० > नब्बे, नवे (91, 92 आदि में)।

सौ–सं० शत > पा० सत > प्रा० सत, सअ, सय (य-श्रुति) > अप० सउ (सअ > सव 'व' श्रुति > सउ) > हि० सौ (सउ से), सै (सय से, सैकड़ा में)।

हजार–फ़ारसी से आया है।

लाख–सं० लक्ष > प्रा० लक्ख > हि० लाख, लख (लखपती)।

करोड़–सं०, पा० कोटि > प्रा०, अप० कोडि > हि० करोड़। 'र' कहाँ से आ गया? (1) डॉ० वर्मा जी इसे अस्पष्ट मानते हैं। कहते हैं कि सम्भव है 'कोटि' के आधार पर गढ़ लिया गया हो। (2) डॉ० चटर्जी संस्कृत रूप देने की प्रवृत्ति से कोटि से करोड़ मानते हैं। (3) मेरे विचार से दर्जन, श्राप आदि की तरह करोड़ में 'र' का आगम है। (एक से सौ तक की संख्याओं का अलग-अलग विकास इस माध्यम के अन्त में दिया गया है)।

(ख) अपूर्णांकबोधक

पाव–सं० पाद > प्रा० पाओ > अप० पाउ > हि० पाव।

चौथाई–सं० चतुर्थिक > प्रा० चउत्थिअ > हि० चौथाई (तिहाई के सादृश्य पर)।

तिहाई–सं० त्रिभागिक > प्रा० तिहाइअ > हि० तिहाई।

आधा–सं० अर्ध > अद्ध, आध, आधा।

पौन–सं० पादोन > प्रा० पाओण > अप० पाउण > हि० पौन, पौना।

सवा–सं० सपाद > प्रा० सवाअ > हि० सवा।

साढ़–सं० सार्ध > प्रा० सड्ढ > साढ़ साढ़े (विकारी रूप के सादृश्य पर)।

डेढ़–सं० द्वयर्ध या द्विकार्ध, प्रा० दिवड्ढ > अप० दिअड्ढ > हि० डेढ़।

ढाई–अर्धतृतीय > अड्ढइअ > ढढ़ाई > ढाई।

(ग) क्रमसंख्यावाचक

पहला–(1) पिशेल ने 'प्रथिल' की कल्पना की थी। उसी से डॉ० वर्मा पहला को विकसित मानते हैं। (2) डॉ० उदयनारायण तिवारी सं० प्रथम > प्रा० पढम + इल्ल > पढिल्ल > पहिल रूप में विकास दिखलाते हैं। (3) मुझे अर्धमागधी में इसका रूप मिला है पढमिल्लग, जो सं० प्रथम + इल (स्वप्निल, फेनिल आदि का प्रत्यय) + क (स्वार्थे) से संबद्ध जान पड़ता है–प्रथम + इल + क > प्रा० पढमिल्लग > अप० पहिलअ > हि० पहिला, पहला। दूसरे-तीसरे मत वस्तुतः प्रायः एक ही हैं। यही विकास संभावित है।

दूसरा, तीसरा–इनमें 'दू', 'ती' तो 'दो', 'तीन' से सम्बद्ध हैं। 'सरा' को लेकर विवाद है। (1) बीम्स इसे सं० सृतः से जोड़ते हैं–द्विसृतः > दूसरा, त्रिसृतः > तीसरा। (2) चटर्जी 'सर + आ' प्रत्यय मानते हैं। (3) मेरे विचार में सं० तिसृ से स्त्री में जो रूप तिस्रः, तिसृभिः आदि बनते हैं, उन्हीं के स्र, सृ से तीसरा के 'सर' का सम्बन्ध है। अर्थात् तृतीय के स्थान पर *तिसृतीय से 'तीसरा' बना होगा। 'दूसरा' इसी के सादृश्य पर बना है। वस्तुतः 'सरा' के विषय में सनिश्चय कुछ कहना कठिन है।

चौथा–सं० चतुर्थ > चउत्थ > चौथ (ा)।

पाँचवाँ–सं० पंचम > पाँचव (ाँ)। बीम्स ने इसे पंचतम से माना है, किन्तु वह मान्य नहीं है। इसी प्रकार सप्तम से सातवाँ, अष्टम से आठवाँ, शतम से सौवाँ आदि।

छठा–सं षष्ठ > प्रा० छट्ठ > छठ (ा)। छठाँ, छठवाँ, छवाँ 'पाँचवाँ' के सादृश्य पर बने हैं जो कभी-कभी प्रयुक्त होते सुने जाते हैं।

(घ) सार्वनामिक विशेषण

हिन्दी आदि आधुनिक भारतीय आर्यभाषाओं में कुछ ऐसे विशेषण हैं, जो सर्वनाम मूलों पर आधारित हैं तथा जो सर्वनाम, विशेषण एवं क्रियाविशेषण के रूप में काम करते हैं।

सर्वनाम मूल	**परिमाणवाचक**	**गुणवाचक**
य (ह), इ	इतना, इत्ता	ऐसा
व (ह), उ	उतना, उत्ता	वैसा
क (कौन, क्या)	कितना, कित्ता	कैसा
ज (जो)	जितना, जित्ता	जैसा
त (तिन, तिस)	तितना, तित्ता	तैसा

परिमाणवाचक

(1) हार्नले, बीम्स, केलॉग, डॉ० धीरेन्द्र वर्मा इनका सम्बन्ध इयत्, कियत्,

तावत्, यावत् से मानते हैं। इनके प्राकृत रूप एत्तिअ, केत्तिअ, तात्तिअ, जेत्तिअ हैं। बीम्स ने 'न' को लघुत्वबोधक प्रत्यय कहा है, जो अपना अर्थ खो चुका है। केलॉग तथा डॉ० वर्मा भी इससे सहमत हैं। इन लोगों में इतना, कितना, तितना, जितना तो लिए गए हैं, किन्तु 'उतना' रह गया है। (2) डॉ० चटर्जी और डॉ० तिवारी इनका सम्बन्ध सं० इयत्तक (> प्रा० एत्तिअ, एत्तअ > हि० इत्ता, इतना, 'न' के सम्बन्ध में डॉ० तिवारी भी बीम्स से सहमत हैं), प्रा० जेत्तिअ, सं० कियत्तक (> प्रा० केत्तिअ) से मानते हैं। 'तितना' को वे इतना आदि के समान सर्वनाम अंग 'ति' से मानते हैं। इसी प्रकार 'उतना' को भी 'इतना' आदि के समान 'उ' में त्तक > त्तिअ > ता, तना ('ना' प्रत्यय) लगाकर माना है। (3) इसमें कोई सन्देह नहीं कि मूलतः ये रूप सं० इयत्, कियत् आदि से ही सम्बन्धित हैं, किन्तु 'न' के सम्बन्ध में मैं उपर्युक्त विद्वानों से सहमत नहीं हूँ। बीम्स के आधार पर इसे केलॉग, डॉ० वर्मा तथा डॉ० तिवारी ने लघुत्वबोधक माना है, किन्तु मेरे विचार में यह लघुत्वबोधक न होकर या तो स्वार्थे है या विशेषणात्मक। वस्तुतः यह 'न' अकेला उदाहरण नहीं है। इन रूपों के विकास-काल में इनमें **न** (हिन्दी इतना, उतना आदि; पंजा० ऍन्ना, ओन्ना, किन्ना, जिन्ना; ब्रज० इतनौ, उतनौ, कितनौ, जितनौ; कनौ० इतनो, उतनो, कितनो, जितनो; अव० तथा बिहारी यतना, ओतना, जेतना, केतना, तेतना आदि), **र** (राज० इतरो, उतरो, जतरो, कतरो, ततरो; लहँदा इत्रा, कित्रा, जित्रा, ओत्रा आदि), **ल** (प्रा०, अप० के जेत्तिल, तेत्तिल, केत्तिल, केत्तुलु, इत्तुलु, इत्तिल आदि, लहँदा इत्तला, कित्तला आदि) तथा **क** (सिंहली केतेक; अवधी जेतिक, तेतिक, एतिक; भोज० अतेक, ओत्तेक, कतेक, ततेक; चन्द में कितकु; कितोकु, असमिया एतेक, जेंतेंक, केंतेंक, तेतेक आदि) प्रत्यय मिल गए हैं। मुझे लगता है कि ये चारों ही या तो स्वार्थे प्रत्यय थे या विशेषणात्मक। सं० में ये चारों विशेषणात्मक (पुरा + न = पुराण, समान; नम्र, कम्र, मुखर, उर्मिल, रोमक आदि) तथा स्वार्थे प्रत्यय (घोटक, बालक, पांडुर, मधुर आदि) रूप में आए हैं। परिनिष्ठित हिन्दी के दोनों (-ना, -ता) प्रकार के रूपों की व्युत्पत्ति निम्न प्रकार से मानी जा सकती है—

(क) सं० *इयत्त्यक (सर्वनाम मूल इ + यत् + विशेषण प्रत्यय त्य + क) > इयत्तक पा० *इत्तक > प्रा० इत्तअ > इत्ता; *यत्त्यक > *यत्तक > जेत्तअ, जित्तअ (य, तथा ए इत्तअ के प्रभाव से 'इ') > जित्ता, जेत्ता, *कियत्त्यक > *कियत्तक > पा० कित्तक > प्रा० कित्तअ > केत्तअ, केत्ता, कित्ता; *तत्त्यक > *तत्तक > पा० तत्तक > प्रा० *तत्तअ > प्रा० *तित्तअ, तेत्तअ (सादृश्य) > तेत्ता, तित्ता। 'उत्ता' (ओत्ता भी) हिन्दी-काल में उ, ओ से उपर्युक्त रूपों के सादृश्य पर बना ज्ञात होता है।

(ख) इन रूपों में 'न' प्रत्यय अतिरिक्त आ गया है। यह सं० 'न' प्राकृत में 'ण' होता आधुनिक भाषाओं में 'न' 'ण' हुआ है। सं० इत्तयक > प्रा० एत्तअ + न > इतनी, इतना, *कियत्तक > प्रा० केत्तअ + न > कितनो, कितना; तत्तक >

प्रा० तेत्तअ + न > तितनी, तितना; *यत्तक > प्रा० जेत्तअ + न > जितनो, जितना। 'उतना' 'उ' सर्वनाम से उपर्युक्त रूपों के सादृश्य पर बना है। अंत्य ओ, -आ या तो अन्य रूपों के सादृश्य पर हैं या कः के विकास हैं।

गुणवाचक

(1) बीम्स, केलॉग, डॉ० वर्मा, डॉ० तिवारी आदि सभी लोगों ने इनका सम्बन्ध सं०-दृश अंत्य रूपों से माना है, जैसे सं० कीदृश > प्रा० केरिसा > कैसा; सं० यादृश > प्रा० जरिया > जैसा; सं० एतादृश > प्रा० एदिस, एइस > ऐसा; तादृश > तैसा; *ओतादृश > वैसा। (2) मेरे विचार में इनका विकास कः -युक्त वर्धित रूपों से हुआ है–सं० कीदृश + कः > प्रा० केरिसा > अप० कइसा > कैसा; यादृश + कः > प्रा०, अप० जइसा > जैसा, तादृश + कः > प्रा०, अप० तइसा > तैसा, इदृश या एतादृश + कः > प्रा०, अप० अइसा > ऐसा। यों तादृश, यादृश के सादृश्य पर बने *कादृशकः (> कइसा), आदृशकः (> अइसा) से कैसा, ऐसा के विकास की सम्भावना प्रायः अधिक है। 'वैसा' का प्रयोग अपेक्षाकृत बहुत बाद में मिलता है, जिससे स्पष्ट है कि यह अन्यों के सादृश्य पर 'व' के आधार पर बना है।

एक से सौ तक की संख्याओं का संक्षिप्त विकास

1. सं० एक > पा० एक > प्रा० एक्क > अप० एक्क, एक (परवर्ती अप०) > हि० एक। 2. सं० द्वौ > प्रा० *दो > प्रा० दो > अप० *दो > हि० दो। 3. सं० त्रीणि > पा० तीणि > प्रा० तिण्णि > अप० तिण्णि, तिण्ण, तिन्नि, तीन > हि० तीन। 4. सं० चत्वारि > पा० चत्तारि > प्रा० चत्तारि > अप० चयारि, चारि > हि० चार। 5. सं० पंच > पा० पंच > प्रा० पंच > अप० पंच > हि० पाँच। 6. सं० षट् > पा० *छअ (छ) > प्रा० *छअ (छ) > अप० छह > हि० छः, छेः। 7. सं० सप्त > पा० सत्त > प्रा० सत्त > अप० सत्त > हि० सात। 8. सं० अष्ट > पा० अट्ठ > प्रा० अट्ठ > अप० अट्ठ > हि० आठ। 9. सं० नव > पा० नव > प्रा० नव, णव > अप० णव, नव > हि० नौ। 10. सं० दश > पा० दस > प्रा०, अप० दस (दह, डह, रह, लह भी) > हि० दस (दह, रह, लह भी)। 11. सं० एकादश > पा० एकादस, एकारस > प्रा० अप० एक्कारह, एग्गारह > हि० ग्यारह। 12. सं० द्वादश > पा० द्वादस, बारस > प्रा० बारस, बारह > अप० बारह > हि० बारह। 13. सं० त्रयोदश > पा० तेरस > प्रा० तेरस, तेरह > अप० तेरह > हि० तेरह। 14. सं० चतुर्दश > पा० चतुद्दस, चुद्दस, चोद्दस > प्रा० चउद्दस, चोद्दस, चोद्दह > अप० चउद्दह, चोद्दह > हि० चौदह। 15. सं० पंचदश > पा० पंचदस, पन्नरस, पण्णरस > प्रा० पण्णरस, पण्णरहो > अप० पण्णरह > हि० पन्द्रह। 16. सं० षोडश > पा० सोळस, सोरस > प्रा० सोळह > अप० सोळह, सोलह > हि० सोलह। 17.

सं० सप्तदश > पा० सत्तदस, सत्तरस > प्रा० सत्तरस सत्तरह > अप० सत्तरह > हि० सत्रह। 18. सं० अष्टादश > पा० अट्ठादस, अट्ठारस > प्रा० अट्ठारस, अट्ठारह > अप० अपट्ठारह > हि० अट्ठारह, अठारह। 19. सं० एकोनविंशति > ऊनविंशति > पा० एकूनवीस, एकूनवीसति > प्रा० ऊणवीसइ, ऊनवीसा, उनवीसइ, एगूणवीस > अप० एगूणवीस, *उणवीस > हि० उन्नीस। 20. सं० विंशति > पा० वीसति > प्रा० वीसइ, वीस > अप० वीस > हि० बीस। 21. सं० एकविंशति > पा० एकवीसति > प्रा० एक्कबीसअ, एक्कवीसा > अप० एक्कवीस > हि० इक्कीस। 22. सं० द्वाविंशति > पा० द्वावीसति, बावीसति, बावीस > प्रा० बावीस > अप० बावीस, बाइस > हि० बाइस, बाईस। 23. त्रयोविंशति > पा० तेवीसति, तेवीस > प्रा० तेवीस > अप० तेवीस, तेइस > हि० तेईस, तेइस। 24. सं० चतुर्विंशति > पा० चतुवीसति चतुवीस > प्रा० चउव्वीस, चउवीस > अप० चउवीस, चोबीस, चउविस > हि० चौबिस, चौबीस। 25. सं० पंचविंशति > पा० पंचवीसति, पचवीस > प्रा० पंचवीस > अप० पंचवीस, पचीस > हि० पच्चीस, पच्चिस, पचीस। 26. सं० षड्विंशति > पा० छब्बीसति > प्रा० छव्वीस > अप० छव्वीस > हि० छब्बिस, छब्बीस। 27. सं० सप्तविंशति > पा० सत्तवीसति > प्रा० सत्तावीसा > अप० सत्ताईसा, सत्ताईस > हि० सत्ताईस, सत्ताइस। 28. सं० अष्टाविंशति > पा० अट्ठावीसति > प्रा० अट्ठावीसा, अट्ठावीस > अप० अट्ठावीस, अट्ठाइस > हि० अट्ठाइस, अट्ठाईस। 29. सं० एकोनत्रिंशत्, ऊनत्रिंशत > पा० एकूनत्तिंसति > प्रा० अउणत्तीस > अप० उणत्तीस, उणतीस > हि० उन्तीस, उन्तिस, उनत्तिस। 30. सं० त्रिंशत् > पा० तिंसति > प्रा० तीस > अप० तीस > हि० तीस। 31. सं० एकत्रिंशत् > पा० एकतिंसति > प्रा० इक्कतीसा, इक्कत्तीस > अप० *इक्कत्तीस (एकत्रिस है) > हि० इकत्तीस, इकतीस, इकतिस। 32. सं० द्वात्रिंशत् > पा० द्वत्तिंसति, बत्तिंसति, बत्तिंस > प्रा० बत्तीसा, बत्तीस > अप० बत्तीस > हि० बत्तिस, बत्तीस। 33. सं० त्रयस्त्रिंशत् > पा० तेत्तिंसति > प्रा० तेत्तीसा, तेत्तिसं > अप० तेत्तीस, तेत्रिस > हि० तैंतिस, तैंतीस। 34. सं० चतुस्त्रिंशत् > पा० चतुत्रिंसति > प्रा० चोत्तीसं, चोतीसं > अप० चउतीस > हि० चौंतिस। 35. सं० पंचत्रिंशत् > पा० पंचतिंसति > पा० पणतीसं, पन्नतीसं, पणत्तीसं > अप० पँयत्तीस, पइँतिस > हि० पैंतिस, पैंतीस। 36. सं० षट्त्रिंशत् > पा० छत्तिंसति, छत्तिंस > प्रा० छत्तीसं, छत्तीसा > अप० *छत्तीस (प्राप्त रूप छत्रिस) > हि० छत्तीस, छत्तिस। 37. सं० सप्तत्रिंशत् > पा० सत्ततिंसति, > प्रा० सत्ततीसं > अप० *सँयतीस > हि० सैंतीस, सैंतिस। 38. सं० अष्टात्रिंशत् > पा० अट्ठातिंसति > प्रा० अट्ठातीसा, अट्ठतीसा, अड्डतीस > अप० अट्ठतीस > हि० अड़तीस, अड़तिस। 39. सं० एकोनचत्वारिंशत् > ऊनचत्वारिंशत् > पा० एकूनचत्ताळीसति > प्रा० उन्तालीस > अप० *उन्तालिस > हि० उन्तालीस, उन्तालिस। 40. सं० चत्वारिंशत् > पा० चत्ताळीसति चत्तालीस > प्रा० चत्तालीसा, चत्तालीस, चालीस > अप० चालीस, चालिस (तालिस भी) >

हि० चालीस, चालिस। 41. सं० एकचत्वारिंशत् > पा० एकचत्ताळीसति > पा० एक्कचत्तालिसा, एक- > अप० *एक्कत्तालीस, एकतालीस > हि० इकतालिस,-तालीस। 42. सं० द्वाचत्वारिंशत् हि > पा० द्वाचत्तालीसति,-द्रि > प्रा० बयालीसं > अप० *बयालीस (प्राप्तरूप बैतालीस) > हि० बयालि (ली) स। 43. सं० त्रिचत्वारिंशत्, त्रय- > पा० तिचप्ताळीसति, ते- > प्रा० तेआलीसां, तेचत्तालीस, *तित्तालीसा > अप० ते (ति) त्तालीस त्रयालीस > हि० तितालिस,-लीस। 44. सं० चतुश्चत्वारिंशत् > पा० चोत्ताळीसति, चु- > प्रा० चोवालीसा > अप० चउआलीस > हि० चौवालि (ली) स, चवा-। 45. सं० पंचचत्वारिंशत् > पा० पंचचत्ताळीसति > प्रा० पन्नचत्तालीसा > अप० पचतालिस, पणतालीस > हि० पैताली (लि) स। 46. सं० षट्चत्वारिंशत् > पा० छचत्ताळीसति > प्रा० *छच्चतालीसा, छाचालीस, छायालीस > अप० छायालिस > हि० छूयालि (ली) स, छियालि (ली) स। 47. सं० सप्तचत्वारिंशत् > पा० सत्तचत्ताळीसति > प्रा० *सत्तअत्तालीसं > अप० सततालीस > हि० सैंतालि(ली)स। 48. सं० अष्टचत्वारिंशत् > पा० अट्ठचत्ताळीसति > प्रा० अट्ठचत्ता-, अट्ठचप्तालीसं > अप० अट्ठतालीस > हि० अड़तालि(ली)स। 49. सं० एकोनपंचाशत > ऊन- > पा० एकूनपञ्ञासा, *-पंचासा > प्रा० -पं-, ऊणवंचासा > अप० *उणंचास़ > हि० उन्चास। 50. सं० पंचाशत् > पा० पञ्ञासा, *पंचासा > प्रा० पंचासा > अप० पँचास > हि० पचास। 51. सं० एकपंचाशत् > पा० *एकपंचासा > प्रा० एक्कावण्णं > अप० *एक्कावण > हि० इक्यावन। 52. सं० द्वापंचाशत् > पा० *द्वापंचासा > प्रा० बावण्ण > अप० बावण > हि० बावन। 53. सं० त्रिपंचाशत् > पा० *तिरपंचासा > प्रा० *तिरपण > अप० *तिरपण (प्राप्त रूप त्रेपन) > हि० तिरपन। 54. सं० चतुः पंचाशत् > पा० *चतुपंचासा > प्रा० *चउप्पण, चउवण्ण > अप० *चउवण, -न > हि० चौवन। 55. सं० पंचपंचाशत् > पा० *पंचपंचासा, *पंचपंचास > प्रा० *पंचपण्ण > अप० *पचपण, -न > हि० पचपन। 56. सं० षट्पंचाशत् > पा० *छप्पंचासा, *छप्पंचास > प्रा० *छप्पण > अप० छप्पण, -न > हि० छप्पन। 57. सं० सप्तपंचाशत् > पा० *सत्तपंचासा > प्रा० *सत्तावण्ण > अप० सत्तावण, -न > हि० सत्तावन। 58. सं० अष्टापंचाशत् > पा० *अट्ठापंचासा > प्रा० *अट्ठावण्ण > अप० अट्ठावण > हि० अट्ठावन। 59. सं० एकोनषष्टि, ऊन- > पा० एकूनसट्ठि > प्रा० अउणसट्ठि, उणसट्ठि > अप० *उणसट्ठ > हि० उनसठ। 60. सं० षष्टि > पा० सट्ठि > प्रा० सट्ठि > अप० सट्ठि > हि० साठि, साठ। 61. सं० एकषष्टि > पा० एकषट्ठि > प्रा० एकसट्ठि > अप० एकसट्ठि > हि० इकसठ। 62. सं० द्वाषष्टि > पा० द्वासट्ठि > प्रा० -बासट्ठि > अप० *बासट्ठि > हि० बासठ। 63. सं० त्रिषष्टि > पा० *तिरसट्ठि, तिसट्ठि > प्रा० *तिरसट्ठि, तेसट्ठि > अप० *तिरसठ, त्रेसठि > हि० तिरसठ। 64. सं० चतुष्षष्ठि > पा० चपुसट्ठि > प्रा० *चउसट्ठि > अप० चउसट्ठि, चउसठि > हि० चौंसठ। 65. सं० पंचषष्टि > पा० पंचसट्ठि > प्रा० पणसट्ठि > अप०

पणसट्ठि, पणसठि > हि० पैंसठ। 66. सं० षट्षष्टि > पा० छसट्ठि > प्रा० छाचट्ठि, छासट्ठि > अप० *छासट्ठि (प्राप्त रूप छावट्ठि) > हि० छासठ, छियासठ। 67. सं० सप्तषष्टि > पा० सत्तसट्ठि > प्रा० सत्तसट्ठि > अप० सत्तसट्ठि > हि० सड़सठ, सरसठ। 68. सं० अष्टषष्टि > पा० अट्ठसट्ठि > प्रा० अट्ठसट्ठि > अप० अट्ठसट्ठि > हि० अड़ (र) सठ। 69. सं० एकोनसप्तति, ऊन- > पा० एकूनसत्तति > प्रा० एगूणसत्तरि > अप० *उणसत्तरि > हि० उनहत्तर। 70. सं० सप्तति > पा० सप्तति > प्रा० सत्तरि > अप० सत्तरि, सत्तर > हि० सत्तर। 71. सं० एकसप्तति > पा० एकसत्तति > प्रा० एक्कसत्तरि, एकसत्तरि > अप० *एकहत्तर > हि० इकहत्तर। 72. सं० द्वासतति > पा० द्वासत्तति > प्रा० *बासत्तरि > अप० बहत्तरि > हि० बहत्तर। 73. सं० त्रिसप्तति > पा० तिसत्तति > प्रा० *तिसत्तरि अप० *तिहत्तरि > हि० तिहत्तर। 74. सं० चतुस्सप्तति > पा० चतुसत्तरि > प्रा० चउहत्तरि > अप० *चउहत्तरि > हि० चौहत्तर। 75. सं० पंचसप्तति > पा० पंचसत्तति > प्रा० पंचहत्तरि > अप० पंचसत्तर, *पँचहत्तर > हि० पचहत्तर, पि- । 76. सं० षट्सप्तति > पा० छसत्तति > प्रा० छहत्तरि, छेहत्तरि > अप० *छेहत्तर > हि० छिहत्तर। 77. सं० सप्तसप्तति > पा० सत्तसत्तति > प्रा० सत्तहत्तरि > अप० *सत्तहत्तर > हि० सत्तहत्तर। 78. सं० अष्टसप्तति > पा० अट्ठसत्तति > प्रा० अट्ठत्तरि > अप० *अट्ठत्तरि > हि० अठहत्तर। 79. सं० एकोनाशीति, ऊनाशीति > पा० एकूनासीति > प्रा० एगूणासीइ, उणास्सी > अप० *उणास्सी > हि० उनासी, उन्यासी। 80. सं० अशीति > पा० असीति > प्रा० असीइ, असीई > अप० असिइ, असी, अस्सी > हि० अस्सी। 81. सं० एकाशीति > पा० एकासीति > प्रा० एक्कासीई, एक्कासीइ > अप० इकयासी > हि० इक्यासी। 82. सं० द्वयशीति > पा० द्वेअसीति > प्रा० बेआसी, बायासी > हि० बयासी। 83. सं० त्रशीति > पा० *तिरसीति > प्रा० *तिरासी, त्रेयासी > अप० *तिरासी, त्रेयासी > हि० तिरासी। 84. सं० चतुरशीति > पा० चतुरासीति > प्रा० चउरासीइ, चोरासी > अप० चउरासी > हि० चौरासी। 85. सं० पंचाशीति > पा० पंचासीति > प्रा० पंचासीइ > अप० पच्चासी > हि० पच्चासी, पि- । 86. सं० षडशीति > पा० छासीति > प्रा० *छयासीइ > अप० छयासी > हि० छियासी। 87. सं० सप्ताशीति > पा० सत्तासीति > प्रा० सत्तासीइ > अप० सत्तासी > हि० सत्तासी। 88. सं० अष्टाशीति > पा० अट्ठासीति > प्रा० अट्ठासीइ, अट्ठासि > अप० अट्ठासी > हि० अट्ठासी। 89. सं० नवाशीति > पा० नवासीति > प्रा० ण-, नवासीइ > अप० नवासी > हि० नवासी। 90. सं० नवति > पा० नवति, नवुति > प्रा० णवदि, णवइ, णउइ > अप० णवदि, णवइ, नव्वइ > हि० नब्बे, नव्वे। 91. सं० एकनवति > पा० एकनवुति > प्रा० एक्काणउइ > अप० एक्काणउइ > हि० इक्यानवे,-बे। 92. सं० द्वानवति > पा० द्वानवुति > प्रा० बाणउइ > अप० वाणवइ, वानवे > हि० बानवे,-बे। 93. सं० त्रिनवति, त्रयो- > पा० *तिरनवति > प्रा० तिरण्णउइ > अप० तिरण्णउइ > हि० तिरानवे,-वे। 94.

सं० चतुर्नवति > पा० चतुनवुति > प्रा० चउणउइ > अप० चउराणवइ > हि० चौरानवे,-वे। 95. सं० पंचनवति > पा० पंचनवुति > प्रा० पंचणउइ > अप० पंचण्णवइ > हि० पंचानवे, पच्चानबे। 96. सं० षण्णवति > पा० छन्नवुति > प्रा० छण्णउइ, छण्णवइ > अप० छण्णउइ, छण्णवइ > हि० छियानवे,-बे। 97. सं० सप्तनवति > पा० सत्तनवुति > प्रा० सत्ताणउइ > अप० सत्ताणवइ, सत्तानउए > हि० सत्तानवे,-बे। 98. सं० अष्टानवति > पा० अट्ठानवुति > प्रा० अट्ठाणउइ > अप० अट्ठावइ > हि० अट्ठानवे,-बे। 99. सं० नवनवति > पा० नवनवुति > प्रा० णवणवइ > अप० णवणउयइ > हि० निन्यानवे,-बे। 100. सं० शत > पा० सत > प्रा० सअ, सय > अप० सउ > हि० सौ।

13

क्रिया रूपों का विकास

संस्कृत, पालि, प्राकृत, अपभ्रंश होते, हिन्दी के विकास में कारकीय रूपों की भाँति ही क्रियारूपों में भी बहुत अधिक कमी हुई है। निम्नांकित तालिका से यह स्पष्ट हो जाएगी–

	गण	पद	वाक्य	प्रयोग	लकार	पुरुष	वचन	लिंग
वैदिकी	10	2	3	5	11	3	3	X
संस्कृत	10	2	3	5	10	3	3	X
पालि	6	1	2	4	8	3	2	X
प्राकृत	1	1	2	2	4	3	2	X
अपभ्रंश	1	1	2	2	4	3	2	X
हिन्दी	1	1	1	3	2	3	2	2

वैदिकी में धातुएँ 10 गणों (भ्वादि, अदादि, जुहोत्यादि, दिवादि, स्वादि, तुदादि, रुधादि, तनादि, क्र्यादि, चुरादि) में विभाजित थीं। पद दो (परस्मै, आत्मने) थे। कुछ धातुएँ उभयपदी भी थीं। अर्थात् कुछ धातुएँ केवल परस्मै (दूसरे के लिए) थीं, कुछ आत्मने (अपने लिए) तथा कुछ दोनों। वाच्य तीन (कर्तृ, कर्म, भाव) थे। प्रयोग पाँच (सामान्य या शुद्ध धातु, णिजन्त या प्रेरणार्थक, सन्नन्त या इच्छार्थक, यङन्त या अतिशयता एवं पौनःपुन्यताबोधक, यङ्लुगन्त या अतिशयता एवं पौनःपुन्यताबोधक) थे। लकार (काल तथा क्रियाएँ) कदाचित् 11 (लट्, लङ्, लिङ्, लोट्, लिट्, लुङ्, लृट्, लृङ्, लुट्, आशीर्लिङ्, लेट्) थे, यद्यपि लुट् के सम्बन्ध में थोड़ा सन्देह है। पुरुष तीन (उत्तम, मध्यम, अन्य) तथा वचन तीन (एकवचन, द्विवचन, बहुवचन) थे। वैदिकी की तुलना में संस्कृत में एक लकार 'लेट' कम हो गया। प्रत्ययों की विविधता में कमी तथा रूपों में एकरूपता में वृद्धि होने से भी क्रिया-रूपों में कुछ सरलता आई। **पालिकाल** में आकर तत्त्वतः गण केवल 6 (भ्वादि, चुरादि, जुहोत्यादि, स्वादि, तनादि, क्र्यादि) रह गए। रुधादि, दिवादि, तुदादि, अदादि अपवादस्वरूप हैं। पद केवल एक

(परस्मै) है। आत्मने पद अपवादतः ही कुछ मिलता है। वाच्य दो (कर्तृ, कर्म) हैं। भाव प्रायः नहीं के बराबर है। प्रयोगों में यङ्लुगन्त भी प्रायः नहीं है। यङन्त है पर बहुत कम। लकारों में लिट् अपवादस्वरूप है। लुट् नहीं है। द्विवचन नहीं है।

प्राकृत तक आते-आते भ्वादि ही सब गणों पर छा गया। **अपभ्रंश** तथा हिन्दी में भी एक ही गण है। हिन्दी में कर्, जा, दे, ले, हो को छोड़कर अन्य सभी धातुओं के रूप एक-से चलते हैं। प्राकृत तक आते-आते आत्मनेपद और भी विरल हो गया था। अपभ्रंश तथा हिन्दी में पद-भेद नहीं है। प्राकृत-अपभ्रंश में कर्तृ और कर्मवाच्य थे। हिन्दी में संयोगात्मक रूप केवल कर्तु के हैं। कर्म और भाव के लिए स्वतन्त्र रूप नहीं हैं। इनकी रचना सहायक क्रियाओं की सहायता से की जाती है। प्राकृत तथा अपभ्रंश में प्रयोग दो हैं, एक तो सामान्य या शुद्ध, दूसरा प्रेरणार्थक। हिन्दी में इस दृष्टि से स्पष्टतः तीन प्रयोग हैं—पीना-पिलाना-पिलवाना। इन्हें शुद्ध या सामान्य, एवं द्विकर्मी तथा प्रेरणार्थक कहा जा सकता है। प्राकृत तथा अपभ्रंश में लट्, लिङ्, लोट्, लृट् ये चार ही लकार थे। इस कमी की पूर्ति के लिए कृदन्तों का प्रयोग बढ़ गया था। हिन्दी में संयोगात्मक रूप केवल दो (लोट्, लट्) हैं। शेष सभी काल (क्रियारूप) एवं क्रियार्थ (mood), कृदन्त तथा सहायक क्रियाओं की मदद से बनते हैं। वचन एवं पुरुष, पालि की तरह ही, प्राकृत, अपभ्रंश तथा हिन्दी में क्रमशः दो-तीन हैं।

हिन्दी में लिंग का प्रयोग पूर्ववर्ती भाषाओं की तुलना में नई बात है। पर उल्लेख्य है कि इसका प्रयोग उन दो लकारों (क्रिया-रूपों) में नहीं है जो संस्कृत से परम्परागत रूप में हमें मिले हैं। सब कुछ मिलाकर संस्कृत की तुलना में हिन्दी क्रिया-रचना बहुत सरल हो गई है। इन दोनों में प्रमुख भेद निम्नांकित हैं— (क) संस्कृत में रूप बहुत अधिक थे, हिन्दी में बहुत कम हो गये हैं। (दे० ऊपर की तालिका)। (ख) संस्कृत में प्रायः तिङन्ती रूप ही थे, हिन्दी में तिङन्ती रूप केवल दो हैं, शेष सारे क्रिया-रूप एवं क्रियार्थ (mood) कृदन्ती हैं। (ग) संस्कृत में संयोगात्मक रूप (जैसे गच्छति) ही थे, हिन्दी में अधिकांश रूप वियोगात्मक (जैसे—जाता है) हैं। (घ) संस्कृत में क्रिया में लिंग-भेद नहीं था, किन्तु हिन्दी में है। यों इस लिंग-भेद की जड़ संस्कृत में ही है। संस्कृत में कृदन्तों में लिंग-भेद था, हिन्दी में अभी ये मात्र कृदन्ती क्रिया-रूपों में आया है।

धातुएँ

'धातु' क्रिया का वह अंश है, जो उक्त क्रिया से बने सभी रूपों एवं शब्दों में किसी-न-किसी रूप में हो। जैसे हँसना, हँसा, हँसता, हँसेगा, हँसी, हँसाना, नामहँसाई में 'हँस'—या मिलना, मिला, मिलता, मिलेगा, मिले, मिलाना, मिलावट में 'मिल्'। दूसरे शब्दों 'में' जो अंश सभी रूपों में समान हो धातु है। हिन्दी कोशों आदि में

-ना युक्त शब्द (चलना, कहना, पाना, रोना) क्रिया या धातु के रूप से दिए होते हैं। इनमें यह अंत्य -ना हटा देने से जो अंश बच जाता है, तात्विक रूप से वही धातु होता है। जैसे, चल्, कह्, पा, रो। प्रायः लोग धातु को भाषा में स्वाभाविक मानते हैं तथा यह समझते हैं कि धातु के आधार पर शब्द एवं रूप बने हैं किन्तु वस्तुतः स्थिति उसके विपरीत है। शब्दों एवं रूपों में से समान अंश को अलग निकालकर ही वैयाकरणों ने 'धातु' की कल्पना की है। हाँ, धातु की कल्पना या उसे खोज लिए जाने के बाद उसके आधार पर उपसर्ग, प्रत्यय आदि की सहायता से अवश्य शब्द एवं रूप बनाए जा सकते हैं, और बनाए गए हैं।

मूल भारोपीय भाषा-भाषी परवर्ती काल में धातु के धुँधले रूप से परिचित थे। भारत-ईरानी काल में इस दिशा में कुछ और विकास हुआ तथा भारत में आने पर आर्यों ने इस अध्ययन को अपनी पूर्णता पर पहुँचा दिया। यास्क से इस बात का पता चलता है कि 800 ई० पू० तक इस दिशा में पर्याप्त कार्य हो चुका था। संस्कृत में धातुओं की कुल संख्या 2000 है। ह्विटने की गणना के अनुसार इनमें 800 से कुछ ही अधिक का साहित्य (विशेषतः वैदिक तथा प्राचीन लौकिक) में प्रयोग मिलता है। इन 800 के तीन वर्ग हैं। प्रथम वर्ग लगभग 200 धातुओं का है जो केवल वैदिक संस्कृत तक सीमित है, दूसरा वर्ग 150 से कुछ कम धातुओं का है जो केवल लौकिक साहित्य में मिलती हैं। तीसरे वर्ग में लगभग 500 धातुएँ आती हैं, जो वैदिक तथा लौकिक दोनों ही साहित्यों में प्रयुक्त हुई है। पालि-प्राकृत के व्याकरण ग्रन्थों में धातु संख्या 800 से अधिक नहीं है। इनमें प्रयोग तो और भी कम का हुआ है। आदिकालीन हिन्दी साहित्य में प्रयुक्त धातुओं की संख्या लगभग 700 है। अकेले कबीर में लगभग 350 धातुओं का प्रयोग हुआ है। हिन्दी धातुओं की गणना एवं उन्हें सूचीबद्ध करने का पहला काम हार्नले ने किया था। उनके अनुसार हिन्दी धातुओं की संख्या 582 है। मेरी अपनी गणना के अनुसार हिन्दी की धातुओं की पूरी संख्या 2000 के लगभग है।

धातुओं के मूल और यौगिक दो स्पष्ट वर्गमूल भारोपीय भाषा से ही मिलने लगते हैं। ईरानी, संस्कृत, पालि, प्राकृत, अपभ्रंश में भी ये वर्ग हैं। आधुनिक भारतीय आर्य भाषाओं की धातुओं का सुव्यवस्थित वर्गीकरण करने का श्रेय डॉ० सुनीतिकुमार चटर्जी को है। डॉ० धीरेन्द्र वर्मा, डॉ० उदयनारायण तिवारी आदि ने भी प्रायः इसी को स्वीकार किया। डॉ० चटर्जी का वर्गीकरण इस प्रकार है—

(क) मूल—
- (1) **तद्भव** (i साधारण, ii उपसर्गयुक्त)
- (2) **प्रेरणार्थक तद्भव**
- (3) **संस्कृत से गृहीत** (तत्सम, अर्धतत्सम)
- (4) **संदिग्ध व्युत्पत्ति वाली** (देशज)

(ख) यौगिक—
- (1) **आकारान्त प्रेरणार्थक**
- (2) **नामधातु**—
  - तद्भव—
    - प्राचीन
    - मध्ययुगीन, नवीन
  - तत्सम, अर्धतत्सम
  - विदेशी
- (3) **संयुक्त एवं प्रत्यययुक्त**
- (4) **ध्वन्यात्मक**
- (5) **संदिग्ध**

मूल (Primary) के अन्तर्गत तद्भव से आशय उन धातुओं से है, जो प्राचीन भारतीय आर्य भाषा काल से परम्परागत रूप में हिन्दी आदि आधुनिक भाषाओं में तद्भव रूप में आई हैं। इसके अन्तर्गत दो प्रकार की धातुएँ हैं। पहली साधारण (Simple) हैं, जैसे कर् (सं० कृ), काँप् (सं० कम्प, प्रा० कम्प), काट् (सं० कर्तृ, प्रा० कट्ट) आदि। दूसरी प्रकार की धातुएँ उपसर्गयुक्त धातुओं से विकसित हैं जैसे उग् (सं० उत् + गम्), बैठ् (सं० उप + विष्ट, प्रा० उबइट्ठ); सौंप् (सं० सम् + अर्प्) आदि। प्रेरणार्थक तद्भव धातुएँ प्राचीन प्रेरणार्थक के तद्भव हैं। जैसे नहा (सं० स्नापयति), छेद् (छेदयति), पसार् (सं० प्रसारयति) तथा मार् (सं० मारयति) आदि। अपभ्रंश काल के बाद संस्कृत से कुछ धातुएँ ली गई हैं, जो तत्सम-अर्धतत्सम रूप में हिन्दी आदि में व्यवहृत हुई हैं। परम्परागत धातुओं से भिन्न ये धातुएँ प्रभावस्वरूप आई हैं। जैसे सोभ् (सं० शोभ), अरप् (सं० अर्प्) आदि। अन्तिम वर्ग संदिग्ध व्युत्पत्ति का है, जैसे टोक्, पटक्, लङ्, डपट् आदि।

यौगिक (Secondary) धातुएँ विभिन्न प्रकार के शब्दों के आधार पर बनी हैं। इनमें पहली वे हैं, जो धातु में 'आ' जोड़कर बनाई जाती हैं—कर-करा, पढ़-पढ़ा आदि। नामधातु उन्हें कहते हैं जो क्रिया के अतिरिक्त किसी अन्य व्याकरणिक रूप से बनती हैं। ये तद्भव (गाँठ-गठियाना, बात-बतियाना, हाथ-हथियाना, पका-पकना), अर्धतत्सम (जन्म-जनमन, आलाप-अलापना, लोभ-लुभाना) तथा विदेशी (शरमाना, फ़िल्माना) शब्दों से बनी हैं। संयुक्त एवं प्रत्यय-युक्त में चूक् (सं० च्युत् + कृ), बहक् (बह + कृ) जैसी धातुएँ आती हैं। झाँक्, झाड़्, टाँग् आदि संदिग्ध व्युत्पत्ति की हैं।

इसमें तनिक भी सन्देह नहीं कि डॉ० चटर्जी का उपर्युक्त वर्गीकरण एक सीमा तक बहुत वैज्ञानिक है, किन्तु इसकी अपनी सीमाएँ भी हैं। जैसे, अनेक ध्वन्यात्मक धातुएँ आधुनिक काल में अनुकरण (घड़् घड़्) से बनी हैं, किन्तु कुछ परम्परागत रूप में संस्कृत से भी (खट्खट्) चली आ रही हैं। इन दोनों को ऐतिहासिक दृष्टि से एक साथ नहीं रखा जा सकता। इसी प्रकार बहुत-सी धातुओं को केवल प्राकृत

काल तक ही खोजा (प्रा० उंघ, हि० ऊँघ्) जा सकता है। उन्हें उपर्युक्त वर्गीकरण में सुविधापूर्वक नहीं रखा जा सकता। इसी तरह डॉ० चटर्जी ने जिसे मूल तद्भव कहा है, उसमें सामान्य के अतिरिक्त कर्मवाच्य वाली धातुएँ (उत् + पद्, उत्पद्यते, प्रा० उपज्जइ, उपजना) भी हैं, जिन्हें ऐतिहासिक दृष्टि से अलग रखना अपेक्षित है। जिन्हें डॉ० चटर्जी ने ध्वन्यात्मक कहा है, उन्हें अनुकरणात्मक कहना कदाचित् अधिक समीचीन है, क्योंकि 'जगमगाना' जैसी धातुएँ ध्वन्यात्मक नहीं कही जा सकतीं। यौगिक धातुओं में कुछ धातुएँ ऐसी भी हैं जो अन्य धातुओं के सादृश्य के आधार सकर्मक से 'आ' को 'अ' 'आदि' करके बना ली गई हैं। जैसे 'उखाड़्' (उत्खाटयति) से 'उखड़', छेद (छिद्रयति) से छिद्। वर्गीकरण में इनके साथ भी न्याय नहीं हो सका है। इस प्रकार की और भी कई बातें भी संकेत्य हैं। वस्तुतः आधुनिक भारतीय आर्य भाषाओं की धातुओं के ऐतिहासिक वर्गीकरण का प्रश्न बहुत ही उलझा हुआ है, और जब तक कि सं०, पा०, प्रा०, अप० (संस्कृत, पालि, प्राकृत, अपभ्रंश) के पूरे साहित्य के कोश नहीं बन जाते एवं आधुनिक भाषाओं के प्रामाणिक व्युत्पत्तिमूलक कोशों का निर्माण नहीं हो जाता, धातुओं को सर्वमान्य रूप में वर्गीकृत करना सम्भव नहीं है। यों वर्तमान ज्ञान की परिधि में हिन्दी के लिए मैं सम्मुख पृष्ठ पर अंकित वर्गीकरण का विनम्र सुझाव देना चाहूँगा–

–तद्भव क. मूल अ. कर्तृवाच्य
संस्कृत–परवर्ती तन्दूव ख. उपसर्गयुक्तआ आ. अकर्तृ-
ग. प्रत्यययुक्त वाच्येतर
–परंपरागत इ. प्रेरणार्थक
–तत्सम घ. संयुक्त
प्राकृत (पालि, प्रा०, अप०)
धातु से (अकर्मक, सकर्मक, प्रेरणार्थक)
–संज्ञा क. तन्दूव
–विशेषण ख. परवर्ती तन्दूव
अन्य (नाम) से –सर्वनाम ग. तत्सम
धातु–-निर्मित- –क्रियाविशेषण घ. विदेशी
ङ. अज्ञात या संदिग्त व्युत्पत्ति की
अनुकरणात्मक (ध्वनि, दृश्य आदि)
–संदिग्ध व्युत्पत्ति की

परम्परागत धातुएँ–वे हैं जो हिन्दी को परम्परा से रिक्थ के रूप में जन्मना मिली हैं। ये मुख्यतः दो प्रकार की हैं। एक तो वे जिनका इतिहास संस्कृत तक

जाता है, दूसरी वे जिनका इतिहास प्राकृत (पा०, प्रा०, अप०) तक ही जाता है (जैसे प्रा० उंघ, हि० ऊँघ)। संस्कृत वाली धातुएँ तीन प्रकार की हो सकती हैं–

(i) **तद्भव**–(कर् < प्रा० कर् < सं० कृ; काँप् < प्रा० कंप् < सं० कम्प्, खा < प्रा० खाअ < सं० खाद्; कस् (कसौटी पर) < प्रा० कस् < सं० कष्; खाँस् < प्रा० खास, कास < सं० कास्; गढ़् < प्रा० गढ् < सं० घट्; गा < प्रा० गाअ < सं० गै; कस् < प्रा० कस < सं० कृष आदि)।

(ii) **परवर्ती तद्भव**–जिसे प्रायः विद्वानों ने अर्धतत्सम (या अर्धतद्भव) कहा है। हिन्दी के उद्भव के बाद ये संस्कृत से प्रभावस्वरूप आई हैं। इस वर्ग की धातुएँ प्राचीन साहित्य तथा लोक भाषाओं में प्रायः मिलती हैं। जैसे अरप् (हम प्रतीति कर सरबस अरप्यौ गन्यौ नहीं दिन राती–सूर, दससीस अरपि करि रावन सिव पहँ–तुलसी, सं० अर्प्); सोभ् (सं० शोभ्; अनुज सहित सोभिहैं कपिन महँ–तुलसी); वद् (सं० वद्; वंदी मागध सूत गन विरुद बदहिं मतिधीर–तुलसी); वरज् (सं० बर्ज (ब्रज); मैं तो हूँ, बरजेउँ बार-बार–कबीर आदि)।

(iii) **तत्सम**–ये भी हिन्दी काल में सं० से प्रभावस्वरूप आई हैं। इनका विशेष प्रयोग प्राचीन साहित्य में ही मिलता है। जैसे **भंज्** (सं० भंज्, भंजेउ राम आपु भव चापू–तुलसी); **कथ्** (सं० कथ् सो ब्रह्मा जो कथै ब्रह्म गियांन–कबीर); **ग्रह्** (सं० ग्रह् गुंजा ग्रहइ परस मनि खोई–तुलसी) आदि। इनके **मूल** (नृत्, नृत्यति, प्रा० नच्च, नाच्; पृच्छ, प्रा० पुच्छ, हि० पूछ्; बन्ध् प्रा० वन्ध्, हि० बाँध् आदि), **उपसर्गयुक्त** (उद् + घट्–उघाड़्; उत् + स्था–उठ्; उत् + तृ–उतर् आदि), **प्रत्यययुक्त** (सं० पश्च, प्रा० पच्छ + ड–पिछड़्) तथा **संयुक्त** (सं० च्युत + कृ–चूक; सं० बह + कृ–बहक्; सं० रुध् + कृ–रोक्; झप्प + वृत्त–झपट्) चार उपभेद हो सकते हैं। और आगे इनके **कर्तृवाच्य** (कष् कषति, प्रा० कसइ, हि० कस्, कसौटी पर) **कर्तृवाच्येतर** (उत् + पद्, उत्पद्यते, प्रा० उपज्जइ, हि० उपज्; उद् + डी, उड्डीयते, प्रा० उड्डेइ, उड्डड, उड्) एवं **प्रेरणार्थक** (उद् + वृ, उद्धारयति, प्रा० उव्वारइ, हि० उबार्; उद् + भृ, उद्भारयति, प्रा० उब्भारेइ, उब्भारइ, हि० उभार्, स्नापयति हि० नहा, उत्खाटयति हि० उखाड़्, तारयति हि० तार्) तीन भेद किए जा सकते हैं।

निर्मित धातुएँ हिन्दी-काल में विभिन्न आधारों पर बनाई गई हैं–(i) प्रथम आधार है **'धातु'**। धातुओं से हिन्दी में आवश्यकतानुसार अनेक प्रकार की अन्य धातुएँ बनाई गई हैं। जैसे **अकर्मक से सकर्मक एवं प्रेरणार्थक** (सं० उप-विष्ट, प्रा० उबइट्ठ, हि० बैठ–बैठा, सं० अभि + अंज्, अभ्यंग, प्रा० अब्भिगइ, हि० भीग–भिगो, भिगा, सं० हस्, हि० हँस–हँसा; सं० रुद् हि० रो–रुला-रुलवा; सं० चल् हि० चल्-चला–चलवा); **सकर्मक से प्रेरणार्थक** (सं० खाद्, हि० खा-खिला-खिलवा; सं० सिव् हि० सी-सिला-सिलवा; सं० पा, पिबति, हि० पी-पिला-पिलवा); **सकर्मक या प्रेरणार्थक** से **अकर्मक** (सिलाना–सिलना; सं० पिष् (सकर्मक), प्रा० पिसेइ, हि०

पीस–पिस्; सं० घावू, प्रा० घोअइ, घो–घुल; सं० द्रक्ष्यति, प्रा० देक्खइ, हि० देख्–दिख्; प्रा० पिट्ट (सकर्मक)–हि० पीट–पिट्)।

(ii) **अन्य (नाम) से**–धातु के अतिरिक्त **संज्ञा** (धिक्कार, जनम, दुखा, बतिया, अगिया, गाड़, जुतिया, लठिया, चपतिया, सबुना, हथिया, मटिया, पनिया, डोरिया, स्वीकार), **विशेषण** (पका, चौड़ा, सठिया, चिकना, लम्बा, दुहरा, सूख, गहरा), **सर्वनाम** (अपना), **क्रियाविशेषण** (अलगा, उपरा, नियरा, भितरा, वहरिया) से भी धातुएँ बनाई गई हैं। इनमें सबसे बड़ी संख्या संज्ञा पर आधारित **नामधातुओं** की है। इन शब्दों के 5 वर्ग हो सकते हैं–**तद्भव (हाथ**–हथिया, मटिया, डर, पनिया, बतिया, बखान, डोरिया), **परवर्ती तद्भव या अर्धतत्सम** (जनम, उतपन, भरम, परकास्; प्राचीन साहित्य तथा लोक बोलियों में ऐसे शब्द मिलते हैं), **तत्सम** (स्वीकार), **विदेशी** (अरबी-फ़ारसी, बदल्, शर्मा, ख़रीद, ख़र्च, फ़र्मा, गुज़र, दाग़, आज़मा, अंग्रेजी, फिल्मिया), तथा **अज्ञात** (देशज) या **संदिग्ध व्युत्पत्ति** के (गोड़–गोड़िया, ठोकरिया, ठूँठ–ठुँठिया)।

हिन्दी में अनेक **अनुकरणात्मक** धातुएँ भी हैं। उनमें कुछ तो संस्कृत (खट-खटा, फरफरा) या प्राकृत (फूँक, छींक, थरथरा, फुरफुरा) आदि से परम्परागत रूप में आई हैं और कुछ हिन्दीकाल में **ध्वनि** (मिमिया, खनखना, धड़धड़ा), **दृश्य** (जगमगा), आदि के आधार पर बनी हैं।

तीसरे प्रकार की धातुएँ संदिग्ध या अज्ञात व्युत्पत्ति (ओठँग्) की हैं। इस वर्ग में बहुत कम धातुएँ हैं।

आगे कुछ धातु-रूपों और क्रिया-रूपों पर विकासात्मक दृष्टि से विचार किया जा रहा है।

प्रेरणार्थक

संस्कृत में प्रेरणार्थक (णिजन्त) रूपों की रचना धातु में **'अय्' (णिच्) प्रत्यय** जोड़कर होती है–बुध–बोधयति (बोधति), रुध्–रोधयति (रुणद्धि)। प्रयोगतः आकारांत धातुओं में प्रायः 'अय्' के पूर्व 'प्' जोड़ने का विधान है–स्ना–स्नापयति, मी–मापयति, दी–दापयति। पालि में प् का प्रयोग और अधिक होने लगा। अनेक धातुओं में विकल्प से 'प' मिलता है–अट (घूमना)–आटयति, आटापयति, अद (खाना)–आदयति, आदापयति, कन्द (रोना)–कन्दयति, कन्दापयति। ये ही 'य', 'प' प्राकृत में 'अ', 'ए', 'आव', 'आवे' रूप में मिलते हैं–हस (हँसना)–हासइ, हासेइ, हसावइ, हसावेइ। अपभ्रंश में अव, अब (पूर्वी), आव का प्रयोग हुआ है–णच्चावइ, बोल्लावइ, विण्णवइ, चिन्तवइ, परिभावइ। हिन्दी के -आ-, -वा- इन्हीं के विकास हैं–कर्–करा–कर्वा, लिख–लिखा–लिख्वा। प्रारम्भकालीन हिन्दी (जैसे गोरख, चन्द) से ही इसका प्रयोग मिलने लगता है।

नामधातु

संस्कृत में नामधातु बनाने के लिए मुख्य प्रत्यय य (क्यच्, क्यङ्) आता है। प्रयोग में इसका रूप ईय (पुत्रीयति = पुत्र की इच्छा करता है, गंगीयति = गंगा की इच्छा करता है), आप (कृष्णायते = कृष्णवत् आचरण करता है, यशायते = यशस्वी के समान आचरण करता है, युवायते, कुमारायते), य (नदीयति = नदी की इच्छा करता है) हैं। पालि, प्राकृत, अपभ्रंश में इन्हीं से आ, ईअ, प्रत्यय आए जिनसे नामधातुएँ बनती रहीं। हिन्दी में इन्हीं से शून्य प्रत्यय (ख़र्च), आ (गरम-गरमा), इया (हथिया) आदि का विकास हुआ है–सं०आय–आ, ईय–इया। शून्य प्रत्यय का विकास इन प्रत्ययों के लोप से हुआ है। 'झूठ' से 'झुठला' धातु में ल सिखला, कहला आदि का प्रभाव है। हिन्दी में आदिकाल से (गोरख, चन्द, कबीर) ही नामधातु का प्रयोग मिलने लगता है।

कृदन्त

'कृदन्त' शब्द कृत + अंत से बना है। संस्कृत में कृत् ऐसे प्रत्ययों को कहते हैं जो धातु में विशेषण तथा संज्ञा की रचना के लिए जोड़े जाते हैं। इस तरह **कृदन्त वे शब्द हैं जिनके अन्त में कृत् (कृत + अंत) प्रत्यय आते हैं।** हिन्दी में कृदन्तों का प्रयोग क्रिया, विशेषण, संज्ञा तथा क्रियाविशेषण के रूप में होता है। हिन्दी क्रिया में कृदन्तों का महत्त्वपूर्ण स्थान है, इसीलिए उनका विवेचन क्रिया के प्रसंग में किया जा रहा है। हिन्दी कृदन्त दो प्रकार के हैं–

(1) **विकारी**–जिनमें लिंग-वचन के अनुसार परिवर्तन होता है।

(2) **अविकारी**–जिनमें लिंग-वचन के अनुसारर परिवर्तन नहीं होता।

नीचे दोनों को अलग-अलग लिया जा रहा है–

विकारी कृदन्त

(1) **वर्तमानकालिक कृदन्त** या **अपूर्ण कृदन्त**–इस कृदन्त की रचना 'धातु + त् + लिंग-वचन का प्रत्यय से होता है। जैसे–चल + त् + आ = चलता। इसी प्रकार पढ़ती, जोते, सोता, लिखतीं आदि भी वर्तमानकालिक कृदन्त हैं। हिन्दी में वर्तमानकालिक कृदन्त का प्रयोग चार रूपों में होता है–**(क) संज्ञा**–मरता क्या न करता ? **(ख) विशेषण**–सोते साँप को मत छेड़ो। **(ग) क्रियाविशेषण**–राम दौड़ता आ रहा है। **(घ) क्रिया**–राम पढ़ता है। इस तरह हिन्दी में वर्तमानकालिक कृदन्त के लिए त् प्रत्यय का प्रयोग होता है। संस्कृत में वर्तमानकालिक कृदन्त की रचना शतृ और शानच् दो प्रत्ययों के योग से होती है। हिन्दी त् प्रत्यय का सम्बन्ध संस्कृत के शतृ प्रत्यय से है। जैसे सं० चल् + शतृ = चलन्तः (कर्ता, बहु०) > प्रा० चलन्तो

> चलत् (+ लिंग-वचन का प्रत्यय) प्रारम्भिक हिन्दी से करंता, चलंत जैसे रूप भी मिलते हैं और करता, चलता जैसे रूप भी।

(2) भूतकालि

(3) **विध्यर्थक कृदन्त** या **क्रियार्थक संज्ञा**–इस कृदन्त की रचना 'धातु + न + लिंग-वचन के प्रत्यय' से होती है। आज्ञा के रूप में इसमें अन्त में केवल 'आ' ही आता है (तुम लिखना), किन्तु अन्य रूपों में आ, ई, ए भी आते हैं। पत्र लिखना है, चिट्ठी लिखनी है, पत्र लिखने हैं। बीम्स ने इन -न् वाले रूपों को संस्कृत के अनीय वाले रूपों से जोड़ा है। जैसे–करणीय > करना। किन्तु अर्थ की दृष्टि से ऐसा सम्भव नहीं लगता। करणीय का अर्थ होगा 'करने योग्य', जबकि करना का अर्थ यह नहीं है। वस्तुतः इनका विकास संस्कृत के अनमान्त रूपों से हुआ है। चलनम् > चलना, पठनम् > पढ़ना। इसका प्रयोग क्रिया (तुम चलना) तथा संज्ञा (टहलना अच्छा है) रूप में होता है। गोरख में यह–णा (जैसे करुणा) रूप में मिलता है। बाद में–ना रूप में।

(4) **कृर्तबाचक कृदन्त**–इसकी रचना 'धातु + ने + वाल् + लिंग-वचन प्रत्यय' से होती है। इसका प्रयोग संज्ञा, विशेषण तथा क्रिया के रूप में होता है–**(क) संज्ञा**–भागने वालों को पकड़ो। **(ख) विशेषण**–भागने वाले लड़कों को पकड़ो। **(ग) क्रिया**–राम भागने वाला है। इसमें 'ने' तो क्रियार्थक संज्ञा का 'ना' का विकारी (घोड़ा से एक० में घोड़े की तरह) रूप है, तथा 'वाल्' सं० पाल से विकसित है। 11वीं सदी में हिन्दी में यह-वार (जैसे रखवार) था तथा बाद में 'वाला' आदि रूप में प्राप्त है।

अविकारी कृदन्त

(1) **पूर्वकालिक कृदन्त**–इसकी रचना धातु + 'कर' या 'के' या 'शून्य' से होती है। (क) राम **खाकर** आया है। (ख) **मोहन काम करके** आया है। (ग) तुम अच्छी तरह **पढ़कर** के आना। (घ) **मैं खा** आया हूँ। पूर्वकालिक कृदन्त बनाने के लिए संस्कृत में 'क्त्वा' और 'ल्यप्' प्रत्यय का प्रयोग होता है। कृ धातु में क्त्वा प्रत्यय जुड़ने से रूप बनता है 'कृत्वा'। इस कृत्वा से ही हिन्दी के कर तथा के प्रत्ययों का विकास हुआ है–

(क) सं० कृत्वा > प्रा० करिता > अरिअ > हि० करि > कर।

(ख) सं० कृत्वा > प्रा० करित्ता > करिअ > हि० कइ > कै > के।

'करके' इन्हीं दोनों का योग है। शून्य का विकास प्रत्यय-लोप से हुआ है। पूर्वकालिक कृदन्त कभी तो एक क्रिया से पूर्वकाल में हुई क्रिया को (मैं खाकर आया हूँ) को व्यक्त करता है और कभी क्रिया करने की रीति (वह भागकर आया) को। इनके प्रयोग आदि काल से मिलते हैं।

(2) **अपूर्ण क्रियाद्योतक कृदन्त**–इसकी संरचना धातु में 'ते' जोड़कर होती है। इससे अपूर्ण क्रिया का द्योतन होता है–तुम्हें यह पुस्तक लिखते बहुत दिन हो गए। राम को यह काम करते अभी कुछ ही दिन तो हुए हैं। अपूर्ण क्रियाद्योतक कृदन्त वर्तमानकालिक कृदन्त का ही विकारी रूप है, इस तरह विकास या व्युत्पत्ति की दृष्टि से उसी से संबद्ध हैं। अपूर्ण क्रियाद्योतक कृदन्त की आवृत्ति से मध्यकालिक **कृदन्त** बन जाता है। जैसे मैं आज **चलते-चलते** तुम्हारे बारे में सोच रहा था। स्पष्ट ही इसका विकास भी वर्तमानकालिक कृदन्त के रूपों से ही संबद्ध है। मध्यकाल में इसका प्रयोग प्रारम्भ हुआ।

(3) **पूर्ण क्रियाद्योतक कृदन्त**–इसकी रचना धातु में ए जोड़कर होती है। इससे किसी क्रिया के पूर्ण होने का द्योतन होता है–उन्हें **मरे** बहुत दिन हो गए। मुझे खाना **खाए** देर हो गई। यह कृदन्त, भूतकालिक कृदन्त का ही विकारी रूप है, अर्थात् भूतकृदन्त के अन्तिम आ को ए कर देने से इसकी रचना हो जाती है। विकास की दृष्टि से यह भूतकालिक कृदन्त से ही सम्बद्ध है। इसका प्रयोग मध्यकाल से मिलता है।

(4) **तात्कालिक कृदन्त**–इसकी रचना धातु में 'ते ही' जोड़कर होती है। इससे तात्कालिकता का बोध होता है–माँ के आते ही बच्चा प्रसन्न हो गया। पानी बरसते ही खेत लहलहा उठे। इसमें 'ते' वर्तमानकालिक कृदन्त का विकारी रूप (चलता-चलते) है तथा 'ही' सं० 'हि' है। सूर-तुलसी में इसके पुराने प्रयोग मिलते हैं।

सहायक क्रिया

मोहन गया।
मोहन गया है।
मोहन गया था।

इन वाक्यों में पहले में केवल एक 'गया' क्रियारूप है, किन्तु दूसरे तथा तीसरे में गया तथा 'है' और 'गया' तथा 'था' दो-दो क्रियारूप हैं। जब क्रिया में एक से अधिक क्रियारूप हों तो प्रायः पहले को **मुख्य क्रिया** कहते हैं तथा दूसरे को **सहायक क्रिया** कहते हैं। इन वाक्यों में 'गया' मुख्य क्रिया है तथा 'है' और 'था' सहायक क्रियाएँ हैं।

सहायक क्रिया का प्रयोग संस्कृत में भी हुआ है। 'गच्छति स्म' (जाता था) जैसे प्रयोगों के अतिरिक्त भू, कृ, अस् का कभी-कभी सहायक क्रिया के रूप में प्रयोग होता था। पाणिनि का सूत्र है 'कृञ चाऽनुप्रयुज्यते लिटि' अर्थात् लिट् में (आमन्त में) कृ, भू अस् का अनुप्रयोग होता है। इसी सूत्र के अनुसार गुप् धातु से जुगोप (उसने रक्षा की) के अर्थ में गोपायाञ्चकार, गोपायाम्बभूव, गोपायाभास रूप बनते हैं। कुमारसम्भव में आता है 'लीला कमल पत्राणि गणयामास पार्वती'। इसी परम्परा

में हिन्दी आदि आधुनिक भाषाओं में सहायक क्रियाओं का विकास हुआ है।

हिन्दी में क्रिया-रचना में 'हो' सहायक क्रिया के रूपों का प्रायः प्रयोग मिलता है। 'हो' हिन्दी की मुख्य सहायक क्रिया है। इसके तीनों कालों के रूप निम्नांकित हैं—

वर्तमान

	एक०	बहु०
उत्तम पुरुष	हूँ	हैं
मध्यम पुरुष	है	हो
अन्य पुरुष	है	है

'हो धातु होने' के इन रूपों की व्युत्पत्ति के सम्बन्ध में मुख्य मत दो हैं—(1) बीम्स, केलॉग, धीरेन्द्र वर्मा तथा उदयनारायण तिवारी सं० अस् धातु के वर्तमान काल के रूपों से इनका विकास मानते हैं। उदाहरण के लिए वर्मा जी 'हूँ' का विकास देते हैं—सं० अस्मि > प्रा० अम्हि > हि० हूँ। यों बीम्स तथा केलॉग ने यह भी कहा है कि अस् के सामान्य रूपों से इसका विकास न होकर भू के रूपों के सादृश्य पर बने रूपों से हुआ है। उदाहरण के लिए केलॉग 'है' का विकास देते हैं—सं० अस्ति > प्रा० कल्पित रूप अहसि (भवति के सादृश्य पर) > अहइ > अहै > है। (2) मेरे विचार में संस्कृत की भू धातु के वर्तमानकालिक रूपों से ही इन रूपों का विकास हुआ है—सं० पा० भवामि > प्रा० होमि > अप० *होवि > हौं > हूँ। अपनी मान्यता के समर्थन में मैं तीन बातें कहना चाहूँगा—(क) ये रूप 'हो' धातु के हैं और 'हो' का विकास 'भू' से होगा, न कि अस् से। (ख) बीम्स और केलॉग भी मानते हैं कि अस् के सामान्य रूपों से ये हूँ आदि रूप विकसित नहीं हो सकते। (ग) भू के रूपों से इनका ध्वन्यात्मक विकास हो सकता है। ऐसी स्थिति में मेरे विचार में 'भू' के वर्तमान काल के संस्कृत रूपों से ही इनका विकास हुआ है। इन रूपों की एक यह विशेषता है कि ये वचन और पुरुष के अनुसार बदलते हैं, न कि लिंग के अनुसार। आदिकाल से ही इनके प्रयोग मिलते हैं।

भूतकाल

	एक०	बहु०
तीनों पुरुष	था	थे

स्त्रीलिंग में रूप बनेंगे—थी (एक०), थीं (बहु०)। अर्थात् ये रूप लिंग और वचन के अनुसार बदलते हैं, पुरुष के अनुसार नहीं। 'था' की व्युत्पत्ति बहुत ही विवादास्पद है। इस सम्बन्ध में विभिन्न विद्वानों ने नौ मत व्यक्त किए हैं। इतने

मतांतर से ही यह बात स्पष्ट है कि इसकी व्युत्पत्ति बहुत स्पष्ट नहीं है। इसके सम्बन्ध में मुख्य मत तीन हैं–(1) बीम्स प्रा० सन्तो > हन्तो > हतौ > था रूप में विकास मानते हैं। (2) तेसितोरी *भवन्तकः > होन्तओ > हता > था रूप में। (3) केलॉग, टर्नर, धीरेन्द्र वर्मा आदि 'स्थित' से इसे जोड़ते हैं–स्थित > प्रा० थाइ > था । वस्तुतः 'था' की व्युत्पत्ति संदिग्ध है। आदिकाल से ही इसके प्रयोग मिलने लगते हैं।

भविष्य

	एक०	बहु०
उत्तम पुरुष	होऊँगा	होंगे
मध्यम पुरुष	होगा	होगे
अन्य पुरुष	होगा	होंगे

ये रूप भविष्य के रूप में भी प्रयुक्त होते हैं, किन्तु वस्तुतः ये संभावनार्थ के रूप में जो भूत, वर्तमान और भविष्य तीनों रूप में आ सकते हैं–(क) कल राम गया होगा (भूत), (ख) इस समय राम सो रहा होगा (वर्तमान), (ग) थोड़ी ही देर बाद राम जाने की तैयारी कर रहा होगा (भविष्य)। इन रूपों में तीन अंश हैं। (1) होऊँ, हूँ, हों, हो–होना अर्थ के द्योतक। (2) ग्–इनके बाद जोड़ा गया है। (3) आ, ए–लिंग-वचन के द्योतक हैं। इनके स्त्रीलिंग में होगी, होंगी, आदि रूप बनते हैं। पहले अंश अर्थात् होऊँ, हूँ, हो का विकास भू धातु के वर्तमान काल के रूपों से मानते हैं–भवामि > होऊँ। कहना न होगा कि ये रूप हिन्दी में संभावनार्थ के रूप में प्रयुक्त होते हैं। दूसरे और तीसरे अंग, अर्थात् 'गा' का सम्बन्ध गम् धातु के भूतकालिक कृदन्त सं० गतः (> प्रा० गदो > गओ > गा) से माना जाता है। आदिकाल से ही इनके प्रयोग मिलने लगते हैं।

उपर्युक्त तीनों कालों की सहायक क्रियाओं के अतिरिक्त दो अन्य प्रकार की सहायक क्रियाएँ भी प्रयुक्त होती हैं। इनमें **संभाव्य वर्तमान** (होऊँ, हो, हों) का सम्बन्ध तो भू धातु के वर्तमान काल के रूपों से है (जैसे भवामि > होऊँ, भवामः > हों) तथा **संभाव्यभूत** (होता, होते) वर्तमानकाल के कृदन्त का रूप है।

काल-रचना

हिन्दी में काल अथवा क्रिया की रचना दो प्रकार की है–

(1) **मूल काल**–जिसमें एक क्रिया रूप हो। जैसे–तुम जाओ, वह गया। 'जाओ' का विकास सं० के तिङन्ती रूप से हुआ है तथा 'गया' कृदन्ती रूप (भूतकालिक कृदन्त) है। इस प्रकार मूल काल दो प्रकार का होता है–तिङन्ती, कृदन्ती। इनमें कृदन्तों पर ऊपर विचार हो चुका है। तिङन्त को यहाँ लेना है।

(2) **यौगिक काल**–जिसमें एक से अधिक क्रियारूप हों। जैसे–लड़का गया है या गाय घास चर रही है। ऐसे क्रियारूपों की रचना **कृदन्त + सहायक क्रिया** (गया है, चलता था, जाना होगा), **धातु + कृदन्त + सहायक क्रिया** (जा रहा है, पढ़ रहा था) या इन्हीं के मिलेजुले रूपों से होती है। (विस्तार के लिए देखिए 'संरचना खण्ड')। यह हिन्दी का अपना ढंग है। संस्कृत में प्रायः यौगिक काल नहीं मिलते। इसलिए इन्हें सीधे संस्कृत से नहीं जोड़ा जा सकता। हाँ, इनके कृदंत तथा सहायक क्रियारूप संस्कृत से विकसित हैं, जैसा कि हम पीछे देख चुके हैं।

मूल काल के तिङन्ती रूप हिन्दी में दो प्रकार के हैं–

(अ) संभावनार्थ (वर्तमान या भविष्य)

	एक०	बहु०
उ० पु०	चलूँ	चलें
म० पु०	चले	चलो
अ० पु०	चले	चलें

ग्रियर्सन इन रूपों का विकास संस्कृत के वर्तमान के रूपों से मानते हैं, जैसे चलन्ति > चलइँ > चलें (वे), या चलति > चलइ > चले (वह)। वर्मा आदि ने इसमें कुछ आपत्तियाँ उठाई हैं। उनका कहना है कि उत्तम पुरुष एक० (सं० चलामि > चलूँ) तथा बहु० (चलामः > चलें) का विकास इससे संभव नहीं है। बीम्स ने कहा है एक० से बहु० (चलामि > चलें) तथा बहु० से एक० (चलामः > चलूँ) का विकास हुआ है। मेरे विचार में 'चलामि' से 'चलूँ' का विकास तो संभव है, किन्तु 'चलाम' से 'चलें' का विकास संभावित नहीं है। शेष के सम्बन्ध में ग्रियर्सन का मत ठीक है। बीम्स द्वारा दिए गए सुझाव की संभावना नहीं है।

(आ) आज्ञा

(अ) (तू) चल, कर
(आ) (तुम) चलो, करो
(इ) (आप) चलिए, कीजिए

(1) ग्रियर्सन ने अ, आ का विकास सं० वर्तमान के रूपों से माना है– (क) चलसि–चल, (ख) चलथ–चलो। (2) बीम्स इनका विकास सं० के आज्ञा के रूपों से मानते हैं–(क) चल–चल, (ख) चलत–चलो। बीम्स का मत ठीक ज्ञात होता है।

इ के -इए, -जिए का सम्बन्ध सं० के आशीर्लिंग में प्रयुक्त -या- (भूयात्) से है। यह 'या' प्राकृत में इय्य, इए, एज्ज रूप में मिलता है। इय्य, इए से हिन्दी

'इए' (चलिए, पढ़िए, लिखिए) का सम्बन्ध है तथा एज्ज से 'जिए' (कीजिए, दीजिए) का।

आज्ञा के 'चलना' और 'चलिएगा' रूप क्रमशः विध्यर्थक कृदन्त (दे० ऊपर) और चलिए + गा (सं० गतः) हैं।

वाच्य

कर्तृवाच्य के रूपों का विकास ऊपर दिया गया है। हिन्दी कर्म और भाववाच्य 'जा' धातु के रूपों से बनाती है—रोटी खाई जाती है, मुझसे चला नहीं जाता। इनका विकास संस्कृत से नहीं हुआ है।

संयुक्त क्रिया

हिन्दी आदि सभी आधुनिक भारतीय आर्यभाषाओं में संयुक्त क्रियाओं के सहारे अनेक बहुत संश्लिष्ट एवं सूक्ष्म भाव व्यक्त किए जाते हैं। इस प्रसंग में डॉ० धीरेन्द्र वर्मा ने लिखा है—'हिन्दी संयुक्त क्रियाओं की रचना आधुनिक है, अतः इस सम्बन्ध में ऐतिहासिक विवेचन असम्भव है।' 'हिन्दी भाषा का इतिहास' (1949, पृ० 306)। डॉ० चटर्जी ने भी इस प्रसंग में द्रविड़ परिवार के प्रभाव का संकेत करते हुए संस्कृत, प्राकृत को छोड़ सीधे आधुनिक काल पर विचार किया है, जिसका आशय यह है कि वे भी इसे कदाचित् प्राचीन नहीं मानते। प्रस्तुत पंक्तियों का लेखक डॉ० चटर्जी एवं डॉ० वर्मा के विचारों से सहमत नहीं है। मेरे विचार में आधुनिक भारतीय आर्यभाषाओं में प्रयुक्त क्रिया अपने बीज-रूप में संस्कृत में मिलती है और समय के साथ-साथ पालि, प्राकृत, अपभ्रंश में इसका विकास हुआ है। इस प्रकार हिन्दी भाषा एवं व्याकरण के अन्य अवयवों की भाँति इसका भी अपना इतिहास है। हाँ, यह अवश्य है कि संस्कृत में इसका प्रयोग सीमित था, किन्तु आगे बढ़ने पर ज्यों-ज्यों लकारों का लोप होता गया तथा मानव की चिन्तन-प्रणाली संश्लिष्ट होती गई, आवश्यकता के अनुसार इसका विकास होता गया। यदि थोड़ी गहराई से देखा जाये तो जिस प्रकार एकाधिक संज्ञाओं या विशेषण-संज्ञा के योग से समास की रचना होती है, उसी प्रकार संयुक्त क्रिया एक प्रकार से क्रियासमास है, जिसमें एकाधिक क्रियाओं को मिलाकर विशेष भाव की अभिव्यक्ति होती है। इस प्रसंग में यह भी स्पष्ट है कि **संयुक्त काल** एवं **संयुक्त क्रिया** में रचना के स्तर पर कोई मौलिक भेद नहीं है। दोनों ही में एक क्रिया या प्रक्रिया को व्यक्त करने के लिए एकाधिक धातुओं की सहायता ली जाती है। हाँ, क्रियासमास के सहारे संयुक्त काल में काल की अभिव्यक्ति पर बल होता है (करता है, किया है, किया था) तो संयुक्त क्रिया में भाव पर (कर चुका, चल पड़ा, कर बैठा, चिल्ला उठा, खा गया, कर लिया, कर दिया)।

संस्कृत में संयुक्त क्रिया का प्रयोग अपने प्रारम्भिक रूप में मिलता हैं। गुप् (गोपायांचकार) आदि धातुओं के साथ सहायक रूप में अस्, कृ, भू धातुओं का प्रयोग पाणिनि के पहले से मिलता है। दो धातुओं का साथ-साथ एक प्रक्रिया या क्रिया के लिए इस प्रकार का प्रयोग वस्तुतः क्रियासमास या संयुक्त क्रिया ही है। आज यद्यपि उसकी ठीक अर्थ-परम्परा लुप्त हो चुकी है, किन्तु मेरे विचार में उस समय इस प्रकार के संयुक्त प्रयोग पूर्णतः वैकल्पिक न होकर अथ-विशेष पर बल देने के लिए साभिप्राय होते थे।

धातु के साथ धातु के योग भी वैदिक तथा लौकिक दोनों में मिलते हैं। कुछ उदाहरण हैं—दातुमर्हसि (दा + अर्ह्, देना चाहिए), कर्तुमर्हामि (कृ + अर्ह्, कर सकता हूँ), गोदीहं आस्ते (दुह + आस्, गाय दुहता जाता है), स्वरन्नेति (स्वर् या स्वृं + इ = जाना, सस्वर कहता जाता है, आज भी निरन्तरता के लिए 'जा' धातु प्रयुक्त होती है, संस्कृत 'इ' में भी वही बात द्रष्टव्य है), प्राप्तुमिच्छति (= पाना चाहता है), न ददौ गन्तुम् (न जाने दिया), सं० धातु 'द' तथा हिन्दी 'दे' का संयुक्त क्रिया में एक अर्थ में प्रयोग द्रष्टव्य है; 'अभिज्ञानशाकुन्तल' में राजा कहते हैं—(वाष्पस्तु न ददात्येनां द्रष्टुं चित्रगतामपि, अर्थात् ये आँसू चित्रगत शकुन्तला को भी नहीं देखने देते), कर्तुम शक्नोति (कर सकता है; यहाँ भी हिन्दी से समानता है।) इस प्रकार संस्कृत में न केवल संयुक्त क्रिया की परम्परा थी, अपितु अनेक प्रयोग तो बिल्कुल आज हिन्दी जैसे थे। पालि (अट्ठि पतित्व गतं = हड्डी गिर गई; गोचरं गह्णितुं न सक्कोति = गोचर नहीं कर सकता), प्राकृत-अपभ्रंश (ण देइ गन्तुं = जाने नहीं देता, लग्गा वीवराई विसारिउं = कपड़ा फैलाने लगा) में भी यह परम्परा है तथा जैसा कि उदाहरणों से स्पष्ट है, इनके अनेक प्रयोग हिन्दी में ज्यों-के-त्यों आए हैं।

इस प्रसंग में द्रविड़ भाषाओं के प्रभाव का प्रश्न भी उठाया गया है। डॉ० चटर्जी इसकी सम्भावना मानते हैं। डॉ० वर्मा इसे सम्भव नहीं मानते। यहाँ इस विषय को बहुत विस्तार से तो नहीं लिया जा सकता, किन्तु इसमें सन्देह नहीं कि भारतीय आर्यभाषाओं एवं द्रविड़ भाषाओं में इस दृष्टि से अनेक समानताएँ (तमिल अट्टुम = हि० देना, कोळ्ळु = हि० लेना, पो = हि० जाना; कन्नड़, आपेनु = हि० सकना, कोडु = हि० देनाँ; तेलुगु चालुट, नेरु = हि० सकना; मलयालम अट्टे = हि० देना, एड़ियुक = डालना) हैं। किन्तु यह भी उल्लेख्य है कि किसी में भी दूसरे की तुलना में बहुत पुराने प्रयोग नहीं हैं। ऐसी स्थिति में ऐसे प्रयोगों का विकास दोनों ही परिवारों में स्वतन्त्रतः शुरू हुआ ज्ञात होता है। हाँ, संस्कृत तथा प्राकृत काल में दोनों ही ने दोनों को प्रभावित किया हो तो अचरज नहीं। यहाँ यह भी उल्लेख्य है कि भारतीय भाषाओं के अतिरिक्त कुर्दिश (द्रष्टव्य है—मतिरिआली पस्लोज्नमू ग्लागोलू कुर्द् स्कवो यज़िका—'अवालियानि समरकंद', 62), फ़ारसी पश्तो आदि अनेक अन्य भाषाओं में भी संस्कृत क्रिया का प्रयोग मिलता है। मुसलमानों के आगमन के साथ फ़ारसी भारत

में आई और धीरे-धीरे यह पढ़ी-पढ़ाई जाने लगी। परिणाम यह हुआ कि हिन्दी आदि आधुनिक भारतीय भाषाओं की अनेक संयुक्त क्रियाएँ उनसे भी प्रभावित हुईं।

मुख्य क्रिया और रंजक क्रिया के योग से संयुक्त क्रियाओं की रचना होती है। संयुक्त क्रिया में रंजक क्रिया मुख्य क्रिया पर अपना रंग चढ़ा देती है, इसीलिए उसे रंजक क्रिया कहते हैं। हिन्दी में मुख्य रंजक क्रियाएँ तथा उनकी रंजक विशेषताएँ निम्नांकित हैं–

(1) आना–अतिशयताबोधक (भूख लग आई)
(2) उठना–अचानकताबोधक (मरीज चिल्ला उठा, काँप उठी)
(3) करना–अभ्यासबोधक (वह वहाँ जाया करता है)
(4) खाना–अतिशयताबोधक (साँप ने काट खाया)
(5) चलना– (क) पूर्णप्रायताबोधक (फोड़ा बह चला है); (ख) सातत्यबोधक (काम करते चलो)
(6) चाहना–पूर्णप्रायताबोधक (दस बजा चाहते हैं)
(7) जाना– (क) समाप्तिबोधक (गिर गया, मर गया); (ख) सातत्यबोधक (मैं बात कहता गया)
(8) टपकना–आकस्मिकताबोधक (आ टपका)
(9) डालना–समाप्तिबोधक (डाकुओं ने मार डाला)
(10) देना– (क) परबोधक (काम कर दिया); (ख) अतिशयताबोधक (मार दिया); (ग) अनुमतिबोधक (उसे बोलने दो)
(11) धमकना–तिरस्कारबोधक (आ धमका)
(12) निकलना–सफलताबोधक (दुकान चल निकली)
(13) बनना–अलगावबोधक (चलता बना)
(14) बैठना–आकस्मिकताबोधक (मार बैठा)
(15) पड़ना–आकस्मिकताबोधक (रो पड़ा)
(16) मरना–अप्रियताबोधक (असमय ही वहाँ वह भी आ मरा)
(17) मारना–अगंभीरताबोधक (यह क्या लिख मारा)
(18) रहना–अतिशयताबोधक (कहीं रंग गिर रहा है तो कहीं स्याही)
(19) लगना–आरंभबोधक (जाने लगा है)
(20) लेना–स्वबोधक (काम कर लिया)

उपर्युक्त रंजक क्रियाओं की मुख्य विशेषताएँ हैं–(1) रंजक क्रिया के रूप में आने पर ये अपने मूलार्थ का द्योतन नहीं करतीं। (2) इनमें काफ़ी ऐसे हैं जिनके आने पर नकारात्मक वाक्य प्रायः नहीं बनते। (3) सभी रंजक क्रियाएँ सभी मुख्य क्रियाओं के साथ नहीं आतीं, जैसे आ धमकना, जा धमकना, आ मरना, चलता बनना, जा मरना, खा मरना, पी मरना, ले मरना, लिख मारना, कह मारना आदि तो बनेंगी,

किन्तु लिख धमकना, सो मरना, पढ़ता बनना, ले मारना आदि नहीं। (4) ने का प्रयोग कुछ ही के साथ होता है, सबके साथ नहीं।

संयुक्त क्रिया में मुख्य क्रिया चार रूपों में आती है–(1) धातु रूप में (कह बैठा, रो उठा, दे दिया, ले लिया); (2) वर्तमानकालिक कृदन्त रूप में (वे लिखते गए, चलता बना); (3) भूतकालिक कृदन्त रूप में (आया जाता है, दस बजा चाहते हैं); (4) क्रियार्थक संज्ञा रूप में (पड़ने लगा है, आने दो)।

14

अव्ययों का विकास

'अव्यय' का अर्थ है जो व्यय न हो। व्याकरण में, इस शब्द में 'व्यय' का अर्थ 'परिवर्तन' लिया जाता है। अर्थात् अव्यय वह है, जो परिवर्तित न हो। कहा गया है 'सदृशं त्रिषु लिंगेषु सर्वासु च विभक्तिषु, वचनेषु च सर्वेषु यन्न व्येति तदव्ययम्'। अर्थात् जो लिंग, विभक्ति, वचन के अनुसार परिवर्तित न हो वह 'अव्यय' है। हिन्दी में अधिकांश अव्यय (यहाँ, इधर, नीचे, आगे, अब, यों) तो ऐसे हैं, किन्तु ऐसे भी क्रियाविशेषण अव्यय हैं जो परिवर्तित (वह **दौड़ता** आया, वह **दौड़ती** आई, वे **दौड़ते** आए, **भागा** आया, **भागी** आई, **भागे** आए, वह **बड़ा** सुन्दर है, वह **बड़ी** सुन्दर हैं, वे **बड़े** सुन्दर हैं, **अच्छा** करता है, **अच्छी** करती हैं, **बड़ा** तेज दौड़ा, **बड़ी** तेज दौड़ी) होते हैं। ऐसे शब्द मूलतः अव्यय या क्रियाविशेषण न होकर और कुछ (विशेषण, कृदन्त आदि) होते हैं।

अव्यय चार प्रकार के माने जाते हैं—क्रियाविशेषण, समुच्चयबोधक, सम्बन्धसूचक, विस्मयादिबोधक।

क्रियाविशेषण

हिन्दी के क्रियाविशेषण कुछ तो सर्वनामों के आधार पर बने हैं, कुछ मूलतः संज्ञा, क्रिया, विशेषण हैं, तथा कुछ संस्कृत एवं फ़ारसी क्रियाविशेषणों से संबद्ध हैं। नीचे प्रमुख क्रियाविशेषण दिए जा रहे हैं।

सार्वनामिक क्रियाविशेषण

सार्वनामिक या सर्वनाममूलक क्रियाविशेषण सार्वनामिक तत्त्वों में कुछ जोड़कर बनाए गए हैं :

सर्वनाम	**सार्वनामिक तत्त्व**	**काल** (ब)	**स्थान** (हाँ)	**दिशा** (धर)	**रीति** (यों)
निश्चयवाचक					

निकटवर्ती—यह	य, इ, अ	अब	यहाँ	इधर	यों
दूरवर्ती—वह	व, उ	X	वहाँ	उधर	X
प्रश्नवाचक—कौन, क्या	क	कब	कहाँ	किधर	क्यों
सम्बन्धवाचक—जो	ज	जब	जहाँ	जिधर	ज्यों
नियत्सम्बन्धी—तिस, तिन					
(सो का विकृत रूप)	त	तब	तहाँ	तिधर	त्यों

इनमें 'तिधर का' प्रयोग प्रायः नहीं होता। 'क्यों' रीतिवाचक न रहकर 'किस लिए' अर्थ का प्रश्नवाचक हो गया है। उपर्युक्त क्रियाविशेषणों की रचना जैसा कि स्पष्ट है सार्वनामिक तत्त्व में 'ब', 'हाँ', 'धर', 'यों' जोड़कर हुई है। सार्वनामिक तत्त्वों की व्युत्पत्ति के लिए पीछे 'सर्वनाम' शीर्षक अध्याय देखा जा सकता है। शेष पर यहाँ विचार किया जा रहा है।

कालवाचक—कालिक अंश 'ब' का सम्बन्ध बीम्ज़, केलॉग सं० वेला (समय) से मानते हैं। मेरी भी इससे विनम्र सहमति है। भोजपुरी में 'ये बेला' (अब), 'जे बेला' (जब), 'ते बेला' (तब), 'के बेला' या येबेर, जेबेर, तेबेर, केबेर तथा इसी प्रकार उड़िया 'ऐत बेळे या एबे, जेबे, तेबे, केबे; बंगाली अबे, जबे, तबे, कबे, एवं मैथिली, ब्रज आदि के रूप इस व्युत्पत्ति के समर्थक हैं। डॉ० चटर्जी 'व' का सम्बन्ध वैदिक अव्यय 'एव' (इस प्रकार) से मानते हैं। यह बाद में ही- अर्थक बलात्मक अव्यय हो गया था। उनके अनुसार प्राकृतों में यह 'एवं' 'एव्वं' होता *एब्बं हो गया और इसमें बाद में समय का भाव विकसित हो गया। इसका सप्तमी रूप *एब्बहि ही विकसित होकर 'बे' हुआ और अपभ्रंश काल में इसमें सार्वनामिक रूपों के जुड़ने से आधुनिक रूपों के पूर्वरूप बने मेरे विचार में इस मत में तथ्य से अधिक कल्पना का आश्रय लिया गया है पूर्ववर्ती मत इससे कहीं अधिक तथ्यपरक है। अपभ्रंश में 'जब्बे', 'तब्बे' तथा प्राकृत पैंगलम्, कीर्तिलता तथा उक्तिव्यक्ति-प्रकरण में 'जब', 'तब' रूप मिलने लगते हैं। हिन्दी में आदि काल से इसके प्रयोग हैं—**तब** गुरमुष लेबा बांणी—गोरख, किरणि प्रगटी **जब** आदं—गोरख; करि **अब** जंगलवै भोगि—चन्द यह चरित्त **कब** लगि गिनै—चन्द।

स्थानवाचक—स्थानिक अंश 'हाँ' को बीम्ज़ तथा केलॉग सं० 'स्थाने' विकसित मानते हैं। जैसे तत्स्थाने > तहाँ, यत्स्थाने > जहाँ। टर्नर इस सम्बन्ध में तीन सम्भावनाओं का संकेत करते हैं—(1) सं० इह (= यहाँ), कुह (=कहाँ), के 'ह' प्रत्यय से; (2) कथं (= कैसे), तथा (इस प्रकार) के 'थ' से या (3) सप्तमी विभक्ति-अस्मिन्, प्रा० हिं से। डॉ० चटर्जी सॅ० -त्र (यत्र, तत्र, कुत्र) > प्रा० त्य से 'हाँ' का विकास मानते हैं। मेरे विचार में इदम्, तद्, यद् किम्, *अव के सप्तमी एक० 'अस्मिन्', 'तस्मिन्', 'यस्मिन्', 'कस्मिन्' *'अवस्मिन्' से अप० *यहिं, तहिं, जहिं, कहिं, *वहिं (व > ह, मिन् > इँ) विकसित हुए हैं जिनसे प्राचीन हिन्दी के इहँ, तहँ, जहँ, कहँ,

*वहँ तथा इनके आ-युक्त यहाँ, तहाँ, जहाँ, कहाँ, वहाँ निकले हैं। अन्त में 'अ' से 'आ' जोर देने की प्रवृत्ति से विकसित हुआ ज्ञात होता है। हिन्दी की आकारान्त वाली प्रवृत्ति भी जो अपभ्रंश में ही स्पष्ट हो चुकी थी, इसका कारण हो सकती है। 'कीर्ति-लता' में 'जहाँ', 'तहाँ' प्रयुक्त हुए हैं। हिन्दी में आदिकाल से ये प्रयोग में हैं, इहाँ नहीं उहाँ नहीं त्रिकुटी मँझारी—गोरख, कहहु कहाँ कयमास—चन्द्र।

दिशावाचक—बीम्ज़ ने 'धर' का सम्बन्ध सं० मुख के लघुत्वबोधक कल्पित रूप *मुखर (मुख = ओर; + लघ्वर्थी र; जैसे कुटी-कुटीर) > म्हर (भोज० एम्हर, ओम्हर) > न्हर, हर (भोज० एहर, केहर, ओहर, तेहर) > न्धर > धर रूप में माना है, किन्तु 'मुखर' से 'धर' का विकास सम्भव नहीं है। हार्नले इदृश > प्रा० इद्रिह > 'इदह' + प्राचीन सप्तमी प्रत्यय 'र' से इसे जोड़ते हैं। किशोरीदास वाजपेयी सं० इह (= यहाँ) का पूर्व रूप या इससे विकसित रूप *इध + स्वार्थे प्रत्यय र (जैसे मधु—मधुर) से इधर, और उसी के सादृश्य पर अन्यों को मानते हैं। मेरे विचार में यह 'धर' या तो 'धृ' धातु (= धारण करना) से सम्बद्ध है या त्र (यत्र, तत्र आदि) से *तर > *दर > धर रूप में इसका विकास हुआ है। महाप्राणीकरण र के कारण है। भोजपुरी 'सभत्तर' (सर्वत्र) या सं० 'लोत्र' से हिन्दी 'लोथ' र-जन्य महाप्राणता के लिए द्रष्टव्य है। उल्लेख्य है कि धर वाले रूपों की परम्परा प्राचीन नहीं है। अपभ्रंश अवहट्ठ, गोरख, चन्द, कबीर, सूर, तुलसी आदि में ये नहीं हैं।

रीतिवाचक—बीम्ज़ 'यो' का सम्बन्ध सं० 'वतुप्' प्रत्यय से मानते हैं, यद्यपि इसके योग से बने शब्द (इदम् + वतुप् = इयत्; किम् + वतुप् = कियत्) परिमाणबोधक (यत्तदेतेभ्यः परिमाणे वतुप्—पाणिनि) होते हैं। केलॉग ने कभी सं० इत्थं (= इस प्रकार) कथं (किस प्रकार) जैसे रूपों से इनके (यों, क्यों) विकास की सम्भावना स्वीकार की थी। पीशेल तथा तेसितोरी के आधार पर डॉ० चटर्जी ने वैदिक 'एव' (इस प्रकार) के सादृश्य पर बने संस्कृत रूप *येव, *तेव, *केव से अपभ्रंश जेंव, तेंव तथा इनसे ज्यों, त्यों आदि का विकास माना है। डॉ० वर्मा यों की व्युत्पत्ति संदिग्ध मानते हैं। मेरे विचार में इनका सम्बन्ध किम् + एवं (क्यों), यत् + एवं (ज्यों), तत् + एवं (त्यों) तथा एतत् + एवं (यों) से है। अप० में एउँ (यों), इउँ (यों), एवँ (यों) आदि रूप मिलने लगते हैं। हिन्दी में आदिकाल से मिलते हैं—ज्यूँ बाजबा अनहद तूरं—गोरख।

अन्य क्रियाविशेषण

हिन्दी में अनेक क्रियाविशेषण **संज्ञा** (सवेरा—सवेरे, समय; सामना—सामने; फुर्ती, घड़ी); **क्रिया** (जानना—जानो, मानना—मानो) तथा **विशेषण** (पहला—पहले, वह **बड़ा तेज** दौड़ता है, वह **बड़ी अच्छी** है, वह **बड़े** सवेरे आया) पर आधारित हैं, या, वे संस्कृत (अद्य > अज्ज > आज, कल्य > कल्ल > कल, काल) एवं फ़ारसी (नज़दीक) अव्ययों से सम्बद्ध हैं। नीचे कुछ प्रमुख क्रियाविशेषण दिए जा रहे हैं।

कालवाचक–आज (< प्रा० अज्ज < सं० अद्य; **कलि** मज्झि जग्गु की करइ आज–चन्द; **आज** बसौ मन-मन्दिर चोखे–कबीर), **कल** (< **प्रा०** कल्ल < सं० कल्य; इसका मूल अर्थ उषाकाल है, हिन्दी में अर्थ-परिवर्तन हो **गया** है; आजु **काल** उठि जाइगा–कबीर; प्राचीन प्रयोग काल, काल्ह, कालि, काल्हि, **कालु** के मिलते हैं। 'कल' बाद में प्रयुक्त होने लगा है); **परसों** (< सं० परश्व, सं० में इसका प्रयोग बीते हुए के लिए था); **नरसों**–इसकी व्युत्पति विवादास्पद है। 'अन्य + तरसों' से इसके विकास का सुझाव कुछ लोगों ने (बीम्ज़, पैरा० 82) दिया है किन्तु इसे सन्दिग्ध माना गया है। मेरे विचार में द्रविड़ 'नाल' (= 4; मलयालम, तमिल **नालु**, कन्नड़, नाल्कु, तेलुगु, नालुगु) + सं० 'श्वः' से इसका सम्बन्ध है। एक अन्य व्युत्पत्ति सं चतुर + श्वः > चरसों > नरसों रूप में भी सुझाई गई है। 'नरसों' का **प्रयोग** 'चौथे दिन' के अर्थ में होता है। इसके स्थान पर कुछ लोग **चौथ** (< सं० **चतुर्थ**) का भी प्रयोग करते हैं। **अतरसों या तरसों** (अतरसों का सम्बन्ध डॉ० वर्मा अन्तर + श्वः से मानते हैं मेरे विचार में यह 'अति + परश्वः' है। 'तरसों' का सम्बन्ध डॉ० वर्मा सं० त्रिश्वः से मानते हैं। मुझे लगता है कि यह 'अतरसों' का ही विकसित रूप है। इसका अर्थ चौथे दिन या पाँचवें दिन होता है।) भी कभी-कभी प्रयुक्त होते हैं। **अभी, जभी, कभी, तभी** अब आदि में 'ही' (सं० हि) मिलने से बने हैं। **तुरत, तुरन्त** (सं० त्वरित), फ़ौरन (फ़ा०)।

स्थानवाचक–बाहर (प्रा० बाहिरअ, पा० बाहिरो, सं० बहिः); **भीतर** (सं० अभ्यन्तर, प्रा० भित्तर); **अन्दर** (फ़ा०), **ऊपर** (सं० उपरि, प्रा० उप्पर); **नीचे** (सं० नीचैः); **आगे** (सं० अग्रे, प्रा० अग्गे); **पीछे** (पश्च, प्रा० पिच्छ)।

स्वीकारबोधक–हाँ–केलॉग ने इसकी तुलना मराठी क्रिया आहें, आहों से की है। डॉ० वर्मा इसकी व्युत्पत्ति सन्दिग्ध मानते हैं। डॉ० तिवारी सं० आम्, पा० आम से इसे जोड़ते हैं। मेरे विचार में इसका सम्बन्ध तुर्की 'हा' (उज़्बेक, ताजिक आदि में अब भी 'हाँ' अर्थ में 'हा' का प्रयोग होता है) से है। हिन्दी 'हाँ' में अनुनासिकता आ गई है, पर मुल्तानी आदि में तुर्की रूप 'हा' ही चलता है।

निषेधबोधक–न (सं० न, ताकै भरमि न भूलौ काजी–गोरख); **ना** (सं० न का बल के कारण प्रलम्बित रूप); **नहीं**–केलाग न + आदि से मानते हैं। चटर्जी के आधार पर डॉ० तिवारी सं० अस्ति > असति > अहइ में न जोड़कर प्रा० '*नह-अहइ' से मानते हैं। मेरे विचार में सं० नास्ति > प्रा० णत्थि > अप० नहिं अथवा सं० 'न हि' से यह विकसित है। कीर्तिलता में नहिं तथा नहीं दोनों रूप मिलते हैं। गोरख–बिनु गुर गुदड़ी **नहीं** बेसास, चन्द–कलि अथ्थि **नहीं** अर्जुन सु भीव। **मत** सं० 'मा' से इसका सम्बन्ध हो सकता है, किन्तु 'त' स्पष्ट नहीं है। वास्तव में इसकी व्युत्पत्ति सन्दिग्ध है। 'मा + अति' से कुछ सम्भावना हो सकती है। **मत** घालौ जम की खबरी–कबीर।

समुच्चयबोधक

और (< प्रा० अबर < सं० अपर; प्राचीन प्रयोग : त्यागैमाया और—मँगावै—गोरख); **कि** (फ़ा०); **जो** (< अप० *जउ, *जदु < प्रा० जद < सं० यदि); **तो** (सं० ततः); **व** (फ़ा०); **तया** (सं०); **या** (अर०); **अथवा** (सं०) आदि।

सम्बन्धसूचक

कारक-चिह्न के प्रसंग में प्रमुख सम्बन्धसूचक क्रियाविशेषणों का विवरण पीछे दिया जा चुका है।

विस्मयादिबोधक

हैं (सं० अइ); **ऐं** (सं० अइ); **ओहो** (सं० अहो); **वाह** (फ़ा०); **शाबाश** (फ़ा० शाबाद < शादबाश); **हा** (सं० हा; हा हा करते ते मुए—कबीर); **हाय** (सं० हा); **दुहाई** (दो + हाय); **आह** (सं० आः); **जी** (सं० जीव); **अच्छा** (सं० अच्छः > पा० अच्छो > प्रा० अच्छअ) आदि।

15

हिन्दी शब्द-भंडार का इतिहास

हिन्दी शब्द-भंडार पर ऐतिहासिक दृष्टि

हिन्दी का शब्द-भण्डार संस्कृत, पालि, प्राकृत, अपभ्रंश होते विकसित हुआ है। आदिकालीन हिन्दी-साहित्य का शब्द-भंडार बहुत कुछ अपभ्रंश जैसा है। थोड़ा-सा अन्तर केवल यह है कि भक्ति-आन्दोलन के प्रभाव से तत्सम और विदेशों के सम्पर्क से विदेशी शब्दों का प्रतिशत कुछ बढ़ गया है। अतः शेष के प्रतिशत में कुछ कमी हुई है। उस काल में सबसे अधिक शब्द तद्भव थे, इसके बाद तत्सम, फिर विदेशी और सबसे कम देशज। विदेशी शब्दों में पश्तो, तुर्की तथा फ़ारसी (-अरबी भी) शब्द थे।

मध्यकालीन हिन्दी साहित्य में शब्द-भंडार के क्षेत्र में उल्लेख्य परिवर्तन निम्नांकित हुए—भक्ति के प्रचार—विशेषतः सगुण भक्ति के कारण लोगों का ध्यान संस्कृत के धार्मिक साहित्य की ओर गया, अतः तत्सम शब्दों के प्रयोग में (मुख्यतः साहित्य में) वृद्धि हुई, यद्यपि इनमें से बहुत से परवर्ती तद्भव (अर्धतत्सम) रूप में आए। मुगल शासन, फ़ारसी शिक्षा की व्यवस्था तथा दरबार की भाषा फ़ारसी होने के कारण फ़ारसी (अरबी भी) तथा तुर्की शब्दों की संख्या में काफी वृद्धि हुई। परवर्ती काल में यूरोपीय लोगों से सम्पर्क के कारण कुछ पुर्तगाली, कुछ अंग्रेजी तथा कुछ अन्य यूरोपीय भाषाओं के शब्द आए।

शब्द-भंडार की दृष्टि से हिन्दी के आधुनिक काल को कई भागों में बाँटा जा सकता है। 19वीं सदी का शब्द-भंडार परवर्ती मध्ययुग से केवल दो बातों में भिन्न है। एक तो यह कि इस काल में अंग्रेजी के काफ़ी शब्द हिन्दी में आ गए और दूसरे यह कि उत्तरार्ध में सांस्कृतिक आन्दोलनों के कारण तत्सम शब्दों की प्रवृत्ति कुछ बढ़ने लगी। हरिऔध के 'प्रियप्रवास' एवं निराला के 'तुलसीदास' आदि में इसका ऊर्ध्व बिन्दु मिलता है। छायावाद की इस तत्सम-प्रवृत्ति के बाद प्रगतिवाद ने हमारे

शब्द-भंडार को तत्सम से बोलचाल की ओर मोड़ दिया। इधर स्वतन्त्रता के बाद हिन्दी सभी क्षेत्रों में प्रयुक्त होने के लिए संघर्ष कर रही है, अतः हमें कई हजार पारिभाषिक शब्दों की आवश्यकता प्रतीत हुई। इसके लिए हम लोग कुछ शब्द तो अन्तर्राष्ट्रीय शब्दावली से ले रहे हैं और कुछ भारत की अन्य भाषाओं एवं प्राचीन साहित्य से। शेष शब्द संस्कृत धातु, उपसर्ग, प्रत्यय आदि के आधार पर बनाए जा रहे हैं। आज का साहित्य शब्द-भण्डार की दृष्टि से दो प्रकार का है। उपन्यास, कहानी, नाटक एवं कविता की भाषा तो प्रायः बोलचाल के काफ़ी निकट है, जिसमें तद्भव एवं विदेशी शब्द भी काफ़ी हैं, किन्तु आलोचना, शोध-प्रबन्ध एवं निबन्ध आदि की भाषा अपेक्षाकृत तत्सम प्रयोगों की ओर अधिक झुकी हुई है। किन्तु ऐसा लगता है कि भविष्य में तत्सम शब्दों का प्रयोग कुछ घटता जाएगा तथा तद्भव और विदेशों शब्दों का प्रयोग बढ़ता जाएगा।

हिन्दी में शब्दों के विभिन्न स्रोत

हिन्दी भाषा में शब्दों के विभिन्न स्रोत ये हैं—(क) बहुत सारे शब्द तो संस्कृत से आए हैं। इनमें हिन्दी में कुछ तो **तत्सम** रूप में आए हैं (जैसे धर्म, जल आदि), कुछ **तद्भव** रूप में आए हैं (जैसे सं० 'घोटक' का तद्भव 'घोड़ा' या 'गृह' का तद्भव 'घर'), तथा कुछ **अर्धतत्सम** रूप में (जैसे 'कृष्ण' से 'किशन' या 'कर्म' का 'करम') आए हैं। (ख) दूसरा स्रोत विदेशी भाषाएँ हैं। इस स्रोत से शब्द पश्तो, तुर्की, अरबी, फ़ारसी, अंग्रेज़ी आदि से आए हैं। ये तत्सम भी हैं तथा तद्भव भी हैं। जैसे अंग्रेज़ी 'जग' तत्सम है तो 'तिजोरी' तद्भव है। यों 'क' तथा 'ख' को एक में मिलाकर इनका एक स्रोत 'अन्य भाषाएँ' भी माना जा सकता है। दूसरे शब्दों में 'हिन्दीतर भाषाएँ' पहला स्रोत है। एक स्रोत **नवनिर्माण** है। इस स्रोत से आवश्यकतानुसार हिन्दी ने नये शब्द बना लिए हैं। जैसे घोड़ागाड़ी, मालगोदाम, अजायबघर, टिकटघर आदि। नये निर्माण के आधार तत्सम, तद्भव, गृहीत अथवा आगत सभी प्रकार के शब्द हो सकते हैं। कुछ शब्द ऐसे भी होते हैं जिनके स्रोत का पता नहीं होता। ये अज्ञातस्रोत शब्द अज्ञात-व्युत्पत्तिक अथवा देशज कहे जाते हैं। हिन्दी में ठेठ, तेंदुवा आदि शब्द इसी श्रेणी के हैं इस वर्ग के शब्द तत्त्वतः तो तद्भव, तत्सम, विदेशी अथवा किसी काल में नवनिर्मित आदि किसी भी प्रकार के हो सकते हैं, किन्तु इस बात की हमें जानकारी नहीं होती, कभी-कभी मानक भाषा अपनी बोलियों से भी शब्द लेती है। जैसे हिन्दी ने भाई-भतीजावाद, आयाराम गयाराम, बतियाना आदि शब्द अपनी बोलियों से लिए हैं। इस तरह मुख्य स्रोत हुए—**(क) अन्य भाषाएँ** (इसमें भारतीय, भारतेतर, प्राचीन, नवीन, कोई भी भाषा हो सकती है), **(ख) नवनिर्माण, (ग) हिन्दी की अपनी बोलियाँ।**

हिन्दी में जिन मुख्य शब्द-भेदों का उल्लेख हुआ है, मध्यकाल में उनका प्रतिशत

लगभग यह था–तद्भव 80%, तत्सम 14%, विदेशी 5%, अज्ञात-व्युत्पत्तिक (देशज) तथा अनुकरणात्मक 1% । आधुनिक काल तक आते-आते बदलकर क्रमशः इस प्रकार हो गया–70%, 20%, 9%, 1% ।

तत्सम

इसका शाब्दिक अर्थ है 'उसके (तत्) समान (सम)' अर्थात् 'संस्कृत के समान'। भरत ने अपने नाट्यशास्त्र में 'तत्सम' को 'समान' तथा कुछ अन्य लोगों ने 'तद्रूप' कहा है। इस तरह 'तत्सम' वे शब्द हैं जो संस्कृत के समान हैं, अर्थात् जिनमें परिवर्तन नहीं हुआ है। जैसे कृष्ण, दधि, आभीर, वधू, घोटक, सपत्नी, कर्म आदि। इस प्रसंग में यह बात भी उल्लेख्य है कि 'तत्सम' कहे जाने वाले सभी शब्द मूलतः संस्कृत के ही नहीं हैं। हुआ यह कि अन्य भाषाओं से भी आकर अनेक शब्द संस्कृत में ज्यों के त्यों या परिवर्तित रूप में गृहीत हुए और उनका प्रयोग होने लगा, फिर वे संस्कृत के मान लिए गए और आज वे तत्सम ही माने जाते हैं। जैसे 'गो', 'लौह', 'सुमेरी' हैं; 'परशु' अक्कादी है; 'असुर' असीरियन है; 'कूप', 'शलाका', फिनो-उग्रिक हैं; कदली, बाण, तांबूल, पिनाक, गंगा, लिंग, आस्ट्रिक हैं; 'कला', 'गण', 'नाना', 'पुष्प', 'रात्रि', 'मर्कट', 'शव' द्रविड़ हैं; 'यवन', 'होडा', 'द्रम्म', 'क्रमेल' यूनानी हैं; 'रोमक' 'दीनार', लातीनी हैं; 'रमल', 'सहम' अरबी हैं; 'बालिश', 'निःशाण' ईरानी हैं; 'तुरुष्क', 'खच्चर' तुर्की हैं एवं 'मसार' तथा 'चीन' (चीनचोलक, चीनांशुक) चीनी हैं।

हिन्दी में स्रोत की दृष्टि से 'तत्सम' शब्द चार प्रकार के हैं–(क) प्राकृतों (पालि, प्राकृत, अपभ्रंश) से होते आने वाले शब्द–अचल, अघ, अचला, काल, कुसुम, जन्तु, दण्ड, दम आदि। इस व़र्ग के शब्दों की संख्या काफी बड़ी है। इनमें कुछ शब्द तो ऐसे हैं जो संस्कृत से परम्परागत रूप में प्राकृतों को मिले और जो विशिष्ट कारणों से अपने स्वरूप को अक्षुण्ण रख सके। दूसरे वे हैं जो संस्कृत के प्राकृत पर प्रभावस्वरूप, प्राकृतों में प्रयुक्त हुए। अर्थात् आगत शब्द (loan word) रूप में संस्कृत से प्राकृतों में आए। ऐसे शब्दों के तद्भव रूप भी प्राकृतों में मिलते हैं। (ख) संस्कृत से सीधे हिन्दी में भक्ति, आधुनिक आदि विभिन्न कालों में लिए गए शब्द। जैसे कर्म, विद्या, ज्ञान, क्षेत्र, कृष्ण, पुस्तक, मार्ग, मत्स्य, मद्य, मेघ, पुष्प, मृग, मधुर, कुशल आदि। ऐसे शब्दों की संख्या प्रथम वर्ग से भी बड़ी है। सर्वाधिक तत्सम शब्द सभी आधुनिक आर्य भाषाओं में इसी रूप में आये हैं। (ग) संस्कृत के व्याकरणिक नियमों के आधार पर हिन्दी काल में निर्मित तत्सम शब्द। इस प्रकार के अधिकांश शब्द आधुनिक काल में शब्दों की कर्मी की पूर्ति के लिए बनाये गये हैं, और बनाए जा रहे हैं। जैसे जलवायु ('आवहवा'), वायुयान ('हवाई जहाज' या 'ऐरोप्लेन'), सम्पादकीय (editorial), प्राध्यापक (lecturer), रेखाचित्र (sketch), प्रभाग (section), वाक्यविश्लेषण

(sentence analysis), निदेशक (director), नगरपालिका (municipality), समाचारपत्र, पत्राचार (correspondence), लघुशंका, कटिबद्ध (फ़ा० कमरबस्ता) आदि। ऐसे शब्द इधर पारिभाषिक शब्दों के लिए लाखों की संख्या में बने हैं। (घ) अन्य भाषाओं से आए तत्सम शब्द। इस वर्ग के शब्दों की संख्या अत्यल्प है। कुछ थोड़े से शब्द बंगाली तथा मराठी के माध्यम से आए हैं। इनमें कुछ शब्द ऐसे हैं जो संस्कृत में भी प्रयुक्त होते थे और कुछ ऐसे हैं जो इन भाषाओं में संस्कृत के आधार पर बने। कुछ उदाहरण हैं—**बंगाली**—वक्तृता, उपन्यास, गल्प, कविराज, सन्देश, अभिभावक, निर्भर, तत्त्वावधान, अभ्यर्थना, आपत्ति, संभ्रान्त, स्वप्निल, उर्मिल, धन्यवाद, **मराठी**—वाङ्मय, प्रगति।

हिन्दी में प्रयुक्त होने वाले तत्सम शब्द संज्ञा, सर्वनाम, विशेषण, क्रिया तथा अव्यय हैं। संज्ञा शब्द प्रायः दो प्रकार के हैं—**(क) संस्कृत के प्रातिपदिक**—जैसे राम, कृष्ण, फल, मित्र, कुसुम, पुस्तक, पत्र, पुष्प, देव, बालक, वृक्ष, मनुष्य, आदि अकारान्त; कवि, हरि, मुनि, ऋषि, कपि, यति, विधि, रवि, अग्नि, पति, रुचि, मति आदि इकारान्त; सुधी, लक्ष्मी आदि ईकारान्त; भानु, शत्रु, विष्णु, गुरु, धेनु, जन्तु, प्रभु, शिशु, पशु, साधु आदि उकारान्त; तथा वधू, चमू, भू, स्वयंभू आदि ऊकारान्त। **(ख) संस्कृत के प्रथमा एकवचन**—जैसे सखा, पिता, भ्राता, जामाता, दाता, नेता, कर्ता, माता, दुहिता, वणिक्, सम्राट्, आत्मा, ब्रह्मा, राजा, महिमा, युवा, हस्ती, करी, पक्षी, स्वामी, तपस्वी, सीमा, नाम, चर्म, विद्वान्, भगवान्, धनवान् आदि कुछ शब्द ऐसे भी हैं, जिनका प्रातिपदिक रूप एवं प्रथमा बहुवचन रूप एक ही होता है, अतः इन्हें उपर्युक्त दो में से किसी में भी रखा जा सकता है। जैसे वारि, दधि, अस्थि, वस्तु, मधु, विद्या, रमा, बाला, निशा, कन्या, भार्या, नदी, स्त्री, जगत्, सुहृद् आदि।

सर्वनाम केवल दो ही बहुप्रयुक्त हैं जो षष्ठी एकवचन के रूप हैं—मम, तव।

विशेषण प्रायः केवल प्रातिपदिक रूप में ही प्रयुक्त होते हैं। जैसे तीव्र, नूतन, नव नवीन, पुरातन, चिरंतन, सुन्दर, श्वेत आदि।

तत्सम शब्दों के आधार पर कुछ क्रियाएँ भी बनी हैं, जैसे स्वीकारना।

हिन्दी में प्रयुक्त तत्सम अव्यय मुख्यतः तीन प्रकार के हैं—**(क) संस्कृत के समान**—जैसे पृथक्, सहसा, धिक् आदि। ये सभी प्रकार संस्कृत में भी आते हैं, तथा हिन्दी में भी। **(ख) संस्कृत के कई रूपों में एक**—कुछ अव्यय ऐसे हैं, जो सन्धि के नियमों आदि के कारण संस्कृत में तो कई रूपों में आते हैं, किन्तु हिन्दी में प्रायः उनमें एक रूप ही प्रयुक्त होता है। जैसे 'शनैः -शनैर् -शनैस्'। संस्कृत में ये तीनों मिलेंगे किन्तु हिन्दी में केवल 'शनैः' प्रयुक्त होता है। इसी प्रकार 'प्रातर्-प्रातस्-प्रातः' में हिन्दी में 'प्रातः' ही आता है। 'सायं-सायम्' में भी प्रायः 'सायं' हिन्दी में गृहीत है। **(ग) संस्कृत का मूल रूप**—कुछ अव्यय ऐसे भी हैं जो संस्कृत में तो दूसरे रूप में आते हैं किन्तु हिन्दी में उनके रूप को न लेकर मूल को स्वीकार किया गया है।

उदाहरणार्थ संस्कृत में अव्यय रूप में 'नित्यम्' ही आएगा 'नित्य' नहीं, किन्तु हिन्दी में 'नित्य' ही आएगा 'नित्यम्' नहीं।

हिन्दी में कुछ ऐसे भी शब्द हैं जो वस्तुतः तत्सम नहीं हैं, किन्तु जिन्हें प्रायः तत्सम समझा जाता है। ऐसे शब्दों के दो वर्ग बनाए जा सकते हैं। प्रथम वर्ग ऐसे शब्दों का है जो संस्कृत प्रथमा एकवचन के रूप में से विसर्ग हटाकर हिन्दी में लिए गए हैं। जैसे 'अप्सरा'। सं० में 'अप्सरा' कोई शब्द नहीं है। सं० में इसका प्रातिपदिक है 'अप्सरस्' तथा प्रथमा एकवचन रूप है 'अप्सराः'। 'अप्सराः' ही विसर्ग हटने से हिन्दी 'अप्सरा' बना है। चन्द्रमा, पय, नभ, उर, मन, वय, रज, वक्ष, तम, यश, सर, शिर आदि शब्द भी ऐसे ही हैं, इन सभी का प्रातिपदिक है -स् युक्त तथा प्रथमा एकवचन विसर्गयुक्त। आयु, वपु का प्रातिपदिक है -ष् युक्त तथा प्रथमा एकवचन रूप विसर्गयुक्त। इस प्रकार ये तथा इस प्रकार के अन्य शब्द तत्त्वतः तत्सम नहीं हैं। दूसरी श्रेणी के शब्द ऐसे हैं जो कुछ अन्य प्रकार के परिवर्तनों के कारण तत्सम नहीं रह गए (तत्सम रूप कोष्ठक के भीतर हैं),—अन्तर्राष्ट्रीय (अन्ताराष्ट्रिय, कुछ विद्वानों का इस सम्बन्ध में मतभेद भी है), राष्ट्रीय (राष्ट्रिय), उपरोक्त (उपर्युक्त), प्रण (पण), संग्रहीत (संगृहीत), अनुग्रहीत (अनुगृहीत), क्षत्राणी (क्षत्रियाणी, क्षत्रिया), आधीन (अधीन), दृढ़ (दृढ), प्रौढ़ (प्रौढ), होड़ा (होडा), औषधि (ओषधि, औषध), मनोकामना (मनःकामना) आदि। ऐसे सभी शब्दों को **तत्समाभास** कहा जा सकता है, क्योंकि इसमें तत्सम का आभास होता है। यों वस्तुतः ये शब्द तद्भव या परवर्ती तद्भव (जिन्हें प्रायः अर्धतत्सम कहा जाता है) हैं।

अर्धतत्सम

इसका प्रयोग ग्रियर्सन, चटर्जी आदि आधुनिक काल के भाषाशास्त्रियों ने उन शब्दों के लिए किया है जो एक प्रकार से तत्सम एवं तद्भव के बीच में हैं। तद्भव वे हैं जो संस्कृत से पालि, प्राकृत, अपभ्रंश होते हिन्दी आदि आधुनिक भाषाओं में आए हैं। अर्धतत्सम वे हैं जो प्राकृत अपभ्रंश काल में या आधुनिक भाषा काल में सीधे संस्कृत से लिए गए हैं और जिनमें तद्भव जैसे परिवर्तन नहीं हुए हैं, अपितु कुछ अन्य प्रकार के थोड़े से परिवर्तन हुए हैं। ये शब्द तद्भवों की तुलना में तत्सम से कुछ ही भिन्न हैं। उदाहरणार्थ 'कृष्ण' तत्सम शब्द है, तो 'कान्हा', 'कन्हैया' आदि तद्भव हैं, तथा 'किशुन', 'किशन' अर्धतत्सम हैं। मेरे विचार में इनका अर्धतत्सम नाम ठीक नहीं है। तद्भव का अर्थ है जो संस्कृत (तत्) से निकला हो, और 'कान्हा' तथा 'किशुन' दोनों ही सं० कृष्ण से निकले हैं, अतः दोनों ही 'तद्भव' नाम के अधिकारी हैं। हाँ० 'कान्हा' के तद्भवीकरण की प्रक्रिया बहुत पहले शुरू हो गई थी तथा 'किशुन' के तद्भवीकरण की बहुत बाद में शुरू हुई। ऐसी स्थिति में पहले को 'तद्भव' या **पूर्ववर्ती तद्भव** या दूसरे को **परवर्ती तद्भव** कहना मेरे विचार में

अधिक समीचीन है। हिन्दी में प्रयुक्त करम, चन्दर, धरम, अच्छर, कारज जैसे शब्द इसी श्रेणी के हैं। पंजाबी में, प्रमुखतः नामों में, ये परवर्ती तद्भव बहुत अधिक हैं। जैसे सुरिन्दर, रजिन्दर, भुपिन्दर, महेन्दर आदि।

तद्भव

वे शब्द जो 'तत्' अर्थात् संस्कृत से 'भव' अर्थात् उत्पन्न या विकसित हैं। जैसे काम (< कर्म), धाम (< धर्म), दूध (< दुग्ध), नाच (< नृत्य) तथा घोड़ा (< घोटक) आदि। 'तद्भव' को भरत ने 'विभ्रष्ट', वागभट्ट ने 'तज्ज' तथा हेमचन्द्र ने 'संस्कृतयोनि' कहा है। ये 'अपभ्रष्ट' या 'अपभ्रंश' भी कहे गए हैं।

विदेशी शब्द–जैसा कि नाम से स्पष्ट है, विदेशी शब्द का अर्थ है वे शब्द जो अन्य देशों की भाषाओं से आए हों। इन्हें 'म्लेच्छ शब्द' भी कहा गया है। प्राचीन भारतीय पण्डितों को विदेशी शब्दों का विशेष पता नहीं था। इसका प्रमुख कारण यह था कि उस समय तक भाषाओं के तुलनात्मक अध्ययन की परम्परा नहीं थी, और विदेशी भाषाओं के बारे में भी हमारे प्राचीन पण्डितों की जानकारी प्रायः बहुत ही कम थी। यही कारण है कि अनेक विदेशी शब्दों को हमारे यहाँ तत्सम या देशज आदि मान लिया गया। उदाहरणार्थ सं० में 'सूर्य' अर्थ में 'मिहिर' मध्ययुगीन फ़ारसी का शब्द है, किन्तु संस्कृत के पंडितों ने इसे सं० धातु मिह् (= छिड़कना आदि) में इर (किरच्) प्रत्यय के योग से बना माना है। इसी प्रकार 'देशी नाममाला' में कई विदेशी शब्दों (जैसे 'दत्थरो' जो वस्तुतः फ़ारसी 'दस्तार' (रूमाल) के सं० में प्रयुक्त रूप 'दस्तार' से विकसित है) को देशज मान लिया गया है। 'दीनार', 'द्रम्म' आदि कुछ शब्दों के बारे में अवश्य कुछ प्राचीन पण्डितों को पता था कि ये विदेशी हैं, किन्तु इस प्रकार ज्ञात शब्दों की संख्या बड़ी नहीं है, यद्यपि ऐसे शब्द हैं काफ़ी।

भारतीय आर्यभाषा में विदेशी शब्दों के लिए जाने की परम्परा अत्यन्त प्राचीन है। जैसा कि पुस्तक में अन्यत्र संकेत किया जा चुका है भारोपीय भाषा-भाषियों ने बहुत पहले (भारत में आने के कई सौ वर्ष पूर्व) सुमेरी भाषा से *ग्वाउ (सं० गौ, अं० काउ, फ़ा० गाव आदि), सं० 'परशु' (अंवकदी में 'पिलक्कु' होते; सुमेरी 'बलग') तथा *रोध (सं० लोह, रुधिर आदि) और एजिअत से *अयेस (सं० अयस्) लिए थे। इसी प्रकार भारत-ईरानियों ने यूराली भाषा से उन शब्दों को लिया जो संस्कृत में शूक, मक्षिका, छाग, कफ, कूप, शलाका, तृण, हिरण्य एवं वाराह रूप में मिलते हैं। भारत में आने पर भी समय-समय पर अनेक विदेशी शब्द संस्कृत में आते रहे। जैसे **यूनानी से**–सं० द्रम्य, द्रम, द्रम्म (drakhme, प्रा० दम्म; हि० दाम, दमड़ी), सं० समिता, समिदा (Semidalis; सं० में अर्थ 'मैदा' है; प्रा० *सिमिदा; हि० सेवई, सेवियाँ), सं० सुरंग, सुरुंग (syrink; हि० सुरंग), यवन (ion), होडा (ओरा), केन्द्र (केन्त्रान्), खलिन (खलिनॉस), क्रमेल, क्रमेलक (कमेलॉस्), कस्तूरी (कस्तोरेइओउस्, कस्तोर),

कस्तीर (कस्सितेरॉस्, हि० काँसा), कँगु (केग्रवॉस्; हि० कंगनी)। **लैटिन से**–रोमक, रोमन्, दीनार। **ईरानी से**–क्षत्रप (ख़शग्र पावन), दिपि (दिपि), कुन्दुरु (कुन्दुर), निपिस्त (= लिखित; निपिश्त), मिहिर (प्राचीन फ़ा० मिथ्र, मध्य फ़ा० मिहिर, तुलनीय सं० मित्र), मग (मग, मनुस्; ब्राह्मणों की एक जाति), गंज, गंजवर, तरम्बुज, तीर, तूत। **प्राकृतों से**–पाइक्क (पाईक; हि० पाइक = पैदल सिपाही या हरकारा), मोचिआ (हि० मोची, मध्यवर्ती पहलवी मोचक = घुटनों तक का जूता, परवर्ती फ़ा० में 'मोचक' ही 'मोज़ा' हो गया जो हिन्दी आदि में मूल अर्थ तथा जुराब दोनों में मिलता है)। मध्यकालीन फ़ा० 'तश्त' का प्रा० 'टठ', 'ठड्ढ' जो भोजपुरी, अवधी आदि में टाठी (थाली) बना। हिन्दी का ठठेरा भी मूलतः इसी से सम्बद्ध है–फ़ा० तश्त > प्रा० ठड्ढ + कार + क > *ठठयारअ > ठठेरा। पुस्तक, पुस्तिका [पहलवी 'पोस्त' (= लिखने का चमड़ा) के संस्कृत कृत रूप 'पुस्त' + कं; प्रा० पोत्थिआ, हि० पोथी]; सं० सेक्य [प्रा० सेक्क < मध्ययुगीन फ़ा० सिक्कः (हिन्दी 'सिक्का') < अर० सिक्कः, सिक्कत < आर्मेइक 'सिक्त' =सिक्के का साँचा]। **चीनी से**–चीन से भी भारत का सम्बन्ध पुराना है। चीनी से संस्कृत में चीन (चीनांशुक), कीचक (मूल शब्द 'किचॉक', एक प्रकार का बाँस), सिन्दूर (मूल चीनी शब्द 'त्सिङतुङ'), शय(काग़ज़ के लिए पुराना संस्कृत शब्द; मूल चीनी शब्द 'त्सिएह'), मुसार (एक रत्न, मूल चीनी शब्द 'म्व-सर') तथा तसर (रेशम विशेष; मूल चीनी शब्द 'तइ-स्सेर', प्राकृत तथा हिन्दी 'टसर') आदि शब्द आए हैं। हिन्दी 'लीची' शब्द भी मूलतः चीनी 'लीचू' है। 'चीनी' (शक्कर) शब्द भी मूलतः 'चीन' पर आधारित है किन्तु यह शब्द कदाचित् फ़ारसी होते हुए आया है। **मिस्री से**–मुद्रा (मुद्रिका भी इसी से है हि० मुँदरी), हिन्दी का 'मिश्री' भी मूलतः 'मिश्री' है जो सं० 'मिश्र' के प्रभाव से 'मिश्री' उच्चरित होता है। यों काफ़ी लोग इसे 'मिश्री' भी कहते हैं। **तुर्की से**–तुरुष्क, ठक्कुर, खच्चर।

इस प्रकार संस्कृत तथा प्राकृत में अनेक भाषाओं से शब्द लिए गए थे। हिन्दी ने भी इसी परम्परा में पश्तो, तुर्की, फ़ारसी, पुर्तगाली, अंग्रेज़ी, फ़्रासीसी, डच, स्पेनी, रूसी तथा कई भारतीय भाषाओं से शब्द लिए हैं। संक्षेप में इनका विवरण नीचे है।

पश्तो–पश्तो या अफ़गानी भारोपीय परिवार की भाषा है तथा यह भारत-ईरानी वर्ग में आती है। अफ़ग़ानिस्तान से भारत का सम्बन्ध बहुत प्राचीन है। अफ़ग़ानिस्तान या उसके कुछ भाग भारतीय राजाओं के अधिकार में भी रह चुके हैं। इसके अतिरिक्त हमारा अधिकांश स्थल-व्यापार उसी रास्ते होता रहा है। मध्ययुग में अफ़गानी लोग काफ़ी संख्या में भारत में आए तथा उनके कई सरदारों ने यहाँ अपनी सल्तनतें स्थापित कीं। रुहेलखंड का पूरा इलाका अफ़गानियों का गढ़ रहा है। इन्हीं कारणों से हमें अनेक शब्द पश्तो भाषा से मिले हैं। डॉ० धीरेन्द्र वर्मा (हिन्दी भाषा का इतिहास, 1949, पृ० 71) ने हिन्दी में 'पठान' और 'रोहिला' दो शब्द पश्तो के माने हैं। डॉ०

उदयनारायण तिवारी (हिन्दी भाषा का उद्गम और विकास, प्रथम संस्करण, पृ० 213) ने केवल एक शब्द 'पठान' का संकेत किया है। मैं इधर इस विषय पर काम करता रहा हूँ और मेरे विचार में हिन्दी में पश्तो शब्दों की संख्या 100 से ऊपर है, जिनमें कुछ प्रमुख ये हैं—पठान, रुहेला जाति तथा स्थान नामों—सराय रुहेला, रुहेल खंड—में, अटेरन, डाकर (कड़ी भूमि), ढाँढा (छोटा कुआँ), अल्लमग़ल्लम, बकलोल, मटरगश्ती, गुण्डा, अचार, तड़ाक, ख़र्राटा, तहस-नहस, टसमस, जमालगोटा, चपड़क़नाती, ख़चड़ा, अख़रोट, चख़चख़, पटाख़ा, डंगर (डाँगर भी), डेरा, गटागट, गुटरगूँ, कुड़कुड़ाना (मुर्ग़ी की आवाज़), गुलगपाड़ा, कलूटा, गड़बड़, गँडेरी, लपड़-शपड़, लताड़, लुच्चा, निख़ालिस, नगाड़ा, हड़बड़ी, हमजोली, अटकल, बाड़, भड़ास इत्यादि। डॉ० चटर्जी (O. D. B. L., पृ० 213), के अनुसार बंगाली में आधे दर्जन से भी कम शब्द पश्तो के हैं। मेरे विचार में बंगाली में पश्तो शब्द इतने कम नहीं हैं। उनकी संख्या कम से कम 30 के ऊपर तो है ही।

तुर्की—तुर्किस्तान, विशेषतः पूर्वी प्रदेश, से भी भारत का सम्बन्ध प्राचीन है। यह सम्बन्ध धर्म, व्यापार तथा राजनीति आदि स्तरों पर था। 1000 ई० के बाद तुर्क बादशाहों के राज्य-स्थापन के कारण हिन्दी में तुर्की से बहुत से शब्द आए। डॉ० चटर्जी, डॉ० वर्मा तुर्की शब्दों को प्रायः फ़ारसी माध्यम से आया मानते हैं, किन्तु मेरे विचार में ये सीधे तुर्कों के माध्यम से भी आए। भारतीय इतिहास के गुलाम, खिलजी (अंशतः), तुगलक (अंशतः), मुगल बादशाह तुर्क ही थे और उनकी सेना में भी पर्याप्त संख्या तुर्कों की थी।

हिन्दी में तुर्की के कुल कितने शब्द हैं। इसकी पूरी तरह से अभी छानबीन नहीं हुई है। डॉ० चटर्जी (O. D. B. L., पृ० 213) के अनुसार 'हिन्दुस्तानी' में 100 से कम तुर्की शब्द हैं। फैलन के कोश में इनकी संख्या लगभग 70 तथा प्लाट्स में लगभग 80 है। मेरे विचार में हिन्दी भाषा में प्रयुक्त तुर्की शब्दों की संख्या 125 से कम नहीं है। कुछ प्रमुख शब्द हैं—उर्दू, बहादुर, उज़बक, तुर्क, आका, कलग़ी, चाक़ू, क़ैंची, क़ाबू, क़ुली, कोर्मा, ख़ाँ, ख़ातून, ख़ानुम, ग़लीचा (ग़ालीचा) चक़मक़, चिक, तमगा, तमंचा, तोप (तुपक भी), तोपची, दारोग़ा, बख़्शी, बावर्ची, बेग, बेगम, चकल्लस, चम्मच, मुचलका, लाश, सौगात, तग़ार, बीबी, बाबा, बुलाक, चेचक, सुराग़, तोशक, हरावल, करावल, बारूद, नागा, कुर्ता, कूच, कमची, कुमक, कुम्मैत, क़ुर्क़, कोतल, नान खताई, क़ज़्ज़ाक, खच्चर, अयाल, सराय, ग़नीमत, साहुल, रब्बा, चोगा, चंद्रावल, तातार, मुग़ल। 'ठाकुर' को सिल्वाँ लेवी ने तुर्की 'तेगिन' से व्युत्पन्न माना है। डॉ० चटर्जी भी इससे असहमत नहीं ज्ञात होते। पूर्वी तुर्किस्तान में अपने प्रवासकाल में मैंने इस सम्बन्ध में कुछ पता लगाने की कोशिश की तो पता चला कि 'तेगिन' शब्द तुर्की में है तो पर यह मूलतः तुर्की न होकर मंगोल भाषा का है। यों उपर्युक्त शब्दों में कई ऐसे हैं जो मूलतः मंगोल या चीनी आदि के हैं। उदाहरणार्थ सराय,

बहादुर, दारोग़ा मूलतः मंगोल हैं। 'उर्दू' को प्रायः मूलतः तुर्की माना जाता है, किन्तु मेरे विचार में मूलतः यह तुर्की न होकर मंगोल तो निश्चित रूप से है ही, यों इसके चीनी से मंगोल भाषा में आने की संभावना भी कम नहीं है। 'बख़्शी' तो मूलतः सं० का 'भिक्षु' है जो चीनी, मंगोल भाषाओं में होते तुर्की में आया फिर वहाँ से ईरानी, पश्तो तथा भारतीय भाषाओं में। तुर्की से हिन्दी में प्राप्त शब्दों में सबसे बड़ी संख्या सेना से सम्बद्ध है।

फ़ारसी (अरबी)–भारत और ईरान के सम्बन्ध बहुत पुराने हैं। भाषा-विज्ञान-जगत इस बात से पूर्णतः अवगत है कि ईरानी और भारतीय आर्य भाषाएँ एक ही मूल भारत-ईरानी से विकसित हैं। यही कारण है कि अनेकानेक शब्द कुछ थोड़े परिवर्तनों के साथ संस्कृत और फ़ारसी दोनों में मिलते हैं, जैसे अभ्रधष्ट भ्रू-अब्रू, नक्षत्र-अख़्तर, अंगुष्ठ-अंगुश्त, अश्व-अस्प, आपत्ति-आफ़त, बात-बाद, दश-दह, दन्त-दन्द, हस्त-दस्त, धर्म-गर्म, मास-माह, नम्र-नर्म, छाया-साया, उष्ट्र-शुतुर, शोक-सोग तथा जार-यार आदि। इसके अतिरिक्त इतिहास के अनेक कालों में दोनों देशों में राजनीतिक तथा सांस्कृतिक सम्बन्ध भी रहे हैं। उदाहरणार्थ ईरानी शाह दारा के अधिकार में पश्चिमोत्तरी भारत का काफ़ी बड़ा भाग था। इसी प्रकार सस्सानियन तथा भारत के कुशाण राजाओं में राजनीति, संस्कृति तथा व्यापार के स्तर पर आपसी सम्बन्ध थे। इसका परिणाम यह हुआ कि समय-समय पर शब्दों का आदान-प्रदान भी होता रहा। 1000 ई० के बाद मुसलमान शासकों के साथ फ़ारसी भारत में आई और उसका अध्ययन-अध्यापन होने लगा। कचहरियों में भी उसे स्थान मिला। इस प्रकार उसका हिन्दी आदि पर गहरा प्रभाव पड़ा। हिन्दी में जो फ़ारसी शब्द आए, उनमें काफ़ी शब्द अरबी के भी थे। अरब से कभी भारत का भी सीधा सम्बन्ध था, किन्तु जो अरबी शब्द आज हमारी भाषाओं के अंग बन चुके हैं, वस्तुतः फ़ारसी माध्यम से ही आए हैं। आज हिन्दी में प्रयुक्त फ़ारसी शब्दों की संख्या मेरी अपनी गणना के अनुसार लगभग छः हजार है, जिनमें लगभग 3500 तो फ़ारसी के अपने हैं तथा लगभग 2500 अरबी के हैं। ये शब्द विषय की दृष्टि से कई प्रकार के हैं। कुछ प्रमुख वर्ग ये हैं–**धर्म-सम्बन्धी**–रोज़ा, मज़हब, दीन, क़ुरान, हदीस, ख़ुदा, हज़, फ़रिश्ता, वली, औलिया, सुन्नत, सुन्नी, शिया, नबी, पैग़म्बर आदि। **शासन-सम्बन्धी**–सरकार, तहसीलदार, संदरआला, चपरासी, वक़ील, मुख़्तार, माल, दीवानी, मुंशी, ख़ज़ांची, हाकिम, इजलास, अहलकार, मुंसिफ़, सिपाही, अमीन, अदालत आदि। **सेना-सम्बन्धी**–फ़ौज, जमादार, हौलदार, रिसालदार, हमला, ग़ोलंदाज़, संगीन, कमान, तीर आदि। **पोशाक-सम्बन्धी**–पाजामा, कमीज़, मोज़ा, जुराब, दस्ताना, साफ़ा, शलवार, सदरी मिर्जइ आदि। **स्थान-सम्बन्धी**–मुहल्ला, परगना, कूचा, देहात, शहर, तहसील, ज़िला, क़स्बा आदि। **पत्रव्यवहार-सम्बन्धी**–ख़त, लिफ़ाफ़ा, पता, हरक़ारा आदि। **अन्न-फल-मेवा-सब्ज़ी**–गंदुम, अंजीर, बादाम, सेब, मेवा, ख़ूबानी, अनार, अंगूर, नाशपाती, आलूचा, बिही, मुनक़्क़ा, किशमिश, शहतूत, शफ़्तालू, पिस्ता,

शरीफ़ा, तरकारी, सब्ज़ी, पुदीना, शलज़म, चुकंदर, खरबूज़, तरबूज़, कद्दू, कुल्फ़ा आदि। **मिठाई-नमकीन**–बरफ़ी, हलवा, जलेबी, शकरपारा, नमकपारा, कुल्फ़ी, कलाकंद, बालुशाही, गुलाब (जामुन), समोसा आदि। **शृंगार-सम्बन्धी**–इत्र, सुर्मा, साबुन, हजामत, आईना, शीशा, हिना आदि। **फर्निचर**–कुर्सी, तख़्त आदि। **व्यवसायियों के नाम**–ज़ीनसाज़, बज़ाज़, बाग़वान, दर्ज़ी, रफूगर, सर्राफ़, रईस, बेलदार, बावर्ची, दलाल, हदलवाई, अत्तार, ज़िल्दसाज़, दफ़्तरी, जुलाहा आदि। **मकान-सम्बन्धी**–मकान, बुनियाद, दीवार, दरवाज़ा, दालान, मंज़िल, मियानी, ज़ीना, बरामदा, मेहराब, तहख़ाना, ताक़, गर्रा आदि। **बीमारी-सम्बन्धी**–हक़ीम, नब्ज़, बुख़ार, बवासीर, बदहज़्मी, हैज़ा, ताउन, लकवा, सूज़ाक, जुकाम, नज़ला, नासूर, जुलाब, दवा, मरीज, मर्ज़, बीमार आदि। विदेशी शब्द प्रायः संज्ञा रूप में आते हैं। किन्तु हिन्दी में फ़ारसी से आगत शब्द अन्य प्रकार के भी हैं। **विशेषण**–आसान, बेईमान, ईमानदार, बदनाम, बारीक, बेहया, दिलेर, बेकार, कम, ज़्यादा, सख़्त, नरम, मुस्तैद, ख़ुश, परेशान, सादा, तेज़, ज़िन्दा, साफ़, गन्दा, चालाक आदि। **सर्वनाम**–ख़ुद, फ़लाँ। **क्रियाविशेषण**–अक्सर, आख़िर, बेशक, ज़रूर, शायद, तरफ़, हर्गिज़, बिल्कुल, हमेशा, ज़बरदस्ती, जल्द, क़तई, ख़ामख़ा आदि। **समुच्चयबोधक**–अगर, व, बल्कि, कि, वर्ना, लेकिन आदि। **क्रिया**–हिन्दी में अनेक धातुएँ फ़ारसी से सम्बन्धित हैं–ख़रचना, तराशना, वसूलना, शर्माना, कुबूलना, ख़रीदना, फ़रमाना आदि आज़ाद करना, ख़र्च करना जैसी संयुक्त क्रियाएँ भी इस प्रसंग में उल्लेखनीय हैं।

फ़ारसी के माध्यम से हिन्दी में आने वाले अरबी शब्द **शासन** (अदालत, अमीन, बग़ावत, बरी, हिरासत, हाकिम, दफ़ा, मुक़दमा, फ़ैसला, इंसाफ़, मुन्सिफ़, वज़ीर आदि), **धर्म** (हज, हलाल, ईद, हराम, जिन्न, मज़हब, मोहर्रम, औलिया, दुआ, शैतान आदि), **चिकित्सा** (बलग़म, बवासीर, दिक़, हकीम, अर्क़, जुलाब, लक़वा, मवाद, मर्ज़, मरीज़, नब्ज़, नुसख़ा, इलाज़ आदि (तथा शिक्षा) किताब, इम्तहान, क़लम, काग़ज़) आदि से सम्बद्ध हैं।

पुर्तगाली–भारत में पुर्तगाली लोग बहुत पहले आ गए थे, किन्तु हिन्दी प्रदेश से उनका विशेष सम्बन्ध नहीं हुआ। यही कारण है कि उनकी भाषा से आए शब्द प्रायः बँगला आदि भाषाओं के माध्यम से हिन्दी में आए हैं। हिन्दी में पुर्तगाली शब्द प्रायः उन चीज़ों के नाम हैं जो पर्तुगालियों द्वारा लाई गईं। हिन्दी में पुर्तगाली शब्द 100 से कम ही हैं। कुछ शब्द हैं–अनन्नास, अलकतरा, अलमारी, आत, वालपिन, आया, इस्त्री, इस्पात, कनस्तर, कप्तान, कमरा, कर्नल, काज, काफ़ी, काज़ू, काकातुआ, क्रिस्तान, क्रूस, गमला, कोको, गिरजा, गोभी, गोदाम, चाबी, चाय, जँगला, तम्बाकू, तौलिया, पपीता, नीलाम, परात, परेग, पाव (रोटी), पादरी, पिस्तौल, पीपा, फ़र्मा, फ़ीता, बर्गा, बपतिस्मा, बम्बा, बाल्टी, बिस्कुट, बटम, बेला, बोतल, मस्तूल, मार्का, मिस्त्री, मारतौल, यीशू, लबादा, सन्तरा, साया, सालसा, पगार आदि।

अंग्रेज़ी–यों तो भारत में पहले अंग्रेज टॉमस स्टीवेन्स 1579 में ही आ गए थे तथा हिन्दी-प्रदेश (आगरा) में 1585 में जान न्यूबरी, विलियम लीड्स आदि का एक व्यापारिक मण्डल भी आया था, किन्तु 16वीं या 17वीं सदी में हिन्दी-प्रदेश का अंग्रेज़ों या अंग्रेज़ी से विशेष सम्पर्क नहीं हो सका। इस सम्पर्क का वास्तविक इतिहास 18वीं सदी उत्तरार्ध से ही प्रारम्भ होता है। 19वीं सदी में अंग्रेज़ी सभ्यता, शिक्षा (अंग्रेज़ों के यत्न से भारत में स्थापित पहली शिक्षा संस्था बनारस संस्कृत कॉलिज (1791) है, बाद में बनारस (1817) तथा आगरा (1823) आदि में स्कूल भी खुले, जिनमें 1833 से अंग्रेज़ी अनिवार्य विषय हो गया), डाकखाने (1837 से), सड़कें (1842 से), तारघर (1851 से), रेल (1853 से) तथा धर्म-प्रचार (1872 तक हिन्दी प्रदेश में प्रायः 70 केन्द्र स्थापित हो चुके थे) आदि ने इस सम्पर्क को आगे बढ़ाया। अंग्रेज़ी शब्द पहले बंगाल, बम्बई, मद्रास, उड़ीसा आदि में तटवर्ती भाषाओं में आए। हिन्दी में प्रत्यक्ष सम्पर्क के पूर्व भी कुछ शब्द बंगाली आदि के माध्यम से आ चुके थे, किन्तु 19वीं सदी के प्रथम चरण के बाद उनकी संख्या में पर्याप्त वृद्धि होने लगी। 'उदन्तमार्तण्ड' (1826) के अंकों से स्पष्ट है कि उस समय तक 'गैजेट', 'नोटिस', 'कंपनी', 'लाइसंस', 'कौंसल' जैसे शब्द जनता में काफ़ी प्रचलित हो चुके थे। इस प्रकार हमारे यहाँ जो अंग्रेजी आई, वह 18वीं सदी अन्तिम चरण एवं 19वीं सदी की है। यह भी उल्लेख्य है कि आरम्भ में जो शब्द आए वे बोलचाल के माध्यम से आए, किन्तु जब अंग्रेज़ी शिक्षा का पर्याप्त प्रचार हो गया तो शब्द पुस्तकों से आने लगे, इसी कारण इन नवागत शब्दों का उच्चारण, तत्कालीन उच्चारण पर आधारित न होकर, पुस्तकों में व्यवहृत वर्तनी (Spelling) पर आधारित था। अंग्रेजी के परिनिष्ठित उच्चारण से, हिन्दी में आगत शब्दों के उच्चारण की भिन्नता के पीछे इसका भी हाथ था। एक बात और। आरम्भ में जो शब्द आए, वे हिन्दी उच्चारण के अनुकूल सरलीकृत होकर आए, जैसे 'लॉर्ड' से 'लाट', 'ऑर्डरली' से 'अर्दली', 'ऑगस्ट' से 'अगस्त', 'ट्रेज़री' से 'तिजोरी', 'ब्रश' से 'बुरुश' आदि। 'लॉर्ड' से 'लाट' में यह भी स्पष्ट है कि यह वर्तनी-उच्चारण (Spelling Pronunciation) पर न आधारित होकर वास्तविक उच्चारण पर आधारित था। बाद में जैसे-जैसे शिक्षा का प्रसार बढ़ता गया, अंग्रेजी उच्चारण एवं वर्तनी का हम यथासाध्य अनुकरण करते गए जिसके परिणामस्वरूप, पुराने सरलीकृत रूप या तो लुप्त हो गए या अपरिनिष्ठित मान लिए गए। जैसे लाट, कलट्टर, आफिस, कालेज, वार्निश, पंचर, इस्कूल, इस्टेशन, टेशन, पैटमैन, पलस्तर के स्थान पर अब लॉर्ड, कॅलेक्टर, ऑफ़िस, कॉलिज, वार्निश, पंक्चर, स्कूल, स्टेशन, प्वाइंट्समैन, प्लास्टर आदि अधिक परिनिष्ठित माने जाते हैं। हिन्दी में इस समय अंग्रेजी शब्दों की संख्या तीन हजार से ऊपर है, जिन्हें विषयानुसार अनेक वर्गों में विभाजित किया जा सकता है। कुछ प्रमुख वर्ग ये हैं–**धातुओं के नाम**–अलम्युनियम, रोल्डगोल्ड, जर्मन सिल्वर, टिन, निकल, प्लैटिनम इत्यादि। **यन्त्रों**

के नाम–इंजन, मोटर, कैमरा, ग्रामोफ़ोन, टाइपराइटर, टेपरिकार्डर, टेलीप्रिंटर, टेलीफ़ोन, टेलीविज़न, रेडियो, मशीन, मीटर आदि। **सवारियों के नाम**–बस, लारी, टैक्सी, स्कूटर, साइकल, ट्रेन, कार, ट्रक, टेम्पो, रिक्शा आदि। **चिकित्सा सम्बन्धी शब्द**–इंजेक्शन, ऑपरेशन, अस्पताल, डॉक्टर, कम्पाउण्डर, थर्मामीटर, मिक्सचर, ड्रेसिंग, टीबी, प्लेग, कालरा, टाइफाइड, कैन्सर, कुनैन, क्लोरोफार्म, टिंचर, होमियोपैथी, एलोपैथी, पुल्टिस, मलेरिया, सर्जन, लेडी डॉक्टर, हिस्टीरिया आदि। **शिक्षा सम्बन्धी शब्द**–नर्सरी, स्कूल, हाईस्कूल, कॉलिज, यूनिवर्सिटी, इन्स्टीच्यूट, मास्टर, लेक्चर, रिसर्च स्कॉलर, रीडर, प्रोफ़ेसर, प्रिंसिपल, वाइस चांसलर, चांसलर, होस्टल, बी० ए०, एम० ए०, डी० फ़िल्०, डी० लिट्०, पी-एच० डी०, एल०टी०, एम० बी० बी० एस०, बी० टी०, बी० एड०, एम० एड०, डिग्री, डिप्लोमा, फ़ीस आदि। **पोशाक-सम्बन्धी**–पैंट, कोट, अंडरवियर, बुशशर्ट, सूट, टाई, ओवरकोट, टीशर्ट, लट्ठा, वस्टेंड, ट्वीड, पॉपलीन, नाइलन, टेरिलीन, कॉलर, फ्रॉक, गाउन, पॉकिट, जॉर्जेट, रॉसिल्क, टिशू, हैंडलूम आदि। **शासन तथा न्याय**–कोर्ट, हाई कोर्ट, सुप्रीम कोर्ट, इन्स्पेक्टर, डिप्टी कलक्टर, वारंट, डिप्टी सुपरिंटेंडेंट, कलक्टर, कमिश्नर, जज, एडवोकेट, बैरिस्टर, गज़ट, मिनिस्टर, अफ़सर, वारंट, समन, रपट, अपील, डिग्री आदि। **प्रेस-सम्बन्धी**–प्रेस, टाइप, कंपोज़िटर, प्रूफ़रीडर, डिमाई, डवल डिमाई, फ़ाउंड्री, प्वाइंट, फॉर्म, रांग फ़ांट, डिस्ट्रीब्यूशन आदि। **महीनों के नाम**–जनवरी, फ़रवरी आदि। **खेल-सम्बन्धी**–टीम, हॉकी, क्रिकेट, फ़ुटबाल, कैरमबोर्ड, ब्रिज, वालीबॉल, बास्केट बाल, मैच, बैडमिंटन, टेनिस, टेबल टेनिस, बैट, रन, गोल, गोलकीपर आदि। **सेना तथा युद्ध सम्बन्धी**–प्लाटून, कम्पनी, कर्नल, मेज़र, लेफ़्टीनेंट, मशीनगन, टैंक, बम, रॉकिट, परेड आदि। **पोस्ट ऑफ़िस सम्बन्धी**–पोस्ट ऑफ़िस, पोस्टमैन, पोस्टमास्टर, पोस्टकार्ड, मनीआर्डर, रजिस्ट्री, सेविंग बैंक, बुकपोस्ट, इन्श्योर्ड आदि। **खान-पान सम्बन्धी**–बिस्कुट, पेस्ट्री, टोस्ट, आइसक्रीम, लेमन, सोडा, चॉकलेट, डबलरोटी, बियर, ब्रांडी, ह्विस्की, कटलेट, मटनचाप, हॉटडॉग, ऑमलेट, सूप आदि। **कला-सम्बन्धी**–आर्ट, ब्रश, वाटर कलर, आयल पेंट, स्केच, सीनरी, फ़ोटो, फिल्म, निगेटिव, डेवलपिंग आदि। **शृंगार-सम्बन्धी**–क्रीम, वैसलीन, स्नो, पाउडर, नेलपॉलिश, लिपस्टिक, सेंट, रूज़, हेयरपिन आदि। **भवन-विषयक**–गैलरी, हॉल, गैराज, क्वार्टर, फ्लैट आदि।

जैसा कि पीछे कहा जा चुका है, किसी भाषा में विदेशी शब्द प्रायः संज्ञा रूप में ही आते हैं, किन्तु फ़ारसी की भाँति अंग्रेज़ी ने भी हमें और प्रकार के भी शब्द दिए हैं। जैसे–**विशेषण**–सीनियर, जूनियर, फ़ाइन, सुपरफ़ाइन, प्योर, फ़ैशनेबुल आदि। **संख्याबोधक**–फ़र्स्ट, सेकेंड, थर्ड, सेंचुरी (क्रिकेट), दर्जन, गुरुस। **अव्यय**–हुर्रा, हुर्रे (अपेक्षाकृत कम प्रयुक्त) डेली, वीकली। **क्रिया**–फ़िल्माना, पास करना, फ़ेल करना, किक लगाना, किक मारना, हिट मारना, शेव करना, कटिंग करना आदि।

अन्य यूरोपीय भाषाओं के कम ही शब्द हिन्दी में आए हैं। कुछ ज्ञात शब्द

ये हैं। **फ्रांसीसी**–कार्तूस, कूपन, अंग्रेज। डॉ० धीरेन्द्र वर्मा तथा डॉ० उदयनारायण तिवारी ने इन्हीं तीन को फ्रांसीसी शब्द माना है। मेरे विचार में फ्रांसीसी, फ्रांस तथा लाम भी फ्रांसीसी ही हैं। यों अंग्रेज़ी के माध्यम से तो बहुत से फ्रांसीसी शब्द हिन्दी में आ गए हैं, जैसे रूज़, बेसिन, लैम्प, टेबुल, लेस, कप, केबल, ऐड्वोकेट, मेयर, मास्टर, मार्शल, जज, वारंट, कॉलर, मेम, मशीनसूप, पिकनिक, मीनू तथा डीलक्स आदि। **डच**–तुरुप (ताश में; अब इसका स्थान अं० 'ट्रंप' लेता जा रहा है), बम (गाड़ी का), इस्क्रूप (भोजपुरी आदि में; अब इसका स्थान 'स्क्रूयू' लेता जा रहा है।) **स्पेनी**–(अल्पाका एक प्रकार की भेड़, उसकी ऊन तथा उनसे बनने वाला कपड़ा)। **अंग्रेजी** के माध्यम से भी पिउन, सिगार, सिगरेट आदि स्पेनी शब्द हिन्दी में आए हैं। **रूसी**–प्रारम्भ में रूबल, जार, वोदका, सोवियत, टुंड्रा, टैगा, बोल्शेविक, मेनशेविक, इंटेलिजेंशिया आदि शब्द अंग्रेज़ी के माध्यम से हिन्दी में आए, किन्तु इधर सोवियत संघ से घनिष्ठ सम्बन्ध हो जाने के कारण अनेक शब्द प्रत्यक्ष भी आए हैं और आ रहे हैं। जैसे स्पुतनिक, कलखोज़, सफ़खोज़, समोवार, मेट्रो, कपेक, कम्समोल तथा ऑक्त्योबरयोनक आदि।

सीधे तो नहीं किन्तु अंग्रेजी के माध्यम से **स्कैंडिनेवियन** (गेट, 'रबर' का मूल 'रब', 'टिकोज़ी' का 'कोज़ी'); **जर्मन** (किंडरगार्टेन, डॉक (बन्दरगाह), वैगन, ट्रेन, बालरस, सेमिनार); **इटैलियन** (लॉटरी कन्सर्ट, सॉनेट, गज़ट, रॉकेट, पिआनो, वायलिन, ओपेरा, कारटून, लावा, मलेरिया, स्टुडियो, इन्फ़्लूएन्ज़ा); **केल्टिक** (ह्विस्की), **जापानी** (रिक्शा, हाराकिरी, जुजुत्सू); **आस्ट्रेलियन** (कंगारू, बूमेरांग) तथा **अफ्रीकी** (जेब्रा, चिम्पैंज़ी) आदि अनेक अन्य भाषाओं के शब्द भी हिन्दी में आए हैं।

अनेक भारतीय भाषाओं से भी हिन्दी में शब्द आए हैं–**द्रविड़**–डोसा, इडली, साँभर, पिल्ला आदि। **मराठी**–वाङ्मय, चालू, बाड़ा, लागू। **गुजराती**–ग़रवा, हड़ताल, श्रीखंड। **बंगाली**–कविराज, उपन्यास, गल्प, प्राणपण, नितांत, रसगुल्ला, सन्देश, चमचम, अभिभावक, आपत्ति (सं० में विपत्ति आदि अर्थ था, बंगाली में ही 'एतराज़' अर्थ में पहले इसका प्रयोग हुआ), तत्त्वावधान (सं० में यह नहीं है) सम्भ्रांत (सं० में भयभीत, व्याकुल अर्थ है)। **उड़िया**–अटका। **पंजाबी**–सिक्ख, छोले, खालसा, ठाटा, भंगड़ा, कुड़माई। दिल्ली तथा पंजाबी प्रदेश से सटे अन्य क्षेत्रों की हिन्दी में माया (माँड़ी), सावी तोरी (नेनुवाँ) जैसे अन्य भी अनेक शब्द हैं। **आस्ट्रिक**–कोड़ी।

अनूदित शब्द–ऊपर विभिन्न भाषाओं के वे शब्द दिए गए हैं जो अपने मूल रूप में (कुछ थोड़े परिवर्तन के साथ) हिन्दी में आए हैं। किन्तु बहुत से शब्द अनुवादित रूप में भी विदेशी भाषाओं से आए हैं। ये शब्द कुछ तो फारसी से आए हैं जैसे जलवायु (आबहवा), कटिबद्ध (कमरबस्ता) आदि, किन्तु अधिक शब्द अंग्रेज़ी से आए हैं। कुछ उदाहरण हैं–लालफ़ीताशाही (Redtapism), दृष्टिकोण (Angle of vision), श्वेतपत्र (White paper), काला जादू (Black magic), दृष्टिबिंदु (Point of view),

रजतजयन्ती (Silver jubilee), स्वर्णजयन्ती (Golden jubilee), हीरक जयन्ती (Diamond jubilee), डाकखाना (Post office), मालगाड़ी (Goods train), सवारी गाड़ी (Passenger train), अन्तरिम (Interim), तदर्थ (Ad hoc), प्रधानाध्यापक (Headmaster), वातानुकूलित (Airconditioned), सुसंतुलित (Well balanced), उपकुलपति (V.C.), प्रार्थनापत्र (Application), शीर्षक (Heading), विराम-चिह्न (Punctuation mark), योजक-चिह्न (Hyphen), पूर्णविराम (Full stop), ललित कला (Fine art), उपयोगी कला (Useful art), सम्पादकीय (Editorial), प्रकाशक (Publisher), संस्करण (Edition) आदि।

देशज : भरत ने इसे 'देशी मत', चंड ने 'देशी प्रसिद्ध', कुछ लोगों ने 'देशजात', 'देसिका' तथा हेमचन्द्र, मार्कंडेय आदि ने 'देश्य' या 'देशी' कहा है। इसकी परिभाषा के सम्बन्ध में विवाद है। चंड ने उन शब्दों को देशीप्रसिद्ध कहा है जो संस्कृत एवं प्राकृत (अर्थात् तत्सम एवं तद्भव) न हों, रुद्रट के अनुसार इनकी प्रकृतिप्रत्ययमूला व्युत्पत्ति नहीं दी जा सकती, हेमचन्द्र, बीम्ज़, भंडारकर आदि के अनुसार इनकी संस्कृत से व्युत्पत्ति सम्भव नहीं। हार्नले ने संकेत किया है कि ये वे तद्भव शब्द हो सकते हैं जो इतने विकृत हो गए हैं कि उनका तद्भव रूप पहचाना नहीं जा सकता। ग्रियर्सन मुंडा, द्रविड़ प्रान्तों में विकसित प्रांतीय शब्द एवं प्राथमिक प्राकृतों के तद्भव आदि को, जो संस्कृत शब्दों से जोड़े नहीं जा सकते, देशज मानते हैं। चटर्जी ने इन्हें आर्यपूर्व द्रविड़, कोल शब्द कहा है। इसी प्रकार की और भी परिभाषाएँ दी गई हैं।

मैं 'वास्तविक देशज' शब्द तथा 'देशज' माने जाने वाले शब्दों में अन्तर मानता हूँ। वास्तविक देशज शब्द तो वे हैं जो किसी भाषा-क्षेत्र में बिना किसी आधार [तत्सम, तद्भव, गृहीत (loan), शब्द तथा अनुकरण आदि] के विकसित हो गए हों, और जो शब्द देशज माने जाते हैं वे वे हैं जिनकी व्युत्पत्ति का हमें पता नहीं है। सच्चे देशज शब्द को पहचानना मेरे विचार में प्रायः असम्भव-सा है। इसीलिए यह तो कहा जा सकता है कि देशज शब्द हो सकते हैं, होते हैं, किन्तु यह कहना मुझे भ्रामक और अवैज्ञानिक लगता है कि अमुक या ये-ये शब्द देशज हैं। देशज माने जाने वाले शब्द देशज हो भी सकते हैं और नहीं भी हो सकते हैं। वास्तविक स्थिति यह है कि ये अज्ञात व्युत्पत्ति के हैं। अतः इन्हें **अज्ञातव्युत्पत्तिक** कहना ही मेरे विचार में वैज्ञानिक है, क्योंकि यह असम्भव नहीं कि इनमें अनुकरणात्मक, दूसरी भाषाओं से गृहीत, तद्भव या यहाँ तक कि–यद्यपि बहुत ही कम–तत्सम शब्द छिपे हों। हम जानते हैं कि हेमचन्द्र द्वारा स्वीकृत देशज शब्दों में अनेक तद्भव या विदेशी सिद्ध हो चुके हैं। हिन्दी के कुछ प्रसिद्ध अज्ञातव्युत्पत्तिक शब्द ये हैं–कबड्डी, खादी, गड़बड़, घपला, घूँट, चंपत, चूहा, झंझट, झगड़ा, टट्टू, टीस, ठेठ, ठेस, तेंदुआ, थोथा, धब्बा, पेठा, पेड़, भर्ता आदि।

शब्दों के कुछ अन्य भेद

पुनरुक्त शब्द (Doublet)–ऐसा यौगिक शब्द जो किसी शब्द को दुहराकर बनाया गया हो। जैसे चलते-चलते, जन-जन, भड़भड़, बग-बग। ये उदाहरण **पूर्ण पुनरुक्त** शब्दों के हैं। बीच-बचाव, रख-रखाव जैसे शब्द **अपूर्ण पुनरुक्त** शब्द कहलाते हैं। **अनुकार, अनुकरणात्मक** या **अनुकरणमूलक** शब्द–ये अनुकरण के आधार पर बने होते हैं। इसके **ध्वन्यात्मक** (फटफटिया, भोंपू, सीटी, भड़-भड़) तथा **दृश्यात्मक** (चमचम, बगबग, दकदक) दो भेद होते हैं।

अनुवाद युग्म (Translation compound)–ऐसे समस्त पद जिनमें एक-दूसरे का अनुवाद हो। जैसे हाट-बाज़ार, खेल-तमाशा, पावरोटी, साग-सब्ज़ी, लाज-शरम, धन-दौलत, काग़ज़-पत्तर। सं० में कार्षापण (कार्ष = नाप, पण = गणना) या शालिहोत्र [शालि = घोड़ा (कोल शब्द); होत्र = घोड़ा] ऐसे ही शब्द हैं। ऐसे युग्म आवश्यक नहीं कि विदेशी शब्द एवं अपने शब्द की सहायता से ही बनाए जाएँ। एक ओर 'माल-मता' 'क़ायदा-क़ानून', 'सौदा-सुल्फ़', 'माल-असबाब' जैसे शब्द केवल विदेशी आधार पर बने हैं, तो दूसरी ओर 'जीव-जन्तु', 'काम-काज', 'बनाव-सिंगार' जैसे शब्द अपने शब्दों के आधार पर। इस प्रकार के शब्दों में प्रायः 'इत्यादि' का भाव रहता है, किन्तु 'पावरोटी' जैसे शब्द अपवाद भी हैं। वस्तुतः ये अपवादतः मिलने वाले शब्द ही एक शब्द कहलाने के अधिकारी हैं।

प्रतिध्वनि शब्द (echo-word)–ऐसे शब्द जो किसी शब्द की प्रतिध्वनि या सादृश्य पर बने हों। जैसे घोड़ा-**वोड़ा**, चाय-**वाय**, काम-**वाम**। हिन्दी में ऐसे शब्दों का प्रयोग द्रविड़-प्रभाव माना गया है। यों यह प्रवृत्ति उज़्बेक आदि भारत से बाहर की भाषाओं में मिलती है।

द्विज, संकर या मिश्रित शब्द–उन शब्दों को कभी-कभी इस नाम से अभिहित किया गया है जो दो भाषाओं के तत्त्वों (शब्द, प्रत्यय, उपसर्ग) के योग से बने हों, जैसे रेलगाड़ी (अं० + हि०), मालगाड़ी (अर० + हि०), दलबंदी (सं० दल + फ़ा० बंदी), पावरोटी (पुर्त० + हि०), गुरुडम (सं० + अं० डम), अंग्रेजियत (फ्रांस + अर०) आदि।

आभास–कुछ शब्द होते हैं कुछ और, किन्तु उन्हें देखने-सुनने पर आभास कुछ और का होता है। इसी आधार पर पीछे कुछ शब्दों को **तत्समाभास** कहा जा चुका है। डॉ० श्यामसुन्दर दास ने राष्ट्रीय, जाग्रत, पौर्वात्य, उन्नायक, सिंचन, सृजन आदि को तत्समाभास कहा है। इसी प्रकार 'मौसा' को उन्होंने **तद्भवाभास** या **अर्धतद्भव** कहा है। मूल तद्भव शब्द 'मौसी' है, जिससे 'मौसा' बना लिया गया है। डॉ० दास ने आभास के आधार पर ये दो भेद किए हैं। यदि पाठक आभास के आधार पर और भी भेद बर्दाश्त कर सकें तो मैं **विदेश्याभास** (जैसे कलेजा। यह

लगता है विदेशी, किन्तु है सं० कालेयक का तद्भव) एवं **देशजाभास** (जैसे बांगर, जंजाल, खच्चर, समोसा; ये सभी विदेशी हैं) सुझाव देना चाहूँगा। यों वैज्ञानिक अध्ययन में आभास पर आधारित ये वर्गीकरण कोई महत्त्व नहीं रखते। वैज्ञानिक अध्ययन में हमें यह देखना है कि कोई शब्द क्या है, यह नहीं कि वह क्या लगता है।

पारिभाषिक शब्द–कुछ शब्द भाषा में सामान्य रूप से प्रयुक्त होते हैं, जिन्हें सामान्य शब्द कह सकते हैं। जैसे पानी, मकान, खाना आदि। इसके विपरीत कुछ शब्द केवल विशिष्ट विषयों (शास्त्र, विज्ञान, शिल्प, कला आदि) में विशिष्ट अर्थ में प्रयुक्त होते हैं, जिन्हें **पारिभाषिक** या **तकनीकी शब्द** कहते हैं। यह भी कहा जा सकता है कि सामान्य शब्दों की सामान्यतः सुनिश्चित परिभाषा नहीं दी जा सकती, किन्तु पारिभाषिक शब्दों की, विशिष्ट शास्त्र, विज्ञान, शिल्प या कला आदि के संदर्भ में परिभाषा दी जा सकती है।

किसी भी शब्द के सम्बन्ध में सिद्धान्त या अर्थ की दृष्टि से ऐसे सुनिश्चित और स्पष्ट कथन को परिभाषा कहते हैं जो अतिव्याप्ति तथा अव्याप्ति दोष से रहित, एकवाक्यकीय तथा सार्वकालिकताबोधक क्रियायुक्त हो। जैसे 'संज्ञा' किसी के नाम को कहते हैं।

पारिभाषिक शब्द दो प्रकार के होते हैं—(क) **पूर्ण पारिभाषिक**, (ख) **अर्धपारिभाषिक**। पूर्णपारिभाषिक शब्द केवल पारिभाषिक शब्द के रूप में ही प्रयुक्त होते हैं। जैसे रूपिम, संस्वन। इसके विपरीत अर्धपारिभाषिक शब्द वे हैं जो कभी तो पारिभाषिक शब्द के रूप में प्रयुक्त होते हैं, और कभी सामान्य शब्द के रूप में। उदाहरण के लिए 'वे धातु विज्ञान में उच्च शिक्षा प्राप्त करने अमरीका गए हैं' में 'धातु' एक पारिभाषिक शब्द है, किन्तु 'दीवाली आ रही है, कुछ धातु के बर्तन खरीदने हैं' में धातु एक सामान्य शब्द है।

हिन्दी में थोड़े-बहुत पारिभाषिक शब्दों का प्रयोग तो अत्यन्त प्राचीन काल से हो रहा है, (जैसे बढ़ईगीरी, दर्जीगीरी या खेती के पारिभाषिक शब्द) किन्तु इस दिशा में जागरूकता आधुनिकता में उच्च शिक्षा, शोध, अनुवाद तथा हिन्दी में तकनीकी विषयों के साहित्य-लेखन के कारण आई है। हिन्दी में पारिभाषिक शब्दों के निर्माण तथा प्रयोग की दृष्टि से चार-पाँच संप्रदाय हैं। (1) **पहला संप्रदाय राष्ट्रीयतावादी, शुद्धतावादी या पुनरुद्धारवादी** कहलाता है। इसके पोषक या तो प्राचीन संस्कृत साहित्य से ऐसे शब्द लेने के पक्ष में हैं या फिर संस्कृत की धातु, प्रत्यय, उपसर्ग के आधार पर नये शब्द बनाने के पक्ष में हैं। प्रसिद्ध शब्दशास्त्री डॉ० रघुवीर इसी मत के थे। उदाहरण के लिए उन्होंने एक ओर तो 'संखिया' के लिए पुराना संस्कृत शब्द 'नेपालज' लेना उचित समझा है तो दूसरी ओर 'टेलीफोन' के लिए 'दूरभाष' शब्द संस्कृत 'दूर' और 'भाषा' से बना लिया है। (2) **दूसरा संप्रदाय आदानवादी या अन्तर्राष्ट्रीयतावादी** है। इस संप्रदाय के पोषक अन्तर्राष्ट्रीय शब्दों (जैसे टेलीफोन, टेलीविज़न आदि) ले

लेने के पक्ष में हैं। विज्ञानवेत्ता तो अंग्रेजी के काफ़ी तकनीकी शब्द लेना चाहते हैं, ताकि नये शब्दों को बनाना न पड़े तथा इस अन्तर्राष्ट्रीय भाषा अंग्रेज़ी से जुड़े रहें। (3) **लोकवादी**–इस संप्रदाय के लोग अधिक-से-अधिक शब्द लोक से लेना चाहते हैं। यों घुसपैठिया, कचहरी, दलबदलू आदि कुछ शब्द लोक से लिए भी गए हैं। (4) **प्रयोगवादी**–हिन्दुस्तानी के समर्थक पण्डित सुन्दरलाल जैसे कुछ लोगों का विचार भी था कि हिन्दी + उर्दू को मिला-जुलाकर नये शब्द बनाएँ। इन लोगों ने क़ानूनियाना (Legalize) जैसे कुछ शब्द बनाए भी। (5) **समन्वयवादी**–वस्तुतः यही रास्ता अधिक स्वस्थ है। इसके अनुसार सुविधानुसार उपर्युक्त सभी संप्रदायों में समन्वय करें। जो अन्य भाषाओं (यूरोपीय या भारतीय आदि) के शब्द हिन्दी में चले गए हों या चल सकते हों उन्हें ले लें, बोलियों से जो शब्द ले सकते हों ले लें, तथा जो कहीं न मिलें, उन्हें बताएँ, किन्तु भरसक ये सरल हिन्दी की अपनी प्रकृति के अनुरूप हों। अनिवार्यतः आवश्यक होने पर ही कठिन शब्द लें या बनाएँ। वस्तुतः जच्चाघर के रहते 'प्रसूतिगृह' बनाने या अंग्रेज़ी से 'मैटरनिटी होम' लेने का कोई बहुत तुक नहीं है। यह भी ध्यान रखना चाहिए कि न तो सभी पारिभाषिक शब्द लिए जा सकते हैं, और न सभी बनाए जा सकते हैं। जहाँ तक लोक का प्रश्न है, उससे कुछ ही शब्द लिए जा सकते हैं। उदाहरण के लिए विज्ञान तथा टेकनॉलाजी के शब्दों की भाषा लोक की बोलियों से नहीं ली जा सकती।

हिन्दी में तीन लाख के लगभग पारिभाषिक शब्द इस समय हैं। उनमें कुछ तो नये बने हैं, कुछ लिए गए हैं, किन्तु अभी और भी काफ़ी शब्दों की जरूरत है तथा उस दिशा में प्रत्येक जीवित भाषा की तरह हिन्दी को भी आगे बढ़ते जाना है।

16

हिन्दी वाक्य रचना का इतिहास

ऐतिहासिक दृष्टि से हिन्दी भाषा के अध्ययन का सबसे दुर्बल पक्ष उसका वाक्य-गठन है। डॉ० धीरेन्द्र वर्मा, डॉ० श्यामसुन्दर दास, डॉ० उदयनारायण तिवारी आदि हिन्दी भाषा के इतिहासकारों ने इस पक्ष को नहीं लिया है। प्रस्तुत पंक्तियों का लेखक इस दिशा में कार्य करता रहा है, किन्तु अभी तक कार्य पूरा नहीं हुआ है, इसीलिए यहाँ हिन्दी वाक्य-रचना के सम्बन्ध में ऐतिहासिक दृष्टि से पदक्रम, अन्वय तथा वाक्य-भेद की दृष्टि से केवल कुछ सामान्य बातें ही अत्यन्त संक्षेप में दी जा रही हैं।

पदक्रम

भारतीय आर्यभाषाओं में प्राचीन काल से ही प्रायः बहुप्रचलित पदक्रम प्रारम्भ में **कर्ता** तथा अन्त में **क्रिया** है। कर्म आदि अन्य सभी पद बीच में आते हैं। कुछ उदाहरण हैं—विशः क्षत्रियाय बलिं हरन्ति (वैश्य राजा को कर देते हैं)—शतपथ ब्राह्मण; दमनकोऽपितं प्रणम्य संजीवकशब्दानुसारी प्रतस्थे (दमनक भी उसे प्रणाम कर संजीवक के शब्द का अनुसरण करते चला)—पंचतंत्र; राजपुरिसो चोरस्य एकं हत्थं उभोऽपि च पादे छिन्दति (राजपुरुष चोर का एक हाथ तथा दोनों पैर काटता है)—पालि; तस्स णं सेणियस्स रण्णो धारिणी नामं देवी होत्था (उस राजा सेणिय की धारिणी नाम की दूसरी रानी थी)—प्राकृत; हउं गोरउ हउं सामलउ हउं (मैं गोरा हूँ, साँवला हूँ)—अपभ्रंश; सतगुरि मारग कहिया—गोरख; जे वचन्न विध्धि निध्धि धीर ही सओन षंडिही (जो वचन-रचना की निधि से सज्ञानों के धैर्य को खंडित करती थी)—चंद; तुम मोकौं दूरि करत हौ—कबीर; कंस नृप अक्रूर ब्रज पठाये—सूर; लखन ठाउँ देखरावा—तुलसी। किन्तु यह मात्र बहुप्रचलित पदक्रम है। संस्कृत बहुत ही संयोगात्मक भाषा थी, अतः उपर्युक्त पदक्रम के उल्लंघन से भी कोई हानि नहीं थी, इसलिए संस्कृत में 'रामः रावणं अहनत्', 'रावणं रामः अहनत्', 'अहनत् रामः रावणं', 'अहनत् रावणं रामः' आदि किसी भी रूप में कहने की स्वच्छन्दता थी। वैदिक साहित्य में 'एति चन्द्रमा'

(चाँद चलता है), 'यान्ति नक्षत्राणि' (नक्षत्र चलते हैं) जैसे प्रयोग प्रायः मिलते हैं। पालि तथा शिलालेखी प्राकृतों में भी यह स्वच्छन्दता है। अशोक के शिलालेखों में अनेक उदाहरणों में क्रिया आरम्भ में मिलती है—'इछामि हकं' (मैं इच्छा करता हूँ), 'सर्वत्र च जनस अथू करोमि अहं' (मैं सर्वत्र जनकार्य करता हूँ)। किन्तु आगे जैसे-जैसे प्राकृत, अपभ्रंश, हिन्दी में वियोगात्मकता बढ़ती गई, पदक्रम की उपर्युक्त स्वच्छन्दता जाती रही। आज हिन्दी में जोर देने के लिए कभी-कभार उपर्युक्त क्रम में परिवर्तन कर तो लेते हैं ('रावण को राम ने मारा'; पर 'मारा रावण को राम ने' प्रायः नहीं कहते), किन्तु एक सीमा तक और वह भी बहुत कम।

अन्य क्रमों में संस्कृत में **विशेषण, विशेष्य** (सुन्दरः पुरुषः) **क्रियाविशेषण, क्रिया** (शनैर्गच्छति) का विशेष प्रचलन रहा है, जो इसी रूप में पालि, प्राकृत, अपभ्रंश में होता हिन्दी में भी आया है। यों संस्कृत में इसके उलटे क्रम का भी प्रयोग मिलता है किन्तु हिन्दी में 'जाता है धीरे-धीरे' जैसे प्रयोग नहीं चलते। संस्कृत में **सर्वनाम, संज्ञा** के पूर्व आता है, किन्तु बाद में प्रयोग के उदारहण भी विरल नहीं (इदं फलं, फलं इदं) हैं। अशोक के शिलालेखों में भी आता है—'विजिते मम' (मेरे राज्य में)। प्राकृत-अपभ्रंश में भी इसके उदाहरण मिल जाते हैं किन्तु आधुनिक हिन्दी में प्रथम क्रम ही चलता है। क्रम-विषयक उपर्युक्त सारी बातें—हिन्दी गद्य पर आधारित हैं, जिसमें भाषा का क्रम की दृष्टि से अधिक प्रकृत रूप मिलता है। पद्य में क्रम में परिवर्तन सामान्य है।

अन्वय

संस्कृत में वचन तथा पुरुष की दृष्टि से **क्रिया, कर्ता** के अनुरूप होती है 'बालकः गच्छति', 'बालकौ गच्छतः', 'बालकाः गच्छन्ति', 'अहं गच्छामि'। पालि, प्राकृत आदि में भी यही स्थिति थी। हिन्दी में आकर 'है', 'हैं', आज्ञा आदि कुछ अपवादों को छोड़कर क्रिया न केवल 'वचन' एवं 'पुरुष' अपितु 'लिंग' में भी कर्ता के अनुरूप होती है। यह बात आदिकाल से ही मिलती है, हाथि रह गई पोथी—गोरख; तब रहि गया पद निरबांन—गोरख। संस्कृत में 'रामः गच्छति', 'सीता गच्छति' है, किन्तु हिन्दी में 'राम जाता है', 'सीता जाती है'। प्रश्न उठता है कि यह लिंग-विधान कहाँ से आया। वस्तुतः संस्कृत में क्रियारूप में लिंगानुसार परिवर्तन नहीं होता था, किन्तु कृदन्तों में लिंगान्तर था : 'गच्छन् बालकः' (चलता बालक), 'गच्छन्ती बालिका' (चलती बालिका)। ये कृदन्ती रूप क्रियारूप में भी प्रयुक्त होते थे। सः गतः (वह गया), सा गता (वह गई)। बहुत प्रचलित तो नहीं है, किन्तु समझने के लिए एक हिन्दी-जैसा उदाहरण संस्कृत से ले सकते हैं—सः कुर्वन् (अस्ति), सा कुर्वन्ती (अस्ति) = वह कर रहा है, वह कर रही है। धीरे-धीरे पालि, प्राकृत, अपभ्रंश में क्रिया के स्थान पर ये कृदन्ती रूप में बढ़ते गए और हिन्दी आदि आधुनिक भाषाओं में बहुत बढ़

गए। परिणाम यह हुआ कि इनके साथ की लिंग-व्यवस्था भी हमें 'रिक्थ' में मिली, जो हिन्दी **क्रिया** में लैंगिक विधान के लिए उत्तरदायी है।

विशेषण और **विशेष्य** की अनुरूपता भी विचारणीय है। संस्कृत में दोनों में लिंग, वचन, कारक की अनुरूपता अपेक्षित है—'सुन्दरः पुरुषः', 'सुन्दरी स्त्री' किन्तु हिन्दी में 'सुन्दर पुरुष', 'सुन्दर स्त्री' भी अशुद्ध नहीं है। हिन्दी में केवल आकारान्त विशेषण (अच्छा लड़का, अच्छे लड़कों को, अच्छे लड़के हैं, अच्छी लड़की) में ही परिवर्तन होता है (रूपवान्-रूपवती, आदरणीय-आदरणीया जैसे संस्कृत-प्रभाव अपवाद हैं), अन्यथा अन्य मधुर, सुन्दर, गोल, कटु जैसे अन्यांत शब्द अपरिवर्तित रहते हैं, जो स्वाभाविक विकास के अतिरिक्त फ़ारसी प्रभाव है। आ अन्त्य के साथ क्रिया (चला, चले, चली) तथा सम्बन्ध-रूप (राम का, राम के, राम की, अपना, अपने, अपनी) में भी रूपान्तर होता है। यह व्यवस्था आदिकालीन हिन्दी में प्रायः व्यवस्थित रूप से मिलने लगती है—दिन का **बड़ा** न हूवा—चुणकरनाथ (13वीं सदी); जोग नहीं पूता **बड़ी** बलाइ—गोरख; **बड़े बड़े** कूले मोटे पेट—गोरख; लै सूती अपना पिय **प्यारा**—कबीर; ज्यौं कामी कौ कामिनि **प्यारी**—कबीर; सबै जीव साईं के प्यारे—कबीर।

वाक्य-भेद

विभिन्न प्रकार के वाक्यों की परम्परा संस्कृत, पालि, प्राकृत, अपभ्रंश में अनुपलब्ध नहीं है। आज के प्रचलित वाक्य-रूप हिन्दी में आदिकाल से ही मिलते हैं—सरल वाक्य—पवन ही हरै छतीसौं रोग—गोरख; पुच्छन चन्द गयो दरबारह—चन्द। **मिश्रित वाक्य**—(क) **संज्ञा उपवाक्य** से युक्त—गोरष कहै सुणौं रे अवधू सूसूपाल थै डरिए—गोरख; उह मारइ इहु धाइ देखि अरि दन्तह कट्टइ चन्द; कहै कबीर राजा राम भजन सौं नव निधि होइगी चेरी—कबीर; देखो कपिराज भरत वै आए—सूर; जो कुछ कहहु तुमहिं सब छाजा—तुलसी। **(ख) विशेषण उपवाक्य** से युक्त—जिहि घरि चन्द सूर नहिं ऊगै तिहिं घरि होती उजियारा—गोरख; जे नर भये भगति तैं बाहज तिनतैं सदा डरांन रहिए—कबीर; जे पद-पदुम रमत, पांडव-दल दूत भए, सब काज सँवारे सूरदास तई पद पंकज त्रिविध ताप दुःख हरन हमारे—सूर; तुम्ह तौ देहु सरल लिख सोई, जो आचरत मोर भल होई—तुलसी। **(ग) क्रियाविशेषण उपवाक्य** से युक्त—लाष तोला मोल जाए जे एक षिसै बिंद—गोरख; जैसे कँवल पत्र जल बासा, ऐसे तुम साहेब हम दासा—कबीर; आमिष् रुधिर अस्थि अँग जौलौं, तौलों कोमल चाम—सूर, जब तेहि कीन्ह राम कै निन्दा, क्रोधवंत अति भयउँ पपिंदा—तुलसी। **जटिल वाक्य**—जत मत किरिया रहणि हमारी, और बलि बाकलि देव तुम्हारी—गोरख; कोई कहै मैं दाता रे भाई, कोई कहै मैं तपसी—कबीर; मैं तौं एक पुरुष कौं ध्यायौ, अरु एकहि सौं चित्त लगायौ—सूर। (हिन्दी वाक्य रचना पर फ़ारसी तथा अंग्रेज़ी प्रभावों के लिए अगला अध्याय देखिए।)

17

हिन्दी भाषा पर अन्य भाषाओं का प्रभाव

विश्व में ऐसी कोई भी भाषा न होगी जिस पर किसी-न-किसी रूप में दूसरी भाषाओं का प्रभाव न पड़ा हो। हिन्दी भी इस सामान्य नियम का अपवाद नहीं है। उस पर समय-समय पर संस्कृत आदि प्राचीन; पश्तो, तुर्की, फ़ारसी (अरबी), पुर्तगाली, फ्रांसीसी, स्पैनिश, अंग्रेज़ी, रूसी आदि अन्यदेशीय तथा आस्ट्रिक, द्रविड़, पंजाबी, गुजराती, मराठी, उड़िया, बंगाली आदि वर्तमान भारतीय भाषाओं का विभिन्न रूपों में प्रभाव पड़ा है। यहाँ कुछ मुख्य बातें संक्षेप में ली जा रही हैं–

ध्वनि

सामान्यतः कोई भाषा दूसरी भाषाओं से ध्वनि की दृष्टि से प्रभावित नहीं होती। विश्व की अनेकानेक भाषाओं ने दूसरी से शब्द तो लिए हैं, किन्तु ध्वनि के क्षेत्र में प्रायः कम ही प्रभाव मिलता है। इस क्षेत्र में प्रभाव के लिए दीर्घकालीन तथा अत्यन्त गहरा सम्पर्क एवं शिक्षा आदि के द्वारा उक्त भाषा की उचित या कम-से-कम उसके काफ़ी शब्दों की औच्चारणिक जानकारी आवश्यक है। हिन्दी के साथ इस प्रकार का जानकारीयुक्त विशेष सम्पर्क संस्कृत, फ़ारसी तथा अंग्रेजी का ही रहा है। उनमें संस्कृत से किसी नई ध्वनि के आने का प्रश्न नहीं उठता, क्योंकि कुछ अपवादों (ऋ, ॠ, ऌ, ष आदि) को छोड़कर संस्कृत तथा हिन्दी में प्रायः समान ध्वनियाँ हैं। जो असमानता है, वह ऐसी है जिसका अनुकरण हमारे लिए सम्भव नहीं है। यह उल्लेख्य है कि कोई भाषा दूसरी भाषा से केवल उन्हीं ध्वनियों को लेती है या ले सकती है जो उसके वक्ताओं द्वारा बिना विशेष कठिनाई के उच्चारणीय हो। संस्कृत से उपर्युक्त ध्वनियाँ हिन्दी ले सकती थी, किन्तु प्रथम तीन का स्वरवत् उच्चारण हमारे लिए सम्भव नहीं है तथा 'ष' के स्थान पर हम 'श' (शेष = शेश) या 'स' (कष्ट स्पष्ट जैसे शब्द प्रायः हिन्दी-भाषियों के सहज उच्चारण में कस्ट, स्पस्ट हो गए हैं) कहने के आदी हो चुके हैं, अतः ये ध्वनियाँ हिन्दी में नहीं आ सकीं।

फ़ारसी और अंग्रेज़ी में कई ध्वनियाँ ऐसी हैं जो हिन्दी में नहीं हैं, किन्तु उनमें सहज अनुकरणीय केवल छः ही थीं, अतः प्रभावस्वरूप वे ही आ सकीं। ये ध्वनियाँ हैं–(1) फ़ारसी से आने वाले पाँच व्यंजन–क़, ख़, ग़, ज़, फ़, (2) अंग्रेज़ी से आने वाला एक स्वर ऑ। अंग्रेज़ी के कई शब्दों में ज़ (सेफ़्टीरेज़र) तथा फ़ (अफ़िस) ध्वनियाँ हैं, किन्तु इन्हें फ़ारसी से हम पहले से ही ले चुके थे, अतः फिर अंग्रेज़ी से लेने का प्रश्न नहीं उठता। ये नवागत ध्वनियाँ प्रायः फ़ारसी (अरबी), पश्तो, तुर्की तथा अंग्रेज़ी शब्दों में ही प्रयुक्त होती हैं।

उपसर्ग

हिन्दी ने संस्कृत फ़ारसी (उसके द्वारा अरबी) तथा अंग्रेज़ी से कुछ उपसर्ग लिए हैं। यह उल्लेख्य है कि उन्हीं उपसर्गों को पूर्णतः लिया हुआ माना जा सकता है जो हिन्दी के अपने या नवनिर्मित शब्दों के साथ आते हैं। इस प्रकार के उपसर्ग सर्वाधिक तो संस्कृत के हैं। संस्कृत उपसर्गों में अ (अछूत), अन् (अन्पढ़), कु (कुचाल), उप (उपबोली) आदि तो हिन्दी के अपने शब्दों के साथ भी आते हैं, अतः ये तो हिन्दी के हो ही चुके हैं, अन्य तत्सम उपसर्गों में भी अधिकांश नये शब्दों के निर्माण में हिन्दी में प्रयुक्त होते हैं, अतः वे भी अपने हैं। फ़ारसी उपसर्गों में केवल बे (बेधड़क, बेढब, बेढंगा) ही हिन्दी के अपने शब्दों के साथ आता है। अन्य सारे प्रायः फ़ारसी-अरबी शब्दों के साथ ही आते हैं। अंग्रेजी के यों तो वाइस, सब, हाफ़, हेड उपसर्गों का प्रयोग हम लोग बोल-चाल में तथा लिखने में भी करते हैं, किन्तु ये प्रायः अंग्रेज़ी शब्दों के साथ ही आते हैं। हेडपण्डित, हेडमौलवी, हाफ़कमीज़ जैसे कुछ उदाहरण अपवाद हैं। इस प्रकार अंग्रेज़ी के उपसर्ग हमारे पूर्णतः अपने नहीं हो सके हैं।

प्रत्यय

हिन्दी ने संस्कृत, फ़ारसी (अरबी), अंग्रेज़ी से प्रत्यय भी लिए हैं। संस्कृत के ज, ता, त्व आदि अनेक प्रत्यय, हिन्दी नये शब्दों के निर्माण में प्रयुक्त कर रही है। 'यूरोपीयता' जैसे शब्दों में 'ता' प्रत्यय कभी-कभार अतत्सम शब्दों के साथ भी आता है। फ़ारसी से लिए जाने वाले प्रत्ययों में आना (घराना), इयत (अंग्रेज़ियत, बोरियत), खोर (घूसखोर), गिरी (बाबूगिरी), ची (मिडिलची), ज़ाद (चचाज़ाद), दान (सिंगारदान), दानी (चायदानी, गोंददानी), बाज (बमबाज़, बैठकबाज़), वार (ब्योरेवार) आदि प्रमुख हैं। अंग्रेज़ी के डम (गुरुडम), इज्म (जैनिज्म, बुद्धिज्म, शैविज्म), इस्ट (बुद्धिस्ट) आदि कभी-कभी प्रयुक्त होते हैं, किन्तु उपसर्गों की तरह ही ये भी हिन्दी के पूर्णतः अपने नहीं हो सके हैं।

शब्द-समूह

किसी भाषा पर दूसरी भाषाओं का प्रभाव सर्वाधिक शब्द-समूह के क्षेत्र में ही पड़ता है। एक भाषा में दूसरी भाषा के शब्द प्रायः नई वस्तुओं के नाम या नये विचारों एवं नई अभिव्यक्तियों के द्योतक के रूप में आते हैं। अंग्रेज़ी में भारतीय भाषाओं से जाने वाले लगभग दो हज़ार शब्दों में अधिकांश ऐसे ही हैं। हिन्दी में तुर्की, फ़ारसी, पुर्तगाली, अंग्रेज़ी आदि से अनेक शब्द ऐसे आए हैं—तोप, बन्दूक, बारूद, अरगजा, इस्त्री, आलपिन, पेंसिल, इंजन, कैमरा, फ़ैशन आदि। इस वर्ग के शब्द तत्त्वतः किसी भाषा में उसकी आवश्यकतानुसार, या नये समाज की अभिव्यक्ति में भाषा को सक्षम बनाने के लिए आते हैं। किन्तु इस आवश्यक वर्ग के अतिरिक्त ऐसे भी शब्द भाषाओं में आ जाते हैं, जिन्हें एक भाषा से दूसरी भाषा में ग्रहण करने वाली भाषा की दृष्टि से 'अनावश्यक वर्ग' का कहा जा सकता है। उदाहरण के लिए हिन्दी ने ऐसे अनेक शब्द भी दूसरी भाषाओं से लिए हैं, जिनके लिए उसके पास प्रायः शब्द थे। उदाहरणार्थ हज़ार (सहस्र, दस सौ), मुश्किल (कठिन), आसान (सरल), मकान (घर), शहर (नगर), आदमी (पुरुष, व्यक्ति), औरत (स्त्री), बाज़ार (हाट), खूबसूरत (सुन्दर), फ़ौज (सेना), तीर (बाण), कमान (धनुष), दरवाज़ा (द्वार), जंगला (खिड़की), चाबी (कुंजी) तथा बिल्डिंग (इमारत, भवन) आदि। इस वर्ग के शब्द प्रायः अत्यधिक सम्पर्क अथवा शब्ददायी भाषा या उसके बोलने वालों के प्रति किसी प्रकार की उच्च भावना आदि के कारण आ जाते हैं। इन सहज कारणों के अतिरिक्त साहित्यकार कभी-कभी नवीनता, साहित्यिक अभिव्यक्ति की आवश्यकता, अथवा ज्ञान-दर्शन यद्यपि बहुत कम, की दृष्टि से भी प्राचीन अथवा आधुनिक, देशी अथवा विदेशी भाषाओं से शब्द ग्रहण कर लेते हैं।

हिन्दी भाषा अपने जन्म से ही संस्कृत भाषा से इतने अधिक शब्द लेती रही है तथा ले रही है कि उसका ठीक-ठीक लेखा-जोखा करना प्रायः असंभव सा है। ग्रीक जिस प्रकार यूरोपीय भाषाओं के लिए कामधेनु है, भारतीय भाषाओं के लिए संस्कृत की भी वही स्थिति है। वस्तुतः अपभ्रंश एवं हिन्दी का समूचा साहित्य जब तक सुसंपादित होकर हमारे सामने नहीं आ जाता, तथा उसकी सुव्यवस्थित शब्दानुक्रमणी तैयार नहीं हो जाती, यह कहना बड़ा कठिन है कि कौन-से संस्कृत शब्द हिन्दी को अपने जन्म के समय अपभ्रंश से मिले तथा कौन-से उसने बाद में संस्कृत से ग्रहण किए। सच पूछा जाय तो उपर्युक्त अनुक्रमणी तैयार हो जाने पर भी इस प्रश्न का सनिश्चय उत्तर नहीं दिया जा सकता, क्योंकि यह आवश्यक नहीं कि अपभ्रंश भाषा में प्रयुक्त सभी संस्कृत शब्द अपभ्रंश साहित्य में प्रयुक्त ही हुए हों। बल्कि अधिक आशा तो इसी बात की है कि बहुत अधिक शब्द ऐसे होंगे जो साहित्य में नहीं आ सके होंगे। ऐसी स्थिति में संस्कृत के सम्बन्ध में इतना ही कह देना पर्याप्त

होगा कि संस्कृत से हिन्दी ने–विशेषतः भक्तिकाल तथा आधुनिक काल में–बहुत अधिक शब्द लिए हैं, ले रही है तथा लेती रहेगी।

अन्य जिन भाषाओं से हिन्दी ने शब्द लिए हैं, उन्हें दो वर्गों में रखा जा सकता है–

(क) विदेशी–पश्तो, तुर्की, फ़ारसी, पुर्तगाली, फ्रांसीसी, स्पैनिश, डच, अंग्रेज़ी, रूसी।

(ख) देशी–पंजाबी, गुजराती, मराठी, उड़िया, बँगला, द्रविड़, मुंडा।

पीछे 'शब्द-समूह' शीर्षक अध्याय में इन भाषाओं से हिन्दी में आगत शब्दों पर विचार किया जा चुका है।

रूप

हिन्दी में शब्दों के अतिरिक्त कुछ एकवचन, द्विवचन, बहुवचन तथा विशेषण रूप भी अन्य भाषाओं से आए हैं।

संस्कृत से–संस्कृत से आगत रूपों में सबसे बड़ी संख्या करण एकवचन की है–साधारणतया, मुख्यतया, प्रमुखतया, विशेषतया, सामान्यतया, पूर्णतया, कृपया, अपेक्षया, प्रकृत्या, अगत्या (लाचार होकर); पदेन, येन केन प्रकारेण, पूर्णरूपेण; जन्मना; मनसा वाचा कर्मणा; हठात्, बलात्, संयोगवशात्, दैवात्, प्रसंगात् जैसे पंचमी एकवचन तथा 'पदे-पदे' जैसे कुछ अधिकरण एकवचन भी हिन्दी में कभी-कभी प्रयुक्त होते हैं। विशेषण के तर (सुन्दरतर) एवं तम (सुन्दरतम) वाले रूप तो प्रयुक्त होते हैं, किन्तु कुछ तुलनार्थी विशेषण कुछ अन्तर के साथ हिन्दी में गृहीत हुए हैं। उदाहरणार्थ, संस्कृत में गरीयस्, गरिष्ठ 'गुरु' के तरार्थी एवं तमार्थी रूप हैं। इनमें पहला तो हिन्दी में प्रायः नहीं आता, किन्तु दूसरा आता है। 'गुरु' तो हिन्दी में प्रायः अपने मूल अर्थ में आता है किन्तु तमार्थी 'गरिष्ठ' एक ओर तो तमार्थी न होकर सामान्य है, दूसरे इसका प्रयोग भी भोजन तक सीमित हो गया है। 'उत् (ऊपर)–उत्तर–उत्तम' में 'उत्तर' प्रायः केवल 'बादवाला' या 'जवाब' तथा उत्तम 'अच्छा' अर्थ में प्रयुक्त होता है। 'वाहि' जैसे कुछ क्रियारूप भी हिन्दी में स्थान पा चुके हैं। ('शब्द-समूह' अध्याय में तत्सम के अन्तर्गत अन्य प्रकार के प्रभाव देखिए।)

फ़ारसी से–फ़ारसी के माध्यम से कुछ अरबी द्विवचन (तस्निया) के रूप हिन्दी में आ गए हैं। ऐसे रूप उर्दू में तो काफ़ी हैं, किन्तु हिन्दी में अपेक्षाकृत बहुत कम हैं और जो हैं भी, धीरे-धीरे समाप्त हो रहे हैं–वालिदैन, फ़रीकैन। कचहरी की भाषा में इनका प्रयोग अधिक होता रहा है। हिन्दी में कुछ फ़ारसी बहुवचन (**आन**–साहब-साहबान, मालिक-मालिकान, काश्तकार-काश्तकारान); **हा**–बार-बारहा (बार-बार) तथा कुछ अरबी नियम के आधार पर बने फ़ारसी-अरबी बहुवचन (**आत**–काग़ज़-काग़ज़ात, ख़्याल-ख़्यालात, ज़ेवर-ज़ेवरात, मकान-मकानात, बाग़-बाग़ात); **देहात**– (इसका एकवचन

'देह' हिन्दी में नहीं आता, तथा 'देहात' हिन्दी में एकवचन है); **कुछ अनियमित**– हाकिम-हुक्काम, ख़बर-अख़बार (एक० में प्रयुक्त), वक्त-औकात (= स्थिति, एक० में प्रयुक्त), वली-औलिया (एक० में प्रयुक्त), अजीब-अजायब (केवल 'अजायबघर' में), क़ायदा-क़वायद (प्रायः केवल 'कसरत' 'पो० टी०' अर्थ में; उर्दू में 'व्याकरण' के अर्थ में भी), जौहर-जवाहर (रत्न के अर्थ में जवाहारात) भी हैं। सं० 'तर', 'तम' की तरह फ़ारसी में तरार्थी एवं तमार्थी 'तर', 'तरीन' का प्रयोग होता है–बद-बदतर-बदतरीन, बेह-बेहतर-बेहतरीन, पेश-पेशतर-पेशतरीन, कम-कमतर-कमतरीन आदि में, कुछ हिन्दी में प्रयुक्त होते हैं, यद्यपि कई परिवर्तित अर्थ में–

वाक्य-रचना

हिन्दी वाक्य-रचना मुख्यतः मध्यकाल में फ़ारसी से तथा आधुनिक काल में अंग्रेज़ी से प्रभावित हुई है। नीचे दोनों को अलग-अलग लिया जा रहा है। यह उल्लेख्य है कि कुछ बातें तो निश्चित रूप से इन भाषाओं से आई हैं किन्तु कुछ के आने की सम्भावना मात्र है। एक यह बात भी संकेत्य है कि अभी तक इस दिशा में उतनी गहराई से अध्ययन नहीं हुआ है, जितनी गहराई से अपेक्षित है। इसी कारण यहाँ केवल कुछ बहुत मोटी-मोटी बातें ही दी जा रही हैं।

फ़ारसी-प्रभाव–उल्टा समास–संस्कृत परम्परा में 'राजा का पुत्र' को 'राजपुत्र' या 'ग्राम का वासी' को 'ग्रामवासी' कहेंगे। फ़ारसी में इसके उल्टे 'आलम का शाह' को 'आलमशाह' न कहकर 'शाहेआलम' कहेंगे। फ़ारसी का यह प्रभाव मध्ययुगीन हिन्दी साहित्य पर मिलता है। जायसी में 'पत्थर की लीक' के लिए 'पखन-लीक' न आकर 'लीक पखान' (लीक-पखान पुरुष कर बोला) तथा 'रवि की किरन' के लिए 'किरिन रवि' (भा भिनसार किरिन रवि फूटी) आया है। 'गंग' गजमुक्ता को 'मुकतागज' (स्यारथरी में खुरी पूँछ कंथरे-सिंहथरी मुकतागज पावै) भी इसी परम्परा में कहते हैं। फ़ारसी कचहरियों की भाषा थी, अतः आज भी कचहरियों की भाषा में इसके अवशेष हैं–'तहसीलदार हमीरपुर का तबादला हो गया' (हमीरपुर के तहसीलदार), 'मेंबरान डिस्ट्रिक्ट बोर्ड', 'सूबा बंगाल' इत्यादि। 'शाहे वक़्त', 'शेरे कश्मीर', 'सदरे रियासत', 'सितारे हिन्द', 'रुस्तमे हिन्द' तो शुद्ध फ़ारसी के हैं ही।

जो–जो-युक्त उपवाक्यों का वाक्य के आरम्भ में प्रयोग संस्कृत परम्परा का नहीं माना जाता। काल्डवेड इसे द्रविड़ प्रभाव मानते हैं। प्राकृतों में ऐसे प्रयोग होने लगे थे। प्राकृत-पैंगलम् में आता है–'जो चाहहि सो लेहि'। काल्डवेड की बात ठीक लगती है, किन्तु प्राकृतों की तुलना में आधुनिक काल में यह प्रवृत्ति बहुत अधिक है। सम्भवतः हिन्दी में ऐसे प्रयोगों (जो सोया सो खोया, सो जागा जो पाया) की वृद्धि के पीछे 'फारसी' प्रभाव का कुछ हाथ है।

आदर के लिए एकवचन के स्थान पर बहुवचन का प्रयोग–हिन्दी में यह बात

सर्वनाम तथा क्रिया में देखी जाती है। फ़ारसी में भी (सर्वनाम तथा सभी काल की क्रियाओं में) यही बात मिलती है–'ईशुन मी गूयन्द' = वे कहते हैं, 'शैख़ सादी मी गूयन्द'–शेख़ सादी कहते हैं। मेरे विचार में हिन्दी की यह प्रवृत्ति निश्चिततः फ़ारसी प्रभाव के कारण है।

संयुक्त क्रिया–यों तो भारतीय परम्परा में संयुक्त क्रिया सर्वथा नवीन नहीं है, किन्तु हिन्दी की बहुत-सी संयुक्त क्रियाएँ, विशेषतः संज्ञा तथा विशेषण से बनने वाली नामिक संयुक्त क्रियाएँ फ़ारसी का अनुवाद मात्र हैं। कुछ उदाहरण हैं–तंग-कर्दन–तंग करना, नर्म कर्दन–नरम करना, खुश शुदन–खुश होना, पैरवी कर्दन–पैरवी करना, आज़ाद कर्दन–आज़ाद करना, क़सम खुर्दन–क़सम, शपथ या सौगन्ध खाना आदि। संस्कृत में 'स्वतन्त्रं करोति' के स्थान पर 'मुंचीत' या 'प्रसन्नं करोति' के स्थान पर 'प्रसादयति' जैसे प्रयोग ही प्रायः चलते हैं। इस प्रकार संज्ञा, विशेषण आदि की सहायता से इस प्रकार की संयुक्त क्रियाएँ भी हिन्दी आदि को फ़ारसी की देन हैं।

क्रिया के पूर्व क्रियाविशेषण–हिन्दी वाक्य-गठन की यह एक प्रमुख विशेषता (वह कल आया, वह धीरे-धीरे चल रहा है) उल्लेख्य है कि संस्कृत में क्रियाविशेषण क्रिया के पूर्व भी आता था और बाद में भी है। अंग्रेज़ी में क्रियाविशेषण बाद में ही आता है। फ़ारसी में हिन्दी की तरह ही क्रियाविशेषण क्रिया के पूर्व (ऊ बितुन्दी मी गुफ्त = वह जल्दी-जल्दी बोल रहा था) आता है। इससे यह ज्ञात होता है कि हिन्दी की यह प्रवृत्ति भी फ़ारसी प्रभाव लिए हुए है।

और–संस्कृत में 'च' जब एक बार आता है तो उन शब्दों के बाद जिन्हें वह जोड़ता है (परिक्रम्य अवलोक्य च–'घूम और देखकर', रामो लक्ष्मणश्च–'राम और लक्ष्मण'), या फिर एक से अधिक बार (अहश्च रात्रिश्च–'रात और दिन', रामश्च लक्ष्मणश्च–'राम और लक्ष्मण')। हिन्दी में फ़ारसी की तरह (पिदर उ मादर) 'और' शब्दों के बीच में केवल एक बार (बाप और माँ) आता है। हिन्दी में यह प्रवृत्ति मूलतः फ़ारसी से आई ज्ञात होती है, यों इधर कदाचित् अंग्रेज़ी प्रभाव से इसे और बल मिला है।

कि–वाक्यों में 'कि' का प्रयोग या 'कि' से जोड़कर वाक्य-रचना मूलतः भारतीय परम्परा की नहीं है। 'विक्रमोर्वशीय' में आता है–'मइं जाणिअं मिअ लोअणि णिसिअरु कोई हरेइ'। इसी तरह गोरखनाथ में आया है–'गोरष कहै सुणहु रे अवधू जग मैं ऐसैं रहणां'। 'कि' फ़ारसी का शब्द है और इसका वाक्य-रचना में प्रयोग फ़ारसी का प्रभाव है। चूँकि, ताकि, गोकि, बशर्ते कि आदि से युक्त वाक्यों की भी यही स्थिति है।

अंग्रेज़ी प्रभाव

अंग्रेज़ी शिक्षा एवं पठन-पाठन का, फ़ारसी की तुलना में अधिक प्रचार है, इसी कारण वर्तमान हिन्दी वाक्य-गठन इससे अपेक्षाकृत अधिक प्रभावित है। अंग्रेज़ी

प्रभाव के कारण हिन्दी वाक्य-रचना में कुछ बातें तो नई आई हैं और कुछ ऐसी बातें [जैसी 'राम और लक्ष्मण' रूप में दो शब्दों के बीच 'और' का प्रयोग, या यदि कई शब्द हों तो अन्तिम के पूर्व (राम, सीता, भरत और लक्ष्मण) 'और' का आना] फ़ारसी से आ चुकी थीं। अंग्रेज़ी ने उनके प्रयोग को केवल और निश्चितता प्रदान की है। अंग्रेज़ी के कुछ प्रमुख प्रभाव निम्नांकित हैं–

के द्वारा–अंग्रेज़ी 'बाई' के स्थान पर प्रयुक्त। 'यह पुस्तक उनके द्वारा लिखित है' या 'यह लेख शुक्ल जी द्वारा लिखा गया था' जैसे वाक्य अंग्रेज़ी वाक्यों के अनुवाद हैं। हिन्दी में पुराने प्रयोग थे–'इसे उन्होंने लिखा है' या 'यह लेख शुक्लजी का था' या 'यह लेख शुक्ल जी का लिखा था।'

सम्बन्धवाचक सर्वनाम–सम्बन्धवाचक सर्वनामों के सम्बन्ध में हिन्दी और अंग्रेज़ी पद्धति में अन्तर है। हिन्दी में या तो सम्बन्धवाचक सर्वनाम का प्रयोग न करके कर्तृकृदन्त (पेड़ से गिरने वाला लड़का मर गया) का प्रयोग करते रहे हैं, या फिर सम्बन्धवाचक सर्वनाम का प्रारम्भ में संज्ञा के पूर्व प्रयोग (जो लड़का पेड़ से गिरा था, मर गया) होता है। अंग्रेज़ी में संज्ञा के बाद सम्बन्धवाचक रखने का नियम (वह लड़का जो पेड़ से गिरा था, मर गया–The boy, who fell from the tree, died.) है। अंग्रेज़ी के प्रभाव से आजकल इस प्रकार के वाक्य हिन्दी में भी प्रयुक्त हो रहे हैं–राम, जो कल तक इन बातों से दूर था, आज इनमें रस लेने लग गया है। (जो राम................); वह देश, जिसमें दूध की नदियाँ बहती थीं, आज दूध के लिए तरस रहा है (जिस देश में...............); वह घर, जिसमें मैं पहले रहा करता था, बिक गया (जिस घर में मैं....................) यह प्रयोग सभी कारकों (वह आदमी जिसने................; वह लड़का जिसे.............., वह जिससे............. वह अध्यापक जिसका............) आदि में होता है।

वह का प्रयोग–अंग्रेज़ी में 'द' के प्रयोग के आधार पर 'वह' के कुछ नये प्रयोग भी हिन्दी में चल पड़े हैं। ऊपर के सारे उदाहरणों में 'वह' ऐसा ही है। पुराना प्रयोग था–'जिस विद्यार्थी को इनाम मिला, बहुत ग़रीब है।' इसके स्थान पर कुछ लोग कहते हैं–'विद्यार्थी जिसे इनाम मिला, बहुत ग़रीब है।' किन्तु कुछ लोग 'The student who......' के 'द' के प्रभाव से 'वह विद्यार्थी जिसे इनाम मिला, बहुत ग़रीब है' कहते हैं। यह 'वह' 'द' का अनुवाद है।

'मैं' के स्थान पर 'वह'–अंग्रेज़ी में कथन (Speech) दो प्रकार के होते हैं–प्रत्यक्ष (direct), अप्रत्यक्ष (indirect)। प्रत्यक्ष के 'मैं' के स्थान पर, अन्य पुरुष में, अप्रत्यक्ष कथन में 'वह' का प्रयोग होता है। हिन्दी का अपना प्रयोग 'मैं' का है। अब अंग्रेज़ी के प्रभाव से हिन्दी में भी 'वह' का प्रयोग ही अधिक प्रचलित होता जा रहा है–'राम ने कहा कि वह जाएगा'। हिन्दी की परम्परा के अनुसार होगा–'राम ने कहा कि मैं जाऊँगा।'

या......या–यह प्रयोग अंग्रेज़ी 'आइदर........और' पर आधारित है। पुराने प्रयोग 'राम या मोहन' के स्थान पर 'या राम या मोहन' अथवा 'या तो राम या मोहन' जैसे प्रयोग आज बहुत सामान्य हैं। संस्कृत में 'या' के स्थान पर 'वा' मिलता है। किन्तु उल्लेख्य है कि 'वा' वाक्य के आरम्भ में कभी नहीं आता। साथ ही 'च' की तरह या तो यह एक से अधिक बार (रामो वा लक्ष्मणो वा = राम या लक्ष्मण) या बाद में (रामो लक्ष्मणो वा) जाता है। प्रश्न उठता है कि हिन्दी का पुराना प्रयोग 'राम या मोहन' फिर कहाँ से आया? मेरे विचार में यह प्रयोग फ़ारसी का प्रभाव है। फ़ारसी में हिन्दी की तरह ही [राम या मोहन; राम बूद (था) या मोहन] प्रयोग करते हैं।

और–फ़ारसी के प्रभाव के सम्बन्ध में 'और' का उल्लेख किया जा चुका है। उक्त प्रकार का प्रयोग हिन्दी में आया तो फ़ारसी के प्रभाव से, किन्तु जैसा कि संकेत किया जा चुका है, आधुनिक हिन्दी में उक्त रूप में इसके सुव्यवस्थित एवं निश्चित प्रयोग के पीछे अंग्रेज़ी का भी हाथ है। किन्तु फ़ारसी का हाथ कदाचित् अधिक है। कई शब्द हों तो 'और' का प्रयोग अन्त्य (कलम, पेंसिल और कागज़) शब्द के पूर्व फ़ारसी में भी होता था और फ़ारसी से यह हिन्दी में आया, किन्तु इसका सुव्यवस्थित प्रयोग अंग्रेज़ी प्रचार के बाद मिलता है। अतः मेरे विचार में इसमें अंग्रेजी प्रभाव का हाथ अधिक है। 'और' कभी-कभी अंग्रेज़ी में वाक्य के प्रारम्भ में आता है, जब वाक्य पूर्ववर्ती वाक्य से विशेष सम्बन्धित दिखाना हो। 'हिन्दी' में भी यह प्रवृत्ति है जो अंग्रेज़ी की देन है। कभी-कभी कहानी आदि में प्रारम्भ में ही प्रयुक्त 'और' भी यही है—और सतीश ज़ोर-ज़ोर से गालियाँ दे रहा था.........।

विरामचिह्न

आज की अत्यधिक संश्लिष्ट वाक्य-रचना में विरामचिह्न बहुत महत्त्वपूर्ण हैं। हमारे यहाँ पहले केवल एक पाई (I) दो पाई (II) या इन्हीं के समानार्थी कुछ अन्य चिह्नों का ही विरामचिह्न के रूप में प्रयोग होता था। हिन्दी में फ़ोर्ट विलियम कॉलेज की स्थापना के बाद अंग्रेज़ी के माध्यम से अन्य विरामचिह्न आए। 19वीं सदी की पांडुलिपियों से यह स्पष्ट हो जाता है कि विरामचिह्नों के सम्बन्ध में जानकारी तो लोगों को 19वीं सदी के अन्तिम चरण में प्राप्त हो गई थी, किन्तु इनका व्यवस्थित प्रयोग 20वीं सदी में प्रारम्भ हुआ। विरामचिह्न हमारे यहाँ अंग्रेज़ी से आए, अतः उनके प्रयोग में वृद्धि के साथ-साथ जाने या अनजाने रूप में अंग्रेज़ी वाक्यों जैसी रचना, विरामचिह्नों के व्यवस्थित प्रयोग की दृष्टि से होने लगी। इस प्रकार विरामचिह्नों के माध्यम से भी कुछ प्रभाव पड़ा।

मुहावरे

मुहावरे भाषा में बहुत महत्त्वपूर्ण होते हैं। उनके क़ारण भाषा की अभिव्यक्ति

में आकर्षण एवं गाम्भीर्य आता है। डॉ० बाहरी ने कहा है (Persian Influence on Hindi, 1960, इलाहाबाद, पृ० 59) कि 'संस्कृत में मुहावरे बहुत कम थे। उन लोगों का सीधे शब्दों द्वारा अभिव्यक्ति में विश्वास था।' डॉ० बाहरी के इस मत से मेरी विनम्र असहमति है। भारतीय कविता में लक्षणा तथा व्यंजना का बहुत सहारा लिया गया है और ये लाक्षणिक एवं व्यंजनात्मक प्रयोग मुहावरों से ओतप्रोत हैं। जहाँ अभिधामूलक काव्य है, उसी को सीधे-सादे शब्दों या कोशार्थ पर आधारित मुहावराशून्य काव्य कहा जा सकता है। यहाँ इस विषय को विस्तार से लेना सम्भव नहीं है, किन्तु वैदिक तथा लौकिक संस्कृत के कुछ उदाहरण दिए जा सकते हैं—मनुजिह्व (मधुरभाषी), तृणम्मन्ये (नाचीज़ समझना), हिरण्यवर्ण (निष्कपट), लोम्निलोम्नि (रोम-रोम में), अन्नमिव मन्यते (सामान्य समझना), न इव (नहीं के बराबर), कुंभीम् पर्यादधाति (दूसरे की हँड़िया पर आशा लगाना), ह्यून भूषति (दिनों की शोभा बढ़ाना), पृष्णी अपि श्रृण (कमर तोड़ना), मृत्यु-मुखात्प्रमुच्यते (मौत के मुँह से छूटना), चक्षुर्गच्छति (दृष्टि जाना), खं मुष्टिनापि जिघृक्षन्ति (मुट्ठी में आसमान बन्द करना), प्राणस्य प्राण (प्राणों के प्राण), गाढ़-प्रसुप्तः (गाढ़ी नींद में), पुष्पिताम् वाचम् (दिखाऊ बात) आदि। पालि, प्राकृत, अपभ्रंश भाषाएँ भी मुहावरों से भरी-पूरी हैं—भणम्मुद्दिआये जीहाये (खुली जीभ से कहना), मुहेसुमुद्दा (मुँह पर मुहर), मक्कडुघुग्घिऊ (बन्दर-घुड़की), डम्बरइँ करेइ (आडम्बर करना) आदि। हिन्दी में आदिकाल से ही मुहावरों का समुचित प्रयोग मिलने लगता है। मुहावरों का सर्वाधिक प्रयोग, सूर, तुलसी, प्रेमचन्द तथा मैथिलीशरण गुप्त ने किया है। इस प्रकार हमारी पूरी साहित्यिक परम्परा में मुहावरों का समुचित प्रयोग हुआ है। यों अन्य क्षेत्रों की भाँति मुहावरे के क्षेत्र में भी हिन्दी कई भाषाओं, जैसे पश्तो, तुर्की, फ़ारसी तथा अंग्रेज़ी से प्रभावित हुई है। इन भाषाओं से गृहीत कुछ मुहावरे ये हैं—

पश्तो—टस-से-मस न होना, पानी पर लाठी मारना, तहस-नहस करना, दम-दिलासा देना, हाड़े खाना (प्रार्थना करना) आदि।

तुर्की—पाँचों उँगली घी में होना, डंडे खाना, मुँह से लार टपकना, आँख लड़ना, बाल खिचड़ी होना आदि।

फ़ारसी—दाँतों तले उँगली दबाना (अंगुश्त व दन्दाँ), उँगली उठाना (अंगुश्त निहादन), अक़्ल गुम होना (अक़्ल गुम शुदन), कटिबद्ध होना, कमर कसना, कमर बाँधना (कमर बस्तन), रास्ते पर आँखें बिछाना (चश्म ब राह दाश्तन), ख़ून करना (ख़ून करदन), सिर-आँखों पर (चस्म बर सर), पानी-पानी होना (आब शुदन), मुँह में पानी आना (आब दर दहान आमदन), कमर सीधी करना (कमर सीख़ करदन), बाज़ आना (बाज़ आमदन), आँखें चार या दो-चार होना (चश्म-चहार या दो-चहार शुदन), आँख दिखाना (चश्म नमूदन), तारे गिनना (अख़्तर शुमुर्दन), हाथ से जाना (अज़दस्त रफ़्तन), जान हथेली पर रखना (जानवर कफ़ निहादन), आँख मारना (चश्म जदन), जान की बाज़ी लगाना (बाज़ि-ए-जान करदन), दाँत दिखाना (दन्दान नमूदन),

ज़बान-दराज़ी करना (ज़बान दराज़ करदन), हाथ झाड़ना (दस्त अफ़शान्दन), आग बरसना (आतिश बारीदन), हाथ आना (दस्त आवुर्दन), ज़बान पर लाना (बर ज़बान आवुर्दन), पानी जाना (आब रफ़्तन), जान से हाथ धोना (दस्त अज़ ज़ान शुस्तन), ज़बान देना (ज़बान दादन), सर करना (सर करदन), हाथ पर हाथ धरे बैठना (दस्त बर दस्त निशस्तन), तेवर बदलना (तेवर तब्दील करदन), हाथ मलना (दस्त ग़ज़ीदन), आस्तीन चढ़ाना (आस्तीन बर चीदन), दाँत खट्टे करना (दंदाँ तुर्श करदन), हाथ खींचना (दस्त कशीदन), हाथ-पैर मारना (दस्तवपा ज़दन), आसमान में सूराख़ करना (आसमान रा सूराख़ करदन), ज़बान खोलना (ज़बान कुशादन)।

अंग्रेज़ी–प्रकाश डालना (throw light), दृष्टि रखना (keep an eye on), कलेज़ा मुँह को आना (have one's heart in one's mouth), आँखों में धूल झोंकना (throw dust into one's eyes), दो रायें न होना (निश्चित होना); जैसे (there can't be two opinions) इस सम्बन्ध में दो रायें नहीं हो सकतीं, रँगे हाथ (red handed), रिकार्ड तोड़ना (break the record), ख़ून का प्यासा होना (to get blood thirsty), कीचड़ उछालना (to throw mud), सफ़ेद झूठ (white lie), सफ़ेद हाथी (white elephant) दायाँ हाथ (right hand), कठिन ज़िन्दगी (hard life पहाड़ों की ज़िन्दगी बड़ी कठिन है), विहंगम दृष्टि (birds eye view 'सिंहावलोकन' पुराना प्रयोग है), क ख ग जानना (know a b c), आग में ईंधन डालना (To add fuel to flame 'आग में घी डालना' पुराना प्रयोग है), हवाई क़िले बनाना (build castle in the air, 'मन के लड्डू खाना' पुराना प्रयोग है), स्वर्ण अवसर (golden opportunity), गहरा सम्बन्ध (deep relation), घड़ियाली आँसू, मगरमच्छ के आँसू (crocodile's tear)।

लोकोक्ति

लोकोक्तियाँ समाज के अनुभवों के सूत्रलेख हैं। बेकन ने ठीक ही कहा है कि किसी राष्ट्र की प्रतिभा, विदग्धता एवं अंतरात्मा का दर्शन उसकी कहावतों के द्वारा ही होता है। संस्कृत, पालि, प्राकृत, अपभ्रंश साहित्य में लोकोक्तियों का पर्याप्त प्रयोग मिलता है। कुछ उदाहरण हैं–अग्निनाग्निः समिद्ध यते (आग से आग भड़कती है), चक्षुर्वै सत्यम् (आँख का देखा सच होता है), अद्यैव कुरु यच्छ्रेयः (श्रेयस्कर कार्य आज ही करो), आम्रं छित्वा कुठारेण निम्बं परिचरेत्तु का (आम को काट नीम को कौन सेवे), ज्येष्ठः पितृ भो भ्राता (बड़ा भाई बाप बराबर), मित्तो हवे सत्तपदेन होति (सात कदम साथ-साथ चलने पर आदमी मित्र हो जाता है), सीहो न जुप्पइ हलम्मि (सिंह हल में नहीं जोता जाता), इत्यादि। हिन्दी में अनेक लोकोक्तियाँ संस्कृत, पश्तो, तुर्की, फ़ारसी अंग्रेज़ी आदि से आई हैं।

संस्कृत–बहुत-सी संस्कृत लोकोक्तियाँ अपने मूल रूप में हिन्दी में प्रयुक्त होती हैं–अति सर्वत्र वर्जयेत्, मुंडे-मुंडे मतिर्भिन्ना, विनाभ्यासे विषम् विद्या, प्रथम ग्रासे मक्षिकापातः, विनाशकाले विपरीत बुद्धिः, मक्षिका स्थाने मक्षिका, मौनं सर्वार्थ साधनम्,

लोभः पापस्य कारणम्, वचने किं दरिद्रता, सर्वे पदा हस्तिपदे निंमग्नाः, शुभस्य शीघ्रम्, मूलं नास्तिक कुतः शाखा। संस्कृत की अनेक लोकोक्तियाँ हिन्दी रूप में ही हिन्दी में प्रयुक्त होती हैं, किन्तु यह कहना कठिन है कि वे पालि, प्राकृत, अपभ्रंश होते हिन्दी को मिली हैं या उन्हें हिन्दी ने सीधे संस्कृत से अनूदित करके लिया है। जैसे 'जितना तिल उतना तेल'–'याव तिलं तथा तैलम्'। कुछ संस्कृत लोकोक्तियाँ हिन्दी में ऐसी भी हैं जिनका कुछ भाग संस्कृत है तथा कुछ नहीं : 'आहारे व्यवहारे लज्जा न कारे'।

पश्तो–घोड़े की लात घोड़ा सहता है, घोड़े के नाल लग रहे थे, मेंढ़की ने भी टाँग उठा दी, आसमान का थूका मुँह पर आता है, लोहा तपे नहीं तो बढ़े कैसे, सौ सुनार की एक लुहार की, पहले जान फिर जहान, ऊँट रे ऊँट तेरी कौन-सी कल सीधी, ताली दोनों हाथ से बजती है, दूध का जला मट्ठा फूँककर पीता है।

तुर्की–पाँचों उँगलियाँ बराबर नहीं होतीं, नाम बड़ा दर्शन थोड़े, मुँह से निकली बात कमान से छूटा तीर, आदि।

फ़ारसी–फ़ारसी की अनेक कहावतें तो प्रायः सामान्य ध्वन्यात्मक परिवर्तन के साथ हिन्दी में अपने मूल रूप में प्रयुक्त होती हैं–हिम्महते मर्दां मददे खुदा, माले मुफ़्त दिले बेरहम, नीम हकीम ख़तर-ए-जान, तंदुरुस्ती हज़ार नेमत, देर आयद दुरुस्त आयद, तुख़्म तासीर सुहबत असर, नीम मुल्ला ख़तर-ए-ईमान, एक जान दो कालिब। ऐसी कहावतें भी काफ़ी हैं जो कुछ अनूदित होकर हिन्दी में व्यवहृत होती हैं–मेहमान तीन दिन तक आदर पाता है (मेहमान अज़ीज अस्त मगर ता सेह रोज़), तेतो पाँव पसारिए जेती लाँबी सौर (व अन्दाज़े गलीम पा दराज़ कुन; यह कहावत तुर्की में भी है जो फ़ारसी प्रभाव है), बद अच्छा बदनाम बुरा (बद बेहतर न बदनाम), एक अनार सौ बीमार (यक अजार सद बीमार), मुल्ला की आवाज़ (दौड़ भी) मस्जिद एक तक (सदा-ए-मुल्ला ता मस्जिद), नादान दोस्त से दानां दुश्मन अच्छा (दुश्मन-ए-दाना वेह अज़ दोस्ते नादाँ), खोदा पहाड़ निकली चुहिया [कोह कन्दन, व मूश (कह = तिनका, भी प्रायः चलता है) बरावुर्दन], दूर के ढोल सुहावने (आवाज़े दुहुल अज़ दूर खुश मी नुमायद), आदि।

अंग्रेज़ी–आवश्यकता आविष्कार की जननी है (Necessity is the mother of invention), एक हाथ से ताली नहीं बजती (It requires two hands to clap), रोम एक दिन में नहीं बना था (Romes was not built in a day), भूँकनेवाले काटते नहीं (Barking dogs seldom bite), एक अंडा वह भी गन्दा (But one egg, that too addeld), प्रेम और युद्ध में सब कुछ उचित है (All is fair in love and war), बेकार से बेगार भली (Forced labour is better than idleness), योग्यता के लिए सिफ़ारिश की दरकार नहीं (Merit requires no recommendation), खाली दिमाग शैतान का घर (An empty mind is devil's workshop), दीवारों के कान होते हैं (Walls have ears)।

18

देवनागरी लिपि का इतिहास

विश्व में लिपि का अपने अत्यन्त प्रारम्भिक रूप में विकास 10,000 ई० पू० के आस-पास हुआ, किन्तु उसके व्यवस्थित रूप धारण करने में लगभग 6,000 वर्ष लग गए। इस प्रकार प्रायः 4,000 ई० पू० के आस-पास से लिपि का व्यवस्थित रूप मिलने लगता है। प्रारम्भिक लिपि चित्रलिपि थी, जो भावमूलक लिपि, भाव-ध्वनिमूलक लिपि होते ध्वनिमूलक लिपि में विकसित हुई। आधुनिक काल की अधिकांश समुन्नत लिपियाँ ध्वनिमूलक ही हैं। ध्वनिमूलक लिपि भी दो प्रकार की होती हैं—(1) **अक्षरात्मक** (Syllabic), **वर्णात्मक** (Alphabetic)। भारत की सारी लिपियाँ अक्षरात्मक हैं। अर्थात् इनके क, प, ल आदि चिह्न एक वर्ण (क्, प्, ल्) न होकर व्यंजन एवं स्वर के योग (क् + अ, प् + अ, ल् + अ) हैं। दूसरी ओर रोमन आदि यूरोप की लिपियाँ वर्णात्मक हैं। उनमें हर वर्ण प्रायः एक ही ध्वनि (स्वर या व्यंजन) को व्यक्त करता है। लिपि का चरम विकास वर्णात्मक लिपि ही है।

सिन्धु घाटी की लिपि

भारत में लिखने की कला का ज्ञान अत्यन्त प्राचीन काल से है। इसके प्राचीनतम नमूने सिन्धु घाटी में (मांटगोमरी ज़िले के हड़प्पा तथा सिन्ध के लरकाना ज़िले के मोहन-जो-दड़ो में प्राप्त सीलों पर) मिले हैं। हेरास, लैग्डन, स्मिथ, गैड तथा हण्टर ने इसे समझने और पढ़ने का प्रयास किया है, किन्तु अभी तक किसी को सफलता नहीं मिल सकी है। सिन्धु घाटी की लिपि की उत्पत्ति के विषय में प्रधानतः तीन मत हैं—(क) **द्रविड़ उत्पत्ति**—इस मत के समर्थकों में एच० हेरास तथा जान मार्शल प्रधान हैं। इन लोगों के अनुसार सिन्धु घाटी की सभ्यता द्रविड़ों की थी, और वे ही लोग इस लिपि के जनक तथा विकास करने वाले थे। इस मत के समर्थकों के तर्क पुरातत्त्ववेत्ताओं को इतने सशक्त नहीं लगे हैं, कि उन्हें स्वीकार किया जा सके। (ख) **सुमेरी उत्पत्ति**—एल० ए० वैडेल तथा डॉ० प्राणनाथ के अनुसार सिन्धु घाटी

की लिपि सुमेरी लिपि से निकली है। वैडेल के अनुसार सिन्धु की घाटी में 4000 ई० पू० में सुमेरी लोग थे, और उन्हीं की भाषा तथा लिपि वहाँ प्रचलित थी। वस्तुतः प्राचीन भारत, मध्य एशिया, क्रीट तथा मिस्र की पुरानी लिपियाँ चित्रलिपि थीं, और व्यापारिक सम्बन्धों के कारण उनमें कुछ साम्य भी है, पर आज इतने दिनों बाद यह कहना कठिन है कि इस प्रकार की लिपि के मूल निर्माता कौन थे, और किन लोगों ने मूल निर्माताओं से इसे सीखा। **(ग) आर्य या असुर उत्पत्ति**–कुछ लोगों के अनुसार सिन्धु की घाटी में आर्य या असुर (जो जाति तथा संस्कृति में आर्यों से सम्बद्ध थे) रहते थे और इन्हीं लोगों ने इस लिपि का निर्माण किया। इन लोगों के अनुसार प्राचीन एलामाइट, सुमेरी तथा मिस्र लिपियों से, इस लिपि का साम्य इस कारण है कि इन तीनों ही देशों में लिपि भारत से ही गई है (दीक्षित–प्री-हिस्टारिक सिविलाइज़ेशन, ऑफ़ इंडुस वैली, पृ० 46, प्रथम संस्करण)। कठिनाई यह है कि तीनों ही मत अपने समर्थकों को ही मान्य हैं। वस्तुस्थिति यह है कि आधार-सूत्र की कमी के कारण इस लिपि की उत्पत्ति या उत्पत्ति-स्थान के सम्बन्ध में निश्चय के साथ कुछ नहीं कहा जा सकता।

सिन्धु घाटी की लिपि में कुछ चिह्न तो चित्र जैसे हैं–

और कुछ अक्षर जैसे–

विद्वानों का कहना है कि यह लिपि यदि शुद्ध भावमूलक होती तो इतने थोड़े चिह्नों से काम नहीं चलता, जितने कि वहाँ मिले हैं। इसी आधार पर लोगों ने अनुमान लगाया है कि यह भावमूलकता और अक्षरात्मकता के सन्धि-स्थल पर है। अर्थात् यहाँ कुछ चिह्न चित्रमूलक हैं, और कुछ अक्षर-से हैं। डिरिंजर ने इसी आधार पर इसे 'ट्राज़िशनल स्क्रिप्ट' (भाव-ध्वनिमूलक लिपि) कहा है। सिन्धु घाटी की लिपि में कुल कितने चिह्न हैं, इस सम्बन्ध में भी विद्वानों में मतभेद है। इसका कारण यह है कि वर्गीकरण में कुछ लोग तो कई चिह्नों को एक चिह्न का ही लेखन के कारण परिवर्तित रूप मानते हैं, और कुछ लोग उन्हें अलग चिह्न मानते हैं। इस सम्बन्ध में तीन विद्वानों के मत प्रधान हैं। हण्टर के अनुसार चिह्नों की संख्या 253, लैग्डन के अनुसार 228 तथा गैड और स्मिथ के अनुसार 396 है।

भारत में लिपि-ज्ञान की प्राचीनता–सिन्धु की घाटी की लिपि के प्रकाश में आने के पूर्व विदेशी विद्वानों का यह मत रहा है कि भारत में लिखने का प्रचार बहुत

बाद में हुआ है। मैक्समूलर ने पाणिनि का काल 4थी शताब्दी ई० पू० माना है और उनके अनुसार, पाणिनि के 'अष्टाध्यायी' में लिपि के सम्बन्ध में कोई संकेत नहीं है। इस प्रकार मैक्समूलर के अनुसार 4थी शताब्दी ई० पू० के बाद भारत में लिपि का प्रचार हुआ। बर्नेल के अनुसार भारतवासियों ने 4थी या 5वीं शताब्दी ई० पू० में फ़ोनिशियन लोगों से लिखने की कला सीखी। डॉ० बूलर ने उपर्युक्त दोनों मतों को अस्वीकार करते हुए अपना मत सामने रखा। इनके अनुसार 500 ई० पू० या इसके भी पहले भारतीयों ने सेमेटिक लिपि के आधार पर ब्राह्मी लिपि का निर्माण किया। इधर भारत में लिपि या लेखन-ज्ञान की प्राचीनता (सिन्धु घाटी की लिपि को छोड़कर के विषय में पर्याप्त सामग्री प्रकाश में आई है)। यहाँ इनमें से कुछ प्रधान का संक्षिप्त परिचय दिया जा रहा है।

भारत में लेखन-ज्ञान की प्राचीनता पर प्रकाश डालने वाली सामग्री निम्नलिखित वर्गों में रखी जा सकती है—(1) ग्रन्थों के प्रमाण—(क) विदेशी, (ख) देशी, (2) शिलालेख आदि, (3) अन्य।

ग्रन्थों के प्रमाण—(क) विदेशी—बहुत से विदेशी ग्रन्थों में भारत में लिपि-ज्ञान की प्राचीनता के सम्बन्ध में प्रमाण मिलते हैं, जिनमें प्रमुख निम्नलिखित हैं— (अ) एरिअन् ने अपनी पुस्तक 'इण्डिका' में सिकन्दर के सेनापति निआर्कस (326 ई० पू०) द्वारा लिखित भारत के वृत्तान्त को संक्षेप में दिया है। उससे स्पष्ट है कि यहाँ लिखने के लिए कागज़ बनाया जाता था। (आ) मेगस्थनीज़ (305 ई० पू०) ने अपने 'इण्डिका' में भारत में सड़कों पर मील के पत्थरों के गड़े होने का उल्लेख किया है। उसने जन्मकुण्डली का भी उल्लेख किया है। (इ) चीनी यात्री ह्वेनसांग ने भारत में लिपि-ज्ञान अत्यन्त प्राचीन काल से होने का उल्लेख किया है। (ई) प्रसिद्ध चीनी विश्वकोश 'फ़ा-वान-शु-लिन' में ब्राह्मी लिपि का उल्लेख है। उसके अनुसार इस लिपि का ब्रह्मा ने आविष्कार किया था। **(ख) देशी**—(अ) बौद्ध ग्रन्थ सुत्तन्त (सूत्रान्त) में, जो राइस डेविड्ज़ के अनुसार 450 ई० पू० के आसपास का पर डॉ० राजबली पाण्डेय के अनुसार छठी सदी ई० पू० से भी पूर्व का है, 'अक्खरिका' खेल का उल्लेख है, जिसमें आकाश में या पीठ पर अक्षर लिखे जाते थे। (आ) विनयपिटक (ओल्डनबर्ग के अनुसार 400 ई० पू० के भी पूर्व) में भी लेखन-कला की प्रशंसा की गई है। (इ) जातकों ने अनेक नियमों को सुवर्ण पत्रों पर खुदवाने, व्यक्तिगत तथा सरकारी पत्र लिखने, एवं ऋण लेने पर ऋणपर्ण लिखे जाने के रूप में लेखन कला के उल्लेख हैं। ओझाजी के अनुसार जातकों में ई० पू० छठी सदी या उससे भी पूर्व के समाज का चित्र है। (ई) रामायण, महाभारत (400 ई० पू०), अर्थशास्त्र (4थी सदी ई० पू०), तथा अष्टाध्यायी (गोल्डस्टकर के अनुसार बुद्ध के पूर्व, डॉ० वासुदेवशरण अग्रवाल के अनुसार 440-430 ई० पू०) आदि में भी लिपिविषयक पर्याप्त प्रमाण मिलते हैं। पीछे मैक्समूलर के अनुसार पाणिनि में लेखन के विषय में प्रमाण न मिलने

का उल्लेख किया जा चुका है, पर वह नितान्त भ्रामक है। अष्टाध्यायी में लिपि, लिबि, लिपिकर, लिबिकर, ग्रन्थ तथा यवनानी आदि के उल्लेख लिपिज्ञान की निश्चितता स्पष्ट कर देते हैं। (उ) लिपि तथा लेखन-विषयक कुछ प्रमाण और भी पहले के मिलते हैं। छांदोग्य उपनिषद् में 'हिंकार इति त्र्यक्षरं प्रस्ताव इति अक्षरं तत्समग्' में स्पष्ट रूप से अक्षर का उल्लेख है। तैत्तिरीय में 'वर्णः स्वरः मात्रा वलम्' में वर्ण, स्वर तथा मात्रा का मिलना भी उसी ओर संकेत करता है। इसी प्रकार यजुर्वेद की वाजसनेयी संहिता, तैत्तिरीय संहिता, शतपथ ब्राह्मण तथा पंचविंश ब्राह्मण आदि में भी प्रमाण हैं। पर, इतना ही नहीं, प्राचीनतम वेद ऋग्वेद में भी इस प्रकार के संकेत मिलते हैं, जिनसे सिद्ध होता है कि उस समय भी आर्यों को लेखन-ज्ञान था। 'सहस्रम् मे ददतो अष्टकर्ण्यः' से स्पष्ट है कि गायों के कान पर 8 की संख्या लिखी जाती थी।

शिलालेख–भारत में लेखन-कला प्राचीन होने पर भी पुराने लेख आदि नहीं मिलते। इसका कारण यह है कि लोग पत्ते, कागज तथा भोजपत्र आदि पर लिखा करते थे और ये वस्तुएँ सड़-गल गईं। पुराने लेख केवल पत्थरों पर कुछ मिले हैं। प्राचीनतम शिलालेख अजमेर ज़िले के 'वडली' गाँव तथा बस्ती ज़िले के 'पिपरावा' में मिले हैं, जो 483 ई० पू० के लगभग के हैं। आगे चलकर 4थी सदी ई० पू० के कुछ लेख तथा 3री सदी ई० पू० के खरोष्टी तथा ब्राह्मी लिपि में अशोक के शिलालेख मिलते हैं।

अन्य–कुछ पुराने सिक्कों तथा ब्रह्मा और सरस्वती की मूर्तियों (जिनके हाथ में पुस्तक बनी है) से भी भारत में लेखन-कला के प्राचीन काल से प्रचलित होने के प्रमाण मिलते हैं।

भारत की प्राचीन लिपियाँ–सिन्धु-घाटी की लिपि को थोड़ी देर के लिए छोड़ दिया जाय तो भारत के पुराने शिलालेखों और सिक्कों पर दो लिपियाँ–ब्राह्मी और खरोष्ठी–मिलती हैं। पर पुस्तकों में और अधिक लिपियों के नाम मिलते हैं। जैनों के पन्नवणासूत्र में 18 लिपियों (जैसे वंभी जवणालि, दोसापुरिया, खरोट्ठी आदि) के नाम हैं तो बौद्धों की संस्कृत पुस्तक 'ललितविस्तर' में 64 लिपियों (जैसे ब्राह्मी, खरोष्ठी, अंग लिपि, बंगलिपि, मगध लिपि, द्राविड़ि लिपि, कनारि लिपि आदि के नाम मिलते हैं)। इनमें ब्राह्मी और खरोष्ठी–इन दो का ही आज पता है। अन्यों में अधिकतर नाम कल्पित लगते हैं। यहाँ हमारा सम्बन्ध ब्राह्मी से है, अतः उस पर विचार किया जा रहा है।

ब्राह्मी

इसके प्राचीनतम नमूने बस्ती ज़िले में प्राप्त पिपराला के स्तूप में तथा अजमेर ज़िले के वडली गाँव के शिलालेख में मिले हैं। इनका समय 5वीं सदी ई० पू० माना गया है। उस समय से लेकर 350 ई० तक इस ब्राह्मी लिपि का प्रयोग मिलता है।

ब्राह्मी नाम का आधार–इस लिपि के 'ब्राह्मी' नाम पड़ने के सम्बन्ध में 3-4 मत हैं। जिनमें दो मुख्य हैं–(1) एक मतानुसार इस लिपि का प्रयोग इतने प्राचीनकाल से होता आ रहा है, कि लोगों को इसके निर्माता के बारे में कुछ ज्ञात नहीं है, अतः विश्व की अन्य चीजों की भाँति 'ब्रह्मा' को इसका भी निर्माता मानते रहते रहे हैं, और इसी आधार पर इसे ब्राह्मी कहा गया है। (2) चीनी विश्वकोश 'फ़ा-बान-शुलिन' (668 ई०) में इसके निर्माता कोई ब्रह्म या ब्रह्मा (Fan) नाम के आचार्य कहे गए हैं, अतएव उनके नाम के आधार पर इसका नाम ब्राह्मी पड़ना सम्भव है। इनमें पहला मत अधिक तर्क-सम्मत लगता है।

ब्राह्मी लिपि की उत्पत्ति–ब्राह्मी लिपि की उत्पत्ति के प्रश्न को लेकर विद्वानों में बहुत विवाद होता आया है। इस विषय में व्यक्त किए गए विभिन्न मत दो प्रकार के हैं। एक के अनुसार ब्राह्मी किसी विदेशी लिपि से सम्बन्ध रखती है और दूसरे के अनुसार इसका उद्‌भव और विकास भारत में हुआ है। यहाँ दोनों प्रकार के मतों पर संक्षेप में प्रकाश डाला जा रहा है।

(क) ब्राह्मी किसी विदेशी लिपि से निकली है–इस सम्बन्ध में विभिन्न विद्वानों ने अपने अलग-अलग विचार व्यक्त किए हैं, जिनमें प्रमुख डिरिंजर, कुपेरी, अल्फ्रेड, नूलर, सेनार्ट, साहा आदि हैं (विस्तार के लिए देखिए मेरा 'भाषाविज्ञान')। इनमें कोई भी अब प्रामाणिक नहीं माना जाता।

(ख) ब्राह्मी की उत्पत्ति भारत में हुई है–इस वर्ग में कई मत हैं, जिन पर यहाँ अलग-अलग विचार किया जा रहा है।

(1) **द्रविड़ीय उत्पत्ति**–एडवर्ड थामस तथा कुछ अन्य विद्वानों का यह मत है कि ब्राह्मी लिपि के मूल आविष्कारक द्रविड़ थे। डॉ० राजबली पांडेय ने इस मत को काटते हुए लिखा है कि द्रविड़ों का मूल स्थान उत्तर भारत न होकर दक्षिण भारत है; पर ब्राह्मी लिपि के पुराने सभी शिलालेख उत्तर भारत में मिले हैं। यदि इसके मूल आविष्कर्ता द्रविड़ होते तो इसकी सामग्री दक्षिण भारत में भी अवश्य मिलती। साथ ही उनका यह भी कहना है कि द्रविड़ भाषाओं में सबसे प्राचीन भाषा तमिल है और उसमें विभिन्न वर्गों के केवल प्रथम एवं पंचम वर्ण ही उच्चरित होते हैं, पर ब्राह्मी में पाँचों वर्ण मिलते हैं। यदि ब्राह्मी मूलतः उनकी लिपि होती तो इसमें भी केवल प्रथम और पंचम वर्ण मिलते। किसी ठोस आधार के अभाव में यह कहना तो सचमुच ही सम्भव नहीं है कि ब्राह्मी के मूल आविष्कर्ता द्रविड़ ही थे, पर पांडेय जी के तर्क भी बहुत युक्तिसंगत नहीं दृष्टिगत होते। यह सम्भव है कि द्रविड़ों का मूल स्थान दक्षिण में रहा हो पर यह भी बहुत से विद्वान् मानते हैं कि वे उत्तर भारत में भी रहते थे और हड़प्पा और मोहन-जो-दड़ो जैसे विशाल नगर उनकी उच्च संस्कृति के केन्द्र थे। पश्चिमी पाकिस्तान में ब्राहुई भाषा का मिलना (जो द्रविड़ भाषा ही है) भी उनके उत्तर भारत में निवास की ओर संकेत करता है। बाद में सम्भवतः

आर्यों ने अपने आने पर उन्हें मार भगाया और उन्होंने दक्षिण भारत में शरण ली। पांडेय जी यदि सिन्धु-सभ्यता से द्रविड़ का सम्बन्ध नहीं मानते या ब्राहुई भाषा के उस क्षेत्र में मिलने के लिए कोई अन्य कारण मानते हैं, तो उनकी ओर यदि यहाँ संकेत कर देते तो पाठकों के लिए इस प्रकार सोचने का अवसर न मिलता। पांडेय जी की दूसरी आपत्ति तमिल में ब्राह्मी से कम ध्वनि होने के सम्बन्ध में है। ऐसी स्थिति में क्या यह सम्भव नहीं है कि आर्यों ने तमिल या द्रविड़ों से उनकी लिपि ली हो और अपनी भाषा की आवश्यकता के अनुकूल उसमें परिवर्द्धन कर लिया हो। किसी लिपि के प्राचीन या मूल रूप का अपूर्ण तथा अवैज्ञानिक होना बहुत सम्भव है और यह भी असम्भव नहीं है कि आवश्कतानुसार समय-समय पर उसे वैज्ञानिक तथा पूर्ण बनाने का प्रयास किया गया हो। किसी अपूर्ण लिपि से पूर्ण लिपि के निकलने की बात तत्त्वतः असम्भव न होकर बहुत सम्भव तथा स्वाभाविक है।

(2) **सांकेतिक चिह्नों से उत्पत्ति**–श्री आर० शाम शास्त्री ने 'इंडियन एंटीक्वेरी' जिल्द 35 में एक लेख देवनागरी लिपि की उत्पत्ति के विषय में लिखा था। इनके अनुसार देवताओं की मूर्तियाँ बनने के पूर्व सांकेतिक चिह्नों द्वारा उनकी पूजा होती थी, 'जो कई त्रिकोण तथा चक्रों आदि से बने हुए, यन्त्र, जो 'देवनगर' कहलाता था, के मध्य में लिखे जाते थे। देवनगर के मध्य लिखे जाने वाले अनेक प्रकार के सांकेतिक चिह्न कालांतर में उन-उन नामों के पहले अक्षर माने जाने लगे और देवनगर के मध्य उनका स्थान होने से उनका नाम देवनागरी हुआ।' (प्राचीन लिपि-माला, पृ० 30)। ओझा जी के शब्दों में शास्त्री जी का यह लेख, गवेषणा के साथ लिखा गया तथा युक्तियुक्त है, पर जब तक यह न सिद्ध हो जाये कि जिन तान्त्रिक पुस्तकों से जो अवतरण दिए गए हैं वे वैदिक साहित्य से पहले के या काफ़ी प्राचीन हैं, इस मत को स्वीकार नहीं किया जा सकता।

(3) **वैदिक चित्रलिपि से उत्पत्ति**–श्री जगमोहन वर्मा ने 'सरस्वती' (1913-15) में एक लेख-माला में यह दिखाने का यत्न किया था कि वैदिक चित्रलिपि या उससे निकली सांकेतिक लिपि से ब्राह्मी निकली है। पर, इस लेख के चित्र पूर्णतया कल्पित हैं, और उनके लिए प्राचीन प्रमाणों का अभाव है, अतएव इनका मत भी स्वीकार नहीं किया जा सकता।

(4) **आर्य उत्पत्ति**–डाउसन, कनिंघम, लसन, थामस तथा डॉसन आदि विद्वानों का मत है कि आर्यों ने ही भारत की किसी पुरानी चित्रलिपि के आधार पर ब्राह्मी लिपि को विकसित किया।

यह तो किसी सीमा तक माना जा सकता है कि भारतीयों ने ही इस लिपि को जन्म दिया तथा इसका विकास किया, पर यह कार्य आर्यों, द्रविड़ों या किसी अन्य जाति के लोगों के द्वारा हुआ, यह जानने के लिए आज हमारे पास कोई साधन नहीं है। गौरीशंकर हीराचन्द ओझा का यह कथन–'जितने प्रमाण मिलते हैं, चाहे

प्राचीन शिलालेखों के अक्षरों की शैली और चाहे साहित्य के उल्लेख, सभी यह दिखाते हैं कि लेखन-कला अपनी प्रौढ़ावस्था में थी। उनके आरम्भिक विकास का पता नहीं चलता। ऐसी दशा में यह निश्चयपूर्वक नहीं कहा जा सकता कि ब्राह्मी लिपि का आविष्कार कैसे हुआ और इस परिपक्व रूप में......... वह किन-किन परिवर्तनों के बाद पहुँची। ....निश्चय के साथ इतना ही कहा जा सकता है कि इस विषय के प्रमाण जहाँ तक मिलते हैं, वहाँ तक ब्राह्मी अपनी प्रौढ़ अवस्था में और पूर्ण व्यवहार में आती हुई मिलती है और उसका किसी बाहरी स्रोत और प्रभाव से निकलना सिद्ध नहीं होता।'—बहुत ही ठीक है और जब तक और सामग्री प्रकाश में न आए इसके आगे कुछ कहना उचित नहीं है।

(5) मेरे विचार में ब्राह्मी लिपि हड़प्पा, मोहन-जो-दड़ो की लिपि से निकली है। मुझे दोनों में 1956 में कुछ समानताएँ मिली थीं, जिसे बाद में मेरा उल्लेख करके या बिना उल्लेख किए कई विद्वानों ने अपनी पुस्तकों में दिया भी। समानताएँ हैं—

सिन्धु-घाटी ब्राह्मी नागरी

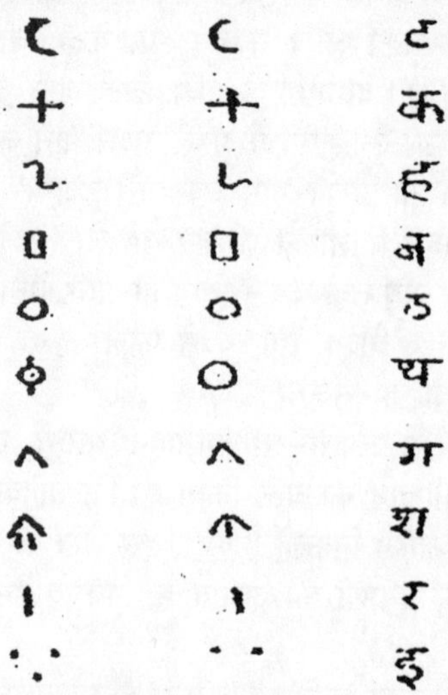

मेरे विचार में ये समानताएँ बहुत स्पष्ट हैं अतः किसी अन्य अधिक प्रामाणिक मत के न आने तक इसे माना जा सकता है।

ब्राह्मी लिपि का विकास

ब्राह्मी लिपि के प्राचीनतम नमूने 5वीं सदी ई० पू० के मिले हैं। आगे चलकर इसके उत्तरी भारत और दक्षिणी भारत के रूपों में अन्तर होने लगा। उत्तरी भारत

में रूप पुराने रूप के समीप थे, पर दक्षिणी रूप धीरे-धीरे विकसित होकर भिन्न हो गए। यह लिपि भारत के बाहर भी गई। वहाँ इसके रूपों में धीरे-धीरे कुछ भिन्नताओं का विकास हुआ। मध्य एशिया में ब्राह्मी लिपि में ही पुरानी खोतानी तथा तोखारी आदि भाषाओं के लेख मिलते हैं। 5वीं सदी ई० पू० से लेकर 350 ई० तक की भारत में प्राप्त ब्राह्मी लिपि थोड़े-बहुत भेद तथा विभिन्नताओं के होते हुए भी ब्राह्मी के नाम से ही पुकारी जाती है। 350 ई० के बाद इसकी स्पष्ट रूप से दो शैलियाँ हो जाती हैं–(1) **उत्तरी शैली**–इसका मुख्यतः उत्तरी भारत में प्रचार था। (2) **दक्षिणी शैली**–इसका प्रमुखतः दक्षिणी भारत में प्रचार था। इन्हीं दोनों शैलियों से और आगे चलकर भारत की विभिन्न लिपियों का विकास हुआ।

उत्तर भारत की शैलियाँ–गुप्त लिपि–गुप्त राजाओं के समय (चौथी तथा पाँचवीं सदी) में इसका प्रचार होने से इसे 'गुप्त लिपि' नाम आधुनिक विद्वानों ने दिया है। **कुटिल लिपि**–इस लिपि का विकास गुप्त लिपि से हुआ। स्वरों की मात्राओं की आकृति कुटिल या टेढ़ी होने के कारण इसे कुटिल लिपि कहा गया है। प्राचीन नागरी तथा शारदा लिपियाँ इसी से निकली हैं। **प्राचीन नागरी लिपि**–इसका प्रचार उत्तर भारत में 9वीं सदी के अन्तिम चरण से मिलता है। यह मूलतः उत्तरी लिपि है पर दक्षिण भारत में भी कुछ स्थानों पर 8वीं सदी से यह मिलती है। दक्षिण में इसका नाम नागरी न होकर नंदिनागरी है। आधुनिक काल की नागरी या देवनागरी, गुजराती, महाजनी, राजस्थानी तथा महाराष्ट्री आदि लिपियाँ इस प्राचीन नागरी के ही पश्चिमी रूप से विकसित हुई हैं और इसके पूर्वी रूप से कैथी, मैथिली तथा बंगला आदि लिपियों का विकास हुआ है। इसका प्रचार 16वीं सदी तक मिलता है। **शारदा लिपि**–कश्मीर की अधिष्ठात्री देवी शारदा कही जाती हैं, और इसी आधार पर कश्मीर को शारदा मंडल तथा वहाँ की लिपि को शारदा लिपि कहते हैं। कुटिल लिपि से ही 10वीं सदी में इसका विकास हुआ और नागरी के क्षेत्र में उत्तर-पश्चिम में (कश्मीर, सिंध तथा पंजाब आदि) इसका प्रचार रहा। आधुनिक काल की शारदा, ताकरी, लंडा, गुरुमुखी, डोगरी, चमेआली तथा कोछी आदि लिपियाँ इसी से निकली हैं।

देवनागरी

ऊपर कहा जा चुका है कि **ब्राह्मी** की उत्तरी शैली से चौथी सदी में गुप्त लिपि तथा गुप्त लिपि से छठी सदी में **कुटिल लिपि** विकसित हुई है। इस कुटिल लिपि से ही 8-9वीं सदी के लगभग नागरी के प्राचीन रूप का विकास हुआ, जिसे **प्राचीन नागरी** कहते हैं। प्राचीन नागरी का क्षेत्र उत्तरी भारत है, किन्तु दक्षिणी भारत के कुछ भागों में भी यह मिली है। दक्षिण भारत में इसका नाम 'नागरी' न होकर **नंदिनागरी** है। प्राचीन नागरी से ही आधुनिक नागरी, गुजराती, महाजनी, राजस्थानी, कैथी, मैथिली, असमिया, बंगला आदि लिपियाँ विकसित हुई हैं। कुछ लोग कुटिल से ही नागरी

तथा शारदा के अतिरिक्त एक और प्राचीन लिपि विकसित मानते हैं, जिससे आगे चलकर आसामी, बंगाली, मनीपुरी आदि पूर्वी अंचल की लिपियाँ विकसित मानी जाती हैं—प्राचीन नागरी से 15-16वीं सदी में आधुनिक नागरी विकसित हुई।

'नागरी' नाम—यह नाम कैसे पड़ा, इस बात पर विवाद है। कुछ मत ये हैं—(1) गुजरात के नागर ब्राह्मणों द्वारा प्रयुक्त होने के कारण यह 'नागरी' कहलाई। (2) प्रमुख रूप से नगरों में प्रचलित होने के कारण इसका नाम 'नागरी' पड़ा। (3) कुछ लोगों के अनुसार ललितविस्तर में उल्लिखित 'नाग लिपि' ही 'नागरी' है, अर्थात् 'नाग' से 'नागर' का सम्बन्ध है। (4) तान्त्रिक चिह्न 'देवनागर' से साम्य के कारण इसे 'देवनागरी' और फिर 'नागरी' कहा गया। (5) आर० शाम शास्त्री के अनुसार 'देवनागर' (देखिए पृ० 317) से उत्पन्न होने के कारण यह 'देवनागरी' फिर 'नागरी' कहलाई। (6) 'देवनगर' अर्थात् 'काशी' में प्रचार के कारण यह 'देवनागरी' कही गई। (7) डॉ० धीरेन्द्र वर्मा के अनुसार मध्ययुग में स्थापत्य की एक शैली थी 'नागर', जिसमें चतुर्भुजी आकृतियाँ होती थीं। दो अन्य शैलियाँ 'द्रविड़' (अष्टभुजी या सप्तभुजी) तथा वेसर (वृत्ताकार) थीं। नागरी लिपि में चतुर्भुजी अक्षरों (प, म, भ, ग) के कारण इसे नागरी कहा गया। उपर्युक्त मतों में कोई भी बहुत साधार नहीं है, अतः 'नागरी' की व्युत्पत्ति संदिग्ध ही माननी पड़ेगी।

नागरी का विकास—8वीं-9वीं सदी से अब तक के नागरी लिपि के विकास पर अब तक कोई कार्य प्रकाश में नहीं आया है। मैंने इस दिशा में कुछ थोड़ा-सा काम किया था। वह काम अभी तक पूरा तो नहीं हो सका है, किन्तु उसके आधार पर मोटे रूप से प्रमुख वर्णों का विकास कुछ इस प्रकार दिखाया जा सकता है—

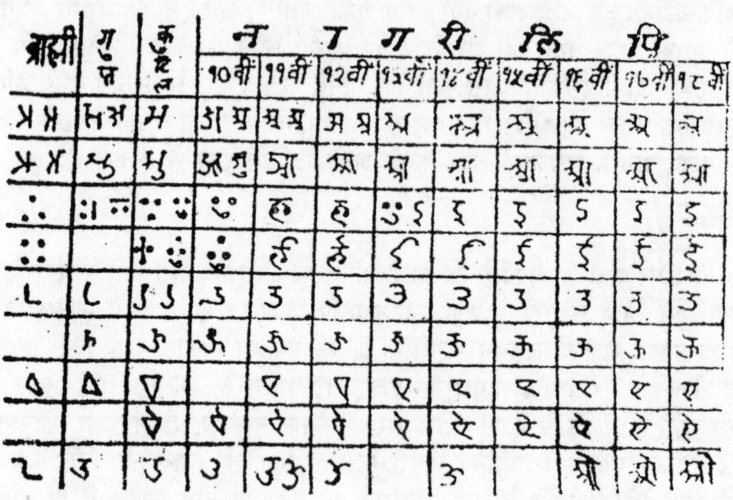

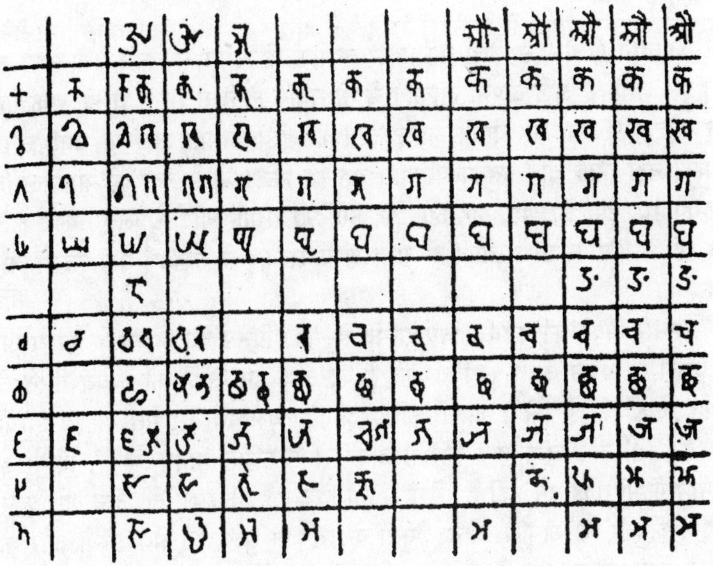

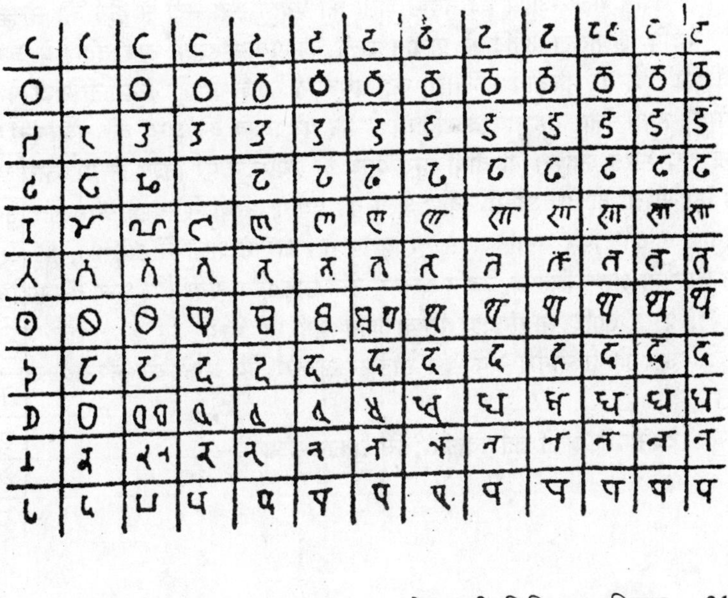

देवनागरी अंक

प्राचीन शैली–इस शैली का प्रचार अशोक के समय से लेकर 4थी सदी तक था। इस शैली के अंक अपनी आकृति में तो नवीन शैली से भिन्न थे ही, एक मुख्य और महत्त्वपूर्ण अंतर यह था कि पहले लोगों को शून्य का पता नहीं था, अतः उसका व्यवहार नहीं होता था। इसका परिणाम यह था कि 1 से 9 तक की संख्याओं की तरह ही 10, 20, 30, 40, 50, 60, 70, 80, 90, 100 आदि के लिए अलग-अलग चिह्न थे। अर्थात् 1, 2, 3 आदि के साथ शून्य रखकर से संख्याएँ नहीं लिखी जाती थीं।

हमारे अंकों की उत्पत्ति विवादास्पद है–(1) प्रिंसेप का कहना है कि ये अंक उन शब्दों के प्रथम अक्षर से विकसित हैं जो शब्द इन अंकों को व्यक्त करते थे। अर्थात् 'एक' के 'ए' से 1 का विकास हुआ है। बूलर ने इस मत को असमीचीन कहा है। (2) कुछ लोग इन्हें विदेशी अंकों से विकसित मानते रहे हैं, किन्तु इस अनुमान में भी कोई दम नहीं है। मेरा अपना विचार है कि एक, दो, तीन का विकास तो एक अँगुली, दो अँगुली, तीन अँगुली के चिन्ह से हुआ है। शेष सीधी और वक्र रेखाओं से यादृच्छिक ढंग से बना लिए गए हैं। इस मेरे अनुमान का आधार अशोक कालीन अंक-चिह्न हैं, जो इस पुस्तक में दिए गए प्रारंभिक अंक-चिह्नों में देखे जा सकते हैं–

नवीन शैली–अंकों की नवीन शैली का प्रयोग 5वीं सदी से होने की संभावना है, यद्यपि शिलालेख आदि में प्राचीन शैली का प्रयोग इसके बाद तक भी चलता ही रहा। 'शून्य' भारतीय गणितज्ञों की अभूतपूर्व खोज थी जो 4थी-5वीं सदी में हुई होगी। हमारे लिए यह गर्व का विषय है कि पूरे विश्व को शून्य की संकल्पना देने का श्रेय भारत का है। भारतीयों द्वारा शून्य के प्रयोग ने पूरे विश्व के गणितीय ज्ञान में क्रान्ति ला दी। भारत से नवीन शैली का प्रयोग अरबों ने सीखा और फिर उनसे यूनान ने और फिर यूनानियों से पूरे यूरोप ने। प्राचीन शैली में 10, 20, 30 आदि के लिए जो अलग चिंह्न थे, नवीन शैली में उन्हें छोड़ दिया गया और शून्य की सहायता से 1, 2, 3 आदि से संख्याएँ लिखी जाने लगीं।

अब हिन्दी नागरी अंकों को छोड़कर अन्तर्राष्ट्रीय अंकों को अपनाया जा रहा है।

देवनागरी अंकों का विकास इस प्रकार हुआ है–

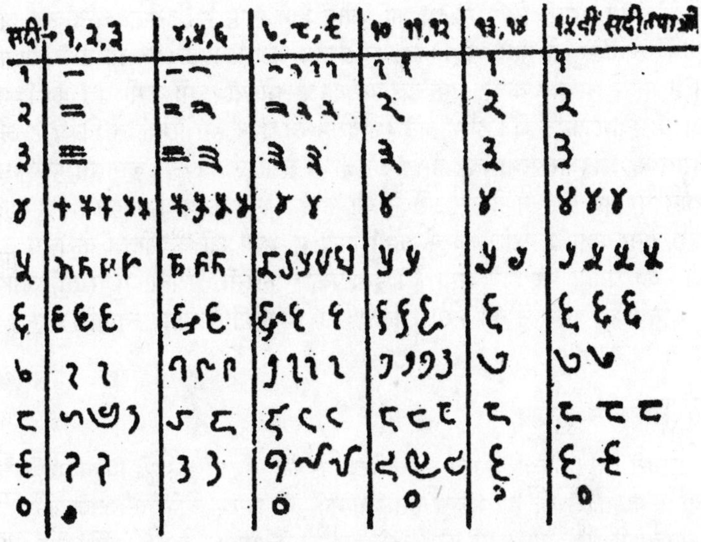

नागरी लिपि के इस लगभग एक हजार वर्षों के जीवन-काल में यों तो प्रायः सभी अक्षरों में न्यूनाधिक रूप में परिवर्तन हुआ है, जैसाकि ऊपर की तालिका से स्पष्ट है किन्तु इन परिवर्तनों के अतिरिक्त भी कुछ उल्लेख्य बातें नागरी लिपि में आई हैं, जिनकी ओर यहाँ संकेत किया जा सकता है—(1) सबसे महत्त्वपूर्ण बात है, फ़ारसी लिपि का प्रभाव। इस सम्बन्ध में अभी तक कोई मत मेरे देखने में नहीं आया, किन्तु मेरे विचार में नागरी में नुक्ते या बिन्दु का प्रयोग निश्चिततः फ़ारसी लिपि का ही प्रभाव है। फ़ारसी लिपि को मूलतः बिन्दु-प्रधान लिपि कहा जा सकता है, क्योंकि अनेक वर्णचिह्न (जैसे बे-पे-ते-से, रे-जे-झे, दाल-जाल, तोय-ज़ोय, स्वाद-ज़्वाद, ऐन-ग़ैन, सीन-शीन) बिन्दु के कारण ही उसमें अलग-अलग हैं। नागरी लिपि में ऐसा कोई अन्तर प्रायः नहीं रहा है। हाँ फ़ारसी से प्रभाव ग्रहण करके कुछ परम्परागत तथा नवागत ध्वनियों के लिए नागरी ने कुछ पिछली सदियों से नुक्ते का प्रयोग करना अवश्य शुरू किया है—ड-ड़, ढ-ढ़, क-क़, ख-ख़, ग-ग़, ज-ज़, फ-फ़। यही नहीं, मध्ययुग में कुछ लोग य-प दोनों को य-जैसा तथा व-ब को व लिखने लगे थे। इस भ्रम से बचने के लिए कैथी लिपि में तो नियमतः तथा कभी-कभी नागरी में भी य के लिए य़ और ब के लिए व़ का प्रयोग होता रहा है। (2) नागरी लिपि पर कुछ प्रभाव मराठी लिपि का भी पड़ा है। अ ल आदि के स्थान अ, ल; या अी, अु आदि सभी स्वरों के लिए अ का ही कुछ लोगों द्वारा प्रयोग वस्तुतः मराठी प्रभाव है। (3) कुछ लोग नागरी लिपि शिरोरेखा के बिना लिखते हैं। यह गुजराती लिपि का प्रभाव है। (4) अंग्रेज़ी के पूर्ण प्रचार के बाद ऑफ़िस, कॉलिज जैसे शब्दों में ऑ को स्पष्टतः

लिखने के लिए नागरी लिपि में ऑ का प्रयोग होने लगा है। इसका चन्द्राकार अंश तो पुराने चन्द्रबिन्दु से गृहीत है किन्तु यह प्रयोग अंग्रेज़ी प्रभाव से आया है। नागरी लेखऩ में पहले मुख्यतः केवल एक पाई या दो पाइयों या कभी-कभी वृत्त का विराम के रूप में प्रयोग करते थे। इधर अंग्रेज़ी विराम-चिह्नों ने हमें प्रभावित किया है और पूर्णविराम को छोड़कर सभी चिह्न हमने अंग्रेज़ी से ले लिए हैं। कुछ लोग तो पूर्णविराम के स्थान पर भी पाई न देकर अंग्रेज़ी की तरह बिन्दु का प्रयोग करते हैं। भाषा के प्रति जागरूकता के कारण कभी-कभी ह्रस्व ए, ह्रस्व ओ के द्योतन के लिए अब ऍ, ओ॑ का प्रयोग भी होने लगा है। इस प्रकार फ़ारसी, मराठी, गुजराती, अंग्रेज़ी तथा ध्वनियों के ज्ञान ने भी नागरी लिपि को प्रभावित, फलतः न्यूनाधिक रूप में परिवर्तित किया है।

नागरी लिपि में सुधार

नागरी लिपि आक्षरिक एवं कई दृष्टियों से अपूर्ण होते हुए भी विश्व की अनेक लिपियों से बहुत अच्छी है। किन्तु इसमें तनिक भी सन्देह नहीं कि आज की सारी आवश्यकताओं एवं अपेक्षाओं को देखते हुए उसमें अनेक सुधार अपेक्षित हैं। इस बात का अनुभव पिछली सदी में ही किया गया था और तब से अनेक व्यक्ति, कुछ साहित्यिक संस्थाएँ, कुछ प्रादेशिक सरकारें एवं केन्द्र इस दिशा में सुझाव देते रहे हैं। इसका पूरा इतिहास प्रस्तुत पुस्तक में नहीं आ सकता, किन्तु कुछ प्रमुख प्रयासों की ओर संक्षेप में संकेत किया जा सकता है। इधर सबसे पहले प्राचीन बम्बई राज्य के विद्वानों का ध्यान गया। इस दृष्टि से प्रथम उल्लेख्य नाम महादेव गोविन्द रानडे का है। बाद में महाराष्ट्र साहित्य परिषद् पुणे ने एक लिपि-सुधार समिति नियुक्त की। मराठी साहित्य सम्मेलन के अधिवेशनों में भी इस प्रश्न पर विचार हुए तथा प्रस्ताव भी पास किए गए। कुछ मुद्रणालयों ने कुछ नए टाइप ढलवाकर उनके प्रचार का प्रयास भी किया। सावरकर, गांधीजी, विनोबा भावे तथा काका कालेलकर ने भी इस दिशा में कार्य किए। 'अ' के आधार पर सभी स्वरों का लेखन (अी, अु, अे आदि) सावरकर की ही देन है। यों इसे गांधीजी का भी पूरा समर्थन प्राप्त था। विनोबा भावे ने अपने पत्र 'लोक नागरी' के माध्यम से नागरी लिपि में सुधार के लिए लोकमत जाग्रत करने का कार्य किया। गुजरात में नागरी में तो नहीं किन्तु गुजराती लिपि में कुछ ऐसे सुधार हुए जिनका प्रभाव आगे चलकर नागरी लिपि पर भी पड़ा। उदाहरण के लिए उन लोगों ने गुजराती प्रेसों के प्रचार के साथ लिखने तथा छापने दोनों में शिरोरेखा हटा दी। उल्लेख्य है कि पहले गुजराती लिपि में शिरोरेखा थी। उन्हीं की देखादेखी नागरी लेखन में भी बिना शिरोरेखा के लिखने की प्रथा आई। लिपि-सुधार की दिशा में काम करने वाले अन्य व्यक्तियों में केशवराम, काशीप्रसाद शास्त्री, गोरखप्रसाद तथा श्रीनिवास के नाम विशेष उल्लेख्य हैं।

1941 में हिन्दी साहित्य सम्मेलन प्रयाग ने एक लिपि सुधार समिति बनाई जिसकी बैठक उसी वर्ष 5 अक्टूबर को हुई। हिन्दी प्रदेश में यह पहला सुव्यवस्थित प्रयास था। इस समिति के निर्णयों की कुछ महत्त्वपूर्ण बातें ये थीं–(1) उ, ऊ, ए, ऐ की मात्राओं, अनुस्वार तथा रेफ् को ऊपर या नीचे न रख उच्चारण क्रम से अलग रखना–खेल = ख े ल, कूद = क ू द, पंकज = पं कज, धर्म = ध म र्। अर्थात् प्रत्येक वर्ण को उच्चारण क्रम से रखना। (2) इस दृष्टि से इ की मात्रा बड़ी भ्रामक है। वह लिखी कहीं जाती है, और बोली कहीं जाती है। 'चन्द्रिका' जैसे शब्दों में तो वह अपने उचित स्थान से तीन स्थान पीछे लिखी जाती है। इस सम्बन्ध में समिति किसी निश्चित सुधार को न स्वीकार कर सकी। हाँ कुछ सदस्यों ने

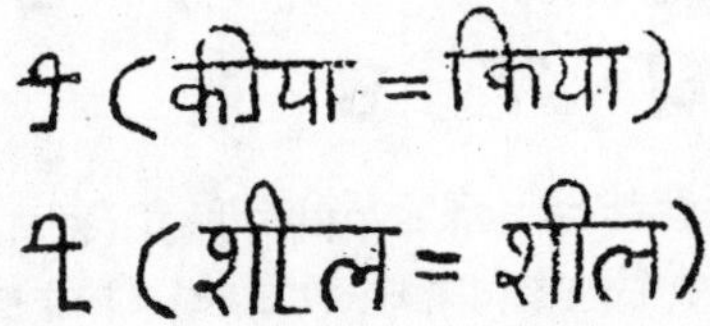

का सुझाव दिया था। (3) संयुक्त वर्ण के रूप में (प्रेम, त्रुटि, क्रम, श्रम) पूरा र (परेम, तुरटि, करम, शरम) लिखना। (4) इ, ई, उ, ऊ, ए, ऐ के स्थान पर 'अ' में मात्राएँ लगाकर उनका प्रयोग।

नागरी प्रचारिणी सभा ने 1945 में एक लिपि समिति बनाई थी। समिति के सामने श्री श्रीनिवास ने 'प्रति देवनागरी लिपि' नामक एक नई लिपि रखी, जो उन्होंने नागरी के आधार पर बनाई थी। नागरी लिपि पर आधारित होती हुई भी यह लिपि वर्तमान नागरी लिपि से अनेक बातों में पूर्णतः भिन्न थी।

उत्तर प्रदेश सरकार की ओर से 1947 में एक देवनागरी लिपि सुधार समिति बनी थी, जिसके अध्यक्ष आचार्य नरेन्द्रदेव थे। इस समिति में डॉ० धीरेन्द्र वर्मा तथा डॉ० मंगलदेव शास्त्री आदि सात व्यक्ति और थे। इस समिति के मुख्य सुझाव दो थे–(1) संयुक्त वर्णों के स्वतन्त्र रूपों (क्ष, त्र, श्र, द्य आदि) को यथासाध्य निकाल देना, तथा (2) ह, र, इ, ई की मात्रा तथा ध, भ को निम्नांकित रूप में रखना।

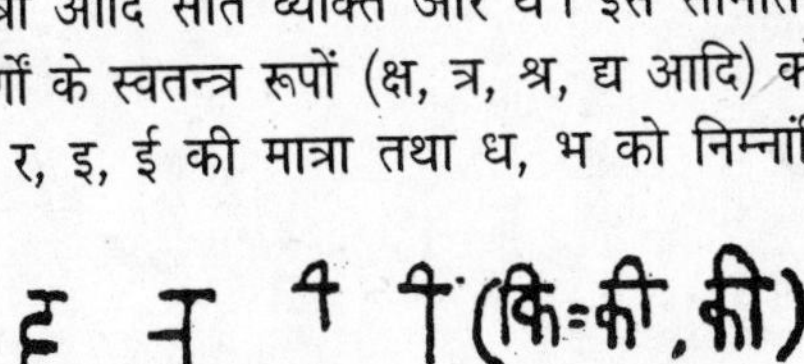

1949 में काका कालेलकर की अध्यक्षता में बम्बई सरकार ने मराठी तथा गुजराती लिपियों में सुधार के लिए एक लिपि सुधार समिति बनाई थी। इस समिति

ने लोगों की राय जानने के लिए एक प्रश्नावली बनाई थी जिसके उत्तर भी समिति को मिले थे।

आगे चलकर नागरी प्रचारिणी सभा के अनुरोध पर उत्तर प्रदेशीय सरकार ने एक लिपि सुधार परिषद् बनाई। नवम्बर 1953 में डॉ० राधाकृष्णन्, जो उस समय उपराष्ट्रपति थे, की अध्यक्षता में इस परिषद् की बैठक लखनऊ में हुई, जिसमें अनेक प्रान्तों के मुख्यमन्त्री तथा शिक्षामन्त्री, अनेक विद्वान एवं भाषाशास्त्री आदि उपस्थित थे। यह परिषद् अखिल भारतीय स्तर की थी। इसका प्रमुख सुझाव यह था कि खि, ध, भ, छ के स्थान पर

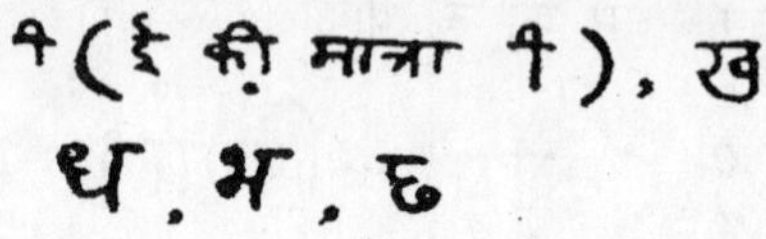

को स्वीकार किया जाय। संयुक्त वर्णों के स्वतन्त्र चिह्नों (क्ष, त्र, श्र आदि) को छोड़कर भरसक वर्णों को मिलाकर लिखने (क्ष, त्र, श्र आदि) की भी इस समिति ने सिफ़ारिश की थी, ताकि अस्पष्टता न रहे।

भारत सरकार ने अब देवनागरी को एक उच्चस्तरीय समिति के माध्यम से ऐसे रूप में विकसित कराया है कि वह सभी भारतीय भाषाओं को लिखने में समर्थ हो। यह परिवर्धित देवनागरी लिपि इस प्रकार है–

मानक हिन्दी वर्णमाला

स्वर	अ	आ	इ	ई	उ	ऊ	ऋ
	ए	ऐ	ओ	औ	अं	अः	
मात्राएँ	ा ि ी ु ू ृ े ै ो ौ ं ः						
व्यंजन	क	ख	ग	घ	ङ		
	च	छ	ज	झ	ञ		
	ट	ठ	ड	ढ	ण	ड़	ढ़
	त	थ	द	ध	न		
	प	फ	ब	भ	म		
	य	र	ल	व			ळ
	श	ष	स	ह			
अंक	१	२	३	४	५		
	६	७	८	९	०		
अंतर्राष्ट्रीय अंक	1	2	3	4	5		
	6	7	8	9	0		

ये लिपि-चिह्न मराठी, गुजराती, असमिया, बंगला, पंजाबी और उड़िया के लिए पर्याप्त हैं। तमिल, तेलुगु, मलयालम, कन्नड़, कश्मीरी और सिंधी की विशिष्ट ध्वनियों के लिए निम्नांकित लिपि-चिह्नों का सुझाव दिया गया है :

विशिष्ट ध्वनि

स्वर	अक्षर रूप		मात्रा रूप	
(1) दक्षिण भारत की चार भाषाओं तथा कश्मीरी भाषा के ह्रस्व 'ए' और 'ओ'	ऍ	ऑ	ॅ	ॉ
(2) कश्मीरी भाषा के विशिष्ट स्वर 'अ' 'आ' और 'उ' 'ऊ'	अ॑	आ॑	॑	ा॑
	उ॑	ऊ॑	ु॑	ू॑
(3) कश्मीरी भाषा के कुछ शब्दों के अंत में आने वाले अत्यल्प 'इ' और 'उ'	इ़	उ़	ि़	ु़

ऊपर (2) और (3) में सुझाए गए संकेत-चिह्नों को आवश्यकतानुसार अन्य भाषाओं के लिए भी प्रयुक्त किया जा सकता है।

व्यंजन

(1) कश्मीरी चवर्ग	च॒	छ॒	ज॒	झ॒
(2) सिंधी भाषा के अंतःस्फुट व्यंजन	ग॒	ज॒	ड॒	ब॒

(3) तमिल ழ के लिए ऴ और मलयालम ഴ के लिए ऴ

(4) तमिल ற, मलयालम റ, तेलुगु और कन्नड़ ಱ के लिए ऱ

(5) मलयालम ററ के लिए ऱ ऱ

(6) तमिल ன और मलयालम ന के लिए ऩ

(7) उर्दू की विशिष्ट ध्वनियों को व्यक्त करने के लिए तदनुरूप देवनागरी वर्ण के नीचे बिन्दु लगाया जाए।

19
हिन्दी वर्तनी का इतिहास

किसी भाषा की कोई भी सार्थक भाषिक इकाई, मुख्यतः शब्द, किसी वर्णमाला में जिस रूप में लिखे जाते हैं, उसे उस भाषिक इकाई की वर्तनी कहते हैं। इसमें दो चीज़ें आती हैं—**वर्णचिह्न** तथा उनका **क्रम**। दोनों में कोई भी ग़लत हो तो वर्तनी ग़लती होगी। जैसे 'शेष' को 'शेश' लिखें तो भी गलत वर्तनी है और 'शेष' को 'षेश' लिखें तो भी ग़लत वर्तनी है।

वर्तनी मूलतः संस्कृत का शब्द है किन्तु वहाँ इसका अर्थ है सड़क मार्ग। आगे चलकर यही शब्द 'सरणि' अर्थ में आया फिर लेखन-सरणि या लेखन-मार्ग के अर्थ में और यह 'लेखन-सरणि' और 'लेखन-मार्ग' ही 'वर्तनी' है।

भाषाओं के लेखन में वर्तनी की संकल्पना प्रायः उतनी ही पुरानी है जितना स्वयं लेखन और उस लेखन में अशुद्धि न होने देने के लिए लोगों को दो बातों पर ध्यान रखना होता है—ठीक ध्वनिचिह्न प्रयुक्त हों, और वे ठीक क्रम में आएँ।

हमारी भाषाओं की आदि जननी संस्कृत में 'शब्द' वर्तनी की दृष्टि से दो प्रकार के थे—एक वर्तनी वाले, एकाधिक वर्तनी वाले। पहले के उदाहरण हैं प्रश्न, मनुष्य, देश, वेद आदि। दूसरे के उदाहरण हैं—किंकणी-किंकिणी, ईर्षा-ईर्ष्या। कुछ शब्दों की दो से अधिक वर्तनियाँ भी मिलती हैं। जैसे पृथ्वी-पृथवी-पृथिवी, कर्तरिका-कर्त्रिका-कर्तृका। यही नहीं कुछ शब्दों की चार-चार वर्तनियाँ भी मिल जाती हैं। जैसे औषध-औषधि-ओषधि-ओषधी। कहीं-कहीं एक रूप 'ओषध' भी मिलता है। यों ज्यादातर शब्द एक वर्तनी वाले थे और कुछ थोड़े से ही थे जो एकाधिक वर्तनियों से अच्छे ग्रन्थों में भी मिलते हैं।

एकाधिक वर्तनियों का मूल कारण संधि-नियमों से भेद तथा क्षेत्रीय उच्चारण रहा होगा। बाद में ध्वन्यात्मक दृष्टि से शब्दों के विकास के कारण भी एकाधिक वर्तनियाँ पनपी हो सकती हैं।

पालि में भी वर्तनी की यही स्थिति है। बहुत सारे शब्द तो एक वर्तनी वाले

मिलते हैं और कुछ एकाधिक वर्तनी वाले। उदाहरण के लिए धम्म, कलुस, घटीकार (कुम्हार), प्रमुत्ति (मुक्ति), मुसल आदि शब्द तो एक वर्तनी वाले हैं किन्तु अधोलिखित जैसे शब्दों की वर्तनियाँ एकाधिक मिलती हैं।

दो–पन्थक-पन्थिक, पुक्कस-पुक्कुस (एक जाति)

तीन–नटक-नट्टक-नत्तक (नर्तक)

पालि में एक शब्द की एकाधिक वर्तनियों के दो कारण हैं। एक तो ध्वनि-परिवर्तन, दूसरा उच्चारण में स्थान-भेद। ध्वनि-परिवर्तन वाला अन्तर ध्वनियों के ऐतिहासिक विकास पर आधारित है। जैसे संस्कृत 'संयुक्त' पालि में पहले 'संयुक्त' बना फिर धीरे-धीरे 'संयुत' बन गया। इस तरह पालि-लेखन में 'संयुत्त' का भी प्रयोग हुआ और 'संयुत' का भी। इस विकास को संयुक्त > संयुत्त > संयुत रूप में दिखाया जा सकता है। दूसरा अन्तर उच्चारण में स्थान-भेद के कारण है। उदाहरण के लिए संस्कृत 'नर्तक' का एक स्थान पर परवर्ती उच्चारण 'नट्टक' हुआ तो दूसरे स्थान पर 'नत्तक'।

प्राकृत की भी यही स्थिति है–

एक वर्तनीवाले–पडिभा (प्रतिभा), णाग (नाग), भमर (भ्रमर), सयं (स्वयं)।

एकाधिक वर्तनीवाले

दो वर्तनीवाले–हीण-हूण (हीन), बत्तिस-बत्तीस, दुस्सासण-दूसासण, णाख-णाक्ख।

तीन वर्तनीवाले–सणिच्चर-सणिच्छर-सणिंचर।

चार वर्तनीवाले–हत्थिणपुर-हथिणापुर-हथिणउर-हथिणाउर।

प्राकृत में भी वर्तनी-भेद के दो ही कारण हैं जिनके विषय में पालि में चर्चा की गई। उदाहरण के लिए–हीण-हूणं स्थान भेद से हैं तो मुल्ल-मोल्ल ध्वनि-परिवर्तन से है–मूल्य > मुल्ल > मोल्ल (> हिन्दी मोल)।

अपभ्रंश में भी एक एकाधिक वर्तनीवाले शब्द मिलते हैं–

एक वर्तनीवाले–अच्चग (अर्चक), काला।

एकाधिक वर्तनीवाले

दो वर्तनीवाले–बत्तिस-बत्तीस, छब्बीस–छहबीस।

तीन वर्तनीवाले–सत्ताइस-सत्ताईस-सत्ताबीस।

चार वर्तनीवाले–चउवीस-चउविस-चउबिस-चौबिह।

वस्तुतः ऊपर जिन शब्दों की दो-दो, तीन-तीन, चार-चार वर्तनियाँ दी गई हैं, मेरे विचार में उनके और भी रूप इन भाषाओं के प्रकाशित और अप्रकाशित साहित्य में मिल सकते हैं।

हिन्दी भाषा की परम्परा में 1000 ई० के आस-पास उसके उद्गम के समय यदि शब्दों की बात करें तो चार प्रकार के शब्दों का प्रयोग हो रहा था। एक तो तत्सम शब्द थे जो संस्कृत के थे। उस समय तक संस्कृत बोलचाल की दृष्टि से

एक गतप्रयोग भाषा बन चुकी थी। उसका प्रयोग मात्र साहित्य में होता था, और वह भाषा एक प्रकार से मानक बन चुकी थी। पाँचवीं सदी में पाणिनि ने अपनी अष्टाध्यायी के द्वारा संस्कृत को एक सुनिश्चित रूप दे दिया था और वही संस्कृत पढ़ाई जाती थी, उसी की शिक्षा दी जाती थी और साहित्य में उसी का प्रयोग हो रहा था। इस तरह वर्तनी में वैदिक संस्कृत की अनेकरूपता, जो संस्कृत में एक सीमा तक वर्तनी के वैविध्य के पीछे थी, इस काल में बहुत कम हो चुकी थी। परिणामतः हिन्दी के आदिकाल में जिन संस्कृत या तत्सम शब्दों का प्रयोग हुआ है उनमें प्रायः वर्तनी की अनेकरूपता नहीं है, और इसीलिए तत्सम शब्दों की वर्तनी में प्रायः एकरूपता है। हालाँकि उच्चारण के प्रभाव से कुछ अनेकरूपताएँ भी हैं। जैसे गगन-गंगन, भ्रम-भ्रंम, नाथ-नांथ, प्राण-प्रांण आदि।

जहाँ तक विदेशी शब्दों का सम्बन्ध है, कुछ थोड़े से ही आदिकाल में मिलते हैं और उनमें कुछ अनेकरूपताएँ अवश्य हैं। उदाहरण के लिए अक्ल, अकलि; गरदान, गरदनि; पइजल्ल, पैजार; कलमा, कलमि; कुरान, कुराण; महमद, महमदु; खुदाइ, षुदाइ, षोदा; तुर्क, तुरक; नमाज़, नीमाज़, निवाज; मसीद, मसीति; हिंदु, हिंदू; आसमान, असमान; जहां, जिहान; निसान, नीसान; फीज, फौद, फुवज्जह; कमान, कम्माण, कम्मान, कवान। इस तरह अरबी-फ़ारसी शब्दों में तत्कालीन भाषा के उच्चारण की अनुरूपता (न-ण), क्षेत्रीय भेद, ऐतिहासिक विकास, लिखने में ख के लिए 'ष' का भी प्रयोग आदि के कारण एक ही शब्द की कई वर्तनियाँ मिलती हैं। अभी तक हमने देखा कि दो तो दो, एक ही शब्द की तीन-तीन, चार-चार वर्तनियाँ भी अलभ्य नहीं हैं।

तद्भव शब्दों की संख्या हिन्दी में सर्वाधिक है और यह स्थिति उसके आदि मध्य तथा आधुनिक—चारों ही कालों में मिलती है। इसीलिए 'आदिकाल' में वर्तनी की सर्वाधिक अनेकरूपताएँ तद्भव शब्दों में ही मिलती हैं। कुछ अगवाचक शब्दों को उदाहरणस्वरूप देख सकते हैं—गाथ, मांथ; निलाट, निलाड, लिलार, लिलारु, लिलाट; आंखि, अष्षि, अंष, आंषि; चक्षि, चक्खु, चष, चष्ष, चषि; नैन, नयन, नयण, नइन, नइण; भंओह, भौंह, भुव; नाक, नाकु आदि।

कुछ शब्दों की वर्तनी में अनेकरूपता इसलिए भी हमें खटकती है कि उनके तत्सम रूप भी प्रयोग में हैं और तद्भव भी। जैसे ध्यान-धियांन, स्वामी-सामि, विशेष-विसेख आदि। कुछ इसलिए भी कि तत्कालीन प्रयोग में न-ण (पांनी-पांणी, निसि-णिसि, दांन-दाण), संयुक्त व्यंजन-द्वित्व व्यंजन (मर्ग-मग्ग), अकारांतता-उकारांतता (जाग-जग्गु, षिन-षिनु), ऋ-रि (पृथिराज-प्रथिराज), ओ-अउ (सौतिनि-सउतिनि), ऐ-अइ (ऐरापति-अइरापति), ख-ष (खडकी, षडकी, खजूर-षजूर; उस काल में काफ़ी लोग 'ख' के स्थान पर 'ष' लिखते थे), ड-ढ (डिल्ली-ढिल्ली) आदि में विकल्प था।

वर्तनी की दृष्टि से आदिकाल में एक बहुत बड़ी त्रुटि अल्पप्राण + महाप्राण

में मिलती है। यह उल्लेख्य है कि दो महाप्राणों का संयुक्त रूप कभी नहीं होता। उच्चारण या ध्वनि की दृष्टि से ऐसी स्थिति में पहला महाप्राण अल्प-प्राण हो जाएगा। किन्तु 'पृथ्वीराज रासो' में दो महाप्राणों के संयुक्त व्यंजन के रूप में प्रयोग खूब हैं। जैसे सुख्ख, अछ्छ, तुछ्छ, इछ्छा, मझ्झ, हथ्थ, अथ्थिर, अड्ढ, युध्ध, सिध्धि आदि।

तत्सम शब्द हो या तद्भव या विदेशी, यदि उच्चारण में अनुनासिक स्वर है तो वर्तनी में हो या नहीं उस काल की पांडुलिपियों में अनुस्वार लगाने की परम्परा है। जैसे ग्यांन, कहांनी, दांन, आत्मां, फुरमांण, कंन्या, धरंम, मैनां, दुनिआं आदि। इसी प्रसंग में यह भी उल्लेख्य है कि उस काल के लेखन में अनुस्वार अनुनासिक में अन्तर नहीं किया गया और दोनों के लिए अनुस्वार का ही प्रयोग है। जैसे निद्रा-निंद्रा-निन्द्रा भी है और पांनी भी।

तद्भव शब्दों की आज जो वर्तनी निश्चित हो गई है, उनमें से कुछ उस समय प्रयोग में आ गई थी। जैसे पालकी, पीहर, बात, असाढ़, बरस, साँप, कौन, आँसू, दुख, ऊँचे, इसी, जामुन, जमना, जोबन, हत्था, नाभी, छत्तीस, कौन आदि।

मध्यकाल में भी सामान्य प्रवृत्ति आदिकाल की ही मिलती है सिवा दो मुख्य अंतरों के। अंतरों में पहला तो यह है कि वर्तनी में आदिकाल में 'ख' के स्थान पर 'ष' का प्रयोग काफ़ी मिलता है, किन्तु मध्यकाल में ऐसा कम ही है; दूसरे दो महाप्राणों (जैसे अछ्छा, पथ्थर) का प्रयोग आदिकाल में संयुक्त व्यंजन रूप में है किन्तु मध्यकाल में ऐसा प्रायः नहीं है।

जहाँ तक मध्यकालीन शब्द-भांडार का प्रश्न है वह आदिकाल से कई बातों में भिन्न है। इस प्रसंग में पहली बात तो यह है कि आदिकाल में तत्सम शब्दों का प्रयोग कम हुआ है किन्तु मध्यकाल में, मुख्यतः पूर्व मध्यकाल में, और वह भी राम तथा कृष्णधारा में तत्सम शब्दों का प्रयोग काफ़ी हुआ है। यह ध्यान देने की बात है कि तत्सम शब्दों की वर्तनी 16-17 सौ वर्षों से कुछ अपवादों को छोड़कर काफ़ी कुछ सुनिश्चित थी। इसीलिए तत्सम शब्दों की वर्तनी में विचलन कम ही मिलता है। जो विचलन हैं वे प्रायः दो प्रभावों से हैं। एक तो पास के अनुनासिक व्यंजन या व्यंजनों का उच्चारणगत प्रभाव (जैसे महान—महांन, अभिमान) और दूसरे छन्द की आवश्यकतानुसार शब्द की तोड़-मरोड़ (जैसे रामा—राम, रामू; संसार—संसारु, संसारा)।

जहाँ तक विदेशी शब्दों का प्रश्न है उनकी वर्तनी हिन्दी में उस काल तक मानकीकृत नहीं हो पाई थी। इसीलिए उसमें क्षेत्रीय उच्चारणों में तरह-तरह के रूपान्तरों की काफ़ी गुंजाइश थी। जैसे अंदेसा, अंदेस, अंदेसड़ा (मूल शब्द अंदेशा) या औलिया, अवलिया, ओलिया आदि।

तद्भव शब्द हिन्दी क्षेत्र में तद्भवित हुए थे, इसीलिए उसकी वर्तनी में रूपान्तरों की बहुत गुंजाइश है। जैसे एक ही शब्द इस्त्री के इस्तिरी, अस्त्री, अस्तरी आदि।

अर्थात् क्षेत्रीय तद्भवता के कारण तद्भवों में काफ़ी अनेक-रूपताएँ मिलती हैं। इस तरह के रूपान्तर कभी-कभी तो एक ही कवि में मिल जाते हैं। उदाहरण के लिए कबीर में मित्त, मिंत, म्यंत, अंतकाल, अतिकाल, अंतकालि; अकास, अकासा; अक्खर, अक्खिर; अनाहद, अनहद; अठासी, अठ्यासी; अठसठ, अठसठि आदि।

तत्सम और विदेशी शब्दों में 'श' के स्थान पर 'स' वर्तनी की एक सामान्य प्रवृत्ति है। कबीर की रमैनी में उलटी प्रवृत्ति मिलती है–'सो' का 'शो', 'सोई' का 'शोई', 'सुख' का 'शुख', 'संदेह' का 'शंदेह' तथा 'सरप' (सर्प) का 'शरप' आदि। कबीर में कुछ तद्भव शब्दों की वर्तनी तो ऐसी है कि उन्हें पहचानना भी कठिन है। जैसे स्यंध (सिंह), म्यंत (मित्र), निध्य (निधि), तथा विनान (विज्ञान) आदि।

कई अन्य कवियों की भी वर्तनी की प्रायः यही स्थिति है–

जायसी–सालार, सलार (नेता); कचोर, कचोटा (कटोरा); पिरथिवी, पिरथमी; पिंड, पिण्डा; पानीया, पानी, पानि; पातुर, पातुरी; तरपर (नीचे), तरपड़।

मीरा–अवगुण, ओगुण, औगुण; अनिवाशी, अबिनासी, अविणाशी, अविणासी; अमृत, अमरित, अम्रत, इम्रित; नेवाज, नवाज।

सूरदास–जवान, ज्वान; जमानति, जमानत; खर्च, खरच; कागद, कागज, कागर; सुआ, सुवा; पांव, पांउ; दीठि, दीठि; नात, नातौ (नाता); कन्हाई, कन्हैया, कानह, कान्हर।

तुलसीदास–चरित्र, चरित, चरिता; आसिरबादु, आसिरबाद; उछाह, उछाहा, उछाहू; कुमलानी, कुम्हलानी, कुम्हुलानी; कुलह, कुलही; कुलीन, कुलीना; गाउं, गाँऊ

रीतिकाल में मूल प्रवृत्ति प्रायः भक्तिकालीन ही रही। ऐसे शब्द जिनकी वर्तनी प्रायः पूरे काल में एक (जैसे लाल, मनोहर, ओठ, हाथ आदि) मिलती है, बहुत अधिक नहीं है। उसके विपरीत ऐसे शब्द काफ़ी हैं जिनकी एकाधिक वर्तनियाँ मिलती हैं और यही नहीं कुछ वर्तनियाँ तो ऐसी हैं जो एक ही कवि में एकाधिक प्रकार से हैं। उदाहरण के लिए भूषण में अर्धतत्सम 'दखिन' भी है, तद्भव 'दक्खिन' भी है और बीच का 'दच्छिन' भी है।

उस समय तक हिन्दी में 'ह' के पहले का 'अ' ह्रस्व 'ए' जैसा उच्चरित होने लगा था किन्तु सामान्य परम्परा इसे नहीं पकड़ पाई थी। यही कारण है कि परम्परावादियों ने जहाँ 'अ' लिखा है वहाँ उच्चारण पर ध्यान देने वालों ने 'ए' लिखा है। इस प्रसंग में यह उल्लेख्य है कि दूसरी भाषा के बोलने वाले का ध्यान स्वभावतः उच्चारण के अनुसार लेखन पर जाता है, क्योंकि वह परम्परागत वर्तनी से बहुत परिचित नहीं होता, इसके विपरीत उस भाषा का भाषी परम्परागत वर्तनी से आक्रांत रहता है। रीतिकाल में इसका अच्छा उदाहरण मिलता है। उस काल में प्राणनाथी सम्प्रदाय का एक ग्रन्थ 'बीतक' मिलता है जिसमें बाहेर, पेहेली, पेहेचान, सेहेर, मेहबूब आदि

लिखे गए हैं जबकि सामान्यतः इनकी वर्तनी बाहर, पहली, पहचान, सहर, महबूब आदि थी। उच्चारण के ही प्रभाव से कुछ लोगों में मुसलमांन, अंमृत, समांन, मंन, कंन, धंन आदि में अनुस्वार मिलता है जो वस्तुतः अनुनासिक चिह्न है। कहना न होगा कि उस काल में सामान्यतः मुसलमान, अमृत, समान, मन, कन, धन आदि ही लिखे जाते थे।

उस समय तक लेखन में 'ड़' बहुत अधिक प्रचलित नहीं था, इसीलिए कुछ पुस्तकों (जैसे बिहारी सतसई, बीतक) में 'ड़' के स्थान पर 'ड' भी मिलता है—आंड़, एड़ी, बडो। ऐसी ही स्थिति ढ-ढ़ की भी है—बूढनु, चढाई, बढे (बिहारी सतसई, बीतक)।

पीछे हम देख चुके हैं कि 'ष' का प्रयोग 'ख' के लिए हिन्दी में आदिकाल से ही शुरू हो गया था। ऐसा कदाचित् 'ख' में 'र' 'व' के भ्रम को दूर करने के लिए हुआ। किन्तु शायद यही अकेला कारण नहीं था 'ष' का 'ख' उच्चारण वैदिक काल से मिलता है। काफ़ी परम्परागत पंडिज आज भी 'ष' का 'ख' उच्चारण वैदिक मंत्रों में करते हैं। इस काल में बिहारी, देव तथा कई अन्य कवियों में 'दुख' के लिए 'दुष', 'भूख' के लिए 'भूष' जैसे कुछ प्रयोग मिल जाते हैं।

'ऋ' का 'रि' उच्चारण अपनी परम्परा में काफ़ी पहले से है। इसका प्रभाव भी हमारी वर्तनी पर पड़ता रहा है। रीतिकाल में भी इन दोनों प्रकारों की वर्तनियाँ प्रायः मिलती हैं। उदाहरण के लिए क्रपा-कृपा, क्रस्न-कृस्न, द्रढ-दृढ, द्रग-दृग, ब्रंदाबन-बृंदावन आदि।

प्रणामी-साहित्य (तारतम्य बाणी, बीतक) तथा केशव आदि में नासिक्य व्यंजन के स्थान पर अनुस्वार के अशुद्ध प्रयोग भी मिलते हैं। उदाहरणार्थ प्रसंन (प्रसन्न), भिंन (भिन्न), हिंमत (हिम्मत), संमुख (सम्मुख) आदि। ऐसी वर्तनी प्रेस की कृपा का परिणाम नहीं है, बल्कि पांडुलिपियों में भी ऐसा है।

आजकल भी काफ़ी लोग 'दुनिया' को 'दुनियां' कहते हैं किन्तु लिखते प्रायः 'दुनिया' ही हैं। रीतिकाल में इसे दुनियाँ रूप में भी लिखा जाता था, जो छापे में कहीं-कहीं 'दुनियां' भी गया है किन्तु वह प्रेस की कृपा लगता है, मूल नहीं। ऐसे ही केशव में झूंठ भी मिलता है जो उच्चारण में कहीं-कहीं आज भी है।

वस्तुतः हिन्दी वर्तनी उस काल में इतनी अस्थिर थी कि एक ही पुस्तक या कवि में एक ही शब्द तीन-तीन, चार-चार प्रकार से लिखे मिलते हैं। उदाहरण के लिए केशव में नाइका-नायका-नायिका, बीतक में पैगंमर-पैगम्बर-पैगंम्बर; कुटुम्ब-कुटम्ब-कुटुंम-कुटुम, कुटभ तथा भूषण में भूसन-भूखन-भूषन-भूषण आदि।

आधुनिक काल में पहले भारतेन्दु काल को ले सकते हैं। कुछ कहने के पूर्व इस बात का उल्लेख करना आवश्यक है कि दो कारणों से इस काल में वर्तनी में कुछ एकरूपता आने लगी थी। इनमें पहला कारण था प्रेस का प्रचार और दूसरा कारण था शिक्षा का प्रचार। दोनों ही के कारण स्वभावतः अनेकरूपता में कमी आई।

जब हम वर्तनी में अनेकरूपता में कमी की बात करते हैं तो स्वभावतः यह पूर्ववर्ती कालों की तुलना में ही है। यों अनेकरूपताएँ भी हैं। जैसे भारतेन्दु, प्रतापनारायण मिश्र और बालमुकुन्द गुप्त में पहिनना-पहिरना, पिनशिन-पेंशन, गिरिफ्तार-गिरफ्तार, आपनी-अपनी, अंग्रेज़ी-अंगरेज़ी, तरजुमा-तरजमा, मुशाइरा-मुशायरा, लखनऊ-लखननौ आदि।

उस काल की वर्तनी की एक उल्लेख्य बात यह है कि र-युक्त्-संयुक्त व्यंजन में प्रायः द्वित्व व्यंजन की प्रवृत्ति है। जैसे कर्म्म, धर्म्म, शर्म्मा, बर्म्मा, निर्म्मल, सर्व्व आदि। कहना न होगा कि संस्कृत व्याकरण के अनुसार इनमें एक-दो व्यंजन में विकल्प है।

संस्कृत में प्रायः 'ट' के पहले 'ष्' आता है। जैसे स्पष्ट। उस परम्परा में अंग्रेज़ी शब्दों में भी भारतेन्दु काल में ष् का प्रयोग होता था। जैसे ष्टाफ, मिष्टर, ईष्ट, वेष्ट आदि। ऐसे ही संस्कृत में ट आदि के पूर्व ण् आता है। उसी आधार पर इस काल में अंग्रेज़ी शब्दों में भी ऐसे प्रयोग हैं। जैसे—एण्ड, गवर्नमेण्ट, जेण्टलमैन आदि।

चवर्ग, टवर्ग, तवर्ग के साथ नासिका व्यंजन के प्रयोग में दोरूपता है—पंजाब-पन्जाब, पंडित-पण्डित, आनंद-आनन्द। इनमें भी दूसरी वर्तनी ही प्रायः प्रचलित थी। श-स के साथ भी दोरूपता थी—मुंशी-मुन्शी, संसार-सन्सार।

इस काल में अनुनासिक (चंद्रबिंदु) का प्रयोग होने लगा था। इस काल के पूर्व की पांडुलिपियों में मुझे ऐसा नहीं मिला। छपी पुस्तकों की और बात है जिनमें आधुनिक प्रभाव से यथास्थान चंद्रबिंदु का प्रयोग मिलता है। किन्तु यहाँ भी दोरूपता थी—दुनियां-दुनियाँ, अंगूठी-अँगूठी, आंख-आँख, आंत-आँत।

विदेशी शब्दों के साथ बिंदु का प्रयोग भी इस काल में होने लगा था, जैसे पैग़ंबर, ज़मीन, इज़्ज़त, साफ़ आदि।

द्विवेदीयुगीन हिन्दी, वर्तनी की दृष्टि से पिछले सभी कालों की तुलना में आज के अधिक निकट है। इस काल तक आते-आते तुलनात्मक रूप से काफ़ी शब्दों की वर्तनी में एकरूपता हो चली थी, किन्तु फिर भी कुछ अनेकरूपताएँ विभिन्न कारणों से थीं—(1) कुछ संस्कृत शब्दों में वर्तनी-भेद मिलता है, अतः स्वभावतः वह इस काल में भी है। जैसे मर्म-मर्म्म, शर्मा-शर्म्मा, कार्य-कार्य्य, सर्वनाश-सर्व्वनाश, पूर्व-पूर्व्व। यह द्वित्व की प्रवृत्ति भारतेन्दु काल में भी थी किन्तु उसकी तुलना में इस काल में कुछ अधिक हो गई थी। यह शायद शिक्षा विशेषतः संस्कृत शिक्षा का प्रभाव था। (2) सामान्य जनता भगवान, हनुमान आदि लिखती थी तो संस्कृतज्ञ भगवान्, हनुमान् आदि। वस्तुतः यह स्थिति आज भी वही बनी हुई है। (3) भारतेंदुकाल की 'ष्ट' की प्रवृत्ति अब भी थी, यद्यपि कुछ (माष्टर, ष्टेशन) कम। (4) हिन्दी संधियों का रूप लोगों के सामने स्पष्ट नहीं था, इसीलिए रोगियों-रोगीयों, विद्यार्थियों-विद्यार्थीया, डाकुओं-डाकूओं आदि दोनों प्रकार के प्रयोग चलते थे, यद्यपि ह्रस्व 'इ', ह्रस्व 'उ'

वाले रूप ज्यादा चलते थे। भारतेंदुकाल में भी यह प्रवृत्ति थी। (5) उच्चारण-भेद के कारण वर्तनी में कुछ अनेकरूपताएँ प्रायः हमेशा ही रही हैं, आज भी हैं और उस काल में थीं–जैसे अंग्रेज़ी-अंगरेज़ी, सरदार-सर्दार, रास्ते-रस्ते, पुरुषार्थ-पुरषार्थ, दरया-दर्या, उसको-उस्को, इसका-इस्का, सकता-सक्ता, आसपास-आस्पास। (6) कुछ लोग–मुख्यतः उर्दू वाले–झूट, भूक, धोका, हात लिखते थे और यही बोलते भी थे। उर्दू की यह वर्तनी हिन्दी को भी प्रभावित कर रही थी हालाँकि काफ़ी हिन्दी वाले झूठ, भूख, धोखा आदि भी लिखते थे। (7) हिन्दी वर्तनी ग्रामीण बोलियों से हमेशा प्रभावित होती रही है और आज भी वह प्रभाव है, जिसे अलग-अलग क्षेत्रों में अलग-अलग रूपों में देखा जा सकता है। यह बात उस काल में भी थी। उदाहरण के लिए कुछ लोग

ए का ऐ–चीजैं, तुम्हैं, इन्हैं, हमैं।

ओ का औ–मुसलमानौं, बातौं, हजारौं।

ण का न–कारन, प्रान, पुन्न।

श का स–सहनाई, सहर।

ष का ख–बरखा, भाखा, अभिलाखा।

य का ज–जसोदा, जदि, जमराज, जलझ।

आदि का प्रयोग करते थे।

द्विवेदी काल के बाद शिक्षा, प्रेस, समाचार-पत्र आदि के कारण हिन्दी वर्तनी में काफ़ी एकरूपता आई है। यों कुछ गड़बड़ियाँ अब भी हैं किन्तु किसी भी जीवित भाषा में इस प्रकार की कुछ अनेकरूपताओं के चलते रहने की हमेशा ही संभावना बनी रहती है। (विस्तार के लिए देखिए भोलानाथ तिवारी और किरण बाला की पुस्तक 'हिन्दी वर्तनी की समस्याएँ'।)

सहायक ग्रन्थ

ओझा, गौरी शंकर हीराचन्द–प्राचीन लिपिमाला, 1918

काल्डवेल, आर०–A Comparative Grammar of Dravidain Languages, 1913

केलाग–Hindi Grammar (संशोधित)

गुप्ता, अनीता–हिन्दी वर्तनी का विकास (दिल्ली विश्वविद्यालय का अप्रकाशित शोध प्रबन्ध), 1984

गुरु, कामता प्रसाद–हिन्दी व्याकरण (संशोधित)

ग्रियर्सन, जार्ज ए०–Linguistic Survey of India. Vol. I-XI, 1903-28

चटर्जी, सुनीतिकुमार–(i) Origin and development of Bengali languages, 1926

(ii) भारतीय आर्यभाषा और हिन्दी, 1963

(iii) किरात-जन-संस्कृति (प्र० सं०)

(iv) भारत में आर्य और अनार्य (प्र० सं०)

टर्नर, आर० एन०–Nepali Dictionary

ट्रंप–Sindhi Grammar

डिरिंजर–The Alphabet

तिवारी, उदयनारायण–हिन्दी भाषा का उद्गम और विकास (दूसरा संस्करण)

तिवारी, भोलानाथ–

(i) हिन्दी भाषा, 1966

(ii) हिन्दी भाषा की संरचना, 1979

(iii) भाषाविज्ञान, 1987

(iv) हिन्दी वर्तनी की समस्याएँ (किरण बाला के साथ), 1980

तेस्सितोरी, एल० पी०–राजस्थानी (हिन्दी अनुवाद–नामवर सिंह), 1955

दास, श्याम सुन्दर–हिन्दी भाषा

पांडे, राजबली–Indian Paleography (प्र० सं०)

बीम्स–A Comparative Grammar of the Modern Aryan languages of India, 3 भाग, 1872, 1875, 1879

ब्रुगमान, कार्ल–Elements of the comparative Grammar of the Indo-Germanic languages (अंग्रेजी अनुवाद), 1888

ब्लॉख़, ज़ूल–La Formation de long Marathe, 1920

भंडारकर, आर० जी०–Wilson philological lectures on Sanskrit and derived languages, 1914

वर्मा, धीरेन्द्र–हिन्दी भाषा का इतिहास, 1949

सक्सेना, बाबू राम–Evolution of Awadhi, 1929

हॉर्नले, ए० एफ० रूडल्फ–A Grammar of Eastern Hindi–Compared with Gaudion Languages, 1880

•••